도서출판 **대장간**은
쇠를 달구어 연장을 만들듯이
생각을 다듬어 기독교 가치관을
바르게 세우는 곳입니다.

대장간이란 이름에는
사라져가는 복음의 능력을 되살리고,
낡은 것을 새롭게 풀무질하며, 잘못된 것을
바로 세우겠다는 의지가 담겨져 있습니다.

www.daejanggan.org

자끄엘륄총서 31
혁명에서 반란으로

지은이	자끄 엘륄
역자	안 성 헌
초판발행	2019년 11월 27일

펴낸이	배용하
책임편집	배용하
등록	제364-2008-000013호
펴낸곳	도서출판 대장간
	www.daejanggan.org
등록한곳	충남 논산시 매죽헌로 1176번길 8-54, 101
편집/영업부	전화 (041)742-1424전송 (041) 742-1424

분류	기독교	사회학	혁명
ISBN	978-89-7071-496-7
	978-89-7071-435-6 세트 04230
CIP제어번호	CIP2019042070

 값 25,000원

혁명에서 반란으로

자유로운 인간의 존재와 혁명의지

자끄 엘륄 지음

안 성 헌 옮김

『새로운 사회적 통념에 대한 주석』1994에서 『혁명의 해부』2008 까지 '라 타블 롱드' La Table Ronde 출판사에서 엘륄 저작을 재출간 하는 기획의 일환으로, 이 책은 처음으로 포켓용 소책자로 출간 되었다. 재출간 과정에서 편집과 서문 등을 프레데릭 호농 교수 가 맡았다.

De la révolution aux révoltes

Jacques Ellul

차례

2부 ● 혁명에서 반란으로

서문

자끄 엘륄의 글은 '모험'이다. 이 모험을 통해 독자는 저자와 관계를 맺는다. 주제와 상관없이 '중요하다'고 말할 수 있는 것은 '진리 체험', 즉 쇄신 가능하고 생명력 넘치는 진리에 대한 경험이다. 우리 삶의 전제 사항과 공통 영역이 취약해지고, 우리의 신화는 파괴되었으며, 우리의 우상은 세속화되었다. 그 신화들과 우상들 가운데 "혁명"이 있다.

이 책의 초판이 발행된 1972년 당시 "혁명"은 최신 유행을 구가하던 프랑스어 가운데 하나였다. 각종 출판물, 매체, 정치, 신학, 광고, 심지어 진부한 일상 대화에 이르기까지, 사람들은 혁명을 이야기했다. 40년이 흐른 지금, 이 단어의 유행은 지난 것 같다. 그러나 이데올로기와 혁명의 종언을 믿는 현 시대의 '비非사상' 영역에서, 혁명은 [여전히] 강력한 동원력을 지닌 이데올로기적 요소로 남아 있다.

『혁명에서 반란으로』. 그 자체로 역설적 표현을 함축한 제목은 비판적이면서 동시에 계획적인 내용을 예고한다. "모든 것이 정치적"이라고 선언한 시대의 진부한 표현, 국가 권력화가 세상의 삶을 바꿀 것이라 굳게 믿었던 50년대에서 70년대의 상투적 표현과 정반대로, 자끄 엘륄은 혁명이란 환상에 불과하며 국지적 반란만이 인간 실존의 구체적 조건에 실제적인 영향을 미칠 수 있다고 지적한다.

우리는 혁명적 투쟁가들의 주장, 특히 지식인들의 논증 및 정통 마르크스주의 사원 문지기들이 만들어낸 논리, 685월혁명의 자취로 대학가의 실질적 "지배 사상"이 된 주장들의 신성화 작업을 '모독' 하는 주장을 생각한다. 그것은 신성 모독적이지만, 동시에 자극적이다.1) 왜냐하면 그 주장은 행정 각처에서 심혈을 기울여 제작한 기획들에 맞선 '지역적, 국지적 저항 운동'의 영감이 될 것이기 때문이다. 여러 인물들 가운데, 조제 보베José Bové, 2)는 『혁명에서 반란으로』를 침대 머리맡에 두고 읽었던 '라르자크 평원' 에서의 나날을 회상한다.

자끄 엘륄은 우리 사회에 혁명적 과정에 관여할 수 있는 어떠한 조직적 힘도 잠재적 힘도 없다는 것을 제시하며 논의를 시작한다. 특히, 그는 청년의 무능함을 지적한다. 그 이유는 이들이 생산 체계 외부에 있고, 이들의 항의는 순전히 언어 차원에 머물기 때문이다. 청년은 생산 영역에 동화되는 순간, 다시 말해 소비할 수 있는 위치에 올라서는 순간, 더 많은 소비를 열망하는 욕망의 주체로 탈바꿈된다. 즉, 이들의 혁명적 의향은 순식간에 증발해 버린다. 노동자 계급의 경우도 상황은 마찬가지이다. 풍요 사회에 적응하려는 이 계급의 의지는 '불평등 순응주의' 의 한 대목이다. 덧붙여, 자끄 엘륄이 명석한 선지자의 눈으로 소멸을 예고했던 공산당도 마찬가지이다.

실제로 기술 사회는 기성 사회에 문제를 제기하는 모든 운동을 통합하고

---

1) [역주] 엘륄은 소위 '정통파 마르크스주의자'의 주장을 일종의 종교적 원리주의와 동일시한다. 시대 변화를 고려하지 않는 '교조주의'는 역사적, 경제적, 정치적, 문화적 조건들을 무시하고, 결국 절대주의, 집단주의로 이행하기 때문이다. 엘륄은 이러한 마르크스주의 종교 사제들의 혁명 찬가를 정면으로 반박하는 신성 모독적 행동을 감행한다.

2) [역주] 조제 보베(José Bové, 1953-현재)는 프랑스의 농민운동가, 환경운동가, 정치인이다. 식량 자주권 수호를 위해 1999년 프랑스 남부 미요 지역의 맥도널드 체인점을 트랙터로 밀어 버린 사건으로 유명하다. 식량 주권 문제와 세계적 식량 분배 문제, 식재료 가공품 일원화 현상과 같은 문제가 경제-정치적 문제, 환경 문제와 결코 무관하지 않음을 지속적으로 역설하는 활동가이다. 보베 사상의 단면을 엿볼 수 있는 국내 자료로 「한겨레신문」(2004년 9월 13일자)에 실린 대담(홍세화 대담)을 참고하라(http://legacy.www.hani.co.kr)

동화시키는 능력을 보인다. 실로 우리의 예상을 뛰어 넘는 비상한 능력이다. 베르나르 샤르보노3)는 『혁명에서 반란으로』와 같은 해에 출간된 『재결박된 프로메테우스』*Prométhée réenchaîné*에서 이 부분을 매우 탁월하게 전개했다. 샤르보노의 책과 엘륄의 책을 병행해서 읽는 것도 유익한 작업이 될 것이다. 우리는 엘륄과 샤르보노의 우정이 어느 지점에서 서로를 지적으로 풍요롭게 하는지 잘 안다. 자끄 엘륄은 사회적 이의 제기로 국가 권력이 도리어 강화된 부분을 지적한다. 국가는 문화적 공간에서 이들의 항의를 제련하고 그것을 "황소가 뛰어 놀 수 있는" 방벽으로 전환한다. 또한 미디어의 역할과 관련하여, 엘륄은 그것을 단지 반혁명적 오락 매체일 뿐이라 강변한다. 예컨대 사회를 성인물로 물들이는 미디어의 효과는 구성원들의 정신을 체제에 순응시키는 데 중요한 역할을 담당한다. 이 부분에서 우리는 수십 년 후에 도래할 일을 명석하게 증명해 낸 자끄 엘륄의 예리함을 엿볼 수 있다.

혁명적 가치가 서구 세계의 기술 체계에 흡수되고 환원된 상태에 있다면, 제3세계 게릴라 운동은 혁명 모델에 복무 가능한가? 아쉽지만, 그렇지 않

---

3) [역주] 베르나르 샤르보노(Bernard Charbonneau, 1910–1996)는 프랑스 보르도 출신으로 청소년기에 만난 자끄 엘륄과 60년 넘게 우정을 나눈 친구이자 사상적 동지로 지냈던 철학자, 사회학자, 지역사회 운동가이다. 흔히 프랑스 정치생태학(l'écologie politique)의 선구자로 평가받는 인물이며, 생전에는 지성계에 거의 알려지지 않았다. 1930년대부터 에마뉘엘 무니에를 중심으로 결성된 인격주의 운동에 열렬히 가담했지만, 무니에의 현학적이고 파리 중심주의적 운동에 반발하여 고향 보르도에서 엘륄과 더불어 독자적인 인격주의 운동을 전개했다. 실천으로 검증되지 않은 지식의 무용(無用)론을 전제로, 국가, 제도, 체제 등이 개인의 자율성과 자유를 억압할 수 없다는 아나키스트의 시각을 보였고, 수학의 적분처럼 누적되는 무분별한 개발주의, 환경 파괴와 정치적 무능을 통렬하게 비판하고 대안을 모색한 인물이다. 니체, 키르케고르 사상에 영향을 받은 샤르보노는 논증과 해설보다 격언과 잠언, 혹은 예언에 가까운 문체로 시대의 현재와 미래를 날카롭게 벼린다. 최근 세르주 라투슈(Serge Latouche)를 중심으로 전개되는 탈성장(la décroissance) 논의와 맞물려, 자끄 엘륄, 앙드레 고르즈, 코르넬리우스 카스토리아디스, 란차 델 바스토, 장 보드리야르 등과 함께 사상적 원천을 공급한 인물로 재평가되는 중이다. 관련 연구서로 다음 자료를 참고하라; Daniel Cérézuelle, *Écologie et liberté. Bernard Charbonneau, précurseur de l'écologie politique*, Lyon, Paragon V/s, 2006.

다! 이들은 산업 국가, 근대 국가를 모방하는 순진한 꿈을 꾸었을 뿐이며, 혁명 자체를 빈사 상태로 몰아가는 '국가'와 '진보'라는 서구의 신화를 따랐을 뿐이다. 이들이 호소하는 폭력은 사회의 여러 구조를 파괴하고 짓밟았고, 결과적으로 소외를 강화했다. 역사의 흐름을 볼 때, 또한 우리가 사는 21세기 초에, 1972년에 수행한 자끄 엘륄의 이 분석들은 우리에게 확신을 줄 수 있는 분석인가? 아니면, 너무 이른 시기에 적확한 말을 했다는 이유로 비난을 받아야 하는가?

저자의 예리함과 명석함이 빛을 발하는 장은 아마도 3장일 것이다. 프랑스 지성인들과 청년들을 열광의 도가니에 빠뜨렸던 '중국 문화 혁명' 분석이 3장의 주 내용이다.4) 수정주의적 우회 노선과 대척점에 있는 '대중 자발성'이라는 시대적 주제 및 흐름에 반하여, 자끄 엘륄은 문화 혁명에 나타난 선전propagande의 주요한 역할과 마오쩌둥의 미래 예측豫測적 학설에 우위를 부여하는 모습에 주목한다. 엘륄의 진단에 따르면, 중국의 문화 혁명은 마오주의maoïsme 도식의 적용이었을 뿐이다. 다시 말해, 공산주의는 단지 덧씌우기 "틀"에 불과할 뿐, 당시의 최첨단 기술들기술 조작의 승리에 힘입어 중국인, 중국식 변칙과 훈련을 내외 가릴 것 없이 부과함으로 이 도식에 총체적으로 순응된 현상이었을 뿐이다. 자끄 엘륄은 마오쩌둥의 이론적 틀에서 문화 혁명의 내적 모순들을 명확히 드러낸다. 당시 사람들은 어떻게 마오주의자가 될 수 있었는가? 1975년 장 파스칼리니와 뤼돌프 셸민스키가 『마오의 수감』5)을 출판할 때까지, 문화 혁명에 대한 맹목이 거의 보편적 태도였다는 사실을 알아야 한다. 그러나 자끄 엘륄은 그보다 3년 전에 『혁명

---

4) Christophe Bourseiller, *Les Maoïstes. Les folle histoire des gardes rouges français* (1996), Paris, Plon (Points), 2008.

5) Cf. Jean Pasqualini et Rudolph Chelminski, *Prisonnier de Mao*, Paris, Gallimard (Témoins), 1975.

에서 반란으로』를 펴냈다.

자끄 엘륄의 눈에 비친 미국의 "대항문화"에는 두드러진 장점이 없다. 사실 이 대안 운동은 기술 사회의 기본 구조에서 발생한 운동이 결코 아니다. 오히려 기술 사회의 여러 결과물을 토대로 출현한 운동이었다. 우리가 여러 기술적 수단을 취하는 순간부터, 이 수단들이 우리의 운동을 지배한다. 기술 사회는 새로운 디즈니랜드를 소원한 히피들의 꿈을 철저히 이용할 것이며, 히피들은 경영에 필요한 여러 요소들에 적응하고 말 것이다. 오늘날 우리는 수많은 히피들이 '재무 설계사' 및 '다국적 기업 거래상'으로 바뀐 현상을 목도한다.

혁명에 잠재된 망상의 지평 변화를 꿰뚫어 본 엘륄은 다음과 같은 논리적 결론을 내린다. "늙은 두더지"는 죽었으며, 혁명 시대의 문은 닫혔다. 잠재적 혁명이 재분출하는 데 장애물은 내외에 걸쳐 있다. 다시 말해, 기술 체계를 통한 혁명 에너지 재활용 능력, 혁명가 자신의 기술주의적-소비주의적 사고방식, '혁명 순응주의' 등이 바로 그 장애물이다. 제도화를 통해 구축된 기획도 없고, 성공을 장담하는 어떤 희망도 전제되지 않는 자발적, 국지적 '반란'이 있을 뿐이다.

그렇다면 궁지에 몰린 우리의 현 상황을 정당한 것으로 수용해야 하는가? 결국 우리는 '절망'과 '유희' 중에 자신에게 더 맞는 길을 택해야 하는가? 자끄 엘륄의 진술은 이런 선택과 결코 상관없다. 우리의 과제라면, 엘륄의 확신을 독자 스스로 찾도록 돕는 것이다. 그러나 그 확신을 보려면, 자끄 엘륄의 어떤 글을 그의 또 다른 글에 비춰 읽는 작업이 필요하다. 즉, 상호 확장력을 기대하며 엘륄의 모든 글을 동원해 『혁명에서 반란으로』를 복구해야 한다.

자끄 엘륄의 중요 저서58권 단행본, 1,000편 이상 논문, 13,000여 쪽에 달하는 미간행 문서들 가운데 세 종류의 삼부작이 있다. 먼저, 현대 세계의 기술 현상에 집중한 사회학적 삼부작이 있다. 『기술 또는 세기의 쟁점』6), 『기술 체계』7), 『기술 담론의 허세』8)가 그것이다.

둘째, 현 시대와 동격이라 할 수 있는 기술 세계에서 자유의 문제를 기독교 윤리적 시각으로 다룬 성서적, 신학적 삼부작이 있다. 『원함과 행함』9), 『자유의 윤리』10), 『자유의 투쟁』11)이 있다. 마지막으로, 혁명이라는 주제에 집중한 정치사 삼부작이 있다. 『혁명의 해부』12), 『혁명에서 반란으로』13), 『인간을 위한 혁명』14)이 있다. 그러므로 『혁명에서 반란으로』는 엘륄 저작의 건축물에서 매우 특수한 지위를 점한다. 1946년에서 1994년까지 출판된 모든 책들은 양적으로 균등하게 두 부분으로 분류 가능하다. 양자는 상호 변증법적 관계에 있다. 또한 엘륄의 저서들 가운데 앞 서 언급된 2가지 삼부작은 [일종의] 주춧돌 기능을 한다. 즉 기술 사회 비판에 관한 사회학적 서적이 한 쪽에 있고, 자유에 관한 기독교 윤리를 다룬 성서적, 신학

---

6) 자끄 엘륄, 『기술 또는 세기의 쟁점』(대장간, 출간예정); Jacques Ellul, *La Technique ou l'enjeu du siècle* (1954), Paris, Économica (Classiques des Sciences sociales), 1990.

7) 자끄 엘륄, 『기술 체계』, 이상민 역 (대장간, 2013); Jacques Ellul, *Le système technicien* (1977), Paris, Le Cherche Midi (Documents), 2004.

8) 자끄 엘륄, 『기술담론의 허세』(대장간, 출간예정); Jacques Ellul, *Le Bluff technologique* (1988), Paris, Hachette (Pluriel), 2004.

9) 자끄 엘륄, 『원함과 행함』, 김치수 역(대장간, 2018); Jacques Ellul, *Le Vouloir et le Faire, Recherches éthiques pour les chrétiens*, Genève, Labor et Fides (Nouvelle série théologique n. 18), 1964.

10) 자끄 엘륄, 『자유의 윤리1』, 김치수 역 (대장간, 2018); Jacques Ellul, *Éthique de la liberté, 2* tomes, Genève, Labor et Fides (Nouvelle série théologique n. 27-30), 1973, 1975.

11) 자끄 엘륄, 『자유의 투쟁』, 박건택 역 (솔로몬, 2008); Jacques Ellul, *Les Combats de la liberté*, Paris-Genève, Le Centurion-Labor et Fides, 1984.

12) 자끄 엘륄, 『혁명의 해부』, 황종대 역 (대장간, 2013); Jacques Ellul, *Autopsie de la révolution* (1969), Paris, La Table Ronde (La Petite Vermillon), 2008.

13) 자끄 엘륄, 『혁명에서 반란으로』, 안성헌 역 (대장간, 2019); Jacques *Ellul, De la révolution aux révoltes*, Paris, Calmann-Lévy (Liberté de l'esprit), 1972.

14) 자끄 엘륄, 『인간을 위한 혁명』, 하태환 역 (대장간, 2012); Jacques Ellul, *Changer de révolution. L'inéluctable prolétariat*, Paris, Le Seuil (Empreintes), 1982.

적 서적이 다른 한 쪽에 있다. 세 번째 삼부작인 혁명에 관한 정치사적 책들은 사회학 영역에 속한다. 그러나 "혁명"Révolution과 "회심"conversion 개념 간의 어원론적 근접성으로 인해, 혁명 삼부작은 지금껏 한 번도 가보지 않았던 길을 우리에게 열어줄 것이다.

우리는『혁명으로 반란으로』를 혁명 3부작혁명 연구서의 2번째 꼭지로 읽을 필요가 있다. 동시에, 윤리적 측면을 다룬 엘륄의 다른 저서들에만 명시화된 문제, 즉 우리의 자유와 삶에 가하는 '기술 사회'의 영향력에 대한 고유하고, 실질적인 논쟁왜냐하면 정신적 차원이 있으므로을 은연중에 드러내는 글로 읽을 필요가 있다.『혁명의 해부』에서 자끄 엘륄은 역사 과정을 편력하며 '혁명'과 '반란'이 어떻게 구별되고, 동시에 어떻게 대립되는가를 제시했다. 그는 이론적, 교리적 무기를 통해, 그리고 '국가 의존 지향성'을 지닌 조직화와 제도화를 지향하는 경향을 따라, 혁명이 반란의 필사적인 자발성과 결코 무관하다는 점을 제시한다. 그러나 그것은 자유에 다가서는 인간을 가능하게 하는 혁명, 필연성에 대립하는 혁명의 한 유형이며, 자끄 엘륄이 "필연적 혁명"이라 불렀던 것이다. 혁명은 중앙집권적 국가, 관료주의적 국가를 공격한다. 특히, 혁명은 혁명적 국가도 공격한다. 또한 전인미답의 사회를 창출하기 위해, 기술 사회의 심층 구조들에 맞서 궐기한다. 이책에서 독자들은 "필연적 혁명"의 성공 기회가 매우 희박하다는 사실을 확인하게 될 것이다. 물론 그 기회가 전혀 무가치한 것은 아니다.

『혁명에서 반란으로』의 10년 뒤에 출간된『인간을 위한 혁명』에서, 자끄 엘륄은 몇 가지 이러한 예측을 예리하게 전개했다. 엘륄은 저술 당시 프롤레타리아의 상황을 기술하면서 글을 시작한다. 러시아, 중국, 제3세계의 산업화는 전 지구적 프롤레타리아를 양산量産했고, 강제 노동, 무상 노동, 임의 노동아무 때나 사용 가능함을 통해 공산주의 국가에서 배가경쟁 관계로 변모되었다. 그러나 서구 세계에서 기술 사회는 산업 사회를 대체했다. 그 결과 프롤레타리아의 새로운 조건은 기술, 소비, 미디어 매체 활동을 통해 자기 박탈을 경험했으나, 자기 운명을 포괄적으로 충족하는 '현대인'의 조건이 되었다. 이러한 상황에서 가능성 있는 '유일한 혁명, 참된 혁명, 본질적 혁명'은 '비–능력' non-puissance, 15)을 용감하고 과감하게 선택하는 데 있다. 따라서 비–능력은 근본적인 정신적영적 전환이다. 그러한 전환이 혁명의 값이며, 진정성을 보장하는 유일한 길이다.

우리는 사회학적 측면에서 기록된 모든 책의 '변증법적' 대응 주제를 신학적, 윤리학적 측면에서 기록된 책에서 발견한다. 혁명에 집중된 3부작과 관련하여, 그 대응 주제는 『세상 속의 그리스도인』16)와 『현대 세계에서의 왜곡된 현존』17)에 분명히 나타난다. 이 책들은 진정한 혁명을 생활 방식의 심원한 변화를 촉구하는 개인의식의 질적 비약飛躍으로 소개한다. 인격적 개인의 결단만이 혁명적 영향력을 발휘할 수 있는 유일한 길이다. 따라서 학문적 적용에 가능할 세부 프로그램을 우리에게 그려주는 자끄 엘륄을 고대하기란 헛일이다. 달리 말해, 엘륄이 모든 혁명 담론의 부질없음을 고발

---

15) [역주] 엘륄은 '무능력'(im-puissance)이 아닌 '비능력'(non-puissance)을 주장한다. 인간이 기술 사회를 통제할 수 없다는 다소 비관적 전제 하에, 우리가 할 수 있는 것은 결국 '할 수 있음을 할 수 없음'이다. 묘하게도 엘륄은 비관적이고 염세적인 분석(사회학적)의 대안을 종교적 차원(소망), 윤리적 차원(비능력)에서 찾는다. 엘륄 사상을 총괄적으로 파악하기 위해, 변증법적으로 양립하는 두 축을 함께 읽어야 할 이유가 바로 거기에 있다. 그렇기 때문에, 우리는 엘륄을 단순히 염세주의자로 평가할 수도 없다. 엘륄은 철저한 자기 변혁적 삶, 시류에 머리 숙여 사는 노예적 삶에서 과감하게 이탈하라는 '새로운 존재론'을 요구하기 때문이다. 엘륄에게 존재의 이유는 바로 '저항'이다. "나는 저항한다. 고로 존재한다"(Resisto ergo sum)

16) 자끄 엘륄, 『세상 속의 그리스도인』, 박동열 역(대장간, 1992, 2010) ; Jacques Ellul, *Présence au monde moderne*. Jacques Ellul, *Présence au monde moderne. Problèmes de la civilisation postchrétienne* (1948), in *Le Défi et le Nouveau. Œuvres théologiques 1948–1991*, Paris, La Table Ronde, 2007, p. 19–116.

17) Cf. Jacques Ellul, *Fausse Présence au monde moderne*, Paris, Les Bergers et les Mages (Tribune libre protestante), 1964.

하는 한, 우리 의식을 꽉 붙잡고 있는 기술 우상들을 모독하는 한, 그것은 인간 자신에게 인간다움을 회복시키기 위한 길이 될 것이다.

오늘날 자끄 엘륄을 읽는다는 말은 각자의 삶과 행동의 원천을 발견하고, 방향을 바꿔 또 다른 희망을 찾아 나서고, 협잡挾雜의 가면을 벗기는 투쟁을 수용한다는 말과 같다. 그것은 "구글Google이 짜 놓은 세상을 단념"할 수 있는 위험까지도 감수하는 삶의 수용옛날 사람들은 비앙쿠르18)에 대한 단념을 거부했다)일 것이다.

프레데릭 호농 Frédéric Rognon 19)

---

18) [역주] 1913년 프랑스 자동차 회사인 르노(Renault) 공장 노동자들의 투쟁 구호인 "비앙쿠르를 단념하지 말자"(Il ne faut pas désespérer Billancourt)를 가리킨다. 약 4,000명에 달하는 공장 노동자들이 테일러식 노무관리 방식에 반대하며 1개월 반에 걸쳐 투쟁했던 사건이다.

19) 프랑스 스트라스부르대학교 개신교신학과 종교철학 담당교수이다. 주요 저작으로 『자끄 엘륄 – 대화의 사상』, 임형권 역 (대장간, 2011)이 있다.

서론

이 책은 반란과 혁명에 관해 분석했던 『혁명의 해부』*Autopsie de la révolution*를 출발점으로 삼는다.20) 그러나 『혁명의 해부』에서 분석했던 개념들로 회귀하지 않을 것이다.

『혁명의 해부』에서 나는 반란과 혁명을 둘러 싼 무수한 오해를 짚었고, 상대적으로 둘의 차이가 단순하다는 점을 지적했다. 또한 반란과 혁명의 관계도 제시했고, '혁명'과 혁명 운동이 전개되는 '사회'의 개념 자체에 존재하는 관계도 다뤘다. 다양한 사회에서 벌어지는 혁명은 그 내용, 과정, 조건, 대상, 심지어 개념까지도 모두 상이하다. 우리가 포괄적으로 혁명이라 부르는 것과 사회에 부여된 유형의 관계에 대한 분석이 아닌 한 가지 유형론에서 시작할 때, 결과적으로 혁명의 사회학은 불가능할 것이다. 어떤 혁명도 결코 지속적으로 유지되지 못했다. 혁명의 정의나 혁명 현상을 제대로 파악하기 위해, 스파르타쿠스, 스텐카 라친, 크롬웰의 혁명에서 도출된

---

20) 『혁명의 해부』 출판 이후로, 동일 주제를 다룬 여러 저서들이 출판되었다. 특별히 치밀한 분석이 돋보이지만 이내 실망스러운 결과로 이어진 모네로(J. Monnerot)의 『혁명의 사회학』(1969)과 방법론적으로 매우 탁월한 분석을 수행했으나 과도한 감이 없지 않은 배슐레(J. Baechler)의 『혁명의 현상들』(1970)에 주목하자. 후자는 학문적 엄격함을 유지하려는 노력이 엿보이지만, 오늘날 무엇을 혁명이라 할 수 있는지에 관해 더 이상 알기 어려운 현상들까지도 그 범위에 포함시킨다. 이 책에서 배슐레는 거대한 난관에 봉착한다. 즉 혁명이 무엇인가에 관한 사전적 규정 없이 논의를 시작하려 한 그는 학문적 분석을 수행하기 위한 수많은 자료들을 축적한다. 그러나 어떤 기준에 준해 이러한 자료들을 선택할 것인가? 나는 반사회적 현상들(수도원, 산적)을 혁명적 현상으로 생각하는 배슐레의 시각이 의심스럽다! 마지막으로 르파프(P. Lepape)의 『20세기 혁명들』(1970)을 언급한다. 이 책은 탁월한 설명을 포함한 책으로, 20세기 혁명 운동들에 대한 일종의 교과서처럼 보인다. 사회정치적 현실과의 관계에서 혁명의 이론적 토대를 학습하는 르파프는 정확히 마르쿠제의 의미에서 출발점을 찾는다. 혁명의 원동력은 청년과 제3세계라는 그의 시각은 약간 표면적 분석에서 비롯된 것처럼 보인다.

자료들을 누적할 필요는 없다. 또한 '혁명은 특정 사회에서 벌어진 특수 현상'이라는 일종의 공통체共通體를 만들 필요도 없다. 결국 『혁명의 해부』 결론부에서 나는 과연 무엇이 '현재' 우리 사회, 즉 기술과 국가로 구현된 사회에 부합하는 혁명일 수 있는지를 말하려 했다. 그 점에서, 혁명 사회에 속하는 [파리] 코뮌이나 1917년에 대한 명상은 별 소용없다. 혁명이 존재해야 한다면, 반드시 '이 시대'를 위한 혁명이 되어야 한다. 이것이 나의 마지막 분석이었다. 더불어 나는 이러한 혁명이 과연 구체적으로 가능한지를 자문하면서, 이 책 『혁명에서 반란으로』를 시작하려 한다. 우리가 살아가는 공간에서 벌어지는 난제와 갈등의 의미는 과연 무엇인가? 그것은 이 사회를 위해 필요한 혁명, 유일무이한 혁명과 맞물릴 수 있는가? 아니면 이 사회가 이미 누적한 각종 성향들을 확인하는데 그치는 다소 지체된 운동들에 불과한가?

우리가 탐구했던 "혁명의 시기"마다, 혁명의 거대한 물줄기도 예외 없이 장기간 그 흐름을 타다가 결국 시들해졌다. 혁명의 물줄기를 태동시킨 상황이 좌절되었을 때, 그 흐름을 야기했던 문제가 사라졌을 때, 어김없이 혁명의 조류는 사라졌다. 우리는 다음과 같이 자문할 필요가 있다. 오늘날 서구에서 혁명은 여전히 가능한가? 과연 이 세계의 상황이 혁명을 생각할 수 있는 상황인가?

1부 · 혁명가들은 지금 어디에 있는가?

이 질문은 낯설고, 심지어 우스워 보인다. 결국 어디에서도 혁명가를 만나지 못하기 때문인가? 현 시대가 단지 혁명에 둔감하기 때문인가? 이 땅에 존재하는 모든 것이 사회정치적 소요에 휩쓸렸기 때문인가? 그러나 '이 모든 평가는 과하다' 는 표현우리가 도처에서 확인할 수 있는으로 혁명의 '존재와 가능성' 이 전달되는 것은 아니다. 그 이유는 라틴아메리카의 게릴라 활동, 아프리카의 군사 쿠데타, 미국의 흑인 저항운동, 중국 홍위병의 파괴적 행동, 곳곳에서 발생한 학생 데모흔히 우리가 혁명의 전조라고 말하는로는 그 존재와 가능성을 말하기에 불충분하기 때문이다. 우리는 반항, 혁명, 소요, 반란 등과 같은 개념들을 혼동하지 말아야 한다. '명백한 혁명' 과 '실행되어야 할 혁명' 이 있기 때문이다.21) 그러나 우리는 아직 거기까지 나아가지 못했다. 내가 볼 때, 라탱지구le quartier Latin의 장벽들과 '전학연' 22) 조차도, '청년=혁명적' 이라는 등식을 완벽히 보장하지 않는다. 최근 들어, 우리는 옛 도식이 현실에 더 이상 부합하지 않는다는 사실을 분명하게 목도한다.

---

21) 자끄 엘륄,『혁명의 해부』, 황종대 역(대장간, 2013)
22) '전학연'(zengakuren, 全學連)은 '전국일본학생자치회연합'(全國日本學生自治會連合)이다. 1948년에 설립되었고, 일본 공산당과 가까운 시각을 지녔던 이 집단은 학생 생활 복지 조건에 관한 물음을 뛰어 넘는 투쟁에 참여했다. 특히 한국전쟁과 미일보호조약 반대 투쟁을 전개했고, 그 외에도 사회의 주요 시위를 주도했다.

1장 • 혁명적 서구의 종언

1. 프롤레타리아

누구에게나 그 신분이나 공로에 맞게 대우하라.23) 가장 오래된 혁명 계급, 프롤레타리아. 그들은 누구인가? 이 질문은 다음 2가지 질문과 더불어 구체적으로 제기되어야 한다. 첫째, 프롤레타리아는 노동자 계급과 동일한가? 둘째, 노동자 계급은 혁명적인가? 마르크스는 노동자[중심]주의나 가난이 아닌, 사회에 존재하는 어떤 조건을 토대로 프롤레타리아를 규정했다. 그 위대하고 놀라운 도약을 통해, 우리는 "근본적인 사슬에 매어 있는 영역, 모든 집단들을 붕괴시킬 단 하나의 사회적 집단, 보편화된 고통에 시달리는 자들로 프롤레타리아를 그린다. 또한 우리는 이렇게 말할 수 있다. 프롤레타리아는 '특정한 불의'에 시달리는 계급이 아니며, 역사의 이름으로 이뤄지는 선전이 아닌, 인간의 이름으로만 선전되는 '불의 그 자체'에 시달린다. 따라서 프롤레타리아는 특정한 권리를 요구하지 않는 영역이

---

23) [역주] 원어는 "À tout seigneur, tout honneur"이다. '지위에 맞는 합당한 예우를 하라'는 뜻의 프랑스 속담으로, 주로 빈정대는 의미로 사용된다.

라고 말할 수 있다."24) 우리는 부차적인 분석을 동원해 노동자 계급과 프롤레타리아를 결부시킬 수 없고, 프롤레타리아를 노동자에 동화시킬 수도 없다. 프롤레타리아는 조건이며, 노동자는 계급이다. 마르크스 당시에는 노동자 계급이 프롤레타리아였다. 그러나 사람들은 이러한 정체성 지속 여부에 관한 문제를 재빠르게 다뤘다. A. 마르크의 논증이 의미심장하다.25) 그는 다음과 같은 내용을 전한다. 바로 그 시기를 기점으로, 노동자 계급과 프롤레타리아 사이에 단절이 나타났고, "프롤레타리아" 혁명은 노동자 계급이 발전하지 않았던 한 국가에서 승리를 거뒀다. 그리고 서구 유럽과 미국에서 "마르크스주의 프롤레타리아"는 빈사 상태에 빠졌다. 저자는 부르주아 사회에 대항하도록 이 사회에 대한 설명을 탁월하게 전개한다. 또한 '전국노동자행동연대'와 같은 조직은 물질과 급여를 넘어서는 상황 및 생산 과정 내부의 객관적 상황에서는 탄생할 수 없다고 단언한다. 더불어, 어떠한 결정론을 통해서도 나타날 수 없다. 마르크의 결론은 다음과 같다. "도래할 혁명은 오직 프롤레타리아적인 혁명일 것이다. 따라서 바로 우리가 혁명의 주체일 것이다." 우리, 즉 '인격주의 운동'이다. 프롤레타리아 문제는 더 이상 계급 차원의 문제가 아닌, 의식화와 혁명적 의지의 문제이다.

　잠시 멈추고 호흡을 가다듬자. '프롤레타리아 노동자 계급'이라는 오래된 정체성을 고수해 보자. 오늘날 프롤레타리아는 무엇인가? 과연 이 계급은 항상 혁명적인가? 확실히 공산당은 양쪽 언어를 동화시키고, 노동자 계급이 혁명적 미래를 약속할 수 있다는 신념을 고수한다. 최근 공산당 소속의 사상가들은 이러한 노동자의 역량에 의문을 제기할 위험이 있는 모든 분

---

24) 이 구문은 『헤겔 법철학 비판』(Karl Marx, *Philosophie*, Paris, Gallimard [Folio essais], 1998, p. 106)에서 인용했다.
25) A. Marc, « le Prolétariat », *Esprit*, 1933.

석을 비난했다. 질베르 뮈리나 로제 가로디26)는 일체의 동요 없이 1967년 노동자 계급의 혁명적 성격을 제시했다. 더불어 간결하지 않은 설명을 곁들여, 각종 사건들의 대립적 구도를 명료하게 통합하는 작업에 전념했다.27) 기 드보르28)와 같이 명석한 인물도 그러한 확신을 자제하지 않고, 오히려 고수한다. 매우 기이한 현상이다. "산업국의 프롤레타리아는 자신의 자율적 시각과 환상을 완전히 상실"했다고 보는 드보르의 관점은 탁월하다. 그러나 그는 매우 교조적 방식, 즉 일종의 신앙적 태도를 유지한다. "프롤레

---

26) 질베르 뮈리 (Gilbert Mury , 1920-1975)는 1950년대 엘륄이 가르쳤던 보르도대학교에서 활동한 마르크스주의 사회학자이다. 2차 대전 기간에 공산주의 성향의 레지스탕스에 가담했던 그는 1966년 프랑스 공산당(P.C.F.)을 탈당한다. 당시 프랑스 공산당은 그를 "수정주의자"(스탈린주의에 대해 매우 비판적 태도)로 생각했다 뮈리는 '마르크스-레닌주의 혁명 공산당'(P.C.F.M.L.)이 창설된 1967년 말 이후 당과 마오쩌둥 이데올로기를 연결하려했다. 사망할 때까지 그는 이 당의 핵심 인사 가운데 하나였다. 티라나 체제에 대한 지속적 지지를 표명하며, 1972년 '프랑스-알바니아 친선'(Amitiés franco-albanaises)을 창설했다.

로제 가로디(Roger Garaudy)는 1913년 태어난 마르크스주의 철학자이다. 1945년에서 1951년까지, 그리고 1956년에서 1958년까지 공산당 소속 하원의원으로 선출되었고, 1959년에서 1962년에 상원의원에 선출된다. 1956년에서 1970년까지 프랑스 공산당(PCF) 중앙위원회 집행부 위원이었다. 그는 1970년 체코슬로바키아 상황에 대한 소련의 개입을 비판했다는 이유로 당에서 축출된다. 향후 기독교에 귀의하고, 1982년 이슬람교로 개종한다. 1998년 자신의 저서 『이스라엘 정치의 기초 신화』(Éditions de la Vielle Taupe, 1995; Samiszdat, 1996)에서 나치 독가스실의 존재를 부인하는(négationniste) 주제에 대한 지지 표명으로 비난을 받는다.

27) 만일 우리가 1968년 이전 문서들과 1969-1970년 문서들의 관점을 따른다면, '과거에 대해 무조건적 지지를 표명하는 자'(ex-inconditionnel)에게 존재하는 기이한 여러 모순점을 확인할 수 있을 것이다. G. Mury, Les Classes sociales en France, 2 vol., 1963.

28) 기 드보르 (Guy Debord , 1931-1994)는 1957년 설립되어 1972년 해산되는 '상황주의 인터내셔널'(L'Internationale situationniste) 설립자이자 주요 지도자이다. 라울 바네겜(Raoul Vaneigem)과 더불어, 소비 사회가 만들어 낸 문화적 가치에서 출발하여 소비 사회에 대한 급진적 비판을 주도했으며 "일상생활의 영구 혁명"(une révolution permanente de la vie quotidienne) 적용을 기획했다. 우리는 68년 5월 운동에 그가 미친 지적 영향을 부인할 수 없다. 자끄 엘륄의 사상은 기 드보르의 사상과 유사한 측면이 없지 않았다.(1967년 출판된 기 드보르의 『스펙타클의 사회』가 1965년 출판된 자끄 엘륄의 『정치적 착각』에 빚졌다는 점을 지적하는 것만으로 충분할 것이다) 그러나 양자는 기독교 신앙과 관련된 문제에 있어 상호 대립한다.

[역주] 드보르와 엘륄의 국내 번역서: 기 드보르, 『스펙타클의 사회』, 이경숙 역 (현실문화연구, 1996); 자끄 엘륄, 『정치적 착각』, 하태환 역 (대장간, 2011) 논외로, 엘륄은 1960년대 중반 상황주의자들과 긴밀한 관계를 유지했고, 당시 상황주의의 주요 인사였던 기 드보르에게 공동 연구를 제안한다. 그러나 드보르와 그 동료들은 엘륄의 제안을 숙고한 끝에 그의 기독교 신앙을 문제 삼아 거절한다. 훗날 이 사건을 두고, 엘륄은 종교 집단과 이념 집단의 폐쇄성 문제 - 과연 누가 더 폐쇄적인가? - 를 거론했다.

타리아는 사라지지 않았다. 오히려 현대 자본주의가 강화한 소외에 갇혔다. 이들의 존재는 더 이상 환원할 수 없는 지경이다. 자신의 일터에서 모든 힘을 소진한 대다수의 노동자들이 바로 프롤레타리아다. 공장 노동자의 논리적 확장이 프롤레타리아를 강화했듯, 농민의 신분제 삭제 운동도 이를 객관적으로 강화한다. 이러한 프롤레타리아가 계급 실천 의식에서 한 걸음 물러난 것은 주체적 선택이다. 노동자들은 정치적 무기력과 신비화 작업만을 발견할 뿐이다." 그러나 프롤레타리아는 자신의 노동으로 자본주의 사회가 견고해진다는 사실을 알게 될 때, 비로소 자신이 적대적 계급이라는 것을 발견한다. "프롤레타리아는 자기 외부에 결코 머물 수 없는 혁명적 단계에 이른다." 따라서 "프롤레타리아의 비참함에 대해, 양적 개량과 계급 구조적 통합이라는 환상은 자기 불만족에 빠진 이 무산자들의 항구적 치료제가 될 수 없다." 이처럼 드보르는 '프롤레타리아, 즉 조건'이라는 마르크스의 개념을 지지하면서도, 프롤레타리아를 부수적으로 늘어난 노동자 계급으로 보려는 시각에서 벗어나지 않는다. 철학적으로 말해, 드보르는 수용 불가능한 상황에 대한 의식이 결국 혁명 의식을 생산할 것이라는 확신에 차 있다. 나는 철학적 규정이 노동자 계급의 항구적 계급성과 혁명적 상태 유지를 보장 가능한 방식인지 확신할 수 없다. 나는 생활 조건 개량이나 사회 내 기술 집적 현상으로 현실의 근본이 바뀐다고 생각하지 않는다. 그럼에도 관건은 여전히 인간이다. 인간에게 부여된 초인적 자질은 현 시대의 열락에 쉽게 빠지지 않는다. 또한 인간의 혁명적 품성은 보드라운 행복의 불꽃에 쉬이 굴복하지 않는다. 나는 근본적인 조건이 표층적 활동보다 더 결정적이라고 생각한다. 그리스도인들의 신앙 체계도 그와 동일하다. 사실상 우리는 '비합리적 확신' 마르크스에게서 도출했다는 이유만으로 '과학적'이라 불리는 용어 - 의 영역에 있으며, 나는 그것에 만족할 수 없다. 신념 배후에 존재하는 것을 봐야겠으며, 노동자 계급의 혁명적 위엄이 오늘날 어떤 현실을 보여주는지 알아야겠다. 더불어, 프롤레타리아에 대한 이 '두렵고 떨리는 신비' mysterium tremendum의 깊이를 측정해 보려 한다. 나는 '마르크스가 많은 주장을 제기했지만 결코 교조적이지 않았다' 는 평에 동의하지 않는다. 왜냐하면 왜냐하면 마르크스의 주장들은 다양한 사건에 부합했지만, 오늘날 교조적 형태로 변질되었기 때문이다. 나는 실질적 사실을 확인하는 정도에서 멈추려 한다. 우리는 근 2세기 동안 모든 사회의 일부분은 필연적으로 혁명적이었다는 것을 확실히 체험했다. 그 혁명적 체험은 서로 중첩되지 않는 개념들인 "가난한 사람들", "민중", 그리고 프롤레타리아를 통과했다. 마르크스는 계급투쟁에 대해 불분명한 형식을 전했고, 그의 후계자들은 이를 교조, 학설, 필연 체계로 전환했다. 오늘날에도 다음과 같은 확신이 잔존한다. 1 계급과 계급의 관계가 모든 것을 규정한다. 2 혁명의 유일한 길은 계급투쟁이다. 3 프롤레타리아는 언제나 혁명의 운반자이다. 사람들은 마치 사회 계급들이 적절히 규정된 실체들로서 존재하는 것처럼 판단하기 시작한다. 또한 착취 계급인 자본가와 극히 제한된 범위에 머문 프롤레타리아가 선명하게 갈린다고 여긴다. 마지막으로, 현실 사회 내부의 각종 대립은 사실 모두다 계급 간 갈등이며, 노동계는 사회적 반란을 통해 자기 가치를 지킨다고 생각한다. 거꾸로 사람들은 다양한 사태들, 과거 계급들의 해체, 수많은 계층의 형성, 계급과 어떤 연관성도 없지만 다소간 실력을 행사하는 거대 집단들의 출현을 목도하려 하지 않는다.29) 가장 흔하게 나타나는 태도는 문제 제기에 대한 거부이다. 마치 애당초 존재했던 것처럼 행동하는 태도 역시 문제다. 교리는 가설이 된다. 즉 모든 것이 가설적 교리처럼 존재한다. 하나도 변한 게 없다. 그 즉시 우리는 반혁명적이고, 프롤레타리아의

---

29) 아마도 단꿈에서 깨어난 것에 대한 아쉬움일 수 있다. 그 꿈 가운데, 세르주 마예와 같은 지성적 작가도 『노동자 권력』(Le Pouvoir ouvrier, 1971)에서 1968년 이후 노동자 발전에 관해 문자 그대로 맹신적인 해석을 시도하고, 아집을 꺾지 않는다.

동력을 약화시키고, 이들을 분탕질하고, 지배 계급의 객관적 지지자로 바뀐 것 아니냐며 섣부른 의구심을 제기할지 모른다. 그러나 아직은 아니다! 레닌의 말처럼, 가장 반혁명적인 태도는 구체적 현실에 대한 선험적 교리의 지배를 방기하는 것 아닌가? 혁명의 필연적 실패를 견인하는 요인은 다음과 같다. 실패는 현재 일어났다고 확신하는 데 반해, "시간은 시간이니까 가변적이다"라는 말을 제대로 이해하지 않고 그저 과거의 것을 반복, 재생산하는 과정에 현재를 밀어 넣는다.30) 더욱이 우리는 계급투쟁에 관한 동일한 신념을 가진 이들이 내적 모순의 희생자라는 점을 확인한다! 이들 중 상당수는 계급과 투쟁에 관한 언급을 지속하지만, 동시에 프롤레타리아 국가와 자본주의 국가의 분리를 허용한다. 지난 10년 동안 "계급" 분리는 더 이상 마르크스 시대의 것이 아니라는 말은 진부해졌다. 그리고 경제 발전을 이룬 소위 선진국에서 계급투쟁은 더 이상 존재하지 않는다. 이제 계급투쟁은 사회 부유층을 겨눈 저개발국 민중들의 일이다. 혁명적 "계급?"은 가난한 민중, 옛 식민지의 피지배자, 세계 제국주의로 인한 비참한 상황을 통해 구성된다. 나는 이 문제를 탐구할 것이다.

＊＊＊

노동자의 '부르주아화'에 대한 논의로는 충분치 않다. 부분적으로 옳으나, 전체를 설명해주지 못한다. 또한 현 시대에 그러한 뒤범벅이 시작된 것도 아니다.31) 기술 사회로 강력히 통폐합된 사회에 존재하는 노동자 연대가 결국 만민의 이익 공동체를 건설한다는 주장도 보장하기 어렵다. 산업

---

30) [역주] 시대와 그에 따른 여러 사회적 조건의 변화에 민감하지 않고, 과거를 박제화하여 현재에도 반복, 재생하려는 폐쇄적 태도를 꼬집는 말이다.
31) 자끄 엘뢸, 『부르주아의 변신』(대장간, 출간예정)

국의 프롤레타리아 혁명 의식은 지속적으로 약화된다. 왜냐하면 '복지 국가' Welfare State는 앞에서 누차 언급한 계급 갈등을 중단시킬 수 있고, 행복에 대한 선전으로 혁명 의지를 꺾기 때문이다. 반복적이고 진부한 말이지만, 정확한 말이다. 마르쿠제32)는 이 말을 무려 101번이나 반복한다. 마르쿠제는 복잡한 전문 용어 하나를 제외하고는 그것에 어떠한 것도 덧붙이지 않았다.33) 그는 견고한 사회학적 분석들로 노동자 계급이 단결과 연대를 보이지 못하고 이리저리로 갈라진 현실을 적나라하게 드러낸다. 실업자들, 최저 임노동자들, 저임금 외국인 노동자들이 존재한다. 그러나 이들은 실제 정치적 기획에 있어 그다지 유용하지 않다. 이들은 '프롤레타리아적'이지만, 별로 혁명적이지 않다. 최근 이러한 "하위 프롤레타리아"에 관한 탄탄한 분석34)은 이들의 사회적 태도와 행동은 통상 수동적이고, 노동에 무관심하며, 시대착오적 습성을 보이는 정신구조, 변혁 의지의 부재, 사회적 순응주의와 보수주의로 이뤄진다는 점을 보여준다. 덧붙여, 기껏해야 빈곤 과잉으로 불거지는 국지적 반란, 혹은 수공업 노동자 집단 정도에서나 기대 가능한 사회적 소요에 기대를 걸 수 있을 뿐, 진정한 의식화에 대한 희망도 크지 않다. '장기간 동안 유지되는 혁명적 의식화'의 의미는 무엇인가? 지금은 탈피했지만, 과거에 겪었던 비참함, 저질적 생활수준을 여전히 잊지 않는다는 말이다. 생활수준의 개선 과정에서도 혁명 의식은 발전할 수 있다. 이 의식은 걸림돌과 같은 과거의 숙명을 먹고 자란다. 동시에 현실의

---

32) 헤르베르트 마르쿠제 (Herbert Marcuse , 1898–1979)는 독일계 미국 철학자이자, 프랑크푸르트학파 일원이다. 나치의 발흥으로 미국으로 이주했다. 그의 주요 저서로 『에로스와 문명』(1955), 『일차원적 인간』(1964), 『문화와 사회』(1965)는 마르크스주의와 정신분석학을 결합한 방식으로 소비사회를 신랄하게 비판한다. 이 저서들은 68년 5월과 향후 수년 간 발생할 학생 운동에 강력한 영향력을 발휘한다.

33) Marcuse, *L'Homme unidimensionnel* (p. 73 이하)와 *Communication à l'Unesco*, 12 mai 1968.
　[역주] 국내 번역서로 다음 자료를 참고하라; 마르쿠제, 『일차원적 인간』, 박병진 역(한마음사, 개정판 2009)

34) J.–P. Labbens, *La Pauvreté dans la société industrielle*, Études sur les Français miséreux de la banlieu parisienne, 문학박사 학위논문, 1968.

잠재성을 가능케 하는 여러 가능성과 동반 성장한다. 혁명 의식은 인간 이하 취급하는 현실 조건과 확실히 단절하면서 풍요로워진다. 우리는 바로 거기에서 승리했다. 그러나 곧바로 다음과 같은 발전으로 이어졌다. 상황은 개선되고, 혁명 의식은 전문용어 혹은 전통이 된다. 사람들은 언제나 혁명을 말한다. 그러나 '혁명의 실행'은 더 이상 이뤄지지 않는다. 혁명은 이상과 신화가 되었다. 더 이상 열정과 희생이 아니다. 서구 노동자 계급의 상당수가 바로 이 단계에 진입했다. 그리고 우리는 더 이상 특정 계급에 관해 말할 수 없다. 그 이유는 관심사가 다양해졌기 때문이다. 프랑스의 경우, "유복한" 노동자와 사회적 빈자는 3배 이상 차이난다. 그들은 능동적 혁명 의지의 단계를 뛰어 넘었다. 현실 서구 사회에서 프롤레타리아의 상황은 이제 1860년의 독일이나 영국 노동자들의 상황과 무관하며, 제정 러시아 시대 농민들의 비참한 상황과도 무관하다. '프롤레타리아는 프롤레타리아 되기를 멈출 수 없을 것'이라는 마르크스의 논제는 절대적 빈곤화에 대한 공산당의 교조적 긍정에도 불구하고, 상당한 오류를 드러냈다.

물론 "소외"나 "착취" 상황을 부정하는 문제가 아니다. 노동자는 언제나 소유주에 의존하고, 자본주의와 관련해 항시 동일 조건에 있다는 것은 자명하다. 그러나 그에 관해 마르크스가 도출했던 것을 오늘날에도 똑같이 도출하기 위해서는 자본주의의 사유재산이 항상 동일한 '역할'을 한다는 내용을 증명해야 한다. 그러나 탁월한 논증을 거치지 않더라도, 오늘날 사유재산과 똑같은 힘을 소유에 부여하거나 자본주의 체제의 핵심 역할을 사유재산에 부여하는 것은 더 이상 불가능하다. 기술 생산에서 금융 자본의 역할은 결코 줄어들지 않는다. 경제 구조가 바뀌었으며, 그것을 입증할 수 있는 가장 좋은 방법은 그 반대 현상을 증명하는 것이다. 그러나 이는 마르크스 경제학자들의 난관이다.35) 현실의 법적 구조, 생산량, 생산과 분배

---

35) 망델의 난해한 논증을 일례로 참고하라; Mandel, *Traité d'économie politique*, 1964.

의 순환, 기술 성장 변화와 더불어 사유재산의 효과는 더 이상 법적 생활이나 사회적 삶에 결정적 요소가 아니다. 다른 사람들과 비교했을 때, 더 이상 노동자를 소외된 계급이라는 부르기도 어려운 시대이다. 그러나 노동ㅈ자본주의의 구조노동-상품 체제와 생산-상품 체제와 완전히 다른 것 때문에 소외되었다. 노동자는 언제나 착취를 당한다. 그러나 그것만으로는 마르크스가 단순 경제 체제에서 도출한 것 이상의 정밀성을 갖춘 결과물과 기본 방향성을 끌어내기 어렵다. 노동자가 이윤 순환 구조에 동화된다면, 거기에서 지속적으로 추출될 수 있는 결과는 다음과 같다. 노동자는 더 이상 수익 분배에서 유일하게 배제된 존재가 아니다. 노동자는 상인이나 관리와 동일한 자격으로 자신의 상황을 이용한다. 노동자는 다른 사람들처럼, 자본주의적이기 전에 전문화된 기술 사회에 흡수되었다. 또한 생산 활동에 앞 서 먼저 소비 사회에 흡수되었다.36) 노동자는 거시 사회에 참여한다. 오늘날 노동자의 주 관심사는 사회에 집중된다. 노동자 자신의 문제를 해결하는 길은 '발전'이다. 발전이 두드러질수록, 노동자가 점한 분야들 간의 분배가 더욱 용이해질 것이며, 다른 분야 때문에 나타났던 좌절감도 줄어들 것이다. 노동자 계급은 사회적 풍요를 부정하지 않는다. 또한 욕구들의 체계와 연결된다. 이 관점에서 사태를 다루는 마르쿠제의 분석은 일리 있다. 마찬가지로, 노동자 계급 사이의 대립, 노동 여건, 무비중 노동, 사내 위계질서에 맞서는 노동자들의 항의가 혁명적이지 않을 가능성을 탐색하는 마르쿠제의 시각도 예리하다. 덧붙여 그는 노동계에서 노동자가 획득한 기득권

---

36) 서구 노동자가 어느 지점에서 우리 사회 안에 통합되었는지 이해하기 위해서는 '아르지리 에마뉘엘'의 탁월한 연구서를 읽어야 한다. Arghiri Emmanuel, *L'Échange inégal* (1969) 그는 이러한 프롤레타리아들이 제3세계의 제국주의적 착취와 연계되어 있고, 결과적으로 프롤레타리아 국제주의는 존재할 수 없음을 명시한다. 제3세계의 민중 봉기는 서구 노동자들의 지원을 기대하지 말아야 한다. 결과적으로 식민주의의 최대 수혜자는 자본가가 아닌 프롤레타리아였다. 내 시각에 에마뉘엘의 이러한 논증은 괄목할만한 것이다. 그러나 그의 생각과 달리, 나는 혁명적 전위를 재앙이라고 생각한다!

표출 문제도 간과하지 않는다. 물론 나는 마르쿠제의 주장에 기대 복지의 효력들을 과대평가 할 생각은 없다. 그러나 "과거의 자본주의 체제에서 프롤레타리아는 사실상 짐 운반용 가축에 지나지 않았다"는 말은 옳다고 본다. 이들은 천대와 가난 속에서도 육체노동을 통해 생필품과 소비품을 마련했다. 이처럼 프롤레타리아는 사회에서 거절당한 생명체였다. 역으로 기술 사회의 진보적 영역들 내부에 편입된 노동자는 이해 불가한 방식을 거부하면서 산다. 사회적 노동 분할에서 등장하는 타자들사실상 대상처럼, 노동자는 기술 공동체에 동화되는 중이다. 자동화가 대성공을 거둔 분야에서, 기술 공동체는 인간의 원자를 원자력 작업에 동화시키는 것처럼 보인다.37) 지금 우리는 '복지 문제'에서 '기술 체계가 반대하는 사회적 범주들의 일치 문제'로 이행했다. 기술 성장에 발맞춰 구성된 사회의 구조들에 들어왔기 때문에, 노동자에게는 통일성은 없다. 또한 노동자는 사회에 완전히 동화된 존재도 아니다. 단지 사회경제적으로 유리된 파편들이다. 자본은 취약하고 허술한 관계망에 노동자들을 묶어 놓았다. 그러한 사회에서 나타날 수 있는 반목에 대해, 노동자들은 더 이상 같은 반응을 보이지 않는다. 지금은 그런 시대가 아니란 뜻이다. 사회는 더 이상 자본의 기능처가 아니다. 막강한 흡수력을 바탕으로 활동하는 기술이 온 사회를 점유했다. 다시 말해, 노동자가 새로운 형태의 사회공통 목표를 수용하는 사회에 속했다는 말은 노동자 계급의 쇠퇴와 동의어이다.

객관적 상황 변화는 없었고, 실제로 그 변화에 대한 인식, 느낌, 체험 여부와 상관없이, 프롤레타리아는 언제나 프롤레타리아라고 항변할 수 있다. 그런데 이 비밀스러운 객관성 문제로 어디에 이를 수 있을지가 미지수다. 마르크스는 즉자卽自, en soi적으로는 A 계급에서 B 계급으로의 이행을

---

37) 이 내용과 관련해 마르쿠제의 『일차원적 인간』, 박병진 역 (한마음사, 개정판 2009), p. 쪽에서 인용했다. ('(프랑스어판 51쪽)

위해, 대자對自, pour soi적으로는 계급투쟁을 위해 의식화가 필요하다고 역설한다.38) 의식화가 '일어났다.' 그리고 그 의식화는 [존재] 조건의 변화로 인해 종결된다. 마르크스가 프롤레타리아의 조건으로 제시했던 것은 1900년의 노동자가 이해하고, 느끼고, 체험하는 것이다. 그러나 그것은 이미 극복되었다. 어제의 현상에 대한 의식화 작업은 더 이상 아무런 구실을 하지 못한다. 즉 노동자는 새로운 자기 소외를 의식하지 못한다. 의식화는 새로운 체제에서 노동자가 크나큰 행복을 누리는 것만큼이나 어려운 일이 될 것이다. 불행한 자들에게 '자기 행복의 근원을 의식하라'는 말이 상대적으로 더 쉬울 것이다. 미래의 행복과 발전은 추구하는 자들은 상대적으로 의식화에 무관심하다. 또한 이들에게 의식화 대상도 모호하고 정체불명이다. 아니면 추상적 현상에 대한 의식화를 이야기한다. 많이 양보해봤자, 의식화 불가능한 사건에 대한 의식화 작업을 요구하는 셈이다. 한 편, 노동자는 삶에 불편한 요소들을 의식할 수 있다. 노동 현장의 위험 부담을 일단 줄여야 한다. 급여의 낙폭도 없애야 한다. "작업 속도"도 줄여야 한다. 그러나 이러한 내용은 개혁적 의식화다. 혁명적 의식화가 아니란 뜻이다. 그렇지만 현실적 구조와 "인간다운 삶을 추구하는 인간"에게 다른 가능성은 없다. 총파업 투쟁은 더 이상 소렐39)이 생각했던 식의 투쟁이 아니다! 총파업은 더 이상 세계의 파멸을 위한 죽음의 투쟁이 아니다. 그것은 새로운 실익을 위해 엄격함을 누그러뜨린 압박 수단이다. 또한 나는 이것을 단순히 전술적 작

---

38) 마르크스에 의하면, 사회 계급을 대립적인 한 계급과 다른 계급 사이에 나타나는 투쟁을 위한 효과적 실재로 생각하는 것으로는 불충분하다. 달리 말해, 피착취자 역시 자기 계급에 대한 고유한 관심을 갖고 계급투쟁에 참여해야 한다는 점, 계급투쟁 없이는 어떤 것도 형성되지 않는다는 점을 의식해야 한다. 이에 관해 다음 자료를 참고하라. 자끄 엘륄, 『마르크스 사상』, 안성헌 역 (대장간, 2013), 279-284쪽.

39) 조르주 소렐 (Georges Sorel, 1847-1922)은 프랑스의 사회학자, 역사가, 혁명적 조합주의 노선에 있던 사회주의 비평가이다. 1908년 『폭력에 대한 성찰』[이용재 역 (나남, 2007)]이라 명명된 책에서, 소렐은 프롤레타리아 폭력을 제고(提高)하며 자본주의 착취에 대한 유일한 해결책으로 '총파업' 원칙을 옹호한다. 이와 관련하여 다음 자료를 참고하라. 자끄 엘륄, 『마르크스의 후계자』, 안성헌 역 (대장간, 2015), 53-65쪽.

업이라고 말하지 않을 것이다. 또한 소렐의 총파업 투쟁은 권할만한 수단은 아니었다! 엄밀히 말해, 투쟁을 원하지 않는 집단들에게 전략적 상책上策을 적용하는 것으로 결코 성공할 수 없다. 노동자들은 만족하지 않겠지만, 이것만으로 급진적 투쟁의 발발은 충분치 않다. 사실, 프롤레타리아 노동자는 현 사회 내부에 동화되었고, 그 명맥도 둔화되는 중이다. 나는 혁명적 계급으로서의 행동을 언급하는 데 그치지 않을 것이다. 혁명적 계급이 '되는' être 것까지 이야기할 것이다. 마르쿠제는1930년 이후 소비에트 마르크스주의의 구상을 진두지휘했던 주요 사건은 자본주의 국가들 안에 있는 노동자 계급의 혁명 정신의 감소라고 생각했다.40) 마르쿠제의 분석은 크게 빗나가지 않았다. 이러한 학적 이해에 앞서, 현실화는 소련에서 이뤄질 것이다. 혁명 의지와 행동의 부재, 심지어 혁명적 존재의 부재는 1968년 5월에서도 분명하게 드러난다. 우리는 1968년 5월에 "자기 주체성으로 무장한 프롤레타리아들이 자발적으로 투쟁에 돌입했다"라는 해석과 "이 프롤레타리아들이 일으킨 폭력의 심연에는 지배 질서를 향한 직접적 저항, 극렬한 분노가 있다"라는 해석을 잘 안다. 이 해석에 따르면, 프롤레타리아들의 승리는 결국 "역사의식의 지연" 때문에 가능하다. 역으로 이들의 실패는 일관되고 조직적인 이론 때문일 것이다. 따라서 우리는 다음 내용에 대해 긍정할 수 있다. "프롤레타리아는 통합되지 않고, 현대 사회에 혁명을 일으킬 수 있는 주체로 잔존한다."41) 나는 이러한 설명에서 이중적 오용을 발견한다. 이 설명은 한 편으로, 5-6월에 보였던 온순하고 소심한 프롤레타리아의 행동을 지나치게 과대평가하고, 다른 한 편으로, 5월 사건에 가담했고, 소비 사회에 완전히 동화된 프롤레타리아들프롤레타리아 조합이 아닌이 초기부터 주장했던 목표에 대해 고찰하지 않는다. 다양한 색으로 거리를 물들

---

40) 마르쿠제, 『소비에트 마르크스주의』, 문헌병 (동녘, 2000)

41) Vienet, *Enragés et Situationnistes dans le mouvement des occupations*, 1968.

인 벽화는 심각한 문제가 아니다. 단지 내일이 없는 조야한 모험일 뿐이다. 그것은 이 기간 중 노동자와 학생이 단일대오가 되었다는 주장을 멈추지 않는 탁월하고 능구렁이 같은 낭만주의자의 이야기다. 정직한 지도자들은 다음 사실을 인정해야 한다. '몇몇 노동자들은 최저 계급자라는 이름으로 시위에 가담했고, 시위에 나선 청년 노동자들은 청년으로서, 동시에 노동자로서 행동했다. 또한 이 경우 대부분의 노동자들은 학생 진영 바깥에 있었고, 때때로 폭력 사태를 일으키기도 했다.' 노동자들의 침묵과 지연이 '노동총동맹'과 '공산당' 개혁의 결과였다는 것에 대한 믿음은 분명 오류이다. 오히려 노동총동맹과 공산당은 실제로 노동자 대중 정신에 충실했다. 이들은 운동을 질식사시킨 조직이 아니다. 운동 의지가 없었을 뿐이다. 혁명을 비껴갔던 것은 자기 진영을 이끌 던 관료주의가 아니었다. 여러 진영의 하부 조직에서 적극적으로 의지를 표명했을 때, '그르넬 협약' Des accords de Grenelle으로 완전히 회귀하게 된다. 그러나 이들은 자신들의 조합장을 재차 부정함으로 협약을 거부한다. 거부 이유는 혁명적 동기도 아니었고, 조합원들의 배신도 아니었다. 도리어 다른 물적 조건들을 획득하는 데 있었다. 하부 조직이 표명한 그르넬 협약 거부와 그 동기야말로, 내가 볼 때 노동자 계급 내부의 혁명 의지 소멸의 가장 확실한 증거다.42) "산업 프롤레타리아는 사회 혁명의 전위대가 아니었다. 이 프롤레타리아는 후위에 처진 무거운 문이었다. 1968년 5월에 사회를 지면에 밀착시켜 둔하게 만들었던 것은 바로 프롤레타리아의 태도, 수동성, 무기력, 경제적 요구가 아니면 관심

---

42) 1968년 5월 노동자 계급의 편성 문제와 자발성 부재에 관해, 풍성하고 구체적인 자료를 들어 분석한 다음 자료를 참고하라; J. Frémontier, *La Forteresse ouvrière: Renault*(Fayard, 1971) 이 책은 개혁 노선으로서의 발전과 새로운 노동계급의 출현을 상세하게 논한다. 마찬가지로, 1969년 11월에 소프레스(S.O.F.R.E.S.)가 실시한 여론조사 결과도 무시하지 말아야 한다. 이 조사는 프랑스 인구 각계각층에서 드골 정권의 출발을 후회했던 집단이 바로 노동자들(53%, 반면 드골 정권의 출발을 후회하지 않는다는 입장은 37%였다!)이라는 사실을 보여주었다. 심각한 위기 사태를 맞아, 노동자의 44%는 부르주아의 21%에 맞서 드골의 귀환을 희망했다!

을 두지 않는 태도였다. 혁명의 시계가 이 시간에 멈춰야 한다면, 1968년 5월에 가장 보수적이고, 신비적이며, 현대 관료적 자본주의의 올가미와 속임수에 포획된 집단은 노동자 계급이었다고 말해야 할 것이다. 이 계급의 유일한 목표는 소비 사회에서의 처우 개선이었다. 심지어 노동자 계급은 이러한 처우 개선이 자율적 활동을 통해 이뤄질 수 있으리라 상상하지도 못했다. 집단적, 사회학적 이미지는 순수하다. 즉 노동자들은 몸을 이끌고 광장에 나타나지도 않았다. 파업이 시작된 지 2~3일 후, 공장 점거는 본질적으로 투쟁적인 공산당과 노동총동맹의 점거로 바뀌었다." 저자는 자기 판단을 다음과 같이 일반화한다. "한 세기 전부터 사회를 타격한 프롤레타리아의 행동은 사회를 뿌리부터 바꿨지만, 오늘날까지 사회를 혁명하기에 여전히 불충분한 상태다. 프롤레타리아는 이러한 요소들과 원리들새로운 문명에 대한을 통합할 수도 없고, 제정할 수도 없으며, 유지할 수도 없다. 비정형적 단계를 극복하기 위한 실천에 가담할 때마다, 프롤레타리아는 여러 유형의 지배 문명 제도와 실천 양태, 표상 도식에 재차 빠진다."[43] 쟁점은 프롤레타리아의 부르주아화가 아니다. 오히려 더욱 심오한 현상이 쟁점이다. 즉 기술 사회에 완전히 동화된 프롤레타리아, 기술 사회에서 더 이상 혁명적 역할 수행이 불가능한 프롤레타리아 현상이 핵시문제다. 이 역할이 불가능한 이유는 다음과 같다. 프롤레타리아는 착취로 인해 '주적'이라 명확히 규정된 부르주아 계급과 더 이상 조우하지 않는다. 계급투쟁과 프롤레타리아 혁명을 해석하는 공식을 유지하는 일은 신화들과 함께 기능하는 것, 순수 이상적 혁명을 구축하는 것, 토대 없는 희망을 낳는 것이다. 세간의 큰 이목을 끌지는 못했지만 중요한 한 논문에서, 카이우아는 당대인들이 참

---

43) Coudray, *La Révolution anticipe* (in La Brèche, 116-133) 이러한 엄격한 판단을 내린 저자는 분명 반(反)프롤레타리아적이지 않고, 반혁명적이지도 않다. 도리어 그 반대다! 그러므로 이전 분석들을 수긍하는 저자의 판단은 매우 중요하다.

혁명이라 생각할 수 있는 것조차, 오늘날에는 그 흔적을 감췄다고 주장한다. 1968년 5월 노동자들은 다차원적 폭동이나 전복적 행동을 기도하지 않았다. 그러나 이러한 폭동이나 전복적 행동은 노동자들에게는 매우 쉬운일이다! 역으로 노동자 세력은 이러한 행동에서 도출 가능한 장점에 신중히접근하면서, 거기에서 나오는 여러 이점을 누렸다. 이들은 "점차 자신을 비참하고 모욕적인 사회 쓰레기로 여기지 않았다." 사회의 일원으로 편입된것이다. 혁명을 움켜 쥔 노동자 계급은 더 이상 혁명적 모험을 추구하지 않는다. 1968년 5월. 우리는 이 날을 프랑스 계급투쟁 종료일, 권력 투쟁과 격한 갈등을 배제하되 현행 제도권에 안착하는 평화적, 경쟁적 공존으로 계급투쟁을 대체한 날로 비준 – 거의 공식적으로 – 할 수 있을 것이다.44) 사회 구조들의 근본적 변화라는 의미에서, 그리고 심오한 재구성 및 옛 것들의 소멸을 통한 새로운 대립각 형성이라는 의미에서, 참 혁명이란 노동자계급의 이러한 진보적 '동화' assimilation일 것이다. 분명 그것은 화려하지 않다. 그러나 열기만 가득할 뿐 별 소득 없는 소규모 거리 집회에 비한다면, 그 중요성은 그리 작지 않다. 노동자 계급은 방법론적 투쟁을 전개하고, 외교 노선 및 압박, 이 사회에 통합 가능한 매체를 동원해 투쟁한다. 이 계급은 구축된 구조, 사회적 역할의 전술적 혹은 명시적 규칙들이 결합하는 구조들 속에서 "동결"되었다. 그러나 총체적이고 폭력적 전복이 갖는 역사적의의에 비춰 혁명 개념을 생각한다면, 노동자 계급은 더 이상 혁명적이지않다. 우리는 이들에게 더 이상 1798년이나 1917년의 새로움을 기대할 수없다. 혁명은 이 계급에 의존하지 않는다!

＊＊＊

---

44) Caillois, « La Révolution cachée », *Le Monde*, Janvier 1969.

그러나 선의지로 충만한 마르크스주의자들은 갈기갈기 찢겨진 돛을 다시 깁고, 조각들을 재再봉합하며, 새로운 형식을 찾아 나선다. 이들은 과거의 유의미한 요소들을 보존하며 이 작업을 수행한다. 중하위 계급이 지속적으로 프롤레타리아로 전락하는 경향을 다룬 마르크스의 저작들을 출발점으로 삼은 이들은 새로운 노동자 계급, 진정한 프롤레타리아, 혁명 담지자로 등장한다. 세르주 마예45)가 주장하고 뤼시앙 골드만46)도 지지한 "신노동계급"이 바로 그렇다. 골드만의 경우, 이 표현보다 "중간 계급 임노동자들의 새 보금자리"라는 표현을 더 선호했다.47) 그 이념은 본질적으로 단순하다. 계급으로서의 노동자 계급은 해체된다. 분명한 사실이다. 또한 노동자들은 임금 철칙의 사슬에서 벗어난 듯 보인다. 또한 다른 집단과 비교했을 때, 고전적 의미의 노동자들이 차지하는 비율은 점차 감소한다. 그러나 우리는 이전에 몰랐던 새로운 가담자들을 본다. 물론 이들도 프롤레타리아다. 그러나 이 프롤레타리아는 노동자들 중에 재구성, 재배치되지 않는다. 그럼에도, 이들은 프롤레타리아과거, 세계 도처에서 익명의 그리스도인을 찾으려는 그리스도인들의 유명한 시도를 흉내다. 이들은 과거 부르주아적 수준, 때때로 최고 수준으로 생활하는 전문가, 기술자, 관료, 사회복지사, 중간 및 하급 임원, 행정가다. 더불어 자신의 기본 목표로 '기능 수행력 완화'를

---

45) 세르주 마예(Serge Mallet, 1923-1973)는 사회학자이며, 1958년 프랑스 공산당과 의절한 이후 '노동자 자주관리'(autogestionnaire)를 주장하며 "신좌파" 건설에 주력했던 중요한 정치이론가 중 하나다. 사회주의연합당(P.S.U.) 창당에 기여했으며, 이 당의 주요 지도자였다. 1969년 재판된 그의 저서 『신 노동계급』(Paris, Le Seuil, 1963; rééd, 1969)에는 말레의 시각을 마치 계시적으로 소개하는 것 같은 소제목이 달렸다. 「마르크스주의 사회학을 위하여: 기술 발전은 5월 운동 투신에 철과 같았던 신 노동계급 탄생을 어떻게 이끌었는가? 어떤 의미에서 이 계급은 혁명적인가?」

46) 뤼시앙 골드만(Lucien Goldmann, 1913-1970)은 프랑스 철학자이자 사회학자이다. 마르크스주의와 구조주의의 종합을 시도한 '소설 사회학' 분야의 전문가이다. 세르주 마예가 뤼시앙 골드만에게 미친 영향은 골드만의 마지막 저서에 나타난다. L. Goldmann, *Marxisme et sciences humaines* (Paris, Gallimard, 1970)

47) Cf. Jullien Cheverny, *Les Cadres. Essai sur de nouveaux prolétaires*, Paris, Julliard, 1967.

원하는 급여 생활자, 자신과 무관하게 결정된 의사에 복종하고, 이 의사 결정에 참여하는 의존적 삶을 사는 자들이다. 이들의 생활수준과 무관하게, 우리는 다음 3가지 모습으로 그 특징을 구별할 수 있다. 모든 생산은 이 3가지 형태와 연관된다. 핵심 역할, 축 (1) 이들은 생산수단을 소유하지 않는다. 또한 (2) 이들은 급여 생활자노동자와 마찬가지로이며, 잉여가치 생산에 참여한다. (3) 이들은 어떠한 의사결정권도 갖지 않는다. 즉 소외되었다 따라서 수준 높은 생활을 영위함에도, 마르크스 사상에서 표방한 노동자 계급과 동일시되는 '신 프롤레타리아' 다. 원리상 이들은 노동자 계급 및 프롤레타리아와 연결된다. M. Thorez 48) 프롤레타리아? 분명 혁명적이다! 이들은 자기 역할과 책임 부재 사이에서 '모순된 상태' 에 머물며, 자기 권력현실적으로 어디에도 존재하지 않는과 책임, 역량, 수치상 중요성을 일치시킬 수 있는 때를 반드시 일궈야 한다. 다시 말해, 사회경제적 발전만이 이들에게 중량감과 권위를 부가할 수 있다. 그렇지만 이들은 구시대적 구조들, 즉 자본주의 구조들로 인해 차단당했고, 필사적으로 이 구조들을 넘어서려 할 것이다. 바로 이들의 조건 자체가 그것을 원한다. 이들은 조직화된 자본주의를 거부하며, 현실적인 경제 민주주의를 요구한다. 이 경제 민주주의를 실현하는 실제적이고 유일한 길은 기업들과 사회 기관들의 '노동자 자주관리' 일 것이다. 사회가 부유해질수록, 특수 노동자들의 새로운 보금자리는 단순 기능인이라는 위치를 없애려 들 것이다. 왜냐하면 사람들은 생산을 정밀하게 보장하기 위한 지성과 인식을 수없이 호소할 것이기 때문이다. 이 노동자들은 인류의 전반적 발전을 내포하는 기술 문화에 근접한다. 이들은 친히 조성한 상황에 만족할 수 없을 것이다. 의사 결정 및 경영에 대한 참정권을 요

---

48) 모리스 토레즈(Maurice Thorez, 1900–1964)는 1930년에서 1964년까지 프랑스 공산당 서기장을 지냈다. 1945년 11월에서 이듬 해 1월까지 국가 공공부처 장관을 역임한 후, 1947년 5월 행정부에서 공산주의자 장관을 지내기까지 의회 부통령을 역임했다.

구할 것이며, 경제적 책임을 지는 민주화를 지향하며, 새로운 기술, 경제 구조들에 사회적 관계를 적용하는 방향 등으로 진행할 것이다. 1968년 5–6월 들어 고조된 열기에 편승하여, 일부 경영진은 통상 보이던 순응적 태도를 접고, 사회에 대한 문제를 제기하기 시작했다. 결국 이들은 자주관리체제를 요구했다. 68운동을 기록한 사람들의 대다수가 이 부분을 빠뜨렸다. 그 이유는 일부 경영진이 "임금 차등제와 다른 문제"로 결집했기 때문이며, 사회적 "이의 제기"에 동참했기 때문이다. 그러나 과연 무엇에 대한 이의 제기였는가? 그것은 우리가 한 목소리로 구조 개혁을 외쳤기 때문도 아니고, "경영진–노동자" 관계를 고찰했기 때문도 아니다. 또한 일부 조합 내외에 경영간부협회를 구성했기 때문도 아니고, 혁명 의식의 고양에 관해 말할 수 있기 때문도 아니다. 그 가운데 일부는 한시적으로 자신들이 임금 노동자였다는 사실을 인정마치 이제야 발견한 듯!했고, 재정적 성공이 자신들의 참된 목표가 아니었음을 선언했다. 또한 기업주 중심체제구체제에 대한 문제를 제기했다. 그러나 의식화를 말한 것도 아니었고, 경영진의 범주에 대한 새로운 방향을 설정한 것도 아니었다. 경영진 판단의 오류란 경영진이 기업주의 절대 권위를 거부할 수 있다는 생각과 연관된 오류다. 타당한 말이다. 그러나 이러한 오류 때문에 경영진에서 기술 사회 자체를 거부하는 일은 없을 것이다. 그 이유는 자신의 조건을 통해 기술 사회 완성에만 몰두할 것이기 때문이다. 그러나 기술 사회에는 자신만의 논리가 있다. 더 이상 "소유주가 군주처럼" 군림하지 못하는 사회, 오늘날 인간을 소외시키는 사회가 바로 '기술 사회'다. 고전적 해석에서 이 도식은 간단하다. 즉 가장 중요한 것은 급여 상태의 보존급여 상승과 무관하게 중요도가 매우 낮은이다. "급여 지급자"는 소수인데 반해, 급여 생활자는 다수다. 무산 계급화가 보증되는 지점이다. '기술의 책임적 기능'과 '무책임한 상황'에 모순 의사결정에 참여하지 않으므로 이 나타난다. 2가지 요소의 근접성이 필연적으로 혁명적 계급을 생산한다. 형식적 관점에서 매우 훌륭한 계급이며, 마르크스 사상의 일련 방향과도 상응하지만, '비非혁명적'이다. 경영진-기술자는 이러한 형태의 정부를 거부할 수 있다. 그러나 이들은 사회의 기본적 방향에 관해 문제를 제기할 수 없다. 경영권 관여차후 우리는 자주관리 문제로 되돌아갈 것이다는 신 경제 구조인 "사회적-자본주의적" 경제 구조와 결코 양립할 수 없다. 도리어 그것은 기술 문제와 양립 가능하다. 다시 말해 이 간부들에게 점차 책임 부여의 소지가 높아질 것이다. 덧붙여, 생산 도구들의 소유주가 의사결정 과정을 독식하지 않고, 다양한 분야에 그 과정이 확산될 것이다. 새롭게 부각된 가담자들로 인해, 기술 발전은 기존의 의사결정 중심 구조에 '다양성'을 낳는다. 의사결정 과정을 전반적으로 고려하고, 총괄적 의사결정을 수행해야 한다는 주장이 있다고 하여, 의사결정 과정을 배제하자고 말할 수 없다. 물론 총괄적 의사결정에 모두가 참여하는 그림은 불가능할 것이다. 그것이 불가능할수록 '체제'는 더욱 '기술'과 밀착된 체제일 것이다. 따라서 '핵심부가 주재하는 의사결정'이 아닌 '다양한 의사결정'이 쟁점이라면, "간부들의 참여"라는 발전적 형태는 필연적, 의무적이며, 불가피하다고 말할 수 있다. 이 대목에서 중요한 것은 바로 혁명, 최소한의 체제 변혁이며, 동시에 체제 '발전' développement이다.

가로디는 공산주의적 시각에서 미묘한 차이점을 다음과 같이 서술한다. 경영 간부들과 지성인들을 노동자 계급에 동화시키지 말아야 하며, 중간 계급과의 연합 문제로 비화시키지도 말아야 한다. 그러나 이 간부들과 지성인들은 사회주의 구축 운동에 돌입할 수도 있다. 또한 가로디는 그람시49)가 약술한 "역사적 블록" 개념을 답습한다. 노동자 계급과 간부들은 동

---

49) 안토니오 그람시 (Antonio Gramsci, 1891-1937)는 마르크스주의 이론가이며 1921년 창당된 이탈리아 공산당(P.C.I.) 창당 인사 가운데 하나이다. 이후 당 지도자와 대표가 된다. 무솔리니의 파시스트 체제에 대한 저항으로 1926년에서 1937년까지 투옥된다.

질적이지 않으나, 객관적으로 그리고 주관적으로 동일시되는 "사회적 블록", 자본주의 사회가 이들에게 조성한 공통 조건을 따라 기술된 역할인 '단일한 역사적 역할'을 담당하는 데 상응하고 예민한 "사회적 블록"을 형성한다. 그럼에도 다음과 같은 일반화 작업을 허용하는 것은 결코 아니다. 즉 오늘날또한 프랑스는 그런 일반화를 억제할 필요가 있는 전형적 사례, 범례, 주요 사례다 "관료 집단 내부에 형성된 균열"에 관해 말해야 하는가?50) 우리는 매우 객관적인 방식을 동원해 간부들의 완벽한 반조합주의적, 반혁명적 태도에 대해 기술할 수 있다. 단지 의식화 부재가 쟁점은 아니다. 도리어 조합주의와 혁명이라는 방향성에 대항하는 의식 및 급진적 거부가 관건이다. 간부들은 반反아나키적 반응에 복종하고, 공산주의와 관련된 온갖 고정관념을 수용한다. 혁명적 폭발에 반대해 불평을 표했던 이들에 따르면, "프랑스 노동자 민주동맹C.F.D.T.; Confédération française démocratique du travail의 한 지도자는 피에르 멘데스 프랑스51) 덕분에, 조합에 소속된 간부들이 자기 명함 찢기에 공공연하게 찬성한다. 이들 가운데 다수는 초창기 학생 운동에 부분적으로 공감했다. 그러나 지금 이들은 한 쪽으로 기울어져, 단지 소유의 부정적 면을 보여줄 뿐이다. 이들은 아무것도 주장하지 않는 청년들에 유감을 표한다." 기업 경영 간부들은 미국을 모델로 택하고, "강압적 정치인"을 맞아들일 준비를 마쳤다. 그러나 이 논문의 저자는 다른 쪽에 서서 간부들을 비판하되, 사태 추이를 관망한다. 저자는 간부직 총동맹C.G.C.; Confédération générale des cadres 자체는 감소하지만, 노동총동맹 가입은 상승한다고 주장한다. 그

---

50) J. Dubois, *Le Monde*, mai 1968

51) 피에르 멘데스 프랑스(Pierre Mendès France, 1907~1982)는 급진파 사회주의 정치인이며, 제4공화국에서 수차례 장관을 역임했고, 1954년 6월에서 1955년 2월까지 국회의장을 지냈다. 친(親)드골 정치인에 적대적인 그는 1959년 통합사회당(P.S.U.)에 가담했고, 68년 5월의 사건 과정에서 사회를 뒤흔들 수 있는 힘에 대한 신뢰를 보였다. 확실히 자끄 엘륄은 완벽주의 성향의 멘데스를 가장 근접한 정치인으로 느낀다. 그는 프랑스 정치체제 내부의 조작에 대한 언저리에 서서, 어떠한 환상도 갖지 않았던 정치인이다. 다음 자료를 보라; Cf. Jacques Ellul, « Politique intérieur. Si Mendès était élu... », in *Réforme*, no 1144, 18 février 1967, p. 6.

러므로 "비판적인 좌파" 간부들은 침묵하며, 우리는 이들의 존재를 정확하게 알 수 없다고 주장할 수 있다. 이 논문에서 내 주장에 도움이 되는 중요한 부분이 있다. 저자는 본의 아니게 "간부들이 노동총동맹의 지혜를 신뢰하지 않는다"라고 선언한다. 반정치적이고 반동적인 간부들에 관해 언급하며 내 생각에, 바로 이 부분이 핵심이다. 좌파 간부들이 노동총동맹에 가담한다면, 이 조직이 질서, 환경, 온건한 변혁의 유기체라는 점을 알았기 때문일 것이다. 간부들은 바로 이러한 조합주의, 혁명적 성격을 중단한 조합주의에 가담한다. 다시 말해 혁명적 성격이 멈추는 한에서, 간부들은 조합주의에 참여한다. 간부들은 어떤 것에 대한 의식conscience de을 갖는 집단, 급진적으로 문제를 제기하는 집단이 아니다. 이들은 진보를 추구하되 소폭 행보를 보였다. 도리어 심각한 퇴보를 체험한 쪽은 조합주의였다. 간부들의 혁명적 전환을 원하는 과정에 내재된 '교조적 도식'은 내 논의와 동떨어진 논의다!

그러나 프롤레타리아 간부의 이데올로기는 매우 다른 방식으로 등장한다! M. 슈베르니M. Cheverny가 파악한 의미를 따라가 보자. 계급 투쟁의 중심 위치를 점한 간부들을 분명 프롤레타리아라 부를 수 있다. 이들이 투쟁에 복무할 수 있는 존재로 훈련되고, 이데올로기를 통한 신비화 작업을 통과하며, 친히 구축한 체제에서 자기 박탈을 경험한다는 면에서 그렇다. 그러나 한 세기 전 프롤레타리아가 겪었던 것보다 더욱 세밀하고 민감해진 '소외'가 문제로 부각됨으로 인해, 우리는 명석함, 에너지, 투쟁 의지에 대한 기적이 간부들을 전통 프롤레타리아와 이어줄 수 있는지 확신할 수 없다. 프롤레타리아란 결국 이러저러한 사람들소외 체제 구축 당사자 이상으로 "소외된" 상태일 것이다. 그러나 더 이상 "프롤레타리아"란 말에 동일한 폭발력을 덧붙이지 말아야 한다. 왜냐하면 이 프롤레타리아는 결국 자기 존재에 만족하기 때문이다. 우리가 누군가에게 '프롤레타리아'라는 세례명을 덧붙일 때, 극렬한 단어의 적용이 혁명적 권위를 생산한다고 믿는 마술이 더러 존재한다. 따라서 이 간부들도 프롤레타리아유년기에만 부유했던 무산계급?라고 가정하자. 그러나 이제 이렇게 말해야 할 것이다. 이 프롤레타리아는 더 이상 혁명의 담지자가 아니며, 우리가 기계적으로 생각하는 계급변증법의 일부가 아니다. 세르주 마예의 "이론적 소설"보다 더 심각한 문제는 기술 각료들의 창출이 사회주의와 자본주의를 동시에 포괄하는 메커니즘이라고 본 질라스[52]의 신 계급분석이다. 질라스의 이러한 분석은 옛 혁명적 목표를 평가절하하고 순응주의를 부추긴다.

그러나 노동자가 객관적 자기 조건에 있지 않고, 더 이상 열망, 의식, 새로운 계급의 아바타로 존재하지 않는다는 말이 정확하다면, 전문-기술화된 기술 사회서구 사회에서 존재 가능하지 않은 혁명가가 또 다른 문제로 나타날 것이다.

과연 어떤 혁명 '운동'이 경영 간부들과 밀착 가능할 것인가? 우리가 간부들을 프롤레타리아라 평가하는 순간부터, 간부들은 프롤레타리아 노동자와 함께 연합 관계에 돌입한다. 그러나 우리는 "노동자 운동"과 정당 및 조합 운동을 통해, 노동자가 지도자라는 학설도 익히 안다. 근로자, 노동자가 운동의 지도자다. 그러나 회사에서 간부는 핵심 주체이며, 책임자, 의사결정 주권자, 제반 권력 요소들의 담당자다. 간부가 지도적 위치를 버리고, 백의종군을 바라는 운동에 과연 가담할 수 있는가? 이를 수용할 것이라 어떻게 믿을 수 있는가? 더군다나 다수 주도권 혹은 역량을 통해, 간부들은 노동 운동의 지도력을 확보한다. 과연 간부는 어떤 개혁을 추진할 수 있는가? 과연 이들이 혁명을 향한 길잡이가 될 수 있는가? 마르크스주의 이데올

---

52) 밀로반 질라스(Milovan Djilas, 1911-1995)는 구(舊)유고슬라비아의 작가이자 정치인이며, 티토의 측근이었다. 50년대부터 소비에트 체제에 대한 비판적 시각을 전개했다. 특히 다음 저작에 그의 이러한 비판적 시각이 잘 나타난다; Milovan Djilas, *La Nouvelle Classe dirigeante: une analyse du système communiste*, Paris, Plon, 1958.

로기를 통해 사회 대변혁을 이룰 수 있는가? 과연 누가 그러한 영감을 줄 수 있으며, 누가 그 조건을 조성해 줄 수 있는가? 분명 간부는 전문기술자로서의 자기 위상, 기능, 역량을 갖췄다. 바꿔 말해, 그들이 참여하게 될 혁명은 둔화되고 극복된 자본주의를 불편하게 여기는 자들의 체제기술 체제를 탈피하는 것만 포함하지 않는다. 오히려 그 혁명은 실제 프롤레타리아 혁명에 상응하지 않고, 노동자뿐 아니라 모두를 소외시키는 현실적 주요인인 기술 성장을 발전시키고 합리화하는 데 만족한다.

따라서 오늘날 간부들의 새로운 계급 참여 문제가 대두된다면, 그것은 혁명적 요구가 아닐 것이다. 다시 말해, 현 체제는 전문기술자들의 역할 자체가 요구되는 지점에 이르렀다. 또한 공동 경영經營제 회피가 불가능한 시대가 되었으며, 실권자를 통한 자주관리의 한계에 도달했다. 그러나 그것은 단순히 현실에 대한 '상부구조' superstructure적 추종이 아니며, 사회의 각종 구조, 원리, 절대적 필요, 가치에 대해 거듭 문제를 제기하는 혁명도 아니다. 인류가 제기한 문제들에 관해, 우리는 마르크스의 유명 구절을 충분히 적용한다. 전문기술자의 "문제"가 있다면, 이들이 혁명 계급이 되어서가 아니라 효력을 지녔고, 자기 미덕이나 의식화를 통해 진보한 세력이 아닌 기술 성장으로 나타난 세력이며, 다른 가담자들과의 간극이 있기 때문일 것이다. 즉 전문기술자들과 노동 계급 사이에는 어디에도 공통된 원인이나 이유가 존재하지 않는다. 프롤레타리아는 더 이상 혁명 동력이 아니다. 그런데도 사람들은 혁명 계급을 찾는다. 헛일이다.

2. 청년: 혁명적 세력

지난 몇 년간, 새로운 희망이 샘솟기 시작했다. 즉 우리 사회의 참된 혁명적 범주로 부각된 이들이 생겼으니, 바로 '청년'이다. 청년은 하나의 계급이며, 프롤레타리아다. 청년은 옛 계급 분파에 비해 훨씬 심오하고 급진적인 분파를 우리 사회에 제시했다. 더불어 이들은 배제된 자들로 구성된다. 다시 말해, 사회 변두리로 내몰린 자들이다. 현실적으로 청년은 소외되어 있으며, 모든 사람들 중 극심한 박탈감을 느낀다. 또한 어떤 기능 활동도 하지 않으며, 사회의 여러 인사들에게 낙인찍히고, 박제된 의식을 주입 받으며 '사회 진입 예비교육'을 받는 모델이다. 더욱이 이들에게는 활동 역량도 없다. 그렇다. 청년은 분명 새로운 프롤레타리아다. 이미 '스트라스부르 상황주의자들' des Situationnistes de Strasbourg은 학생 조건에 관해 배포한 전단지에 이 내용을 매우 탁월하게 분석해 놓았다.53)

청년 스스로가 혁명을 일으킬 수 없다는 것은 분명하다. 그러나 청년들은 혁명의 "뇌관"이 될 것이며, 혁명 충동은 사회 통합에 가장 뒤떨어진 이 계급을 통해 부과될 것이다. 이들은 개입할 수 있는 힘과 정치의식을 가졌다. 또한 이들은 최초 행동에서 출발해 세계의 모든 혁명의 잠재력을 불태울 '총체적 혁명'을 기획하기 위한 관계망보다 역동적이고 자유롭다.

따라서 청년이 이끄는 혁명의 우연성을 간파하려는 노력이 필요하다. 일차적으로, 질문의 자리매김이 가능할 수 있을 몇 가지 사회학적 자료에서 출발하는 것이 타당할 것이다. 왜냐하면 이러한 혁명의 물적 조건에 관한 물음이 제기되기 때문이다. 물론 이러한 주장이 매우 진부하다는 것을 안다. 이 점에 대해 독자들의 양해를 구한다

---

53) 여기에서 자끄 엘륄은 「경제, 정치, 심리, 성, 특히 지성적 측면에서 고찰한 학생 사회의 비참함과 그것을 치료하기 위한 몇 가지 방법에 관하여」(De la misère en milieu étudiant, considérée sous ses aspects économiques, politiques, psychologique, sexuel et notamment intellectuel et de quelques moyens pour y remédier)라는 제목으로 배포된 전단지를 암시한다. '상황주의 인터내셔널' 구성원들이 작성한 이 문서 배포는 스트라스부르에서 이뤄졌다. 그것은 무수한 분석가들의 눈으로 수행된 작업이다. 다음 자료를 보라; « l'antichambre de Mai 68 » (cf. Laurent Chollet, *Les Situationnistes. L'utopie incarnée*, Paris, Découvertes Gallimard [Culture et Société], 2004, p. 52–53)

첫 번째 자료로, 청년은 우리 사회의 주요 인구 집단을 이룬다. 인구 통계청에 따르면, 1970년 프랑스 인구의 1/4을 청년이 차지한다. 그러나 동물 사회에서 확인 가능한 생물학적 법칙을 이 대목에서 언급할 필요가 있다. 곧 하나의 집단이 일정한 비중을 넘어서면, 자동으로 폭력 현상 및 내외 전쟁의 대상이 된다. 동물 사회의 경험 및 "동물 사회학"의 경험은 테이야르54)의 시각을 긍정하지 않는다. 다시 말해, '밀집密集化' 현상은 '수렴'이 아닌 '폭발'을 지향한다. 익히 알려진 두 번째 자료는 다음과 같다. 우리 사회에서 청년은 중간 범위를 형성한다. 전통 사회에는 "청년"이 없다. 즉 어린이가 곧 바로 성인사회적으로 이행한다. 성인식을 거치면, 어린이는 젊은 성인이 된다. 다른 성인들과 동일하게 노동, 전쟁, 권리가 그 몫으로 부여된다. 어린이에서 성인으로 가는 중간 여정상당한 기간을 요하는은 사실상 없다. 심지어 로마법에서도 "25세 미만"의 조건은 몇 가지 부차적인 법적 측면에만 관련될 뿐이었다. 그러나 오늘날 청년은 더 이상 어린이가 아니며, 21세가 되었음에도 사회적으로 아직 어른이 아니다.55) 사회적 통합 과정의 둔화로 인해 법적 연령은 종종 사라졌다. 이 중간기를 특징지을 수 있는 것은 과연 무엇인가? 청년은 여전히 어린이 교육에 종속된 상태에 있다. 청년은 생리학적으로 어른이다. 우리는 사춘기 연령이 낮아졌다는 사실을 안다. 그러므로 청년은 아이를 가질 수도 있고, 가정을 이룰 수도 있다. 그러나 사회적으로 청년은 그 상황에 이를 수 없다. 12세에서 14세의 사춘기

---

54) 피에르 테이야르 드 샤르댕 (Pierre Teilhard de Chardin, 1881-1955)는 고생물학자(paléonto-logue)이며 가톨릭 신학자이다. 자끄 엘륄은 종종 명석한 시각으로 테이야르의 주제들을 논했다. 『인간 현상』, 양명수 역 (한길사, 1997)에서 테이야르는 특별히 물질의 '진보적 정신화 이념'을 주장한다. 인간은 이러한 이념의 열쇠이며, 신은 출발점과 종착점, 즉 '알파(A)와 오메가(Ω)'기 될 것이다. 테이야르 사상에 대한 신랄한 비판에 대해 다음 자료를 보라. Bernard Charbonneau, *Teilhard de Chardin, prophète d'un âge totalitaire* (Paris, Denoël, 1963).

55) 독자들은 본서의 기록 시기가 1972년이라는 점을 감안하라. 법적 연령은 1974년 18세로 정해졌다. 그것은 새 대통령으로 선출된 '발레리 지스카르 데스탱'(Valérie Giscard d'Estaing) 정권이 추진한 초기 정책들 가운데 하나였다. 이 정책의 실행으로 자끄 엘륄의 논증이 확인된 셈이다.

를 지나, 사회적 틀에서 자신의 성적 능력을 정상화할 수 있는 나이인 25세까지 기다려야 한다. 그 기간 동안, 청년은 전문 직업 교육 및 지적 교육 과정을 따라야 한다. 이 과정에서 청년은 모델 재료로 이용되며, 사람들이 메우고 싶은 우묵한 용기, 대상 등으로 활용된다. 부모에게 많은 돈을 받아도 우리는 빈번하게 이 부분을 비난하지만, 그것은 부차적 문제다, 청년이 독립할 다른 사회적 여건이 마련되지 않았다. 부모의 돈이지 자기 돈이 아니기 때문이다. 시민 사회의 지원과 장학금으로 유지되는 경우에도 상황은 동일하다. 자신에게 이 돈을 주는 자들의 뜻에 의존할 뿐, 청년은 자기 직업에 기댈 수 없다. 사회적 지위는 청년들이 지닌 잠재력에 응하지 않는다. 청년의 또 다른 특징은 다음과 같다. 이들은 생산 순환 고리에는 '부재' 하고, 소비 순환 고리에는 '참여' 한다. 여기에 큰 괴리가 있다. 이들은 결코 생산에 관여하지 않는다. 사람들은 청년들을 생산에 참여할 존재로 준비한다. 심지어 이미 사무실이나 공장에서 근무하는 청년들의 경우에도, 처우에 대한 차별이 존재한다. 즉 청년 노동자에게 부과되는 처우와 실제 노동 참여자가 아닌 성인들에 대한 처우, 노동 참여자가 아니라는 현실의 극한 좌절을 맛보는 성인들에 대한 처우 사이에는 엄연한 차별이 존재한다. 반면, 청년은 가릴 것 없이 모두 소비자이며, 거대 소비자숫자만 놓고 보았을 경우다. 또한 청년은 반대, 거부, 항의를 통해 원칙적으로 소비 사회의 특성을 유지해주는 단순 '소비자' 일 뿐이다. 학생 운동에 나타나는 "소비 사회"에 대한 증오는 이 소비자가 처한 조건에서 비롯된다. 다시 말해, 청년은 사회를 세밀하고 다르게 바라볼 수 없다. 왜냐하면 이들은 소비 사회에 참여할 뿐이며, 소비자이고, 소비 사회를 공격할 것이기 때문이다. 사회에 대한 이런 식의 비난으로는 어디에서도 혁명 의식화에 이를 수 없다. 사실상 그것은 특정 조건에 대한 자동 반응이다. 만일 다른 방식이 존재했다면, 청년들은 우리 사회가 "소비"와 전적으로 다른 사회라는 사실을 알았을 것이다. 결론적으로 청년은 '소비자' 다. 성인들이 주도하는 상업적 기업이나 산업 기업은 소비층의 주된 표적으로 청년을 택했기 때문이다. 각종 잡지, 음반, '연예인과 화려한 조명', 특수 의상, 빛나는 부착물과 장식품 등. 청년은 광고의 먹잇감이다. 또한 광고는 소비 조장을 위해 청년을 모델로 삼는다. 따라서 우리는 청년이 프롤레타리아에 동화되기 어려운 부분이 있음을 강조한다. 왜냐하면 청년의 위치는 19세기 노동자 계급의 위치와 정반대에 있기 때문이다. 후자는 소비 혜택을 누리지 못하면서 생산 과정에 완전히 동화된 반면, 전자는 생산 과정에 참여하지 않으면서 소비 사회에 전적으로 동화된 상태다. 바로 이 점이 결정적이다.

청년층에게 소비가 매우 중요하다는 점을 확인함과 동시에, 이 소비가 결코 청년 자신의 시각을 따르지 않는다는 점을 짚어야 한다. 소비는 '존재하는 것'과 '존재해야 하는 것'을 따라 이뤄진다. 다시 말해, 청년들은 소비를 조장하는 기술 사회의 달콤한 목소리를 따라 소비한다. 청년들은 자신이 소유할 수 있는 것과 자신에게 "제공된" 것이 비교 불가능하다는 사실을 안다. 왜냐하면 사회가 이들에게 거대한 욕망을 야기하지만, 동시에 바로 그 사회가 이들의 욕망을 충족시킬 어떠한 가능성도 부여하지 않기 때문이다. 다시 말해, 욕망 충족의 잠재성에 비춰볼 때, 일반인보다 청년들의 재정 수단은 여전히 불균형 상태에 있다. 그러므로 이들은 욕망 충족을 속삭이는 광고를 맹목적으로 따른다. 그 이유는 유아기 때부터 광고어린이 잡지의 각종 광고에 노출되고, 여러 인쇄물을 통해 젊음에 대한 극단적 감성을 향유하기 때문이다. 우리는 이 대목에서 청년에 대한 세 번째 자료와 마주한다. 곧 청년은 매스컴이 선호하는 표적이자, 매스컴에 주목하는 이상적 집단이다. 청년은 체험에서 비롯된 저항체도, 강고한 집단도 소유하지 않는다. 또한 성인 중심의 노동딱딱한 업무나 오락거리에 속하는 정보 등에 매력을 느

끼지 않는다. "미디어는 메시지다"The Medium is the message는 맥루한56)의 공식
은 청년들에게 딱 들어맞는다. 청년은 여러 매스컴 수단에 대한 충동을 '어
떤 가치를 가진 존재'로 수용한다. 청년들은 이러한 감성 사태 자체에 빠졌
다. 즉 순전히 허구적인 언어 세계에 빠져 허우적댄다. 그 세계는 몽상과 허
구에 사로잡힌 청년, '실제'와 '가상'을 분리하기 어려운 청년의 자발적 역
량에 기댄다. 청년들은 모호한 상황 가운데 있으며, 매스컴이 가하는 충격
은 그 모호성을 가중시킨다. 또한 이들은 구조화되지 않은 세계, 즉 상대성
과 양가성, 유동성만이 존재하는 세계에 빠져 산다. 엄밀히 말해, 그 효과
는 영화, 텔레비전 방송 등의 '내용 함량'에 의존하지 않는다. 영화나 텔레
비전 방송과 같은 매스컴은 탁월하고, 도덕적이며, 교육적이고, 문화적일
수 있다. 동시에 그것은 사람들이 원하는 모든 것이 될 수도 있다. '매스컴
자체'가 이러한 결과를 낳는다. 맥루한의 분석과 일치하는 지점이다. 실제
로, 이 사회의 '매스 미디어 소통매체' M.M.C, .57)는 청년을 지도하고, 때때
로 고립시킨다. 청년은 이 매체를 통해 장벽을 세운다. 그 장벽 내부에서는
'허구적 세계'가 '현실적 세계'보다 더욱 '실제적'이다. 아편과도 같은 이
전파 매체가 없다면, 청년들은 어디에서도 살 수 없을 것이다. 우리는 그것
을 잘 안다. 이 매체는 현실에서 청년의 삶에 활력과 현실성을 부여한다. 동
시에 청년은 어른이 짜 놓은 세계에서도 매우 낯선 존재다. 또한 광고는 어
른들의 이상화된 세계를 극단적 욕망의 대상으로 만든다.

푸제홀라스는 다음 사실을 논했다. 청년들은 적응 욕구가 강하고, 이들
이 분노하는 주요한 이유는 현실 사회가 더 이상 이들을 책임지지 않는 데

---

56) 캐나다 출신인 마샬 맥루한(Marshall McLuhan, 1911-1980)은 의사소통 체계의 발전과 사회-
문화적 변화를 연구한 선구자 가운데 하나다. 다음 저작에서 그는 정보 전달 수단이 메시지
자체를 이룬다는 사실을 논했다;『구텐베르크 은하계』(임상원, 김진홍, 박정규 역, 커뮤니케
이션북스, 1999),『미디어의 이해』(박정규 역, 커뮤니케이션북스, 1999).
57) 이 책이 작성될 당시 우리가 "매스 미디어 소통매체"(Mass Media of Communication)라 불렀던
것을 오늘날 간략히 줄여 "미디어"라 부른다.

있다. "청년 노동자가 무엇보다 갈망하는 것은 자기 눈으로 만드는 새로운 삶의 형태에 대한 참여다. 청년 농민은 사회 발전의 제동 장치 역할에 열광하고, 경제 근대화 기획에 더욱 의식적으로 지지 의사를 표명한다." 이것은 청년들의 '지배적' 적응 의지를 고려하지 않는 실수를 범할 수 있다.58)

이러한 객관적 상황의 네 번째 자료마지막 자료도 확인하자. 청년은 한 사회에 소속된다. 그 사회는 더 이상 공통 가치, 의미 부여와 무관하며, 범지구적 애정을 추구하고, 매개 집단을 필요로 하지 않는다. 전통 사회에서는 공통 가치에 대한 믿음과 매개 집단의 존재로 인해 '한 상황'에서 '다른 상황'으로, 삶의 '한 시기'에서 '다른 시기'로의 이행이 별 어려움 없이 이뤄졌다. 정신적, 기능적 통합 가능성이 여러 단계에서 유보되었다. 이러한 요소들의 상실로, 청년은 지극히 불확실한 사회체社會體에 정상적으로 통합될 수 있다. 유아에서 성인으로의 신속하고 투명한 이행의 부재, 사회에 진출하는 자들에게 명시적으로 제시되어야 할 규범과 가치의 부재. 이 2가지가 만날 수 있는 확률은 거의 제로에 가깝다.

사회에 진출하는 청년들에게 필요한 것은 개인의 특수성을 파괴하는 각종 순응주의와 적응 요소다. 우리를 매우 고달프게 하는 요소들이다. 전술한 2가지 부재는 사회체의 에로스화성적이면서 동시에 프로이트적 의미를 지니는로 전환된다. 청년은 표면상 매력적인 세계, 욕망의 세계, 만족 추구의 세계, 성적 영역에 내 던져진 존재다. 이들에게 성性은 더 이상 어떤 규범에 제한되지 않는다. 전통, 예전, 가치 따위는 더 이상 필요 없다. 자신에게 표상表象된 삶과 사회에 관한 이미지로 인해, 청년은 정복, 쾌락, 욕구 충족이 가능한 특별한 세계에 진입한다고 여긴다. 그러나 동시에 청년은 기계화, 조직화, 합리적−기술적 질서너무 쉽게 관료주의라 부르는에 직면한다. 청년에게 이 질서는 참기 어려운 것이며 어떠한 타당성도 없는 것이다. 구체적으

58) Fougeyrollas, La Jeunesse et les Poussés révolutionnaires de 1900, *Christianisme social*, 1961.

로 말해, 청년은 만인이 수용한 어떠한 공통 가치에 머물지 않는다. 청년은 현대 사회가 청년 자신과 인물스타에 부여한 '이미지'와 순수하게 강제된 무의미함으로 조직된 체제들의 '실재' 사이의 비틀림을 체험한다. 사람들은 청년을 향해 자기 욕망을 채우라 말하지만, 결국 무정한 메커니즘에 이들을 몰아넣고, 조직화를 거스르려는 이들에게 벌을 가한다. 그러나 청년에게 이 모든 것은 더 이상 수용 불가능한 것이다. 또한 이러한 이야기에서 그들은 어떠한 의미도 찾지 않는다. 이 사회는 공통 가치를 갖지 않을뿐더러, 어떤 의미도 부여하지 않는다. 성인들의 작품이기 때문이다. 청년은 소박한 충족이나 협상 불가능한 충족을 수용한다. 이들은 자신의 고통을 억제했다. 청년에게 그것은 '모 아니면 도'다. 청소년의 "형이상학적 근심"은 청소년 자신이 무의미함에 따라 어떤 답도 제시하지 못하는 사회, 결국 상대주의의 교훈을 반복해야 하며, 이유와 목표를 상실한 채 정열적으로 활동하는 사회에 있다는 사실만큼 중차대한 문제이다. 청년은 순수 활동에 만족할 수 없다. 이들에게 필요한 것은 합리성, 의의, 응답이다. 이들은 결코 이해하려 들지 않는다. 근심의 절정에 이른 청년은 결코 성인들을 용납할 수 없다. 왜냐하면 성인들도 청년과 동일하게 모든 것을 박탈당한 상태이기 때문이다. 성인에게는 더 이상 가치도, 의미도 없다. 우리는 청년들이 대가를 찾아 헤맸던 1968년을 누차 반복했다. 사실 청년들은 자신의 상황과 장래모험과도 같은에 유의미성을 제시해 줄 대가를 찾았다. 그러나 이들은 더 이상 사르트르J.-P. Sartre와 같은 기만적 대가를 원하지 않는다. 청년들의 눈에 비친 니힐리즘은 절대적인 것을 간보는 일일 뿐이다.59)

---

59) 나는 혁명 노선에 속한 M. ─O. 포스테─비네의 기사(르몽드, 1969년 2월)를 인용하는 데 이루 말할 수 없이 기쁘다. 그는 다음과 같이 쓴다.
"혁명 노선에 선 학생은 통상 부르주아의 자식들이다. 16년의 유아기(경우에 따라 선후에 차이는 있으나) 상태를 보낸 후, 이들은 거의 동시 다발적으로 성생활에 대한 걱정, 가족의 몰이해, 내적 고독 등을 겪는 자기 모습을 발견했다. 그러나 각종 정보 수단(이전 세대와 비교해 근본적으로 새로운 현상)으로 인해, 이들은 매우 신속하게 사회적 불의, 이 세계의 잔혹극을 발견

* * *

따라서 청년은 사회에 대한 이 객관적 상황에 있다. 사회는 단독적 상황을 조성하고, 갈등 국면으로 이끈다. 그러나 이것으로 충분한 혁명적 힘이 생산 가능한가? 이것은 검토에 앞서 요구되는 질문이다. 인구통계학자들은 통상 인구의 나이별 "계급" 관계에 대한 평가를 언급해 왔다. 이 용어에 대한 몇 가지 오해, 적어도 변동 추이가 있었던 것 같다. 나이에 따른 계급이란 특정 기간을 나타내는 나이의 단면을 표상한다. 그러나 "계급"이라는 단어로 인해 몽환적 상황에 빠진다. 우리는 결국 사회학적 계급 이미지로 이 정식을 해석했고, 청년을 계급투쟁의 재생산으로 표현하려 했다. 때때로 사람들은 이러한 혼합을 다음과 같은 명확한 어조로 설명했다. 가령 글뤽스만60)은 청년을 나이에 따라 특성화할 수 없다고 주장한다. 이들은 부

했고, 더 나아가 자기 가족들이 이러한 불의에 무의식적으로 참여한다는 사실도 알게 되었다. 이러한 소외의 사슬과 더불어, 사회가 전적으로 거부하는 표현 및 행동에 대한 학생들의 욕망의 나래가 펼쳐지는 바로 그 순간에, 우리는 혁명 노선에 선 이들에게서 일종의 형이상학적 공백을 발견한다. 곧 기술(記述)하기 불가능한 현실에 관한 추상적이고 유려한 표현의 난무함을 목도하게 된다. 고교생이 바로 그런 모습이었다. 그 결과는 폐쇄성, 침묵(일말의 극장 효과는 있었으나, 매번 그런 것도 아니다), 일종의 고요한 절망, 광적 노동과 성적 강박 문화로 격렬한 춤을 추는 것을 옹호하는 모든 고전적 반응이 가미된 절망이다.
　불행하고 표리부동한 이 존재는 자신과 대립된 모든 것을 제거하는 단순, 직접적 가능성과 조우한다고 상상해보자. 혁명 집단(오늘날 고교에서는 도리어 '아나키'의 발견이 쟁점이다)이 그 가능성을 부여한다. 사실, 이 집단은 지적 수준과 무관하게, 구조화된 토대들, 가치 입증이 가능한 토대들에 관한 이의 제기를 할 수 있도록, 또한 그 토대들을 거부할 수 있도록, 절대적 타당성 유무에 대한 어떤 판단도 없는 행동 가운데서 철저하게 자신을 표출하도록 혁명 초보자들을 북돋운다.
　궁극적 문제 제기에 관한 전략적 오류와 지독한 난항을 견인한 '단절점'이 바로 여기에 있다. 사실, 사람들은 제반 원리들을 수용하지 않고서는 이 집단(어디에도)에도 가담하지 않는다. 동시에 사람들은 현실과 일치하는 전략 기획에 필요한 성찰의 제반 단계를 뛰어 넘는다. 혁명의 장래로 인해, 그리고 이 장래를 통해 직접적 수혜를 입는 이들 자신으로 인해, 우리는 위태로운 지적 소외 상태에 이른다."
60) 1937년에 태어난 철학자 앙드레 글뤽스만은 60년대 주요 공산주의 원리에서 이탈한 '이단아' 집단인 '공산주의 학생연맹'(U.E.C.)에 가담해 투쟁 활동을 전개했다. 70년대 베르나르-앙리 레비(Bernard-Henri Lévy)와 더불어 "신 철학"(Nouvelle Philosophie)의 대표 주자로 활약한다. 글뤽스만은 마르크스주의와 결별하고, 일체의 전체주의(특히 소련과 중국의 전체주의)에 맞

르주아의 착취, 폭력적 공격, 압제, 횡령의 희생자들이며, 동일 조건에 놓인 자들 모두와 만난다. 청년이란 나이와 무관하며, 전술한 상황에 처한 자들을 가리킨다. 글뤽스만이 내린 서정적 혼합주의는 분명 유의미하다. 프롤레타리아와 동일한 특징가장 평범하고 전통적인 특징을 지녔으나 활력을 불어 넣을 수 있는 청년이 프롤레타리아를 중계하는 작업이 절대적으로 필요하다. 그러므로 청년이 계급투쟁의 고전적 도식에 포함되는지를 알기 위해, 과연 청년이 한 계급을 대표하는지에 대한 설명이 필요하다.

한 가지 분석을 통해 이 해석과 거리를 둘 필요가 있다. 우리는 10년 기간의 "청년"기에 대해 떠들 수 있다. 그러나 청년이 아닌 다른 상태로의 이행이 급속도로 이뤄지는 것도 부정할 수 없는 사실이다. 청년은 "계급"으로 전환한다. 계급투쟁론에 등장하는 계급의 특수성을 참고할 때, 가장 중요한 요소 가운데 하나는 계급투쟁의 치명성, 만회 불가능성이다. 다시 말해, 사람들은 일종의 운명을 통해 자기 계급과 결합한다. 그것은 반란을 부르는 일이다. 사회적 유동성이 클 때, 계급은 용해되고, 계급투쟁은 허약해진다.

더욱이 이 "계급"에는 어떤 종류의 일치도 없다. 청년 농민, 청년 노동자, 청년 학생마다 대응, 희망, 열망이 각기 다르다. 이들은 결코 동일한 방식으로 "사회"를 판단하지 않는다. 동일 선상에서, 어떤 학자는 저개발국가 청년과 서구 세계 청년 사이의 골 깊은 차이에 주목했다.61) 서구 세계 청년들의 연합운동 시도암스테르담에서 열린 콘-벤디트, 1968년 7월 15일 런던에서 개최된 국제청년연합대회는 수포로 돌아갔다. 청년들에게 1900년의 노동자, 농민 연합운동 이상의 운동은 더 이상 존재하지 않는다. 심지어 권력에 맞서고, 혁명 노선을 취하는 경우에도, '어떤 형태'의 연합체도 조직되지 않았다.

다른 한 편, 청년 집단 내부 자체에 극심한 상호 대립이 존재한다. 대립의

서는 투쟁 전개를 시작했다. Cf. *Stratégie et révolution en France*, 1968
61) Fougeyrollas, *op. cit.*

원인은 바로 '나이차'다. 15세 중학생에게 21세 대학생은 '노땅'이다. 청소년의 경우, 나는 3년 터울로 세대 단절이 존재한다고 본다. 즉 15세에서 25세 사이의 청년들은 적어도 3개 집단상호 일치점 없는으로 구성된다.62) 정치, 미학, 의상, 철학 영역에서 견해, 판단, 지향점의 변동은 거의 이러한 추이를 따라 이뤄진다. 이들은 같은 연예인에 열광하지 않는다. 관심사 역시 동일하지 않다. 성적 행동마저도 같지 않다. 연령이 어린 청년들이 연상의 청년들가령 21-22세의 가치를 결정한다면, 후자는 전자가 열광하는 분야에 관심 없는 존재들로 보일 수 있다. 이들 사이에 공통 "언어"는 더 이상 존재하지 않으며, 소통 가능성 역시 없다. 사실, 청년의 나이를 다층 분리하는 일은 사회에서 '연합된 집단'이 중요하다는 생각19세기 사회에서 그것은 하나의 계급으로 존재 가능했다을 탐탁지 않게 여길 수도 있다.

분명, 지구화된 사회에서 청년은 하나의 집단으로 뭉칠 수 있다. 공통 관심사의 출현이 기폭제가 될 수도 있고, "구세대"그러나 이 용어는 경우에 따라 다양한 요소들을 지칭한다는 점을 고려하자와의 대립을 통한 연합 전선도 가능하다. 혹은 실존적 삶을 양극화하고 그것을 구체적으로 자각할 수 있는 현실에 결집시킬 수 있는 매력을 지닌 존재, 좌고우면左顧右眄하지 않고 그러한 외적 매력을 다소간 일정하게 지속할 수 있는 존재를 통해서도 가능할 것이다. 알제리 전쟁, 베트남 전쟁과 같은 특정한 정치적 사건들이 그 사례가 될 것이다. 이 경우 청년들은 '청년 자신으로 존재함'을 자각하고, 스스로를 사회 내 단독자로 여겼으며, 스스로 절대적이라 평하는 가치들의 주역

---

62) 이 진술은 단지 이론적 단계에만 국한되지 않는다. 내가 '청소년 보호소'(Club de Prévention) 소장으로 근무하면서 주변의 여러 학생들과 조우하며 체득한 결과불 역시 이 진술에 반영되었다. 사회적 관점에서 볼 때, 두 청년 집단은 완전히 다르다. 소설가 카이유아(Robert Caillois)는 이렇게 말했다. "이 계절은 짧도다. 그리고 사회는 멈추지 않는 기차를 탔구나. 순응하지 않고, 소란스럽기 이를 데 없고, 용맹하기까지 한 이 무리들, 고개 숙일 줄 모르는 이 무리들이 갱신되는 동안에도 이 기차는 멈추지 않고 달리는구나. 청년이여, 그대들도 매 순간 늙어간다는 말이다."

이 되었다.

청년들은 스스로를 인정하며, ['즉자' 가 아닌] "대자"pour soi 범주에 속한다. 그러나 이 경우, 청년들은 '청년 집단' 이 아니라는 점을 강조해야 한다. 사실, 정치적 사건이 야기한 이 운동들에서 청년들은 성인들과 만나며, 이들에 협력한다. 반면, 이들의 정치적 관심의 중심부에는 청년 스스로의 특수성에 대한 욕구보다, 함께 투쟁하는 성인들이나 동일한 견해를 가진 다른 청년들과의 친밀한 만남에 대한 욕구가 있다. 이 운동에는 청년들의 자발성이 드러나는 어떤 요소도 보이지 않는다. 청년들에게 문제를 의식하도록 하고, 향후 점진적으로 운동 참여를 유도하는 이들은 바로 '성인들' 언론인, 교수, 철학자이다. 한 걸음 더 나아가, 이들은 청년들을 물고기처럼 낚기 위해, 청년의 개방성과 관대함 뿐 아니라, 고유성과 도덕성이 복합된 신념까지도 갖고 논다. 다시 말해, 나이든 사람들이 '가치 소지자 자체' 인 청년들의 감성을 갖고 노는 형국이다. 그러나 이들은 성인들이 아옹다옹하는 정치극에 별 관심 없고, 그것을 따를 의사도 없다. 그 현상은 프랑스의 68년 5-6월 사건들에서도 동일하게 나타났다. 왜냐하면 68의 지도자들 가운데 다수가 청년이 아니었기 때문이다. 제스마르와 소바조63)는 청년이 아니었다. '고교생위원회' 조직을 이끌었던 자들은 대부분 선생들이었다. 이들은 이 조직체를 위해 장기간 제자들을 준비시켜왔다.

끝으로, 나는 '혁명적 계급' 으로서의 '청년' 이라는 '이데올로기' 는 사실상 좌파의 무능을 만회할 목적으로 제작된 것이라 말한 푸제홀라스의 분석이 타당하다고 생각한다. "그 자체로 사회 구원과 정치 해방의 사명을 부여

---

63) 다니엘 코헨-벤디트(1945년생)와 더불어 68년 5월의 주요 지도자 가운데 하나인 알랭 제스마르(Aiain Geismar)는 1939년생이며, 당시 사회학과 조교수이자 '국가고등교육조합'(SNE-Sup) 사무국장이었다. 자크 소바조(Jacques Sauvageot)는 1943년생으로 예술사학 박사이자 '전국학생연합'(U.N.E.F.) 부의장이었다. 1968년에 알랭 제스마르는 29세, 자크 소바조는 25세였다.

받은 인간 집단은 존재하지 않는다. 그러므로 '프롤레타리아 메시아주의'와 '지식인 메시아주의'를 이용, 오용했던 좌파는 '청년 메시아주의'를 통해 자기의 현실적 무능력을 은폐하려는 알리바이 찾기를 중단해야 한다." 나는 '혁명적 세대'에 관한 계급론에 또 다른 토대가 있다고 생각하지 않는다.

＊＊＊

그러나 하나의 계급이 존재하기 위해서 필요한 다른 요인이 있다. 바로 '의식화'다. 청년 의식화란 무엇인가? 그것은 어느 단계에 있는가? 사람들은 청년 의식화 문제에 대해 누차 이야기했다. 가령 5-6월 사건의 과정에 나타난 '청년 의식화' 및 그 성숙도에 대해 이야기했다. 사람들은 통상 "의식화의 정체"prise de conscience de quoi?에 관한 물음을 제기한다. 만일 우리가 거리를 다니며 각종 벽보, 전단지, 슬로건, 낙서또 다른 측면에서 매스 미디어를 통한 제스마르와 소바조의 각종 선동과 선언를 확인한다면, 이 문구들의 범용, 반복, 공허로 인해 허탈감을 느낄 것이다. 매우 빈번하게 채택된 인용구파스칼에서 상황주의자까지를 제외하고, 나머지 문구들은 마르크스주의나 아나키스트의 통상적 주제들을 반복하거나, 의식화에 대해 말하는 것을 금하는 정치적 부적합성, 허약함을 반복적으로 성토하는 것 뿐이다. 내 눈에는 이러한 반복이 진부하다. 의식화 문제에 어떠한 정치적 범위도, 함의도 없다면, 적어도 단체, 집단, 실체적 존재 단위로서의 청년의 실존에 관한 의식화는 과연 존재하는가?

분명 '청년 현상'은 실제로 존재한다. 그러나 누가 과연 그것에 관해 의식하는가? 성인들이다. 나는 이 현실을 확실하게 유지할 필요가 있다고 본다. 그러나 새롭고 불확실한 상황에 처했을 때, 청년의 나이를 계급으로 분류하고, 그것을 사회학적 실존으로 간주해 '청년 현상'을 제작한 주체는 바로 성인들이다. 청년을 예찬하는 이들은 나이 먹을 대로 먹은 어른들이다. 우리는 광고, 상업 등을 재발견한다. 청년 잡지를 편집하는 이들, 청년이 택한 모델, 기호, 언어를 제공하는 주체는 바로 성인들이다. 청년들이 언론의 존재 양태가 '범주, 역량, 실재'라는 사실을 배우는 곳은 바로 '언론'이다. 청년을 "부각시키며", 매우 다채로운 동기를 들어 이들을 제조하는 이들은 성인이다. 스타 는 "청년 계급"에서 재생산된다. 조니 스타크Johnny Stark가 미레유 마티외Mireille Mathieu를 스타로 만들었던 것처럼, 청년은 하나에서 열까지 '제작'된다. 따라서 청년들 편에는 어떤 의식화도 존재하지 않는다. 자율성은 고사하고 타율성마저 존재하지 않는다. 왜냐하면 '청년 의식화'에는 이들의 현실이 결코 반영되지 않고, 성인들이 보낸 이미지만 수두룩하기 때문이다. 더욱이 청년들이 스스로, 그리고 스스로를 위해 자기 정체성에 대한 의식화를 시도한다면, 오늘날 노동자 세계나 농민 세계에서 발생했던 것과 비교 가능한 사건과 연루되기 어려울 것이다. 그 이유는 청년들은 매우 전형적인 상황을 경제적, 사회적 조건들, 생활양식 등을 통해 조우하지 않기 때문이다.64) 청년들이 마주하는 것은 불확실, 모호, 공허를 낳는 상황이며, 사회에서 차지해야 할 장소의 부재, 역할의 부재, 일종의 괄호에 갇힌 모습이다. 그러나 동시에 이들은 자신들을 가장 중요한 존재로 보고, 장래성, 참신함과 동일시하는 주장이 전개되는 세계에 산다. 청년들은 이것을 믿는다. 따라서 청년은 자기 현실에 대한 엄격한 의식을 지닐 수 없다. 우리가 청년들에게 제3신분Tiers État, 65)과 관련된 유명한 문구청년

---

64) 1968년 5월부터 도처에서 발간된 청년이란 무엇인가에 관한 청년들의 분석이 지닌 극단적 조야함이 그것을 입증한다. 그것은 사회학적 무지이며 일종의 경제적 대항 진리의 출현이다. 자신들이 특권적 지위를 지녔다는 사실을 자각하지 않은 채, 학생들은 자신들이 이 사회에서 착취당하는 존재라고 울부짖는다. 그럼에도 우리는 스트라스부르 상황주의자들이 이미 인용했던 탁월한 분석들을 예외적인 것으로 둘 필요가 있다.

65) [역주] 제3신분은 프랑스 혁명을 이끈 계급이다. 구체제(l'ancien régime) 즉 혁명전 프랑스 계급은 크게 제1신분인 성직자, 제2신분인 귀족, 제3신분으로 구분되었다. 이 중 인구의 98%는 제3신분이었고, 이들 가운데는 도시 임노동자, 농촌의 농노 및 자유농민(자토지 소유자), 소

들은 결코 아무것도 아니었다. 그러나 청년들이 전부이며, 이들은 어떤 것이 되기를 원한다를 전달했을 때, 그것은 무의미한 공식이 되고 만다. 왜냐하면 현 사회는 청년들에게 단지 선택을 요구하는 상황, 다시 말해 기만적이고 위선적이지만 그것을 으뜸으로 여기는 상황을 부여하기 때문이다. 청년을 선택하는 것도 성인이고, 청년을 청년으로 존재하라고 강요하는 것도 성인들이다.

만약 성인들이 그렇게 한 것이라면, 그것은 단지 성인들의 관심에 따른 것도 아니고, 청년이 어떤 가치를 지녔다고 믿었기 때문도 아닐 것이다. 즉 성인들은 청년 이데올로기에 현혹되었을 뿐이다. 청년 이데올로기는 우리 사회에 살아있다. 그러나 이 이데올로기는 고립의 산물이 아니며, 이데올로기 그 자체로 태어나지도 않았고, 보다 깊은 차원의 믿음일 뿐이다. 다시 말해, 청년 이데올로기는 진보 신화의 단면이다. 진보하는 사회, 이 시대의 2-3가지 거대 신화 중 하나인 진보, 청년의 가치이 말은 청년 자신이 어떤 가치일 것이라는 말이 아니다가 바로 '진보'에서 도출된다는 말은 분명한 사실이다. 왜냐하면 진보는 필연적으로 오늘보다 내일이 낫고, 내일의 대표자가 바로 청년이라는 말을 전제하기 때문이다. 즉 이러한 미래를 담보하고 보증하는 자가 바로 청년이며, 반드시 성공을 거둘 자 역시 청년이기 때문이다. "따라서 이 신화들은 우리가 잃었던 것을 회복하는 데 유용할 것이다."[66]

청년 이데올로기는 진보 신화의 한 축인 "성장-발전"croissance-développement

부르주아 계몽 지성인 등이 주를 이뤘다. 위에서 엘륄이 응용한 문구는 제3신분에 대한 혁명기 유명 문서로 에마뉘엘-조제프 시에예스(Emmaunel-Joseph Sieyès)의 『제3신분이란 무엇인가?』(Qu'est-ce que le tiers état?)에서 발췌한 것이다. 이 책의 첫 머리는 "제3신분이란 무엇인가? 모든 것이다. 지금까지 그들의 정치적 목적은 무엇이었던가? 아무것도 아니었다. 그들은 과연 무엇을 바라는가? 무엇인가 되기를 원한다"로 시작한다. 국역본은 다음과 같다; 에마뉘엘-조제프 시에예스, 『제3신분이란 무엇인가?』, 박인수 역, (책세상, 2003)

66) 상대적으로, 과거적 가치를 가진 사회에서 청년에게는 어떠한 중요성도 없었다는 점을 기억하자. 로마 공화정이 그 대표적 사례이다. 중세시대 청년은 결코 존재하지 않았다. 왜냐하면 본질적 신화는 '연장자 탁월성의 신화'이기 때문이다. 따라서 당시 사회에서 오늘날 청년들에게 부여된 역할을 담당한 이들은 바로 노인들이었다.

이데올로기와 쌍을 이룬다.67) 청년은 잠재적으로 사회의 경제-사회적 성장과 발전을 보장하는 일익을 담당하는 한에서, 중량감과 중요성을 지닌다. 두 이데올로기를 연관 지으려 한다면, 그 이유는 다음과 같은 목적이 있기 때문일 것이다. 성인들의 눈에 청년은 사회에 완전히 통합되어야 하고 자신에게 부과된 역할을 짊어지는 것이 타당하다. 청년이 이 책임을 회피한다면, 존재 가치는 더 이상 없을 것이다. 즉 성장과 발전의 가치 소지자가 되기를 거부하는 청년은 하나도 쓸데없는 존재에 불과할 것이다.

성인들은 청년의 가치를 인정한다. 단, 청년이 사회 진보의 일익을 담당하는 한에서만 그렇다. 따라서 사람들은 청년에게 그 위치를 부과하며, 심지어 축하연까지 베푼다. 이러한 결정론은 청년의 반란을 해설하는 여러 요소 가운데 하나이다. 반면 청년에게는 다음과 같은 의식화가 필요하다. 즉 성인들이 부과한 역할을 거부하고, 사회경제적 진보라는 운명의 짐을 더 이상 짊어지지 않는다. 청년 스스로가 '자기 부정'을 실시해야 한다. 사실 나는 앞에서 '청년은 존재하지 않으며', 무가치하고, 성인들이 제조한 물적, 이데올로기적 현실과 다른 현실을 소유하지 않는다고 말했다. 만약 청년들이 이 운명을 거부한다면, 성인들은 결단코 의식화 작업을 집행하지 않을 것이다. 더불어 공백 상태가 이내 도래할 것이다. 왜냐하면 청년들이 '부정한 현실'과 '성인들'의 조우는 더 이상 없을 것이기 때문이다. 이것은 청년 반란의 구성 요소들 가운데 하나일 것이다. 따라서 나는 이러한 반란의 요인들논의의 여지가 없음을 설명하는 방향으로 나갈 것이다.68)

---

67) 청년을 찬양한 수백 가지 저서들 가운데 나는 가장 전형적 신화론을 선전한 책으로 다음 저작을 제시한다; J. Ferrand, *La Jeunesse, nouveau Tiers États* (1968) 저자는 진부한 방식으로 질문을 해설해 가며, 청년이 점진적으로 현대사회에 대한 조정 능력을 발휘할 것이라 선언한다.

68) 플뤼미엔(Plumyene)은 청년 반란의 의미들 가운데 하나인 '권력 지향' 문제를 완벽히 분석했다. 청년은 이미 아버지와 대립 관계에 있다; « *L'envers vaut l'endroit* », Contrepoint, 1970. 사실 청년은 아버지에 대한 대립이 아닌 '극단주의'를 표방한다. 특히 공화주의자에게 투표하는 아버지, 모라스주의[역주: 왕당파 보수주의 노선]를 생각하는 아버지들은 청년 파시스트에 상응 - 베르나노스가 주시했던 것처럼 - 한다. 또한 제5공화국에 적대적이며, 거의 사회주의적

가장 단순한 것우리가 서성거릴 필요 없는 은 '성인들이 청년에게 만들어 덧씌운 영광의 이미지' 와 '사회에서의 장소와 역할 부재' 사이의 불일치다. 그 불일치는 명확하다. 우리는 더 멀리 가야 한다. 나는 문제의 핵심이 기술적이고 기술화된 우리 사회에 대한 청년의 심각한 부적응에 있다고 생각한다. 이러한 부적응은 청년들의 사회적 범주를 따른 기호들, 지수들, 다양한 측면들을 소개한다. 하지만 부적응이 보편화된 것처럼 보인다. 내가 볼 때, 이러한 전반적 특징은 일부 청년들의 좌절, 결함, 신체적 유약 등의 현상과 마주하지 않는 우리의 현실을 드러내는 증거이다. 다시 말해, 일반화된 부적응은 기술적이고 기술화된 서구 사회자본주의적, 공산주의적, 사회주의적 사회 모두 동일한 사태로 회귀했다에 대한 고발과 성토다. 이유 없는 반항, 가출과 방랑, 검은 점퍼, 재즈광, 금박 점퍼, 히피, 비트족, 훌리건, 학생, 1968년의 반란. 깊게 들여다보면 동일한 현상이 도처에서 출현했다.69) 청년은 이 사회를 수용할 수 없고, 이 사회에 관용을 베풀 수도 없다. 이유는 무엇인가? 이 대목에서 나는 약간 위험 부담을 감수해야 할 것 같다! 나는 청년이 인간적 자발성을 지녔고, 아직 길들여지지 않았고, 누군가에게 유도되지 않은 '자연' 적 힘을 지녔다고 생각한다. 청년은 무엇보다 "원시적"이다. 인상, 열정, 증오, 자극을 강하게 느끼는 청년은 삶에 대한 큰 욕구를 지녔고, 자기 생명력의 팽창을 추구한다. 다시 말해, 청년은 아직 이질적 문화를 수

만장일치제를 지지하는 아버지는 청년 좌파에 상응한다. "항상 양극화된(그러나 그 영역이 자기 혁명을 이뤘다) 프랑스 사회는 한 손으로는 드골주의에 지지표를 던졌고, 다른 손으로는 「누벨 옵세르바퇴르」를 건성으로 넘겼다. 자녀는 아버지의 꿈을 실천했고, 아버지는 매우 놀랐다."

69) Yves Charrier et J. Ellul, *Jeunesse délinquante*, 1971. 따라서 오늘날 현상은 과거에 언제나 존재했던 청년들의 혁명 성향과 사뭇 다르다. 1929년 청년의 혁명정신을 다룬 니장의 다음 저서도 참고하라. 매우 흥미로운 저서였다; *La Conspiration*, 1938.

용하지 않았다. 나는 청년의 반란이 '기술 사회'라는 이질적 문화의 난점이 반영된 사건이라고 생각한다. 기술 사회는 자발성을 거부하며, 모든 것을 계산과 정밀성에 따라 판단한다. 또한 생명력을 강제 동원, 이용한다. 더불어 이 사회에서는 장래가 미리 그 역할을 하는 것 같다. 태어날 때부터 기술의 좌장에서 살았다는 이유로, 우리는 청년들이 이질적 문화를 수용했다고 너무 쉽게 생각한다. 이들은 출발부터 첨단 기술이 가미된 장난감을 갖고 놀며, 자동차, 비행기, 텔레비전 등과 공존한다. 그러나 이 모든 것은 외적으로 취약한 '기호'를 대리할 뿐이다. 이러한 진단에 놀랄 일은 아니다. 청년이 기술 사회에서 태어난다는 말은 이 사회의 심오하고, 포괄적인 현실을 지시하는 말이 아니다. 장난감 병정이 아이들에게 전쟁 예비 교육을 시켜주는 것도 아니고, 각종 기술과 접촉했다고 하여 이들이 기술 사회에 적응하는 것도 아니다. 그러나 적어도 이들은 '기술적 소비' consommation technicienne 에는 적응했다. 이러한 단계에서 이질적 문화 수용은 확실히 어렵다! 또한 청년들은 소비의 기쁨을 안다. 과연 생명력 차원에서 일어나는 적응이 존재 가능한가? 어디에도 없다. 오히려 청년은 틀을 만들고 속박하는 사회, 모든 것을 훈련 체계처럼 일사분란하게 운영되는 사회, 자신을 수동적으로 만드는 사회를 재빨리 거부할 것이다. 다시 말해 청년은 "스펙타클 사회"70)

---

70) 이 부분에서 자끄 엘륄은 기 드보르가 1967년에 출판한 『스펙타클의 사회』를 암시한다. 이 책에서 드보르는 현 사회에서 [인식론적] '표상'(représentation)이 어떤 점에서 '현실'(réalité)에 우위를 점하는지를 보여준다. 자끄 엘륄은 1962년부터 친히 "정치적 스펙타클"에 관해 말했다.(자끄 엘륄, 『선전』[대장간, 2012]) 또한 1965년 출간한 『정치적 착각』에서도 엘륄은 이 부분에 관해 언급했다; 자끄 엘륄, 『정치적 착각』(대장간, 2011), 94, 214쪽.
[역주] 스펙타클 사회란 사회 구성원들의 연대를 막고, 각자를 구경꾼(spectateur)으로 만들어 지배하려는 권력의 전략이다. 소수 권력이 다수 피권력층을 지배하기 위해서는 철저한 1:1 구도를 만들어야 하기 때문이다. 종교권력이 내세의 공포를 팔아 영혼을 조정, 통제하듯, 정치권력은 전쟁 공포, 세대, 이념, 성, 지역, 인종 등의 각종 갈등 국면과 증오를 조장, 증폭시켜 다수에 대한 통제를 원활하게 한다. 결과적으로 스펙타클 사회란 '구경꾼 사회'이며, 연대가 아닌 분리의 사회, 성서가 말하는 한 몸을 이룬 사회가 아닌 신체를 난도질당한 '도살장 사회'이다.

를 거부할 것이다. 왜냐하면 청년은 자기 본능과 창조성을 자유롭게 펼치고 싶어 하기 때문이다. 성욕은 단면일 뿐이다 청년은 엄격하고 까다로운 성적 도덕성 문제를 수용하는 것을 어려워하고, 각종 억제 수단을 수용하지 않는다. 또한 질서의 일반화를 수용하는 데 아직 이르지 않았다. 그 이유는 바로 그 지점에서 갈등이 분출하기 때문이다. 기술 사회는 무엇보다 질서와 조직화의 사회다. 이 사회의 완성도가 높으면 높을수록, 이 사회가 만드는 질서는 전 영역을 장악하고도 남을 것이다. 왜냐하면 어떠한 것도 기술과 무관하지 않으며, 기술에 이용되지 않는 것 역시 없기 때문이다. 그러나 기술을 통해 정밀하게 직조된 망에서, 청년은 자기표현과 소비를 간절히 바란다. 그것은 무일관적이고, 폭발적이며, 때때로 광적이다. 근본적으로 청년은 무질서를 원한다. 청년들의 개발, 직접적 표현, 자발성을 위해 가능한 유일한 장소가 바로 '무질서'다. 그러나 무질서의 영역과 공간도 점차 감소 추세이다. 사실 "일체의 혼합"은 불관용적인 구석이 있다. 왜냐하면 이 혼합에는 확장과 진보 등에 문제를 제기할 수 있는 위험이 도사리기 때문이다. 청년을 박대하는 이 총체적 질서가 이들의 시야에 들어올 리 만무하다. 총체적 질서는 청년의 욕망에 대한 정확한 반대급부이자, 동시에 청년이 매우 쉽게 수용할 수 있는 소비의 조건이다. 청년은 상관관계를 실현하지 않는다. 단지 과거의 모든 도덕보다 더욱 강제적 형태를 보이는 조직화 현상에 충격을 가할 뿐이다. 이러한 억압은 성性과 같은 단일한 지평 문제가 아니다. 도리어 억압은 모든 지평에 걸쳐 있다. 그것은 더 이상 단순한 도덕적 제약을 통해 행사되지 않고, 물리적, 심리적, 경제적, 감성적 제약의 복합적 역할을 통해 행사된다. 더불어 개인을 전全 단계에서 포착하는 "네트워크", 즉 개인이 표현하는 모든 상황을 포착하는 "네트워크"를 통해, '유혹'과 '조작'이라는 복합적 활동을 거쳐 행사강제적된다. 따라서 과거와 비교해 볼 때, 이질적 문화에 대한 적응은 어렵고, 총체적이며, 복합적이다.71) 더군다나 현 사회에는 억압에서 탈피할 수 있는 사전 요소가 충분히 마련되어 있지 않다. 나는 다른 책에서 '기술 사회' 내에서의 '탈피/해소 양식들'에 관해 분석했다.72) 위반의 거룩함, 혼돈으로의 회귀, 그러나 동시에 질서 가운데 이미 규정되고 통합되는 이 회귀를 설명하는 옛 축제와 등가等價를 이룰 수 있는 것은 어디에도 없다. 우리 세계에서 질서는 더 이상 '빈틈'도, '출구'도 제공하지 않는다. 청년은 온갖 활동 영역에서 자신의 생명력을 발산하고 싶어 한다. 그러나 제반 활동을 조직하는 힘은 바로 '기술 양식'이다. 이 양식은 무질서, 무원칙, 비일관성을 지지할 수 없다. 바로 여기에 충격이 있다. 구체적으로 말해, 무엇보다 청년은 자신이 들어가려 애쓰는 이 사회를 바깥에서 바라본다. 소비를 통해, 그리고 인내를 요구하는 여러 강압적 요소를 통해, 청년은 이미 현 사회에서 살아간다. 그러나 이들은 시간 사용, 실질적 활동, 생계유지에 필요한 물품 등을 아직 확보 못한 상태다. 청년은 바로 이러한 상태에서 사회를 바라본다. 아직 사회 참여를 활발히 하지 않으므로, 청년들은 이 사회를 "조망"하는 데 충분한 간극을 유지하며, 때때로 사회를 거부하기도 한다. 이들은 사회의 직업군, 장래성 없는 현 사회의 장래, 반복적이고 순응적인 생활, 다 망가진 사회의 민낯을 목도한다. 즉 청년은 제 나이에 인식한 상황보다 더 불관용적이고, 구속적인 사회를 상상한다. 청년은 다 죽어가는 조직 세계의 어른으로 살고 싶어하지 않는다. 청년에게 이 삭막한 사회로의 돌입은 지옥문과 같다. 총체적 무의미함으로 인해 요구되는 제반 사항과 마주해, 청년은 폭력적인 반란 감성을 맛본다. 청년은 사회의 질서를 거부한다. 즉 자신이 열망하는 소비, 이

---

71) 과거의 인간이 현재보다 더 자유로웠는지에 관해, 나는 어디에서도 말하지 않았다는 점을 재차 반복해야 하는가? 하지만 인간은 가치 및 의미와 더불어, 압제자가 수용된 사회(사라져 버린)내에서 살았다.

72) 『기술 혹은 세기의 도박』(대장간 출간예정), 5장과 『선전』(대장간, 2012), 2장을 보라.

'소비 공급'을 위해 기술 사회가 요구하는 '가격 지불'을 거부한다!

　우리는 방금 전 청년이 성인들과 비교할 수 없을 정도로 현 사회를 잘 "이해"할 수 있다고 말했다. 왜냐하면 성인들은 사회에 아직 완전히 동화되지 않았고, 사회의 모든 연결망을 따르지 않기 때문이다. 즉 강제성을 동원해야만 성인들은 사회를 더욱 명확하게 볼 수 있으며, '참여하지 않음'이라는 태도로 사회와의 간극을 유지한다. 청년들이 거둔 유일하고도 중요한 결과물—교수들과 소유주들의 소유물 침탈이라는 표면적 결과물은 차치하고—이 현 사회에서 그들의 총체적, 직접적 통합력을 높일 것이라는 사실을 이해하지 않고도, 사람들은 운동에 참여한 일부 청년들이 표한 요구 사항들의 혁명적 특성 앞에서 열광한다. 청년들은 사회를 구체적으로 바꿔 낼 역량이 없다. 왜냐하면 청년들은 사회의 정체를 더 이상 알지 못하고, 사회를 선도한다고 믿으면서 동시에 사회에 소속될 것이기 때문이다! 그러나 이것은 우리에게 다음 내용을 시사한다. 반사회적 공세에서, 사회변혁 선도투쟁에서, 청년은 질문을 생각하지 않고, 어떤 이론적 학설을 갖지도 않는다. 즉 청년은 이러한 질서의 압제에 맞서 반란을 일으키는 중이다. 이 반란은 청년의 이해, 성찰의 단계가 아닌, 감성적 차원에 머문다. 청년은 사회를 바라지 않는다. 왜냐하면 이들은 사회를 두려워하기 때문이다. 청년은 자신에게 부여될 삶을 원하지도 않는다. 삶을 '공백'과 '강제'로 느끼기 때문이다. 청년은 공포의 출처—즉 청년 반란의 향방과 이유의 오류들도 모른 채, 깊은 공포감을 갖고 산다. 사실 청년은 기존 구도에 반해 궐기하지도 않고, 명시적이고 가시적인 제도에 반해 투쟁하지도 않는다. 비록 사회가 옛 도식, 옛 해석, 자본주의 계급투쟁 등에 복속된다고 믿음에도 불구하고 오히려 청년은 지구적 방향, 문명 정신이라는 흐름에 반대해 궐기한다. 그러므로 청년이 현재 생각하는 것, 말하는 것, 학설과 모토, 건설적 표현은 별로 중요하지 않다.73) 청년에게는 문

---

73) 물론 이 형식은 모두를 절규하게 만들 것이다! 청년들과 이들을 예찬하는 자들은 그 형식을

제를 바로 판단할 기회가 없다. 왜냐하면 자신들이 거부하는 이 사회를 모르기 때문이다. 즉 사회를 보고, 느끼고, 그에 도전하고, 영향력을 느끼되 거부하기 때문이다. 청년은 감정, 분노, 증오로 충만하지만, 사회를 전혀 이해하지 못한다. 자신이 가진 대사회적 인상을 언어화하자마자, 자신의 거부 지점을 합리화하자마자, 완벽하게 실패한다. 그러나 청년의 표현에 중요성이 없다고 하여, 청년 자체가 무가치하다는 말은 아니다. 거부와 반란의 수준에서 고려해 볼 수 있는 부분은 청년의 말과 생각이 아닌, 청년의 '존재'이다. 청년 자체가 현 질서에 대한 항변 '이다.' 청년은 기술 세계, 엄격하고 직사각형처럼 반듯한 숨 막히는 세계에 대한 고발 '이다.' 청년은 삶의 형식과 여러 사물의 패권에 대한 고발 '이다.' 그러나 청년의 잠재력, 에너지, 사회 운동 분야에서는 더 이상 그렇지 않다. 다시 말해 그러한 항변과 고발은 아무거나 문제 삼는 라탱지구의 바리케이트 위에 존재하지 않는다. 청년은 무엇인가? 청년은 부적합성이다. 청년은 부적합, 허약함, 난잡함, 무질서, 유약한 비일관성, 때 묻고 얼룩진 옷, 성적 무원칙, 거식증, 광란이다. 스스로는 그렇지 않다고 생각하지만, 사실 청년의 규탄은 바로 이 점에 머무는 것이 현실이다. 분명 청년의 부적합한 부분이 존재한다. 그러나 청년은 유의미하다. 경찰이 깔린 도로에 드러눕는 행위는 부적합한 정치적 선택이 아니라, 부적응의 표식이다. "선택"은 청년의 근본적 취약성이다. 청년은 이데올로기적 지류를 따라 세계를 변혁할 수 있다고 믿는다. 그 결과 부르주아 질서반대로 청년은 부르주아 계급의 정체를 모른다, 자본주의, 제국주의를 공격하는 반체제 활동은 수포로 돌아간다. 자유연애를 외치고, 권력을 쟁탈하는 상상력을 주장하는 청년은 한 마디로 어리석다. 그러나 청년

두려워하면서 동시에 보수주의자들이다! 여기에서 나는 프롤레타리아에 대한 마르크스의 평가를 있는 그대로 재생할 필요가 있다고 생각한다. 즉 어떤 것을 사유하는 존재로서의 프롤레타리아는 혁명과 무관하다. '프롤레타리아로 존재'하는 것이 유일한 혁명의 길이다. '사유하는' 프롤레타리아는 마르크스에게 전혀 중요하지 않다.

이 오로지 청년 자신일 때, 모든 관문에 분노하고, 이유를 모르는 부분을 거부하며, 압축기로 누르는 것 같은 세계에 맞서 공황 상태를 체감할 때, 현실 세계를 심문하려 들 것이다.

＊＊＊

그러나 우리가 전반적으로 다루는 주제는 '반란' 이다. 특수한 조건, 공백, 불관용, 수용할 수 없는 운명. 청년과 혁명은 동행하지 않는다. 왜냐하면 그 행보에는 실제적 의식화, 학설, 혁명 기획, 전 지구적 사회에 반항하는 사회체社會體의 단위 및 조직화가 빠졌기 때문이다. 과연 우리는 '한 측면' 에서 '다른 측면' 으로 이행하는가? 그 부분에 대한 '발언' 이나 '사고' 는 철저히 차단되었다. 우리가 두려워하는 자와 마주한 반란, 특정 사회와 마주한 이 반란은 바로 '사회' 를 통해서만 체험되기 때문이다. 비판의 칼을 비껴간 현실 문명의 토대에서 거부도 항의도 할 수 있다. 구역질나는 일이다. 그렇지만 사람들은 이 부분을 숙고하지 않는다. 이 반항아들은 현 문명의 혜택을 누린다. 나는 이 점이 두렵다. 즉 우리가 혐오하는 이 사회에 봉사할 목적으로 순응 노선을 택하는 것이 두렵다. 하지만 사람들은 동일한 사회를 위해 필요한 기술적 기능을 완수하는 것과 다른 길을 생각할 수 없는 상황이다. 따라서 사람들은 기획 수립, 장래에 대한 사유를 순진한 태도로 거부한다. 물론 히피들이 있다! 히피들은 어떠한 위치, 책임, 기능에 대한 소유를 더 이상 바라지 않는다. 즉 이들은 급진적 단절을 주장한다. 히피들은 새로운 생활양식, 총칼이 아닌 꽃이 가진 힘, 무상성, 보편애, 관계의 완전한 자유, 포괄적 공동체, 일상생활 단계에서 체험한 평화주의를 가르친다. 그것은 직업, 전문기술, 각종 구조, 조직화를 넘어선다. 히피들의 가르침을 통해, 우리는 현 사회의 뿌리에 이르며, 근본적 문제를 실제로 목도한다. 과연 히피들이 현 사회와 맺는 관계는 과연 어떤 형태인가? 히피들은 현 사회에서 살아간다. 자신이 아프거나 자녀들이 아플 경우, 서로 도와가며 돌본다. 히피들이 산종散種된 미국에서 사회 유기체가 발전한다. 그러나 히피들은 주거지에서 살아간다. 때로 이들은 고가 의복을 입는다. 이게 도대체 무슨 현상인가? 여하튼 히피 주변에 살고, 이들을 돕고, 생필품 확보를 용이하게 하는 성인 지지자들이 있다. 서비스가 필요할 때, 이들은 성인들로부터 무수한 것을 무상으로 받았다. 그러나 어떻게 가능했는가? 답은 매우 간단하다. 히피들 배후에, 소비 사회, 풍요 사회가 존재하고, '거대 사회' 저변에 어떤 것이 존재하기 때문이다. 이 "외부자"들의 생존을 가능하게 하려면, 현대 사회의 풍요라는 틀이 필요하다. 히피들은 이 틀 안에서만 살아가고, 자기 독창성을 표할 수 있다. 이처럼 히피 현상은 매우 복합적이다. 한 편으로 그 현상은 기술 사회, 효율성 사회, 추상적 사회, 질서화된 사회에 대한 반작용이다. 이것은 매우 근본적인 이의 제기이다. 그 이유는 히피 현상은 현 사회의 효율적 실용주의와의 대립적 요소인 행동, 가치를 통해 출현하기 때문이다. 우리는 거부와 이의 제기라는 범위에 있는 히피 현상이 현 사회를 통해 만들어진다고 말할 수 있다. 그러나 다른 한 편으로, 이 부정적 운동은 이 사회 자체로 인해 가능했을 뿐이다. 즉 이 운동은 현 사회에 대한 항의를 위해 필요하다. 동시에 반사회적 대립 세력의 존속과 유지를 허용하는 '사치품'에 기꺼이 비용을 지불하는 부유층, 소비사회의 과잉도 이 운동의 가능성을 지키는 중요한 축이다. 독자들은 상상해보라. 대규모 사회적 전복 활동으로 내전이 일어나든지, 전통적 농업 사회로의 회귀가 필요하다고 주장하는 경제적 후퇴가 선명하게 드러날 것이다. 즉 히피 현상은 자동으로 소멸할 것이다. 맥루한의 분석은 바로 이 지점에 있다. 우리는 그의 분석을 수용할 필요가 있다. 사실상 맥루한은 이러한 변동 국면이 낳은 혁명을 대표하는 인물이다. 여하간, 새로운 의사소통맥루한이 말하는 개인과 집단의 통상적 활동에 신비의 차원을 부가하는 전기회로 방식들의 결과인 이의 제기는 오늘날 다른 제반 발전 양상에 비해 심원한 수준에 다다랐다. 개인과 세계의 관계를 바꿨기 때문이다. 신기술은 일종의 개인 총체화 사회, 사회와의 신비한 연합을 도출해 낸다. 학생들을 가르치는 자와 같은 용어인 기만이 바로 그 상황을 지시한다. 그것은 참여에 대한 신비화를 낳고, 연속성과 집단적 혼합의 의미를 배출한다. 맥루한이 말하는 바, 이 전기회로를 통해 "서구 사회의 유산인 지속, 구별, 분리는 유체, 연합, 용해로 대체되었다." 결과적으로 이 현상은 청년들에게 삶에 대한 새로운 태도, 전적으로 새로운 사회, 성인들에게 이해 불가능한 사회, "역사 거부, 우리가 아는 사회적 존재에 대한 규탄, 정체성의 의의를 거부하려는 욕망, 확산된 에로스 현상, 기독교 신비주의나 금욕주의에 대한 향수"[74] 등을 특징으로 하는 사회를 도입했다. 그러므로 어떠한 합리적 논증으로도 청년들에게 다다를 수 없으며, 이들의 "장래"와 "성격"에 관한 물음도 관심사가 될 수 없다. 그러나 이 모든 것에서 혁명이 과연 쟁점이 될 수 있는가? 확실히 정치적 단계에서도 아니고, 사회적 단계에서도 쟁점이 되지 못한다. 다시 말해, 우리가 지금까지 "혁명"이라고 불렀던 현상은 결코 존재하지 않았다! 또한 구조 변혁 없는 혁명은 존재 가능한가? 이 운동에서 자주 활용된 공식 가운데 하나에 바로 위 내용이 함축되어 있다. "무계획이 최상의 계획이다." 그러나 계획 없는 혁명은 존재하지 않는다. 혁명을 통해 확실히 '새로운 존재양식'이 창조된다. 그러나 그것은 통상적 혁명보다 심오한 현상이며, 필연적으로 총체적 혁명을 견인할 것이다. 나는 이 주장을 긍정함과 동시에 부정한다. 왜냐하면 근본적으로 "무無기술적인" 이 태도는 경제, 정치, 기술적인 것 일체에 대한 생래적 무관심 그렇지 않으면, 평화주의에 대한 무관심을 의미하기 때문이다. 다시 말해, 현 세대가 명령, 지도, 조직화라는 공간에 접근할 때,

---

74) Jelenski, *Preuves*, août 1967.

발생하는 것은 과연 무엇인가? 우선 히피들과 그 동류들 정도는 소규모 집단에 머물 수 있을 것이다. 사람들은 이들을 나이든 "괴짜" 정도로 여길 것이다. 그렇지 않을 경우, 이들은 경영, 생산의 필요에 적응할 것이다. 이들의 "정신적, 심리적 변화"는 우리가 생각한 것보다 그리 심오하지 않다. 그 반면, 이들의 절대 다수는 현 상태 그대로를 유지할 것이다. 기술 체계를 거부할 것이고, 생산은 재앙에 가까울 정도로 바닥을 칠 것이다. 무질서가 나타나고, 기술 사회는 사라질 것이다. 그러나 그와 함께 히피 자신도 소멸할 것이다. 왜냐하면 현 사회가 이룩한 수준보다 훨씬 낮은 수준으로 살아가기 위해서는 '노동'이 꼭 필요하기 때문이다. 아마도 히피 현상은 단순하고 총체적인 '퇴행'일 것이다. 단, 수공업 영역은 제외 아마도 가능성 없는 현상이라 말하는 편이 더 나을 것이다.

***

 따라서 우리는 다음과 같은 결론에 이른다. 상당한 폭발력을 갖춘 청년, 가치 결여에 비례해 조직화된 사회, 사회적 미덕의 결여만큼 교화를 추구하는 사회, 의미가 결여된 만큼 강제성이 부과되는 사회의 엄격함을 거부하는 청년은 그 자체로 혁명의 가치도 아니고, 혁명의 개방, 출발, 전위l'avant-garde, 담지자도 아니다. 청년에게는 매우 다른 요소가 필요할 것이다. 자가소비 가능성의 급증이라는 상황에서, 청년은 생래적 불행과 가난을 느낄 뿐이다. 이것이 청년의 전부다.

3. 지식인

무수한 부정적 사태 이후, 새로운 희망이 샘솟는다. 다행이다. 지난 몇 년 전부터, 미국의 진중한 작가군 일부에서 혁명에 대한 소망을 '지식인들의 새로운 조건'으로 내 걸었다. 갤브레이스, 맥루한, 마르쿠제가 그들이며, 여기에는 물론 저자 각각의 다양한 해석이 수반된다. 갤브레이스의 생각은 간략한 도식화圖式化 작업이 가능하다. 현대 기술-경제체제에서, 실력을 행사하는 자들은 바로 '전문기술자'들이다. 이들은 현 체제의 수단에 큰 의미를 부여하며, 행정가 및 기업 간부 등을 포괄하는 집단이다. 전문기술자들은 항상 대학에서 만들어진다. 그 결과 이 사회를 변혁할 수 있는 힘을 지닌 자들은 교수 집단이 될 것이다. 왜냐하면 이들의 양식은 교수들의 양식에 의존할 것이기 때문이다. 그럼에도, 현 상황에서 영향력을 행사하는 집단은 바로 교육자와 전문기술자 구성체이다. 그 이유는 현대 사회의 여러 구조들은 필연적으로 이들을 고려해야 하기 때문이다. 이 구성체는 정체성의 의미를 아직 확보하지 못했음에도, 급속도로 인력을 다량 확보한다. 이 지식인들은 혁명 계급 구성이나 활동을 회피하며, 폐쇄적이고 엄격한 조직에 소속되지 않는다. 미국에서! 확실히 이들은 자기 인격의 실제성을 의식화하려 하며, 사회 변혁의 의의를 갖고 활동하는 세력이 될 목적으로 "지도자"와 "창조적인 정치력"을 찾으려 한다. 왜냐하면 이들은 기득권이기 때문이다. 산업 체제 전반이 이들에게 의존하며, 오늘날 이뤄진 일련의 풍요와 함께, 공적, 사적 기반들도 이들을 지향미국에서!하기 때문이다. 체제 운명을 기술, 계획, 조직화에 연결하는 산업체제는 체제의 순기능에 필요한 인격적 요소에 깊이 의존하면서 제자리를 구축했다. '자본'이 아닌 '지식인의 기능'이 오늘의 실질적 권위를 보증한다! 그러나 지식인이 특권층으로 기능하는 영역은 비단 전문기술자 양성 분야에 국한되지 않는다.

이들은 정치 세계의 목표 및 이미지 조성에도 특권을 갖는다. 사실상 만인을 위한 이미지 창조자는 바로 지식인들이다. 그 이유는 산업-정치체제의 기능은 일련의 공통 이미지를 출발점과 은인恩人으로 삼지 않으면 불가능하기 때문이다. 그러나 때때로 이러한 이미지들은 자발적으로 창조된다. 혹은 이미지 고안자들의 개입이 이미지 창조의 빈도수를 높인다. 이 사실을 원하든 그렇지 않든, 알든 모르든 간에, 오늘날 그 가능성을 지닌 자들은 '교육자들'과 '과학자들'이다. 동일 선상에서, 갤브레이스는 인간의 방향이 산업 활동의 보상이자 대체인 '미적 활동'을 지향해야 한다고 거듭 강조한다. 물론 이 분야에서도 지식인들이 중요한 역할을 담당한다. 왜냐하면 이 활동 모델을 창안할 수 있는 유일한 집단이 바로 지식인이기 때문이다. 과연 누가 삶의 미적 차원을 가감 없이 발휘할 수 있겠는가? '예술가'인가? 마지막으로, "과학적 요구가 충만한 세계에서, 과학자들은 과학과 기술이 야기하는 결과물에 책임을 져야 한다." 이 부분에도 지식인의 책임은 분명해 보인다. 과학자는 더 이상 방법/수단을 고안하는 위치에 머무를 수 없다. 다시 말해, 과학자는 정치적 행동을 선도해야'만' 한다. 정치인의 손에 쥐어 준 과학적 도구들이 매우 강력하고, 위험하기 때문이다. 지식인은 자기에게 부과되는 '능력' 배경 형성을 따라을 갖고, 그것을 수행할 '역량' 지식인은 이미지에 대한 창조적 요소들을 독점한다과 의무지식인은 우리 사회에서 다량의 기술 수단을 제작했다를 갖는다. 현대 지식인은 무원칙적 방식, 개별적 방식으로 일한다. 이 방식으로는 어떤 것도 견인할 수 없다. 또 다른 면에서 볼 때, 지식인은 "대체 활동"을 통해 정치적 행동에 대한 자발적 무관심을 표명한다. 논문을 쓰고, 학회를 열고, 논쟁에 가담하고, 성명서에 서명한다. 모두 훌륭한 행동이다. 그러나 교육자와 과학자가 선도해야 할 정치 활동은 아니다. 왜냐하면 지식인은 순수한 지적 활동만으로 자신의 직접적 영향력을 발휘할 수 없기 때문이다. 또한 갤브레이스가 사회 변화를 위한 본질적 요소로 강조하는 부분인 '군비 경쟁에서 또 다른 영역으로의 이동', '환경에 대한 사회적 통제', '교육 해방'은 실효성 있는 정치 활동을 호출한다. 현재 우리는 그 단계에 있지 않다. 그러나 갤브레이스는 이러한 상황의 중요한 특성을 이렇게 표현한다. "우리가 현대적이라 부르는 이 사회의 미래 조건은 '열의'에 달렸다. 지성인 집단 전체, 특별히 교육자와 전문기술자 구성체는 이 열의와 더불어 정치적 행동과 방향성에 대한 실효적 책임을 진다." 사회주의적 혁명을 주장하고, 계급 간 관계 혹은 생산수단의 사적 점유에서 혁명의 도화선을 그리는 이들에게, 갤브레이스가 제시한 '지식인들의 창안'이라는 행동 방식은 분명 혁명적이지 않다. 그러나 우리가 혁명에 관한 표면적 그림만 취하지 않는다면, "기술 구조"technostructure에 대한 공세, 기술 사회의 유효한 목표 지향을 위한 책임 담당은 실제적 혁명이 될 수 있을 것이다. 철저히 전문기술자에게 설정된 방향 및 이들이 형성한 집단을 필두로, 새로운 가치와 이미지를 통해 현 사회에 새로운 양식을 부여하기 위해, 여러 단계에서 이 싸움을 수행하는 '교육자'와 '과학자' 구성체에 관한 갤브레이스의 시각은 가히 혁명적이다. 하지만 그의 글을 읽으며, 우리는 이내 실망한다. 갤브레이스는 분명 체제 혁명을 생각하지만, 그 혁명은 국가의 매개를 거친다. 사기업에서 분석된 기술 구조, 산업 생산으로만 현실성이 인식되는 기술 구조에 맞서 싸우기 위해, 현 산업사회의 변혁을 위해, 갤브레이스는 인간의 미적 욕구들에 승리하는 '국가', 환경 변화로 나아가는 '국가'를 희망한다. 따라서 지식인들은 친히 정치에 직접 참여하면서, 또한 자신들의 목표점에 도달하기 위해 국가 권력을 총체적으로 활용하면서, 국가의 이러한 행동에 영감을 불어 넣는 역할을 해야 한다. 하지만 국가는 이내 이들을 식민화할 것이다. 구체적으로 말해, 국가적어도 이 국가는 무엇을 바꿔야 하는지에 대한 심층부를 안다는 사실상 지식인들의 역량에 일임된 산업에서 이들을 박탈해 버릴 수 없다. 물론 대통령 자문위원회에 속한 사람이 볼 때, 이러한 방향은 이해 가능할 것이다. 그러나 유럽인처럼 정치 권력의 사회 지배를 구체적으로 체험한 이들에게, 이 방향은 매우 우려스럽다. 갤브레이스의 희망처럼, 주도적 행동을 보이는 국가에 대한 희망은 망상일 뿐 아니라, "지식인-국가"의 결합 구도 역시 위험천만하다. 갤브레이스는 현대 국가에서 건설되는 것이 무엇인가를 중요하게 보지 않는다. 현대 국가에서 건설되는 것은 바로 '기술 구조'다.75) 그것은 비교 가능성과 동등성이 아닌 '동일성'에 기초한 조직화다. '정치적 기술 구조' la technostructure politique 역시 동일한 방식으로 구성된다. 이 구조도 동일한 역할을 담당하며, '경제적 기술 구조' la technostructure économique와 동일한 주장을 펼친다. "공공" 영역을 통과하자는 주장은 이 구조를 더욱 강제적이고 동화同化적 구조로 만들 것이다. 현실 국가가 이 혁명의 주체가 되리라 믿는 것은 불가능하다. 거꾸로, 국가 성장을 혁명에 대한 소망 및 대對기술사회 투쟁 수단으로 여기는 갤브레이스는 기술 사회의 의미에 관한 정확한 접근이 필요하다는 점을 자각하지 못한다. 왜냐하면 기술 사회의 만개를 위해 미국이 사실상 결여한 부분즉 국가 자체가 완전히 기술화될 것과 이 사회의 작동 주체의 자리를 국가가 점할 것 때문이다. 그러나 그것은 성향의 전복, 역전이 아니다. 즉 겔브레이스의 희망은 표면상 '불가피한 발전'이다. '혁명 노선 발견'에서 매우 멀리 떨어져 있는 갤브레이스는 의심 받아야 할 사회의 총체적 상황을 강화한다. 여기에서 우리는 기술 성장의 규범적 의의에 접근한다. 하지만 우리가 집중해야 할 한 가지 문제를 위해 다른 방향은 그대로 두자. 우리가 집중해야 할 문제, 즉 갤브레이스가 수행했던 것처럼, 과연 '지식인들은 혁명적 소명을 가졌는가?' 이 교육자들과 과학자들은 현대 사회 – 이들이 결코 실현한 사회가 아니다! – 에 대한 유력자 지위에 있다. 물론이다. 다른 한 편, 우리는 지식인 가운데서 우리 사회의 가장 심오한 문제를 제기하는

---

75) 이 부분에 관해 다음 책을 참고하라; 『정치적 착각』(대장간, 2011)

자들을 발견한다. 이 역시도 분명하다. 차후 확인하겠지만, 이 현상은 유럽보다 미국에서 더욱 선명하다.

이처럼 지식인들은 표면상 현 사회에서 위치 선정과 방향 설정을 분명하게 한 것처럼 보인다. 하지만 나는 갤브레이스의 논증을 신뢰할 수 없다. 일단 내가 생각하는 부분은 다음과 같은 사실에 근간한다. 곧 지식인 전체에 관해 말하기란 불가능하다. 그러나 갤브레이스가 책에서 기술한 내용을 보면, 사람들은 언제나 교육자에서 과학자로, 과학자에서 교육자로 이행한다. 미국에서 작가나 영화인은 주요한 저항 세력의 대표자처럼 보이지만, 위에 기술된 권좌에 오르지 못할 것이다. 무엇보다 이들은 대중 유희를 담당하는 연예인에 지나지 않을 것이다. 나는 '공적인 것'이 '작가나 영화인들이 쓰고, 만드는 것'과 '실제적인 것' 사이의 관계, '반란 분출'과 '일상적 직업' 사이의 관계를 수준 이하의 관계로 만들 것이라는 주장을 신뢰하지 않는다. 도리어 나는 그 역을 신뢰한다. 예술가와 문학가들은 자기 역할에 충실할 뿐, 어디에서도 혁명 의식화를 선도하지 않는다. 또한 어디를 보아도, 이들은 기술 사회의 호조好調를 위해 반드시 필요한 존재가 아닌 것 같다. 사람들이 이들을 원하기 때문에, 이들의 강제력 발휘는 불가능하다. 다시 말해, 우리는 실제로 이들을 필요로 하지 않는다. 교묘하게 잠입하여, 화려한 자리를 점하는 이들은 삶에 가시와 같다. 즉 산업적인 것, 기술적인 것, 정치적인 것을 조직하는 삶에 가시와 같은 존재이다. 마찬가지로, 갤브레이스가 예견한 지식인의 역할이란 미래 환경 및 학생들의 시각에서 보면, 무의미하다. 그러한 환경 설정 역할이 이들에게 결코 부여되지 않았다. 만일 이들에게 영향력이 있다면, 그 영향력에는 근거와 확신이 없을 것이다. 오히려 사람들은 그것을 위해한 것으로 여길 것이다. 왜냐하면 학생들을 학업에 매진하게 할 뿐, 구체적 효력이 없는 상황에 단순 가담시키기 때문이다. 미래의 기술자들에게 기술을 가르치는 경제학자, 물리학자, 심리학자 등은 지식인들과 별로 관계없다. 넓은 의미에서 볼 때, 우리는 더 이상 지식인과 더불어 사회계급 및 알력 집단과 마주하지 않는다. 도리어 매우 복합적으로 응결된 비非육체 노동자 집단, 결코 연합되지 않은 노동자 집단과 마주한다. 이 집단에서 반란적아니면 혁명적 태도를 가진 이들은 다양하다. 이 사회에 반드시 필요한 기능을 담당하는 자들, 이들에게 권력을 부여한 자들도 결코 동일하지 않다. 우리가 후자를 고려할 때, 두 번째 난점이 등장한다. 노동과 역량이 필수인 지식인, 이들은 과연 누구인가? 항상 전문가다. 지식인이 구체적이고 발전된 학문을 하면 할수록, 반드시 전문가가 되어야 한다. 자신의 전문 영역에서 압도적 권위를 드러내는 한에서만, 이들은 현 사회의 요인要人 취급을 받는다. 물론 그러한 전문성은 기술 적용 가능성을 지향해야 한다. 이들의 연구는 그 목적으로만 지원과 격려를 받는다. 그러나 "지식인"의 비판력과 책임 수행력이 과연 전문가이기 때문에 가능한 것인가? 갤브레이스는 확신을 갖고 다음과 같이 강조한다. 지식인들은 자신의 실권을 전혀 의식하지 않고, 실행할 생각도 없다. 이것은 우연이 아니며, 쉽게 채울 수 있는 공백도 아니다. 왜냐하면 이들은 전문가로서 필요하며, 현실적 권력을 갖기 때문이다. 그러나 전문가물리학, 화학 등이지만, 자기 권력의 현실에 무감하고, 그 부분에 주의를 기울이지 않고, 자신이 필요하다는 사실을 알면서도 권력 투쟁에 돌입할 준비가 되어 있지 않고, 설령 권력을 원하더라도 실행할 수 없는 전문가이기 때문이다. 이를 실행하기 위해, 특수성을 탈피해야 하고, 수행에 필요한 개혁, 혁명에 관한 개념화 혹은 이해 작업이 필요하다. 즉 인간, 사회, 정치에 관한 포괄적 성찰로 나아가야 한다. 그러나 어떤 전문가도 이러한 성찰을 수행하는 데 영향을 미치지 않는다. 경제 전반에 부여하는 방향을 식별할 능력이 있는 입자 물리학 실험실을 우리가 운영할 필요는 없기 때문이다. 지성인 전문가들이 이를 수행할 때, 과연 무엇에 이르겠는가? 우리는 두 종류의 경험을 발견한다. 한 편, 실제로 사람들은 포괄적 연구를 진행한다. 이들은 체제 전반에서 의식화를 시도하고, "돌파구"를 찾으려 한다. 그러나 이들은 대개 실질적 전문가 되기를 중단한다. 결과적으로 이들의 위신이 추락하며, 기술이나 산업 분야에서 중요 인물 취급을 받지 못한다. 심지어 자기 동료들의 신뢰도 받지 못한다. 사람들은 윌리엄 화이트를 탁월한 사회학자로 여겼다. 그러나 그가 『조직체의 인간』과 같은 총체적 저항에 관한 서적을 썼을 때, 그에게 돌아온 것은 동정어린 조소였다. 즉 더 이상 전문가가 아니라는 딱지가 붙은 셈이다. 또한 이것은 갤브레이스가 겪었던 동일한 경험이기도 하다. 12년 전에도, 그는 전문 경제인으로 인정을 받았고, 중요 인물로 부각되었다. 그러나 수리 경제학에서 빠져 나온 그는 『신 산업국』으로 절정에 이른 포괄적 사회에 대한 성찰을 담은 책을 기록하기 시작했다. 경제인들은 즉 이 글이 더 이상 과학이 아니라는 사실을 알아 차렸다 – 경제인들 가운데 하나가 이를 기록했다 –. "이 책은 비경제인을 위한 경제이며, 기술 적용을 위한 유용성도 전혀 없다." 물론 "지식인" 영역에서 그의 악명이 높아짐에 따라, 전문가 갤브레이스에 대한 평판은 하락했다. 즉 기술구조 분야에서 그를 유명하게 했던 권위 차원에서의 평가 절하

그러나 비단 이 방향만 존재하는 것은 아니다. 우리는 "학자"되기를 중단하지 않고, 정계에 뛰어드는 전문가, 과학자들을 목도한다. 특별히 프랑스에서 이 부분을 빈번히 경험할 수 있다. 하지만 여기에는 구별이 필요하다. 즉 일부 학자들은 정치 영역에서 자기 생활을 연장한다. 그 이유는 학문적 이력과 동일하게 "성공"의 유일 수단이 바로 국가 체제이기 때문이다. 신용, 거점, 임무, 연구소 소장, 국립과학연구소에 미치는 영향력 등을 확보해야 한다. 이 모든 요소가 정치적 업무다. 우리는 때때로 엘리트 지성인 중에서 능수능란한 숙련공을 만나기도 한다. 다른 영역에서의 생활양식을 통해, 이들은 필요한 직조물을 짜는 법을 알게 된다. 더불어 연구실에서 보내

는 시간만큼 행정위원회와 정무부속실에서 시간을 보낸다. 때때로 후자에서 더 많은 시간을 보낸다. 우리는 이들이 무엇을 하건 더 이상 혁명적 행동을 기대할 수 없다! 그렇다면, 다른 이들은 어떠할까? 이들은 관대하다. 세계의 비참함을 파악한 이들, 국가에서 학자의 책임을 확신하는 이들, 사회 변혁을 위해 노벨상과 같은 학문적 명예 및 자신이 발견한 결과물을 사용하려는 이들 가운데 졸리오-퀴리와 카스틀레르가 있다.76) 그러나 우리는 깊게 생각해 보아야 하고, 이들의 정치적 행보에 구슬프게 울어줄 앵무새가 되어야 한다. 정치 영역에 대한 이들의 순진함과 무지가 즉각 드러날 것이기 때문이다. 우리는 '민주주의 정론' le dogme démocratique을 확실히 안다. 이에 따르면, 정치란 온 방향에 타당한 견해를 스스로 만들 수 있고, 모든 견해를 신중하게 선택할 수 있는 '시민'의 이해 범주에 달렸다. 그러나 이 시민이, 자기 수준에서, 단지 자신을 위해 지식을 사용한다면, 더 이상 화를 입는 일은 없을 것이다. 노벨상 수상자인 이들이 자기 거취를 따라 대중을 선도할 때, 그러나 무지와 단순 선의지로만 행동할 때, 사태는 처참하게 변한다. 보통 이들 지식인의 정치사상은 속단론, 초보, 무능력에 해당한다. 이들은 오늘날 정치, 경제적 물음이 물리, 화학적 탐구만큼 복잡하다는 사실을 의심하지 않은 채, 마음 가는대로 말한다. 마치 한 아이가 실험실에 들어와 수도꼭지를 틀고, 조정용 단추를 이리저리 돌려보고, 여기저기 딱지를 붙여대는 것처럼, 정치, 경제 영역에서 이들이 보이는 행동은 유치하다. 그들은 지구적 차원의 시각에서 세계를 조망하며, 총괄적 자료에 근거해 명확한 결과물혹은 종종 자신이 연관된 정치 세력, 마치 지도자처럼 행동하는 데 성공한

---

76) 프레데릭 졸리오-퀴리(1900-1958)와 이렌 졸리오-퀴리(1897-1956)는 국제적 명성을 얻은 물리학자이며, 인공 방사선 개발로 1935년 노벨 화학상을 수상했다. 두 사람 모두 공산당과 세계평화위원회에 가담했다. 알프레드 카스틀레르(1902-1984)는 1966년 원자 헤르츠 공명을 연구하는 광학적 방법을 발견한 공로로 노벨 물리학상을 받았다. 인종주의, 반셈족주의, 파시즘에 반하는 정당 활동을 했으며, 알제리전과 베트남전을 규탄했다.

정치 세력이 부지런히 공급해 준 결과물을 채택한다. 이들은 현행 일반론을 따라 천체의 움직임을 설명하는 중세 천문학자의 명증성과 선의지를 수반해 모든 것을 절단해 버린다. 정치에 관여함에 따라, 이들은 차츰 맹목적으로 바뀐다. 왜냐하면 자신을 조작하고, 점진적으로 옭아매는 특정 영역에 들어갔기 때문이다. 거미줄에 걸린 셈이다. 이 거미줄은 점차 이들을 함정에 빠뜨릴 것이고, 이들의 활동 능력을 모두 빼앗을 것이다. 점증하는 확신, 연합 행동, 최전선 시위가담이 바로 그 모습을 입증한다. 지식인은 비판 정신, 엄밀한 탐구 방법론 일체를 포기한 채, 정치적 구호를 채택, 유포한다. 사람들이 정치적 내용과 과학적 질문의 단절을 요구할 때, 이들은 밑바닥을 경험한다. 졸리오–퀴리는 조사와 실험을 통해 미군의 한반도 세균 무기 사용을 과학적으로 보증했다. 몇 년 후 흐루시초프는 화학무기 사용은 결코 없었으며, 모든 것은 단지 선전활동에 불과했다는 입장을 표명한다. 나는 혁명 발발을 위해 과학자를 고려할 필요가 있는지 확신이 서지 않는다. 덧붙여, 과학자들은 정치적 소요나 행동의 요인 정도로 활동할 수 있어도, 혁명가 세력권에 포함되지는 않는다. 즉 혁명을 떠들지만 혁명에 관한 질문을 정치꾼 활동으로 대체해 버린 옛 혁명 정당들의 세력권에 소속되지 않는다. 정치 가담은 지식인들의 모든 역량을 고갈시킨다. 나는 정치 영역에서 지식인들의 재능을 토대로 희망 구축이 가능한지 심히 우려스럽다. 다시 말해, 지식인들은 이미 사회체 소속이고, 이 사회체에 대한 실제적, 근본적 문제 제기를 할 수 있는 준비가 전혀 되어 있지 않다. 그저 낡은 장신구를 걸친 옷을 이리저리 흔들어보는 일이며, 뿌옇게 먼지나 일으키는 일에 지나지 않는다. 또한 견고한 사령탑의 토대에 대한 인식도 없이, 불안한 분위기만 도처에 확산하는 행동일 뿐이다. 나는 이러한 '참여 지식인의 아바타'의 최종판을 이렇게 표현하고 싶다. 갤브레이스의 희망가에 맞서, 노엄 촘스키[77]

---

77) 1928년에 태어난 미국의 언어학자로 정치 영역에서 급진주의 노선을 옹호한다. 특히 미국

는 그 아바타의 선명한 모습을 우리에게 보여준다. 미국 지식인들에 대한 구체적 인식에서 출발하는 촘스키는 혁명 의식에 근접한 지식인들의 수가 턱없이 적다는 사실을 이야기한다. 그는 다음과 같이 주장한다. 이 지식인들은 미국 권력에 봉사하는 심리학자, 사회학자, 정치학자이며, 무엇보다 베트남전의 일차 책임자들이다. 촘스키는 '반항 계급'이 아닌 "신 특권층"의 탄생을 목도한다. 이 특권층은 "위험하고, 공격적이며, 오만하고, 전임자들에 비해 위난 중에서 교훈으로 삼을 수 있는 것을 수용할 능력이 없다. 자기 인식의 한계를 솔직히 드러낸다고 하여, 권력을 향한 전임자들의 요구가 감소하지 않았다." 촘스키는 다음과 같이 일갈한다. 정치적 부담을 메우고 혹은 권력을 지닌 이 지식인과 함께, 사람들은 소위 "반혁명적 노예화"라 명명된 것의 출현을 목도한다. 이는 다음 2가지 측면을 이룬다. (1) 접근성 용이한 권력, 사회적 불평등이 차츰 표면화되지 않는다. 결국 '현 상태'는 큰 난관이 아니다. 안정화를 추구하려는 경향이 나타나며, 정치인이 못 넘은 난제를 지식인이 점진적으로 해결한다는 범위왜냐하면 그것은 점차 기술적 형태를 띠는 난제로 바뀌기 때문이다에서만, 행복한 발전의 저해 요소에 문제를 제기하는 경향이 있다. (2) 미국 사회의 우위를 점한 지식인은 이 사회에 대한 구체적 문제 제기의 동기를 차츰 상실할 것이다. 왜냐하면 미국 사회 스스로가 그 동기에 전념하기 때문이다. 타인과 비교해 볼 때, "정치적 지식인"은 이중 특권을 누린다. 이처럼 미국에서 지식인의 권력 가담은 '최상의 순응주의 노선'을 보장하는 것처럼 보인다.

＊＊＊

권력을 강요하는 정책 방향 문제 및 동조 여론 생산에 관해, 급진적 비판을 가한다. Cf. Noam Chomsky, *American Power and the New Mandarins*, New York, Pantheon Books, 1969.

'자기표현'이 가능한 지식인, 특별히 매스 미디어를 활용할 줄 아는 지식인은 분명 큰 권력을 쥘 수 있다. 이들은 자신의 모든 생각을 표현하며, 공공 영역에서 청취하는 모든 것을 표현할 줄 안다. 또한 현 사회에서 살아가는 이들의 이념과 꿈을 정식화하며, 과거에 결코 소유하지 않았던 강고한 힘을 갖는다. 즉 자신들이 제작한 이미지에 현대인들이 집착하도록 할 수 있는 힘을 갖는다. 물론 모든 지식인들이 그 힘에 근접한 것은 아니다. 그러나 대중 조종 능력을 지닌 이들의 수를 좌시할 수 없다. 이들은 대중 선전, 선동가가 되지만, 단지 '이미지 정치계'에서만 활동할 뿐이다. 『정치적 착각』참조 활동과 관련하여, 지식인들은 직접적 반응을 야기할 수 있고, 반란을 주도할 수 있다. 여기에는 조건이 있다. 혁명적 행동 집단에 속하지 않는 경우,78) 이들의 행동이 완전히 현실과 동떨어져 있는 경우, 한 세계에서 근거 없이 맹목적으로 행동하는 경우, 혁명적 운동에 치열하게 가담할 수 없는 경우, 지식인들은 우리 사회에서 매우 구체적인 모습으로 활동한다. 즉 그들은 우리 사회에 혁명가에 대한 인상 및 환상, 미답지未踏地와 장래의 짜릿함을 선사한다. 반면, 사회는 근본적으로 보수적 지식인과 동일하다.79) 전지구적 차원의 지식인들은 개별적 차원의 추리소설 작가와 동등하다. 그러나 어떻게 보면, 매스 미디어 사용은 본질적이다. 물론 우리는 이 점을 잘 안다.

반란의 과정에 주목해 보자. 이미 우리는 1968년의 반란을 목도했다. 마치 전염병처럼 유포, 확산되는 모습이었다. 더욱이 소요 사태를 최소한도로 부각시키는 모습에서, 모든 것이 선동의 결과물이 아닌가 하는 의구심

---

78) Cf. 『선전』에서 수행한 '반란' 혹은 '혁명'을 위한 선전의 영향력 분석을 참고하라.
79) 물론 이런 진술은 보수적이다. 나도 그 점을 잘 안다. 다만 현실의 안정화와 특권층 보존이라는 의미에서 보수라고 말하지 않는다. 오히려 현실적 흐름과 방향을 유지한다는 면에서 보수적이다. 시속 200km로 달리는 열차는 속도와 장소의 변화에도, 그 틀과 형태를 보존한다. 그러나 그것은 이미 고정된 공간에서 벌어지며, 열차의 경로는 설정된다.

이 생긴다. 매스 미디어의 보도가 아니었다면, 우리는 매우 평화로운 세계에 산다는 인상을 받았을지 모른다. 그러나 파키스탄 카라치에서 일어난 대중 봉기, 레바논 베이루트의 항공기 납치, 우루과이 몬테비데오의 대사관 철수, 파리의 학생총회 같은 누적된 사건을 통해, 마치 세계 도처에서 혁명의 불이 타오르는 것과 같은 인상을 받는다. 일견 부차적이고 지엽적인 이 사건을 사람들은 매우 심각하게 취급한다. 사건이 도처에 확산되었기 때문이다. 대중 확산력의 상승에 비례해, 사건의 중요성도 상승한다. 그러나 이러한 누적과 집중이 혁명적 상황에 대한 확신을 낳는다. 사회적 반란에 참여한 이들은 혁명의 대두를 확신한다. 왜냐하면 이들은 다양한 영역에서 벌어지는 산발적 투쟁을 하나로 엮어서 보기 때문이다. 그러나 이것도 화려한 쇼에 지나지 않는다. 혁명에 대한 실제적, 근본적 가능성 일체가 거세되는 일이다. 왜냐하면 선동에 집중한 결과, 정작 혁명 실천 활동을 전개할 수 없기 때문이다. 매스 미디어 활용특히 지식인들의 활용은 내가 "보수주의적 선동가"agitateur-conservateur라고 부를 수 있는 부분에 해당한다.

* * *

지난 몇 해 동안, 지식인들은 자신들이 중심부를 이룬 영역에서 혁명적 힘을 발휘했다. 출발점은 대학이었다. 사회의 요직을 점할 수 있는 혁명적 인물들을 키우는 것이 대학의 역할이다. 즉 대학의 역할은 관료, 과학자, 행정가, 언론인 양성이다. 이미 몇 해 전부터 이러한 발상이 있었지만, 거국적으로 분출한 사건은 바로 1968년 5월이었다. 나는 그 본질을 한 문단으로 요약하려 한다. "사회 형식과 무관하게, 우리는 대학의 통합을 거부한다. 대학은 항구적 불균등 상태를 유지해야 한다."80) 이와 관련된 분석을 가장

---

80) *Recueil L'Université critique*. Comité de grève d'Assas, 1968.

탁월하게 수행했던 인물은 아마도 투렌81)일 것이다. 투렌은 대학 변혁을 최종 목표로 삼아, 사회 변혁을 우선시하는 이들이 범하는 오류를 매우 강조한다. "대학은 사회의 반영물이 아니다. 대학이 곧 사회다. 사회 변혁을 원하는 욕망이 솟아나는 핵심 기지가 바로 '대학'이기 때문이다." 대학은 과학적이면서 동시에 실천적인 현 사회의 본질 자체가 된다. 즉 인간과 기술을 포함, 현 사회 발전에 필요한 '제반' 요소를 제작하는 곳이 바로 대학이다. 따라서 대학 변혁은 곧 사회 전체의 변혁이다. 그러나 투렌은 명확한 어조로 다음 내용을 부가한다. "순전히 기술만 강조하는 대학은 지적 창조력을 상실하며, 사회 자체가 무엇인가에 대한 성찰에서 벗어나 '불균형 상태'를 가중시킨다. 대학의 선택지는 다음과 같다. '순수 정치 노선'을 채택하거나, '지루한 이야기'에 질려 버리거나, '지적 독재'에 갇히거나, 아니면 아예 '몰락'하거나." 기막힌 지적이다.

우리는 그 기획을 명확하게 이해한다. 무엇보다 대학은 생물학자, 경제학자, 지리학자, 지질학자 등을 양성하는 기관의 역할을 지속해야 한다. 그와 더불어, 이들에게 양질의 지식, 최고 수준의 학문 방법론, 엄밀한 지성을 전수해야 한다. 기술, 과학적 교육 과정의 제거가 시급한 과제는 아닐 것이며, 흔히 최선의 방법론으로 회자되는 '전통적 방법론'마저 교육 과정에서 삭제하는 일도 마찬가지일 것이다! 막연하면서 열의만 가득한 정치담화 능력의 축적을 대체하는 일도 큰 문제가 아니다. 또한 마오쩌둥이나 마르크스의 장광설을 대신 읊는 것도 별로 중요하지 않다. 하지만 다른 측면도 동시에 고려할 필요가 있다. 대학은 대사회 비판력, 다시 말해, 전문가들이 자기 전문성을 실천할 사회정치 체제에 대한 비판 정신을 길러줘야 한다.

---

81) 알랭 투렌은 1925년에 태어난 사회학자로, 1968년 당시 낭테르대학교(파리10대학교)의 사회학과 학장이었다. 노동자 자주관리 노선을 지지했으며, 후기산업사회에서의 사회운동, 특히 학생 운동, 페미니즘운동, 생태주의운동 등에 관심이 많았다. Cf. Alain Touraine, *Le Mouvement de Mal ou le Communisme utopique*, Paris, Le Seuil, 1969.

전문 직업과 연구 분야, 구조들과 간극을 유지할 수 있는 능력을 갖춘 자들은 사회정치적 현실에 관한 분석력도 갖추게 될 것이다. 즉 비판 수행에 필요한 지성을 갖춘다. 따라서 주입된 전통적 원리가 없는 경우에만 그 가치를 담보할 수 있는 '이중적 교육과정'이 존재할 것이다. 그러나 그 과정에는 과학적 방법론 적용과 비판도 존재할 것이다. 혁신 정당의 집권, 특정 정당 참여, 특정 학설지지 등으로는 이러한 기획을 수행하기 어려울 것이다. 오히려 다원화된 관점, 설명, 체계에 근간한 충돌, 접촉으로 실현될 것이다. 일국의 미래를 담당할 뿌리를 기르기 위한 사회정치적 교육은 '자유대학' 중성/객관이나 중성/객관화된 것을 말하고 싶어 하지 않는이라는 틀에서 나오지 않을 것이다. 반대로 모든 관점과 학설의 생생한 마주침이 존재하는 곳, 모든 사건/사실에 대한 인정과 앎이 약동하는 곳에서 도출될 것이다. 이러한 교육은 "혁명 프로그램"이 아닌, 사회에 대한 전적 책임 수행력을 가진 인간, 동시에 사회의 제반 구조 및 이데올로기를 비판할 수 있는 역량을 갖춘 인간을 길러낼 것이다. 바로 이것이 참된 혁명에 참여하는 길일 것이다. 왜냐하면 필연적 혁명은 '의식'과 '엄격함' 이상의 세계를 통과해야만 실행 가능하기 때문이다. 항구적 이의 제기가 영구 혁명의 지름길이다. 외부인이 공격하지 않는 활동과 원리를 비판적으로 다루되, 실질적 책임자책임 역량을 갖춘 자 자신의 비판이 매우 중요하다. 이 문제와 관련해, 우리는 항상 동일 지점으로 회귀한다.82) 우리 사회에서 혁명적 활동은 더 이상 구조, 조직화, 집단성을 근간으로 이뤄지지 않는다. 도리어 그 활동은 개인을 우선으로 실행되어야 한다. 왜냐하면 '개인'이 사라질 위기에 봉착했기 때문이다. 상부구조로 남는 것은 과연 무엇인가? 바로 '개인'이다. 즉 혁명적 노동을 실현해야 할 존재, 혁명으로 인해 가중된 갈등과 긴장을 짊어져야 할

---

82) 자끄 엘륄, 『정치적 착각』, 하태환 역 (대장간, 2011); 『혁명의 해부』, 황종대 역 (대장간, 2013); 『부르주아의 변신』(대장간, 출간예정)

존재인 개인이다. 그러나 모든 개인이 논의의 중심을 차지할 수 없다. 구체적으로 말해, 책임을 지는 개인, 현실 쟁점인 '기술 사회'에 사는 개인이 그자리를 차지한다. 이는 매우 정확한 진단이며, 나는 그 방향에 동의한다. 대학 자체가 안정적 사회에 문제를 제기할 수 있는 축그러나 이러한 문제제기가 단순히 교조적 혹은 내적 반응에 국한되지 않고, 사유의 산물이어야 한다는 조건에서 이어야 할 것이다. 또한 대학은 현 사회에 필요한 전문가 집단을 양성하되, 사회를 위태롭게 할 줄 아는 집단을 양성할 필요가 있다. 그것은 매우 긴 과정을 거쳐야 하며, 이 과정을 통해 근본적 혁명의 명료한 도식, 필연적 혁명의 요구사항들에 상응하는 도식이 등장할 것이다. 이 대목에서 우리는 다음 내용에 주목해야 한다. 방금 언급한 '혁명'은 낭만적이지도 않고, 분명하지도 않다. 또한 화려하지도 않고, 긴 과정을 필요로 하며, 오늘날 혁명가들이 충족시키려 하는 꿈과 진리의 담지자로도 나타나지 않을 것이다. 이 방향은 분명 타당하다. 그러나 도처에 장애물이 있다! 기회는 또 얼마나 희박한가! 무엇보다, 현실의 대학은 이러한 역할을 맡을 준비가 되어 있지 않다. 사람들은 순수 기술성, 준비된 전문가 및 근원적 사고의 모호함, 예리하지 못한 정치적 교조주의마르크스주의적, 마오주의적 혹은 다른 사조를 쥐고 흔든다. 우리는 이 모든 현상을 목도한다. 그러나 이러한 현상에도, 총체적 지휘는 필요하다. 교수진은 자신의 '이중적' 기능을 확신할 필요가 있고, 그러한 확신은 교수진 전체에게 해당된다. 왜냐하면 혁명을 위한 교육과정은 평범, 이탈, 나태를 용납할 수 없기 때문이다. 교원들이 교육 과정에서 위 요소들을 가르치겠는가? 교육자가 되려 학생들에게 교육을 받아야하는 이 멍청한 체계는 가장 협소한 정통에만 적용 가능하다. 그 정통은 "진보"라는 이름을 내 건 청년의 열정, 그러나 무지몽매한 열정의 소산이다. 자기 힘으로 교수를 양성하겠다는 교잡한 학생은 중세적 정신의 소유자일뿐이다. 이러한 방향으로는 교육자 자신이 이중 책임에 이를 수 있는 어떤 기회도 없다. 명석하고 역량을 갖춘 일군의 교수와 학자를 전제하는 대학의 기획이 성공하려면, 국가에 대한 완벽한 대학 자율화가 확보되어야 한다. 그러나 일련의 권력이 과연 그것을 수용하겠는가? 현 사회의 미래를 책임지면서 동시에 사회를 비판하는 사람들을 양성하려는 이 계획을 권력이 과연 인내할 수 있겠는가? 어떤 정권도 이러한 후퇴를 용인할 수 없다. 그러므로 우리가 힘을 통한 자율성의 정복필요한대로을 이야기한다면, 교수-학생 간에 형성된 대학의 장벽은 완전히 다른 방향을 지향할 것이다. 즉 사회 변화에 대한 참여 대신, 반정부 정치투쟁 기획세력 낭비, 기획력 상실로 이어질의 문제가 될 것이다. 이것으로 끝나지 않는다. 기획에는 상당한 기간이 필요하다. 그리고 그 과정에서 인내, 집요함, 투명한 목표 의식이 요구된다. 혁명을 표방하는 정당은 하나같이 활력 있는 혁명을 기획하려 했다. 그러나 과연 실패를 어떻게 피할 수 있는가? 현재 이들은 건조하기 이를 데 없다. 일상적 행동, 극히 복합적인 전략, 정착으로 인해 드러난 지속적 절망이 이들의 무미건조함을 낳았다. 생애 전반에 걸쳐 유지되어야 할 '완만한' 혁명 활동을 위해 지금보다 더 많은 덕vertu이 필요하다. 그것은 단순히 바리케이트 위에서의 죽음을 위해서가 아니다. 비극적 순간이 도래한다고 하여 위대한 사랑이 난관에 봉착하는 것은 아니다. 도리어 그 사랑은 행복한 결혼 생활과 더불어 성장한다. 그러나 나는 교직 공무원들에게서 이러한 의연함을 보지 못하며, 혁명가들의 이념에서도 그 실행을 확인하지 못한다. 마지막으로, 이러한 난점에 부가해야할 결정적 요소가 있다. 대학교수, 연구원, 기술자, 전문가들은 어떤 형태든 집단을 이루지 않는다. 즉자적으로든, 대자적으로든 이들은 사회적 범주를 형성하지 않는다. 또한 우리는 다음 사실도 익히 안다. 정치 활동에 가담한 지식인들은 그 즉시 스스로를 실종자, 고아로 여기면서 지지자를 찾는다. 그러나 [68년] 5월의 학생들은 노동자와 접촉하려 했다. 그 이유는 노동자에게 혁명 기조가 있다는 교조적 확신 때문이 아니다. 오히려 68 사건으로 완전히 길을 잃은 자신들의 모습을 보며, 전통 계급에게서 원조를 기대했기 때문이다. 교수진들의 경우는 이보다 더 심할 것이다. 아마도 개인적 혁명성은 가능할 것이다. 그러나 교수 집단의 사회적 중량감을 의식한다면, 이들은 결단코 책임을 담당해야 할 이유를 생각하지 않으려 할 것이다.

4. 결론은?

우리 사회는 혁명 과정에 참여할 수 있는 조직력도, 잠재력도 없는 것 같다.

거기에서 두 가지 중요한 특징이 나타난다. 첫째, 스스로를 혁명적이라 여기는 집단은 모두 사회적 소수다. 청년, 학생, 과학자, 오늘날의 노동자, 마르쿠제가 생각한 무수한 "아웃사이더", 실직자, 낙오자 등은 모두 취약한 사회적 소수자들이다. 우리는 이들에게 무산 계급화 원리를 엄밀하게 적용할 수 없다. '구체적 탈脫-무산 계급화' une dé-prolétarisation concrète와 '추상적 무산 계급화' une prolétarisation abstraite가 공존한다. 의식 불가능한 것을 의식하기란 매우 어려운 일이다. 그것을 의식하려면, 기나긴 고행과 숙고를 거쳐야 한다. 스트라스부르 상황주의자들은 자신들이 처한 "비참한 현실"에 한 걸음도 다가서지 않는 학생들을 욕할 수 있었다. 하지만 이들의 분석에는 학생들이 그러한 의미에 근접할 수 있는 수단의 불가능성이 명확하게 나타난다! 장학금 증액, 학생식당 증축 요구가 더 쉬운 길이다! 체제에 일보 접근하는 길이란 뜻이다. 그러나 솔직히 말해, 1) 비이론적이고 감각적인 무산 계급화 현상이 존재한다는 생각을 버려야 한다면, 2) 다수가 무산계급이 되는 현상과 맞물려 점증하는 소외 현상과 더불어 [체제] 대붕괴가 벌어질 것이라는 생각을 단념해야 한다면, 3) 각 상황에 대한 해석, 관심사, 조건의 다양성, 이견차로 인해 대동단결에 대한 기대를 접어야 한다면, 4) 소외 과정을 채울 수 있을 단위를 수반하기 어려운 체제와 그 체제와 결탁한 다양한 이권 및 사건들로 인해, 의식화가 집단과 집단의 결합 대신 갈등과 간극의 심화로 나타난다면, 혁명을 일으킬 수 있을 가능성과 합법성을 동시 소유하는 거대 프롤레타리아는 존재하지 않을 것이다. 우리는 무산 계급화가 동일한 조건에 처한 인간들의 절대 다수로 재구성되며, 다수의 피압제자는 반드시 소수의 압제자를 전복할 것이라는 마르크스의 관점을 신뢰할 수도, 수용할 수도 없다. 갈등 관계에 있는 집단들을 복구하는 작업은 결코 쉽지 않으며, 집단들 사이의 간극을 좁히는 일도 쉽지 않다. 레닌의 시각과 반대로, 농민과 노동자의 현실적 결합은 이뤄지지 않는다. 핵심 구실을 해야 할 노동자를 중심으로 이뤄질 재구성 문제는 더 이상 고려할 문제가 아니다. 더욱이 우리는 이 집단 자체가 분열되었다는 사실을 익히 안다. 이것은 혁명적 힘을 가진 인간 집단이 존재한다는 관념의 포기를 뜻한다. 더 이상 다수성도, 혁명 대중도 존재하지 않는다. 남은 것은 오로지 공통점 없는 계획, 수난, 고통뿐이다. 또한 흔히 혁명적이라 여기는 다양한 소수 집단들에는 의지와 다채로운 체험이 존재한다는 사실을 덧붙일 필요가 있다. 노동자들은 현 사회에서 자신의 성공을 추구한다. 이들은 "흡수하는 자이며 흡수된 자"이다. "기술 문명화"의 모든 긍정적 측면을 소화하려 하며, 결국 이 문명화를 실현하려는 사회에 동화된다. 청년들은 일종의 원한 감정을 통해, 자신들이 우선적으로 접근하려는 것에 도전한다. 그러나 이들은 그 값을 치르려 하지 않는다. 현재 이들은 "우린 아직 설익은 포도일 뿐이다"라고 해명한다. 또한 이 말이 소비사회에 대한 증오심을 표시하는 척도가 된다. 반면 이들은 성장이 완료될 그 순간을 기대한다. 그러나 이 다양한 힘은 어디에도 부가되지 않고, 도리어 '상호 중립화'를 지향한다. 노동자들과 청년들의 연합, 하층 프롤레타리아와 연대한 노동자들 혹은 청년들, 이 모든 것은 매우 비현실적이다. 오히려 이들 사이에 벌어지는 대립과 반목이 현실이다.

* * *

오늘 우리가 목도하는 수많은 반란, 도처에서 폭발하는 그 현상, 연신 혁명을 외치는 운동들의 사회적 확산에는 다음과 같은 의미가 서려 있다. '이 운동들은 현 사회에 대한 실질적 혁명 운동이 아니며, 혁명적 상황에 있을 법한 사회 집단계급 혹은 기타 요소 자체가 존재하지 않는다.' 허구적, 가상적, 이데올로기적이지 않지만, 그 자체로 혁명적 당위를 지닌 사회 집단도 없다. 우리 사회의 어떤 집단도 마르크스가 분석했던 프롤레타리아 계급의 상황을 재생하지 않는다. 혁명의 가능성을 지닌 집단은 해체되었고, 새로 등장한 계급들은 혁명적 세력으로 자리 잡지 않았다. 오로지 '분노'와 '반항'만 있을 뿐이다. 그러한 분노와 반항은 문제의 핵심을 꿰뚫지 않는다. 전혀 다른 분야에 관해 분노하고 반항한다. 혁명의 가능성을 담지擔持한 집단, 그 가능성을 실천에 옮길 수 있는 집단은 더 이상 존재하지 않는다. 제 사무실과 방에 앉아 혁명을 꿈꾸는 자들이 있다. 10,000명가량 열 지어 행진할 뿐, 그 이상 아무것도 하지 않는 소규모 집단들이 있다. 무엇인가를 건설하려는 의지는 차고 넘친다. 원방에서 모여 철로에 드러눕지만, 더 이상 어디로도 나아가지 않는 조직들도 있다. 분노의 파도는 있으나 체제를 전복해 버릴만한 거센 파도는 없다. 자신이 누려야 할 '자유'를 향하여 결연한 의지로 전진하는 인민도 더 이상 존재하지 않는다.

2장 · 제3세계

이 장에서 나는 세 가지 주장을 펼치려 한다. 첫째, 제3세계 상황에서 혁명은 분명히 필요하다. 서구 제국주의에서 해방되어 독립을 지향하고, 경제적 비참에 맞서 투쟁하는 것은 당연하고 정당한 목표다. 제3세계 상황에서 '완성'이란 18-19세기 서구 상황과 마찬가지로 '혁명'을 일으키는 것이다. 둘째, 그러나 이러한 상황이 서구 세계에 필요한 혁명을 견인해 주지 않는다. 달리 말해, 제3세계를 통해 서구 세계를 포위한다는 마오쩌둥의 이론은 오류다. 셋째, 제3세계 혁명은 서구 서계에 유의미하고 중차대한 혁명인 "필연적 혁명"révolution nécessaire – 서구의 구조들과 관련해 일어나야 할 혁명 – 과 전혀 상관없다.

1. 아프리카

제3세계, 저개발국, 개발도상국. 나는 이들이 처한 현실을 기만하지 않고, 이들을 화나게 하지 않으면서 동시에 다채로운 이 민중공동체를 어떻게 명명해야 할지 잘 모르겠다.83) 우리는 다음과 같은 사실을 안다. 서구 세

---

83) [역주] 20세기 중후반에서 최근에 이르기까지, 18-20세기 서유럽 국가 중심으로 이뤄진 식민

계84)에서 혁명을 곧 보리라는 희망은 사라졌다. 또한 우리는 프롤레타리아와 서구 노동자 계급이 더 이상 일치하지 않는다는 사실을 인정했다. 이해의 폭과 무관하게 레닌의 제국주의론에 기초한 좌파 지식인들은 제3세계를 통해 혁명에 대한 희망을 보도하고, 세계 내 분할이 더 이상 계급 간 분리가 아닌 국가 간 분리라는 사실을 보도한다. 다시 말해, 이제는 '자본주의 국가'와 '착취 국가'로 인해 '프롤레타리아 국가'와 '피착취 국가'가 존재하는 시대가 되었다. 오늘날 피착취 국가가 진정한 프롤레타리아, 곧 '혁명 전수자'다. 이 주제는 서구 지식인들에게 다양하고, 매우 추상적인 방식으로 소개되었지만, 몇몇 제3세계 지식인들에게는 보다 구체적인 방식으로 소개되었다. 마오쩌둥과 린뱌오85)의 시각에, 세계 혁명은 중국 혁명처럼 진행될 것이다. 달리 말해, 농촌 지역 비율이 높은 저개발 국가들은 근본적 빈곤으로 인해 점차 혁명을 지향할 것이며, 점차 서구 세계에 맞서 승리를 구가하게 될 것이다. 구체적으로 말하면, 혁명에 투신한 중국 농민이 여러 도시를 포위하고 굴복시키며 농촌 부르주아 계급을 제거한 후 도시 부르주아를 혁명 노선에 들어서도록 강제했던 사건처럼, 제3세계 혁명은 자본주의 국가

주의 경험을 바탕으로 형성된 포스트식민주의(postcolonialisme)와 15-16세기 이베리아 반도 국가 중심으로 진행된 식민주의 유산과의 단절을 추구하는 라틴아메리카의 해체식민주의(décolonialisme) 담론과 논의에 맞물려 아시아, 아프리카, 라틴아메리카 사상가들은 '제3세계'라는 기존 용어 외에 '트리-컨티넨탈리즘'(tri-continentalisme)이라는 용어를 제안한다. 전자가 여전히 세계를 종속적 관점에서 나누고 있는 한계를 가지고 있다고 판단하는 바, 과거 1세계와 2세계(일본, 중국, 러시아 포함) 바깥 세계들의 지정학적 연대를 요청하는 용어로 후자가 제시된다.

84) [역주] '서구 세계'라는 용어의 범위를 어떻게 전제해야 하는지 엘륄은 명확하게 언급하지 않는다. '서구 세계'라는 표현은 지리적 차원으로 환원되지 않는 부분이 엄연히 존재한다. 자세히 말해, 비판적 언급이든 호의적 언급이든 상관없이 제3세계와 관련해 언급되는 '서구 세계'란 역사적 권력을 행사했던 영미권과 중서부 유럽 국가들에 국한된다. 과연 폴란드나 헝가리, 불가리아와 같은 지역을 영국, 독일, 프랑스와 같은 지역과 동일 범주의 '서구 세계'로 묶을 수 있는가? 지리적 서구가 사상-문화-종교-군사적 서구와 동일한가?

85) [역주] 린뱌오(林彪, 1907-1971) 중화인민공화국의 군인이자 정치가. 마오쩌둥의 후계자로 유력시 되었던 인물이다. 군부를 기반으로 한 세력 확장으로 인해, 마오는 린뱌오를 견제했다. 이에 대응하여, 린뱌오는 마오 암살과 쿠데타를 기도했으나 실패했다. 소련 망명 도중 몽골 상공에서 항공기 추락으로 사망했다.

를 포위해 버릴 것이다. 따라서 쿠바나 베트남에서 일어난 무력 투쟁은 절대적 승리이자 결정적 승리이다. 이들은 이미 승리한 것이나 다름없다. 이처럼 제3세계 혁명은 구체적 대상, 직접적 대상과 무관하게, 실제적이고 현실적인 혁명이다. 왜냐하면 (1) 이 혁명은 그들 고유의 수단과 방법을 통해 일어날 것이고, 서구 사회가 제3세계의 길을 따르도록 할 것이기 때문이다. (2) 만약 그렇지 않다면, 무력 항쟁이 있을 것이며, 결국 서구 사회는 패배할 것이기 때문이다. 이처럼 제3세계는 서구 세계에 대해 로마 제국을 유린했던 거대한 금발 야만인 역할을 담당한 셈이다.

서구인 아닌 다른 사람들도 분명하고 구체적인 관점을 제시하지 않는다. 이들은 식민지 해방운동과 혁명 사이에 필연적 관계를 구축할 뿐이다. 나세르, 파농, 세쿠 투레와 같은 인물이 이에 해당한다.86) 그러나 식민지 해방운동과 혁명 사이에 형성된 이 관계가 꼭 선명한 것도 아니다. 역사적 사례를 통해 보면, "소외 해방운동"désaliénation과 "식민지 해방운동"décolonisation이 운동 노선으로 꼭 '혁명'을 채택했다고 말하기도 어렵다. 채택한다고 말할 수 없다. 역사적 사례 하나를 확인해 보자. 아일랜드인은 영국인을 쫓아내고 해방을 이뤘다. 그러나 그 결과로 유럽에서 가장 복고적이고 반동적인 국가가 건설되었다. 다른 여러 사례에도 이와 유사한 의미가 담겨 있다. 다시 말해, 민족해방은 혁명적 역동성을 좀처럼 생산하기 어렵다. 미국인은

---

86) 가말 압델 나세르 (Gamal Abdel Nasser, 1918-1970)는 1954년에서 자신이 사망하는 때까지 이집트의 실권자였다. 그의 민족주의는 국가 독립 운동이나 국유화(특히 수에즈 운하에 대한 국유화)에 대한 혁명 기획과 긴밀하게 연결되었다.

프란츠 파농 (Frantz Fanon, 1925-1961)은 정신과 의사이자 알제리와 아프리카 식민지 해방투쟁에 참여한 정치 사상가다. 그의 시각에 이러한 해방투쟁은 신(新)식민주의 제반 형식과 대립되는 혁명과 불가분한 관계에 있다. 주요 저서로 『검은 피부, 하얀 가면』, 이석호 역 (인간사랑, [1998] 2013)과 『대지의 저주 받은 사람들』, 남경태 역 (그린비, 개정판 2010)이 있다.

세쿠 투레 (Sékou Touré, 1922-1984)는 1958년 헌법 국민 투표에서 "아니오" [역주: '프랑스어권 공동체' 잔류를 반대하는 시각]를 옹호한 이후, 기니 공화국의 초대 대통령이 된다. 독립선언 이후 대통령 투레는 소련, 중국과 연대하며 마르크스주의적 사회주의로 '기니공화국'이 나아가야 할 방향을 설정한다.

단순히 영국인을 추방한 것을 혁명이라 이야기할 뿐이다. 그리고 우리는 그 다음에 도래한 일을 잘 안다.87)

식민지 해방운동과 혁명 사이에는 분명한 공통점이 있다. '폭력'이 그 사례가 될 수 있다. 또한 우리는 폭력 문제와 관련해 조르주 소렐과 완벽히 일치된 시각을 보인 프란츠 파농에게서 한 층 고양된 '폭력 옹호론'을 확인한다.88) 식민지 해방운동은 유럽의 침략자들을 쫓아내는 일이며, 동시에 침략자의 문명과 가치, 규범들을 모조리 거부하는 일이다. 이를 확고하게 다지면서 '정체성'을 형성한다. 그러므로 관건은 식민지 지배자들이 속한 세계에 대한 강력한 성토와 규탄이다. 결과적으로 식민지 해방운동의 이러한 성격은 지배자, 즉 침략자의 문명을 파괴하기 때문에 훌륭한 혁명이라고 명명할 수 있다. 그러나 적어도 지식인들에게 있어서 식민지 해방운동은 특별히 마르크스주의에 대한 생래生來的 믿음에 근간한다. 이들은 마르크스주의적 용어를 사용하고, 계급 사회, 착취, 실천인간이 인간을 만든다, 역사와 역사적 의미에 관해 제작된 형식 일체를 택한다. 마르크스주의와의 명백한 친밀성과 관련해 우리는 여러 이야기를 할 수 있을 것이다. 특히 마르크스 사상에 무지한 상태에서 형성된 친밀성이 문제다. 나름 혁명가로 이름을 날리는 지도자들은 마르크스를 한 번도 읽지 않았다고 선언하면서 동시에 마르크스를 혁명 운동 전면에 내세운다. 이러한 모습을 하나의 명제로 만들어 서술할 수 있을 것이다. 예컨대 역사적으로 활동했던 여러 좌파 혁

---

87) 나는 '제3세계 민족주의'가 혁명 정신의 한 가지 토대라는 뮐만(Mühlmann)의 주장을 단지 망상에 지나지 않는 것이라 평가한다. 다시 말해, 뮐만은 서구 민족주의가 여러 혁명적 행동과 연계된다는 것과 혁명 지속성 이념에 근간해 자신의 의견을 피력한다. 그러나 내가 볼 때, 그러한 지속성을 역사적으로 입증해 줄 수 있는 것은 어떤 것도 없다.(또한 뮐만은 토크빌의 오류를 원용하는 깃처럼 보인다) 서구의 경험에 국한해 볼 때, 혁명의 지속성은 변화 가능한가? 또한 서구는 지금 어떤 혁명에 관해 이야기하는 중인가?

88) 『대지의 저주 받은 사람들』에서 프란츠 파농은(폭력 사용의 정당성에 더 많은 가치를 부여한 장-폴 사르트르의 서문과 더불어) 혁명적 폭력에 대해 변증한다. 1908년에 출판된 조르주 소렐의 저서 『폭력에 대한 성찰』, 이용재 역 (나남, 2007)은 분명히 두 저자(파농과 사르트르)에게 영감을 주었다.

명가들처럼, 식민지 해방운동의 투사들도 모든 것을 '정치적'으로 해결하려 하며, 식민지 해방운동과 마찬가지로 혁명은 응당 '정치'를 통해 이뤄진다. "정치화는 정신의 개방이며, 정신의 각성이자, 정신을 세계에 이식하는 작업이다." 세제르89)의 언급대로, 정치화는 "영혼 발명 작업이다"파농 어떤 초월적 존재가 정치 영역에 강림하는 것 같은 모습을 종교적으로 나타낸 이 표현은 내게 매우 중요하다! 이처럼 식민지 해방운동을 위해 고양된 정치화 현상은 분명 탁월한 혁명적 요소다. 또 우리는 이것을 '순수 진보주의'나 '반反부르주아 계급투쟁'이라고 명명할 수도 있을 것이다. 나는 제3세계에서 벌어지는 운동들과 "인간을 행복으로 끌어가기 바라는 진보적 힘"파농을 떠올린다. 부르주아 계급을 제거하는 문제에 관한 프란츠 파농의 분석은 확실히 독창적이다. 식민지 체제 말미에 이르러, 민족 부르주아 계급에 희망, 미래, 안정 따위는 존재하지 않았다. 따라서 나는 다음과 같이 강조한다. '부르주아 계급은 권력을 쥐자마자 쇠퇴하기 시작했으며, 그러한 쇠퇴는 이미 이 계급에게 사망 선고가 내려진 것과 다름없다.' 부르주아 계급의 소멸과 함께 혁명 구축이 가능할 것이다. 이를 테면, 혁명은 민족 부르주아 계급을 권좌로 안내했던 해방운동 – 결과적으로 민족을 배반한 – 을 타파할 때 성취될 것이다.

1950년에서 1965년 사이에, 우리에게는 제3세계가 나름의 틀과 역량을 지녔다는 '환상'이 있었고, 아시아와 아프리카에 포진한 혁명적 민족 국가들의 독자적 영역이 존재했다는 '환상'이 있었다. 이집트, 알제리, 인도네

---

89) 에메 세제르 (Aimé Césaire, 1913-2008)는 마르티니 출신의 지식인이자 시인이다. 레오폴 세다르 상고르(Léopold Sédar Senghor)와 더불어 '네그리튀드'(Négritude) 운동[역주 : 흑인이라는 사실 인식과 더불어 흑인으로서의 운명, 역사, 문화를 수용하는 운동. 흑인의 독창적이고 고유한 문화를 부정하는 백인들에 맞서 흑인 문화와 예술의 고유한 '뿌리 찾기 네그리튀드'와 아프리카 흑인에 대한 지배를 영속화 하려는 제국주의에 맞선 '해방 수단으로서 네그리튀드'라는 두 가지 길이 있다]의 주요 인물이다. 세제르는 흑인들에게 존엄성과 긍지를 재부여하기 위한 투쟁을 전개했다.

시아, 가나, 탄자니아, 기니, 콩고 등이 그러한 국가에 해당한다. 그러나 1965년 이후, 현실에 대한 폭로와 함께 실망감이 몰려왔다. 이들 국가 내부의 취약성이 연속으로 드러나면서 "독자적 영역"은 붕괴되었다. 즉 현실을 대체할 수 있을 장기적 대안이 없었다. 또한 이러한 재난을 낳은 원인 가운데 하나는 바로 '사회주의적 언어 편중'이었다. 가령 알제리 경제의 몰락은 필연이 아니었다. 오히려 이론적 혼합주의, 대중선동, 언어 극단주의가 몰락의 주범이었다. 사회주의 건설은 명령을 통해 이뤄지지 않는다. 혁명적 미사여구는 무용을 넘어 '극약'이 된다. 실각 이전에 널리 확산되었던 망상과 반대로, 은쿠르마의 이야기는 수카르노나 벤 벨라의 이야기와 별로 다르지 않다.90) 또한 은쿠르마는 프롤레타리아 국가 교리에 서구 자본주의가 주는 교훈을 혼합해야 했다. "가나는 이데올로기 없는 이데올로기 국가였고, 정당 없는 일당 독재였다. 이 체제는 시장 중심부에서 출현한 신新부르주아 계급이 오류 가득한 구舊부르주아 계급을 몰락시킨 현상에 해당한다" 데니스 오스틴 다른 아프리카 국가에 이보다 더한 사회주의 체제 몰락은 없다.

그럼에도 우리가 아프리카 국가들의 "진보주의"에 관한 몇 가지 혁명적 논의를 기대한다면, 최소한 어떠한 진보주의가 쟁점이 되는지 자문해 보아야 한다. 이 물음은 '비아프라 전쟁'의 상황에서 명백한 증거와 함께 제기된다. 즉 모스크바 라디오, 알제리 정부, 아프리카 통일기구O.U.A, 프랑스 좌파 연대는 정부의 승리가 "제국주의에 대한 온 아프리카 대륙 진보 진영

---

90) 콰메 은쿠르마 (Kwame Nkrumah, 1909-1972)는 1957년 독립과 더불어 가나의 초대 수상이 되었고, 1960년 가나 공화국의 대통령이 되어 1966년 쿠데타로 실각한다. 대통령 재임 기간 독재 권력을 휘둘렀다.
수카르노 (Sukarno, 1901-1970)는 1945년 인도네시아 공화국 초대 대통령이다. 1968년 축출될 때까지 강력한 대통령 체제를 부여했다.
벤 벨라 (Ben Bella, 1916-2012)는 1963년 알제리 공화국 초대 대통령이 되었다. 1965년 우아리 부메디엔(Houari Boumédiène)에 의해 실각한다.

의 승리"였다고 선언했다.91) 과거 식민지 지배자 권력의 비호를 받으며 그 권력을 통해 승리를 쟁취한 운동가의 진보주의, 실질적 승자인 무슬림 지도자들의 진보주의, 항상 "남방 노예들"이었던 이들의 정복자인 북방 권력자들의 진보주의, 쉘92)의 이익을 옹호했던 정부의 진보주의 등이 있다. 그러나 전술한 확실한 사건들이 '진보주의'의 세례를 받을 가치가 있는지 모르겠다. 비아프라의 범죄93)는 아프리카의 한 '민족'을 짓뭉개버린 사건이었고, 공개적으로 탈脫사회주의를 선언한 사건이었다. 이것은 용서할 수 없는 일이다. 이 용어, '진보주의'는 만능이다. 즉 비아프라 사람들의 비사회주의 노선 선언으로 인해, 진보주의는 필연적으로 현실과 관계없이 사회주의가 아닌 다른 곳에서 나와야 했다. 그 다른 곳은 바로 아프리카 세계의 '민족주의적 진보주의'다.

사회주의에 대한 이 모든 담론들은 서구적 개념의 맹목적 적용에서 비롯된 혼란을 결코 감추지 않는다.94) 선결되어야 하는 사회 경제적 발전이 결여됨으로 인해, 사회주의는 하나의 속임수 혹은 학설 본령의 타락이 되고 만다. 우리는 그것을 두 가지 사건에서 분명하게 볼 수 있다. 첫째, 아프리

---

91) 더욱이 다음 내용은 프랑스 좌파의 '망각능력'을 보여준다. 베트남 전쟁보다 10배 이상 잔인한 비아프라 전쟁은 프랑스 좌파 진영에 전쟁 공포와 투쟁 의지를 불러일으키지 못했다. 비아프라는 "제국주의 투쟁"에 관심 없었다." 다시 말해, 전쟁이 야기한 엄청난 비극이 일반 시위 참가자들의 관심을 끌지 못했기 때문에, 선전을 통해 쏟아진 감상주의 – 베트남 민중의 고통, 전쟁에 대한 공포, 소수 인민들의 영웅 서사 – 에 기댄 인도주의적 성명만 발표했을 뿐이다. 벵골인 집단살상에 관해서도 마찬가지였다.

92) [역주] 1907년 설립된 영국과 네덜란드 합작 정유사 '로얄 더치 쉘'(Royal Dutch Shell)을 말한다.

93) 비아프라는 나이지리아 동쪽에 위치한 지역이며, 광산과 원유로 부유한 지역이다. 1967년 분리 독립을 시도했다. 100만 이상의 사망자[역주 : 아사자(餓死者) 200만 이상 발생]를 발생시키며 통제 불능 상태에 빠지기도 했다. 1970년 비아프라 분리주의자들의 패배로 내전은 종결된다.

94) "아프리카 사회주의는 안정감을 주는 이론이다. 달리 말해, 이 사회주의는 불변을 의미한다. 그러나 아프리카 사회주의는 발전을 통한 실제적 어려움을 겪는 자리에 '애국심'이라는 위안을 선사 한다"(이브 브노, 『아프리카 독립 이데올로기』Idéologies des indépendances africaines, 1968).
"사회주의는 때때로 효과 없는 집단화를 수반하고, 준비되지 않은 사회에 덧칠해진 가짜 용어다"(르벨)

카와 아시아의 사회주의적이고 혁명적이라 불리는 체제들 사이에 주된 차이점이 나타나지 않는다. 또한 좌파라 공표하는 자들도 존재하지 않는다. 문제들은 똑같으며, 결국 방법들 역시 똑같다. 지성인들의 담론과 이데올로기에도 불구하고, 탄자니아에 혁명적 방향 그 자체는 어디에도 없다. 둘째, 도처의 군부 독재들에서 나온 발전을 우리는 더 포괄적으로 설명해야한다. 교회들이 아프리카 군을 찬양하고 "군부 사회주의의 진보주의적 성격"을 진지하게 논의하려는 모습은 견디기 어려운 일이다. 군부 사회주의는 사회주의의 빈사상태에 지나지 않기 때문이다. 그러나 이 세계에 새로운 변화 국면은 냉혹하리만큼 필요하다. 그 변화 가운데 파농이나 사르트르가 생각했던 "제3세계 속에서 탄생하는 새 문명"에서 우리가 얼마나 멀리 떨어져 있는지가 드러난다.

두 번째 국면은 다음과 같다. "사실상 서구 세계의 혁명이 될 사회주의 실현도" 매우 불투명하다. 파농과 같은 일부 인사들이 자기 역량의 고양 속에서 보편적이고 혁명적인 소명을 신봉한 반면, 다른 사람들은 이보다 온건했다. 또한 아프리카 사회주의를 자신의 신념으로 피력한 세쿠 투레는 모두가 혁명을 부르고 있는 그 땅에서 혁명적 전진의 난항을 겪는다. 이는 그릇된 힘과 민주주의의 소멸, 그리고 사회주의의 인도주의적 소명을 믿는 행위다. 그러나 그 행위는 사회주의가 평화 가운데 형성될 것이라는 확신을 멈추지 않는다. 그리고 어디에서도 우리에게 아프리카 사회주의 혁명이 서구 사회에 어떻게 혁명을 일으키거나 선전할 것인지에 관해 설명해 주지 않는다.

식민지 해방운동이 일어난 이후 2세대에 해당하는 청년층과 특히 군 간부들은 나세르, 수카르노, 은크루마의 권위주의적 "사회주의"를 엄격하게 재검토했다. 이들 2세대의 시각에, 권위주의적 "사회주의"는 무용지물이자 재앙이었다. 왜냐하면, 특별한 경제 발전이나 사회적 평등화 과정이 없었기 때문이다. 1956년에서 1966년의 이집트는 국유화 선언 이후에 대대적으로 홍보된 목표들에 어는 것 하나 이르지 못했다. 식민주의와 제국주의를 "이집트 부르주아 계급", "아랍 자본주의"와 동일시하는 통상적 노선을 따르던 나세르는 자신의 주된 측근들을 부르주아들로 구성했다. 또한 프롤레타리아 독재를 결단코 언급할 수 없는 이 부르주아들을 택했음에도, 정통 사회주의적 시각을 채택1961년한다. 이에 소련은 나세르 정권을 정통 사회주의로 인정한다. 그러나 "과학적 사회주의"에서 도출된 본 체제에 관해, 소련은 다음과 같은 이론을 공식화한다. 이것은 이미 스탈린이 암시했던 공식이기도 하다. 즉 후발 국가들이 사회주의 국가들의 원조에 힘입어 자본주의적 발전 도상을 걷지 않고도 산업화를 이루고, 동시에 프롤레타리아 독재 세력의 지도부를 구성하지 않아도 진보적인 민족주의 세력의 지도를 받아 사회주의로 직접 이행할 수 있다. 왜냐하면 진보적 민족주의 세력은 반식민주의적 성향의 부르주아 계급을 포섭하기 때문이다. 소련의 미르스키는 이를 더욱 명료하게 밝혔고, 나세르는 1962년 공표한 민족 헌장에 공식화 한다. 그러나 이러한 아랍 사회주의 교리는 몇 가지 두드러진 조약들을 내포한다. 한 편으로, 진보 세력들의 동맹은 국가 주변과 내부, 국가 자체를 통해 실행된다. 다른 한 편으로, 그 세력들을 연합하는 정신은 바로 민족주의다. 나세르를 신뢰했던 인물이면서, 동시에 새로운 방향성을 제시했던 리프카트는 사회주의와 민족의 일체감을 선언했다. 또한 그 일체감은 민족주의적인 경계선 내부에서 구체적으로 실행될 때만 바뀔 수 있을 것이다. 민족주의는 "형식"이다. 그리고 군부 사회주의는 제국주의 공격을 그 형식의 내용으로 삼는다. 이를 통해 우리는 소위 "단계주의"étapisme, 95)라 불

---

95) [역주] '단계주의'(étapisme)는 1970년대 퀘벡 주의 주권에 대해 국민투표를 통해 이행해야 할 필요성을 설명하는 정치 이념이다. 퀘벡 출신의 정치학자이자 정치가인 클로드 모랭(Claude Morin)이 핵심 인물이다.

리는 도식을 배운다. 식민주의 반대를 외치면서 민족을 위한 세력들을 규합하고, 사회주의로의 이행과 노동자들이 주축이 된 인민민주주의 국가 건설을 목표로 자본주의와 부르주아 계급의 내적 구조들을 척결한다. 이것은 스탈린식 교리에 완벽히 부합한다. 그러나 과학적이라고 표명된 이 사회주의리프카트는 이러한 아랍 사회주의에 과학적 토대가 있고, 과학적 법칙들과 사회과학 및 심리학적 법칙들을 고려하기 때문에 과학적이라고 말한다. 또한 민족 헌장은 사회에 관한 연구를 바탕으로 구상된 것이라고 말한다는 두드러진 요소들의 혼재 속에 존재하는 신에 대한 믿음, 자본주의에 대한 거부, 정신적 가치들에 대한 참고와 같은 요소들도 포함한다. 현실적으로, 이 사회주의의 구조는 기괴하고 공허하다. 이 구조는 다음 결과를 낳는다. 한 편으로, 민족주의는 군사력을 유일한 힘으로 내세웠다. 그러나 그것은 민족주의적이지, 사회주의적이지 않다. 다른 한 편으로, 사회적 불평등은 심화되었고 세계 어느 지역에서도 2,500만 북아프리카 노동자들에 대한 착취와 비견될만한 착취는 없다, 행정과 계획의 비효율성으로 경기는 침체되며, 사회주의 이데올로기는 어디에서도 인민들에게 침투해 들어가지 못한다. 민족주의와 사회주의가 혼합되는 경우면 여지없이 드러나듯, 전자는 후자를 약화시키면서 결국 그것을 소거한다. 그러나 이것은 제3세계 모든 사회주의 국가들의 몫이다. 왜냐하면 이들의 민족주의는 오래 묵혀둔 요소들의 부활이기 때문이다. 다른 곳과 마찬가지로, 식민주의 이전에 이 세계에 존재했던 외국인 혐오, 인종 혐오, 문화적 불관용이 오늘날 다른 형태로 표출되고 있다.

만일 우리가 군사력 상승을 고려한다면 이 부분을 수긍할 수 있을 것이다. 아프리카 독립 6년 후, 자국의 독립을 이끌었던 17개국 지도자 가운데 단 7명만 존속했다. 1963년과 1970년 사이에 20건 이상의 군사 쿠데타가 일어난다. 과거 프랑스 연맹 출신의 아프리카 6개국도 군부 통치를 받는다. 군사 쿠데타의 위협은 인접 국가들을 비롯한 여러 나라들에도 전염된다.

수단처럼 민주주의 국가가 수립되어도, 이내 곧 군부 독재로 대체되리라는 사실을 안다. 사람들은 이러한 변화의 원인들에 대해 수없이 질문했고, 경제를 주된 원인으로 지목한다. 그러나 군부의 실권 투쟁 문제는 차치하더라도, 질서 유지와 사회 안정을 가능케 할 유일하고 확실한 요소는 '무장 병력' 뿐이다. 이에 한 가지 내용을 덧붙이자면, 모든 민족주의는 필히 권력을 군에 위임하는 방식을 택한다. 아프리카인들은 이 규칙을 적용했다! 일각의 주장대로, 아프리카에서 군부는 사회주의 혁명의 한 가지 요소였다. 이를 설명하려면, 선량한 의지와 순수성이 부가되어야 한다. 마셈바 데바 96)의 과학적 사회주의는 "민중적"이었다. 그러나 콩고 군부는 이를 망각한 것처럼 보인다. 말리, 오트-볼타97), 다호메98), 콩코-킨샤사의 군부 세력들은 보수적이며 조직적이다. 이들은 국지적 세력들을 규합해 서구에 대한 적대감을 확실히 표했다. 아마도 서구에 적대적 이빨을 드러낸 군대의 통상적인 모습일 것이다! 르벨은 그러한 연쇄 작용을 다음과 같이 신랄하게 표현한다. "무능력, 독재, 붕괴, 쿠데타, 숙청, 독재, 강화, 또 무능력, 저개발 심화"로 이어진다. 이는 절대적 운명이 아니다. 오히려 이러한 순환은 외부의 도움을 통해, 그리고 모든 혁명적 전망의 바깥에서만 단절될 수 있는 것처럼 보인다.

이러한 아프리카 사회주의들에 대한 분석은 맥 빠지는 일이다. 이집트와 마찬가지로, 콩고 인민공화국의 "과학적 사회주의"는 탄자니아의 인간주의적 사회주의만큼 기만적이다. 꿈이나 기술, 과거로의 회귀다른 제3세계 국가에서 빈번하게 평가되는 것과 마찬가지로, 우리는 탄자니아에 산업화 노선을 취하는

---

96) 알폰스 마셈바 데바 (Alphonse Massemba Débat, 1921-1977)는 1963년에서 1968년까지 콩고 공화국의 초대 대통령을 지냈다. 이 기간에 그는 서구 여러 국가들과 거리를 두기 시작했으며, 쿠바나 중국과 가까운 관계를 유지했다.
97) [역주] 부르키나파소(Burkina Faso).
98) [역주] 베냉(Bénin).

것이 필요하지 않으며, 이들의 사회주의는 직접적으로 대대로 내려오는 공동체 구조들에 뿌리를 두고 있다고 생각한다. 99), 그렇지 않으면 과도한 기술화를 위해 전통 사회를 거부하고 '전문 고위직 관리들'technocrates의 손에 넘어간다. 그 예로 수단에서는 이러한 전문직 관리들의 주장이 긍정적으로 평가 받았고, 알제리에서는 실현되었다. 그러나 전문직 고위 관리는 혁명적이지 않다. 석유 재벌 제국주의 추방을 근본적인 혁명적 행동이라고 볼 수도 없다. 우리는 알제리를 통해 이를 확인한다!

＊＊＊

현실에 근접해 생각해보자. 무엇보다 민중들의 "프롤레타리아적" 성격 여부를 의심해 보아야 한다. 이들은 역사적 식민화로 노예에 준하는 상태로 전락했고, 정복자들의 무력 지배로 신체적, 정신적 상처를 입은 빈곤 국가들이다. 부정할 수 없는 자명한 사실이다. 반제국주의 정치 투쟁이 이들의 자유를 두드러지게 했다는 것도 부정할 수 없는 사실이다. 그러나 이것은 전 세계적 차원의 프롤레타리아 혁명을 쟁점화 하는 데 불충분하다. 또한 이 민중들이 과연 서구 사회에 혁명을 야기할 수 있는지, 그 자격이 있는지에 관한 자격에 있어서도 불충분하다. 이들의 경제적 상황이 매우 처참하다는 것도 분명한 사실이다. 저개발은 산업화 국가들의 자율적 성장으로 인해 주변부 국가들의 성장을 강압적으로 중단시킨 현상이다.100) 그러나 그 뿐만이 아니다. 내부의 멈춤 현상, 발전을 거절하는 구조, 심리적 거부, 사회정치적 거부, 사회적－법적 거부 혹은 경제적 해체를 낳는 거절도 존재한다. 그러나 악명 높은 집단을 무시하지 말아야 한다. 저개발 국가에 대한

---

99) S. Urfer Ujamaa, *Espoir du socialisme africain en Tanzanie*, 1971.
100) 프레시네(Freyssinet)의 저개발에 관한 탁월한 연구(박사학위 논문, 1963)를 참고하라.

"외부" 지원이 없다면, 이들의 "출발"은 불가능할 것이다. 외부 세력의 원조가 있다면, 이들의 체제는 외부에 매우 의존적인 형태가 될 것이다.101) 여기에 추가될 요소가 있다. 바로 성장 불균형, 보건 증진에서 기인한 인구 폭발, 과도한 정치 기구가 야기하는 예산 압박, 사회주의적 정치 기구가 가중시키는 예산 문제, 각종 사회적 갈등, 혁명, 내전이다. 나이지리아는 십중팔구 아프리카 민중들로 이뤄진 나라다. 그런데 이 나라가 경제 확장의 최선의 길을 시민전쟁에 전력을 다한 민중들에게서 찾으려는 행보는 처참하다. 경제 확장의 최선의 길에서 비롯된 각 상황은 결단코 혁명적이지 않다. 아프리카 민중들은 경제적, 기술적 성장 지연과 맞부딪히고, 부자들의 사악함과 마주한다.102) 그러나 체제 내부에서 벌어질 혁명적 행동을 통해서는 어떤 것도 해결되지 못할 것이다. 또한 서구를 공격한다고 진전되는 것은 아무 것도 없을 것이다. '만일' 서구가 자기들만의 혁명을 일으켰다면, 그 혁명이 타자들을 돕기 위한 자기희생의 길로 나아가는 소위 이타적 전향을 도출했다면, 전 세계의 문제 해결을 위해 우선적으로 고려해야 할 요소가 서구의 기술력이라면아직은 아니다!, 제3세계의 상황도 해결 가능하리라 생각할 수 있을 것이다. 그러나 꿈일 뿐이다. 이유가 무엇이건, 지금까지 어떠한 사회주의 혁명도 '국가적 차원의 이타주의'를 낳은 적이 없었기 때문이다. 소련이 위성국을 다루는 태도나 티베트에 대한 중국의 태도를 보

---

101) 뒤몽(Dumont)과 같은 위대한 고전들을 인용하는 것을 일단 제하면서, 최근의 세 가지 연구들을 다음과 같이 제시한다. Hugon, *Analyse du sous-développement en Afrique noire* (1968); Divers, *Décolonisation et régime politiques en Afrique* (1967); Guernier, *La Dernière Chance du tiers monde* (1965)

102) 나는 이 부분에서 저개발 문제를 직접 연구하지 않을 것이며, 「기술과 저개발」(*Technique et sous-développement*)이라는 글이해의 폭과 무관하게 저개발 문제에 이를 것이다. 다만, 나는 여러 저서들 가운데 기본이 되는 다음의 두 저작을 소개하는 것에 만족하려 한다. 첫째, 이 주제에 관해 매우 훌륭한 정보를 담고 있는 J-Y. Calvez, *Aspects politiques et sociaux des pays en voie de développement* (1971)와 둘째, 좌파의 성서처럼 여겨지나 실제로는 극단적으로 "치우친" 부분이 있고, 더욱이 오류 있는 내용들이 다소 포함된 Gunder Franck, *Le Sous-développement* (1971)이 있다.

라. 그것은 '원조援助의 질서'가 아닌 '착취搾取의 질서'다. 진지하게 살펴보면, 제3세계의 고통은 사회적 구조들의 전복에서 비롯된 것이 아니고, 서구 세계와의 구조적 관계에서 온 것도 아니다.[103] 오히려 이렇게 말하는 편이 타당할 것이다. '정치 노선 때문에 기술의 발전이 지연된 것이 아니다. 이러한 지연을 극복하고 채울 수 있는 유일한 길은 기술의 진보다.'

또한 규정 요소인 기술 뿐 아니라, 그와 연관된 요소들을 파악해야 한다. 나는 배슐레Baechler의 탁월한 정식[104]을 지나치게 강조하지는 않을 것이다. 배슐레는 저개발에 관한 연구 전반을 탁월하게 요약한다. 그 연구는 "장미빛 환상에 반대하며, 반혁명가들 뿐 아니라 혁명가들도 반대하는 독자성을 보였다. 이것은 혁명 현상을 낳을 위험이 있는 저개발 국가들의 저개발이 아니라, 저개발 국가들의 실제적인 개발이다. 내적으로 생성된 갈등들과 전복적 행동들의 개연성은 빈곤의 후퇴와 더불어 상승할 것이다." 나는 배슐레의 분석을 토크빌의 분석을 재탕한 것이라고 본다. 좌우간 "내부 발생적" 갈등이 유일한 쟁점이다.[105]

숑바르 드 로브Chombart de Lauwe의 말처럼, 아프리카의 영양실조를 탈피하는 최선의 길은 농업 구조 개선과 비료 사용이다. 서구 국가들의 원조 감소

---

103) [역주] 사실 엘륄은 이 문장을 단정적으로 서술하지 않는다. 엘륄은 분석의 결과를 확실하게 장담할 수 없는 개연성에 기초해 문장을 서술한다. 그러나 아프리카에 대한 서구의 제국주의 역사, 지정학적, 경제적 신제국주의 현실에 대한 엘륄의 고찰과 인식은 확실히 부족하다.

104) Baechler, *Les Phénomènes révolutionnaires*, 1970.

105) 에드가 모랭(Edgar Morin)의 종합은 『인간 정치에 대한 서설』(*Introduction à une politique de l'homme*)에서 제3세계 논리라고 불렸던 부분과 결합해야 한다. 모랭에 따르면, "혁명적" 운동들은 기술 문명에 돌입하려는 의지와 자기 정체성 상실에 대한 공포 사이에 존재하는 긴장의 결과라는 부분을 잘 보여준다. 이러한 국가들은 국가적 추진력을 수반해야 전진 가능하며, 혁명적, 탈(脫)부르주아적, 탈(脫)소비에트적 운동들이 다양하게 섞이며, 어디에서도 "사회주의 근본 사상인 인간들 사이의 새로운 관계 설정"을 쟁점으로 부각시키지 않는다. "심지어 성공을 거뒀어도 마찬가지다. '발전에서 비롯된 혁명'은 무계급 사회를 겨냥한 혁명이 아니며, 인간에 의한 인간의 착취를 차단하는 혁명도 아니다. 또한 사회주의 문명을 전개하는 혁명은 더더욱 아니다." 에드가 모랭은 이러한 발전으로 이룬 혁명의 성공이 얼마나 위험한 일이 될 수 있는지를 여실히 보여준다!

가 우려된다는 말도 사실이다. 그러나 제3세계는 서구 세계를 압박할 수 있는 운동을 전개하는데 필요한 '무장'이 전혀 되지 않았다. 이것 역시 사실이다. 빈곤국/부유국, 프롤레타리아/부르주아를 동일 관계에 두는 것과 관련해, 사실 우리는 비교와 대립을 옳지 않다고 이야기함으로 이 관계를 분리시킬 수 있다. 그러나 나는 다음과 같이 과감하게 말한다. '이 관계는 절대적으로 동일하지 않다!' 경영자의 허약함은 노동자들에 대한 의존도 때문이다. 노동자들이 노동과 생산을 중단할 때, 소유주는 무능력한 존재로 전락하고, 모든 것을 잃으며, 주인 노릇도 할 수 없다. 이러한 지속적 상승과 전락이 교차하는 시기가 있었다. 유력자 역할을 지속할 수 있는 자는 누구인가? 그러나 그 관계는 여기에 존재하지 않는다. 예컨대 산업 발전을 이룬 국가들은 석유를 제외하곤 다른 어떤 자원도 바라지 않는다. 사실 부유국은 빈곤국을 필요로 하지 않는다. 화학 기술의 발전으로 빈곤국이 필요 없을지도 모른다. 소련의 설탕 구매량이 떨어지자 쿠바는 좌불안석이었다. 소련이 쿠바산 설탕을 반드시 구매해야 할 의무는 어디에도 없다. 쿠바를 지탱하기 위해 소련은 설탕을 구매할 뿐이다. 제3세계에 대한 선진국의 원조는 윤리적 필요 차원이지, 정치경제적 차원은 아니다. 이것은 분명 걸림돌이며, 제3세계 민중들을 굶주림에 방치시키는 장애물수용하기 어려운이다. 그러나 윤리적 강요로 국가적 행동을 고취하는 일을 실현시키기란 매우 어렵다! 진보하면 할수록 상황은 더욱 까다로워지며, 도처에 장애물이 출현한다. 서구인들의 반응에서 볼 수 있듯, 지금껏 추진된 "대외 원조 정치"의 실패는 그 활동의 지속성을 독려하지 못한다. 또한 다음과 같은 일도 발생할 것이다. 화학 발명의 성장은 점점 "식민지" 소비재를 대체하는 상품의 발견으로 진행될 것이다. 제3세계 국가들이 제공해야 하는 것은 다른 세계 사람들의 삶에는 점점 불필요한 것들이다. 물론 석유가 있다. 그러나 얼마나 갈 수 있는가? 현실적으로 제3세계 민중들은 강압적 관계에 대한 어떤 성격도 드러내지 않는다. 그렇다면, 순수 폭력을 떠올려야 하는가? 이것은 프란츠 파농Frantz Fanon의 사유 곳곳에 투명하게 드러난다. 그러나 거기에서 도 우리는 몽상에 빠지지 말아야 한다. [파농의 생각처럼,] 과연 우리는 일체가 된 아프리카를 보는가? 유럽에 전쟁을 선언하는 아프리카 국가들을 보는가? 침략을 위한 전략과 전술을 기획하는 아프리카를 보는가? 미국에 선전 포고하는 라틴아메리카 국가들을 보는가? 그 수준에 있는 나라는 유일하게 중국 밖에 없는 것 같다. 그러나 우리는 이것이 결국 재앙을 낳을 것이라는 사실을 예상할 수 있다.

＊＊＊

그럼에도, 이 대륙의 민중들은 혁명 노선과 사회주의 연구에 참여했다. 이들은 자본가와 대결하는 프롤레타리아 민중들이며, 기술적, 경제적 성장에 부합하는 변화와 필연적으로 갈등을 빚는 봉건 체제적 민중들이기도 하다. 관건은 전혀 다른 2가지 문제, 그리고 상호 관련성 없이 결합된 2가지 계획이다. 뮐만은 그 조건들을 탁월하게 분석한다.[106] 이 조건들 가운데 키쿠유[107] 모델을 표본으로 취해 아프리카 정서를 드러낸다. "키쿠유 부족의 반응에 나타난 특성을 다음 4가지 관점으로 설명할 수 있다. '사회학' 적 관점으로는 박탈과 무산 계급화로, '문화심리학' 적 관점에서는 동기들의 개별화로, '사회심리학' 적 관점으로는 저항의 상징들에 대한 고착으로, '정신병리학' 적으로는 접촉에 관한 문화적 신경증으로 설명할 수 있다." 이것은 정신적 불균형과 반향들을 낳는다. 그러나 어떤 지점에서도 세계 혁명의

---

106) Wilhelm E. Mühlmann, *Messianisme révolutionnaires du tiers monde*, Paris, Gallimard (Biblio-thèque des Sciences humaines), 1968을 참고하라.
107) [역주] 케냐 지역에 거주하는 부족 이름이다.

자극제로 기능하지 않는 제3세계의 현실적 변모에 관한 표현이다.

이 민중들은 "자기" 혁명을 일으키는 작업에 호출된다. 이들은 자본주의 이전의 단계에 있고, "근대화"를 이루기 위한 사회정치적 변화를 야기해야 한다. 또한 부족의 구조들과 봉건적 관계들을 파괴해야 하며, 새로운 부르주아 계급의 출현과 "정치적 계급"의 구성에 맞서 투쟁해야 한다. 더불어 일관성, 불변성, 효율성을 갖춘 공간에 노동력을 배치해야 한다. 공정한 분배의 순환 체계도 만들어야 하고, 기술 형식의 가속화도 기획해야 한다. 생각하기에 따라, 이 모든 것을 "혁명"이라 부를 수도 있을 것이다. 그러나 그 혁명은 내부의 혁명이다. 우리는 이러한 혁명이 서구에게 크나큰 결과물을 안길 것이라 생각하지 않는다. 기아飢餓에 허덕이는 자들이 착취자들에 맞서 궐기하는 일은 지극히 정상이고, 당연하다. 그러나 누가 착취자들인가? 착취자들은 매우 복합적이다.

빈자가 부자를 제거하기 훨씬 오래전부터, 사람들은 착취자에 맞선 민중의 궐기와 사회적 투쟁을 염려했다. 착취자들은 기술적으로 진보한 국가들에 거주한다. 그리고 우리는 빈곤국이 어떤 방법으로 기술적 진보를 이룬 국가에 도달할 수 있을지 알 수 없다. 이 나라에서 저 나라로 기술을 전파하면 되는가? 그렇다면 아마도 다음 같은 가설도 가능할 것이다. 빈곤국에서 구축된 강성 사회주의가 도처에 확산될 것이며, 거대한 물결을 타고 서구 여러 나라들에 전파될 것이다. 사회주의의 물결이 서구 세계를 휘감을 것이다. 사회주의 혁명은 미국을 위시한 "제국주의"의 양 날개를 꺾을 것이다. 그러나 이는 매우 피상적인 시각이다. 그 이유는 선진국의 시민들은 다른 세계 사람들을 필요로 하지 않기 때문이다. 우리는 이미 위에서 그것을 확인했다. 제3세계 국가들에게 수출을 할 수 없는 상태가 된다면, 미국이 붕괴되거나 회생 불가능한 경제적 위기에 빠질 것이라고 생각하는가? 어림없는 이야기다! 실제로 미국은 제3세계 국가들의 시장 가치를 중요하게 여긴다. 소비 인구가 많기 때문이다. 또한 콜롬비아나 과테말라 농민들의 저임금, 피착취 노동은 근본적으로 미국과의 [극비대칭] 관계에서 나왔다. 만일 이러한 평가를 명목으로 노동을 거부하고 미 제국주의를 몰아낸다고 하자. 아마도 일부 대기업들의 매출과 이익을 현저히 떨어뜨려 자국에서 쫓아낼 수 있을 것이다. 그러나 그게 전부다. 독자들은 칠레의 경험을 잘 알 것이다. 미국 경제는 전혀 타격을 입지 않았다. 과연 어떤 토대에서, 어떤 사회적 역량을 바탕으로 제3세계 국가들이 사회주의 혁명을 일으킬 수 있을까? 프란츠 파농의 사례를 검토해보자.

파농은 '혁명적 자발성'을 재확인한다. 이 자발성을 형성하는 주체는 권위적이고 독재적인 정당의 원내 장악력이다. 또한 파농은 부르주아적 영향력을 회피하고, 부르주아 체제에서 사회주의 체제로 이행하는 데, 농민 대중을 반드시 고려해야 한다고 생각한다. 즉 조국 알제리의 농민을 비롯해, 전 아프리카 농민의 지체와 퇴보라는 현실적 상황에도 불구하고, 이들에게 호소해야 한다. 다양한 이유로, 우리는 다음 내용을 확인할 수 있다. 첫째, 농민 대중은 타 집단들과 비교해 볼 때, 대중적 봉기와 조직화에 용이하다. 둘째, 도시 프롤레타리아는 이미 서구화된 상태다. 따라서 혁명은 농민들의 사회적 봉기를 통해 시작될 것이다! 만일 레닌이 농민에 관해 제시했던 주제들예컨대 농민은 조력자다을 무시하지 않는다면, 우리는 파농이 제기한 혁명 개념의 시대착오적 성격을 부각시켜야 할 것이다. 물론 농민 집단은 점령자에 반대하는 투쟁의 도구로 활용 가능할 것이다. 그러나 혁명을 일으키기 위해서라면 이야기가 달라진다! 어쩌면 중세로의 회귀를 보게 될지도 모른다! 농민이 주체적으로 사회주의 혁명을 일으킬 수 있는가? 이를 확신할 수 있는가? 물론 농민에게 당의 방향성을 숙지시켜 그러한 믿음에 이를 수도 있다. 그러나 이러한 내 의문에 대해 파농은 어떤 답을 줄 수 있는가? 파농은 다음과 같이 밝힌다. "민중들은 더 이상 무리가 아니다. 또한 당이나 간부의 지도를 원하지 않는다"사실 이것도 너무 상투적인 표현이다 파농의 발언에는 앞뒤가 맞지 않는 부분이 있다. 그리고 그것은 혁명을 위한 '총체적 기획'의 불일치를 보여줄 뿐이다.

우리는 기 드보르의 주장이 얼마나 일리 있는지 다음 글에서 확인할 수 있다. "관료주의적 성향보다 부르주아적 성향이 더 강한 현대 자본주의는 현실 트로츠키주의에 내재된 신 레닌주의적 환상을 지속적으로 반박한다. 따라서 우리는 자연스럽게 형식상 독립국인 저개발 국가들에게 우선 적용될 한 가지 장場을 발견한다. 거기서 국가적, 관료주의적 사회주의의 변형에 관한 환상은 의식적으로 경제 발전의 단순한 이데올로기로 조작된다." 냉정히 말해, 이러한 형태의 사회주의는 관료주의 권력과 지역의 신 부르주아 계급이 제멋대로 주무르는 국가 조직을 생산할 뿐이다. 그러나 이 부르주아 계급은 마르크스가 인정했던 서구 부르주아 계급의 긍정적 역할도 충족시키기 어려울 것이다. 왜냐하면, 아프리카나 라틴아메리카의 부르주아 계급은 역사적 토대를 결여한 '인위적' 계급일 것이기 때문이다.

서구 부르주아 계급은 경제적 지평에서 형성되었고, 국가를 점유했다. 이것이 제3세계 부르주아 계급과의 현격한 차이점이다. 반면, 아프리카 부르주아 계급은 어떠한 경제적 토대나 사전 창출된 요소가 없는 상태에서 국가를 점유했다. 따라서 이들은 잉여가치 축적이나 성장 경제 체제 창출에 대한 능력이 전무하다. 이 부르주아 계급은 노동 산물 뿐 아니라 해외 원조금도 제대로 활용하지 못하고 낭비만 일삼을 뿐이다. 이들이 자기 울타리 안의 혁명을 뛰어 넘을 수 있는지, 서구 세계를 위한 필연적 혁명을 일으킬 수 있는 가능성은 있는지 미지수다. 왜냐하면, 진보된 서구 세계 사람들의 눈에, 이러한 제3세계의 혁명은 서구 혁명과 동일하지 않기 때문이다. 쟁점은 더 이상 사회주의 혁명이 아니다. 오히려 과거에 사유된 모든 혁명들과 본질적으로 다른 '기술, 소비, 국영화, 관료화' 등으로 변모한 사회적 혁명이 쟁점이다.108) 우리는 맥루한의 정식을 따라 서구 사회의 혁명과 제3세계의 혁명의 극명한 차이를 확인할 수 있다. "개인주의와 민족주의를 인식하는 사람들이 서로 뒤섞였다. 이러한 혼재는 민족주의와 개인주의에서 발출拔出하는 '구전 문화'와 '시대착오적 문화'의 분열과 같지 않다. 이러한 혼재와 분열은 원자폭탄과 수소폭탄의 차이만큼 다르다. 단연코 문화 분열의 과정이 가장 폭력적이다. 더군다나 '혼재'의 산물은 매우 복합적인 반면, '분열'의 산물을 단순하다."109) 혁명의 2가지 형식 사이에 공통 척도와 의사소통이 존재하지 않는 이유가 바로 거기에 있다. 즉 제3세계 민중들은 서구 세계에 혁명을 일으킬 수 없다. 또한 이들의 혁명들에서 극단적 폭력과 소요라는 획책劃策을 꾸미도록 하면 안 된다.

뮐만은 제3세계를 뒤흔드는 다수의 운동들을 천년왕국설millénarisme의 범주로 묘사한다. 분명 타당하다. 생득설nativisme110)은 자율적, 독립적 운동들과 긴밀하게 연결된다. 그러나 이 운동들이 믿는 것과 동일한 혁명 원리가 거기에 있는가? 구축된 세계의 전복을 지향한다. 타당하다. 그러나 신화, 즉 "전복된 세상"에 대한 신화에서 그 기원을 도출하면서 세상의 전복을 지향한다. 반면, 현 세계의 파괴를 겨냥한다. 이 역시 타당하다. 그러나 지상 낙원을 세우기 위해 번번이 폭력을 사용하고 적대 세력을 궤멸하려는 기대, 구원을 위한 기대와 결합된 세계 '의' 종말로서 파괴를 겨냥한다. 유럽의 사회주의와 신이 내린 풍요 사회에 대한 각성 사이에는 어떠한 공통 척도가 없음에도, 이들은 사회주의적 방식의 세례를 받고, 사회주의적 기적을 고대하는 "신천신지"新天新地의 세상을 꿈꾼다. 따라서 어떤 경우에는 마우마

---

108) 나는 우리 시대 사회를 위한 필연적인 혁명에 대한 개념을 다음 자료에서 길게 다뤘다; 자끄 엘륄, 『혁명의 해부』, 황종대 역 (대장간, 2013)

109) 마셜 맥루한, 『미디어의 이해』, 김상호 역 (커뮤니케이션북스, 2003[개정판])

110) [역주] '생득설' 혹은 '네이티비즘'이라고 불리는 이 정치학 용어는 새로운 이주자에 대한 원주민의 반대 운동과 연관된다. 생득설은 혈통 및 토착민 토지를 이상화하는 경향을 보인다.

우 집단이나 화물숭배cargo 의식111)을 강조하고, 어떤 경우에는 영적 의식의 춤처럼 세계 종말을 강조한다. 상대적으로 훨씬 "발전된" 세계에 사는 사람들 중에도 천년왕국설이 강력하게 작동한다. 항상 근본적인 국가 회복의 단계로 호출되는 민족주의, 식민지 지배자들에 대한 종말론적 심판, 하위 계급을 지배 계급으로 전환하는 계급 차별주의의 전복 등을 예로 들 수 있다. 심지어 천년왕국설에 대한 근본적 주장을 보이기도 한다. 이것은 유럽식 개념을 통한 정치 개념이 아닌, 천년왕국설과 함께 기술된 정치 개념을 해석해야 할 일이다.

이처럼 유럽 사회 "하위 계급들"의 사회적 소요는 사회주의 혁명의 질서가 아니라, 천년왕국설의 질서였으며, 폭력이나 언어의 범람은 유럽의 혁명사적 영역에만 있는 것이 아니라, 천년왕국설을 내세우는 모든 집단에 서린 '종말론적 허무주의' 근본적의 영역에도 있다. 그리고 유럽의 선조들의 운동과 마찬가지로, 이들의 운동은 무수한 희생자의 뼛가루와 더불어 찬란한 옛 영광의 기억을 남긴다. 모든 반란의 영광스러운 마지막을 약속하는 셈이다.

여기서 쟁점은 최근에도 회자되는 "필연적 혁명"이 아니다. 제3세계 민중들은 무엇을 시도해야 할 것인가에 대한 생각조차 갖지 않는다! 생각조차 없다는 말인가? 분명히 이러한 사회에 빠져 있는 우리는 사태에 정확히 부합하는 혁명적 기획을 공식화하는 데 다다르지 않는다! 게다가, 제3세계 민중들은 쟁점 사항을 제대로 진단하지 못하기 때문에 필연적 혁명을 일으키

---

111) '마우마우' 반란은 1952년에서 1956년 사이, 케냐에 잔존한 영국 세력에 반하여 일어났다. 키쿠유 부족이 주도한 이 반란은 강력한 종교적 암시에서 결코 자유롭지 못했다.
화물숭배 의식은 여러 예언자들의 영감을 통해 신흥 종교를 창시했던 멜라네시아(뉴기니, 솔로몬제도, 바누아투) 토착민에게서 확인 가능하다. 다시 말해, 이들의 예식행위는 여러 백인 국가들에서 온 거대 상선을 환영하고, 그에 대한 자기 열망을 표현하는 형식으로 나타났다. 이러한 문화적 행동은 매우 민족주의적인 형식을 지녔다. 다음 자료들을 참고하라; Peter Lawrence, *Le Culte du Cargo*, Paris, Fayard (Anthropologie critique), 1974; Peter Worsley, *Elle sonnera la trompette. Le Culte du Cargo en Mélanésie*, Paris, Payot, 1977.

지 못한다는 말이 아니다. 오히려 이들의 내적 무능력 때문에 필연적 혁명의 발발은 불가능하다. 우리의 상상과 반대로, 제3세계 민중들은 서구 세계를 위해, 혹은 서구 세계에 반하여, 결코 어떤 것도 할 수 없다. 이들은 점차 전적으로 자신들의 가치, 신화, 신앙, 이미지들을 채택하기 때문이다.

아시아와 아프리카에서 근대화와 발전은 서구에서 비롯된 사상, 수단, 제도들의 도입을 통해서만 가능한 현실이다. 이것은 기술력에 인접해 있을 뿐 아니라, 특히 원주민들의 문명이 오늘날 세계 속에 통합될 수 없다는 점을 생각하도록 유도하는 꼬임에 근접한 현실이기도 하다. 갖가지 기술들을 확보하고 국가적 차원의 발전을 견인하기 위해, 이들은 기술과 역량의 발전을 이미 이룬 서구의 사상과 제도들에 동화되어야 한다고 생각한다. 즉 이들의 속마음 자체가 이미 유혹에 노출된 셈이다.

2. 라틴아메리카의 혁명적 상황

지평을 바꿔보자. 라틴아메리카의 혁명적 상황에서 주요 역할을 담당하는 혁명 역량, 가능성, 혁명적 힘은 과연 존재하는가? 니데르강이 제시한 정식[112]에 따르면, 단일한 라틴아메리카가 아닌 20개의 라틴아메리카가 존재한다. 따라서 사실상 어떠한 일반화도 불가능하다. 또한 각 나라는 저마다 특수성을 갖는다. 우리는 이러한 기존 사고방식에서도, 몇 가지 보편적인 방향을 발견할 수 있다. 한 편으로, '폭발 일촉즉발'의 상황이고, 다른 한 편으로, '빈곤 과잉' 상황이다. 양쪽 모두 우리가 익히 아는 상황이다. 더불어 저개발 국가들이 타격을 감내해야 하는 '저개발 현상'이 존재한다. 극빈極貧은 상황 그 자체보다 이러한 관계에서 발생한다는 점을 잊지 말아

112) Cf. Marcel Niedergang, *Les Vingt Amériques latines*, Paris, Le Seuil, 1969.

야 한다.113) 출자된 원조 자체에서 불거진 상대적 빈곤화, 변두리 인구 급증, 전통 양식과 신앙의 파괴, 판자촌 개발로 가속화된 도시화, 이 지옥의 굴레를 이탈할 수 있는 길이 보이지 않는 현실. 바로 이 현실에 직면해 분명하게 드러나는 것이 하나 있다면, 이 대륙을 원재료 공급 시장으로, 소수 독점체제 강화 지역으로, 빈곤에서 비롯되는 비참한 현실을 무시하는 상황으로 환원시키려는 의지를 지닌 미 "제국주의"일 것이다. 객관적 상황은 이렇다. 인간적 욕구와 그 욕구 충족에 필요한 자원 사이의 갈등, 지식인들의 개입은 일부에서 사전 혁명적이라 평가할만한 최저 빈민 계층 내 '의식화'를 부추긴다. 이것은 심리사회적 반응 전반에 걸쳐 등장한 매우 비참한 상황이다.

마지막으로, 집단 기술적 투자, 권력 합리화 경향, 농업 혁신, 일부 지역의 도시화, 지배 계급 변화, 상대적 세속화에 직면하여, 중요한 사회 운동이 반드시 출현한다. 이 운동은 방해 공작을 펼치는 다양한 소수 독점체제에 맞선다. 결과적으로 이러한 운동은 19세기 유럽에서 일어났던 것의 되풀이다. 그러나 여기에는 라틴아메리카의 특수한 유산의 공헌이 가미되었고, 폭력, 소요, 쿠데타도 수반되었다.114)

정치적으로 우리는 3가지 주요 노선을 확인한다. 첫째, 미국식 패권주의를 수용해 남미의 현실에 연결하는 노선이 있다. 미국과 남미 사이에 정치적 가교를 설치해 양자 간 적극적 협력을 모색하는 진영이다. 둘째, 부르주아 계급과 협력해 국유화 발전을 목표로 반半사회주의적–반半자본주의적 성향의 민족주의를 신봉하는 노선이 있다. 마지막으로, 민족 부르주아 계급과 국제 자본주의가 한 통속이라는 사실에 기인해, 부르주아 계급과 "더

---

113) Rullière, *La Réforme agraire en Amérique latine*, 1968. 이 책은 저개발이 수반하는 여러 사태를 논증하고 개발 현상을 앞 질러가지 않는 중요한 연구서이다.

114) 오를란도 팔스 보르다의 저서는 이 모든 요소를 도드라지게 강조한다. 다음 저서를 참고하라; Orlando Fals Borda, *Subversion and Social change in Colombia*, 1969.

불어" 변혁을 이룰 가능성이 없다는 현실을 깨달은 노선이 있다. 이들은 부르주아 계급과 외세를 동시에 혁파해야 한다. 또한 이들이 채택하는 유일한 길은 게릴라 활동이나 대중 반란으로 구체화된다. 이들에게는 미 제국주의에 대한 직접적 타격 – 사실 이것은 공산당의 오류 가운데 하나다 – 이 쟁점으로 부각되지 않는다. 도리어 미 제국주의에 동화된 부르주아 계급을 가려내고, 그에 직접 대적할 수 있는 민족 부르주아의 권력, 군사력, 경찰력을 확보하는 것이 중요하다. 다시 말해, 민족 부르주아의 위 권력들에 대한 공격이 곧 제국주의에 대한 공격이 된다.

　일부 민중들 사이에는 지난 몇 세기 동안 지속된 착취를 의식하는 현상이 등장했다. 피착취 민중들은 상호 연대의 필요성을 충분히 이해한다. 그러나 이들에게는 교육, 구심점이 될 수 있는 틀, 기본 조직화 능력 등이 결여되었다. 또한 가난한 자들은 소수 독점 집단의 착취를 의식하기 시작했고, 동시에 미국의 제국주의적 지배도 의식하기 시작했다. 나는 거듭된 고심을 안고 다음과 같이 자문해 본다. '과연 제국의 지배를 받는 이들이 특정한 정치적 장벽에 갇혀 살도록 강요를 받았는가? 이를 돌파할 수 있는 출구는 없는가?' 아마도 민중의 이러한 의식화 현상은 미국을 향한 불같은 적대감의 산물일 것이다. 그러나 문제의 원인을 규명하는 일과 별도로, 라틴아메리카 민중들은 어떠한 형태의 합리적 투쟁 방식도 존재하지 않는다는 확신에 사로잡혔다. 파괴적 혁명 이외에는 다른 길이 없다고 생각한다. 해결책을 찾을 수 있는 부분도, 선택의 가능성도 존재하지 않는다. 여기에 권위에 대항하는 자극, 권위와 칼을 교차할 수 있는 자극이 부가된다. 다시 말해, 이론적 질서와 체험된 질서 사이에 간극이 있다는 사실이 명확히 드러난다. 사람들은 라틴아메리카의 특징을 "정치적 정신분열"schizophrénie politique이라 말했다. 개인과 개인 사이에는 하나의 총체성에 속했다는 의식이 점차 희미해진다. 또한, 각 개인은 국가라는 총체성을 고대하면서, 다른 쪽에서는 국

가의 권위를 허용하지 않는다. 혹은 매우 까다로운 조건을 들어 그 권위를 수락한다

정치, 사회, 경제적 지평에 존재하는 사람 모두가 거대한 변혁에 대한 욕구를 느낀다. 모든 정당마다 "대변혁"el cambio을 약속하고, 새 정부마다 혁명 발발을 예고한다.115) 그러나 혁명적 상황이나 민중의 의지는 과연 현존하는가? '동업조합주의' corporalisme에서 빠져나온 극소수의 노동자 계급은 정복에 대한 구체적 의지를 보여주지 않는다. 이 계급은 임금 문제에 대한 요구에만 머문다. 농촌의 민중들에게는 정치력이 없다. 이들은 무기력하고 비협조적인 상태, 마치 거대한 칸막이가 쳐 있는 것과 같은 격리 상태에 있다. 신좌파 세력과 연대하여 활동한 라틴아메리카 교회는 이 민중들을 토대로 참된 혁명의 의식화를 견인할 수 있는가?

***

의식화와 혁명 욕구를 형성하는 문제에 가장 첨예하게 반응하는 자들은 바로 지식인이다. 인텔리겐차는 주요한 혁명 노선의 다수를 점한다. 그러나 인텔리겐차 사이에는 변혁의 목표에 대한 명시적 일치점이 없다. 수단과 관련된 대립은 나타날 수 있지만, 거대한 방향성에 있어서는 일치한다. 이들은 권력과 부가 극소수의 손아귀에 집중되지 않는 사회를 갈망한다. 우리는 이 "총체적 이념"이 그리 참신하지 않다고 생각한다. 그러나 라틴아

---

115) 라틴아메리카의 전반적 문제에 관해 매우 탁월한 비평이 담긴 다음 자료를 확인하라; *Revue générale belge*, 1967. 물론, 우리는 니데르강의 여러 글 및 논문을 참고할 필요가 있다; *Le Monde, Réforme*, etc. F. Bourricaud, *Pouvoir et société dans le Pérou contemporain*, 1968. 라틴아메리카 반란 운동과 혁명에 관한 매우 중요한 다음 자료들을 확인하라; Revue française de Science politique, juillet−octobre 1969; *Esprit* (특별호, 1969년 9월); « La Révolution est−elle possible en Amérique latine? » et d'A.Rouquié, « Révolutions et indépendance en Amérique latine », *Revue française de science politique*, octobre−décembre 1971.

메리카에서 이 총체적 이념은 가히 폭발적이다. 이곳에서 운동은 기본적으로 학생 운동이며, 교수들 다수의 지지를 등에 업고 발전해 나간다. 전반적으로 이들은 정당이 발휘하는 영향력을 따르지 않는다. 또한 이들은 조직화되어 있지 않다. 이 운동 세력은 중간 계급과 부르주아 계급 출신이다. 그러나 이들 국가에서 학생 반란으로 아버지에 반하는 아들의 단순 반항 수준이 아니다. 또한 그것은 소비 사회 반대를 표방하는 반란도 아니다. 이 대륙의 학생들은 경제적으로 희생당하는 자들을 주변에서 목도하며 "경제 조건의 불평등" 문제를 의식하게 되었고, 바로 이 불평등 문제에 대항하는 사회적 반란을 일으킨다. 이러한 급진적 거부 운동은 국립대 학생뿐 아니라, 가톨릭대학교 학생에게도 나타난다. 그러나 장 지글레116)는 다음과 같이 강조한다. 브라질 학생들은 [공산주의와 아나키즘의 상징인] '적기'나 '흑기'를 들고 시위장에 나오지 않았다. 더욱이 체 게바라나 마오쩌둥의 초상화도 내걸지 않았다. 한 편으로, 학생들은 비참한 현실에 직접 연결된 이들이고, 또 다른 형태의 고립된 자가 되고 만다. 따라서 이들의 태도는 전적으로 사회적 반란의 태도였다. "학생들은 도래하는 혁명 운동의 군대가 아닌 전령이 될 뿐이다." 나는 이러한 방향을 다음 3가지 요소를 포함하는 범위 속에서 고려해 보려 한다. 첫째, 라틴아메리카의 다양한 국가에 거주하는 학생들의 생활조건은 다양하다. 이 다양성의 규모는 매우 크다. 즉 일반화 작업이 불가능하다. 이에 "학생"이라는 사회적 조건 개념을 다시 살려야 한다. 둘째, 첨예한 대립, 문제 제기를 통해 등장한 폭력은 노동조건과 학생의 생활양식과 같은 실제적 상황 어디에도 맞물리지 않는다. 마지막으로, 학생의 소요는 경제적 상황과 반비례한다. 다시 말해, 현실적으로 비참한 처지에 놓은 국가들과 심각한 기근 지역을 지배하는 것은 바로 '침묵'이다. 학생들의 시위는 온두라스, 포르토프랭스, 산토도밍고에서 벌어지지 않았

---

116) J. Ziegler, « Les étudiants brésiliens », *Le Monde,* 10 mai 1969.

다. 오히려 부에노스아이레스, 멕시코시티, 몬테비데오처럼 이미 산업적으로 대도시화된 지역에서 전개되었다. 브라질에서 학생 소요는 "빈곤 사각지대"에서 벌어지지 않고, '리우데자네이루'에서 일어났다. 그것은 '학생 소요사태'와 '우발적 혁명의 토대' 사이의 연관성을 명확히 드러낸 모습이다.

더욱이 지성인들은 두 방향으로 분리되었다. 한 쪽은 예술가, 작가, 시인이었고, 다른 한 쪽은 철학자였다. 전자는 대개 폭력적 행동과 독재 구축물론 일시적 구축!, 개입의 적시성에 호의적이었다. 이들에게도 흐름은 다양했다. 자신들의 예술적 표현 양식 자체와 조형 예술이 이미 혁명적이라 여겼던 이들은 선전 표방 문구를 작성한 이들과 분명 동일하지 않았으며, 손에 기관총을 든 사제들과도 결코 같지 않았다. 반면 다수의 철학자들은 혁명이 평화적 방식으로 일어나야 한다는 확신을 가졌던 것처럼 보인다. 이들의 화두는 언제나 혁명이었다. 이유는 다음과 같다. 사회 구조 전반에 걸친 변혁이 가능한 빨리 일어나야 하지만, 개인의 자유를 존중해야 하기 때문이다. 또한 혁명 가운데 제기되는 자유에 관한 문제는 오늘날 라틴아메리카에서 논란이 될 수 있는 매우 중요한 문제라 본다.[117)

이처럼, 일부 예외를 제외하고 모든 사람이 혁명적 위상을 추구한다. 혁명과 다른 모든 방향은 거부되는 것처럼 보인다. 클로드 쥘리앙은 다음과 같이 쓴다. "라틴아메리카에서 개혁주의자와 혁명주의자 사이의 논쟁 창구는 사실상 수년 동안 닫혀 있었다." 케네디의 진보주의 연맹의 후원을 받은 개혁적 주제는 무너졌다. 평화로운 발전과 경제 성장을 추구하는 개입 – 보호를 표방하는 – 을 통한 활동을 시도했던 소위 "민중주의" 노선은 외세의 사적 혹은 공적 세력 구축의 발판이 되었으며, 점차 약화되었다. 유일하

---

117) 이러한 사태와 동기에 대한 연구에 관해 다음 자료를 보라; Francisco Miro Quesada, *Les Intellectuels et la transformation sociale en Amérique latine*, 1967.

게 남은 문제는 "이 혁명이 폭력적인가 아니면 평화적인가?"일 뿐, 목적도 교리도 더 이상 문제가 되지 않았다. 그랬다. 모두가 혁명적이었다. 소수의 독점 지배세력을 제외하고, 다수의 시골 농민과 새로운 기술자들은 혁명적이었다. 말하자면, 주변화 된 자기 상황에서 태어난 집단적 절망으로 인해 폭력을 지지한 이들과 마찬가지로, 상황을 의식한 이들은 모두가 하나같이 혁명적이기를 바랬다. 이러한 의지에 과연 방법론과 내용이라는 두 가지 방향이 존재할 수 있는가? 한 쪽은 "사회주의"를 지지하고 폭력으로 의사를 표하고자 했던 혁명적 활동이, 다른 한 쪽은 몇 년 전 칠레에서 시도된 경우처럼 "자유로운 혁명혹은 자유를 보장하는 혁명"이 있다. 전자에 속한 일부 인사들은 혁명을 총체적이고 특수한 외부 세력과의 관련성에서 독립된 형태라고 평가한다. 이들은 쿠바나 심지어 국제 공산주의와의 관계에서도 독립적인 혁명을 수행하려 한다. 게릴라가 이에 해당한다. 부리코가 "소수 좌파로 환원되지 않은 자들"이라 부른 이들의 선택을 잘 보여주는 것이 바로 '게릴라' 다. 이들은 "지배 집단의 힘을 총체적으로 문제 삼고, 동시에 소규모 교전을 벌이고 후퇴 작전을 통해 그 힘을 효과적으로 갉아 먹는다." 급진주의자들은 제반 개혁 활동이 결코 변혁이 될 수 없다고 생각했다. 그 이유는 개혁 세력은 "소수 독점 지배자들이 가진 권력의 토대"를 문제 삼지 않기 때문이다. 거세된 혁명이 모든 변혁에 필요한 전제 조건이 된다. 그러나 부리코의 탁월한 언급처럼, "정화하는 덕을 소유한 신앙적 행동을 폭력과 구분해야 한다. 그리고 그러한 선택을 기점으로 삼아야 한다. 그는 페루의 상황을 예단하고, 변혁과 토지법과 같은 개혁 조치의 결과에 관해 분석한다. 이론상 위 3가지 요소는 다음과 같이 구분될 수 있다. '사람들은 차후 드러날 폭발 가능성에 대한 큰 환상을 갖지 않아도 폭력의 신비에 찬동할 수 있다. 반면 사람들은 폭발을 불가피한 것으로 여기고, 개혁 정치를 임박한 종말이나 지연된 종말로 판단할 수 있다.' 이처럼 폭력 지향성은 콜롬비아의

'라 비올렌시아' La Violencia, 118)와 같은 수많은 테러 활동 이후, 설 수 있는 땅을 얻었다.

더욱이 게릴라 활동만으로 폭력을 설명할 수 없다. 폭력은 매우 거친 게릴라 뿐 아니라, "불법 점거"라 부를 수 있는 직접적 형식으로도 나타난다. 점거는 "재분배 혁명"의 가장 직접적인 형식이다. 다시 말해, 생존권을 박탈당한 자들이 대륙 곳곳농촌, 도시 가리지 않고에 침투해 들어가 토지를 점거하는 운동이다. 페루에서는 1957년 이후로, 광산 경영진의 제한된 정치로 인해 전통적인 균형점에 금이 가기 시작했다. 이에 대한 반향으로, 원주민들은 광산 기업들에 속한 토지에 침입해 정착했다. 억압으로도 이 운동의 전개를 멈추지 못했다. 비대해진 원주민 집단은 지속적으로 토지를 점거해 나갔으며, 결국 "질서 유지 세력"에 승리를 거둔다. 삼림지역에 관한 식민화 기획이 공식화 되었고, 이에 안데스 산맥 동편 경사지에서도 같은 사건이 벌어진다. 대규모 커피 재배는 산지 출신 원주민들의 노동력을 필요로 했다. 이 노동력은 자기만의 커피 재배 단지를 구축하며 삼림 지역을 점유해 갔다. 사람들은 이들의 소유지를 착취가 발생한지 수년 후에야 알게 되었으며, 복합적인 이유들이 뒤엉킨 나머지 당시 토지의 불법 소유자를 추방하는 작업은 불가능했다. 우리는 이와 유사한 점거 사태를 도시에도 발견할 수 있다. 리마와 고원지대의 도시들에서 이민자들은 갑자기 미경작지에 임시 가옥을 짓기 시작했으며, 시 당국은 이들에 대한 통제와 개입에 별다른 손을 쓸 수 없었다. 칠레의 수도 산티아고에서도 상황은 마찬가지였다. 경찰은 이 무해한 침입자들을 쫓아낼 때를 제외하고 폭력을 사용하지 않았다. "불법 난입" – 무수한 사회적, 법적 갈등을 야기한 – 이 있었을 뿐 사실

---

118) [역주] '라 비올렌시아'는 스페인어로 '폭력'이라는 뜻이다. 1948년에 본격화된 보수당과 자유당 사이에 벌어진 내전 중, 이들은 반대파 요인들을 암살하거나 반대 세력(혹은 지지자)에게 폭력, 납치 활동에 전념했다. 라 비올렌시아로 인해 희생된 수는 약 20년 간 20만 명에 달한다.

상 폭력은 없었다. "이러한 유형의 공격은 라틴아메리카 전역에서 사유재산에 대한 폭력으로 변형되었다. 그 결과 사회 변두리 집단의 범죄율이 상대적으로 상승했다"베케만스 지적 혁명이나 재분배 혁명에 대한 날선 반응, 비판적 태도와 마주해, 사람들은 칠레 기민당이 실천에 옮겼던 "자유의 혁명"을 발견한다. 구조 개혁의 필요 및 경제, 정치, 문화, 사회적 역학 관계의 필연적 '토대 변혁'과 대면해, 이들은 평화적, 진보적 통치법을 지향했다. 1964년 선거의 결과로, 칠레 민중은 쿠바와 같은 혁명 노선으로의 진입을 총체적으로 거부하고, 사회경제적 혁명의 수행을 위한 친親 민주주의 노선을 택한다. 이에 기민당 정부가 들어선다. "사람들은 자유를 본질적 정치수단으로 활용함과 동시에, 효율성과 적시성을 비롯해 모든 것이 희생되지 않아야 한다는 가설을 이야기했다."119) 평화적 혁명은 혁명적 폭력에 대한 대안으로 등장한 "개발주의"desarrollismo, 개발 정치에 의존한다. 근대의 기술과 "산업 혁명"이 복지의 증대와 함께 완화된 사회정치적 긴장을 비롯해 다양한 문제들을 자동으로 해결할 것이라는 확신이 중요하다고 말한다. 그러나 나는 이러한 시각을 지지하지 않는다. 왜냐하면 이 관점은 [국가]발전의 시기 동안 대중적 인내를 권고해도, 현재 벌어지는 반란의 폭발력이 사라지지 않는다는 점을 고려하지 않기 때문이다! 그러나 구체적으로 말해, 이 발전은 일련의 사회정치적 안정 및 사회 질서를 수반해야 가능하다! 그러한데도, 집권 정부는 전 체제의 파괴를 시도한다. 정부의 신속하고 심원한 행동을 가능케 하는 구조의 개혁역사가는 이 운동과 방법을 그라쿠스 형제의 것에 빗댄다, 대자본 소유제를 끝장내기 위한 농지 개혁 기획과 농민 토지 분배, 국유 운하를 통한 소득 재분배, 개혁에 직접 참여를 독려할 목적이 있는 민중 연대, 산업화 프로그램 등이 있다. 여기에서 가장 부각되는 내용은 이익 자

---

119) 다음 자료를 보라. Jaime Castillo, « L'expérience démocrate chrétienne au Chili », in *Revue générale belge*. Schaull, « La révolution dans la liberté », in *Théologie de la révolution*.

체로 또 다른 이익을 얻으려는 시도다. 따라서 정부는 집단 국유화를 단행하지 않는다. 그런 의미에서 산업 구조 대개편 준비 작업, 농지 개혁을 위한 권력자 의사 결정 등과 같은 몇 가지 척도를 제외하고, 나머지는 국유화의 범위를 벗어난다. 사회적 노동의 중요한 부분은 협동조합, 농민 연맹, 노동자 연합 혹은 상인 연합과 같은 형식의 민중 연대 활동을 따라 이뤄졌다. 단지 정부 활동으로만 볼 수 없지만, 사실상 변혁은 정부가 창출했던 조건들을 따라 실행되었다. 이것은 "행동의 전파"이며, 이 "행동의 전파를 통해 조직된 민중은 자기 문제를 짊어진다." 이러한 방식은 강제로 집단화된 운동이나 권위주의에 기댄 운동에 비해 지속적이다. 자발성과 자율성에 기초한 운동이기 때문이다. 그러나 그것은 경험의 시작점일 뿐이었다. "프로그램"과 "행동 양식"은 1929년의 기획을 통해 살라자르120)가 고착시켰던 것과 문자적으로 동일하다. 또한 그것은 애당초 "파시스트"와는 거리가 멀었으나 1937년을 기점으로 민중의 역량과 참여 부재 때문에 점차 파시스트 노선으로 변질된 것과 동일하다는 점도 잊지 말아야 한다. 그러나 파시스트로의 전복은 최후의 귀결이 아닌 출발점일 수 있다는 점, 파시스트 기간은 일시적 시기를 표한다는 점을 생각해야 한다. 1970년 칠레에는 페루 및 볼리비아와 동일 노선, 다시 말해 반제국주의적 민족주의와 경제 발전을 표방했던 인민 전선 정부가 구성되었다. 그러나 미국은 이러한 경향에 크게 적대감을 표하지 않았다! 정부에 공산당이 출현했다는 사실은 미국에게 그리 두려운 일은 아니었다. 그리고 광산 국유화 혹은 농지 개혁은 더 이상 혁명적 척도가 아닌, 정치경제적 개정mise à jour 단계다. "좌파" 즉, 게릴라는 이러한 개혁을 더 이상 혁명으로 인정하지 않으며, 국가를 파괴해야 한다고 생각

---

120) 안토니우 데 올리베이라 살라자르(António de Oliveira Salazar, 1889~1970)는 포르투갈 경제학자이며, 1928년 재정부 장관에 임명된다. 재정부 장관 재직 시절, 그는 경이로운 경제 재건을 이뤄냈다. 1932년 정부 수상이 된 그는 파시스트 유형의 권위주의 정부를 창시했다.

한다. 1971년 5월 혁명좌파운동M.I.R, 121)은 공개적으로 아옌데 정부에 맞섰다. 왜냐하면, 아옌데 정부는 질서 유지를 추구하고 결과적으로 억압적 형태로 변했다. 촌촐Chonchol, 1971이 상상한 농민들의 역할 변화협력적 역할, 농민 생산품의 상업화에 대한 통제 역할도 불충분해 보인다. 핵심 문제 역시 다음과 같다. 국가 주도의 사회주의적 개혁다시 말해, 권위주의 형태의 개혁인가? 아니면, 권력의 본진을 파괴하고, 모든 것을 밑바닥부터 다시 다지기 위해 사회 구조들을 공격하는 폭력인가? 피델 카스트로의 개혁적 은총1971년 11월에도 불구하고, 칠레에는 평화주의와 합법 노선이 존재하지 않았다. 재조직된 좌파와 대립각을 세운 아옌데의 인민 연합은 대중적 지지를 점차 상실했고, 급기야 대중은 아옌데 정부에게 환멸감을 느낀다. 정권 주도의 합법적 혁명은 일어나지 않았다!122)

지금까지 우리가 다룬 내용이 바로 라틴아메리카의 다양한 혁명적 경향과 표현의 전경이다.

* * *

시대적 상황에 비춰볼 때, 전술한 제반 요소는 우리가 "필연적 혁명"이라 불렀던 것에 결코 상응하지 않는다는 점을 강조할 필요가 있다. 실제로 이들 국가 중 어떤 국가도 필연적 혁명에 제기될 수 있을 경제적, 기술적 발전의 정점에 이르지 못했다. 그러나 우리가 이 지역 민중의 상태나 상황에 있다면, 과연 현실적으로 혁명을 이야기할 수 있겠는가? 정치, 경제, 사회적

---

121) 혁명좌파운동(Movimiento de Izquierda Revolucionaria)은 1965년 미겔 엔리케스 에스피노사가 세운 칠레 극좌 정당이다. 무장 투쟁을 설파하며, 이 운동은 1970년 살바도르 아옌데와 인민 연합 정부에 대한 지지를 표방했다. 이후 아옌데 정부와 점차 확실한 대립각을 세운다.

122) 1973년 11월 11일은 이 책 『혁명에서 반란으로』 초판이 발행된 지 1년이 되는 날이다. 피노체트 장군의 군부 쿠데타와 살바도르 아옌데의 자살은 민주주의적 사회주의 3년 체험의 종말을 고했으며, 17년 독재의 길을 열었다.

상황과 대별해, 도식적으로 언급했던 다양한 운동들은 과연 현실적 혁명을 지향했는가? 절대 다수의 인구가 처한 상황인 빈곤은 과연 혁명을 실제로 지향하는가? 즉 절대 빈곤이 라틴아메리카 현실에 직접적으로 요구되는 혁명을 겨냥하는가? 그렇지 않다면, 우리는 언어와 구호 남발에 또 다시 봉착하고 말 것이다.

라틴아메리카가 군부 쿠데타와 독재자 출현으로 지도부를 단순히 대체하는 세계로 이뤄졌다는 사실을 재차 소환할 필요는 없다. 이미 라틴아메리카에는 혁명 권력을 쥔 세력, "민중주의" 세력, "진보주의" 세력, "극단주의 혁명" 세력이 있었다. 또 미래를 회의적으로 보는 세력이 전개된 '이후', 그에 동화되거나 축출된 세력이 있었다. 그럼에도 불구하고, 실제적 상황을 고려할 필요가 있다.

더욱 진중하게 고려해야 할 부분이 있다. 바로 멕시코와 볼리비아가 체험한 혁명에 대한 이중적 좌절이다. 1910년 멕시코에서는 농민을 근간으로 한 사회주의 혁명이 시작되었다. "토지와 교육"이라는 두 가지 요소를 기치로 내건 진정한 혁명기였다. 토지와 교육 영역에서 혁신적 변화가 일었다. 5,000만 헥타르에 달하는 토지가 빈농에게 분배되었다. 그러나 "1910년에 가장 중요한 문제였던 토지 문제는 1968년에도 잔존한다." 부족한 금융기관, 집단 소유의 실패가 두드러진다. 그것은 거대한 관료주의 체계가 빚은 대가였다. 인상적인 경제 성장은 이뤘으나, 기술전문화의 대가로 혁명 노선은 사라졌다.[123]

권위주의적 정부와 기술–경제의 발전과 함께 이 혁명은 부르주아적 색채를 지닌 정당 체제로 전환되었다.

볼리비아 혁명은 도시 프롤레타리아와 연계된 주석 광산 노동자들과 중간 계급의 의지를 바탕으로 시작되었다. 유혈 혁명이 일어났고, 뒤 이어 경

---

123) M. Niedergang, « Le Mexique à l'heure olympique », *Le Monde*, octobre 1968.

제적 위기가 발생했다. 혁명적 요소들이 곳곳에서 분출했으며, 각 요소들 간의 대립도 나타났다. '혁명의 임의 진압이 있었다'는 말이 없어도, 군사 쿠데타로 사실상 모험은 끝났다. 즉 혁명은 이미 실제적 죽음을 맞았다. 위 사례들은 우리를 독려하지 못한다. 아마도 사람들은 이렇게 말하려 할 것이다. "여러 해 동안 라틴아메리카의 상황은 혁명적으로 바뀌었다. 결국 하나도 바뀐 것이 없다는 말은 하지 말자. 모든 것이 전복되는 시간이었다. 따라서 우리는 오늘날 혁명의 존속에 위기가 도래하리라는 말의 이유를 모른다."

그러나 가까운 거리에서 사건들을 바라볼 필요가 있다. F. 부리코가 "산업 발전을 쟁점으로, '복지'에 대한 일정 정도의 수용 및 민주주의의 도입"이 중요하다고 말하면서 페루의 상황을 분석할 때, 과연 우리는 그 상황에서 펼쳐진 내용을 혁명적 이데올로기라고 포장할 수 있을까? 지식인이 발전시킨 이념에 대해 이야기해 보자. 사람들은 분명 무계급 사회, 빈곤 계급에 확산되는 부, 마르크스주의, "인간이 충분하게 자아실현을 할 수 있을 새로운 사회"를 말한다. 전술한 모든 내용은 오늘날 지식인들이 입버릇처럼 말하는 담론이다. 그러나 "거대한 혁명의 과정이 시작되었다"라고 결론 내리는 것은 지나친 과장인 것처럼 보인다. 또한 '이러한 인텔리겐차가 계급투쟁의 현실 상태를 설명'하는지 아니면 '인텔리겐차 자신이 혁명적 도약의 원천'인지를 아는 데 초점이 있다고 결론짓는 것도 지나친 과장이라 생각한다. 확실히 인텔리겐차의 담론은 유난히 강한 어조와 극단적 어조가 난무한다. 그렇지만 그와 동시에 감탄사가 연신 튀어나오는 미적 구조를 지녔다. 이 대목에서 나는 아스투리아스[124]를 떠올려 본다. 실제로, 민

---

124) 미겔 앙헬 아스투리아스(Miguel Ángel Asturias, 1899-1974)는 과테말라의 작가, 정치가, 외교관이며, 1966년에서 1970년까지 주프랑스 과테말라 대사를 역임했다. 1966년 레닌 평화상을 수상했고, 이듬 해 노벨 문학상을 수상했다.

중주의적 개혁론보다 훨씬 급진적인 아스투리아스는 사회경제적 구조들에 대한 공격, 다시 말해 "사회주의"로의 지향에 대한 열정에서는 번번이 실패한다. 그러나 이것만으로는 불충분하다. 도리어 혁명적 상황은 화려하지 않은 것처럼 보인다. 먼저 국가를 보자. 모든 사상, 운동의 방향, 희망에서 우선시 되는 것이 바로 '국가 권력'이다. 국가, 아버지, 신적 가호섭리의 일체를 고대하는 이 희망, "정치적 기능에 대한 과장은 실제 정치적 삶과 뒤섞이지 않는다. 그것은 정치를 긍정하는 평가와도 섞이지 않는다. 정치적 기능에 대한 과장은 민중의 정치의식 및 공적 삶에 대한 참여와도 혼합되지 않는다. 그 희망은 이런 것들에서 멀리 떨어져 있다. 민중이 눕고 일어나는 자리는 사실상 정치적 삶 – 정치화를 공고히 하는 – 과 절대적으로 낯선 것이 된다.[125]

우리가 다뤘던 내용을 굳이 재론하지 않더라도, 이 탁월한 분석은 라틴 아메리카에서 벌어진 모든 혁명적 운동의 취약성을 보여주며, 혁명의 내적 실현의 실제적 불가능성을 보여준다! 정치의식의 발전이 없다면, 혁명이라 부를 수 있는 것을 과연 어떻게 생산할 수 있겠는가? 또한 도처에서 확인할 수 있는 '불일치' 현상과 빈번하게 조우하는 '피착취 계급 사이의 적대감'을 덧대야 한다. 이것은 단지 농민들의 무관심마르크스가 지극히 강조했으나, 전적으로 다른 상황에 있는이 아니라, 실제적인 대립이다. 예컨대 볼리비아에서 발생한 농민들과 광산 노동자들 사이의 대립을 보라. 또한 그것은 "사회의 변두리에 내 몰린 집단들"의 사회심리학적 해체다. 즉 빈곤의 객관적 조건, 빈곤과 동일한 조건에서 살아가는 각 개인들이 구성하는 집단과 무관하게, 이들은 유기적 연대나 기능적 상호활동을 보여주지 않는다. 마찬가지로, 변두리에 내 몰린 이 집단들에는 사회의 다른 분야와 유기적 관계를 구축할 수 있는 역량이 없다. 이들은 다루기 쉬운 집단이며, 특정인의 선동

---

125) Aristide Calvani, « Analyse politique de l'Amérique latine », in *Revue générale belge*.

에 따라 격분하기 쉬운 집단, 예민한 집단이다. 그러나 이들에게는 행동 가능성을 유발할 수 있는 조직이나 사회 내부에서 담당할 수 있는 역할을 분담할 수 있고, 그러한 분담 체계를 만들 수 있는 조직이 없다. 이 집단의 구성원들은 가족 단위의 소규모 집단을 뛰어 넘은 세상과 마주해 심리적 방향 상실을 겪는다. 일관성을 결여한 개방성은 성과 없는 정치적 불안정을 도입할 뿐이다. 심지어 사람들은 이들을 '사회적 압제의 실행'으로 견인할 수 있다. 그 압제는 이들의 실익에 직접적으로 반하는 노선을 지향하고, 일부 특권을 획득하기 위한 노력을 왜곡한다. 압제의 실행이라는 방향으로 나아가는 이유는 이들이 명석함을 완전히 상실했기 때문이며, "내부 분열로 인해 사회의 전반에 영향력을 미치는 여러 의사 결정을 주관하는 권력의 구조들에 가담하지 않기 때문이다."베케만스

혁명적 차원은 "근대화"될 수 없다. 이미 노동자 계급이 존재하기 때문이다. 노동자 계급은 즉시 "특권적" 지위볼리비아 제외, 126)를 점한다. 이 운동은 불만족에 근간한 운동, 기본적으로 농민과 도시 하층 프롤레타리아가 주축이 된 운동이다. 특정한 민족/국가적 의식화로 불만족에 대한 개방성을 설명할 수 있었고, 그 개방성은 라틴아메리카 전 대륙에서 급속도로 진행된 도시화에 호의적인 '사회적 결집' Karl Deutsch을 위해 차후 몇 년 동안 활용된다.

간략히 말해, 다채로운 이 요소들은 '혁명 지향적 경향' 혹은 '혁명의 가능성'에 관해 말할 수 없다는 사실을 보여준다. 클로드 쥘리앙의 분석대로 "저개발의 주원인은 라틴아메리카와 경제적으로 부강한 국가 간의 교환 관계에 있다"라고 일갈할 수도 있다. 라틴아메리카의 경제는 대부분 해외 무역에 의존한다. 그러나 '아메리카 원주민의 구역'과 이 구역에 자동으로 반대 위치에 서게 되는 '선진국' 사이의 '구조적 관계'가 형성된다. 이 경우,

---

126) Fr. Chevalier, « Décolonisation et réforme agraire », in *Revue française de Science politique*, 1969.

라틴아메리카 대륙의 모든 국가는 어떤 식으로든 성공을 거두지 못한다. 그것은 제국주의적 성향의 마키아벨리주의에 따른 결과물도 아니다! 소련과의 교역이 성사되는 경우그리고 실제로 성사될 때에도, 동일한 구조가 재생산되리라는 사실은 의심의 여지없다. 그러므로 클로드 쥘리앙의 말처럼, 가능성 있는 노선은 단 3가지뿐이다.

첫째, 부유한 국가들이 자기 구조를 전복하는 노선이 있다. 여기에는 시초부터 누렸던 경제적 이익 일체를 잃고, 자국의 대체 산업에 제동을 거는 일을 수용한다는 전제가 따른다. 달리 표현하면, 그것은 근본적으로 '사심 없는 원조' l'aide désintéressée일 것이다. 둘째, 부유한 국가들이 경제적, 정치적으로 "칠레 혁명"과 같은 형태의 개혁을 지지하는 노선이 있다. 셋째, 위 2가지 노선이 부재할 경우, 남은 유일한 길은 "사회주의 생산양식에 돌입하기 위해 경제적 양식을 파괴하고, 현실의 권력 구조들을 파괴하는 무장 혁명" 노선이다. 여기서 '무장 군대'가 재차 결정적인 역할을 할 것이다. 한편으로, 그것은 게릴라와의 싸움이자 게릴라 소탕이다. 다른 한 편으로, 무장 군대는 권력을 배치하며, 국외 산업체의 국유화 과정국가 독립이라는 이름으로, "자유로운" 계측 과정에 관여한다. 그러나 달리 보면, 일종의 '독재'를 표방하는 무장 세력만이 정권 유지를 허용한다. 볼리비아에서 순수 폭력을 지지, 선택한 게릴라일부는 그리스도인, 일부는 친 중국 공산당 노선가 재출현한 이후, 오반도와 토레스127) 정부1970는 민중에 의지하고, "민중 주체적 폭력"을 일으키려 했다. 또한 '걸프오일' Gulf Oil, 128)사의 국유화, 언론 해방, 조합 혜택 강화, 광산 시장 국영화를 추구했다. 뿐만 아니라, "친 서민

---

127) 알프레도 오반도 칸디아(Alfredo Ovando Candía)는 1965년에서 1966년, 1969년에서 1970년까지 볼리비아 대통령을 지냈다. 볼리비아 군대를 지휘하며, 체 게바라 체포와 처형(1967) 임무를 수행했다. 후안 호세 토레스 곤살레스(Juan José Torrès Gonzalez) 장군은 1970년에서 1974년까지 볼리비아 대통령을 역임했다. 오반도와 토레스 모두 민중주의 형태의 독재 체제(dictature de type populiste)를 창시하려 했다.

128) [역주] 1980년대까지 국제적 명성을 누린 정유회사 이름이다.

정책"과 "혁명적 민족주의"반제국주의 투쟁이라는 목표와 함께를 주장하고, 군부 독재의 법과 민족해방군A.L.N.; Armée de Libération Nationale에 맞서 투쟁하고자 했다.

게릴라는 친히 '사회주의 정부'를 표방한 토레스 정보를 반동으로 간주했다. 왜냐하면 토레스 정부는 군부軍部이며, "민중 무장론"을 거부하고, "파시스트"와의 현실적 투쟁을 전개하지 않기 때문이다. 우리는 항상 실권 문제와 대면한다! 그것은 우리가 페루 상황에서 보았던 것과 거의 동일한 상황이다. 부리코는 자신의 연구를 다음과 같이 평하며 결론을 맺는다. '진정한 혁명, 민중 혁명, 게릴라가 선도하는 혁명은 사실상 불가능하다.' 그러나 민중이 가한 압력은 실존한다. 외세에 대한 적대감, 평등에 대한 의지는 부정하기 어렵다. 이 부분에서 탁월한 매개자, 준 합법 노선볼리비아처럼으로 재출현하는 세력은 바로 '무장 세력'이다. '반공'과 '반독점'을 내세운 무장 군대는 민중주의적 민족주의에 근간해, '국제정유회사' International Petrolum Company의 국유화를 단행하며, 익히 알려진 토지 개혁1969년, 대토지[latifundium] 체제와의 단절, 농민 협동조합 결성 시도 등에 가담한다. 그러나 미 제국주의와 대토지 독점에 반대하는 이 투쟁은 교회와 공산당의 지지를 받음과 동시에 미국 정부의 승인을 받았다. 그러나 국유화를 기치로 내세운 이 군부도 반게릴라 투쟁당시 게릴라 지도자는 외국인이었고, 군부는 국가 독립을 이뤄야 했기 때문을 해야 한다. 군부가 수행하는 혁명은 "재난을 막기 위한 후퇴 혹은 배를 가볍게 하기 위해 밑바닥 짐을 바다에 던지는 작업"lâcher du lest의 의무적 수행처럼 보일 수 있다. 내 시각에, 그것은 경제적 합리성과 정치적 민족주의의 필연적 운동에 대한 표현이다. 이 정부는 혁명 정부가 아니라 "발전에 호의적인 부르주아 정부"라 선언한 우고 블랑코129)가 옳다. 하

---

129) 우고 블랑코(Hugo Blanco)는 트로츠키주의 성향의 페루 혁명가이다. 1978년 대선에서 12%의 득표율을 기록했다. 그 전까지 그는 10년 동안(1966-1976) 수감 생활을 했다.

지만 그 기획은 진입로만 생각했을 뿐, 실상 군부가 짜 놓은 기획의 연장선 상에 있다. 즉, 게릴라다. 이처럼 우리는 지금 매우 첨예한 상황에 직면했다. 변혁의 '내용'에 있어서 중요한 것은 다음과 같다. 곧 사회주의적 행동을 반드시 수반하되 경제적, 기술적 근대화를 이뤄내야 한다. 덧붙여, '형식'에서 중요한 것은 다음과 같다. 단순히 "혁명! 혁명!"을 외치기만 하는 게릴라는 무능하며, 반혁명적 군부가 도리어 중개자 역할에 적합해 보인다. 더군다나, 전 지구적 상황이 국제적 교환 체제에서 비롯된다는 말이 옳다면, 라틴아메리카의 내적 혁명은, 비록 자본주의를 폐기하지만, 혁명의 범위 외부에 존재하는 이 구조들을 바꾸지 않을 것이다. 다시 말해, 체제는 '사회주의적'일 것이다. 그 체제는 소련이 담당할 것이며, 미국에 대항하는 데 유효한 체제일 것이다. 그러나 1945년 이후로 소련이 "사민주의 성향의 공화주의자들"과 착취자들을 현실 식민지 피지배자처럼 다뤘지만, 확신할 수 있는 요소는 어디에도 없다. 이 모든 기록은 결합된 요소를 우리에게 제시하기에 타당한 기록이며, "역사적 혁명"의 조건 자체다. "부유한 국가들은 소수 특권 국가 중에 강력한 동맹국을 찾는다. 이 특권 국가들은 라틴아메리카 대륙의 전 국가에서 볼 수 있는 가난의 체제전국을 가난에 빠뜨리는 체제를 통해 부를 축적한다. 자신들이 당하는 비참함과 무시를 벗어날 수 있다는 희망을 빼앗긴 민중 계급은 바로 이 특권적 소수들에 맞서 궐기한다."Julien

"가시화된 소비 사회가 제시한 것에 대한 불만족이 팽배하고, 언제나 개방된 상태를 기다리며, 무능력에 고착된 도시인들, 곧 좌절감에 휩싸인 도시인들은 '타자'와 관련하여, 이 타자가 호소하는 객관적 상황 및 절망에 대한 책임을 '타자' 자신에게 부과한다. 이들은 자기 에너지를 공격성 – 적어도 잠재된 형태로 – 으로 전환한다. 좌절감에 빠졌으나, 자신이 원하는 것이 타인의 손에 있음을 의식하는 변두리까지 내몰린 이들은 약탈을 통해 자기 문제를 해결하려는 경향을 보인다. 장애물과 같은 존재인 '타자', 변두리에 내 몰린 군중은 부시고 없애는 폭력적 행동을 통해 끝없이 추락한 자기 상황의 치료제를 얻고자 한다."

폭력을 통해 표출된 대사회적 반란(예컨대 콜롬비아의 라 비올렌시아)은 언제나 동일한 도식을 보인다. 오를란도 팔스 보르다가 탁월하게 제시한 내용에서 볼 수 있듯, 폭력이란 혁명에 대한 그릇된 희망을 걸었다 이내 좌절감을 맛본 이들의 행동 반응이다. 즉 폭력은 좌절의 산물이다. 그러나 폭력은 그 자체로 혁명적이지 않다. "폭력은 더도 아니고 덜도 아니고 농촌 사람이 가진 옛 관습을 파괴하고, 동시에 사회의 주요한 변화 가능성을 해체하는 맹목적 갈등과 무장武將 상태일 뿐이었다." 이것은 본질적으로 폭력 – 사회의 절망적 상황에서 정권 획득이라는 방향을 지향하는 – 을 통해 답한다. 이미 우리는 빈번하게 다음 사실에 관해 말했다. "제3세계" 민중의 삶을 구성하는 극빈, 굴욕, 출구, 부재, 불의의 조건은 혁명의 의지와 폭력 – 유일한 조건처럼 보이는 – 으로 충분히 설명 가능하다.130)

인간적인 눈으로 보면, 이 사람들이 할 수 있는 다른 방법이 없다는 말은 옳다. 마찬가지로, 정체적 삶을 거부하는 모든 존재의 반응을 통해, 민중 자신을 표출하는 것도 옳다. 그러나 나는 감히 다음과 같이 주장하려 한다. 폭력 사용, 폭력적 수단으로는 제기된 문제 중 어떤 것도 해결할 수 없을 것이다.131) 폭력으로 인해, 증오에 가득 찬 마음이 안정을 얻고, 억압에서 해

---

130) 우리가 수차례 언급한 이 대륙 전반에 만연한 지독한 빈곤과 마주하여, 남아메리카 가톨릭 교회는 매우 타당한 태도, 곧 내가 혁명의 진부함에 대해 썼던 것과 매우 다른 태도를 보인다. 현존하는 가난한 자와 굶주린 자 곁에 '구체적 형태로' 존재하는 것은 적절하면서도 극히 정상적인 모습이다. 이들을 최극단으로 내 모는 힘을 공격하는 것도 타당, 적절하다. 그러나 실제적 갈등 해결을 할 수 있는 역량이 결여된 태도는 결국 '개혁적' 혹은 '반항적' 단계에 그칠 것이다. 교회는 혁명 노선을 추구하지 않았다. 왜냐하면 교회 자체가 파열, 분열되었기 때문이다. 다시 말해, 교회는 혁명 과정에 참여하기 위한 어떠한 조건과도 연결되지 않았다. 역으로, 교회는 반란을 호소하는 '의식화 단계' 및 '연민의 단계'에 있었다.

131) J. Ellul, Violence, 1969; 자끄 엘륄, 『폭력에 맞서』, 이창헌 역(대장간, 2012) 자끄 엘륄의 이 책은 영어본으로 먼저 출판된다.(*Violence: Reflexion from a Christian Perspective*, New York,

방되며, 심리적인 욕구 만족에 이르고, 외형적인 자유를 쟁취하는 현상이 나타날 것이다. 어떤 때에는 냉혹하게 인간을 짓이겨 토막을 내는 사건도 생길 수 있다. 또 어떤 때에는 외부에서 기획된 공포도 등장할 것이다. 그러나 산적한 문제들은 단순한 심리적 문제가 아니다. 매우 현실적이고 실제적 문제다. 상황은 지속되며, 폭력은 내일을 위한 어떠한 개방성, 대답, 가능성을 창출하지 못한다. 순진하게 보면, 폭력의 존재를 부정하기 어렵다. 그러나 현실적, 전술적 단계에서 폭력을 통한 내일은 결코 존재하지 않을 것이다. 심연의 차원에서, 폭력은 매우 깊은 곳을 지향한다. 그러나 인간이 다다르고자 하는 것, 변혁하고자 하는 것에 결코 이르지 못할 것이다. 현대 사회의 여러 구조에서 폭력을 호출하는 모든 요소들의 변혁은 결코 '폭력'을 통해 이뤄지지 않을 것이다. 역으로, 폭력은 '기성 구조의 강화' 및 '소외의 전체화'를 견인할 것이다. 우리가 논의할 부분은 '폭력의 타당성 차원'이 아닌, 추구되는 목표에 대한 '폭력의 적절성' 차원에 있다. 바로 이 시각에서 우리는 게릴라 문제를 제기한다.

그러나 이미 확인한 것처럼, 체계화되지 않은 이 변두리 집단은 한 사람의 지도자 덕에 존재할 수 있었다. "변두리에 내 몰린 집단들의 우왕좌왕과 개방성은 주동자의 영원한 고객으로 이들을 바꿔 버리는 결정적 요인이다"베케만스 이것은 우리에게 사회학적 상황, 심리학적 태도, 인민을 반란 상황으로 호출하는 세밀한 정치적 조건을 정확하게 그려준다. 더욱이 이러한 반란은 심연 차원의 경제 개혁, 사회 개혁에 대한 제반 참여를 금하는 결과로 이어진다. "그것은 새로운 강요, 지속적으로 누적된 상황과 마주하여 출현하는 반항처럼 반응할 것이다. 그러나 반항적 태도의 걸쇠가 벗겨진다

Seabury, 1969; London, S.C.M. Press, 1970) 그 후 프랑스어로 번역, 출판된다.(*Contre les violents*, Paris, Le Centurion, 1972) 프랑스어 역본이 출간된 해인 1972년은 이 책 『혁명에서 반란으로』도 출판된 해다.

면, 주변화 된 집단들은 발전의 정치에 장애물을 만들며, 경제적, 사회적으로 빈번하게 정당화된 결정 앞에서 조차 부정적으로 반응할 수도 있다." 이것이 바로 게릴라가 전개된 상황이다. 또한 혁명으로 나아가지 못한 게릴라 반군 운동의 특성이 바로 이 상황에서 도출된다.

＊＊＊

이 거대한 운동이 혁명적이라는 사실을 알기 위해 필요한 조건은 다음과 같다. 모든 것은 혁명을 고찰하기 위해 존재해야 할 단계niveau에 달렸다. 만일 우리가 1970년대 서구세계에 "필요한 혁명"에 관해 생각한다면, 라틴아메리카 혁명 운동은 그와 무관할 것이며, 결코 어떠한 요소도 제공하지 못할 것이다. 그러나 민족/국가적 차원에서, 아메리카 원주민의 비참한 상황, 착취라는 비극적 상황 및 이들의 사회적 위치를 생각해 본다면, 이 대륙에서 전개되는 대토지 소유나 대기업 횡포, 제국주의, 외세의 압제에 맞서는 투쟁은 매우 혁명적인 투쟁이라 할 수 있을 것이다. 이들은 자기 위치에서, 그리고 자기 상황을 위해 혁명을 완수하고자 한다. 그러나 과거식 혁명, 선조들이 수행했던 형태의 혁명만 고려할 뿐이다. 반면, 그것은 어떤 반란에서 출발하여 새로운 정치경제 구조를 지향한다. 사회적 반란이 영향력을 발휘하고 착취를 강요하는 지도자와 '자발적 운동'을 '거대한 조직적 전환'으로 바꾸려 하는 지도자를 발견할 때, 이러한 구조적 지향성이 등장한다. 이들은 '국가'와 '기술전문화' technicisation 노선을 따라 현대 사회로 진입할 수 있는 여러 조건들을 생산한다. 현대 사회라는 덫에 걸린 혁명으로 인해, 이들은 새로운 혁명을 일으켜야 했던 자들에 반하는 노선을 택한다. 이들의 사회주의는 사회경제적 과정이 아니라, 과거 자본주의가 실현했던 것을 초고속으로 실행하는 수단이다. 그러나 소련에서 일어났던 국가에 따른 인간 착취 – 특정인에게 발생하는 사건이 아닌 보편적 착취 – 가 이 세계에서도 벌어졌다.

　필연적 사회주의의 단계이지만, 현실에 어떤 대답도 제시하지 못하는 사회주의의 단계에서, 혁명을 실현하기 위해 꼭 필요한 요소는 "민중의 참여 가능성"이다. 최소한 민중이 참여할 수 있는 사회적 조건이 있어야 한다. 그러나 제3세계에서 이러한 민중의 참여를 기대하기란 어려운 일이다. 또한 라틴아메리카는 바로 그것을 입증할 수 있을 한 가지 사례다. A. 마이스터가 훌륭하게 논증했던 것처럼, 참여하는 행동은 근대화 과정 자체에 출현하는 주도적 행동이다. 또한 근대화는 사회 변혁의 결과다.사회 변혁의 수단을 넘어서는 따라서 우리가 단지 권위주의적이고 독재적인 사회주의로 진행할 수 있을 때, 참여와 자발성에 관한 이데올로기는 현실 앞에 펼쳐진 "언어의 차단막"이다. 폭력을 수반한 혁명적 실천 운동에는 출구가 없어 보인다. 그러나 반란들에 환원된 모든 사태는 라틴아메리카의 사회경제적 변화를 야기했다. 이 변화는 "혁명이 진행 중이다"라 말할 수 있으리만큼 근본적인 변화였다. 그러나 초보적 상태에 있는 혁명 사태는 단지 '부대현상' épiphénomène일 뿐이다.

3. 게릴라

　나는 라틴아메리카 게릴라의 혁명이 아닌 반란의 특징에 대한 예증이 중요하다는 면에 관해 어떠한 역사적인 내용도 다루지 않을 생각이다. 더불어 사건들에 대한 어떤 설명도 덧붙이지 않을 것이다.

　"마르크스주의에게서 영감을 얻은 게릴라 이론은 논리상 폭력을 내세우며 우리를 위협한다. 어깨에 두른 소총만이 민주주의를 구하는 유일한 방법이다. 우리는 폭력을 두려워하지 말아야 한다고 체 게바라는 말했다. 왜냐하면 폭력은 새로운 사회를 잉태하고, 민중에게 폭력의 토대가 있기 때문이다. 파르티잔은 투쟁한다. 왜냐하면 사회를 개혁하는 자들이기 때문이다. 파르티잔은 압제자들에 맞서 민중의 잠재적 항거와 투쟁의 목소리를 내기 위해 무장한다"베케만스 이것이 바로 [게릴라 혹은 파르티잔] 이론이다. 그렇다면, 현실은 어떠한가?

해당 문서들에 대한 설명을 위해, 나는 우선 게릴라의 출발지혹은 최초의 게릴라 가담자에 지식인, 교수, 변호사, 의사, 성직자, 학생이 있다는 점을 밝혀둔다. 이것은 게릴라를 반대하는 자들이 제기한 비판이자 주제다. 심지어 부르기바M. bourguiba도 구체적인 상황을 조망하는 대신에 「누벨 옵세르바퇴르」의 논조에 지나치게 경도되어 이들에게 유감을 표했던 주제이기도 하다. 압제자 미국에 대한 반대 투쟁을 전개하는 민족주의 성향의 청년 지식인, 농민과 노동자의 불행에 괴로워하는 청년 지식인이 중요하다. 투쟁의 출발점은 바로 이들의 감성, 즉 반미정서와 약자에 대한 연대감이다. 이 지식인들은 농민, 노동자와 연대한다. 그러나 이 부분에서 우리는 게릴라 징병이 매우 취약하다는 사실을 볼 수 있다. 여하튼, 게릴라는 한정된 병력으로 구성된 조직이었다. 다른 측면도 있다. 바로 '민중의 반응'이다. 민중의 반응은 매우 다양했다. 드문 경우지만, 어느 곳에서는 거대한 협력 관계가 형성예컨대 투파마로스에게 유익한 협력 관계되었다. 어떤 경우, 농민들은 보급, 수송, 안내 등으로 협력 관계를 유지했다. 농민들의 이러한 협력이 없다면, 게릴라는 제 기능을 할 수 없다. 그러나 대다수의 농민들은 게릴라 활동에 관심을 보이지 않았다. 오히려 무관심과 폐쇄적 태도로 일관했다는 말이 더 상황에 부합하는 표현일 것이다. 체 게바라가 볼리비아 전선에서 맞았던 난항에는 이러한 요소들이 원인으로 작용했다. 마을 주민들에게 게릴라 활동의 이유를 설명하고, 이들을 교육하고, 활동에 투신하도록 할 목적을 갖고 단결을 요구하는 방법론은 그리 신통한 결과로 이어지지 않았다. 여러 문서에서 우리는 농민들이 보인 폐쇄성과 불가해한 이들의 표정 등을 지적하는 내용을 확인할 수 있다.132) 과테말라의 농민들은 통상 도시 지식인을 신뢰하지 않았다. 그러나 빈곤의 과잉으로 곳곳에서 반란이 일어나기도 했다. 콜롬비아의 게릴라 부대는 자기 지역을 방어하면서, 새로운 형태로 구성되는 사회, 평등 사회, 공동체적 사회 정착을 이룬다. 이 지역에서 농민들은 자신들의 비참한 현실에 매우 적극적으로 반응했다. 이러한 전술은 매우 오래된 것1930년 이후로 공산당이 구사해 온 전술이기도 하다.

사실 충성심 높은 집단은 농민 집단이었다. 그러나 오늘날 농민 무장 세력은 대부분 사라졌다. 이들의 잔여 세력이 도시의 다양한 정치 조직화를 시도하고, 몇 가지 성공 사례를 수반해 재再결집 활동을 시도했다.133)

좌우간, 농민들은 게릴라를 먹여 살리기에 현실적으로 매우 가난했다. 대부분의 재원은 도시에서 나왔다. 옛 사람들이 비참함에 직접 맞섰던 정서, 즉 '반란의 정서' 밖에서는 이 거대한 사회 운동을 결코 생각할 수 없을 것 같다. 요약하면, 우리는 출발선에서 반란의 2가지 요소, 즉 '지식인의 감성'과 '빈곤과 극한 시련에 시달리는 일부 농민들과 노동자들' 물론 전략적 성찰은 제외을 발견한다. 노력을 거듭해 제작된 카스트로주의는 이 부분에서 매우 유의미하다. 즉 카스트로주의는 혁명적 이데올로기도 아니고, 학설도 아니며, 심지어 혁명의 프로그램도 아니다. "카스트로주의는 한 사람이며, 여러 형태의 실현이며, 하나의 신화다." 본래 카스트로주의는 탈脫전체주의적 혁명, 민주주의적 혁명의 성공을 꿈꿨던 한 혁명적 인물과 연결된

---

132) 루이 메르시에의 연구서 제목은 이를 탁월하게 설명한다; Louis Mercier, *Les Guérillas d'Amérique latine ou le poisson sans eau.* 지식인들과 학생들은 혁명적 행동 전개를 위해 필요한 질문을 찾아야만 할 것이다. 그러나 마오쩌둥의 공식과 반대로, 이들이 물 만난 물고기가 되는 길은 매우 멀어 보인다.

133) *Preuves,* novembre 1968.

다. 비록 전 지구적이고 일관성 있는 학설에 관해 말하지 않았으나, 사태를 상대적으로 단순하게 분석예컨대 미국의 정치와 제국주의하는 취약성으로 인해 사람들은 타격을 입는다.134) 실제로 우리는 이 취약한 분석에서 학설적 요소를 발견할 수 없다. 사회학 분야에서 활동했던 [카밀로] 토레스의 글도 동일한 순서를 보인다. 즉 '혁명론과 연결된 상황에 관한 구체적 분석' 보다 '혁명적 참여로 이어질 사상의 도정', 즉 '실천적 행동으로 연결되는 순서'를 따랐다. 직접적으로 출현하는 문제는 현실 너머도 재도약하지 않는 행동이다. 라틴아메리카에서 게릴라 활동으로 수감된 드브레135)는 이 문제를 깊게 성찰했다. 게릴라는 몽상적 모험이 아니다. 드브레는 "실수한 것 같다"그러나 오류는 학설의 부재에 있다라고 인정한다. 우리는 강력하고, 지속적인 이념인 "반제국주의 투쟁"만 볼 수 있다. 내가 읽었던 모든 글에는 제국주의의 정체, 발전, 반제국주의적 투쟁을 위한 행동 양식에 대한 엄밀한 분석이 하나도 없었다.136) 파국으로 치달을 미국, 단기간에 패배할 제국주의, 미국과 더불어 구축되어야 할 무력 – 미국의 세계 지배욕을 꺾기 위해 미 제국주의에 요구할 수 있는 무력 – 관계를 선언하는 카스트로에게서 우리는 '미국인에 대한 뿌리 깊은 증오'를 읽어낼 수 있다. 카스트로에게 짙게 드리운 반미의 그림자를 쉽게 지울 수 없다. 이 증오는 미국인이 단지 침략

---

134) 1967년 8월 아바나에서 열린 '올라스 학회'에서 제기된 문제에 관해 소개된 연구들(매우 평이한 수준의 연구)을 참고하라.

135) 레지스 드브레(Régis Debray)는 1940년에 태어난 프랑스 작가이자 철학자다. 1965년 쿠바로 떠나 '에르네스토 체 게바라'를 따라 볼리비아로 이동한다. 1967년 체포되어 고문 받았으며, 이후 30년 형을 받았으나 지식인들의 구명 운동과 프랑스 정부의 개입으로 1971년에 석방된다. 1981년에서 1985년까지 미테랑 정부의 국제 관계 관련 자문위원을 맡는다. 『혁명 안에 있는 혁명? 라틴아메리카의 무장 투쟁과 정치 투쟁』(Révolution dans la révolution? Lutte armée et lutte politique en Amérique latine, Paris, Maspéro [Cahiers libres 98], 1967)에서 그는 혁명에 관한 이론적 분석을 전개한다.

136) 카스트로가 재발견한 J.-P. 비지에의 보도(1968년 아바나 학회에서)는 미 제국주의에 관해 과하다 싶을 정도로 "초현실적"인 시각을 보인다. 비지에는 과학적 발전이 다양한 자본주의 국가들 사이에 긴장을 야기해야 하며, 미국은 차츰 고립될 것이라 평가한다. 현실에 비춰 볼 때, 이 평가는 비지에 자신의 욕망이 투여된 것에 불과하다.

자, 압제자이기 때문은 아니다. 오히려, 제국주의가 무엇인가에 대한 이해를 표현할 수 있는 최소 단위로서의 '미국인'에 대한 뿌리 깊은 증오라고 할 수 있다.137) 이러한 학설 부재, 가령 제국주의에 대한 학설 부재는 '위험한 환상'을 낳을 수 있다. 카스트로는 게릴라 활동의 신속한 전개를 확신했으며, 베네수엘라 혁명좌파운동M.I.R.이 추구했던 전 세계 인민투쟁에 이르지 않아도 괜찮다. 공산당과의 차이점는 입장을 고수했다. 이에 관해 다음과 같은 평가가 가능할 것이다. "사회, 정치, 경제적 조건의 불변과 마찬가지로, 게릴라는 그 탄생을 멈추지 않을 것이다. 양태는 바뀔 지라도, 게릴라는 언제나 불의에 맞서 태어나는 반군일 것이다." 탁견이다. 그러나 이와 동떨어진 견해로, 아바나 학회1966에서 선언했던 것처럼, 게릴라를 수단 삼아 "혁명적 폭력을 반제국주의 운동을 위한 가장 선명하고 구체적인 수단, 가능성 높은 수단"으로 생각할 수도 있다. 폭력을 반제국주의 투쟁의 구체적 가능태로 여기는 이 주장은 현대 자본주의의 현실과 자본주의 조직들의 견고함에 관한 무지를 드러낼 뿐이다. 학설 부재는 중국 공산당을 포함, 공산당에 가할 수 있는 여러 비판 가운데 하나다. 1966년 6월 중국의 '신화통신新華通訊'은 다음과 같은 구체적 비판을 가한다. "사람들은 혁명에 참여할 준비가 된 인민을 무시하는 주제들을 대중화하려 한다. 이 주제들에 따르면, 결속된 혁명군이 현존하는 '국가기계' la machine d'État를 전복할 수 있고, 정권

---

137) 물론 나 역시 미 제국주의의 존재를 부정하지 않는다. 그러나 진중한 연구보다 히틀러의 황금기를 그린 타부이(G. Tabouis)의 몽상을 떠오르게 만드는 『미제』(*Empire américain*, 1968)에서 보인 클로드 쥘리앙의 해석학적 착란에 미 제국주의에 대한 이해를 양도해서는 안 된다. 미제를 어떻게 볼 것인가에 대한 시각 문제가 아니다. 중요한 문제는 "국가적, 경제적" 팽창의 복합성과 그 복합성으로 인해 대두되는 반응이다. 즉 이러한 복합성으로 인해 나타나는 반응들은 극히 비합리적이며, 열광적이다. 이로 인해 피착취자들은 반외세, 반압제 투쟁과 혁명이 뒤범벅되는 상황에 빠지게 된다. 그러나 공히 말해, 이 둘은 서로 일치되기에 너무 거리가 멀다! 압제자 추방이 사회주의에 이르는 길이기 때문에 '압제자는 자본주의자'라는 등식으로는 불충분하다! 이 정도의 생각으로 혁명 수행은 요원하다! 미 제국주의에 대한 극단적 시각은 새롭게 요구되는 혁명에 대한 현실 상황이 무엇인지 조망하지 못하게 하는 빌미를 제공할 뿐이다.

을 탈취하며, 인민을 지도할 수 있다. 이러한 이론은 근본적으로 이상적이며, 공산당의 필연적 지도를 부정하는 소부르주아적 이데올로기에 근간한 이론이다. 그것은 마오쩌둥 동지가 인민투쟁, 즉 대중의 전적 후원에 기초한 투쟁에 관해 전개했던 이론과 무관하다."

이러한 학설 부재의 문제는 제국주의 분석의 피상성에서 뿐 아니라, 마르크스주의에 관한 불확실성에서도 드러난다. 이 주제와 관련해 우리는 카스트로가 보인 변화의 폭을 익히 안다. 1961년 12월 2일에 카스트로는 자신이 결코 '과거의' 마르크스-레닌주의자가 아님을 천명한다. 이후 12월 22일, 자신은 '일종의' 마르크스-레닌주의자였으며, 자신의 혁명은 처음부터 마르크스주의적이지 않았으나 결국 완전한 마르크스주의 혁명이었음을 선언한다. 이러한 모호성은 카스트로 자신의 특성이면서 동시에 자기 사상에 대한 불확실성에서 비롯한 것이다! 이러한 변신을 과연 어떻게 "완성"해야 하는가?

그는 뛰어난 동화 작업을 진행한다. 쿠바 혁명은 마르크스주의적이다. 왜냐하면 "모든 혁명 법칙과 방법론이 본질적으로 마르크스-레닌주의적이기 때문이다." 우리는 심오한 논법에 주목한다! 또한 카스트로는 "마르크스-레닌주의를 향한 나의 진화는 내가 마르크스주의에서 얻은 이념들 가운데 존재하는 일련의 단계를 밟아 이뤄졌다"라고 말한다. 이처럼 카스트로 사상은 이론이 아닌 "이념", 즉 그 자체로 마르크스주의와 근본적으로 모순되는 이념이다. 카스트로의 다음 담화문에는 그가 마르크스에 대한 불분명한 인식을 가졌고, 혁명 사상에 대한 심오한 학습이 없었다는 사실이 여과 없이 드러난다. "그러나 나는 단호한 신념을 지닌 사람이다. 확신은 인식에 선행한다 시간이 된다면, 마르크스의 『자본론』을 읽을 의향도 있다." 그는 『공산당 선언』과 레닌 선집을 안다고 밝혔다. 그러나 그것은 동 떨어진 시각이었다. "나는 마르크스주의를 전적으로 신뢰한다." 다시 말해, 우리는 지금 '신뢰와 의혹' 단계에 있다.

1968년 '아바나 문화학회' 폐회사에서, 우리는 매우 의미심장한 구문을 발견한다. "교조나 경직된 이념이야말로 반마르크스주의적이다." 분명 옳은 말이다. 그러나 카스트로의 이 표현은 다음 내용에 정확히 부합한다. 카스트로는 마르크스의 옛 해석들과 엄밀한 방법론, 분석 등을 고려하지 않았던 자기 맹점을 열심히 정당화하는 중이다. 반마르크스주의라는 명목으로, 카스트로는 친히 만든 이미지자신을 마르크스주의자로 선언한 순간에서 비롯된를 통해 마르크스주의에 세례를 베푼다. "따라서" 그가 제안하는 모든 행동은 마르크스주의적 사태에 속한다. 바로 이것이 카스트로 사상의 '실제' 도식이다. 삶이 우리에게 체험을 선사한다는 논리를 따르면, 말이 아닌 살갗으로 제국주의를 알아갈수록, 우리는 마르크스주의 교리도 포함된 여러 진리들을 발견하게 될 것이다. 지금 우리는 순수 실용주의라는 색다른 지점에 서 있다. 카스트로는 실험을 통해 제국주의를 알았으며, 그로부터 마르크스주의가 진리라는 결과를 도출해 냈다. 마르크스주의는 제국주의의 적이었기 때문이다.

카스트로주의를 마르크스주의로 보기보다 차라리 카스트로주의는 "혁명 의지"라고 말하는 편이 더 정확할 것이다.[138] 레지스 드브레는 분명하게 드러난 모순점들을 메울 목적으로 다음과 같이 설명한다. "피델은 자신의 사상적 근원과 정치적 행동을 결코 연결하지 않았다. 그는 연장과 내적 전환을 통해 자신의 옛 궤적을 비마르크스주의적 혁명으로 해석했다."[139] '향후' 사람들은 카스트로주의가 '마르크스주의에 무지한 마르크스주의' 였다는 사실을 자각한다. 카스트로주의는 새로운 마르크스주의 노선이 된다. "카스트로주의는 마르크스—레닌주의가 새롭게 탄생하는 구체적인 과정이다." 진보적 자본주의 세계의 산물도 아니며, 자본주의의 내적 모순의

---

138) Biron, « Cuba, dix ans de révolution castriste », *Économie et Humanisme*, 1969.

139) Debray, *Essais sur l'Amérique latine*, 1968.

산물도 아니다. 그러나 과연 마르크스가 이 조건에 머물지도 의문이다! 우리는 다음과 같이 말한다. 카스트로주의는 신제국주의를 통해 저개발 국가에 나타난 도전을 표명했다. 또한 우리는 카스트로주의가 레닌의 제국주의론에 결코 상응하지 않고, 마르크스 사상의 불확실한 아바타일 뿐이라고 강조한다. 카스트로주의는 반제국주의 투쟁을 위한 혁명적 실천, 공산주의 사회의 건설을 위한 혁명적 실천이다. "따라서 카스트로주의는 자본주의적 제국주의가 공격했던 취약하고 주변화 된 소국小國 공산주의다." 나는 이런 방식으로 쿠바의 구체적 상황을 기술하려 한다. 그러나 공산주의 국가가 되기 위해 반제국주의 투쟁을 전개하는 저개발 국가가 되는 것으로는 불충분하다. 우리는 정신적 혼란을 겪는 중이다.

여기서 우리는 3가지 단계와 마주한다. 첫째, 카스트로의 담화문에서 우리는 "공산주의 의식 창조"와 같은 놀랍고, 이상적인 구문들을 수없이 발견한다. 공산주의 의식은 모두가 창출하는 풍요이며, 모두가 공평하게 누릴 수 있는 것이다. "우리는 '돈'이나 '부'를 '의식'으로 표현하지 말아야 한다. 그러나 '의식'은 '부'로 표현해야 한다. 보다 쉽게 자기 과제를 성취하는 길, 한 인간에게 물적 활력소를 주는 길은 돈이다. 그리고 그와 더불어 의식까지 구매하는 일"이다. 우리를 매우 흥분시키는 말이다. 그렇지만 이미 몇 십 년 전부터, 기회도 현실감도 없는 일이다.

둘째, 우리는 사회주의와 공산주의의 지속적 건설이라는 "교조적" 방향을 발견한다. 미래 사회에 공산주의를 거부하지 않아야 한다는 선언은 충분히 있을 수 있다. 그러나 이러한 질서의 선언이 공산주의 사회 실현을 위한 조건에 대한 무지를 드러낸다는 점이 놀랍다. 더불어 쿠바에서 실현된 사회는 결코 공산주의라 부를 수 있는 사회가 아니다. 그래도 굳이 이 용어를 사용하겠다면, 우리는 공산주의가 의미하는 바 – 마르크스 이래로 – 와 근본적으로 다른 의미를 부여해야 할 것이다. '말 바꾸기'야 언제나 가능하지 않은가! 마지막으로, 사람들은 몇 가지 성공 사례를 자랑한다. 특히 관심을 끄는 부분은 "지적노동 – 육체노동 분리 구도의 제거"다. 학생과 교수가 밭에서 일하고, 노동자가 전문기술 과목을 수강하는 셈이다. 이 주제에 관해, 우리는 2가지 틀을 제시할 필요가 있다. 첫째, 각각의 지점학생, 교수, 노동자 등에 있는 고유한 요소는 사라지지 않는다. 학생은 농사일에 특화되지 않았으며, 노동자가 1년에 강의 몇 주 들었다고 지식인이 되지 않는다. 이러한 적응/동화 단계가 실현 가능하다고 생각하기 어렵다. 유능한 지식인의 수준에 도달하려면, 다년간의 악착같은 노력이 필요하다. 벽돌로 벽을 쌓기 위해 필요한 것은 중간 정도 수준을 지닌 학생들에게 결여된 '총체적 역량' 이다. 또한 노동자 노동이나 농장 노동을 하기 위해서는 지식인이 지니지 못한 '신체적 저항력' 이 필요하다.

두 번째로 주목할 요소는 다음과 같다. 카스트로주의와 마오주의에서 새롭게 꽃 피운 '육체와 지성의 혼합' 기획은 이미 실현되었다! 즉 나치 시대 어용 노조인 '노동전선' Arbeitsfront 으로 구현되었다. 아무거나 사회주의라 부르는 것은 매우 위험한 일이다. 쿠바의 무모한 시도에서 볼 수 있듯, 민족주의와 사회주의를 혼합하는 것도 언제나 위험하다.

모든 것은 믿음, 의지, 경험의 집체로 환원된다. 모든 것은 반란을 중심으로 돌아간다. 그러나 반란의 경험을 초과하는 것들은 무시된다. 학설은 무력하며, 참된 혁명은 부재하다. '학설' 에 대해 굳이 말한다면, 아마도 모든 학설의 수렴점은 '무장 투쟁론' 일 것이다. 다시 말해, '무장 투쟁론' 이 진리의 시작이자 끝이다. 바로 이 '무장 투쟁' 을 핵심 축으로 모든 싸움은 미국에서 벌어진 또 다른 반란 운동 및 라틴아메리카 대륙의 공산당 운동과 연계된다. 혁명 관련 글을 읽은 사람들은 다음 사실들을 망각하지 않았다. (1) 가장 자발적인 반란은 무장 반란이다. (2) '긴 안목과 호흡으로 혁명을 준비할 수 있는 수단은 없다' 는 학설 제작이 필요하다. (3) 인민 봉기를 희망할 수 있는 수단이 부재하다. (4) 유일한 필요충분조건은 "군사적 행동 확대, 다년간의 집요한 공격 전개, 최후 공격을 위한 주요 군부의 결집력 확대"다. "우리는 전술적 현실에 맞춰 [혁명을] 준비하지 않는다. 단지 최우선 이념을 지닐 뿐이다. 그것은 바로 정부를 즉시 전복해 버리는 것이다." 더글라스 브라보, 베네수엘라 민족해방 무장전선 이것은 무법자들의 반응이며, 라틴아메리카의 오랜 전통이다. 한 세기 반전부터, 라틴아메리카의 모든 혁명은 이와 같은 형태로 진행되어 왔기 때문이다.140) 이것은 메르시에르 베가가 "대항국가"의 기술이라 불렀던 것과 정확히 일치한다.141) 이 개념은 "대항사회"에 대한 사회주의적 전통 개념을 대체게릴라 이론과 문화혁명 노선 간의 거대한 간극을 표시한다. 게릴라 활동의 핵심은 결코 새 삶의 창조가 아닌, 권력 쟁탈이었다. 단일한 정치−군사 지도자 및 집단이 투쟁구체화되고 지역화된을 선도해야 한다. 게릴라는 정당이 취한 수단이 아니다. 게릴라가 바로 '정당물론 공산당과의 갈등이 있는이다. 중요한 것은 사회 전체에서 어느 한 계급이 혁명을 추동하는 것이 아니라, 정치권력에서 시작해 사회를 변혁하는 것이다. 농민들은 게릴라 집단 자체를 위한 지지와 봉사 영역이어야 한다. 이것은 농민에게서 부활한 블랑키의 전술이며, 무장 폭동을 선동하는 마르크스주의를 따라 그 가치를 평가받을 수 있다. 그러나 무장 투쟁은 명시적 학설의 본질이 됨과 동시에 중요한 전술적 논쟁이 된다. 이로 인해 사실상 모든 것은 끝난 셈이다. 학설 부재가 전술 확보에 무력하거나 반란 정신이 즉각적 행동으로 직접 연결사람들은 이러한 경향을 직접행동이라 규정했다하는 한, 중요한 문제이자 유일한 문제는 이 행동을 이끌어갈 '방법'에 있다. 그러나 레닌 사상의 경우처럼, 셈법은 혁명에 관한 일반 이론에서 결코 도출될 수 없다. 그럴 수밖에 없었다. 실천적 차원에 있기 때문이다. 날카로운

---

140) 혁명을 현실 정부 전복과 권력 쟁탈이라 부른다는 조건에서 그렇다.
141) Luis Mercier Vega, *Technique du Contre−État*, 1968.

비판을 담은 드브레의 책은 '자체 무장 방어' 콜롬비아의 농민 자체 방어 구역, 볼리비아의 노동자 자체 방어 구역142)와 '무장 선전즉 혁명가들이 차지한 마을에서 집단적으로 이뤄진 민중 교육 활동 - 마오쩌둥 방식의 두 형식을 시사한다. 물론 드브레는 무장 선동을 완전히 거부할 수 없고, 군사적 행동보다 우선시될 수 없다고 말한다. 결정타를 날리는 것은 바로 '군사적 행동'이며, 이 행동은 "그것 자체로 충분하다." "선전-선동은 성공적인 군사 행동이다." 드브레는 순전히 실용 이성또한 전술적으로 실용 이성은 현실을 볼 수 있는 본질적 요소다을 위해 위 2가지 형식을 거부한다. 하지만 그는 이론가를 자처한 트로츠키주의를 거부하면서, 학설 제작 작업을 수행한다. "트로츠키주의는 혁명의 사회주의적 특징이 중요하다는 점을 부각시켰고, 순전히 관용 어구와 같은 물음으로 그 특징을 판단할 것을 소원했다. 그러나 '질문을 묶는 매듭은 이론이 아니다.' 그 매듭은 조직적 틀이다. '사회주의 혁명'은 바로 이 틀을 통해 실현될 것이다." 그러므로 가장 중요한 것은 '조직적인 게릴라 세력' 등과 더불어 국가 전체에 맞서는 무력 투쟁이다. 그리고 그 목표는 '권력 획득'이다.143) 물론 여러 사태들이 권력 획득의 난항을 선명하게 제한다. 즉 라틴아메리카의 대다수 정부는 매우 권위적이고, 독재적이고, 불의하다. 착취에 시달리고 비참함의 극에 몰린 민중들은 "군부 독재자"caudillo에 의존했다. 또한 독재적 군부 지도자들은 보통 미국 정부의 조종을 받았다. 라틴아메리카에서 유일하게 특권을 분배해 줄 수 있는 영역은 바로 '국

---

142) 라틴아메리카 공산주의자들은 '자체 방어 구역' 개념을 지지한다. 이 개념은 전술적으로 효율성은 떨어지지만, 심오한 혁명적 사상에 보다 적합하다. 한 국가 내부에 "독립적 공화국"을 세우는 것이 중요하다. 즉 공산주의 지역, 균형 잡힌 질서와 정의로 다스리며 인접 마을 주민들에게 호감을 주는 조직화되고 훈련된 군대가 중요하다. 이를 통해, 대중 조직 형성과 심층에서 이뤄지는 변혁을 경험한다.(Hobsbawm, *Journal d'un guérillero*)

143) 또한 전 지점에서 다양한 성향의 활동이 나타나기도 한다. 예를 들어, 카스트로주의에는 도시 게릴라 이론이 전혀 나타나지 않는다. 쿠바에는 도시 게릴라를 위한 학교가 없었다. 이것은 카스트로주의와 게바라주의를 원용한 서구 지식인들과 카스트로주의가 미세한 차이를 보이는 대목이기도 하다.

가' 이며, 권력은 이 유일자에 밀착된 자에게 모든 가능성을 부여한다. 이러한 조건에서, 우리는 "권력을 탈취하자! 우리도 춘삼월 호시절을 볼 것이다!"와 같은 구호에 서린 깊은 의미를 이해할 수 있다. 국가주의는 몇 가지 척도로 게릴라를 설명했으나, 동시에 그 설명의 부적합함이 드러나기도 했다. 메르시에르 베가는 20세기의 1/3이 흐른 시절부터 우리가 '무일관성 체제'에서 '국가주의 체제'로 어떻게 이행했는가를 보여준다. 국가주의 체제에서 국가는 상승하는 부르주아 계급 및 퇴폐적 과두 정부로부터 소유자와 기획자의 기능 담당을 목적으로 일종의 대표 자격을 부여받았다. 가령 1964년의 한 조사는 선진국 6개국에서 공적 영역이 경제 활동의 62%를 점한다고 보도한다. 그러나 '국가'의 발전과 동시에 "관료"와 "행정가"로 대변되는 새로운 지배계급이 출현해 국가와 공생 관계를 유지한다. 이 계급의 목표는 '권력 쟁취'다. 이들은 사회 개혁을 원하는 일부 인사들과 손을 잡되, 궁극적으로 국가에 의존한다. 이 국가는 "특권 계급이 담당할 수 없는 기능, 민중 계급이 요구하지 않는 기능"을 맡으며, 모순에 굴레를 씌우고, 사회의 취약 요소들을 제거할 수 있는 유일자로 등장한다. 근대화를 이룰 수 있는 새로운 관리자의 등장인 셈이다. 따라서 전통적 반란 형태인 '학생과 지성인 반란'은 이 국가에 저항한다. 그러나 관건은 여전히 권력 획득이다! "풍자화까지 분석 도구로 사용하는 상황에서, 다음과 같은 진보가 가능할 것이다. [볼리비아] 카라카스의 폭탄 투척자들, 의사 아들, 은행 지점장 아들, 대미 경제협력기구에 종사하는 젊은 전문가, 기민당 출신 투사, 혁명 조직 활동가, 이들 사이에 계급 차이는 없었다. 다만 다양한 맥락과 상황의 차이, 사회 통합 가능성을 평가하는 척도의 차이가 있었다." 다시 말해, 어디에도 게릴라 혁명은 없었다. 그러나 둘의 혼합은 2가지 오류를 낳는다. 첫째, 권력 획득을 향한 무장 투쟁으로 현실적 반제국주의 투쟁을 전개한다는 확신을 낳는다. 둘째, 혁명은 결국 제련된 혁명군에 의존한다는 확신을 낳는다. 게바라는 다음과 같이 기록했다. '투쟁을 시작하기 위해 제반 조건들이 결합될 필요는 없다. 게릴라 전사를 낳을 수 있는 핵심 지대가 적극적 활동을 통해 혁명의 조건들을 창조할 수 있다.' 이것은 소위 '포코 이론' foquisme, foyérisme이라 불렸던 이론의 오류다.144) 이것은 '학설 부재' 문제와 맞닿는다. 즉 사회경제적 상황 분석에 무용하며, 게릴라는 '혁명적 총체'를 유지하는 것에 국한된다. 게릴라 활동에서 우리는 역사적–전통적 반란 활동을 재발견한다. 쿠에르나바카 지역의 코로 신부는 다음과 같은 말로 이 반란의 "징후"를 서술한다. "심층적 전복을 위해 필요한 가장 강력한 폭발은 바로 '사유하는 가난'이다. 가난한 자들이 행군을 시작했다." 더불어 게릴라를 통해 투쟁 활동의 동기를 설명했던 자들은 반란 단계를 넘어서지 못했다. 로호 데 리오는 이렇게 말한다. "나는 피델 카스트로를 지지하기 때문에 혁명을 일으킨 것이 아니다. 좌우파 가릴 것 없이 도래하는 폭군에 맞서 싸웠을 뿐이다. 각자가 자유를 위해 보존한 이 성스러운 권리, 이 권리와 접촉하는 모든 것을 지지한다. 나는 그것을 신중하게 타진한 것이다." 물론 우리는 "영구 반란145), 명백한 불의에 맞선 즉각적 반란, 외교적 술책에 맞선 반란"을 수행하는 한 인간으로 '체 게바라'를 들 수 있다. 그러나 이 반란이 기업들을 신장시키고, 이 기업들의 유혹의 싹을 자라게 한다. 다시 말해, 우리는 반란에서 명백한 비일관성을 발견한다. 게릴라에 열광한 이들은 '지식인들'이다. 더불어 게릴라에게는 어떠한 학설도 없었다. 사실 지식인들은 자기 사상이 어떤 결론에 이르렀는지를 생각하고 확인하는 데 이골이 났다. 이들은 마르크스에게서 세계를 '사유' penser하는 것이 아

---

144) 드브레는 '포코'(foco) 이론을 제작하려 했다. 포코 이론은 다음과 같다. 국가 영토에서 가장 허약한 지역에서 소수의 게릴라 세포 조직을 통해 세력을 점차 확산하자는 이론이다!

145) Niedergang, « Le Che ou la révolte permanente », Le Monde, 17 octobre 1967. 나는 여기에서 트로츠키 이념에서 비롯된 '영구 혁명'(la révolution permanente)에 부합하는 용어 대신, '반란'을 사용한 부분을 매우 존중한다. 내 시각에, 트로츠키의 영구 혁명 개념은 부정확한 개념이다.

닌 '변혁' transformer하는 것이 중요하다146)는 사실을 배웠고마르크스가 사유와 다른 어떤 것을 수행했던 것처럼!, 단지 지식인의 위치에 머무는 것을 역겨워했다. 즉 이들은 또 다른 극단으로 이행했다. 무의미한 순수 행동, 총체적 행동, 빈곤을 직접 마주할 때 나타나는 감성. 사람들은 냉혈한 지식인을 거부했고, 열혈 지식인과 더불어 공동지대로 뛰어 들었다. 게릴라에게 부재한 '학설' 로 인해, 이론화에 능한 지식인의 역할이 중요해 졌기 때문이다. 폭력에 대한 이들의 호소는 허약하고 무능력한 '고전적 피난민' 의 군상을 재현했다. 지식인들은 무능력으로 점철된 복합적 세력과 엮였다. 이들은 합리적 사고를 중단했고, 횡설수설했다. 이들은 필연적 행동과 더불어 완전히 새로운 사회가 선물로 주어질 것이라 믿었다. '혁명적 산타클로스' 에 대한 '문자주의' 적 신앙이다. 혁명에 대한 기획도 없이, 일관성 없는 신화 속을 뛰어 다닌 셈이다. 이들은 알면 알수록 지지하기 어려운 '실제' réel를 보지 않았다. 이들의 비판 정신도 활동을 멈췄다. 구체적으로 말해, 이들은 모든 것을 포기한다. 왜냐하면 이들은 지식인이었고, 혁명을 사유해야 하는 과제는 난제 중의 난제였으며, 기업의 성장으로 혁명 활동이 좌절되었기 때문이다. 덧붙여 강조해야 할 부분은 다음과 같다. 지식인들의 지루하고 무미건조한 주장 및 담론과 무관하게, 혁명 운동은 테러, 무장 강도, 요인 납치 등과 같은 방식, 즉 블랑키147)가 주장한 방식을 한 층 시시하게 만든 "습격"coups de main 외에 다른 방식으로 실현할 능력이 전무했다. 지식인들은 양심적 견해 표명을 염려하고, 파시스트적 반향에 유리한 심리적 분위

---

146) [역주] 마르크스의 '포이에르바하에 대한 테제' 중 11번째 테제에 나오는 내용이다. 정확히 말해, 기존 철학자들의 세계에 대한 '해석'(interprétation)을 넘어서는 '변혁'(transformation)에 대한 호출이다.

147) 루이 오귀스트 블랑키(1805-1881)는 생애 37년을 감옥에서 보낸 프랑스 혁명가다. 사회주의자였으나 마르크스주의자는 아니었다. 마르크스와 달리 노동자 계급이 이끄는 혁명을 주장하지 않는다. 오히려 블랑키는 소수의 헌신된 투쟁가들이 선도 투쟁을 전개하고, 이후 인민에게 권력을 이양하는 투쟁 방식을 주장한다.

기를 연출할 수 있다. 그러나 이러한 행동 양식 자체로 인해, 지식인들은 다음 내용을 입증한다. 첫째, 지식인들은 민중과 어떤 실질적 접촉도 하지 않았다. 둘째, 이들은 역사적 상황에 대한 구체적이고 심도 있는 분석을 진행할 능력이 없었다. 셋째, 이들에게는 실제적이고 실현 가능한 어떤 기획도 없었다. 다시 말해, 열정적이지만 유치한 낭만주의다. 마르크스와 레닌의 혁명적 성찰 이후에도 여전히 테러와 혁명이 뒤 섞이는 '옛' 상태로 회귀할 수 있다는 사실에, 사람들은 아연실색 한다! 어떤 결론에도 이르지 못하는 담론과 연구에 지친 상황에서 터진 반란, 그것은 건강하고 정력적인 폭발이었다. 또한 우리를 압제하는 모든 것, 즉 가난한 자를 압제하는 비극 뿐 아니라 기술, 관료주의, 우리를 질식시키는 현대 세계의 복합체, 사방팔방 뻗어가며 모든 것을 흡입하는 이 사회를 일거에 쓸어버리는 대폭발이었다. 사람들은 이 점을 이해했다. 다시 말해, 우리는 순수 상태로 가담하는 반란을 통해 이 모든 것의 종지부를 찍는다.

그러나 이러한 취약성에도, 라틴아메리카의 "혁명" 운동은 파시스트적 반향브라질, 볼리비아을 뛰어 넘어 자기 미래를 가질 것이다. 그 미래는 "전복"을 통해 몇몇 국가들에 전달되어야 할 것이다. 팔스 보르다는 이런 의미 예컨대 콜롬비아에서 사회학적 구조가 어떤 역할을 하는지를 선명하게 제시한다. 그러나 이 혁명은 무수한 긍정적 조건들가령, 국제적 지지 여론이 충족될 때만 가능하다. 잊지 말자. 이러한 성공이 '절대적' 혁명은 아니며, 그 혁명의 시작도 아니다. 이는 우리가 직면한 문제다. 왜냐하면 게릴라 반란이 결코 해법이 아니라는 사실을 사람들이 자각했기 때문이다. 따라서 두 가지 가설을 검토해야 한다. (1) 게릴라가 성공한다면, 집권 가능할 것이다. (2) 실패한다면, 제자리걸음에 그칠 것이다. 확실히 두 가설 사이에 상황의 모든 단계가 있다. 물론 존속하는 게릴라도 있고, 일부 "해방"지구를 건설한 게릴라도 있으며, 일시적 성공을 이룬 게릴라도 있다. 콜롬비아 토카 마을을 자기 수중에 넣은 게릴라 반군이 그 전형적 사례다. 그러나 그것은 한시적 점령이었다. 1969년 2월 10일

지금 우리는 극단적인 경우들만 고려할 뿐이다. 위 2가지 가설로 사람들은 과연 어디에 이르게 될까?

＊＊＊

게릴라의 유일한 성공 사례는 바로 "쿠바"다.[148] 쿠바의 성공은 내게도 유의미하고 중요한 사건이다. 문제는 반란에서 행정으로 이행하는 단계에 있었다. 즉 경제 문제와 조직화 문제를 거의 전적으로 무시했다. 체 게바라가 쿠바국립은행 총재에 지명된다.[149] 권력 구축, 개혁 드라이브, 민중 집결, 경제생활 유지단일 문화로 인해 매우 단순한 경제, 따라서 고객 창출이 매우 중요해질 것이다!가 중점을 이룬다. 사람들은 매해 화려하고 선전적인 방식으로 국가적 목표에 전념하는 집단으로 진화해 갔다. 국가의 모든 역량이 이 목표와 강하게 결속했다. 1960년은 농지 개혁의 해, 1961년은 교육 개혁과 문맹 퇴치의 해, 1962년은 경제 기획, 1963년 조직화, 1964년은 농업, 1965년은 연대連帶의 해였다. 그러나 방법론 자체가 역량 부족을 드러냈다. 매 순간 모험의 연속이었고, 사람들은 조직화와 정부를 통해 게릴라 정신을 지키려 했다. 더불어 무모하리만큼 획기적인 개혁안이 발동되었다. 여기에는

---

148) 여러 자료들 가운데 다음 자료를 확인하라; K. S. Karol, *Les Guérilleros au pouvoir: l'itinéraire politique de la révolution cubaine*, 1970. 이중적 성공이다. '폭력 혁명의 성공'과 '경제적 재전환의 성공'이다. 후자는 미국에서 나타난 것을 쿠바에서도 과격한 방식으로 이룬 것이다. 그러나 다음 사실을 환기해야 한다. 쿠바 정부는 생존을 위해 러시아에 직접 의존했고, 매번 러시아에 100만 달러를 상납했다. 이러한 "희생"이 없었다면, 체제는 붕괴되었을 것이다. 쿠바 지도자들에 따르면, 체제 존속을 위해 더욱 요구되는 것은 다음과 같은 물음이었다. 즉 '라틴아메리카에 맞는 다른 혁명 체제를 구축하느냐' 혹은 '전 대륙에 불안정하고 혁명적인 기운을 만드느냐'에 있었다. 그러나 칠레 혁명을 기점으로 상황 개선의 기미가 보이지 않는다.
149) 이 위치의 부적합함에 대해 다음 잡지를 참고하라; « Che Guevara », *Le Point*, 1969.

일관된 계획이 없었다. 기업들은 어떠한 전통적 방식도 따르지 않았다. 대신 자신의 상상력과 역량을 통해 기막힌 구상력을 발휘했다. 부패가 척결되고, 농지 개혁이 단행되었다. 만인萬人 교육 과정이 시작되었고, 산업화를 알리는 첫 삽을 떴다. 무엇보다 '동일 직종'과 '동일 직위'에도 급여 불평등을 낳는 이상한 체제 및 돈을 동시에 제거할 목적으로 단행된 '금융 개혁'이 부가되었다. 간단히 말해, 그것은 각자의 혁명 참여 – 많고 적음을 떠나 – 에 따른 개혁이었다. 성인들을 위한 "역사적 보상책"이 유지되고, 노동자들에게 고정된 급여가 보장된다. 그렇지만 이기주의자들과 사회적 계층 압박에 반대하는 대대적 선전에 모두가 예속150) 되었으며, 이 현상은 청년들에게 두드러졌다. 돈을 없애자는 이 흐름은 거대한 '무상 공공 서비스망' 구축을 시도했다. 그러나 그것은 생산–소비의 전적 부재에 기반을 둔 시도였다. 생존에 절대적으로 필요한 것을 제외하고는 실질 구매를 필요로 하지 않았던 관계로, 돈은 사실상 필요 없었다. 이른 바 '금욕 사회'이자 '참여 사회'였다. 그러나 우리가 이미 부정적으로 거론했듯, "그것은 사람들의 공유재 확산의 산물이 아닌, 저개발을 근절하려는 국가들이 직면해야 했던 난제다." 국가를 존속시킬 수 있었던 것은 확실히 '참여'였다. 그러나 대대적 선전을 통해 '참여 = 만장일치'라는 등식을 제조했다. 즉, 사회 참여의 다양성을 잃는다. 모든 것은 권력의 충동을 따라 진행된다. 다시 말해, 지속적이고 창조적인 고안, 일관성, 학설의 부재와 같은 인상을 주는 충동적 결정을 따라 이뤄진다. 왜냐하면 사회주의적 영감이 모든 것을 뒤덮는 깃발마냥 '절대화' 되었기 때문이다. 경제 계획에 대한 어떤 개념도 없는 상태에서 '계획 경제'를 추진한 셈이다. 토질 연구나 농민 계급에 대한

---

150) 일차적으로 사회 참여는 대대적 선전을 통해 이뤄진다. 카스트로는 쿠바 사회의 의견이 매우 불확실하고 변덕스럽다는 사실을 인식한다. "이 심각한 가변성은 약 처방하듯 인민에게 의무적으로 말해야 했던 지난 15일 동안 빈번하게 나타났다." 또한 노동자 계급은 "자신들이 수행해야 할 새 역할을 이해하지 못한 것 같은 인상을 받았다"(1961년 11월 11일 담화문에서)

준비가 없는 상태에서 농업 정책을 사탕수수 재배로 전환하고, 매우 엄격한 잣대로 대다수 엔지니어와 전문기술자들을 해외로 추방한 상황에서 산업화를 결정하며, 토지를 사료 재배용으로 전환한 시점에 제당 산업 촉진을 결정한다. 한 걸음 더 나아가, 문화의 다양성을 무시한 채 '일반 토지'를 '사탕수수 재배용 토지로 재전환1963한다. 그 밖에도 심각한 오류적대적 선전가들을 통해 알려진 오류가 아닌, 카스트로가 친히 언급한 오류를 범한 사례들을 무수히 열거할 수 있다. 경제적 실패, 도시 개혁의 역기능, 민중의 기업 참여율 저조 현상 등을 들 수 있다. 그러나 내 시각에, 이러한 요소가 비판의 핵심은 아니다.151) 전술된 예시는 단순한 정치 이념을 따라 사유했던 자들의 경제학적, 사회학적 인식과 총체적 학설의 부재를 드러냈다. 그러나 차츰 수축되는 필수품을 확보하기 위해 싸우고, 담론의 폭발적 지속성에도 불구하고, 카스트로는 조직화를 우선순위로 삼고, 역량 강화 및 합리적 행정 창출을 통해 자기 권력 유지에 전념해야 했다. 사람들은 거대 관료주의의 창조를 목도한다. 물론 이들은 관료주의에 맞서 공식 항의를 멈추지 않는다. 문제를 제기했으나, 그것을 넘어서지 못했다. 그 이유는 사회 무상 서비스 총체가 과연 관료주의 없이 전진할 수 없기 때문은 아닌가? 마찬가지로, 초창기의 단순한 이념, 즉 사회 혁명을 먼저 일으키고 경제 혁명이 뒤따라야 한다는 이념을 전복시켰다! 오늘날 쿠바는 선 성장경제성장 우선대열에 합류했다.

실천적 노선, 특별히 외부 세력에 대립하는 노선을 통해, 부족함 없는 학설의 점진적 구축이 가능할 것이다. 카스트로가 가진 독창성은 서구 국가들과 사회주의 국가들을 차별화하려 했다는 데 있다.

A. 비롱은 쿠바 정치의 현실적 목표들을 선명하게 제시했다. 그것은 모

---

151) 뒤몽의 다음 저서를 통해 오류들에 대한 세부적 비판을 확인하라; Dumont, *Cuba est-il socialiste?*, 1970.

든 사회주의 국가들의 반제국주의 연대 전선을 확대, 선전하는 것과 관련된다. 중요한 것은 혁명의 확장이다. 대중은 역사 제작자다. 그러나 대중은 혁명 선도자와 조직 중심의 투쟁에서 결국 소외된다 혁명적 투쟁분열된 마르크스주의 실천 노선의 재결합을 이룸에 우선성이 부여된다. 이에 다음과 같은 전제가 뒤따른다. 오직 공산당이 광범위한 혁명 운동이 요인이 될 수 있을 뿐이며, "관료화/제도화 된 혁명" 가령, 소련은 제외되어야 하고, 전술은 노동 운동에 근간해야 한다. 사람들은 이런 형태의 방향설정으로 어떻게 마르크스주의의 단결을 외칠 수 있는지 알 수 없었다! 여하간 다 괜찮더라도, 자문해 보아야 할 부분이 있다. 과연 이 모든 담론이 '혁명' 이라는 단어에 적합한가?

카스트로는 쿠바에 특수 노선을 창조하려 했다. 그것은 차후 라틴아메리카 전 국가를 위해서도 가치 있는 노선일 수 있었다. 그러나 모든 나라가 각자의 특수성을 지니고 각자의 혁명이 새로운 환경을 조성해야 한다고 주장하는 카스트로는 결국 누구도 복제하지 않는 규범에 이른다. "쿠바 혁명가들이 바로 쿠바의 사회주의를 규정한다." "우리가 수반해 사고해야 하는 지식이 과연 무엇인가를 자문할 때, 우리는 주저하지 않고 다음과 같이 답할 것이다. 타자의 지식, 타자의 혁명 정신, 타자의 지성 따위는 필요 없다." 1967년에 카스트로는 쿠바의 혁명 노선은 "모스크바도, 베이징도" 따르지 않을 것이며, 쿠바 혁명은 결단코 다른 혁명에 종속된 '위성 혁명' 이 아닐 것이라 단언한다. 그러나 학설 구성에 있어 실제적 변화는 여러 국가들 사이에 형성되는 '선린 관계' 혹은 '적대 관계' 에서 비롯된다.

분명 카스트로도 사태의 추이를 보며 혁명을 이끌어야 했고, 미국과 단교되는 순간 친러시아 성향으로 돌아섰다. 그는 우연히 '공산주의자' 가 된 셈이다. 카스트로에게 중요한 것은 사력을 다해 권력을 집행하는 것이다. 표면상 또 다른 현실적 목표는 없다. 카스트로의 모든 선언은 '상황' 에 의존한다. 그의 '선언' 보다 유의미한 것은 그의 '인격' 이며, '인격' 보다 유의미한 것은 그의 '행동'이다. 오늘의 카스트로는 어제의 카스트로가 아니다!

과연 우리는 사회주의 건설을 위한 학설이 필요 없다고 말할 수 있는가? 이 질문은 결국 카스트로의 질문인가? 두 가지를 고려해야 한다. 첫째, 사회주의는 헛된 미망이나 감상적 충동, 직관적 선동이 아니다. 사회주의에는 "내용"이 필요하다. 미망과 충동, 선동에 사로잡힌 사회주의는 단지 정부가 그렇게 부르기 때문에 사회주의일 뿐이다. 그러나 사회주의 이념에 부합하는 몇 가지 개혁가령, 농지 개혁도 존재한다는 부분을 언급해 두자. 하지만 사람들은 쿠바 사회주의가 어떻게 형성되었는지를 고려하지 않는다. 이 사회주의는 구체적이고 매우 다채로운 정부의 의사 결정 과정을 통해 규정되지도 않았다. 두 번째 고려할 부분은 첫 번째 부분보다 더욱 중요하다. 곧, 사회주의에 관한 분명한 학설은 없으나 '정통성 건설'에 매진하는 권력에 관한 학설은 있다. 흔히 정통성이라는 이름으로 배제, 제거, 권위자 퇴진을 실행하고, 비난을 일삼는다. 무장 부대와 함께 도착한 카스트로는 반정부 세력당시 정권 실세는 바티스타을 규합한다. 이 세력은 반란과 권력 획책 상황에 있을 경우에만 유지되었다. 권력이 집행되는 순간부터, 정통성 구축이 필요했다. 옛 동지들에 대한 숙청이 시작되었다! 그러나 이 숙청이 볼셰비키에 충실했던 스탈린의 숙청과 별 차이 없었다는 사실을 기억해야 한다! 카스트로의 자금 조달처였고 '보헤미아'의 지도자인 '모르간 카네라스'는 1960년 3월 13일 총살 되었다. 대법원장 '멘데스'는 망명길에 올라야 했다. 라스비야스대학교의 교원이었던 '올리비에르 라브라'는 체포 전에 도피했다. 아바나의 '통합혁명조직위원회' 총책에는 'W. 카스트로'가 임명된다. 이 사건은 반공과 연계되었다. 이 조직의 옛 수장인 에스칼란테를 공격한 것이다 1962년 9월 경찰청장이 처형되고, 1960년 11월 노동조합장이 처형된다. 카스트로 정권의 공군 사령관 '디아스 렌스'는 망명했고, 지하조직 '시에라 마에스트라'의 지도자이자 '노동조합연맹' 수장인 '다비드 살바도르'와

지하조직 '아그라몬테'의 지도자인 '아그라몬테 몰리나'는 체포된 후 유죄 판결을 받았다. '인민사회당' 대표인 '오르도키'와 그의 아내는 체포, 구금된다. '사회주의혁명연합당'152)을 이끈 '마르티네스 산체스'는 해임 및 용의자 수사 이후, 자살을 기도했다. 혁명 초창기에 한 배를 탔던 수많은 동지들, 익명의 동지들에 대한 고려는 없었다. 초창기 혁명 동지 숙청은 에스칼란테통합혁명조직 수장에 임명된가 이끈 공산주의자들이 주도한 사건이지, 카스트로가 집행한 사건이 아니다. 대대적 숙청 이후, 카스트로는 공산당의 폐해를 발견하고 친히 2차 숙청을 단행한다. 그 표적은 바로 '공산당원'이었다. 에스칼란테를 앞 세워 시작된 '대축출 사업'은 에스칼란테를 축출함으로 완성된다. 지금까지의 설명은 공식적 설명이다. "순진하고 경험이 없다"라고 말하며 카스트로는 쿠바 공산당과 당 서기장 에스칼란테─ 차후 3개 계파로 갈린 혁명 운동을 재정비할 ─에게 전권을 부여했다.

다시 말하면, 숙청 과정에서 손에 피를 묻힌 인물은 카스트로가 아닌 '에스칼란테'였다. 왜냐하면 카스트로는 공산주의자가 아니었기 때문이다. 하지만 1962년 카스트로가 느닷없이 각성한 사건은 '공산당' 숙청으로 이어졌다. 카스트로는 에스칼란테가 범한 오류들을 드러냈고, "반마르크스주의적"이고 반혁명적인 정치를 견인한다는 명목으로 공개 비난한다. 에스칼란테의 사퇴를 필두로, [노동]조합장, 기관지 편집장, 농지개혁연구소장을 경질한다. 공산주의자 숙청이 시작되었다. 모든 것이 일제히 부각되었다.

역사는 이를 멋지게 공식화한다. 역사는 1962년에 벌어진 비공산주의 계열 숙청에 대해 보도하지 않고, 카스트로의 맹목적 숙청은 함축해 버렸다. 정확히 말해, 카스트로는 옛 동료들을 의심했고, 이들의 숙청에 공산당을

---

152) 쿠바 혁명 과정에서, 경제학자 아니발 에스칼란테가 1961년 설립한 '통합혁명조직'(O.R.I.)은 1963년 '쿠바사회주의혁명연합당'(P.U.R.S.C.)으로 개명되고, 1965년 '쿠바공산당'(P.C.C.)이 된다.

이용했다. 그 뒤, 새로운 각료와 군부 조직을 강조하며 공산주의자 숙청을 단행했다. 시간이 흘러도 숙청은 완수되지 않았다. 1868년153) 11월에도 비정치적-자유주의적 지식인, 작가, 예술가에 대한 대대적 탄압을 공표했다. 즈다노프154)의 행복한 독재와 비교해 볼 때, M. 오테로155)는 "문자에 가한 독재"에 직면하게 된다! 또한 우리는 파디야156)의 비극적 고백, 자아비판, 굴욕을 목도했다. 그러나 이 모든 사태의 바탕에는 국가 자체의 문제가 있다. 정부가 자기 노선을 정하고 엄격한 복종을 강요하면서, 숙청은 전방위에서 벌어졌다.157) 혁명을 일으켰던 자들은 이 질서와 조직화어느 시점에서 이들이 문제가 되었는지에 대한 고찰이 없다. 다시 말해, 친정부 노선인지 반혁명 준비 노선인지에 대한 고찰이 없다에 반대했고, 그로 인해 숙청이 벌어졌다. 국가 체제에 대한 복종을 수용한 정부 조직은 '국가이성' la raison d'État, 158)이란 이름을 내세워 옛 동지와 혁명 진정성을 제거해야 했다. 국가이성이 반드시 혁명적 취약성, 타락 혹은 개인 악덕, 권력의 맛 등으로 인해 부과되는 것은 아니다. 왜냐하면 우리가 사는 현대 사회에서 국가이성은 최종적 이성이

---

153) [역주] 원문에 표기된 1868년은 확실히 오탈자다. 사건은 1968년에 벌어졌다.

154) 안드레이 알렉산드로비치 즈다노프(1896-1948)는 스탈린의 측근으로 활약한 소련 정치가이며, "예술계 즈다노프주의" 주창자다. 예술계 즈다노프주의는 "부르주아 가치"로 설명되는 모든 것을 검열하고, "사회주의 현실론"의 잣대에 상응하고 사회주의 건설을 고무시키는 저작들만 수용하면서, 창작 활동을 통제했다.

155) 리산드로 오테로 곤살레스(1932-2008)는 쿠바의 소설가이며, 쿠바 대표로 칠레, 영국, 소련에서 문화계 자문위원으로 활동했다. 2002년 쿠바 문학상을 받았다.

156) 에베르토 파디야(1932-2000)는 쿠바의 시인이나. 피넬 카스트로의 혁명을 지지했지만, 이후 아바나 체제를 비판했다. 특별히 다음 선집에서 이 작업을 수행했다; *Fuera del juego* (La Habana, Union de Escritores y Aristas de Cuba, 1968) 정부 감시 대상이 되었고, 공적 자리에서 자아비판을 해야 했다. 1971년에 파디야는 수감되었으나, 국제 사회의 압박으로 인해 1980년에 석방된다.

157) 에베리오 파디야의 소송 과정과 비극적 퇴진 이후, 클로드 루아는 1968년 쿠바에서 벌어진 사건에 대한 열광을 표했다. "사회주의 기획은 열정이 있었다. 열정어린 피델은 인민에게 의식주를 무상으로 제공하는 사회, 돈이 더 이상 의미와 가격을 표하지 않는 사회, 문학과 예술의 완전한 자유가 보장된 사회를 약속하고, 부여하려 한다." 1971년 들어, 이 시각은 태곳적 이야기가 되고 만다!

158) [역주] '국가 우선주의' 즉, 국가를 우선시하는 이념을 의미한다.

며, 권력에 근접한 자들은 이 사실을 즉각 알아채기 때문이다. 쿠바는 전 세계의 왕따가 되었다. 아마도 이것은 "체" 게바라가 지녔던 초기 이성일 것이다. 게바라는 "절대적이고 완전한 혁명 이념"을 제작했다. 그러나 그것은 "이 혁명 이념으로 성공을 거둔 국가의 존재를 위태롭게 만들었다." 카스트로와 게바라의 단절[우리는 공산당에 대한 순응을 비난할 수 없다!]에 관해 더 이상 의심할 필요가 없을 것 같다. 게바라의 출발점은 카스트로를 통해 쿠바에 새로 도래한 성향과의 대립에 있었다. 다시 말해, 게바라는 국가 조직, 규칙화된 행정부, 체제, 정부의 노선 등에 대한 대립을 명시했다. 반항이나 반란은 이러한 요소를 수용할 수 없었다.

반항자의 자리에 선 게바라는 독창적인 "카스트로주의"와 마르크스주의적 사회주의 간의 모순을 선명하게 드러낸다. 가령 1967년 3월 13일에 발표한 유명한 담화문에서, 게바라는 공산당이 표방하는 마르크스주의는[실제 마르크스주의와 무관하다고 선언한다. 또한 이 마르크스주의가 생각해야 했던 한 가지는 오로지 '폭발적 혁명' 임을 천명한다. 여기에는 혁명의 기원과 학설이 큰 영향을 미치지 못한다. 왜냐하면 "참된 혁명 투사들"은 언제나, 반드시 마르크스주의에 다다를 것이다! 그러나 게바라에게 이 길은 결국 부차적이다. 왜냐하면 그 가 그리는 반란의 이미지는 『게릴라 전쟁』[1960]에서 강조된 덕, 엄격함, 도덕성, 자기 통제를 따르는 게릴라 전사에 관한 존경심과 맞물린다. 게릴라 전사는 일종의 성자이며, 반란과 혁명의 방점이다.[159]

게바라는 생산성, 경제적 혹은 행정적 조직화 문제에 큰 관심을 기울이지 않았다. 우리는 생산성 증대를 위해 게바라가 "물적 활력소"를 포기하는 대신 "도덕적 활력소"에 관한 이론을 지지했다는 사실을 잘 안다. 그러나 이러한 이상주의는 회의주의적이고 타산적인 인간 "본성"의 항구적 지속 및

---

159) Cf. 「르푸앙」(*Le Point*)지가 편집한 '체 게바라' 편(1969)에 수록된 글을 보라.

현실에 직면한다. 게바라는 '정부와 공동체의 완전한 일치''를 추구했다. 기존의 운동 세력들이 추구했던 방향과 전혀 다른 것이었다. 그러나 그는 완전히 새로운 노선에서 일치점 발견에 이르지 못했음을 자인했다. '반란'에서 '행정'으로의 이행이 후행 사건이라는 사실을 깨달은 게바라는 반란자 역할로 전환했다. 게바라는 볼리비아 게릴라 활동에 가담했으나, 카스트로는 그를 지지하지 않았다. 게바라의 이 선택은 중요했다. 왜냐하면 게릴라 활동이 성공했기 때문이다. 자기 원리에 충실한 게릴라, 조직된 사회를 지향하며 루비콘 강을 건너지 않는 게릴라, 과연 이것은 무엇을 산출하는가? 구성원 사회, 전통 사회를 파괴하는 "주변성/한계성"marginalité이라는 새로운 형식은 "지속적 열광에 빠진 발아發芽적 신체"로만 나타날 것이다. 그러나 덧붙일 부분이 있다. 권력의 원초적 수단을 위한 순수 도구로 변모한 사회의 토대는 의사 결정망을 절단해 버릴 것이다. 왜냐하면 게릴라 자체가 의사 결정기능적이며 명확한에 접근할 수 있는 가능성의 제거까지 포함하기 때문이다. 상상 이상의 퇴행이 나타날 것이다. 이러한 퇴행은 카스트로가 결국 혁명을 일으켰는지에 대한 물음과 결합할 것이다. 쿠바의 옛 상황 및 저개발국, 피착취국의 상황에 견주어 볼 때, 사회경제적 단계의 혁명은 존재했다고 말할 수 있을 것이다. 그러나 과거의 혁명 양식은 개혁을 바탕으로 이뤄졌다. 우리 세계에 대한 관심을 더 이상 갖지 않는 이 개혁은 근대 권력의 행렬을 따라 쿠바를 건설하려 했을 뿐이다.

더욱이 축출 대상이 단지 개인에 국한되지 않고 집단 전체에 걸쳐 있었다는 사실을 강조할 필요가 있다. 청년은 권력에서 배제되었다. 쿠바에 관해 '푸제홀라스'는 다음과 같이 말한다. "거기쿠바에서는 해방이라는 방식을 통해 청년을 파멸로 몰았다. 청년이 통제권을 유지하는 질서 구축에 이르지 못했다."160) 저개발국에서 청년들의 역할은 초기 단계에 국한 되었다.

---

160) Fougeyrollas, *La jeunesse et les révolutionnaires de 1960*, in Christianisme social, 1961. 세부적

이 주제에 관해, 사람들은 분명한 어조로 위대한 혁명 경험을 찬양했다. 이 것은 "일데팡"161) 사회에 대한 예찬이었다. 1964년 카스트로는 사막 같았 던 섬에서 전 영역을 일구고, 청년 인구의 증가와 더불어, 공산주의 사회를 건설했다. 그것은 자잘한 것까지 공유했기 때문에 가능했던 일이다. 4만 명 의 청년들이 쿠바로 이주했고, 수공업 노동과 지적 노동이 결합했다. 핵가 족으로의 전환청장년의 세대 간 단절 은 공동체 전체의 삶을 발전시켰다. 임 금 상환그러나 돈 자체가 사라진 것은 아니다과 더불어, 무상 주거와 무상 급식 이 실행되었다. 이것은 혁명 기획의 주된 특징이었다. 그러나 이 기획은 초 기 집단농장키부츠보다 혁명적이지 못한 것 같다. 특히, 이상적인 공산주의 체험인 '일데팡'을 제시하며 1967년 1월에 카스트로가 선언한 내용은 공 산주의적 사회주의의 실패에 대한 고백구체적으로 말해, 경험 상태에 머물러 있 기 때문에이 아닌가? 카스트로는 특수한 창조에 대한 주장, 세계에 존재했 던 모든 것과 전적으로 다른 창조에 대한 주장을 구현했다. 카스트로는 자 신의 약속, 즉 새로운 인간 창조를 완수했는가? 이 약속을 성취하는 노정에 있는가? 그는 끊임없이 혁명이 항구적 교육이라는 사실을 상기한다. 카스 트로는 민중에게 정치 교육을 시키려 했다. 가장 시급한 것은 "인간 교육" 이었다. 그러나 어떤 교육인가? '도덕 교육'이 무엇보다 중요하다. 즉 공동 체 사회에서 살아갈 수 있을 인간을 만들어야 한다. "이 사회에서 살아갈 수 있는 인간을 훈육하지 않아야 한다면, 결코 공산주의 사회라 할 수 없을 것 이다"1966년 7월 18일 현대의 모든 독재가 보여준 담론과 주장, 구식 담론과 주장이다. 카스트로는 어떤 것도 혁신하지 않았다. 인간을 조작하고, 제작 하며, 타자에게 심리적 의무를 다하는 인간을 창조하는 것이 핵심이었다.

으로 중요한 부분이 있다. 푸제홀라스는 쿠바에서 카스트로 이데올로기는 반란의 때에 '젊 음'(juvénilité)의 탁월성을 표현했다고 강조한다. 그러나 권력 획득과 더불어, "젊음의 시기는 지나갔고, 극복되었다."

161) [역주] L'île des Pins. '천국의 섬'이라는 별명이 붙은 뉴 칼레도니아의 섬이다.

"저항력 있는 집단의 의미, 새로운 인간이 가진 힘의 집단적 의미와 더불어, 우리는 자아주의를 벗어난 존재, 과거의 결함과 이별한 존재를 '형성'한다"1967년 12월 9일 이러한 자유에 대한 조건들 속에서 과연 무엇을 말할 수 있는가? 쿠바가 "자유 혁명"의 사례라는 것을 어떻게 말할 수 있는가? 선전을 활용하는 독재가 핵심이다. 독재가 다음 시대의 자유를 견인하는 사건은 어디에서도 나타나지 않는다. 인간이 조작 당하는 곳에서 정부는 오로지 총체적일 수 있을 뿐이다. 자본주의 체제의 가난한 자들을 위한 행복 및 평등과 마찬가지로, 예측 불가능하고 미결정된 장래에서 자유는 거부될 뿐이다.

이러한 인간에 대한 교육은 지적 교육이기도 해야 한다. 그러나 과연 어떤 교육인가? 카스트로는 다음과 같이 답한다. "경제의 열쇠는 기술 발전과 기술 교육의 발전이다. 기술 없이 풍요에 이를 수 없고, 기술에 대한 민중의 집단적 준비가 없다면 기술에 다다를 수 없을 것이다"1966년 12월 18일 흠 잡을 데 없는 없는 합리적 사고이지만, 기술 문명에 대한 완벽한 순응을 전제한 사고다. 내가 볼 때 큰 문제는 바로 '기술 문명에 대한 완벽한 순응'이다.

카스트로는 과도할 정도로 기술에 천착한 프로그램을 채택한다. 과거 자신이 거부했던 여러 나라들의 원조를 받지 않는다면, 아마도 카스트로는 이 프로그램에 이르지 못할 것이다. 목표는 현대 기술의 적용과 산업화다. 카스트로는 체코슬로바키아를 통해 공장 건설에 성공했고, 산업 성장에 필요한 제반 운송 화물과 산업 화물을 구매 혹은 수령했다. 1968년에 카스트로는 "경제가 아닌, 기술을 내게 말해 주시오!"라고 선언했다. 이 대목에서, 그는 재차 필연적 정치를 따른다. 저개발 상태를 벗어나기 위해 기술에 호소해야 한다는 사실을 상기할 필요가 있다. 물론이다! 그러나 혁명을 말하지 않는다! 왜냐하면 기술 사회는 근본적으로 여기나 저기나 동일하기 때문이다. 기술 사회는 정치와 이데올로기에 대한 절대적 필요를 조건 짓는다. 카스트로는 쿠바에 기술 노선을 제시했고, 이 노선에 적합한 인간을 만들었다. 삶의 수준을 개선하기 위한 그의 노력은 분명 옳다. 그러나 그는 악순환에 빠진다. 한 편으로 불가역적이며, 다른 한 편으로 가차 없는 악순환이다. 카스트로는 최후까지 가보려 하며, 서구 국가들의 사회와 '완전히' 동일한 사회또한 사유재산 압박과 자본주의자 부재를 표면적으로 지지함에도를 창조하려 한다. 현대 기술의 연금술사가 된 카스트로는 가장 위험한 모델인 '동일시' 모델을 채택한다. 이 점에서 카스트로는 결코 혁명적이지 않다. 불꽃 같은 혁명 담론에도 불구하고, 그는 구체화된 어떤 혁명도 일으키지 않았다.

더군다나 게릴라 전사들의 생각에, 기술은 명시적인 혁명 목표에 부합한다. 카밀로 토레스는 기술의 "체계"를 통해 기술을 단지 발전에 국한시키지 않고, 국가 단위의 수단으로 만들려 한다. 도처에 기술이다!

덧붙여, 이러한 기술화에는 노동 이데올로기 역시 포함된다. 농민들은 카스트로가 선언한 해방이 '주인과 독재로부터의 해방' 이자 직접 독재인 '노동 독재로부터의 해방' 이라 믿었다. 농민들은 휴가를 떠났고, 카스트로는 신속히 질서를 회복했다. 그러나 이와 반대로, 사회주의 국가 건설을 위해 과거보다 노동이 더욱 중요해졌다. 설득 수단들이 충분하지 않았던 이유로, 1962년 8월에 노동 소책자가 제작된다. 모든 노동자는 자기 상황, 노동 변화, 임금 등이 포함된 이 책자를 소지해야 했다. 이것은 노동자 계급일부 반체제 경향을 보였던에 대한 통제 및 이 계급의 틀을 유지했으며, 책자 소지를 하지 않은 노동자들은 처벌을 받았다. 물론 투쟁에 문제가 되지는 않는다. 권력을 잡은 순간, 다음과 같은 변화가 일어났다. 급여는 통제되고, 휴가 일수는 감축30일에서 10일로했다. 또한 행정부 권위로 한 기업의 노동자들을 다른 기업으로 이동시킬 수 있다는 결정을 승인했다. 최종적으로 국가는 근대 국가의 거대 장치를 갖췄고, 동시에 체제 상수인 '선전' propagande

도 갖췄다. 대중 시위, 질서 있는 행진, 카스트로의 말을 인용한 각종 입간판, 대형 초상화, 강박에 가까울 정도로 집요한 라디오 방송, 저명한 계급 선전자인 카스트로의 담화문 등이 그 현상이었다.

둘째, 카스트로의 민족주의를 상기해야 한다. 제3세계 모든 나라들과 마찬가지로, 쿠바도 자민족주의에 휩쓸렸다. 또한 S. 세르키에라162)의 탁월한 연구에 따르면, 라틴아메리카에서 혁명은 농지 개혁대지주와 소지주 공동제거 문제와 민족주의외세에 대한 정치경제적 독립을 연결할 수 있는 경우에만 성공한다. 우리는 이 점을 일반화해야 한다. 그러나 여기에서 우리는 "혁명"의 토대와 목표를 발견한다. 토대는 농민 반란이었다. 즉 이 반란을 유발하는 유일한 요소인 '혁명 의지'의 주제가 되는 '반프롤레타리아 농민 반란'과 '도시에서 전개된 반외세 반착취 농민 반란'이 토대였다. 이러한 토대가 바로 혁명의 '목표'였다. 그 외 다른 것으로는 결코 제기될 수 없다. 대지주를 제거하는 토지 분배 프로그램은 필연적으로 농민 혁명이 된다. 그러나 단지 농민 혁명에 안주하는 한, 이 혁명은 결코 어떤 결과물도 낼 수 없다. 경제적 독립, 산업 국유화 프로그램은 필히 민족국가 – 도시 혁명이 된다. 하지만 민족–국가적 투쟁에 한정되는 한, 광범위한 성과 획득은 어렵다. 말하자면, 2가지 힘을 결합시키는 경우에만 변혁이 일어난다. 콘라드 데트레163)는 이것을 혁명의 두 흐름의 "종합"군사적인 것에 대한 정치적인 것의 우위를 주장하는 공산당, 정치적인 것에 대한 군사적인 것의 우위를 주장하는 포코 이론, 164)이라 표현한다. 즉 '정치적인 것'과 '군사적인 것'의 연합, 게릴라와

---

162) Silas Cerquiera, « Mouvements agraires, mouvements nationaux et révolution en Amérique latine », *Revue française de Science politique*, 1969.

163) Conrad Detrey, « Nasserisme, castrisme ou guerre populaire », *Esprit*, 1969.

164) "포코 이론"(스페인어로 '포코'는 '온상/모판'을 의미한다)은 에르네스토 체 게바라("하나, 둘, 여럿의 베트남"을 만들려 한다고 선언했던)와 레지스 드브레(Révolution dans la révolution? Lutte armée et lutte politique en Amérique latine, Paris, Maspéro [Cahiers libres 98], 1967)가 정식화한 혁명 전쟁론이다. 쿠바 모델에서는 전복적 반란을 일으키기 앞 서, 대중 정치 운동을 조직하는 대신, 현실 권력층 전복을 위한 도심 공격에 앞 서, 농촌 지역의 지지를 받는 농촌 게릴라

대중의 연대, 도시 프롤레타리아와 농촌 프롤레타리아의 전술적 결합으로 "인민 전쟁"에 다다라야 할 것이다. 데트레는 일례로 브라질의 카를로스 마리게야165)의 활동을 제시한다. 그러나 이 사례는 "혁명"의 한계 및 금욕주의적 특성을 보여준다.

정치의 거대 본능 가운데 하나는 '순수 민족주의'다. 혁명은 "무엇보다" 민족주의적이다. 그 후에 사람들은 '혁명적 민족주의'를 이야기할 수 있었다. 민족주의적 혁명이 표방하는 반미, 반제국주의는 19세기 유럽 인민들의 민족주의와 비교해 볼 때, 모든 담론에서 사회주의적 표현이 미약한 민족주의라 할 수 있다. 우리는 이러한 시각을 '혁명적'이라 부를 수 없다! 역으로 그것은 서구 세계와의 동일시의 절정이며, 자본주의파와 사회주의파에 공통된 이데올로기, 근본적 이데올로기에 대한 참여라 할 수 있다. 혁명권력의 최우선적 행동은 바로 '반민족주의'일 것이다. 그러나 과연 우리는 이 권력이 존속 불가능한 조건에서, 권력의 승리를 예단할 수 있는가? 우리가 말할 수 있을 부분은 다음과 같다. 민족주의를 함축하고, 그 함축된 내용의 효력을 갖춘 '전통 정치'가 '반란 정신'과 '자유의 폭발'을 기초로 혁명적 권력을 쿠바에 이양했다. 하지만 어떠한 구체적, 혁명적 틀이 없었기 때문에, 사실상 다른 형태로 존재할 가능성은 없었다. 민족주의를 수반할 때, 우리가 발견한 것은 '군사주의'와 쿠바에서 끝없이 전개된 '국가주의'166)이다. 물론 그것이 다른 형태의 독재라고 할 수 있다면, 우리는 무수

의 소규모 "온상/모판"을 만드는 것이 중요하다. 따라서 군사 조직화가 정치적 조직화에 선행해야 한다.

165) 카를로스 마리게야(1911~1969)는 브라질 공산당(P.C.B.)에서 활동한 브라질 혁명가다. 당에서 축출되기 전인 1967년에 쿠바로 돌아온다. 1968년부터 브라질 도시 게릴라 활동을 전개했으며, 후일 계략에 빠져 처형당한다. 『도시 게릴라 전사를 위한 지침서』(Paris, Libertalia [A boulets rouges], 2009)에서, 그는 독재 체제를 전복시키기 위해 체 게바라가 주장한 농촌 중심의 "포코 이론"에 도시 게릴라 전술을 대립시킨다.

166) 모든 사회주의가 겪은 경험에 있어 무장군대가 지니는 중요한 영향력 및 인민지도와 경제를 통한 군사주의에 관해 다음 자료를 보라; Dumont, Cuba est-il socialiste? 그러나 우리는 군사주의적 사회주의가 무엇인지 익히 안다! 다음 자료도 참고하라; Karol, *op., cit.*

한 이의를 제기할 수 있을지도 모른다! 마치 근대 시기의 '모든 국가'와 같은 경찰적, 관료주의적 '중앙집권국가' 탈중심화를 위해 기울인 노력, 그러나 미력하고 효력 없는 노력에도 불구하고라 할 수 있을 것이다. 이 국가주의는 라틴아메리카 전역에서 혁명 없이 전개된 국가주의와 연결되는 만큼 매우 중요하다. 다시 말해, 카스트로는 근본적으로 동일한 구조들이 전개된 여러 사례 가운데 하나일 뿐이다.

혁명은 "도시와 농촌 노동자들이 자유롭게 노동을 조직하고, 생산물의 집단 분배를 결정할 수 있도록 이들에게 고유한 사회 제도를 효율적으로 통제할 수 있는 권한을 부여하는 것"에 달렸다고 보았던 도르티코스[167]의 프로그램에는 과연 무엇이 남아 있는가? 우리는 어떤 국가주의, 엄격하고 공포 정치에 가까운 계획, "무장 군대 모델을 토대로 조직된 사회"에 이르렀다. 또한 사람들은 느리고 완만한 발전의 가격, 반복되는 경제 실패의 값을 지불한다. 1970년 이로 인해 모든 경제 분야가 박살났던 1,000만 톤의 사탕수수 수확은 실패였다. 이 모든 상황에 과연 혁명은 어디에 있는가? 과연 어디에 당도했는가?

이 국가주의는 다음 사태를 겨냥한다. 곧 일당 구조 및 국가 조합 구조강제적 단일화를 목표로 삼은를 수반하는 전체화, 생산과 근대화의 의무화를 지향한다. 그러나 카스트로는 권력을 쥐기 전, 독재 체제 구축 반대 및 국가 관리제 반대 투쟁을 공표했다. 조직화와 권력의 핵심 가운데 하나는 바로 군국주의 국가, 즉 여성 복무를 포함해 군복무를 실행하는 국가다. 경찰국가, 그리고 생산 원조 부대라는 이름의 집단 수용소들이 1960년부터 만들어졌다는 사실을 망각하지 말아야 한다. 이 집단 수용소들에는 양심적 병

---

167) 오스발도 도르티코스 토라도(Osvaldo Dorticós Torrado, 1919-1983)는 피델 카스트로에 의해 임명되어 1959년에서 1976년까지 쿠바 공화국 대통령을 역임했다. 1976년 국가 구조 변화 및 피델 카스트로의 대통령 취임으로 도르티코스는 국회의원이 된다. 대역죄로 고소되어 1983년 자살한다.

역 거부자, 동성애자, 반체제 인사, "사회 기식자"들이 수용되었다. 이들의 수용소 생활은 행정처 독단으로 결정되었으며, 그 기한은 정해지지 않았다. 또한 이들은 당시 재난에 가까웠던 사탕수수 재배 노동력 추락을 보충하기 위한 무상 노동자로 차출된다. 그것은 노동의 기술적 이데올로기에 상응했다. 우리는 1971년 1월에 공표된 의무 노동법과 "기식寄食적, 반사회적 행동 일체에 대한 사냥"을 통해 그것을 확인한다. 사실상 우리는 노동을 통한 재교육으로 유명한 스탈린주의 수용소1950년 사람들은 온갖 방법을 동원해서 나치의 집단 수용소와 차별화하려 했지만, 이후 큰 차이가 없었던와 매우 가까이 있다. 1959년 1월 21일 보복의 날168)처럼, 이 수용소들은 국가를 표명한다. 국가가 바로 수용소 형태로 존재하기 때문이다. 이처럼 카스트로는 가장 반혁명적인 것, 즉 '국가'를 통해 자기소외에 이른다.

따라서 우리는 다음과 같이 말해야 한다. 이 반란의 결과는 '어떤' 국가, 혁명적 국가자칭 혁명적이라 선전하기 때문 건설에 해당하는 것 일체가 마련된 근대식 국가 구축이었다. 하지만 이 국가는 공통 도식에 완전히 순응한다.

또한 1971년에도 이 거대한 운동은 재차 '합리화'를 지향한다. 우리가 일일이 검출했던 경향들, 즉 권력 장악 이후 초기부터 잠재되어 있었고, 우리 사회의 냉정한 논리를 통해 성장이 막혔고, 그 논리로 자체 확인되는 경향들은 이제 "혁명"의 위엄을 나타냈던 것 일체를 포기하도록 강요하는 사태에 이른다. 판 헤케Van Hecke의 훌륭한 분석은 이 사태를 '유토피아'에서 '현실'로의 이행이라 평가한다.169) 그것은 반란 정신, 총체적 정의의 의지, 완전한 인간의 재건, 현대 세계 전체에 대한 문제 제기에서 국가와 기술의 승

---

168) 카스트로가 1959년 1월 21일을 '보복의 날'을 뜻하는 '정의의 날'로 선언했다는 점을 언급해 둔다. 카스트로는 그 때까지 지배적이었던 혁명적 정의의 정치를 국민투표에 붙이기 위해 아바나 군중을 대통령 궁 앞에 불러 모았다. 그것은 대중 선동에서 시작되어, 인민의 적을 만장일치제로 죽이는 일종의 '인민재판'(10만 인파)이 되었다. 독재 국가의 구성은 필연이었다.
169) *Le Monde*, 1971.

리로의 이행이다. 체 게바라를 두 번 죽이는 일이다.

성공한 게릴라는 필히 절대 권력의 맛을 본다. 그러나 창조적 고안 능력이 없다고 판명된 대중, 사회주의 사회의 틀과 해방의 도구에 대한 실제적 무관심여러 선동/선전에도 불구하고을 보인다. 게릴라는 전문 혁명가들의 사건이다. 이 게릴라에게 전문화란 설익은 반란을 접목한 영웅적 전술 실천으로 인해 혁명의 심원한 의미를 상실하게 만들었다.

요약하면, 카스트로의 거대 기획은 반란이다. 즉 이 기획이 지닌 정당성과 건강의 모든 요소에서 볼 때, 반란이다. 반독재와 반착취. 사회적 장애물과 비인간적인 것에 대한 깊은 감성. 즉각적 행동. "인간과 사회에 관한 한 이론으로 불의, 착취, 비인간성을 만드는 제반 상황에 대해 항의하고 투쟁하는 인간, 이 인간의 행동을 통한 즉각적 반응" 의지, 인류 구원에 대한 광범위한 시선, 확신과 참여 정신/도덕, 모든 것을 혁명에 종속시키는 급진주의, 어떤 정당도 교조적 지배자가 될 수 없는 반당파주의. 전술된 모든 요소에서 우리는 반란의 정확한 요약본을 재발견한다. 우리는 역사적 반란을 재발견한다. 그러나 이 거대한 추진력이 권력 장악에 이르고, 안정적 자리를 확보하는 순간부터, 기계가 복구되며, 국가적, 기술적, 민족-국가적 틀은 과거 자신들이 결코 원하지 않았던 '급류' 이 틀을 강제적으로 쓸어가는 힘에 휘말린다. 그리고 '혁명' 에 대한 이러 저러한 말만 남게 된다.

게릴라-반란이 혁명의 단계로 이행하고 혁명을 완수할 때, 우리는 다음 상황의 출현을 목도하게 될 것이다. 합리화된 경제 구조, 기술 성장, 중앙 집권화 및 전체화를 지향하는 국가, 이방인의 독립을 정복하는 결과로 이어질 민족주의, 즉 이 혁명은 반세기 혹은 그 이전 시기에 서구 세계가 도달했던 결과에 이르렀다. 사회주의에 관해 말하자면, 사회주의는 허구이거나 이미 극복된 것이 되었다. 즉 다른 세계에서 이미 극복된 문제들에 대한 해결책을 지참한 구시대의 유물이 된 셈이다. 라틴아메리카에서 벌어진 혁명들은 19세기 서구 혁명들이다. 이 혁명들은 옛 혁명 결과물에 대한 어떠한 참조점도 없이 서구 세계의 상황과 병진竝進하며, 1970년 혁명을 유발할 수 없다.

***

성공하지 못한 게릴라, 해당파가 되지 않고 단지 자신을 유지하는 데 만족하는 게릴라, 과연 이 상황에는 무엇이 도래하게 될까?

게릴라는 "통상" 성공 가능한가? 사태를 면면히 측정할 수 없는 관계로, 답하기 매우 힘든 질문인 것은 사실이다. 때때로 혁명가들은 선전을 위해 게릴라 현상을 부각시키지만, 역으로 정부도 독재 정당화용으로 이 현상을 부각시킨다. 따라서 우리는 단지 광의적으로 판단할 수 있을 뿐이다. 농민들의 가장 깊은 곳에서 솟구친 욕구와 의식에 기초한 페루의 "침입자" 운동 le mouvement des invasores은 인민을 동요시킬 수 있는 기회를 잡았다. 분명한 것은 다음과 같다. 이 운동은 혁명에 이를 수 있는 어떤 기회도 잡지 못했다. 단지 몇 가지 개혁적 법안Belaunde이나 농지 개혁Alvarado, 1969을 이뤘을 뿐이다. 물론 이것도 매우 중요한 성과다. 하지만 최종적으로 과두제를 완전 적출하지 못하는 험난한 여정에 발을 디디고 만다. 정리하면, 이 운동은 농민들의 조건을 개선하는 선에 그쳤다. 혁명이 아니다. 역으로 무력을 통해 권력 탈취를 추구하는 게릴라는 엄밀히 말해 혁명에 도달할 수 있다. 그러나 게릴라의 이러한 활동은 대중 감성에 부합하지 않는다. 그것의 구체적인 이유는 게릴라가 단지 정치적이기 때문이다. 클라우제비츠170)의 말을 패러디

---

170) 프로이센의 장군이자 전쟁 이론가인 카를 폰 클라우제비츠(1780-1831)의 유명한 정식을 말해야 할 것 같다. "전쟁은 또 다른 방식으로 이뤄지는 정치의 연속일 뿐이다." 우리는 이 정식을 다음 저서에서 발췌했다; De la guerre (Paris, Librairie académique Perrin [Tempus], 2006)

한 다음 정식은 문제를 매우 탁월하게 정리한다. "게릴라는 또 다른 방식의 정치다."171) 자기 땅을 재정복하기 위한 운동에 뛰어들지 않은 원주민들은 게릴라 전사들의 선동에 반응하지 않았다. 현재 활동 중인 어떤 게릴라 집단에서도, 우리는 카스트로와 게바라가 말한 운동의 이론적 개념이 전제된 자료들만 발견할 뿐이다. "대항국가 노선은 자신이 정복하려는 사회 현상들, 생존과 자가 변형을 지속하는 사회 현상들을 피할 수 없다. 게릴라는 사회정치적 삶에 대한 다층적 표현을 게릴라 자신의 시선과 전술에 종속시킬 수 있는 유일한 중심부가 아니다"Mercier.

보통, 게릴라 운동은 다음과 같은 곤경에 처한다. 이에 대해 나는 노르만 갈의 게릴라에 관한 처절한 분석172)을 따를 것이다. 게릴라 전쟁에서 "1) 인민군은 정규군에 맞서 전쟁에서 이길 수 있다. 2) 혁명을 일으키기 위한 제반 조건들이 재결합될 순간을 한사코 기다릴 수 없다. 3) 저개발에 시달리는 라틴아메리카에서 무장 투쟁의 근거지는 농촌이 되어야 한다"라고 선언한 체 게바라의 분석은 확실하지 않다. 지난 몇 년간의 경험이 이 모든 것의 오류를 입증한다.

쿠바 혁명의 성공은 사람들을 열광의 도가니에 빠뜨렸다. 우리는 혁명이 필요했던 지역의 뜻밖의 상황에서 경쟁이 얼마나 치열했는지 충분히 깨닫지 못했다. 쿠바 혁명은 이러한 장르를 표현한 최초의 시론, 표면상 약간 위험해 보이는 시론이었다. 미국은 이 혁명에 주의를 기울이지 않았고, 쿠바의 주변부 집단들의 준비 상태는 매우 훌륭했다. 노동은 매우 제한된 공간인 '섬'에서 이뤄졌고, 독재자는 어떠한 사회 집단에도 의존하지 않았다. 즉 독재자는 과두제를 대리하지 않았다. 바티스타는 고립되었고, 단독 주행을 할 수 밖에 없었다. 그는 이익 집단 세력의 비호를 받지 못했다.

---

171) Favre, « Développement et formes du pouvoir politique au Pérou », *Analyse et Prévision*, 1969.
172) « L'héritage de Che Guevara », *Esprit*, 1969.

"이 체제는 미국의 원조를 받지 못했고, 전복으로 체제 탈취를 기도한 자기 스타에 대한 믿음마저 상실했다. 민중 다수가 엘리트를 포기하기 위해 필요한 것은 '사회 질서의 해체'이며, 심지어 한시적으로 게릴라로 더 이상 필요하지 않았다... 그러나 이러한 상황은 모델을 지니지 못하는 매우 예외적인 상황이다!" 이 조건들 가운데 어떤 것도, 특별히 신구新舊 과두제가 싸울 준비를 마친 라틴아메리카의 다른 나라들에는 더 이상 존재하지 않는다. 마찬가지로 주변부 집단들은 어떠한 연대도 표하지 않으며, 때때로 매우 수동적, 기식寄食적이며, 산만하다. 이들은 자신들의 집에 도착한 게릴라 전사들을 "이방인, 거의 외계인"처럼 여겼다.

마지막으로, 군대는 쇠락한 권력에 의해 조작되는 단순 기구가 더 이상 아니다. 군대는 라틴아메리카의 대다수 체제를 지지하는 뼈대아프리카와 마찬가지로가 되었다. 때때로 군대는 정당처럼 활동했으며, 합리적 행동 및 심원한 질서 연구를 가능하게 하는 역량을 키웠다. 게릴라가 성공하기 위해서는 최소한 다음과 같은 내용이 필요할 것이다. 정부들은 한없이 부조리해야 한다. 또한 지배 계급은 자기에게 가장 직접적 이익이 되는 것만 지속적으로 추구해야 한다. 아마도 그것은 점점 정확도를 잃게 될 것이다. 라틴아메리카 민중들이 유일한 기회인 무장 투쟁에 강제 돌입할 것이라 여기는 것은 상황을 매우 표층적 시각으로 바라보는 것이다. 상황에 적응된 게릴라는 분명 부분적 승리를 거둘 수 있다. 1968년 이후로, 우루과이의 도시 게릴라인 투파마로스 운동은 무장 탈취 활동을 전개했고, 화려한 비상에 성공했다. 그러나 과연 이들이 진정한 게릴라 전사인가? 농민 봉기의 희망을 포기한 게릴라의 도시 공간에서의 적응이 중요한 문제인가? 혹은 용어를 민중적 의의에서 볼 때, 과연 이들은 "판관"일 수 있는가? 나는 잘 모르겠다. 여하간, 현 질서에 공격을 가하는 자들은 체제를 뒤 흔들지 못했던 것 같다. 확실한 부분은 다음과 같다. '학생 사회의 폭발'과 '농민 봉기'가 한 목소리로 전개1969년 6월 페루되었다. 그러나 이 흐름은 게릴라의 틀을 벗어난 것처럼 보인다. 또한 재차 말하지만, 분노의 폭발은 진정한 혁명의 추동력이 아니다. 이러한 조건들에서 우리는 다음 2가지 형태로 게릴라의 특성을 묘사할 수 있다. 첫째, 강력한 구조화가 이뤄지지 않은 모든 반란 운동에서 볼 수 있는 것처럼, 게릴라는 폭발 욕구였다. 한 편, 카스트로주의자와 공산주의자 간의 갈등이 쿠바에서 최초로 시작된 이후로, 동일한 대립이 라틴아메리카 전역에서 재생산되었다. 도처에서 공산주의 조직들은 게릴라와 갈등을 빚었다. 이 공산주의 조직들은 독립 공화국을 세우려 하거나 레닌 이후로 고전이 된 전술 및 정치 수단을 따라 행동했다. 더욱이 통상 축출 1순위였던 게릴라는 '공산당은 현실 정부와 빈번하게 화해를 추구하는 개량주의 세력이며, 혁명을 추구하지 않는다' 고 주장했다. 이 대목에서 우리는 논쟁이 더 이상 전술 차원드브레가 발전시킨 전술에 있지 않고, 각 당파의 혁명적 현실성 자체에 있음을 볼 수 있다. 극단적 일례로, 1970년 베네수엘라 공산당과의 폭력적 갈등은 이미 오래전부터 예고된 사태였다. 왜냐하면 1967년 아바나 학회에서 카스트로는 쿠바 혁명과 사회주의 국가의 단절을 선포하려 한 이 정당을 비난했기 때문이다. 베네수엘라 공산당은 화해를 시도했으나, 무장 투쟁이 본질적 요소가 되어야 한다고 생각하는 베네수엘라 여러 부처의 강경한 태도와 마주하게 된다.

그러나 이들 가운데에도 다양성이 존재한다. 무장 투쟁이 전투적 엘리트의 사건이 되어야 한다고 보는 입장, 무장 투쟁은 오로지 민중을 점진적으로 설득하는 노선을 견지하는 '선전' 을 지지해야 한다고 보는 입장, 이 때 선전은 엄밀히 말해, 민중을 유권자가 될 수 있게 할 어떤 대립 요소에 가담시키려는 목적을 지닌다. 또한 무장 투쟁이 민중의 총체적 전쟁이 되어야 한다고 생각하는 입장 등이 있었다. 이들은 다양한 조직, 분파, 집단, 특히 결국 준準합법적 행동으로 종결되는 여러 계파 가운데 하나가 되는 형태와 선거 참여라는 형태로 분출된 것 같은 베네수엘라의 좌파혁명운동M.I.R.을 낳았다. 민족해방전선, 협력 위원회에서 재결집한 민족해방군F.A.L.N. 등도 출현했다. 여러 집단들이 상호 투쟁 관계에 직접 돌입하는 경우, 사람들은 때때로 부대 해산을 추진하기도 하고, 보다 민감하게 행동하기도 한다. 바로 이 부분을 통해 우리는 볼리비아에서 게바라가 처했던 난관을 설명해 보려 한다. 게바라는 난카우안주의 또 다른 게릴라 전사들을 설득하는 데 성공하지 못했을 뿐 아니라, 고지대 노동자들을 조직화할 수도 없었다. 뿐만 아니라 다른 혁명 운동 세력과 대립각을 세웠다. 게바라와 대립한 혁명 운동 세력은 민족해방좌익노선F.L.I.N., 친중 공산당, 볼리비아 공산당P.L.B., 민족혁명운동M.N.R., 트로츠키주의 성향의 혁명노동자당P.O.B. 등이 있다. 이 모든 운동 세력은 상호 경쟁 관계가 아닌 갈등 관계였다. 그러나 이들은 반 체게바라 투쟁에 직접 가담했던 친소 정당이었던 것이다. "게릴라와 마주한 친소 공산당 정치는 기회주의에서 기만으로 진화했다."173)

　몇몇 사례들을 나열하는 것은 무의미하다. 이 상황은 1944년 이전 프랑스 혁명 상황과 약간 유사하다. 그러나 그것은 반항적 운동의 창조, 압제자나 침입자에 직접 맞서는 무장 투쟁의 창조가 보이는 특징이 드러나는 상황이다. 즉 혁명적 상황이 아니다! 이 상황은 '혁명적 지하 운동'의 특징이 아닌, '반란 지하 운동'의 특징이다! 물론 상황을 가중시키는 것, 여전히 "반란" 사태와 관계된 부분은 다음과 같다. 이러한 분리는 하위 계급 출신 가담자들에게 나타난다.

　이러한 사태에 직면해, 여러 협력적 반응들이 나타났다. 그러나 그것은 팔스 보르다가 유토피아의 갱신이라 불렀던 것이다. 특별히 카밀로 토레스174)의 유토피아 다원론 형태로 나타난 반응이다. 이러한 반항적 행동을 통

---

173) Velasquez Diaz, *La Bolivie à l'heure du "Che"*, 1968.
174) 카밀로 토레스 레스트레포(1929-1966)는 콜롬비아의 사회학자, 신부, 혁명가다. 1966년 민

해 다원론 개념을 수용하도록 하는 절망적 시도는 부르주아 자유주의에 결코 상응하지 않는다. 토레스는 게랄라에게 특정 유토피아를 제안한다. 그러나 게릴라는 사실상 유토피아에서, 유토피아를 통해 살아간다. 유토피아는 여러 신화들로 체현되는 위대한 꿈, 멈추지 않는 꿈이다.

또한 이것은 도달점 없이 지속되는 이 게릴라의 부차적 특징으로 우리를 직접 이끈다. 그 특징은 바로 '낭만주의' 이웃 세계의 소리를 들을 가능성이 없는 분파주의의 대역 역할이며, 신화들과 신비적인 것의 역할이다. 라울 카스트로는 명백한 '혁명 낭만주의'를 환기시킨다. 사실 그는 사람들이 이 모든 운동을 더욱 선명하게 특징지을 수 없다고 믿었다. 사람들은 "자유 혁명가 협회"를 만들려 했다. 사람들은 다음과 같이 말하며, 낭만적 시각으로 마르크스주의를 채택한다. "마르크스주의가 인간 감성을, 친구에게 이끌리는 사랑, 동지들을 향한 존중을 거부했다고 누가 말했는가? 마르크스주의는 영혼도 없고, 감성도 없다고 누가 말했는가? 아니다. 마르크스를 낳았던 것은 바로 인간을 향한 사랑이다." 이 말의 저자는 마르크스의 상당 부분을 모른다는 사실을 자인한 셈이다. 직접 투쟁이라는 낭만주의, 쉼 없는 낭만주의. 바로 이것이 게바라의 입장이었다. "더욱이 라틴아메리카의 피압제 민중들의 투쟁은 휴식을 용인하지 않는다." 또한 이것은 카스트로와 갈등을 일으킬 수 있을 동기 가운데 하나가 될 법하다. 게바라는 결국 평화적 공존 역할에 돌입할 국제 정치를 지지할 수 없었다. 반면 카스트로의 반제국주의적인 폭력 담론은 미국에 대한 매우 신중한 정책을 견지함으로 국제 정치를 회피하지 못한다.

족해방군(Ejército de Liberación Nationale: E.L.N.)에 가담했고, 자신이 가담한 첫 번째 게릴라 활동 중 사실되었다. 『글과 말』(Paris, Le Seuil, 1968)에서, 그는 게랄라 활동 가담을 다음과 같이 정당화한다. "혁명은 이웃을 생각하는 자기의 완전한 희생을 요구한다. 개인적 헌신이 아닌 온 민중의 헌신 – 그리스도의 매개를 통한 – 인 미사의 희생을 실현할 수 있으려면, 형제애로 충만한 자비가 반드시 요구된다."

목표에 대한 낭만주의. 체 게바라에게 필요했던 것은 "인간 재再제작"이었다. 그는 피압제자들을 위해 사람만큼 오래된 반란의 충동에서 그 가치를 도출해 낼 새로운 도덕법을 구축하려 했다. 게바라는 기존에 수용된 어떤 이데올로기에 가담하지 않았고, 그의 글에는 명예, 보복, 증오와 같은 가치들이 지속적으로 나타난다. 이 가치들은 회고적이면서 동시에 사회 반항적이다. 그러나 혁명적 성향이 그리 강하지 않다! 게바라는 타협 없고, 실용적 용이함 없는 순수태를 원했다.

무장 투쟁의 순수성으로서의 낭만주의. "라틴아메리카에는 무장 투장 외에 구원의 길이 없다." "쿠바의 무장 투쟁에서 혁명 가능성을 믿었던 이들은 20명을 넘지 않았다. 다시 말해, 민중 의식에 대한 주체적 조건들은 아직 존재하지 않았다.… 의식이 먼저 도래하고 투쟁이 나중에 온다는 믿음은 오류다." 이 대목에서, 드브레는 모순적 방식으로 다음과 같이 주장한다. "게릴라는 소설적 모험이 아니다." 우리는 이 말을 완벽하게 이해한다. 그 이유는 드브레가 게릴라의 매우 힘겹고, 구체적인 특징을 암시했기 때문이다. 그러나 드브레는 정당화 목적으로, "게릴라는 '자기 실존의 의미' 로 혁명전쟁을 택한 자들에게는 '불가역적 운명' 이다"라는 정식을 덧붙인다. 매우 유려한 선언이다. 그러나 낭만적 지성인의 전형적 선언이다. 더욱이 신비적 용어들로 게바라를 환기하는 인물이 바로 '드브레' 다. "게바라의 모험은 신비의 모험이었다. 그의 생애 마지막 몇 개월은 그리스도의 이미지를 생각나게 할 만큼 열정, 혁명적 열정으로 가득했다. 체는 온전한 혁명적 열정으로 삶을 마감하려 했다. 그러나 자신이 기획했던 투쟁에 관한 염세주의, 라틴아메리카의 혁명 원인을 발전시켜 왔던 방식에 환멸을 느낀 염세주의자인 게바라는 어떻게 보면, 도끼질 끝난 후 손잡이를 내 던지려 했다." 향후 이것은 사회 변혁이 아닌 인간 개조를 추구했던 이 영웅 주변에서 발전된 '신비적 주제' 가 될 것이다. "공산주의가 새로운 인간 창조에 다다르지 않는다면, 아무런 의미가 없을 것이다.” 그의 인격과 관련해, 신비, 아우라, 서사시, 순교자 열전 등이 제작되었다. 실제 이야기를 금빛으로 미화한 내용은 카밀로 토레스에 관한 이야기에도 부가되었다. 다음 사실을 강조하는 것이 중요하다. 스탈린과 같은 거물급 공산주의 지도자들에 관한 유사 신비주의적 폭발은 나타나지 않았다. 라틴 기질을 말해야 하는가? 그러나 반례로 두루티175)에게는 유사한 내용이 결코 나타나지 않았다. 사실 여기에서 우리는 순수 반란의 경우들에서 마주하는 특수한 현상을 본다. 망드랭176)이나 스텐카 라진177)는 비슷한 찬사를 경험했다. 물론 모든 혁명에는 ‘고양’, 특정한 신비, 신화의 발전이 존재한다. 그러나 나는 다음과 같이 말해야 할 것 같다. 혁명이 필연적으로 반란과 섞이는 한에서, 이 혁명적 영웅의 가설, 즉 초자연적 힘인 ‘마나’ mana와 덕의 집중력은 혁명에 속하지 않는다. 오히려 불확실한 원인을 지지한 감상적, 폭발적, 애절한 가담에 속한다. 또한 원인이 의심스러울수록, 신비적 요소가 더욱 커진다. 반란의 도약이 순수할수록, 반란의 영웅들이 존재해야 한다. 게바라와 토레스를 통해 우리에게 부여된 묘사는 정확히 ‘반란자’다. 혁명가에 관한 묘사가 아니다. 이들의 활동을 ‘도금’해 만든 ‘전설’은 피압제자 반란 – 혁명이 아닌 – 을 통일하는 한 부분이 된다.

　마찬가지로 여기에는 여러 신화들의 발전또한 우리가 방금 이야기했던 것이 이 신화들에 가담한다이 존재한다. 즉 카스트로주의에 관한 매우 특수한 신화

---

175) 부에나벤투라 두루티 두만헤(Buenaventura Durruti Dumange, 1896-1936)는 20세기 스페인 아나키즘 운동의 주요 인물 가운데 하나다. 민중노동자연방군(C.N.T., Confederación Nacional del Trabajo) 투사였고, 반성직주의자이자 반공주의자였다. 프랑코 장군파에도 맞섰고, 스탈린주의에도 맞섰다. 스페인 전쟁 초기에 총살되었다.

176) 루이 망드랭(Louis Mandrin, 1725-1755)은 프랑스 도피네 지방의 유명한 반사회적 “비적”이었다. 그의 이야기는 구체제의 불공정 세금에 맞선 투쟁을 수호하고, 부자들의 물건을 훔쳐서 가난한 자들에게 재분배하는 밴디트의 이야기다.

177) 스텐카 라진(Стенька Рázин, 1630-1671)은 1667년에서 1670년까지 러시아 사회에 거대한 위협을 가했던 농민 반란군의 선봉에 섰던 무산(無産) 코사크 지도자이다. 수차례 전투에서 승리를 거둔 이후, 사회적 유명세를 얻은 그는 모스크바 지역까지 위협하는 투쟁을 전개했다.

가 존재한다. 이 신화의 힘은 카스트로주의가 라틴아메리카 세계의 여러 문제들과 희망에 대한 응답으로 출현한다는 사실에 준한다. 카스트로주의의 순수성, 부패에 대한 승리, 카스트로주의의 자유, 온갖 노예제도에 맞서 이룬 승리, 농지 개혁, 이 모든 것은 대륙 전체의 피착취자와 피압제자의 보복이다. 게릴라는 신비적인 것과 신화들을 통해 자양분을 공급 받는다. 게릴라 활동은 사실상 '반란 행동'이며, 속수무책의 인간, 자기에게 운명처럼 도래하는 역사를 거부하는 인간의 위대한 원천으로의 회귀다. 그러나 혁명적 엄격함에서 벗어난 행동이다.

4. 결론

서구 세계의 젊은 지성인들에게 영향을 미친 체 게바라의 활동과 그 성공에는 바로 이 '신화'가 있다. 이 지성인들도 사회적 반란자들이다. 서구 세계의 김을 빼 놓은 '복잡성'과 마주해, 또한 표면상 혁명 발발이 불가능한 상황에 직면해, 삶을 변혁하자는 호소가 도처에서 터져 나온다. 이들은 게릴라 활동을 통해 '적의 단순성', '근본적 순수성', '특정 인물과의 활동으로 구현된 게릴라 반란'을 재발견한다. 레닌주의 전략과 전술의 굴곡이 드러난 후, 모든 것이 분명해졌다. "불순물 섞인 문명의 복잡성"을 "새롭게 발견하는 고결한 야생"과 대조한다. 이러한 맞대응 전략으로 회귀한다. 사실 출발부터 모든 것은 단순했다. 게릴라 활동으로, 사람들은 출발점, 즉 반란의 순수성으로 회귀한다.

요약하면, 좌초를 경험한 게릴라는 역사적 반란의 형태 그 자체일 것이다. 그것을 거쳐 게릴라는 현대화 될 것이다. 우리는 바로 이 부분을 인식한다. 게릴라는 상황 거부 및 시대 전략희망이 사라진 우리 시대을 가장 직접적으로 설명하여 청년들의 심장에 큰 반향을 불러왔다. 게릴라는 불명확한 어떤 것을 위한 죽음을 감수하는 투쟁으로의 참여이지만, 운명에 맞선 인간의 항구적 반란에 대한 응답이다. 즉 서구 세계에 거하는 '우리' 도 우리가 거부한 운명의 피해자이다. 게릴라는 우리에게 말한다. 그리고 성공을 일군 게릴라가 우리에게 도래할 때, 우리는 그것에 대한 기대감을 저버린다. 내부 반란, '유산자' 에 대항하는 '무산자' 의 반란, 전염/전파, 공산주의 지도자의 유용, 그 어떤 것으로도 이들은 서구 세계의 혁명을 일으키거나 획책할 수 없다. 분명 이들은 서구 세계가 처한 몇몇 난관에 맞서 도발을 감행할 수도 있고, 서구 세계의 내부 의견을 분쇄할 수도 있다. 더 나아가 전쟁 발발 상황에 이를 수도 있다. 하지만 이것은 결코 필연적 혁명과 무관하다. 무수한 서구인들이 과연 어떻게 그것을 믿을 수 있겠는가? 이것은 집단 심리학의 중요한 문제다. 무엇보다 주목해야 할 부분은 다음과 같다. 이 신념이 극렬하게 타오른 지성인 집단에 확산되고, 수많은 동기가 이들의 신념을 넘나든다. 첫 단계에 정서, 감정, 감상을 두어야 한다. 즉 민중들이 당하는 고통, 가난, 질병, 착취, 식민화 등물론 이 모든 요소들은 극히 현실이다은 보통 사람들의 관대한 내장을 전복해 버린다. 불행으로 점철된 이 대륙의 민중들을 위해 어떤 글도 작성할 수 없고엄격한 상황, 청원서 서명도 할 수 없고, 회의에 참여할 수 도 없음매우 빈번하게도!으로 인해, 이들은 종교적 고양을 통해 상처 입은 감성과 불안한 의식을 달랜다. 이렇게 구성된 방에 '베트남 국기' 가 등장하는 것을 보면, 1905년 삼색기[178]의 출현과 동일한 전율이 일 것이다. 서구에 혁명을 일으킬 것이라는 믿음은 하나의 '정화' 작업이자 '자기 정당화' 작업이다. 다시 말해, 이 선량한 사람들은 우리가 저지른 만악萬惡을 위한 '속죄 홀로코스트' en holocauste d'expiation로 자신의 '동지됨' 을 표할 것이다. 이것이 아마도 가장 심층에 있는 뿌리일 것이다. 그

---

178) [역주] 청색, 백색, 적색으로 구성된 프랑스 국기를 뜻한다.

럼에도 그것은 혁명을 향하는 보편화된 '임페투스' impetus, 179), 즉 "혁명을 일으켜야 한다"라는 강령과 재결합한다. 소비 사회, 압제 사회, 억압 사회와 같은 일체의 사회를 파멸시키는 데 이르러야 한다. 그러나 과연 누가 혁명을 일으킬 것인가? 지식인은 부지런히 주판알을 튕긴다. 자신을 둘러 싼 사람들을 관찰하고, 자기 자신을 혁명 주체로 여기는 순간, 지식인은 희망적 요소가 변변치 않다는 사실을 확인하게 될 것이다. 하지만 그 단계에 이르러야 한다! 급진적, 절대적 폭력과 진압하고 포괄해 버리는 사회에 맞서야 한다. 하지만 누가 과연 그것을 실천할 것인가? 학생들에게 일말의 희망을 걸어야 하는가? 거의 가능성 없다! 그러나 다행스럽게도, 외부인들이 있다. 또한 두 야만 집단흑인과 황인이 있다.180) 이들을 근간으로, 우리는 '비능력의 소망' espoirs impuissants을 전달할 수 있다. 이들은 비폭력적다복한 콩고 민주공화국이 그것을 실험했으나, 폭력으로 회귀하고 만다이며, 온화하고 순수하다. 또한 사람들은 권력, 특수성, 역량에 관한 가상 설화를 제작한다. 모두가 사회주의-공산주의의 틀에 머무는 '구원'을 바로 이 "외부인"이 가져다 주기를 희망한다. 결국 이들은 거대한 부정, 필연적-변증법적 힘으로 출현한다. 역사의 변증법적 운동의 방향 전환이 일어났다.따라서 이 나라들에 프롤레타리아라는 명칭이 필수적으로 부여된다 그리고 결국 우리는 전진할 수 있다. 이러한 내용을 통해, '호기심 어린 믿음'의 3번째 요소가 우리에게 도입된다. 즉 제3세계 민중들로 인해, 우리는 마르크스주-레닌주의적 확신을 회복할 수 있다. 과거 혁명 국가가 중앙집권적 국가, 관료주의 국가, 민족주의 국가였고, 민중들의 영도자는 유혈 낭자를 즐기는 편집광이었다는 것을

---

179) [역주] 임페투스는 운동량의 원시 개념으로 평가받는 물체의 값을 나타내는 일종의 지표다.
180) [역주] 문자적으로 '차별적' 함의가 선명한 '야만'이라는 표현을 그대로 옮긴다. 엘륄이 은유적 표현으로 기록한 것인지, 역사적으로 유색인종을 '야만'으로 등치했던 백인의 목소리를 그대로 반복하면서 이 목소리를 조롱하고자 했는지, 의미가 불투명하다. 때때로 독자들은 저자 엘륄의 '고압적' 비판과 분석, 용어 사용과 마주하게 될 것이다. 세부 판단은 독자의 몫으로 남겨둔다.

발견한 이후로, 마르크스주의−레닌주의 행보에 제동이 걸렸기 때문이다. 탈脫스탈린주의 혁명 국가가 일종의 자본주의 사회로 변하고, 미국과 동일한 목표를 추구했다는 점을 자각했을 때, 그 행보는 주춤해졌다. 다행이도, 사람들은 중국과 제3세계에서 새로운 혁명적 자원들을 발견할 수 있었다. 또한 치료되지 않은 폭발적 분출에 대한 갈증으로 인해, 사람들은 이 가능성에 몰렸고, 거기에서 희망을 찾으려 했다. 더욱이 마르크스주의−레닌주의 사상의 단편을 재개할 수 있었다. 이에 해당하는 예로, '제국주의' 론레닌 이론을 약간 손질하는 조건에서이 있고, 특히 매우 흐릿하고 불확실한 "객관적 혁명 상황" 개념이 있다.

물론 1969년 '마르크스주의연구소'가 주최한 제국주의 관련 학회에서 참가자들이 새롭게 제기한 제국주의들에 관한 철저한 분석마르크스주의자들의 다양한 분석!을 밀고 나가기란 불가능하다. 내게 유의미한 부분은 '과연 우리가 제국주의에 대한 결론을 맺을 수 있는가'이다. 즉 1) 자본주의 세계는 어느 한 지점에서 단번의 혁명적 공격을 통한 체제 붕괴를 견인할 만큼 매우 단일 체제로 변모했고, 2) 서구 체제는 새로운 침략을 전개, 발전시킬 수 없는 상황이며, 이러한 침략에 적응 불가능한 경화 상태에 이르렀다. 또한 3) 우리는 여전히 레닌이 목도했던 것과 같은 '제국주의 상태' 여러 양태로 변형된에 머물러 있다. 달리 말해, 우리는 서구 체제의 특징을 '항상' "순수" 제국주의 이후의 제국주의로 기술한다. 더불어 4) 서구인에게 옛 피식민지 국가에 대한 착취는 제3세계의 분리로 서구 세계에 실제적 위험을 야기할 수 있는 경제 문제를 위해서도 중요하다. 그러나 현실 상황에 대한 실제적 검토는 위 4가지 지점에 대한 부정적 답변에 귀착되는 것처럼 보인다. 오늘날 제국주의에는 마르크스주의 혁명 담론이 부여했던 중요성이 결코 존재하지 않는다. 제국주의가 매우 중요한 담론이 되는 곳은 바로 제국주의의 "희생자들"이다. 그러나 내적 심판을 위한 혁명성을 지닌 이 반제국주의 투쟁은 결코 서구 세계를 위한 것이 아니다.

사람들은 레닌이 수행했던 복합적 분석의 의미를 완전히 상실했다. 오늘날 사람들은 사회 구조, 의식화 등을 따라 혁명 분출이 가능한 지점을 평하며, 그것이야말로 반드시 발발해야 하는 혁명이라고 외친다. 그러나 이들은 혁명의 표층에 머물 뿐이다. 실상은 이렇다. 절대 다수가 겪는 비참, 사회적 불일치, 계급 간 구조 붕괴, 착취, 가난으로 인해, 제3세계 국가들은 '반란' 직전 상태에 있을 수 있다. 나는 이들을 언제나 반란으로 이끌었던 동력의 지속성에 동의한다. 하지만 오늘의 혁명은 더 이상 이들을 통해 야기되지 않으며, 이들의 단계에 존재하지도 않는다.

좌파 지식인들의 태도에서, 우리는 제3세계 민중들을 위한 실제적 전환을 목도할 수 있다. 물론 이들이 전적 만족을 주는 것은 아니다. 즉 이들은 보편화된 경제적 실패 문제를 잘못 생각한다. 더욱이 우리가 여러 독립 전쟁에서 확인했던 것처럼, 전개하기 어려운 문제들을 고조하는 작업도 불가능하다. 그러나 구체적 요소를 발견하지 못한 관계로, 사람들은 새로운 야만인들에게서 도래할 혁명을 꿈꾼다. 또한 수많은 신간 도서들의 언어 과잉은 사상 부재 및 역사적 분석 바깥의 비존재들을 은폐한다. 불확실성이 이 언어 과잉을 지배한다. 사람들은 쿠바 혁명의 낭만적 특성, 반국가적, 반관료주의적 외형에 열광했다. 그러나 지금은 중앙집권화 되고, 국가화된 중국식 모델이나 아프리카 군부 독재를 신뢰한다. 다시 말해, 새로운 전체주의를 수용한 셈이다. 그러나 이러한 변화는 그리 중요하지 않다. 이 변화는 단지 은폐된 근심, 검열의 정화에서 비롯된 신비적 불꽃, 즉 "혁명은 어딘가에서 도래해야 한다. 혁명 없는 세상은 끔찍하기 이를 데 없을 것이다!"의 표현일 뿐이다.

그러나 이러한 신비와 신화를 넘어서, 저개발 국가 민중들에게서 도래하는 혁명에 대한 소망은 무엇보다 윤리적 태도의 산물이다. 저개발 국가 민중들이 고통 받는 희생자들이라는 불의한 상황에 맞선 반란, 착취자들그 가운데 제일선에 선 착취자들이 바로 우리다에 대한 심판, 집단적 참회와 고소를 통해 아마도 혁명의 샘이 분출할 것이다. 서구 사회가 심각한 양심의 가책을 느낄 수 있는가? 이 사회는 자기 비방의 무게감으로 자체 붕괴될 수 있는가? 이 사회가 저지른 죄에 대한 고백이 '회심'으로 이어질 수 있는가? 반성적 성찰로 서구 사회가 수도원 같은 모양새를 가질 수 있는가? 이 사회의 흉부에 서린 죄를 강타하는 집단은 바로 '우리 지성인들'이다. 그러한 도덕적, 정신적 수정의 구체적 원천과 계기는 바로 '제3세계 민중들'일 것이다. 제3세계 민중들이 혁명의 계기가 될 것이다. 하지만 이들은 혁명을 일으키지 못할 것이며, 혁명을 친히 결행하지도 못할 것이다. 서구의 공적 견해가 제3세계 민중들에 대한 죄의식을 통해 앙양된다면, 안보, 안정, 진압군이 허위의식으로 마비된다면, 내부 게릴라가 매우 귀찮은 존재로 변모한다면, 비난이 둔화되지 않고 심화된다면, 자신의 불의로 초과된 정신의 반감이 나머지 모든 것을 휘감는다면, 부르주아 사회의 동화 능력이 거세된다면, 과연 무엇이 도래하는가? 혁명인가? 절대 그렇지 않다! 우리 사회의 목표들과 사회적 구조들의 풍화와 기화에는 회복을 위한 어떠한 자원도 없고, 혁신을 위한 어떠한 희망도 없다. 그것은 전 영역에 포괄적 억압을 낳을 것이다. 나는 그것이 바람직하지 않은 길이라고 말하고 싶지 않다. 오히려 그것은 공산주의를 지향하는 길도 아니고, 필연적 혁명도 아니라는 정도만 짚으려 한다. 거대한 벽이 우리 앞에서 허물어질 것이다. 그러나 그 파편들로부터 또 다른 사회 재건되기까지 수세기가 걸릴 것이다.

3장 • 중국의 문화혁명

오늘날 솟구치는 반란의 충동과 혁명의 종합을 가로막는 장애물에 관하여

무엇보다 나는 문화혁명을 설명하기 위해 제기된 몇 가지 가설과 거리를 두려 한다.181) 이 점에 대해 길게 강조하지는 않겠다. 나는 영광의 날에 대한 망상을 벗어나지 못하는 '마오쩌둥의 이념적 노쇠화'도 무시할 것이다. 물론 마오에게 그 망상은 불가능하지 않다. 그러나 우리가 마오의 이념 노쇠화를 무시한다고 하여, '스탈린의 착란'이나 '히틀러의 망상'보다 문화혁명을 더 깊게 고찰할 일도 없을 것이다. 또한 나는 계급투쟁에 근간한 설명도 신뢰하지 않는다. 도처에서 드러나 듯, 마오 진영에는 다양한 성향최소한 두 계파이 있다. 강경 노선인가? 온건 노선인가? 하지만 그것은 매우 단순하다. 차후 우리는 그 부분을 확인할 것이다. 한 걸음 더 나아가, 나는 사

---

181) "중국 문화혁명"은 중국 공산당 내부의 권력 투쟁을 위해 1965년 11월에 마오쩌둥이 시작한 거대한 혁명 운동을 가리킨다. 문화혁명은 국가 기구 내부에서 벌어진 일련의 축출, 일부 공산당원의 반혁명적 일탈을 밀고하는 캠페인 활동, 15~19세 청년들로 편성된 홍위병, 공장과 농촌에 노동자로 파견된 일부 학생들로 나타났다. 전대미문의 지성적, 경제적 혼란의 대가인 문화혁명(1968년에 끝난)은 마오의 개인적 성공작이 된다.

람들이 종종 인용했던 다음과 같은 선언도 신뢰하지 않는다. "위대한 프롤레타리아 문화혁명은 애당초 권력 투쟁이었다"Le Quotidien du peuple, 1967년 1월 21일자 우리는 통상 해왔던 식으로 이 구절을 해석할 수 있는가? 즉 마오쩌둥은 권력을 빼앗겼고, "베이징을 잃었으며", 류사오치182)에게 내준 권력을 되찾기 위해 기층 운동을 펼치며 대대적 공세를 가했는가?

　　우리는 다음과 같은 종류의 설명을 본다. '각 집단 사이의 수장 대결이다. 돌고래 경주하듯 두 사람의 경쟁이 격화되었다. 중앙당 소속 당원과 지방의 당 간부들은 류사오치를 추종한다. 마오와 류의 반복은 이미 5년 혹은 10년 전 사건이다.' 나는 이러한 설명들이야말로 중요한 사건을 하찮은 일로 축소한 일이라 생각한다. 나는 '두 사람은 공산주의의 반테제를 두 가지 형식으로 표출했다' 는 주장에서 사건의 깊은 차원을 발견한다. 농민 반란, 대중, 자발성, "스파르타식 공산주의"는 마오쩌둥 편에, 노동자 반란, 도시민 반란, 훈련과 정당 조직, 산업 기술성장과 풍요를 지향하는 "경제적 공산주의"는 류사오치 편에 배치할 수 있다. 개연성 있는 판단이다. 그러나 이러한 판단도 그리 명료하지도 충분하지도 않은 판단이다.

　반면, 나는 도비에Daubier의 설명이면 충분하다고 생각한다. 도비에는 다음과 같이 강조한다. 사회적 모순은 여전하며, 정치적 반대자들이 중심이 된 저항 기류의 조성이 가능하고, 반마오주의 노선도 형성 가능하다. 이것은 모두가 '공식적인 마오주의자' 인 관계로, 철저한 위장을 유지한 채 나타난다. 따라서 마오가 시작한 폭풍과도 같았던 혁명은 이 대립 관계의 적나라한 노출 및 선명성 부각을 일차 목표로 삼는다. 하지만 "새로운 계급투쟁 형식"과 위 설명을 연결하려 애쓰는 도비에의 시도를 그리 신뢰할 수 없다.

---

182) 류사오치(1898-1969)는 마오쩌둥의 동료이자 후계자로, 1959년 중화인민공화국의 주석이 된다. 그러나 문화혁명의 주표적 가운데 하나가 되었고, 1967년 체포되어 이듬해 10월 공산당에서 축출된다. 카이펑 감옥에 수감되어, 난방이나 의료 처치를 제대로 받지 못한 채 옥사한다. 『탁월한 공산주의자가 되기 위하여』(Paris, Éditions sociales, 1955)를 썼다.

사람들은 툭하면 '계급'이라는 용어를 사용한다. 그러나 구체적 내용 없이, 아무 상황에나 가져다 쓰는 작업일 뿐이다. 우리가 "대중의 절대 다수는 선하며, 악한 요인들이 저변에 있되 그 수는 매우 적다는 확고한 신념이 필요하다"라는 마오의 주장을 중시할수록, 계급 출현은 더욱 빈번하게 이뤄진다. 그렇다면, 그것은 '계급투쟁'이 아닌 '엘리트투쟁'일 것이다. 또한 "불량배" 하나만 제거하면 된다는 말이 참이라면, 무엇 때문에 이 사단이 나는가? 나는 어디에서도 적확한 설명을 발견하지 못했다. 도리어 "권력투쟁"은 다음과 같은 생각에 닿지 않는다. '새로운 혁명 권력의 창조를 위해, 문화혁명은 설립, 경화, 약화 단계를 거친 권력을 재차 심의한다' 나는 이것이 마르크스-마오주의 사상의 본령이라고 생각한다 또한 나는 양쪽 진영에 '관료' 층지배계급이 중요하다는 해석도 신뢰하지 않는다. 이것은 차후 기술될 옛 해석들과 비교하면 상대적으로 훨씬 심오한 해석이다. "확실히 경제와 경영에서 갈등이 시작되었으며[183], 관료제 정치경제의 연속적 붕괴가 그 갈등을 극단으로 몰아간 주원인이다. 그리고 사람들은 다양한 경제적 실패 사례를 나열한다 특정한 경제적 선택과 구체적 선택을 바탕으로 지배계급이 분열되었다고 말하기 어렵다. 아마도 한 쪽 진영은 소비재 생산을 추구하려 했고, 다른 쪽에서는 국가 산업화를 위한 노력에 응하는 값을 회수하려 했다. 두 진영 모두 관료제 유지를 지향했다." 우선 우리는 최종 판단에 동의한다. 그러나 사람들이 확보 가능한 정보들에는 정치경제적 주제와의 단절을 신뢰할만한 요소가 하나도 없다. 문제 해결의 열쇠를 쥔 쪽은 관료층이 아니다. 왜냐하면 관료제에는 '소멸' 이동, 은퇴, 숙청/해고 등과 '대체'가 엄존하기 때문이다. 관료제와 중소 분쟁의 관계를 확인하려는 입장도 공격하지 말아야 한다. 만일 '류사오치가 중국의 흐루시초프가 되었다'고 비난할 수 있다면, 소련과의 결탁을 거론하는 일을 보기란 흔치 않을 것이다. 류사오치의

---

183) « Le point d'explosion de l'idéologie en Chine », in *Internationale situationniste*, no 11.

파르티잔들이 모스크바에 진정 국면을 표하는 여러 증거를 제공하리라는 믿음도 매우 가설적이다. 마지막으로, 사람들은 관료제의 침략적 영향력에 맞선 투쟁을 위해 대중 호소가 중요했다고 말한다. 즉 관료제를 극복한 마오가 투쟁의 유일한 수단을 가질 것이다. 확실히 이것은 문화혁명의 주요 주제들 가운데 하나다. 그러나 그것은 '하나의 주제' un thème이지, 원인은 아니다.

✳✳✳

1. 학설의 원천

이 장에서 나는 지금껏 옹호해왔던 입장을 고수할 것이다. 무엇보다 현실 마르크스-레닌주의자들은 '교조주의자'들이며, [사회]진화론과 행동이론에 복종했다. 이들의 의사결정 대부분은 이론 받아쓰기 작업이다.

서구의 자유진영 지식인들은 위 방식에 동의하지 않는다. 이들은 스탈린의 의사결정을 성격상의 특징, 러시아의 정치적 전통, 소비에트 제국주의, 경제적 필연성 등으로 설명하려 했다. 물론, 제시된 모든 요소가 작동한 것은 맞다. 그러나 내가 논했던 것처럼, 그 작동의 척도는 매우 취약했다. 자유진영의 지성인들이 견지한 유물론마르크스주의자들이 저질 유물론이라 부르는은 스탈린식 정치를 결코 이해할 수 없다는 입장을 고수한다. 전제조건이라고 해도 무방하다. 이익, 민족주의, 비교전략자본주의 국가들의 전략에 맞대응하는에서 기인하는 합리성이라는 생각은 이들에게 '지배사상'이 있다는 사실을 간과한 것에 불과하다. 스탈린의 의사결정 대다수는 학설적, 이론적 합리성을 바탕으로 이뤄진 것이다. 물론 흐루시초프와 그 후계자들이

득세하면서 이러한 현상은 사라진다. 소련에서 학설의 역할이 사라졌고, 해석의 타당성을 자부하는 자유진영 지성인들은 거리낄 게 없어졌다. 그러나 스스로를 "마르크스-레닌주의 사상가들"의 '최후 보루'로 여긴 마오에게서, 우리는 의사결정에 작동하는 '학설과 이론의 우선성'을 재발견한다. 서구 자유진영의 시각에서 지적하는 오류, 즉 민족주의, 공자사상, 청년 마오주의 등과 같은 이념을 바탕으로 한 해석상 오류도 확인하게 될 것이다. 나는 문화혁명의 실질적 이해는 기저基底에서 작동하는 학설을 거쳐야만 가능하다고 생각한다.

*＊＊

정확한 시작일자를 알 수 없는 이 혁명1965년 11월, 혹은 1966년 5월, 혹은 동년 8월을 시작으로 보는 등 평가자마다 다르다은 마오 스스로가 명명한 혁명이다. 더불어 "위대한 문명사적 혁명"이라는 우리의 번역은 오역이다. 운명의 장난처럼 사용된 이 용어는 '문명 활동'에 '군사적 행동'을 대립시킨다. 제반 쟁점은 "중국 사회주의 혁명의 발전이며, 사상, 문화, 덕을 수반한 사회 변혁, 즉 사회의 정신적 양태를 획기적으로 바꾸고, 프롤레타리아를 중심으로 한 새로운 풍습을 만드는 데 있다." 본래 이 작업은 오랜 시간이 필요하다. 마오는 출발부터 그 부분을 예고했고, 단순하게 포장한 특유의 과정을 덧붙여, "1000년"간 지속 가능한 일이라 선전했다. "문화적"이라는 명칭 자체가 이미 두드러진다. R. 길랭은 중국에서 벌어진 이 혁명이야말로 의심의 여지없는 '문화혁명'이라고 생각한다. "곧 문화, 문명 변혁의 의지가 빚어낸" 혁명이며, 문화 기관인 대학에서 시작된 혁명이다. "사회 개혁을 둘러싼 거대한 논쟁은 시험제도 폐지, 구식 프로그램 전복, 특권층에 불과한 교수진 해고 혹은 교수 사회에 대한 대대적 개혁, 노동자와 농민 자녀들의 대학 교육과정 편입 등 학생들의 삶과 연관된 '실질적 문제들'에 집중했다." 보다시피, 분명 문화적이다. 반면 다른 사람들에게 이 말은 별 의미 없는 단지 '선전'의 일환일 뿐이다. "가장 어리석은 짓은 이 사건에 문화적 요소가 있었다고 믿는 것이다. 처음부터 권력을 위한 정치투쟁이었음을 자인함으로 친親마오 언론은 1월까지 거짓 책사 역할을 했던 셈이다"I.S. 또한 우리는 방법, 선전, 군부의 영향력 등에 주목해야 한다. 이 모든 것은 결코 문화적이지 않다.

도비에가 명확히 논했다시피, 우리는 문화혁명의 중요한 단계들을 구분해야 한다. 문화혁명의 진원지는 예술가와 문인우한184)의 관심사이었으며, 향후 정당기구와 연계된다. 이 과정을 지난 후, 문화혁명은 대학에 상륙한다. 동시에 이 혁명은 문화적 상황에서 정치적 특성을 나타내기 시작한다. 마지막으로 혁명은 본질적으로 정치적인 단면을 확보한다. '문화적인 것'이 정치적 단면에 예속됨과 동시에, 혁명은 공장을 향한다.

정확히 말해, 우리는 "문화"보다 "문명"을 깊게 이해할 필요가 있다. 문명에 대한 이해는 '사고'의 영역도 아니고, '연구' 영역도 아니다. 문화는 이 혁명 운동의 독특성singularité이 아니다.185) 그럼에도, 이 운동은 분명 특

---

184) 우한(Wou Han)에 반해 벌어진 출판사 투쟁(1965년 11월)은 문화혁명의 빗장을 연 사건이다. 우한(1909−1969)은 중국의 정치인이자 유명 극작가이다. 국회의원 겸 베이징 시장에 뽑힌 그는 마오쩌둥의 "대약진"을 비판했던 국방부 장관 펑더화이(1898−1974)를 두둔한다. 공산당 기관지는 우한의 희곡 「해서파관」(La Destitution de Hai Rui)에 극렬하게 반대한다. 또한 이 사건은 문인, 지식인, 대학 교원들을 반동으로 몰아 무자비하게 탄압하는 계기가 된다. 우한은 극한 고문을 받았으며, 결국 옥사한다.

185) 이 문제를 다룬 주요 저작들로 도비에와 에스맹의 다음 글을 참고하라; Daubier, *Histoire de la révolution culturelle prolétarienne en Chine* (1970); Esmein, *La Révolution culturelle* (1970) 도비에의 책은 상대적으로 중요성이 떨어지고, 정통 시각에 경도된 측면이 있지만, 매우 풍부한 참고문헌을 제공한다. 다음 자료도 참고하라; Jean Robinson, *The Cultural Revolution in China* (1969) 언론인의 시각과 함께 현상에 대한 구체적 기술을 담은 중요한 글로 다음 자료를 보라; Gigon, *Vie et mort de la révolution culturelle* (1969) 특별히 '모리스 시앙타'가 언론에 게재한 다음 글도 참고하라; Maurice Ciantar, *Mille jours à Pékin, Gallimard,* 1969; Edward Behr, *Les Prisons de Mao* (1971) 여기에 추가로 확인이 필요한 신문, 잡지가 있다; Preuves, Esprit, Les Temps Modernes, La Quinzaine, L'internationale situationniste, Le Monde. 여기에 실린 글은 모두 중국혁

수하다. 어떤 면에서 그러한가? 내 시각에, 이 운동에 대해 가능한 해석은 다음과 같다. 혁명 가담자들이 내건 '명칭', 즉 "혁명적 반항" 혹은 "혁명적 반란"과 같은 이름에 그 열쇠가 있다. 1966년 12월 들어 이런 문구가 등장했고, 즉시 '혁명적 반항아들'의 '연맹체'가 결성된다.베이징, 1967년 1월초

문화혁명 기간에, 마오는 친히 '반란'을 주요 문제로 거론한다. "마르크스주의에는 모든 종류의 순수이성이 존재한다"이성이 유효하다면, 인간은 그에 복종한다 이를 응축해, 우리는 다음과 같이 한 문장으로 요약할 수 있다. "반란은 언제나 옳다."스탈린 생일 축전 담화문에서, 1965년 옌안 마오는 "'반항'과 '반란'이 정당하다"라고 선언한다. 이 선언은 당 조직 문제를 직접 겨냥한다. 다시 말해, 대중들에 대한 당의 독재를 차단한다. 투쟁가들은 맹목적으로 당에 예속될 필요가 없으며, 당 조직과 지도부에 우선권을 부여하는 일도 타당하지 않다. 타당성 있는 행동은 '반란'뿐이다. 선전용 홍위병보다, 혁명적 반항 세력을 조직화하는 작업이 혁명의 근본 요소다. 이들을 조직화하며 주요 의사결정권, 주도권 등을 확보한다. 그러나 내가 볼 때 본질은 "반란과 혁명"이라는 두 용어의 결합이다. 중국 혁명의 발발로, 중국은 '기술화 사회' la société technicisée 과정에 편입된다. 거부할 수 없는 필연이다. 중국은 기술화를 피할 수 없다. 기술화, 생산수단, '신' 조직화를 시도할 때마다, 중국은 실패를 경험하게 될 것이다. 강군을 수반한 근대 국가화를 추구하는 경우, 행정, 즉 관료화, 체제 순응, 경제생산 우선권을 피할 수 없다.

명에 대한 포괄적 연구에 해당한다. 다음 저서들은 이 연구와 관련된 내용을 명확하게 해설한다; Guillain, Karol, Dumont (La Chine surpeuplée), Pelissier (La Révolution chinoise), Farquhas, « China under Mao: politics takes command », *articles du China Quarterly*, 1960–1966, et E. Colloti–Pischel, *La Révolution ininterrompue* (1967) 그러나 단지 여행자의 시선으로 쓴 글을 100% 신뢰할 수 없다. 비록 일말의 유용성이 있다 해도(시몬 드 보부아르의 유명하지만 알량한 책처럼), 루아와 모라비아의 글도 의심하며 읽어야 한다. 더불어, 순전히 자기 열정만 표명한 마키오치(M. A. Macciocchi)의 최근 증언도 무시할 것이다. 나는 중국의 사건, 중국의 정신을 통해 혁명을 "서술"하는 일련의 서적(Han Suyin, Devillers, Bodard, Fitzgerald) 역시 크게 신뢰하지 않는 관계로 추천하지 않겠다.

이미 기술화된 다른 국가들의 자리에 중국첨단과학 연구로 무장한도 앉게 될 것이다. 걱정거리가 하나 있다. 소련의 경우를 생각해보자. 우리는 체제 순응 노선을 보았고, 기술화가 만든 서구 사회와 '진보적 동일시'를 추구했던 노선도 보았다. 또한 우리는 서구 사회주의가 단지 낱말에 불과하다는 사실도 익히 안다. 이 노선을 따를 이유가 없다.

더욱이 우리는 혁명 과정의 원상복구가 필요하다는 사실을 깨닫는다. 일례로, 카롤186)의 글을 읽어보자. 카롤은 열광주의자였다. 그러나 그가 사실적으로, 그리고 무의식적으로 기술하는 내용은 티보르 므레의 글Tibor Meray, Preuve, 1967을 요약한 데 지나지 않는다. "오만한 민족주의, 친세계적 사례로 칭송받는 민족국가적 체험, 다른 성향에 대한 일체의 불관용, 인간됨을 결여한 제사, 비주류에 가하는 압살책, 과잉 관료주의, 불합리와 맹신, 광신에 다다른 정치화, 직접적 유용성에 대한 과거와 현재의 평가, 쉼없는 역사 날조 등". 물론, 유연성 없이 경화된 지점에 이른 이상, 사회의 혁명적 운동을 재발견하기 위해 필요한 것은 "혁명적" 사회를 강타하는 것이다! 하지만 어떻게 보면, 이 운동은 일종의 이상주의 운동, 낭만적 운동처럼 보인다. 또한 1930년대 원난 시대의 혁명 양식에 대한 충실성을 점차 어렵게 만드는 근대 산업 사회에 내재된 경향에 반하는 원초적 반향처럼 보이기도 한다. 이러한 의미에서 볼 때, 문화혁명은 서구 세계 청년들의 반란과 교집합을 이룬다. 소련에서 완성되고 중국에서 건설 중인 사회, 바로 이 '문명사회'와 대면해 존재하는 것은 오로지 반란뿐이다. 기층 세력들을 결박했던 사슬을 풀어 헤침으로, 우리는 이 포위망을 무너뜨릴 수 있다. 그 이유는 혁명 발발의 대척점에 있는 현실적 조직화 문제와 더 이상 마주할 일이

---

186) 카롤(K. S. Karol)은 1924년에 태어난 폴란드 출신의 프랑스 언론인이다. 주요 저작은 다음과 같다; K. S. Karol, *La Chine de Mao. L'autre communiste* (Paris, Robert Laffont, 1966) 이 책은 그의 마오주의적 확신을 드러낸다. 후일 카롤은 이 책보다 완화된 내용의 책을 쓴다; *La Deuxième Révolution chinoise* (Paris, Robert Laffont [L'histoire que nous vivons], 1973)

없기 때문이다. 본능이 작동할 필요가 있다. 여타 존재에게 그것을 강제하기 위해, 구축된 기술 사회를 바닥부터 뒤 흔들어야 한다. 이러한 반란을 통해, 우리는 혁명을 재점화할 수 있다. 그러나 이것은 기술 사회를 정면 부정하는 혁명이 아니다. 도리어 현실 구축 중인 사회주의에 스며들어 그 체제를 부패시키는 기술 사회에 반항함으로 새로운 도약을 추구하는 사회주의 혁명이다. 달리 말해, 문화혁명은 '사회주의-마르크스주의 혁명'과 '새롭게 요구된 혁명'을 종합하려는 시도라 하겠다. 후자의 경우, 거부와 스캔들로 인해 요구된 혁명이다. 즉 제반 영역혁명 첫 단계의 소산에 있는 조직화라는 스캔들과 그에 대한 거부, 총체적 합리화 현상la rationalisation totale과 대면해 '전능전가' 全能全價, omnipotent et omnivalent한 기술의 스캔들과 그에 대한 거부가 빚어낸 요구이다.

＊＊＊

그러나 우리는 몇 가지 난관에 봉착한다. 반란은 자발적이다. 반란자는 내면에서 솟구치는 충동에 복종하며, 예측 가능한 상황에 과감히 '아니오'를 외친다. 그렇다면, 문화혁명은 과연 자발적이었는가? 권력의 정점에 맞선 기층민의 반란이라 믿는 이들사람들은 더 이상 이 견해에 깊이 동조하지 않는 다을 제외하고, 이 반란이 자발적이라 생각하는 사람은 아무도 없다. [혁명] 사건에 대한 오랜 준비 과정에 관해, 지공Gigon이 제시한 단계보다 더 나은 것은 없어 보인다. 지공은 1962년 제8차 당 중앙운영위원회에서 마오가 문화혁명의 근본 바탕을 제시했다고 평한다. 이는 나도 동의하는 부분이다. 1963년 마오는 "농민들을 중화시키고, 노동자들과 학생들을 국가에 헌신된 혁명가들로 바꾸자"는 구호를 내걸고, 이미 자신은 "담즙을 쥐어짜듯 혼신을 다하고" 있음을 역설했다. 장기간 이러한 심리전을 준비한 주요 인사는 아마도 린뱌오였을 것이다.

1963년 5월 마오쩌둥은 유명한 문서인 '10가지 사회주의 교육운동 지침'을 작성한다. 이 문서는 분명 미리 준비된 것이다. 왜냐하면 우리는 이 문서에서 3년 뒤 벌어질 문화혁명의 실천 지침 요소들 대부분대중 결집, 청년 결집, 기층민을 통한 비판 등을 확인할 수 있기 때문이다.

1964년 1월 린뱌오는 마오쩌둥 사상 학습을 목적으로 군부 캠페인을 벌인다. 여기에는 '군의 정치활동'이라는 목적도 있었다. 한마디로 군의 "생명줄"이었다. 이는 마오쩌둥이 군권을 자기 손에 넣었다고 확신할 때 가능한 일이다. 즉 전군이 이데올로기적 세계로 이행하고, 차후 문화혁명의 주체가 될 마오 정당처럼 강고한 구조를 갖춘다는 확신이 있을 때 가능하다.

내 시각에, 문화혁명의 비자발성을 입증하는 데 가장 결정적인 부분은 이 혁명의 찬가를 연주한 나팔수이자 혁명의 자발성을 추호도 의심하지 않은 도비에[187])의 분석이다. 도비에는 자신의 책에서 '본의 아니게' 마오의 지속적 조작 작업을 다음과 같이 실토해 버렸다. 문화혁명 운동 초기에 펑청이 선두에 선 것은 이후의 숙청 작업을 위한 마오의 결정이었을 것이다. 마오의 회람 공문1966년 5월 16일자은 대중을 결집시켰다. 저자는 친히 마오의 "치밀함"이라 불렀던 것에 근접해 분석을 시도한다. 마오의 '치밀함'이란 사실상 전술에 속한다. 즉 "백화제방 백가쟁명"百花齊放 百家爭鳴[188]) 운동과 마찬가지로, 은폐된 반대파를 드러내는 것이 관건이다. 즉 우리는 대중을 장기판 위의 졸卒 취급하는 매우 치밀한 전략과 조우하고, 정부 자체가

---

187) Cf. Jean Daubier, *Histoire de la révolution culturelle prolétarienne en Chine,* 2 tomes, Paris, Maspéro, 1971.

188) "백화제방 백가쟁명" 운동은 1957년 2월에서 6월 사이에 마오쩌둥 주관으로 진행된 운동이다. 이를 통해 마오는 당내 자신의 권위를 공고히 구축하려 했다. 당에 대한 비판을 노린 그는 인민과 지식인들에게 출판의 자유를 허용한다. 국가최고위원회 앞에서 마오는 "백화제방 백가쟁명"을 선언한다. 최종적으로 자신의 정적이 완연히 드러나기를 원했던 셈이다. 그러나 이 운동에 대한 문제가 바로 제기되었고, 진압 과정에서 수많은 희생자가 발생했다.

야기한 거대한 갈등과 마주한다. 물론 도비에는 이 모든 것을 민주주의 중심주의론으로 끌어가려 한다. 그러나 레닌 지배에서와 마찬가지로, 우리는 '권력 충동'과 미완성된 운동을 낳는 "민주주의"를 발견한다. 더욱이 미완성된 운동이 마오의 의지와 무관할 때, 광저우와 상하이, "우한 사건"처럼, 즉시 진압될 것이다. 마오는 친히 그 점을 강조한다. 그는 다음과 같이 쓴다. 한 편으로 대중을 선동해야 한다. 재건을 위해 우리에게 필요한 것은 극단주의에 복종하는 것이다. 복종하지 않는다면, 재건은 요원할 것이다 다른 한 편으로, 아직 의식화되지 않은 대중들은 혁명적 요구 단계에 있지 않다. 이들을 따르는 것은 정치적 모험일 것이다. "우리 동지들공산당원은 자신과 대중들이 이해하는 것을 일체 믿지 말아야 한다." 따라서 당중심주의가 우선이고, 당명을 통한 조작이 그 다음이다. 기엥189)은 탁월한 분석을 통해 준비 기간이 상당히 오래전부터 이뤄졌음을 밝혀냈다. 청년공산주의연맹에 소속된 한 위원회는 1964년부터 마오쩌둥이 보낸 소식을 수령한다. 즉 '청년이 주축을 이룬 세대교체가 단행될 것이며, 청년은 중책을 맡게 될 것이다. 이는 혁명적 투쟁에 대한 실험으로, 마오주의에 대한 순수와 지속적 충성을 증언할 이들에게 예고된 역할일 것'이다. 덧붙여, 이 시기에 마오는 청년을 향해 친자본주의 노선에 차단막을 설치할 것을 역설했고, 새로운 동력은 바로 청년임을 강조했다. 근원적으로 이뤄져야 할 개혁은 '청년공산주의연맹 간부 숙청'과 '프롤레타리아 출신 인원 모집'이었다. 1965년은 아동 정치화의 해이자 교사들을 이데올로기적으로 "재주조"再鑄造한 해다. 열광적인 대중 지지자를 확보한 마오는 무례한 말을 공격적으로 내 뱉는다. 물론 계산된 행동이었다. 언론은 마오의 정치적 결정을 부분적, 간접적으로 여과해 확산시키며, 마오의 담화문과 지령의 핵심사항을 요약한다. 마오는 며칠 뒤몇 개월, 때때로 몇 년 후에 담화문 전체를 출간한다. 출간 준비 기간 중, 사

---

189) Cf. Robert Guillain, *Dans 30 ans, la Chine*, Paris, Le Seuil (Politique), 1965.

람들은 '자발적 운동'이라는 외양을 조성하기 위해 진력을 다했다.쉬람, 190) 그 무렵 마오도 이 운동에 속했다. 장기간 주밀하게 심리학적 조작을 준비하고, 정치적 분위기를 점진적으로 고양시킨 후, 우발적 사건 하나를 기폭제 삼아 일말의 결과를 만들려 한다. 그에 해당하는 사건이 바로 '우한'의 연극 중 한 대목이었던 것 같다. 차후 그 연극은 논쟁을 낳고, 혁명 운동에 "문화적" 출발점을 부여한다. 혁명 준비 3번째 단계로, 사람들은 홍위병을 조직한다. 이들은 "새로운 파도가 될 청년 혁명화 사업"을 선전한다. 청년의 날인 1966년 5월 4일은 특별 경축일이다. 이 날 사람들은 언론을 통해 부르주아적 수정주의의 계략을 폭로하면서 새로운 계급투쟁을 선전한다. 동월 17일 "마오쩌둥 사상에 반대하는 자들과 투쟁하라"라는 격문이 붙었고, 월말에는 문화혁명의 서막인 3단계 숙청이 이뤄졌다. 마오주의자들이 "북경흑방"北京黑幇이라 부른 조직체를 해산시키고, 2차 거점들을 청산하면서 2월부터 은밀히 추진된 대숙청베이징 시장 펑청의 혁명과 함께 불타오른을 시발로, 베이징 공산당위원회 해산, 국립베이징대학교 해체가 연이어 진행되었다. 그리고 이 사건 직후, 홍위병이 출현한다. 이들은 지역 언론, 학생, 교수를 향한 분노를 가감 없이 쏟아낸다. 이는 장기간 준비된 기획이며, 상부에서 개입한 사건거물급 인사 숙청, 반대파 해산이다. 목적은 문화혁명으로의 이행, 동일한 시각에서 2년 간 청년들의 혁명 조건 마련에 있었다. 모든 것이 완벽히 조직되었고, 기획자의 의도대로 흘러갔다. 1966년 8월 8일 마오는 중앙운영위원회의 입을 빌어 16가지 결의사항 채택을 추진한다. 이 부분을 간과하지 말아야 한다. 채택된 16가지 결의사항을 통해, 마오는 각 단계, 반론과 비판, 장애요소와 방법론을 예고했으며, 차후 도래할 혁명을 총괄적으로 기획했다. 1968년 1월까지 모든 것은 마오의 의도대로 순조롭게 흘러갔다. 마오는 친히 기획한 '진행 도식'과 '목표' 또한 예고했다. 1967

190) Cf. Stuart Schram, *Mao Tsé-toung*, Paris, Armand Colin (coll.U), 1972.

년 5월 「적기」赤旗는 "마오쩌둥 주석이 선견지명과 탁월한 재능을 바탕으로 예고했던 신 중국, 완전히 새로운 국가 구조"를 선전했다. 이와 관련해 우리는 "조직화된 사회적 파고"의 중요성을 보증하는 각종 문헌과 인용문을 축적할 수 있을 것이다. 매우 짧았던 시기를 제외하고, 대중 단위의 반란은 지속적으로 발생한다. 예상 가능한 무질서, 의도된 무질서가 난무했다. 그 결과 '상부 명령과 지시를 따르는 반란'이 중요 문제로 부상했다. 우리는 1966년 1월 이후 발표된 문헌들을 '위장 수단' 혹은 '만회 수단'으로 해석할 수 있다. 물론이다. 선동자인 마오주의자들에게는 피할 수 없는 운명과 같은 것이라 할 수도 있다. 아마도 그들은 이것을 원했는지 모른다. 그러나 준비는 철저했으며, 숙청은 일사분란 했다. "핵심"Les dix points은 이렇다. 사실상 이 모든 것은 문화혁명을 위한 사전 정지 작업이다. 결코 자발적 반향도 아니며, 반정부적 반란도 아니다. 우리는 그 활동이 '원격조종 반란'이라는 사실을 쉽게 증명한다. 그럼에도, 현 사회 거부를 특징으로 하는 '반란'과 마르크스주의적 형태의 '혁명'을 종합하려는 그 노력은 강한 저항에 부딪힌다. 동시에 마오 자신의 교조주의적 위상과도 맞물린다. 심지어 마오는 친히 교리/학설을 동원해, 비판과 반발이 필요한 사건들까지 해석하려 한다.

그러나 마오 우위론재론할 여지없는을 보증하는 도구, 그의 승리와 대중 조작의 도구가 있다. 바로 '선전'propagande이다. 어떤 순간에도, 마오는 선전 장치의 주인 노릇을 멈추지 않았다. 그를 찬양하는 도비에Daubier는 선전을 통한 만사형통이 어떻게 가능했는가를 상세히 설명한다. 마오의 승리, 1966년 7월 베이징 귀환을 기념해 장강長江 등에서 헤엄을 치는 행사가 벌어졌다.191) 물론 선전이 이 모두를 조명했다. 도비에의 표현에 따르면, "선

---

191) 1966년 7월 마오쩌둥은 자기 힘의 건재함을 증명하고 악의적 풍문을 막을 목적으로, 파도가 치는 장강을 헤엄쳐 건넜다. 이 사건은 대중에게 공개되었고, 중국인들은 "초인적 업적"에 혀

전 기획자는 '어떤 것'을 노렸다." 기념행사 때마다 '한 사건'을 부각시킨
다. 그 이유는 공개적 행동을 통해 대중을 그 사건에 "끌어들이려"는 마오
쩌둥의 결단이 있었기 때문이다. 따라서 초기 대자보192)는 라디오, 잡지,
전단지수백만부 배포, 집단 학습 등으로 재생되었다. 이를 통해 중요도를 확
보했다. 동시에 홍위병의 전중국적 확산선전 장치 기획자들은 베이징 홍위병을
겨냥했다은 모델이라는 명칭으로 활발히 전개된 선전을 통해서만 설명 가능
하다.

＊＊＊

　　문화혁명의 학설은 크게 2가지 요소에 근간한다.193) 영구 혁명 이념을 형
성하는 비적대적 모순론, 그리고 유형론이다.

　　우리가 익히 아는 바, 마오는 수정주의를 피할 수 있는 유일한 길이자 "연
장투쟁 노선"인 영구 혁명론을 채택했다. 이는 혁명적 단계를 극복하자마
자 또 다른 단계를 찾아야 한다는 말이다. 우리는 혁명가들을 이렇게 이야
기한다. '중요한 것은 합리적으로 기획된 단계가 아니다. 혁명의 필연성을
말하려면, 적대세력이 필요하다. 이 세력과의 투쟁에서 승리한 이후, 즉시
새로운 적대세력을 찾아 나서야 한다.' 사람들은 마오가 치료자라는 사실
에서 이러한 생각이 나왔다는 부분을 강조한다. 마오는 이렇게 말한다. "인
간이 자기 척도를 충분히 부여할 수 있는 것은 바로 전쟁이다." 그는 "영웅
주의와 사실극의 힘을 인간 활동의 전면에 주입"하려 한다. 바로 이 활동

　　를 내 둘렀다.

192) 공적 공간에 게시된 벽보를 뜻한다.

193) 이 연구를 위해 마오의 친서를 읽어야 한다. 현재 프랑스어로 번역된 4개의 단행본이 있다.
　　마오 사상의 정수를 이해하는 데 충분할 것이다. 또한 마오 사상을 탁월한 식견으로 요약한
　　드비에의 저작을 추가한다; P. Devillers, *Ce que Mao a vraiment dit*, 1968.

을 지난 20년 간 군대와 게릴라를 이끌었던 마오가 친히 지도했다. 그의 모든 전술은 전략적이다. 또한 마오는 정치나 경제적 제반 현실을 군사적 전술용어로 설명한다. 권력을 잡았을 때, 우리는 이어질 평화를 상상할 수 없다. 다시 말해 전쟁은 지속되어야 한다. 지속적 전쟁을 위해 권력을 잡았기 때문이다. 그러나 이 전쟁이 바로 혁명이다. 마오는 영구 혁명에 대한 시각을 비적대적 모순론으로 표현한다. 변증법적 과정을 따라 역사가 진화한다면, 역사가 멈추지 않는 것처럼 사회주의 혁명이 일어난 이상, 사회주의 사회에서 필요한 것은 또 다른 모순이다. 그러나 자본주의 사회에 존재하는 모순들은 "적대적"이다. 즉 모순들은 체제를 망치고, 자본주의를 죽음의 체제라 비난한다. 이 때 모순은 근본적으로 부정하는 힘, 다른 체제로 이행해야 하는 의무감에 의존한다. 반면, 사회주의 사회에 존재하는 모순은 적대적이지 않다. 다시 말해, 사회주의 사회는 진보적 힘이며, 실증/긍정적이다. 모순은 실제적이고, 심각하며, 심오한 차원에 존재한다. 그러나 체제를 파괴할 수 없는 사회주의 세력 간에도 모순은 존재한다. 왜냐하면 모순은 체제에 속하기 때문이다. 갈등은 존재하지만, 모순의 결합은 '기계적 폭발' 대신 '기계적 진보'를 이끈다.[194] "인민 내부에 모순들"이 존재한다. 그러나 그것은 자본주의 사회에서 인민과 그 대적자들 사이에 발생하는 모순이다. 자본주의 사회에서 계급은 존재하지만, 과거의 착취 계급은 경제적 기반을 상실했다. 특히 계급 압제는 이데올로기 영역에 존재한다. 다시 말해 과거 이념들의 무게, 사회주의에 대한 오해 등이 존재한다. 그러나 이데올로기들은 언제나 "부정적" 활동으로 바뀔 수 있고, 매 순간 복구 가능한 자본주의로 회귀하는 출발선이 될 수 있다. 결국 혁명 투쟁은 이데올로기 영역그러므로 문화혁명이라 칭한다, 모순을 표현하는 영역에 머문다. 이러

---

194) 마오의 비적대적 모순을 단순히 "물리적 투쟁을 거친 현실 투쟁으로 표현 불가능한" 모순으로 해석한 로뱅송은 번지수를 잘못 찾았다.

한 개념 때문에 반마오주의 운동이 폭발한다. 충분히 이해와 수용이 가능한 현상이다. 인민 내부에 존재했던 모순의 틀에서 나타난 이야기다. 잠재된 모순들이 잠잠하고 평화로운 모습을 보이다가도, 상황에 따라 폭발적인 모습으로 돌변한다. 물론 이러한 경우에도 불구하고 긍정적 측면이 중단되지 않는다 이처럼 문화혁명은 "사회주의 사회의 계급 모순에 집중된 폭발적 운동"Le Quotidien du peuple, 1966년 1월 22일자이다. 왜냐하면 당시 사람들은 '이데올로기적 갈등'에서 '새로운 형식으로의 귀환'이라는 이행이 낳을 위험 요소를 목도했기 때문이다. 여기서 말하는 새로운 형식이란 "부르주아 신지식인의 출현을 필두로, 신부르주아적, 약탈적 요소들"흐루시초프의 유사 공산주의, Le Quotidien du peuple, 1964에서 유래한 형식이다. 그러나 결과적으로 모든 것의 원점 회귀가 가능하다. 새로운 형식은 '사회주의 혁명 이후'에 자리를 잡았기 때문이다. 모순의 특징이 바로 거기에 있다. 적대세력인 류와 불온서적으로 낙인찍힌 그의 저서『탁월한 공산주의자가 되기 위하여』édition française 1955 도 "제초제 제작"에 유용할 것이다.

린뱌오는 제9차 공산당위원회1969년 4월에서 이 이론을 재천명한다. 그는 문화혁명이 '이론' 적용으로 이뤄졌음을 명확히 밝힌다. "첫째, 문화혁명은 '투쟁-비판-변혁' 운동이다." 둘째, 당 내부의 성향이 필요하다. "만일 당 내부에 모순과 투쟁이 없다면, 당의 수명은 끝날 것이다." 마지막으로, "문화혁명은 절정에 이를 것이다. 그러나 최종 승리를 얻었다는 주장은 거짓이며 마르크스-레닌주의에 역행한다." 따라서 문화혁명 이전에 형성된 모순론을 재발견해야 하며, 이에 대한 기본적이고 진정성 있는 설명이 필요하다.

바로 이것이 문화혁명을 해설하는 학설의 틀이다. 그러나 이 틀은 실행 과정에 극히 모순된 형태불완전한 형태로 인식되는를 낳는다. 즉 진중하되 웃기다. 사람들은 해방감, 규칙적 정치 활동, 총체적 난관, 전위대 투쟁, 최종 단죄를 동시에 맛본다. 그러나 단죄된 자들은 좌불안석이다. '대적은 거의 사라졌다. 양치기 개 몇 마리만 있을 뿐이다' 만 지속적으로 외치는 모습에서 혁명의 희극적 특성이 도드라진다. 우리는 모든 것을 재발견할 것이다. 여기서 강조해야 할 부분이 있다. 인위적인 조작 활동이 시작된 이상, 사람들의 혁명 가담을 위해 외관상 진중하고 심각한 모습을 갖춰야 한다. 또한 그 모습을 사람들에게 보여야 한다. 즉 상황의 현실적 위험 요소들을 마오주의자 스스로가 알아서 강조하는 셈이다. 쟁점은 권력 재탈환이다. 국가, 국가경제, 정당은 적의 수중에 떨어졌다. 인민의 적은 매 순간마다 갖은 구실을 댄다. 마오주의자의 선언에 가장 중요한 부분이다. 마오의 글과 말을 인용하고, 적기에 대항하려 적기를 흔들고, 각종 사회적 소요를 일으킨다! 그러나 동시에 "반역자는 한 줌" 밖에 되지 않는다. "우리의 목표는 지도적 위치를 점했으나 자본주의 노선에 물든 자들과 싸우고 그들을 짓밟는 것이며, 부르주아 계급을 비롯한 착취 계급의 학문적 반동과 권위를 비판하고, 교육, 문학을 개혁하는 것이다" 마오의 16가지 결정사항에서, 8월 8일 따라서 열혈 혁명 투쟁 참여를 진지하게 재현할 필요가 있다. 달리말해 마오주의자들의 집권이 필요하다. 중요한 것은 "마오주의 군사 연맹체를 주축으로 한 집권이다. 단지 권좌에 오르는 문제가 아니다. 모든 조직과 지역을 장악해야 한다. 혁명적 반란을 일으켜 당권, 정권, 재정 집행권을 독점해야 한다." 그러나 이 단계에 이르려면, '홍위병 – 혁명적 반란군 – 빈농' 의 "삼중 연대"를 결성해야 한다. 모든 전선에서 투쟁해야 한다. 특히 반연방제 투쟁이 필요하다. 일부 지역 유지들은 이미 독립을 선언했다. 따라서 반연방제 투쟁은 필연이다. 하지만 마오주의자들의 집권은 새로운 혁명을 위한 첫 단추일 뿐, 목표나 완성은 아니다. 나는 사회주의 국가에서 출현한 중산계급화 현상과 자본주의 문제를 과연 신파극처럼 표현할 수 있는지 의문이다. 또한 모두가 마오주의자라고 해도 과연 마오주의자의 독점권 행사가 필요한지, 마오가 최고 자리에 있을 필요가 있는지도 우려스럽다. 그러나 표면상 모든 것은 보게 르노비치의 양식구유고슬라비아의 탄유그195)에 해당을 따라 일어났다. "적대 적 대립 세력은 류가 아닌 마오였다." 정부의 대표자는 류였고, 마오는 반 란군, 혁명군을 대표했다. 당시 류가 정권을 유지할 이유는 충분했다. 투쟁 을 위해 2가지 요소가 필요했다. 다시 말해, 모순의 두 극단이 필요했다. 물 론 나는 이 모든 것을 순수 허구라고 말하고 싶지 않다. 왜냐하면 공산당 정 치 집단과 지구당 보좌관들 중에서 실제 발생한 일이기 때문이다. 마오 사 상과 비적대적 모순 체계에도 그 흔적이 남아 있다. 투쟁의 걸쇠가 벗겨진 이상, 모순을 통한 혁명적 진보를 반드시 이뤄야 한다. 모순은 현실적이면 서, 동시에 밖으로 드러난 모순이고, 체계적으로 조직된 모순이다.

문화혁명을 일정한 틀로 표현하고 설명할 수 있는 마오의 두 번째 이론은 바로 주형론鑄型論이다. 나는 다른 책에서 주형론을 자세히 다뤘다.196) 주 형론의 기본 이념은 이렇다. 공산주의적 인간의 이상적 틀이 있다. 각자는 멈추지 않고 그 틀을 관통해야 한다. 왜냐하면 마오를 포함해 어떤 누구도 완전한 공산주의적 인간을 실현하지 못했기 때문이다. 그러나 중요한 것은 인간의 전인격성이다. 이는 이데올로기 문제나 행동 문제가 아닌, 도덕의 문제다. 기독교는 회심回心을 이야기하는 반면, 문화혁명은 주형론 통과라 는 직접적 표현 방식을 택한다. 소속 공간, 봉사, 신용, 우정, 정당 소속 여 부 등을 고려하지 말아야 한다. "모든 것이 남아 있어야 한다"라는 표현은 "반란적−혁명적" 진정성에 관한 집단적, 거국적 수정이다. 따라서 교육학 적 방법론에 대한 강조가 두드러진다. "입증이 필요한 사건들과 함께 합리 성을 추구하는 방법 및 합리성을 통한 설득이 적용되어야 한다. 소수자를 굴복시키려는 강제력을 금한다. 소수자를 보호해야 한다. 그들이 진리인

195) *Le Monde*, 6 septembre 1967.
196) 자끄 엘륄, 『선전』, 부록 II (대장간, 2012)

경우도 있기 때문이다. 우리는 강압이나 억압이 아닌 합리성에 호소해야 한다"마오, 16가지 결심, 4월8일 마오는 다음과 같은 유명한 말을 했다. "어떤 사람이 입당 이후 영향력 있는 구성원이 되었다. 그런데 그가 자아비판을 더 이상 하지 않는다면, 분명 대중과 멀어지는 분파주의에 빠지고 말 것이다." 그러나 주형을 통과하는 작업은 형식에 단순히 달라붙은 상태가 아니다. 오히려 그것은 총체적 심의審議와 비판적 반성을 뜻한다. 왜냐하면 "소수는 오류에 빠질 가능성이 없기 때문이다." 총체적 심의와 비판적 반성으로 각자는 자신을 언제나 새롭게 발견한다. 즉 올바름을 위해서는 굳이 다수에 머물 필요가 없다.197)

　　일차적 관심사는 도덕 문제다. 인간의 진보와 도덕적 수준 향상을 위한 유일한 수단은 사회적 투쟁 참여다. "사방에 둘린 방벽 안에 안온히 거주하는 인간은 결코 스스로 행동할 수 없다." 인간은 투쟁을 통해 창조된다. 따라서 후퇴를 야기할 정체 현상을 피하기 위해 사회주의 사회에서도 투쟁은 필연이다. 또한 투쟁 참여 개념은 류Liu와 같은 명백한 공산주의자들에 맞서 유지된 수정주의, 반동 노선의 특징에 대한 판단력에 영향을 미친다.

　　자신의 유명 저작에서 류는 이러한 교육의 인격적 특성, '자가 교육'에 관해 강조한다. 물론 마오의 생각도 자기완성의 측면에서 류사오치의 생각과 매우 가깝다. 다만 방법론에서 갈라질 뿐이다. 그러나 두 사람은 실제적인 것에 대한 관찰에서 시작해 도덕적 완성의 역할을 강조하는 중국의 도덕적, 종교적 전통에서 합류한다. 문화혁명에서 마오는 정치적, 경제적 제도 변혁 이전에 개인의 완성을 추구한다. 물론 그것은 마르크스에 기댄 정책이 아니다. 이 점에서 마오는 정통 철학개인을 우선으로 이야기하는이 지지하는 사회의 전통적 노선에 선다. 그러나 정작 문제는 전략 차원에 있다. 문화

---

197) 따라서 "전향한" 사람들의 총체적 추락을 세상에 드러낸 유명 철학자 펑유란의 방식(Le Monde, 1972년 2월)처럼 '지속적 자아비판'과 '가련한 자기부정'이 필요하다.

혁명을 위해 도덕 문제를 일선에 두는 것은 반자아주의 투쟁을 의미한다. 1968년 1월 마오는 12가지 지령 형태로 "전략 기획안"을 발표한다. "자아주의와 수정주의에 맞서는 투쟁이 필요하다." 3번째 지령은 다음과 같다. "타인의 과오에 대해서는 말을 아끼고, 자아비판에는 말을 아끼지 말라." 따라서 훌륭한 공산주의자는 학설에 대한 정통 노선의 가르침을 따르는 자가 아니다. 자기 삶에 엄격한 잣대를 들이대며, "스스로 가장 무거운 짐을 짊어지는 자"가 바로 공산주의자다. 삶의 안락과 편안을 위해 자리보전 받은 모든 공무원과 지식인은 수정주의자임을 자인한 셈이다. 따라서 최초의 공격 대상이 당시 최고 수준의 삶을 누렸던 베이징 고위 관료였다는 것은 우연이 아니다!

주안점은 다음과 같다. 중국인들이 '아직' 자신을 위해 자동차나 텔레비전을 마련할 수 없다는 사실을 각인시켜야 한다. 뿐만 아니라 한 세대 전체를 자동차나 텔레비전 소유를 원하지 않는 방향으로, 개인적 참살이를 지향하지 않는 쪽으로 이끌어야 한다. 즉 인간을 인간 자신에게서 분리해야 한다. 또한 인간에게서 사유재산, 개인적 성공, 자리 차지, 독점과 같은 갖가지 욕구와 본능을 제거해야 한다. 그러나 이것은 전적으로 인격에 해당하는 문제다. "각 사람은 무수한 단점, 자아주의, 출세 제일주의, 파벌 이념, 자만심, 주관적 판단을 스스로 제거해야 한다"Baby 그러나 우리 모두는 타인의 도움을 받아야 한다. "과감하게 자아주의에 선전포고 할 것인가 말 것인가, 수정주의자로 살 것인가 말 것인가"Le Quotidien du peuple 이 과제는 분명 어렵다. 왜냐하면 "자아주의는 수천 년 동안 누적된 사유재산 체제의 유산"이기 때문이다. 즉 "자아주의의 뿌리는 매우 깊다. 개인의 이익 개념을 제거하고 공동의 이익 개념을 이식하는 작업은 근본부터 싹 갈아엎어야 할 혁명, 가차 없이 추진해야 할 혁명이다."

반자아주의 투쟁이 문화혁명의 핵심이다. 이 투쟁은 매우 다양한 국면을 보인다. 이데올로기 측면개인 행복 개념에서, 이 투쟁은 반개인주의적이다. 또한 구습에 맞선 투쟁이며, 전 수단을 동원해 집단을 지향하는 투쟁이다. 전통 공간에서 개인적인 것을 박탈하는 투쟁이며, 헌신된 영웅들의 사례를 기리고 따르는 투쟁이다. 영웅 숭배는 반자아주의 투쟁과 맞물린다. 왜냐 하면 영웅은 무엇보다 집단, 조국, 마오에게 헌신한 인물이기 때문이다.198)

'이데올로기적 노동'과 '육체적 노동' 사이에서 인간의 활동을 반분半分 하는 결정을 내렸다는 뜻에서 보면, 반자아주의 투쟁은 분명 문화적이다. 지식인들은 연중 6개월을 농장에서 일해야 한다. 농민, 노동자, 피고용인 들도 동일 기간 동안 대학에서 공부해야 한다. 이것은 평등주의, 전 노동자 단결, 계급 장벽 철폐에 준하는 사건이다. 특히 특권 의식을 깨고, 안온함 을 추구하는 습관을 제거함으로 인간을 교화하는 수단이다. 최고의 교육은 노동에 대한 구체적 인식이론적 인식을 능가하는에서 나온다. "피교육자의 수 준 향상은 각 개인의 지식에 따라 가치를 매기는 엘리트주의 규범으로 제작 되지 않는다. 오히려 피교육자의 정치적, 이데올로기적 수준과 집단을 향 한 이들의 유의미한 헌신에 따라 형성되어야 한다"Daubier

"악을 단죄한 이후에는 그 악을 근절해야 한다. 자신에게 도전하고 투쟁 의 장에 서야 한다. 급소는 바로 거기에 있고, 그 곳을 공격해야 한다." 마 지막으로 재교육을 통한 근본적 자기 개혁과 변혁이 필요하다. 따라서 그 것은 인격의 도덕적 재창조이며, 참된 혁명을 위한 과제이자 고행이다. 왜 냐하면 "사적 이익 개념 청산"은 '외부 개혁' 보다 '자아주의 근절'로 가능 하기 때문이다. 인격에 대한 대大개조 작업이 필요하다. 문화혁명의 이러 한 정책은 이냐시오 로욜라의 『영성수련』과 비교해도 손색없는 교육 이념 을 내세운다. "오류로 점철된 이념들을 규탄하는 것이 서론이라면, 투쟁은 본론이다. 마지막으로 대대적 개조라는 실천 과제가 부여된다." 따라서 각

---

198) Ph. Ardant, « Le héros maoïste », *Revue française de Science politique*, 1969.

자는 "혁명의 단편"임과 동시에 "혁명의 목표"이다. 마오, 16가지 결심사항 바로 이것이 주형론 개념이다. 그러나 혁명의 첫 걸음으로 치부된 개인의 도덕적 개량 문제는 재주조의 단면일 뿐이다. 후속 교육도 필요했는데, 가령 행동과 존재의 금지사항을 학습해야 했다. 적대자에게는 객관적 오류보다 도덕적 오류가 더 중요했다. 사람들은 공공연하게 이 "반동분자"를 욕하고, 목에 죄목을 나열한 판을 걸게 한 후, 거리로 끌고 다녔다. 대중이 운집한 가운데 위대한 지도자들을 공적으로 모욕한 사진들이 거리 곳곳에 붙었다. 1966년 1월 4일 베이징 더욱이 우리는 일부 인사들에게 가해진 "독종 개새끼, 역겨운 쥐새끼" 스탈린 숙청 절정기에 등장한라는 표현과 다시 만난다. 류의 경우도 다르지 않았다. 사람들은 정치활동, 공적─사적 행동에서 류가 저지른 죄목을 순서대로 나열한다. 여기에는 이데올로기 투쟁에 봉사했던 사례 및 투쟁 활동 내역도 포함되었다. 피고인에 대한 공적 모독, 가치 실추가 빈번하게 강조되었다. "류의 품위를 나락으로 떨어뜨려야 한다. 모두가 혐오하는 개똥밭에 굴려 버려야 한다." 우리는 이를 선전의 중요 수단인 '희생양'으로만 볼 수 없다. 이것은 하나의 '교육'이다. 즉 인민에게 하지 말아야 할 것과 나아가야 할 방향을 보여주는 교육적 선전이다. 스파르타의 노예와 중세 종교재판소의 훈계와 동일한 방법이다.199) 이러한 재주조의 마지막 행동은 마오 사상에 완전히 물드는 것이다. 정보 전달은 가장 단순하게 이뤄진다. 속속들이 외워 익히고, 모든 것을 무한 반복한다. 이러한 사상 학습을 명한 인물은 다름 아닌 마오 자신이다. 여하튼 이러한 체계적 학습은 문화혁명의 빗장을 푼 동시대 사건이었다. 1965년 10월 생산 전 단위학교, 관공서, 군에서 마오 사상의 체계적, 암기식 습득에 필요한 특수 계급이 형성되었다. 마오는 자기 고유 사상을 토대로 마르크스─레닌주의를 일정한 공식으로 만들었다. 사람들은 어느 곳에서나 이 소책자赤書를 공부해

---

199) 자끄 엘륄, 『선전의 역사』(대장간 근간)

야 한다. 노동자들은 "한 손에 이 책을 들고 다른 손에 연장을 들고" 일해야 한다. Le Quotidien du peuple "사람들은 크고 낭랑한 목소리로 한 구절 한 구절 암송했고, 그 소리가 전군에 퍼졌다" Agence Chine nouvelle 사람들은 암송 관련 모임을 갖고, 경연 대회도 열었으며, 피고인들에게 공공연하게 암기 사항을 강요하기도 했다. 검수관은 약간의 오류만 보여도 불만족을 표했다. "마오의 말은 구구절절 진리이며, 흔해 빠진 천 마디 말보다 훨씬 묵직하다" Agence Chine nouvelle 온갖 대중매체를 수단으로 마오 사상이 두루 퍼졌다는 이야기는 두 말하면 잔소리다. 우표, 찻잔, 호텔 숙실, 시내버스 광고판까지 우리는 마오의 구절을 도처에서 찾을 수 있다. 문화혁명이 목적을 벗어나지 않고, 지속적으로 올바른 길을 걷기 위해서는 총체적이고 단일한 공적 견해를 만드는 것이 관건이다. 무엇보다 마오는 공적 견해 형성이 필요하다고 역설한다.

그 모든 실천의 토대는 마오 사상이다. 린치에는 다음과 같이 썼다. "의미를 알든 모르든 우리는 마오의 지침을 따라 행동해야 한다. 프롤레타리아 정당에는 참되고 초인적인 지도자가 필요하며, 온 정당을 능가하는 지도자를 세워야 한다. 더불어 혁명에 대한 그의 절대 권위를 인정해야 한다" Le Quotidien du peuple, 1967년 6월 19일 이를 적용하기 위해, 군부대가 마오주의 교육 활동을 담당했다. 마오 사상 교육을 위해 군 교관들을 필두로 한 지도위원회가 조직되었다. 이 위원회는 특별했다. 한 쪽은 "토론"과 재교육을 담당하고, 다른 한 쪽은 학생과 노동자 교육을 담당했다. 사람들은 3일간 마오의 글을 집중 강독하고, 묵상과 토론 시간을 갖는다. 도비에는 다음과 같이 기록한다. "절대 다수의 중국인들이 이 과정을 거쳤다. 마오 사상을 구하는 길이 바로 중국을 구하는 길이다."

마오 사상의 주술적 위력은 불가사의하다. 어떤 순회 교관은 다음과 이 말한다. "순회 교관의 가장 중요한 임무는 학생들의 정신에 나침반 방향을 고정시키는 것이다. 물론 그 방향은 정확히 마오 사상을 향해야 한다."

영웅 추앙을 받은 아르당200) 또한 이 영웅은 중국 인민 교육의 핵심 역할을 맡는 다이 탁월하게 제시했던 것처럼, 영웅은 무엇보다 마오 사상을 먹고 자라며, 그것을 정확히 구현하는 자이다. 영웅은 이 사상을 체험한 사례라 할 수 있다. 이들 가운데 한 사람은 다음과 같이 말한다. "고통은 없다. 가장 끔찍한 것은 정신에 마오 사상을 새기지 못하는 것이다."

따라서 단순히 총괄적이고 외향적 교육 과정이 관건은 아니다. 각 개인의 수준과 확신, 설득 정도, 흡수력에 맞춰 교육이 이뤄진다. 공적 의견은 개인적 확신의 결과물이 된다. 그 결과 교육 제도도 바뀐다. 대학은 3년제로 축소되었고, 모든 학위 과정 학생에게는 다음 3가지 과목이 필수 과목으로 지정된다. 1) 마오 사상 연구, 2) 신체 노동, 3) 교련. 교육 기구는 군대식이었고, 연구 분야에서는 정치가 우위를 점했으며, 시험에서는 '계급 우위'를 보장했다. 이러한 체제의 목적도 새로운 인간 창조다. 그는 사회적, 도덕적, 지적 지평에서 새롭게 창조된 인간이다. 아마도 영적 인간이라 불러도 무방할 것이다. 따라서 문화혁명 과정에서 고차원적이고 고결한 행동이 나오지 않을 경우, 마오는 매우 냉정하게 반응한다. "투쟁 수준을 높여야 한다. 실제 투쟁 수준이 너무 밑바닥이다. 우리는 다음 세대를 훈육해야 한다. 우리가 그들을 잘못 훈육하면, 그들의 투쟁 전술도 형편없을 것이다"13번째 선언, 1967년 2월 13일 현재 우리는 과거에 결코 존재하지 않았고 내적으로나 외적으로 강고한 순응책을 기획했던 주형론과 그 적용 문제를 다루는 중이다.201) 우리는 사람들이 문화혁명이라 부르는 이유를 알게 된다. 순응

200) Ph. Ardant, « Le héros maoïste », *Revue français de Science politique*, 1969.
201) 우리는 모라비아의 진술을 토대로 이 부분을 보다 쉽게 이해할 수 있다. 모라비아는 적서 활용법에 관한 글을 썼을 뿐 아니라, 사회 계급에 대한 마오의 지속적 언급이 도덕 범주와 계급을 동일시하는 사상에서 연원한다는 것을 밝혔다. "계급은 자기 이익 옹호를 위해 차갑게, 의도적으로, 냉소적으로 문화의 영혼을 벼린다. 선의 도덕 범주는 바로 프롤레타리아이고 악의 도덕 범주는 부르주아다. 따라서 중국의 계급투쟁은 선과 악의 투쟁이다. 달리 말해, 계급은

책은 인간의 총체적 재주조 단계, 즉 특정 문화혹은 문명에 소속되는 수준에서 등장한다.

학설의 2가지 요소들의 결합은 다음과 같은 두드러진 결과를 낳는다. 한 편으로, 순응화를 피하기 위해, 당대의 요구에 맞는 도식에서, 그러나 더 이상 실제적이지 않은 도식에서, 현재 진행 중인 혁명에 항상 이의를 제기하는 것이다. 다른 한 편으로, 개인의 제작을 통해 얻은 새로운 도식에 맞는 순응화 전략을 통해, 갱신된 이의 제기 요소를 '주조틀' 안에서 확보하는 것이다. 개인은 사회와 자기 자신에 대한 비판자이자 새로운 지침에 완전히 순응한 존재로 호명된다.

바로 이것이 장기간 마오의 학설에 속했고 문화혁명 이해의 열쇠를 쥔 시대에 활발히 적용된 '2가지 토대'다.

2. 모순의 변증법

모순의 이론화를 위해 구체적 모순들의 정체를 제시해야 한다. 그러나 실제적인 문제는 다음과 같다. 과연 누가 이 모순들의 정체를 보여줄 수 있는가? 누가 그것을 요구할 수 있는가? 이 문제와 관련해, 나는 2가지 원리를 구분하려 한다. 첫째, 혁명적 충동과 대립하는 "국가-생산-행정"의 문제다. 둘째, 문제를 매듭지을 수 있는 모순, 즉 '실행된 혁명'과 '필연적 혁명' 간의 모순이다.

인간 외부에, 인간 주변에 존재하지 않고, 인간 내부에 존재한다. 계급은 끝없는 악마의 유혹이다. 그 유혹에 맞서는 항구적 투쟁이 필요하다." 이러한 투쟁의 결과물인 홍위병은 금욕주의와 종교성을 나타낸다. "홍위병은 마오에 대한 전적 무지와 전적 신뢰로 충만하다. 이는 순진하고 광신적인 자들을 전쟁으로 내모는 종교성이다. 어린 아이 때부터 나는 그것을 반복했다. 이제 그들이 아이를 낳는 시대가 되었다. 비극이자, 멍청한 정절(貞節)이다." 한마디로 "정치적 보이 스카우트"다.

***

　마오의 시각에, 조직체 건설과 경제[주의]적 정치에는 형식과 무관하게 이중적 위험이 도사리고 있다. 첫째, 관료와 전문가 특권주의를 낳을 수 있다. 둘째, 사회와 인간에게 객관적 목표, 순수 물질적 자극제를 부여할 수 있다. 그것은 "자본주의 중흥" 용어에 대한 문자적 해석은 피하자 이념이다! 마오는 관료주의와 자본주의를 비난하면서, 동시에 유물론, 전문화, 노조, 생산−분배 합리화를 추구하는 정신을 비난한다. 결국 오류는 기술−산업 사회로의 전환에 있다. 이 사회가 쳐 놓은 올무에 걸리지 말아야 할 인간의 형성도 오류를 지우는 데 불충분하다. 우리는 '조직화' 와 '경제' 라는 이중 전선에서 이 투쟁을 목도할 수 있다. 카스트 정신, 관례, 조직 우선성, 비밀, 통제 불능 권력체權力體 조성 등을 수반하는 경영 및 행정 문제는 유럽에서 지난 40년 동안 채택되지 않았던 반관료주의 슬로건의 재탕이다.

　이를 파괴하려면 제도 개혁으로는 불충분하다. 인사 숙청과 제거가 반드시 필요하다. 그러나 인민의 판단을 거친 제거 작업은 대리자에 대한 면밀함도 필요로 한다. 유죄 판결과 처형보다 사회적 위신을 떨어뜨리고 공개 망신을 시키는 방식이 더 유용하다. 전자는 항시 순교자를 낳을 위험이 있기 때문이다. 여론을 거친 숙청은 잃었던 것을 '회복' 하는 데 이르지 못하고, 모두를 위한 사례, 모델, 교훈 정도에 머문다. 문화혁명의 본질이었던 "계급서열 대청소", 즉 숙청은 수천에 달하는 관료들을 나락으로 떨어뜨리고 가장 비참한 상태로 만들었다.

　이처럼 대관료주의 전쟁은 최하위 계급과 피지배자들에게 부여된 자유 발언지도부를 성토하는 데서 그 진면목이 다시 드러난다. 마오는 전 단계, 영역에서 지배 관료들의 행위를 심의하기 위해 대중들을 호출한다. 구별된 존재가 된 대중은 지도부에 대한 신뢰 여부를 판단한다. 이에 대중은 스스로

신 특권층으로 부상한다.

쟁점은 '국가 관료주의' 와 '당 관료주의' 다. 그러나 이 조건에서 사람들은 관료주의에 대항하기 위해 순전히 당에 복무할 수 없었다. 왜냐하면 당 자체가 동일한 악의 소굴이었기 때문이다. 그러나 마오는 "대중을 통한 당 재건과 당을 통한 대중 재건"을 이미 실행에 옮겼다. 문화혁명 과정에서 그는 2가지 방법론을 사용했다. 첫째, 대중을 조직에 맞대응 시킨다. 둘째, 그와 병존하는 행정처를 신설한다. 전자는 매우 위험한 방법이었다. 대중을 사회 구조에 맞대응 시키는 방법에는 살상의 위험이 다분하다. 우리는 이러한 "대중 호소"를 조금 더 밀고 나가 설명해야 한다. 그러나 나는 1968년까지 대중 참여를 호소하는 사회적 실천이 틀에 박힌 방식이라는 점을 강조하고 싶다. 왜냐하면 이러한 방법이 중요시하는 부분은 반관료주의적 대중 투쟁이기 때문이다! 그러나 문제가 단순히 관료주의에만 한정되지 않는다! 투쟁의 방향성이 없었고, 과학적 연구소는 많지 않았으며, 기술적 진보도 이뤄지지 않았다. 또한 확실한 봉사부서와 정보처도 없었다.

구체적 목표를 따라 원격 조종된 혁명이다. 물론 대학의 틀을 허물거나 우체국을 침탈하는 데 별로 중요하지 않은 부분일 수 있다. 사람들은 '행정 이중화' 기획에 돌입한다. 관료주의적이지만 제거되지 않았던 행정 봉사부서와 서비스 감시 임무를 맡은 당에는 행정 기능과 정치 기능을 혼합한 제3기관이 있었다. "12가지 지침"을 통해 전체 윤곽을 추적해보자.

"지침 5. – 당 간부 교육의 시작과 더불어 간부들의 문제를 다뤄야 한다.

지침 6. – 간부들을 바로 다루는 것이 삼중 연합당 간부 - 대중 - 군의 실현을 위한 열쇠다.

지침 2. – 당 최고서열과 최저서열의 관계에서 벌어지는 문제들을 명확하게 처리해야 한다. 간부들이 대중에게 다가가야 한다.

지침 12. – 당 유관기관은 프롤레타리아가 진척시킨 요소들을 파악해야 하며, 대중지도 역량을 확보한 전위대가 되어야 한다."

이러한 지침은 곧 바로 "혁명위원회" 창설로 이어졌다. 베이징에서는 도시 공공서비스 전반을 좌우하는 "혁명 행정위원회"가 구성되었다. 반면 기존의 베이징 시청도 그대로 유지되었다. 독자들은 이러한 유관기관의 이원화를 눈여겨 볼 필요가 있다. 그것은 "변증법적 갈등" 일체를 제도로 구체화한다. 위원회 구성 초창기인 1966년 2월 상하이에서는 '파리코뮌' 형태의 코뮌이 결성된다. 이 코뮌도 행정업무 담당은 물론, 기존 행정처의 적폐 청산에 앞 장 선다. 초기 혁명위원회는 중소 도시와 농촌 지역에 설립되었다. 때로 위원회는 지방위원회를 표방했다. 혁명위원회는 '인민의 개입'과 '인민의 우위'를 바탕으로 구성되었으며, 그 안에 매우 다양한 형식과 내용을 담았다. 그러나 이따금 무용하다시피 한 거대 기계들300-400명에 달하는 회원이 존재하기도 했다. 이러한 "건설적/창조적" 시기를 거친 후, 2가지 현상이 나타난다. 첫째, 정부가 위원회를 합리화하는 '수습기'가 도래한다. 둘째, 정부와 군이 충동적이지만 제법 체계를 갖춘 반항적 혁명위원회를 창설한다. 이 과정에서 움직이지 않는 대중들을 압박하고, 결국 군대를 동원해 이들을 움직이게 만든다. 1966년 1월과 2월, 무질서와 혼란의 상황에서 사람들은 즉흥적으로 결성되는 위원회의 목소리를 따라 "소비에트 중국"을 외쳤다. 당시 위원회 구성은 선거 절차를 거치지 않았고, "의견 협의와 교환"을 바탕으로 이뤄졌다. 유일하게 보편성을 가진 규칙이 있다. 위원회는 반항적 혁명가 집단들의 대표들과 문화혁명에 가담한 간부 및 행정처 대표자들, 군의 주요 책임 인사들을 파악해야 했다. 그러나 이것은 빠른 시간에 이뤄지지 않았다. 8개월 후, 핵심 지역베이징, 상하이 포함에 5개의 혁명위원회가 존재했다. 그것이 전부였다.

이러한 경제주의를 반박하는 양식의 기준은 일차적으로 산업 생산성이었다. 또한 농촌에 거주하는 농민들의 노동에 따른 이익 분배제와 재화 및 원재료 등의 분배 양식도 경제주의 공격에 일조했다. 사람들은 급여 인상이나 특혜 확보를 위한 총체적 요구와 매우 다른 각도에서 반경제주의 투쟁을 밀고 나갔다. 그럼에도 일해야 하고, 가장 가능성 높은 것을 생산해야 한다. 하지만 이 투쟁은 "직업 소명"의 산물, 내적 확신의 소출, 이데올로기적 설득 작업의 산실이 되어야 했다. 다시 말해, 실천적 행동은 바로 인간 내부에서 출발해야 한다. 베이징에서는 1967년 1월 18일을 기점으로 "생산을 자극하기 '위한' 문혁혁명을 일으키자"라는 내용의 벽보가 확산되었다. 관건은 노동자 선동이었다. 즉 임금 인상에 대한 요구 없이 오로지 이데올로기적 확신으로 충만한 노동을 이들에게 부추겨야 한다.202) 물론 이것은 위험천만한 일이었다.

그 이유는 혁명적 소요, 시간 낭비에 불과한 각종 회의, 장외 투쟁 등과 같은 곳에 노동자들을 내 던지는 일로 두드러진 생산 감소가 나타날 위험이 있기 때문이다. 실제로 1996년에는 기업들이 대규모 혼란을 겪었다. 따라서 노동자들에게 노동의 의무와 생산성의 의무를 상기시킬 필요가 있었다. 우리는 1967년 2월 마오가 내 건 "한 손에는 혁명을, 다른 손에는 생산을"이란 구호를 본다. 혁명과 생산이 쌍두마차라는 사실을 노동자들에게 각인시킬 수 있을 대중 선전, 예컨대 "생산을 무시하는 혁명은 자살과 같다." "생산은 노동력과 생산력을 사회에서 해방시키므로, 진정한 혁명에 활용 가능한 유일한 수단이다"와 같은 구호가 끊임없이 등장했다.

린뱌오도 제9차위원회 보고서에서 동일한 정식을 사용한다. "혁명을 통

---

202) 이러한 방식이 결코 새로울 게 없다는 사실에 주목하자. 이 방식은 "직업 소명설"을 따르는 기독교적 노동관에 대한 오용이자 소비에트의 피아틸레카 운동[역주: 소련 경제개발 5개년 계획]과 맞물린다.

해 생산을 대체하는 것이 문제가 아니다. 오히려 생산의 지도, 자극, 발전을 위해 혁명을 사용하는 것이 관건이다." 우선권 문제에 모든 초점이 맞춰진다. 만일 우리가 경제 우선론, 기술적 필요에 복종한다면, 그것은 경제주의에 속하는 문제가 될 것이다. "유가치한 혁명"을 제1항에 둔다면, 경제 활동은 타당할 것이다. 또한 혁명 정신으로 인해 경제 활동도 결국 발전을 거듭하게 될 것이다. 16가지 조항은 이미 그 내용을 긍정했다. 사람들은 소련에서 이미 사용된 것들을 선전 도구로 활용한다. 가령 '생산 영웅, 노동 영웅'과 같은 구호가 그것이다. 산시 성의 시골 마을인 타차이 지역의 농민 분대는 반경제주의, 반자아주의 투쟁에 투신하자마자 전년 대비 12% 성장한 수확량을 달성한다. 노동과 생산성 성장을 동시에 보여준 셈이다 1967년 말, 사람들은 농업 생산과 관련해 승전가를 부르기 시작한다. 당시 그것은 수확량 평균 10% 성장,203) 토지 개량, 관개수로 정비를 수반한 신개념 대약진 운동이었다. "곡식이 산을 이루고, 금빛 밀 이삭이 바닷물처럼 일렁였다." 모든 것은 마오 사상에서 도출한 공식 일반을 적용한 결과였다. 독자들은 다음 선전 구호들도 참고하라. "우리에게 한 줄기 빛을 비춘 마오사상, 적토赤土가 옥토沃土로!" 장시 성 "마오 사상은 우리의 단비. 우리는 결코 가뭄이 두렵지 않다!" 산시 성 이처럼 반란은 경제적 개념과 개별자 이윤 추구 문제와 관련해, 마오에 적대적인 세력에 반발하고 싸우면서, 동시에 노동 현장에 임해야 하는 '동시적' 사건이다.

이처럼 문화혁명이 작동하는 방식은 철저히 마오의 정식1962을 따른다. 지속적으로 모순을 찾아 배치하고, "계급투쟁에 대한 망각 금지령"을 실천한다. 바로 이 대목에서 우리는 혁명의 역할을 설명할 수 있다. "망자亡者

---

203) 실제로, 우리는 이전 시기 대비 생산량 감소를 생각해야 한다. 전문가들은 1967년 생산 총액을 1958년 수준과 비등하게 평가한다. 그러나 1967년에는 인구 1억 2천이 추가되었다는 사실을 고려해야 한다.

들"이 이끈 "문화부는 사망死亡부나 마찬가지이다." 문화혁명은 생생한 역동성 복원을 목적으로 문화부를 제거한다. 행정부서 정화 작업인가? 이것은 소비에트식 의의를 내포한 정화 작업이 아닌, 탈관료주의적 행정부 구축을 통해 수정주의를 압살하는 대중혁명의 표현 방식이다. 반수정주의 투쟁은 그 자체로 무가치하다. "자본주의적, 부르주아적 출자액의 적폐들을 화형에 처하는" 것이 바로 혁명이다. 이처럼 마오는 모든 것을 재심의하고, 끝없이 자기모순을 검출하면서 회복해가는 항구적 운동을 창조한다.

***

반란과 혁명의 역할을 통해 모순 변증법의 2번째 국면이 나타난다.

내 가설이 정확하다면, 반란과 혁명의 역할에서 분명하게 드러난 문제는 공권력의 "불찰"이다. 그러나 나는 특정 기간 동안 마오의 범위를 벗어났던 무질서 현상을 "중앙당 간부 5%"를 숙청하기 위한 거국적 운동으로 해석할 수 있다고 보지 않는다. 분명히 드러난 사실은 다음과 같다. 마오는 사태 수습 능력 없는 애송이 마법사apprenti sorcier에 불과했다. 역으로 폭발적 혁명을 위한 총체적 운동이 관건이라면, 비난과 처벌을 당한 당 간부들을 핑계 삼는 것이 쟁점이라면, 마오는 해법을 찾지 못하고 질질 끌려 다녔을 가능성이 농후하다. 그러나 그는 이 부분에 대한 위험 요소를 예단했고, 그것을 감수했다. 내 시각에, 마오는 반란을 촉발할 수 있을 위험 요소, 대중들의 족쇄를 풀 수 있는 위험 요소를 친히 감수했다. 더불어 그는 기술 문명에서 용인할 수 없는 것, 관용 불가한 반체제 인사와 해당파 인사들의 빗발치는 비난과 성토까지도 감내했다. 그러나 다른 한 편으로, 각종 갈등과 비판적 과정을 거치며 혁명을 전진시켰다. 비록 반란이 혁명적 세계 건설에 대한 이의 제기 기능을 했지만, 결국 문화혁명으로 혁명적 세계가 건설되었다. 따라서 우리는 조직의 꼭대기와 중앙당이 아닌 바닥에서 시작할 수 있다는 전제를 확인한다.204) 결과적으로 대중에 대한 호소가 주효했다. 학생과 어린이가 출발점이었다. 그 이유는 이들의 교화 가능성, 개방성, 연령에서 비롯된 반란에 대한 적응력 때문이다.

청년들을 향해 호소하고, 이들에게 혁명의 짐을 지우는 것은 주형론에서 비롯되었다. 한 편으로, 그것은 매우 용이했다. 그러나 특별히 필요했던 부분이 있다. 바로 청년들에게 혁명 정신을 주입하는 것이다. 총체적으로 실행된 질서에 청년들을 대입하거나 단순히 선전 문구 몇 개를 습득하는 것이 쟁점은 아니다. 오히려 이들의 혁명 경험을 생동감 있게 되살리고, 혁명적 투쟁에 가담하도록 견인하는 것이 중요하다. 마오에게 이 경험을 대체할 수 있는 것은 없다. 초기 혁명가 세대를 단련했던 것은 현실의 구체적 투쟁이다. 청년들은 자기만의 구체적 싸움을 해야 하며, 실천적 혁명을 수행해야 한다. 그렇지 않으면, 그들에게 혁명 정신은 부재할 것이며, 청년들은 단지 이론가와 수정주의자에 머물 것이다.

당시 마오의 주력군은 청년이다. 마오는 청년에게 다음과 같은 과제를 제안한다. '어른들을 공격하고, 무차별적으로 파괴하고, 무질서를 조장하고, 낭만적 폭발에 기꺼이 투신하라.' 심지어 청년들은 이 제안에 서약까지 했다. 동시에 그것은 이루기 쉬운 과제였다. 마오의 힘이 바로 여기에 있다. 그는 청년들을 미지의 모험에 내 던지기 위해, 이들의 신뢰를 이끌어내야 했다. 청년들에게 자유를 부여하고 혁명적 과제 수행을 위해, 사람들은 대학과 학교를 폐쇄했다. 대중들은 일하지 않았고, 노동 현장에 감독관도 없었다. 이러한 대중들은 더 이상 소요를 일으킬 수 없었다. 자명한 일이었

---

204) 20년 후 스탈린처럼 마오에게서도 관료주의라는 동일한 악을 발견하게 될 것이라는 해석은 매우 제한적 해석이다. 또한 스탈린은 고위급 인사, 권위주의, 숙청에 기대 투쟁을 시도한 반면, 마오는 대중 갈등 촉발의 위험을 감수했다는 식의 해석도 조야한 해석이다. 나는 문화혁명에 스탈린과 다른 심오한 원천들이 있다고 생각한다.

다. 학생들 사이에 큰 논쟁이 일었고, 각종 이념과 견해가 대자보와 벽보를 통해 봇물 터지듯 터졌다. 이러한 논쟁은 학내 "자유토론"으로 이어진다. 그러나 엄밀히 말해 이러한 자유토론도 마오쩌둥 사상 내부에서 벌어졌다. 청년들은 이 사상을 신뢰했다. 토론의 쟁점은 옛 중국명나라과 서구 문명베토벤을 비난하면서 "마오를 사유"하는 것이다. 이러한 사회적 변화와 소용돌이 가운데 청년 지도위원회와 홍위병 제도가 출현한다. 매우 빠른 속도로 이뤄진 일이다. 1966년 봄, 칭화淸華대학교 학생들은 학내 홍위병 부대를 자발적으로? 결성한다. 8월에는 마오의 허가를 받은 학생들이 붉은 완장을 차고 교정을 가로지른다. 새로운 분위기가 매체와 전파를 타고 중국 전역에 확산되었으며, 이를 기점으로 도처에서 친위대가 결성된다. 학교와 대학마다 대표자들이 뽑히고, 이들은 "강고한" 위원회를 조직한다. 사람들은 "때 묻지 않고 순수한 다섯 계급"노동자, 농민, 군인, 당 초급 간부, 혁명 투사 출신의 청년들만 위원회 대표자로 인정한다. 사람들은 당당하게 이렇게 주장한다. "홍위병 개념은 인민에게서 탄생한 개념이다. 중앙당은 아무런 역할도 하지 않았다." 16가지 결심 가운데 2번째 항목은 분명 옳다. 홍위병의 임무는 1) 마오쩌둥 사상을 촉진, 장려하고, 2) 이 사상에 부합하지 않는 것을 파괴하며, 3) 도처에서 출몰하는 반동분자를 색출, 제거하는 것이다.[205]

홍위병은 "4가지 적대 세력anti", 즉 당, 사회주의, 마오쩌둥 사상, 혁명에 반하는 세력들과의 투쟁 전선에 뛰어든다. 그러나 문화투쟁이 관건이었던 관계로, 이들은 형식, 예법, 일상생활 표현법 등을 공격한다. 이를 파괴해야 할 문화로 지목한 셈이다. 서구식 요리를 만드는 식당에서 난동을 부리고, 빈자들에게 소득을 분배한다는 명목으로 식당 과세를 요구한다. 결혼식 면사포를 없애고, 야회복夜會服을 찢으며, "예식 사진"을 금지한다. 또한 외래어 사용을 배제하고, 재단사를 압박해 양복 제작을 금하며, 불온서

---

205) 홍위병과 관련해, 다음 인터뷰를 참고하라; A. Casella, *Le Monde*, janvier 1967.

적들을 소각한다. 위와 같은 형식들이 대중에게 문화적으로 밀착된 요소들이기 때문이다. 지도부에서는 누구도 엄중한 틀과 규칙을 내세워 홍위병을 구금하려 들지 않았다. 아마도 그럴 필요가 전혀 없었을 것이다. 왜냐하면 홍위병의 행동은 '16가지 결심'과 '소책자' 적서에서 이미 허용된 것이기 때문이다. 분명, 반론도 있었고, 내부 갈등도 심심치 않게 일어났다. 그러나 마오는 홍위병을 매우 탁월한 조직으로 생각한다. 그 이유는 홍위병의 근원, 마오 사상에 대한 충성심이 이들의 실천과 행동의 진정성을 보증했기 때문이다. 심지어 이들의 행동이 궤도를 이탈하는 경우에도, 신화, 권위, 기성 질서를 공격하고, 가치와 전통을 파괴한다는 목표점에서 벗어나지 않는다.

홍위병은 마을마다 숙청위원회를 조직하고 누가 공산주의자에 타당한지 아닌지를 결정한다. 여기에서 본질적인 부분을 짚어야 한다. 공산당은 "전 인민의 정당"일 수 없고, 계급투쟁군의 정당이다. 당이 재결성되어야 하는 이유는 바로 여기에 있으며, 홍위병은 그 재건 사업의 선두에 서야 한다. 홍위병은 제도화 및 성장과 더불어 거대한 대중 조직으로 발돋움한다. 1967년 말에는 그 숫자가 무려 1,000만에 달했다. 이들은 베이징에서 열린 8차례 대규모 집회에서 마오의 승인을 받는다. 홍위병은 중국 전역을 돌아다니며 머무는 마을마다 노동자, 농민과 더불어 토론회를 열었다. 덧붙여 이들은 머무는 곳에서 무상으로 숙식을 해결했다. 이는 과거에 존재하지 않았던 선전 기계, 즉 직접적, 개별적 접촉을 통해 선전 활동을 수행하는 거대한 선전 기계의 탄생을 의미한다. 토론 과정에서 홍위병은 마오의 질서모두가 말하고, 비판하고, 토론할 수 있는 공적 공간, 자유로운 여론 조성의 공간 조성와 사상을 적용했다. 이 과정에서 그 질서와 사상이 확장된다. 그러나 이데올로기 주도권을 둘러 싼 갈등 문제에 국한하며, 홍위병들은 사실상 '전권대사' 역할을 해야 했다. 이들은 이데올로기 투쟁의 당사자였고, 특히 "당 지도

부를 선점한 자들 및 자본주의 노선에 가담한 자들"의 철거반 역할을 맡았다.1966년 8월 8일 16가지 결심

홍위병은 인민의 모든 대적에 맞서 들불처럼 일어났고, 선동과 비방으로 점철된 캠페인 활동을 벌였다. 이것은 혁명의 심리학적 "충격"이다. 홍위병은 사실상 "뇌관"이다. 그 부대 내부에서는 출신 계급과 무관하게 청년들의 우애와 연대가 이뤄졌고, 학생, 노동자, 농민, 프롤레타리아 출신자들은 일심으로 사회주의에 충성했다. 조직이 차츰 구체화되고, 세분화됨에 따라, 이들은 대조직, 부서, 분대 등으로 집단화된다. 이들은 지방, 마을, 대학, 교육센터를 아우르는 전 영역에 포진한다. 거리 시위 외에도, 이들의 프로그램에는 마오쩌둥 사상 학습과 교련이 있었다. 달리 말해, 이들은 매우 엄격한 조직이었고, 그 행동은 매우 요란하고, 고삐 풀린 망아지 같았고, 폭발적이고, 무질서하며, 선동적이었다. 하지만 홍위병의 이러한 행동이 결코 자발적이지 않다는 사실을 놓치지 말아야 한다. 이들은 마오주의 지도부의 기획과 지령을 받드는 자들로서 행동하고 비난하고 극단적 행위를 일삼을 뿐이다. 사실상 홍위병은 완전히 원격조종을 당한 셈이다. 권력 당국은 범죄자의 이름을 벽보에 기재했고, 이어 대중들의 빗발치는 욕설이 난무했다. 이러한 현상은 한 철학교수가 작성했던 최초의 벽보1966년 5월와 함께 시작되었다. 후일 이 교수는 마오의 지시로 중요 보직을 얻는다. 마오는 홍위병에게 범죄자 비방을 멈추고 더 이상 공격하지 말 것을 명한다. 또한 비방하는 방식을 없애 버린다. 1967년 6월 들어 홍위병 활동 축소 안이 가결되었다. 군사조직과 같았던 이 집단의 행동만큼은 혁명적으로 보였다. 그 이유는 '당시' 거리에서 모든 사안에 대해 폭발적으로 분출했던 이들의 모습 때문이었다. 한마디로 반란과 자발성의 시뮬라크르simulacre였다고 할까?

홍위병에서 출발한 이 여정이 3번째 단계에 이른다. 3번째 단계는 대중

속으로의 확장이다. 그 중 특히 노동자가 중요하다. 기폭제 같았던 청년 홍위병은 프롤레타리아 계급 전체를 뒤 흔들어야 했다. 물론 그것은 마오의 목적이기도 했다. 구체적인 문제를 해결하고 "모순들"을 적용하기 위해 '대중 호소'가 필요했다. 여기에서 우리는 '자발적 조직화'와 '계획적 조직화'의 모호성을 재발견한다. 사람들은 포괄적으로 적대적 집단과 계급을 설계했고, 노동자들에게는 주변에 부르주아 대리자들이나 수정주의자들을 찾도록 독려했다. 이름을 세부적으로 명기하지 않지만, 홍위병 활동 시기에 이미 밝혀진 이름들이 대부분이었다! 실명을 거론하지 않은 이유는 대중의 규모를 최대한 확장시킨 후, 비판을 거쳐 반혁명적 요소들과 당 간부들의 오류를 찾아내기 위함이었다. 그 결과 노동자들이 도처에서 자발적으로 들고 일어났다. 사실 이러한 기운은 사전에 준비된 것이었다. 왜냐하면 노동자들은 홍위병이 이미 조직했던 분위기에 편승했기 때문이다. 이 대중 운동은 원하는 목적지에 당도하는 법을 알았던 사람들의 원격 조종을 받았다. 더군다나 1968년 1월 마오주의자들은 공개적으로 대중들의 혁명적 자발성은 수정주의적이며, 비난 받을 주제라고 선언한다. 우리는 이 부분을 은폐할 수 없다. "대중들에게 올바른 사상이 풍성했다면", 그들은 옳은 길을 택할 수 있을 것이다. 자발성에 대한 규탄을 중단하지 않았다는 사실이야말로 이 "고통어린 반항"에서 주목해야 할 부분이다! 구체적으로 말해, 사람들은 단지 이전 세대에 맞서기 위해 청년들을 격분시켰던 것이다. 이는 우리의 판단에 매우 중요한 척도라 하겠다. 이러한 장면의 출현만큼이나 매우 기이한 현상도 나타났다. 청년들은 지령에 따라 공격을 중단했고, 지령을 받은 30세 이상의 장년들도 진흙탕에 빠졌다는 사실을 망각했다. 1967년 9월 30일 베이징 곳곳에 부착된 벽보, 현수막, 대형 걸개그림을 모두 제거하라는 명령이 떨어졌다. 문화대혁명의 표현 그 자체였던 이 선전물을 제거하라는 명령에 사람들은 두말없이 복종한다. 모든 혁명가들이 거리

청소에 나섰고, 분노와 반항의 상징이었던 선전물을 없애기 시작한다. 분노에 타올랐던 분위기는 24시간 만에 잠잠해졌다. 반란 주동자들은 '어떠한 구체적 결과물을 얻지 못했음에도' 마오의 명을 따라 대부분 원대 복귀한다.

이따금 다음과 같은 구체적 결과물도 있었다. 공격의 주 표적이었던 이들이 모두 사라졌다. 먼저 공산당 하급 간부, 부관, 지구당 대표가 사라졌다. 각본에 따라 기획된 '주적'의 해당害黨 행위 정도에서 만족하는 운동이 필요했던 셈이다. 이에 대한 좌절감은 매우 깊을 것이다. 자기 지인들까지 공격했던 혁명가들은 끝장 투쟁을 원했다. 그러나 국가 대표자들의 생각에 가장 많은 공격을 받으면서 실제로 제거된 이들은 바로 "강경파", "혁명파", "비타협파"였다. 문학계의 독재자이자 백화제방 이후 작가와 예술가 숙청 작업을 진두지휘했던 처우 양Cheou Yang은 1966년 이전까지 어느 누구도 탁월한 레닌주의자는 없었다고 말한다. 그는 루카치206)를 늙은 여우같은 수정주의자라 보았고, 적어도 마오주의 지식인의 20%는 루카치의 방법론에 동화되었다고 생각한다. 또한 셰익스피어는 "사회주의적 경험이 전무한 관계로 알량한 인물"207)에 불과하다고 본다. 그러나 1966년 7월 처우 양도 해당파로 몰린다. 그에 대한 참소문은 다음과 같다. "처우 양은 문학과 예술 분야에서 마오가 규정한 노선과 대립했다. 그는 자본주의적, 봉건주의적 예술을 옹호하는 반당 패거리를 비호한다." 언론은 "지주들의 대표, 분파주의적 반혁명가, 변절자와 배신자 채용담당, 늙은 여우, 꽃뱀, 부르주아 계급의 정의를 대변하는 신, 루시퍼"208) 등의 표현으로 그를 평한다.

---

206) 죄르지 루카치(György Lukács, 1885~1971)는 헝가리 철학자이자 공산당원이다. 1919년 벨라 쿤 혁명정부에서 인민교육부 장관, 1956년 헝가리 반소혁명 이후 공산당 중앙운영위원회에서 활동한다. 임레 너지 정부의 수상을 지냈다. 그는 마르크스 사상의 현실화 문제(특히 미학 분야)에 몰두했다.
207) Cf. S. Karol의 책을 참고하라.
208) 다음 글에서 인용: T. Meray, Preuves, 1967.

'처우 양은 하향식 혁명을 원했고, 그 결과 새로운 노선과 대립했다.' 카롤은 이것 이외에 아는 바가 없음을 자인한다. Le Nouvel Observateur, 1966년 9월 그러나 이러한 평가만으로는 불충분하다. 내가 볼 때, 처우 양의 완고하고 비타협적인 성향은 마오의 주형론과 맞물리기 어렵다. 다시 말해, 그의 아집은 인간 재탄생을 주장하는 이론으로 회귀할 수 없다. 결국 그는 극단주의자, 구체제 신봉자로 낙인 찍혀 숙청되는 운명에 처한다.

＊＊＊

마지막으로 마오가 착취했고, 강조했던 최종 모순점, 우리가 당도했던 모순점에 대해 지적하자. 바로 '직접민주주의의 모순'과 '규율의 모순'이다. 위원회 창설과 거대한 대중 소요로 나타난 이 반란은 직접 민주주의, 기층 민중의 결정, 지역민들의 자주적 행동이었다. 문제가 제기될 때마다 "결정권자는 바로 인민이다"라는 문구가 등장한다. 인민에게 부여된 언어는 하나같이 국가 장치, 지도부에 대항하는 언어였다. 그 누구라도 자기 이념과 비판을 게재할 수 있다. 혁명위원회가 어떤 결정을 내리려 할 때, 강령의 적용 여부를 신중하게 통제하는 책임자는 바로 대중들이다. 1966년 10월 "프롤레타리아 독재 하의 민주주의"와 "연대하라 노동자여! 정치, 경제, 문화 권력을 우리 손에 넣자!"라는 구호가 등장했다. 12월에 노동자들은 공장 내부에서 벌어진 대규모 숙청 과정에 자발적으로 참여한다. 조직체도, 방향성도 이들에게 '강제 부과'되지 않았다. 각종 토론위원회가 곳곳에서 결성되었다. 소규모 촌락, 23개에 달하는 혁명적 반란 조직, 공장, 40개에 달하는 직접 민주주의 집단, 이 모든 것은 매우 상식적 표명이었다 반면 직접 민주주의와 마주한 자리에 '훈련'이 있다. 첫째 '내적 훈련', 둘째 '조직화 훈련'이다. 사람들은 극단적 민주주의 체제 l'ultrademocratisme에서 비롯된 태도인 "조직의 비규율성" 문제를 공격하기 시작한다. 비유를 사용하자면, "적의 추적을 피해 산속에 은신하다"일 것이며, 이론 지평에서 말하면, "혁명 세력의 거대 동맹체 형성에 방해가 된다" 정도로 부를 수 있을 것이다.

달리 말해, 이 모순은 개인적 자율성을 통한 '직접 민주주의'와 '엄격한 조직화'다.

엄격하게 조직, 통제되는 집단들 내부에서 이뤄지는 직접 민주주의를 생각해 보라. 반란을 일으키지 않는 것은 곧 '반동'이다. 그러나 우리는 마오의 노선, 집단적 시각에서만 반란을 일으킬 수 있다. 이것은 마오가 실행하려 했던 모순마지막 모순이다. 결국 모든 것은 "거리에서 지배 이데올로기를 출현시키려는" 의지에 이끌렸던 것 같다. 간단히 말해, 혁명은 문화적이다. 왜냐하면 혁명은 대중을 마오 사상의 변증법적 놀이에 돌입하도록 하기 때문이다. 단지 사상 습득으로는 불충분하다. 이론으로 모순들의 체계를 언표言表하는 것도 불충분하다. 사상의 실질적 효력이 작동해야 한다. 그러나 당시 모두가 마오주의자였다. 새로 도래한 이 사회적 비약飛躍은 교리적으로 사상을 체화한 이들과 사상에 대한 "절대 신봉자들" 간의 구별을 낳는다. 원칙상 후자가 승리해야 한다. '필연'이다. 마오는 확신했다. 왜냐하면 교리적으로 마오 사상을 수용한 자들은 결코 마오주의자임을 부정할 수 없기 때문이다. 그들이 문화혁명에 가담하지 않는다면, 위선자에 불과하다는 사실이 만천하에 드러날 것이다. 이것은 레닌과 대면했던 카우츠키[209])의 딜레마와 같다. 하지만 이들 중, 조직화를 추구하고, 질서를 조장하고, 성공과 발전을 구가하려는 각 장치기구들의 지도급 인사들이 있었다. 따라서

---

209) 카를 카우츠키(Karl Kautsky, 1854-1938)는 독일의 정치인이자 제2인터내셔널의 지도자이다. 1910년을 기점으로 사상의 점진적 진화를 이룬 그는 사민주의적 개량주의를 지향한다. 또한 마르크스주의 내부에서 비타협 노선을 견지했다. 레닌은 카우츠키의 주제들을 신랄하게 비판한다. 카우츠키와 레닌의 논쟁에 관하여, 다음 글을 참고하라; 자끄 엘륄, 『마르크스의 후계자』, 안성헌 역 (대장간, 2015), 92-106쪽.

우리는 "이데올로기의 공식 소유자들"과 "경제, 국가, 정당 기구의 소유자들 간의 대결"[210]로 이 갈등을 도식화할 수 있다. 마오 사상의 교리적 틀에 이 갈등을 맞춘다면, 공식은 매우 정확하다. 또한 이 공식은 몇 가지 놀라운 요소를 설명하는데, 이 부분에 관해 나는 차후 설명을 덧붙일 것이다.

***

우리는 문화혁명에서 이해할 수 없는 여러 가지 모순과 만난다. 기존의 분석틀에서 이 모순들을 재고하지 않는 한, 그 마주침은 지속될 것이다. 나는 이와 관련된 3가지 사례를 제시할 것이다. 첫째, 인민의 대적에게 빗발친 참소와 비난의 비일관성 문제다. 특히 류사오치에 대한 참소와 비난이 대표적이다.

그는 "기회주의자", "반혁명가"이며, 옛적부터 반체제 인사였다. 그는 혁명 노선 전체를 공격했고, 인민 공동체에 맞서는 전위대였다. 이상주의에 사로잡혔고, 외부의 적과 결탁했다. 사실성 없는 이러한 공격의 아둔함에 놀랄 필요는 없다. 독자들은 모든 형태의 '인민민주주의'에서도 이와 유사한 모습을 보았을 것이다. 반면 이 비난은 그 자체로 모순 덩어리였다. 류는 주관주의자저서 탁월한 공산주의자가 되기 위하여로 몰려 비난을 받는다. 그 이유는 공산주의자의 자생적 형성론을 강변했기 때문이다. 자생적 형성이란 인간 의식과 연관된 일이 되고 만다. 동시에 류는 당의 질서에 기초해, 공산주의자의 무조건적 복종과 "투쟁가의 맹목성"을 지지했다는 이유로 비난을 받는다. 또한 수정주의자라는 이유로, 혁명의 근간을 흔들었다는 이유로, 개량주의자가 되었다는 이유로 거센 비난에 직면한다. "그와 동시에" 그는 "극좌파", 즉 극단적 혁명가가 되었다는 이유로도 비난을 받는다. 류는 절

---

210) *Internationale situationniste*, II, p. 7.

대적이고 강고한 혁명군을 구축했다. 그는 항상 당 내부의 무수한 공산주의자들에게 타격을 입혔다. 매우 엄격한 사람이다. 류는 "공산당위원회부터 온통 썩은 내 투성이다. 청년연맹, 심지어 기층의 세포조직까지 악취가 진동한다"Le Drapeau rouge, 1967년 3월 30일 당시 류는 강성 극단주의자였다! 사람들은 모순으로 점철된 세계에 살았다. 그러나 체제 모순이 사실로 드러난다면, 이러한 세계는 그다지 중요하지 않다. 빗발치는 비난과 고소는 신화에 불과하다. 류는 '신화화' 211) 과정을 따라, '모든' 모순들을 다 짊어져야 하는 신세가 되었다. 또 이러한 상황에서 우리는 류의 개인적 상황도 읽을 수 있다. 류는 2년간 모든 범죄에 대한 빗발치는 비난에 시달렸다. 3차례나 자아비판을 했지만, 사람들은 그를 혁명의 장애물로 여겼다. 수백만의 청년들이 류를 성토하는 시위를 벌였지만, 류는 여전히 인민공화국의 수장이었다. 나는 이 상황을 매우 단순하게 말할 수 있다고 본다. 당시 사람들은 갈라서기 쉬운 두 권력 집단과 마주했다. 양측의 세력 균형이 이뤄졌다면, 아마도 중국의 내전시민전쟁이 벌어졌을지도 모른다. 그러나 내전은 없었다. 류를 납치하거나 암살하는 편이 훨씬 수월했다. 아니면, 고삐 풀린 망아지인 홍위병을 내세워 주석궁 점거 농성을 펼치는 편이 나았다.

거대한 이 운동의 말미에 류는 실각한다. 1968년 10월 1일에 발표된 새 지도부 명단에는 류의 이름이 없었다. 사실 그는 1967년부터 이미 새 지도부 선정에서 배제된 상태였다. 그럼에도 여전히 인민공화국 수장은 류였다. 10월 10일 선언에 따라 류의 실권 행사는 불가능했다. 이에 사태 주도권이 중요 논제로 부각한다. 10월 13일에서 31일까지 당 중앙위원회는 류의 탄핵정부과 축출당을 논한다. 그러나 이 논의의 시기는 11차 운영위원회

---

211) 역사가들에게 익히 알려진 부분에 비견되는 표현이다. 예컨대 모세에게 부여된 모든 (율)법이 모세 자신에게 귀속되지 않는다. 그러나 모세가 그 자체로 '신화적 입법자'(législateur mythique)라는 틀에서 보면, 분명 (율)법 전체가 그에게 속한다.

가 문화혁명의 종말을 선언한 시기와 일치한다. 따라서 결과물 도출에 무려 3년이 소요된다. 우리는 이 기간을 다음과 같이 설명할 수 있다. 3년은 류를 변호하는 기간이 아니라, 문화혁명의 강도, 열정, 고양을 유지할 목적으로 그가 필요했던 기간이다. 문화혁명의 목표가 결국 류의 퇴진과 동일시되었던 셈이다. 류와 함께 고소된 자들도 예외가 아니었다. 이들은 갖은 폭력에 시달렸다. 그러나 차후 재발탁 되어 공식석상에 모습을 드러낸 인사도 있었다. 외무부 장관 천이Chen Yi는 6개월 동안 폭력에 시달렸지만, 1967년 9월 30일부터 공무에 복귀해 국가의 모든 행사에 참여한다. 공산당 상무위원직을 맡았던 주더Chu Teh 원수, 국무원장 천윈Chen Yun, 창궈화Chang Kuo Hua 장군, 농림부 장관 탄첸린Tan Chien Lin도 1967년 5월을 기점으로 모두 복귀한다. 이를 문화혁명의 노선 변경이라고 말할 수 있는가? 분명 불가능하다. 그렇다면, 개선이나 자아비판이라 부를 수 있는가? 대대적 공세를 가한후, 사실상 그것도 불가능하다. 이들은 단지 맛보기 재료일 뿐이다. 대중의 분노와 반란을 수렴해야 하는 화신이자 촉매제인민이 만족하지 못했던 영역에서로 지정, 활용되었을 뿐이다. 결국 이들의 자리는 모두 보전되었다. 그러나 사람들은 그들에 맞서 실제적인 성과를 전혀 내지 못했다. 문화혁명은 인민을 전위대에 세우기 위한 표면적 메커니즘이다. 그러나 본질상 중요한 부분이 있다. 곧 모순의 화신이었던 자들의 자리는 요지부동이다! 놀이와 실습 훈련에 이들은 꼭 필요하다.

　문화혁명에는 다양한 "노선"이 있었다. 예컨대 1967년 2월에는 비주류 세력의 반혁명 운동이 일어났고, 6월에는 과격파의 광폭 행보가 뒤를 이었다. 1968년 2월에는 우파 세력이 궐기하기도 했다. 도비에와 에스맹에 따르면, 폭력, 학살, 무질서, 장벽 설치 등은 비주류 우파나 좌파의 소행이었다. 즉 마오의 신봉자들은 언제나 현명하고 정중하고 평화적이었고, 공격자들에 대한 정당방위 수준에 그쳤을 뿐이다! 따라서 난점은 이러한 일련의 시대적 흐름을 해석하는 방법에 있다. 도비에는 다음과 같이 해석한다. 문화혁명은 숨어 있던 반마오 세력들의 실체를 드러내야 했다. 그들은 이미 배반자요, 반혁명 분자이며, 혁명에 가담하는 것처럼 위장했을 뿐 불순한 자들이다. 오히려 나는 사나울대로 사나워진 한 정통주의자가 문화혁명을 주재했다고 생각한다. 기층 민중, 학생, 농민, 노동자가 각각 독립을 선언하고, 자발적 폭력을 통한 방향 설정이 이뤄지자마자, 행동 전개에 관한 매정한 교정 작업이 벌어졌다. 과거 이 집단들에게 "모든 것을 공격하라! 너희가 하고자 하는 모든 것을 하라!"는 메시지를 전달했던 자가 실제 행동을 전개하려는 찰나에 냉정하게 칼을 댄 꼴이다.

마오가 연속적으로 정리한 질서에서 나타나는 모순도 이와 동일한 형태다. 극심한 대조를 보였던 이러한 조작적 활동에 대한 3가지 사례를 들어보자. 분노로 이글댄 여름을 보낸 후, 1966년 10월을 기점으로 사태의 방향 전환이 일었다. 즉 사회 질서를 새롭게 잡아야 하는 상황이 되었다. 당 간부들은 '기계 복구'에 침묵했다. 간부들과 대중들은 각자의 작업장으로 복귀해야 했다. 결국 소요는 잦아들었다. 그러나 상황은 오래 지속되지 않았다. 같은 해 12월에 벽보를 통한 자유 발언이 이어졌고, 표현의 자유와 관련된 투쟁이 전개되었다. 1967년 1월에는 벽보로 악의적 선전을 유포하는 자를 처벌한다는 내용의 공고문이 붙는다. 통제권 발휘 베이징에서는 벽보 부착이 금지되었다. 수정주의자에게 가한 갖은 모욕과 비방으로 극단적 폭력의 빗장이 풀렸다. 1967년 2월에 구호는 "모두를 사냥하지 말자!", "찾을 수 있는 것만 되찾자!"로 바뀐다. 마오 세력은 철 지난 일이라는 이유로 홍위병 조직화 작업도 금하며, 완화와 절제로의 회귀를 선언한다. 그러나 2개월 후 4월, 군중은 다시 폭발한다. "프롤레타리아와 부르주아 계급의 최종 투쟁이 도래한 순간이었다" Le Drapeau rouge 군대식 조직화, 사열, 대중 격문이 재등장했고, 류와 천이212)의 퇴진을 요구하는 집회가 열렸다. 당시 온건 노선이라는 이유로 저우언라이213)도 공격 대상이 되었다. 더욱이 반항적 성격이 강했던 혁명위원회와 해산되었던 홍위병이 재건되었다. 대중으로 회귀할 필요가 있었다. "혁명적 대중들이 문화혁명의 참 스승이다"Journal de l'armée, 4월 4일 그러나 2개월 후6월, 홍위병 활동에 새로운 제동이 걸린다.확성기 제거 등 그러나 1967년 7월 베이징에서는 류사오치에 반대하는 새로운 대중선전이 등장한다. 류를 성토하는 내용을 골자로 한 원형 게시물, 현수막이 등장하고, 도처에서 그의 퇴진을 요구하는 청년 모임이 조직된다. 1967년 9월에 베이징에서는 모든 벽보가 사라진다. 그러나 12월에는 격노한 대중들이 폭력적으로 돌변해 거리로 다시 뛰어 나왔다. 문화혁명의 파르티잔을 억압하고 최초 계획으로 회귀한 자들을 남김없이 제거해야 했다. 1968년 1월에는 새로운 전환 국면에 돌입해, 베이징에서 활동하는 잡지, 신문의 공공장소 판매가 금지된다. 잔혹한 검열의 시작이었다. 1967년 4월에 약 200여개에 달했던 언론 활동지는 1968년 1월 들어 20여개로 줄었다. 홍위병에게 더 이상 마오의 초상화나 표지 판매권이 없었다. 사람들은 "홍위병이 큰 목소리를 내던 시기는 과거 일"이라 선언한다. 일각에서는 저우언라이를 중심으로 한 완화책의 승리와 극좌파의 해체로 이 현상을 해설한다. 내 시각에 그것은 합리적 시각이지만, 동시에 부정확한 시각이다. 왜냐하면 1968년 4월에 극좌파가 권력을 재탈환하기 때문이다! 이것은 온건파에 보내는 새로운 해임 통고문이며, 새로운 갈등의 출현이다. 이 모든 것이 마오의 비호를 받

---

212) 천이(1901−1972)는 중국의 군인이자 정치가이다. 1949년에서 1958년까지 상하이 시장을 지냈다. 1955년 마오쩌둥은 그를 원수로 진급시켰고, 이후 외교부상에 임명한다. 1965년 류사오치와 연대해 문화혁명 비판 노선에 가담한다. 권력과 거리를 두었으나 관료직은 유지했다. 그러나 직함만 남았을 뿐, 더 이상 직위에 준하는 실권 행사는 불가능했다.

213) 저우언라이(1898−1976)는 마오쩌둥의 최측근 인사였다. 1949년에서 1959년까지 외교부장을 지냈고, 1949년에서 사망 전까지 총리직에 있었다. 마오에 대한 지배력을 발휘해, 그의 정치적 과잉을 완화하는 데 초점을 맞췄다.

았다! 독자들은 중앙위원회에서 급속도로 확산된 '질서'와 '반질서'를 확인해야 한다. 2-3개월 주기로 다른 노선이 주류를 이뤘다는 말은 사실이 아니다. 오히려 그 현상은 다음 내용과 관련된다. 대중에게 쉼 없이 군대와 규율에 대한 엄격한 복종을 강요하기 위해 조작을 단행하고, 이를 통해 주요 지점을 타격, 점거, 공격하는 게릴라 활동, 이데올로기로 무장한 게릴라 활동이 중요했다. 한 국가의 규모에 맞춘 "의지 세공 활동"l'essai de façonnage de volonté이며, 과거 예수회의 방법과 대동소이하다. 결국 어떠한 결과물도 도출하지 못하는 놀이, 각본에 따라 시연된 발레 공연과 다르지 않다. 왜냐하면 폭력을 수반한 과격파가 중앙위원회 정치국 자리를 모조리 차지했기 때문이다. 즉 자리 배치만 달라졌을 뿐이다! 문화혁명은 혁명을 향해 진일보한 대중들의 손과 눈을 조련하기 위해 전술한 2가지 이론을 적용했던 사회 현상이다.

'따라서' 단순히 자발성 문제에 머물기 어렵다. 한 편, 이렇게도 말할 수 있다. '이들은 중국의 청년들을 사전 계획에도 없는 싸움에 끌어 들였다. 마오는 대중 운동 주창자가 아니다. 오히려 그는 청년들을 능수능란하게 다루고, 사익에 부합하는 곳으로 이들을 견인하는 데 성공한 인물이다. 대중 선전용 벽보들은 공식적으로 표방한 진리나 학설에 부합하는 진리를 결코 설명하지 않으며, 외부에서 유입된 진실도 표방하지 않는다. 소수의 활동가들이 자발적으로 문서를 작성했을 뿐이다.' 나는 이를 현실과 거의 맞닿은 설명이라 생각한다. 우리는 이 운동이 상당한 시일을 거쳐 기획된 운동, 사전에 준비된 운동이라는 사실을 확인했다. 혁명 부대들이 기존에 구축된 질서에 복종했던 사실도 안다. 이들이 전 국토를 다니며 다양한 혁명 세력과 접촉할 수 있었던 배경에는 대중 선전이 있었다. 지방의 행정기관은 이들에게 차량, 열차, 숙식을 제공했고, 마오는 선전 벽보와 관계된 4가지 규칙을 부여했다. (1) 큰 충격을 낳을 수 있도록 선전할 것, (2) 과격한 표현을 사용할 것, (3) 대형 그림을 사용할 것, (4) 논쟁을 딱딱하게 전개할 것. 과연 우리는 자발성을 어떻게 이야기해야 하는가?

문화혁명 운동의 특징과 관련된 마지막 예시를 확인해 보자. 사람들은 이 운동을 허구 소설 정도로 생각할 수도 있을 것이다. 즉 현실 세계의 운동이 아닌 이미지 세계의 운동으로 생각할 것이다. 이전 시기의 활동과 마찬가지로, 새로운 모순이 정기적으로 이어졌다. 옛 활동을 포괄하는 이 모순들에 따르면, 어떤 경우 적은 이미 패퇴했다. 끝난 싸움, 상대가 전의를 상실한 싸움이다. 그러나 또 다른 경우 적은 매우 무섭고, 위협적이며, 전능하고, 모든 것을 위험에 빠뜨리는 존재다. 1966년 1월 상하이는 반혁명 노선을 표방한 압제자에게서 해방된다. 그러나 2월에 모든 것이 바뀐다. 반혁명 세력의 대규모 반격이 있었다. 1967년 1월의 대립 상황은 "붕괴의 표시"였다. 마오와 대립한 과격파는 "소수" 반동 세력으로 구성되었을 뿐이다. 류사오치는 '종이호랑이'에 불과하다. 1967년 4월

그러나 1967년 7월 중국의 언론은 일제히 "류사오치의 반격 의지"를 논했다. 10월에 류는 지역을 피로 물들인 이단아들의 수괴로 지목된다. 당시까지 류는 여전히 강자였다!

1967년 11월 "반혁명을 기치로 내건 세력에 가담하는 자들의 수가 현격히 줄었고, 보수 진영의 고립은 멈추지 않았다." 그럼에도 1968년 7월 「인민일보」는 류사오치와 공산당 서기장 덩샤오핑이 이끄는 계급투쟁 적군敵軍과의 저항을 소탕할 목적으로 폭력 사용을 촉구한다. 언론은 이들의 죄가 나열된 항목을 갱신불과 2년 6개월 만에!하고, 이들이 부르주아 계급 독재를 건설하려 한다고 맹비난한다. 또한 이들이 선동한 태업, 갈등, 싸움을 지적한다. 물론 허점투성이다. '이미 패한 세력이다, 아니 가공할만한 대적이다'와 같은 평가가 주기적으로 등장했다.

이러한 조건들을 토대로 우리는 다음과 같이 말할 수 있다. 문화혁명에는

상호 조건을 이뤘던 2가지 요인과 이중 목적이 있었다. 첫째, 혁명기 당시 쟁점은 날이 무뎌지고, 경직되고, 틀에 박힌 조직으로 변모한 혁명을 저지하는 것이었다. 과연 영구 혁명은 가능한가? 사건의 실현 가능성은 반란의 강림降臨, 반란 정신이 불어넣는 활력에 달렸다. 혁명에 또 다른 혁명을 재생산하는 것은 바로 반란이다. 류는 혁명 조직을 대표했고, 마오는 혁명을 질식사시키는 조직을 저지하기 위해 이데올로기적 질문을 제기했다. 수정주의자 박멸을 기치로 내건 반란의 불길은 부르주아의 잔재를 남김없이 태웠다. 첫 번째 요소에 상응하는 두 번째 요소는 '인간 자체의 혁신'이다. 즉 반란 정신이 인간의 총체적 변화에 확실히 구현되지 않는 한, 이 정신은 결코 생산될 수 없다. 인간이 자기 본성의 본질적 수준에 도달하는 정도의 전환conversion으로 제도 자체를 바꾸지 않는 한, 그리고 제도를 활용하지 않는 한, 사회 제도들의 혁명적 변혁은 요원할 것이다. 구체적으로 밝혀야 할 부분이 있다. 과연 문화혁명은 그 목표에 도달했는가? 문화혁명의 실질적 결과는 무엇인가?

3. 혁명의 성공에 관하여

무엇보다, 유사한 계획의 성공 혹은 실패를 통해 파악 가능한 것이 무엇인지를 물어야 한다. 이를 2가지 관점으로 분석할 수 있다. 첫째, 마오가 문화혁명에 부과했던 목표들을 분석할 수 있다. 물론 공식적으로 밝힌 목표와 은밀하게 추진했던 목표를 구분해야 한다. 둘째, 우리가 기술 사회에 필요한 혁명이라 부를 수 있다고 생각하는 것과 문화혁명의 관계를 분석할 수 있다. 우리는 새로운 노선, "다른 것", 과거에 결코 보지 못했던 사회, 기존 도식에 재차 돌입하는 사건 등을 낳는 '현실'을 직시하는가?

마오는 오늘날 만인을 위한 혁명이 재차 필요하며 국가가 그 혁명을 지도, 인도할 수 있다고 믿는 데 존재하는 불합리성을 확실히 이해했다. 혁명 상태를 지속하려면, 반란을 통한 지속적인 교정과 갱신이 필요하다. 반란은 혁명에 새바람을 불어 넣어야 하며, 혁명을 재가동시켜야 한다. 중국 공산주의자들의 분파를 수정주의라 맹비난하는 마오의 입장도 사실은 계략이다. 공산주의자들은 수정주의자가 되지 않았으며, 혁명 안정론에 반대하면서 혁명의 재연을 원했던 인물은 바로 마오다. 이는 혁명에 대한 충심이 가득한 간부들과 주동자들의 반향을 야기했을 뿐 아니라, 농민과 노동자의 격렬한 반대로 이어졌다. 우리는 문화혁명이 물질을 두고 농민과 폭력적 갈등을 겪었고, 노동자 계급 분열을 선동했다는 사실을 잊지 말아야 한다. 무장 부대 조직, 인민 공유지 점거, 코뮌 해산, 상명하복식 노동 거부, 홍위병과의 갈등, 생산품 운송 거부, 투자 자금 분배 등을 통해 농민들은 지속적으로 문화혁명 운동에 적개심을 표했다. 1967년 11월 23일 중앙위원회는 '농촌을 정화하라'는 명령과 더불어 농민들을 규탄하는 문서를 작성한다. 군의 개입과 억압은 멈추지 않았다. 그것은 농촌 인력을 대체하고, 대신 군이 그 곳에서 일하는 정책의 일환이었다. 전반적 상황을 고려해 1971년 사람들은 다음과 같이 결론을 내린다. Guillain 농촌 지역에 할당된 문화혁명의 지분은 미미했다. 노동자 계급 분열에 더 큰 지분이 있다. 물론 문화혁명에 비판적이지 않은 예찬론자들은 음모론이다 혹은 분파주의자와 특정 파벌이 벌인 대중 선동이다고 말한다 홍위병의 공격을 받은 조합들이 저항의 중심지가 된다. "자본주의의 지도를 받는다는 이유로 조합 연맹이 해산된다 경제적 요구 사항을 가감 없이 표현하고 이기적으로 사익만 추구하는 오류에 봉착한 노동자연맹에 대한 근본적 개혁이 필요했다. 이 싸움은 전 영토에 퍼졌고, 3년간 지속된다. 마오는 노동자 계급의 연대를 쉼 없이 호소한다. 1968년 '12가지 지침'과 같은 해 8월의 '지령'은 노동자 계급에 대한 경고, 노동과 연대에 대한 호소를 포함한다. 노동자 반란사람들은 진짜 노동자 군대를 말할 수 있었다은 분명 "비적대적 모순들"의 도식에 빠지지 않는다. 마오의 혁명적 쇄신 활동에 가장 적대적인 세력은 바로 노동자 계급이다. 이 상황에서 가장 필요했던 것이 바로 '억압' repression이다.

폭력과 억압 없는 문화혁명, 우정과 설명에 근간한 문화혁명에 관한 이야기도 있다. '숙청 작업은 전혀 없을 것이다. 사망자들은 단지 정치적 계파 싸움 중에 벌어진 우발적 사건일 뿐이다. 그들은 자발적으로 봉쇄, 방어전에 나섰기 때문이다.' 육체노동을 "주 과목들"로 편성해 재교육을 실행할 것이다. 정치적 갱생을 목표로 "5월 7일 학교"가 문을 열었다. 군이 통제하는 이 학교에는 노동하는 몸 천지였다. "개혁"은 그 자체로 "자유로울" 때, 우리는 개혁을 "재분류"할 수 있다. 즉 개혁이 "진정한 마오주의"로 회귀했다는 근거를 제시할 수 있을 때, 우리는 이 개혁을 재평가할 수 있을 것이다. 안타깝게도, 히틀러의 집단수용소1939-1945는 노동을 통한 갱생을 추구했던 이 수용소나 스탈린의 수용소와 '결코' 다르지 않다. 우리는 이를 너무 잘 알고 있다. 나는 스탈린의 집단수용소1946에 관해 말한 적이 있다. 마찬가지로, 나는 "노동을 통한 재교육"을 활용하는 정치 체제와 이 체제를 활용하는 사람들 모두가 유유상종이라고 말하고 싶다. 문화혁명기, 그리고 문화혁명 이후, 가장 극심한 억압이 이어졌다. 증거는 많다. 일단 마오의 적대세력을 제거해야 했다. 1967년 9월 5일, 중앙위원회는 노동자 군대에게 적대자란 적대자는 모조리 태워 죽여도 좋다는 명령을 내린다. 공개 비난을 받은 자들의 자살이 전염병처럼 퍼졌고, 셀 수 없는 인사들의 투옥이 이어졌다. 당은 그대로 와해되었다. 마오는 다음과 같이 썼다. "혁명은 경축연이 아니다. 문학 작품, 그림, 십자수 따위로 혁명을 일으킬 수 없다. 고요한 혁명, 우아하고 세련된 혁명, 감미롭고 상냥한 혁명, 정중하고 신중한 혁명, 영혼의 관대함이 묻어나는 혁명은 세상 어디에도 없다. 이런 것으로는 혁명을 완수할 수 없다. 도리어 혁명은 봉기이며, 폭력적 행동이다."
허난 성의 농민 운동이 출처였던 이 정식은 문화혁명 기간에 마치 가장 현실성 높은 문구인양 무수히 인용된다.214)

그러나 이러한 억압은 문화혁명의 걸림돌을 나타낸다. 왜냐하면 결국 문화혁명은 폭력을 통해, 중앙 권력에서 발산한 강제성을 통해서만 성공할 수 있었기 때문이다.

한 걸음 더 나아가, 우리는 여러 성공 사례를 기록해야 한다. 도비에는 그것을 승리라 평한다. 에스맹은 군대와 당의 혁신, 대중들과의 새로운 관계 창조국가 기관들에 대한 혁명화 작업에서 본질은 바로 대중들과 관계를 맺는 데 있다. 차후, 구조들을 혁명적으로 전복하는 작업이 대중들과의 관계에 적용될 것이다, 과격파의 정신에 대한 대중 정신의 승리를 강조한다. 기엥은 1971년 '르몽드'에 "문화혁명 이후의 중국"La Chine après la révolution culturelle이라는 제목으로 발표한 평가서에서 성공의 다양한 측면을 강조한다. 그 내용을 소개하면 다음과 같다. 갈등 국면에 불어 닥친 위기의 순간이 지난 후, 중국은 경제적으로 약진했고, 인민들의 물적 조건도 상당히 개선되었다. 후폭풍을 벗어난 뒤, 삶의 수준은 높아졌고 경제적 회복세로 돌아섰다. 이들에게 강력한 동기가 있었기 때문이다. 인민들은 악착스럽게 일했고, 곳곳에서 소규모 공장들이 확장되었다. 수확량혁명 기간에도은 매우 높았고, 중공업을 포함한 생산 전 영역의 지속적 성장세가 두드러졌다. 분배는 개선되었고, 상점들은 생필품 보급을 재개했다.

---

214) [구]소련의 주간지 '가제타'(Literatournzaya Gazeta)는 1969년 8월 27일자 기사에서 1955년에서 1965년 사이 중국에서 2,500만 명이 처형되고, 3,000만 명이 추방되었다고 주장한다. 더불어 문화혁명 중에도 200만 명이 죽었다. 물론 우리는 이를 선전(propagande)이라 말할 수도 있다. 그러나 나는 일말의 개연성과 함께 다음 사실을 확인할 수 있었다. 선전을 통해 사람들이 적대자에 대한 분노와 유감을 표했던 사실 대부분이 정확하게 보존되었다.(부정적 선전은 더욱 정확한 사태에 기초하며, 긍정적 선전은 보통 상상력에 의존한다) 반면 중국의 한 신문(Singtace)은 다음과 같이 주장한다. '대립각을 세웠던 지도자들은 모두 수도 주변의 마을에서 감시를 받으며 살았다.'

그러나 문화혁명을 성공작이라고 결론 맺는데 있어 중요한 문제는 경제 성장곳곳에서 생산의 불길이 타오른 여부가 아니다. 오히려 경제 성장 과정에서 그 목표에 도달했는지가 중요하다. 즉 이기주의를 대체할 수 있는 헌신과 희생정신이 쟁점이다. 즉 이데올로기적 동기에서 경제적 동기까지 아우르는 인과관계로 기능하는 '대체' substitution가 중요하다. 그러나 사랑에 대한 마오의 형식적 선언과 사상적 영감을 뛰어 넘어, 경제 체제는 전혀 바뀌지 않았다. 급여 인상, 소비 상승, 차등 급여 유지1급에서 5급까지, 상여금 제도의 발전이것은 내 추측이다, 사유지 분배 등과 같은 현상이 두드러졌다. 1970-1971년에 걸쳐 마오가 사익 추구에 대한 전쟁을 재개했던 사실에 비춰보면, 사실 그 감소율은 매우 미미했다. 일반적으로 강조되는 문화혁명의 2번째 성공 요소는 교육 민주화다. 노동자, 농민, 그리고 이들의 자녀들 가운데서 학생을 뽑았고, 육체노동자에게 우선권을 부여했다. 대학생과 교수는 공장에서 연중 일정기간 일해야 하며, 그에 따른 평가도 받았다. 대학 의사결정기구에 노동자들이 참여했고, 지식인이라는 이유로 지식인에게 부여된 특권도 금지했다. 그러나 대학 입학 선별 기준이 매우 엄격했다는 점, 그것이 학적 기준이 아닌 정치적 기준이었다는 점에 주목해야 한다. 우리는 2가지 특징을 발견한다. 첫째, 대다수 고등교육기구는 폐쇄 상태를 유지했다.40곳이 넘는 교육기관이 있었던 베이징에서 1970-1971년에 재개방한 교육기관은 10곳이었다 고등 과학과 기술이 아직 시급한 문제가 아닌 나라에서는 충분히 납득할 수 있는 부분이다. 둘째, 이런 상황에도 불구하고 일부 대학과 연구소예컨대, 신장지구는 혁명기에도 어떤 피해나 갈등을 겪지 않았다. 경쟁적 훈련, 석차, 시험, 지적 경쟁을 거친 입학 등은 그대로 유지되었다. 이것은 중국이 활용할 수 있는 것에 초점을 맞춘여전히 극소수이지만 기술 분야의 전문성을 갖춘 과학자와 기술자를 준비하기 위한 방책이다. 사람들도 인정하는 바, 문화혁명 운동은 형태상 '과학적 연구' 와 '지적 탐구' 의 필요에 모순된 것처럼 보인다.

마지막으로, 사람들은 관료주의, 기식寄食, 행정적 경화, 자리와 위치에 혈안이 된 관료 행태, 출세욕에 맞서 획득한 성공작을 과감히 밀어붙인다. 그것은 공장기업 운영에 참여한 노동자가 살아있는 제도로 탈바꿈함에 대한 민주주의의 승리였고, 무엇보다 당에서 이뤄낸 승리였다. 해산 이후, 당은 1969년 4월 제9차 회의를 기점으로 재건되었다. 회의 중단 13년 만에 '재개'되었다는 것이 이미 혁신nouveauté이다. 제9차 회의는 민주주의 중심의 원칙을 재확인했고, 관료적인 당 기구를 없애고, 인민 정당으로 곧추서는데 전력을 다했다. 당 구성원과 권위자의 특권은 금지되었고, 관료들도 공장과 농촌에서 노동자와 농민으로 일하는 '순환 노동'에 에누리 없이 참여했다. 평등과 민주주의가 거둔 승리였다. 그러나 이 모든 것이 현존하는 최고 권위자의 복심腹心에 따라 이뤄졌다는 점을 강조할 필요가 있다. 제9차 회의는 "마오쩌둥 정당"의 임명을 따라 지명된 대표자들로 구성된 회의였지, 애당초 선거를 통해 선출된 대표자들의 회의가 아니었다. 선거 원칙 자체를 재고해야 했다. 적기는 선거에 대한 맹목적 신앙은 보수주의에 속한다고 지적한다 차후 모든 것은 당의 협력과 지시를 통해 이뤄질 것이다. 당은 '마오의 사당私黨'이 되었고, 군은 당의 요직을 점했다. 숙청은 끝없이 일어났고, 항구적일 것 같았던 위원회도 더 이상 4인 체제로 구성되지 않았다. 혁명을 예찬하는 저작물에서, 사람들은 중앙위원회 인적 구성의 2/3가 바뀌었다고 강조한다. 이 중 40%는 군사 전문가, 특히 핵무기 전문가였다. 그러나 나는 다음 사실을 강조한다. 정치 관료는 여전히 요직이었으며, 결코 신진 인사들로 구성되지 않았다. 특히 이들 관료 대부분은 "연장자들"이었다. 어떤 젊은이도 정치 관료 사회에 발을 딛딘지 못했다!

회의 준비 자체가 숙청의 시작이었다! 15개월에 걸쳐 대대적인 조사를 벌였기 때문이다. 1968년 1월 1일은 당 재건을 선언한 날이다. 전 당원이 빠짐없이 조사에 응했다. 조사 내용에는 당원들의 직업과 개인사가 포함되었고, 이들의 이념을 분석하고 은폐 가능성 있는 오류를 유도하기 위해 "공개" 검증 절차도 추가되었다. 이 조사는 혁명적 비판과 연관된 주제들에 대한 공개적 가담 여부를 포함했고, "양심과 의식에 대한 시험"이기도 했다. 이 시험에는 "스스로 생각하는 법을 습득하라"라는 달콤한 표현이 붙었다. 결국 혁명 조직원들이 입당한다. 그러나 숙청의 목적은 '보충'이었다. 출당 처분을 받은 인사들은 "투쟁 – 비판 – 변형"의 과정을 겪어야 했다. 투쟁은 문화혁명, 비판은 정화, 변형은 재주조를 뜻한다. 기엥의 보도에 따르면, 1%에 해당하는 당원약 20만이 범죄 혐의로 법적 처벌을 받았고, 5%는 당에서 완전히 배제되었다. 그러나 20%는 여전히 공무원직을 유지했고, 약 75%는 소위 '재주조' 과정을 밟았다. 따라서 내부에서 재건, 보충된 당원들, 익히 알려진 대중 압박과 재교육을 수단으로 새롭게 형성, 구현된 의식과 이데올로기를 수반한 당은 민주주의 정당이 될 수 있다.

따라서 애당초 문화혁명이 품었던 목표들과 비교했을 때, 지금 이 혁명의 성공은 논의의 여지없이 명백하지만 치명적인 장애도 있었다. 동시에 문화혁명의 성공은 혁명의 원칙들을 스스로 부정한 것과 마찬가지였다. 나는 감히 이렇게 평가한다. 덧붙여, 우리는 혁명의 성공을 과대평가하지 말아야 한다. 왜냐하면 1970년부터 문화혁명을 비판하는 주제들이 되살아나기 때문이다.

1969년 말 "혁명적 비판"을 재개할 필요성이 대두되었다. 동시에 아나키즘, 수정주의, 자아주의, 복수 지도 체제에 반대하는 구호들을 재차 선포해야 할 필요성도 제기되었다. "변절자와 첩자에 연루된 자들, 자본주의 신봉자들"에 대한 비난과 "극단적 민주화에 맞선 투쟁", 복고주의를 표방한 분파주의에 반대하는 노선 투쟁 등이 요구되었다. cf. Le Quotidien du peuple, Le Drapeau rouge, 8월, 9월, 10월 최종적으로 문화혁명의 결과물이 무엇인지를 자문해야 한다. 왜냐하면 변화는 전무한 채, 옛 문제들이 다시 도래했기 때문이다. 1970년 8월, 사람들은 지속적으로 반反경제주의를 표방하는 구호를 외쳤고, 행정 절차 일체에 맞서 관료주의를 성토했다. Le Drapeau rouge 1970년 10월 「인민일보」의 한 기사는 대학과 노동계의 연대를 "시도"해야 한다고 주장한다. 사람들은 '개혁'의 밑그림에 불과하다는 점, 과학적 수준이 매우 낮다는 점을 인정한다. 결국 자아주의를 반대하고, 고행을 지지하는 선전 구호와 활동이 재개되었다.

이렇게 자문해 볼 필요가 있다. 과연 문화혁명은 효과적 결과물을 확보했는가? 혹시 선전 구호들이 의미를 상실한 것은 아닌가? 혹은 문화혁명 활동의 의의가 있는가? 매우 허약한 결과만 얻지 않았는가? 이렇게 자문하는 이유는 2번, 3번, 10번의 문화혁명이 필요할 것이라는 마오의 말 때문이다. 또한 혁명의 의의와 결과가 마오의 이러한 선언 배후에 은폐될 이유가 없기 때문이다. 확실히 인간 재주조 작업은 끝나지 않았다. 그러나 쟁점은 문화혁명을 위해 고착된 목표들에 산재한 불안 요소들이다. 사실상 마오는 '같은 것'을 10번이나 재개再開할지도 모른다고 말한 셈이다. 이런 생각을 피할 길이 없다.

***

그러나 국가와 기술에 대한 "필연적 혁명"과 비교해 문화혁명을 고려해야 한다. 사람들은 입이 닳도록 문화혁명이 심오한 차원에서 국가 권력과 관료주의 권력의 감소를 견인했다고 말했다.215) 그러나 문화혁명에서 등

---

215) 우리는 본의 아니게 명확한 기사, 연구논문을 참조하는 데 그친다.(다음 자료도 참고하라; Cl. Julien, « Écouter la Chine », Le Monde, février 1972) 이 글에서 쥘리앙은 도처에서 이미 언급된 것을 반복했다. 더군다나 새로운 혁명적 삶을 찾도록 유도했던 관념론에 다시 빠졌다.

장한 모든 것은 강고한 중앙집권화 운동을 입증하는 것처럼 보인다. 마오의 현존이 절대적이고 일사 분란한 독재를 소환한 것은 과연 타당한가? 사실상 그것은 인간에게 드리는 '공중 예배'이다. 모든 문서들이 마오를 공산주의, 중국, 혁명, 인민과 동일시한다. 마오와 대립하는 것은 바로 혁명, 공산주의와 대립하는 것이다. 마오의 웅지는 완벽하다. 이제 혁명에는 마오의 인격과 다른 어떤 지시체도 존재할 수 없다. 우리가 부여하려 했던 정당화 작업과 무관하게, 정치 기구와 이 기구가 작동하는 장소에서 한 인간이 어떤 역할을 맡을 때 관건은 국가 권력 강화를 내포한 '힘', 즉 '독재'다. 특히 독재는 복수 지도 체제에서 벌어지는 갈등 상황에서 가시화되었다. 바닥에서 이룬 혁명이라는 세간의 평가가 나돌았을 때, 순진한 사람들은 이를 '정치적 의사결정의 중심부에 다양한 사람들의 참여를 전제한 창조적 혁명'이라고 믿었다. 감당하기 힘든 이단이었다. 사람들은 "대중들이 원하는 것을 하라. 대중들도 그것을 바란다"라고 말했던 류사오치의 지지자들마저 고소했다. 이러한 상황과 마주한 사람들은 일종의 이념 심판을 목도한 셈이다. 즉 지역 권력들의 다양성과 기층 민중의 자율성에서 비롯된 '탈脫중앙집권화' 이념에 대한 심판을 보았다. "근자에 더 이상 '중앙당'을 거치지 않고, 총리에게도 행동 권유를 요구하지 않는 소규모 집단들이 형상되었다"Kang Scheng, 1967년 9월 1일 이러한 스캔들로 빈축을 산 "복수 지도 체제"는 더욱 거센 비난을 받는다. 이러한 경향은 기층 민중의 자율성 의지를 설명했을 뿐이지만, 복합적 현상이기도 했다. 혁명위원회는 스스로를 실권자로 여겼다. 동시에 사람들은 이들의 정체를 신속하게 알아챘다. 그들은 혁명위원회를 다음과 같이 회상했다. 혁명위원회는 (1) 중앙 권력의 도구였고, (2) 중앙 권력이 부여한 직급 간부들에게 복종해야 할 의무가 있었으며, (3) 통치 정부들보다 수가 많은 "친정부파"였다! 1968년Le Quotidien du peuple, 1968년 8월 5일에 마오는 엄격한 중심부 지배를 재소환한다. "지도자 동지 마오를 지지하는 프롤레타리아 본진은 단 하나의 중심을 구축한다. 그 외 다른 것은 존재할 수 없다. 복수 중심부의 원리는 반동이다. 각 구역과 단위가 하나의 중심부가 되려면, 국가 내부에 무수한 중심부가 존재할 것이다. 국가 전체보다 단위별 중심부가 많은, 배보다 배꼽이 더 큰 형국이 되고 말 것이다." 나폴레옹도 이렇게까지 말하지는 못했을 것이다! 사람들은 "프롤레타리아 본진에 대한 즉각적이고 전적인 복종"을 요구한다. 1969년 2월, 프롤레타리아 본진은 선언을 다음과 같이 갱신한다. 대중들을 심판할 수 있고, 조작할 수 있고, "부추기거나 제압"할 수 있는 "중앙집권" 구축이 중요하다.제9차 회의 보고서, 린뱌오의 전언 본진이 올바른 노선을 정하면, 전 계급과 대중들은 이에 복종해야 한다. 이것은 최초이자 최후의 의무다.216)

＊＊＊

이처럼 마오의 인격을 직접적으로 표현한 '중앙집권적 국가' 자체가 처음이자 마지막이다. 문화혁명은 공산주의의 정상적 과정을 전복했다. 중앙당 중심의 정치 지배는 이제 불가능하며, 당은 제도 생산의 주체도 아니다. 또한 당은 국가에 대한 영향력 및 정치의 방향 설정과 무관한 집단이 되었다. 정치 제도의 핵심으로 급부상한 집단은 마오의 친위대, 바로 "프롤레타리아 본진"이다. 이들은 단순 도구로 탈바꿈한 당을 제조, 해체, 재조직, 이용한다. 중앙집권적 권위주의 국가로 인해, 레닌이 건설했던 '세밀한 균형' 추가 급격히 기울고 만다.

전체 국가, 권위주의 국가, 중앙집권적 국가는 타 국가들에 비해 중량감이 덜할 수 있고, 이내 사라질지도 모르는 국가의 형태일 수 있다. 그러나

---

216) 12월의 선언에도 불구하고, 마오에 대한 예배는 어디에서도 감소하지 않았다. 인격체와 타자들에게 올리는 모든 예배와 대립하는 신비, 즉 입 무거운 '주인님'의 말씀과 같은 신비이다.

이 국가는 비교 불가의 위신을 지닌 한 인간의 뇌리에 현존하는 것, 권력에 대한 도전을 강화할 목적으로 이 권력에 이의 제기할 것을 호소하는 전술적 천재의 뇌리에 현존하는 것이다. 그러나 마오가 사라진 후에도 '장치' l'appareil는 존속할 것이다. 이 장치가 총체적 관료주의로 발전될 것이며, 우리는 신스탈린주의의 출현을 목도할 것이다. 당과 관료주의가 투쟁 관계에 들어선다면, 후자는 항시 국가 기관들 속에서 비대해질 것이다. 또한 일정한 박자매우 더디지만 점차 국가의 제반 활동의 틀을 짜는로 작동하는 기능들의 번식으로 인해, 관료주의는 그 무게를 더할 것이다. 구조를 단순하게 바꾸고, 행정 기술을 개선하며, 사회적 보증 절차를 통과한 일부 형식주의를 제거했기 때문에 관료주의가 후퇴한다고 말할 수 없다. 즉 우리는 관료주의의 비둔함, 우스꽝스러운 행태, 무능을 꼬집어 '퇴행'이라는 용어를 쓸 수 있지만, 일정 정도 틀을 갖춘 세력이 펼치는 '전체주의'의 퇴행이란 사실상 존재하지 않는다!

동일 선상에서, 이미 우리는 권력 국가, 중앙집권적 국가, 권위주의 국가와 민족주의의 필연적 관계를 강조했다. 그러나 어디에서도 중국의 민족주의를 문제 삼지 않는다. 민족주의 문제는 문화혁명이 누락한 부분이기도 하다. 마오의 중국은 다른 어떤 나라보다 민족주의적 성향이 강하다. 강력한 민족주의적 경향 자체가 권위주의 국가라는 유일한 증거다. 또한 중국이 지금까지 봐 왔던 것과 전혀 다른 신세계, 즉 동일한 해석의 도식에 상응하지 않는 세계를 생산 중이라는 말도 민족주의와 권위주의의 상관성을 증명한다. 과장이라 말하기 어려운 증거이다. 독자들은 이미 스탈린주의, 히틀러주의에서 이와 유사한 이야기를 들었을 것이다. 이 부분에 관해 우리는 과할 정도로 많은 정보를 확보하지 않았는가? '제도-제도와 동일시된 구조'는 '이데올로기-이데올로기적 성향'에 상응한다.

그러나 국가를 짓누를 수 있는 힘의 보증 수표는 바로 군대의 편재遍在

다. 홍위병 이상으로, 문화혁명을 "만든" 주체는 바로 군대다. 또한 중국을 교화하고, 저항 집단을 부수고, 노동자와 학생을 체포, 구금, 사살하고, 규탄 대회를 조직하고, 지배 조직의 틀을 부여하고, 주요 혁명위원회1969년 군이 전 위원회를 장악했다는 사실을 확인할 수 있다를 구축한 주체도 '군'이다. 1967년 6월 "군의 혁명 통제권" 문제에 전념한 용어가 등장한다. "무장하라. 그리고 인민을 사랑하라." 마오는 1967년 9월 이 구호를 제시했다. "문화혁명 기간에 거둔 모든 승리는 군의 지원 때문이다." "갈등과 다툼이 벌어졌을 때, 중국인은 무조건 군을 지지해야 한다." "군은 모든 정치 노선에서 벌어지는 갈등 일체를 중재해야 한다." 혁명의 결정적 요인이자 마오가 거둔 승리의 결정적 요인은 바로 군이다. 이러한 격동 시기를 예찬하는 자들은 이 군대가 인민군이나 정치적 군대와 다른 군대임을 입증하려 한다. 마오의 군대는 엄선된 부대였다. 즉 이들은 엘리트 마오주의자였다. 더불어 그의 병사들은 매우 온정적으로 행동했고, 교사들이었으며, 비무장이었다.Daubier 모든 진술이 거꾸로 간다. 그렇지만 정치적 군대의 중요성, 이것은 사실 아닌가? 1792년 프랑스의 군대 이래로, 사람들은 몇 가지 사례를 보았다. 나치 친위대S.S.는 무엇보다 정치적 군대이자 인민의 군대였다. 만일 내가 이렇게 기록한다면, 그것은 문체의 효력이 아니라 정확한 현실일 것이다. 친위대가 정치적 군대이면서 인민군이라고 말하는 법을 보장할 수 있는 길은 어디에도 없다. 정치적 군대는 전문 기술적 군대보다 100배는 불쾌하고 가증스럽다. 그러나 '조직'이라는 면에서 보면, 마오의 군대도 타군과 마찬가지로 엄격한 위계서열이 존재한다. 하급자의 상급자 비판을 엄금했고, 훈련과 서열을 문제 삼는 것도 금지했다.1967년 1월 28일, 4가지 중앙기구 훈령 더욱이 이 군대는 장성급 지도자들의 명령에 절대 복종한다. 장군이 나타났을 때, 절대적 복종을 보이는 군의 모습이 바로 그 증거다. 문화혁명 기간 동안, 각별한 주의가 있었음에도 군대 역시 폭발하고 만다. 적어도 4

명의 장군이 전반적 노선과 홍위병에 반대했으며, 반대파에 가담했다. 이들이 지휘했던 군대도 철저히 이들을 따랐다. 대중적이고 정치화되었으며 갖은 종류의 활동에 적용되었음에도, 중국의 군대는 본질적으로 군대일 뿐이다. 즉 인민 위에서 군림하는 권력에 봉사하는 특수한 부대이며, 내부의 반란을 잠재우고 외부의 적과 싸우는 부대일 뿐이다. 1968년 8월, 군대는 저장浙江 성의 노동자 반란을 진압했고, 노동자들은 군을 "대중 제거를 위한 도구"라 불렀다. 그러나 그와 유사한 도구 "트로츠키의 망치"가 존재하는 곳에 바로 국가가 존재한다. 군대가 대승을 거둔 곳에서, 국가는 군국주의 국가가 된다. 이 국가를 빠져 나갈 구멍은 없다. 실제로 문화혁명이 인민의 표현이었다면, 군이 군이 개입할 필요가 있었는가? 사람들이 경박하게 인민군, 즉 인민과 공생관계에 있는 군에 관해 말할 때, 다음 내용에 대한 실제적 독해가 필요하다. 군이 바로 인민이다. 즉 군위 지휘 체계와 조직, 훈련, 엄격함, 지적 순응이 순수하고 단순하게 인민을 대체한다. 마치 군이 인민이 된 것처럼 여긴다. 인민 자체가 하나의 군대처럼 변할 운명에 처한다.

＊＊＊

또 다른 중요 문제는 '기술'이다. 오늘날 사람들은 완전히 독창적인 노선을 채택한 중국을 침이 마르도록 찬양한다. 아프리카, 라틴아메리카와 비교했을 때, 독창적이라는 말은 백번 옳다. 그러나 한 걸음 더 나아가야 한다. 즉 기술 문제에 관해 중국은 새로운 태도를 취한다.

산업화와 기술전문화에 필사적으로 매달려야 할 문제가 아니었다. 사람들은 뙤약볕에서 일하는 대다수의 농민을 지켜냈고, 이들이 실향민이 되는 것을 사전에 차단했다. 전 영토에 확산된 소규모 단위의 공장들을 분산하는 작업도 차질 없이 이뤄졌다. 이 공장들은 개인 주도로 만들어졌다. 과시를 위한 소비나 초과 소비도 없었다. 자동차는 예외 농기구 기계가 도입되었지만, 그 반작용에 대한 철저한 대비책도 있었다. 현장 유지 노동력과 도시 공장 신축에서 재생되는 노동력 이러한 조정과 통제에도, 핵심 과학과 기술예컨대 수소폭탄은 존재한다. 난징의 대교大橋, 우한의 철강업, 신장의 대규모 공장 지대처럼 가시적 성공 사례도 있었다. 하나같이 정치적 혜안, 숙련된 발전, 독창적 노선이라 부를 수 있다. 기엥이 지속적으로 언급하는 것처럼, "중국은 전혀 다른 것을 건설했다." 나는 이 평가에 동의한다. 그러나 이러한 평가에도 불구하고, 다음 내용을 언급할 필요도 있다. 이 주제와 관련해 우리가 강조한 사항은 몇 가지 두드러진 성과물에도 불구하고, 산업화 초기 상황을 대변할 뿐, 그 이상도 이하도 아니다. 농촌 지역에서 비료와 시멘트를 생산하는 소규모 산업 단지는 지역의 노동력을 사용하면서 배가 성장을 이룬다. 이는 1750년 유럽의 상황과 정확히 맞아 떨어진다. 농민들이 노동력의 절반을 채웠던 지역의 소규모 공장들이 출발점이다. 섬유 생산 분야의 성공과 확장에서 우리는 이를 확인할 수 있다. 사람들은 중국이 세계 제1의 면직 수출국이 되었다고 강조한다 물론이다! 산업 발전의 제1단계는 섬유 산업이다! 이 말을 풀어 보면, 중국은 지금 유럽의 18세기 수준에 있다는 뜻이다. 왜냐하면 제철 생산이 매우 취약하기 때문이다. 그러나 산업화 집중 문제는 제철 생산을 출발점으로 제기되어야 할 문제다.

석유화학, 기계화 산업 등과 같은 나머지 산업 분야에서도 중국은 걸음마 단계였다. 달리 말해, 인구의 절대 다수에 흡수된 기술, 현대화된 기술은 매우 희박했다. 아직 매우 허약한 수준에 있는 기술전문화가 거대한 사회에 혼란을 야기할 수 없는 노릇이다. 예컨대 우리는 개인의 발명품이나 간단한 공구를 사용한 수작업에 대한 호소에서 기술 발전의 취약성을 확인한다. 노동자가 스스로 기계를 만들고, 공장 노동자들도 필요에 따라 기계를 고안한다. 매우 기초적인 작업 도구를 생각한다면, 이러한 현상은 가능하다. 1930년 유럽도 대동소이했다. 우리는 노동자들이 친히 사용한 기계들의 개선 방안을 묻는 질문을 담은 '질문함'에 관해 안다. 그러나 나는 '원자 파괴용 고주파 전자 가속기' cyclotron나 컴퓨터를 창조하는 방식으로 기술 전문화가 가능한지 확신하기 어렵다. 다시 말해, 노동자들의 적극적 참여는 기술전문화의 수준이 허약하다는 방증일 뿐이다. 임기응변식 대안과 개인의 숙련된 솜씨는 바로 이 단계취약한 단계에서 그 역할을 수행할 수 있다!

그러나 확인해야 할 또 다른 측면이 있다. 대기업들의 집단적 인력 동원 가담과 기계 부재 상황을 보충하는 거대 인력이 그것이다. 인민 공동체는 기계 없이도 위대한 성과물을 만들어냈다. 산시 성의 토목 공사와 양쯔 강의 관개수로 공사 등이 대표 사례다. 내가 놀란 부분은 이러한 방식으로 경제 발전을 이룩할 수 있다고 생각하는 사람들에게 쏟아지는 찬사다. 이러한 인력 동원은 언제나 기술 부재를 보충하기 위한 수단이었다. 대규모 인력을 동원해 이룩한 파라오의 업적도 이와 유사한 바탕에서 진행되었다는 사실을 독자들은 익히 알 것이다. 피라미드는 기계를 대신해 동원된 거대 인력의 산물이다. 또한 소련의 유명한 돈-볼가 강의 운하 공사도 동일한 방식으로 이뤄졌다. 그러나 이것은 기술에 대한 독창적 태도가 아니라, 기술 부족 현상일 뿐, 그 이상도 이하도 아니다.217)

따라서 문화혁명은 기술 제어, 다른 방법 사용과 같은 핵심 문제에 도달하지 못했다. 이유는 간단하다. 결코 제기할 만한 문제가 아니었기 때문이다. 유일하게 제기된 문제는 다음과 같다. 여러 나라들 가운데 중국만이 기술전문화를 거치지 않은 나라일 수 있는가? 원자력과 같은 핵심 기술의 발전이 기술전문화로 이어지지 않겠는가? 기술 체계의 구조 때문에 확산되는

---

217) 1971년 12월 「에스프리」지의 기고문에서 야마다 게이지는 중국의 국책 우선 사업 가운데 하나가 '기술 연구'임에 틀림없으나, 그 토대가 매우 허술하다고 주장한다. 그러나 게이지의 주장은 현대 기술 사회학에 대한 무지를 드러낼 뿐이다.

기술 전문화, 핵심 기술의 발전과 더불어 반드시 등장하는 기술 전문화로 연결되지 않는가? 서구 세계의 소비 수준에 맞는 인민의 상태를 장기간 유지할 수 있는가? 소련은 금세기 1/3에 해당하는 기간에 인민들을 소비에서 떨어뜨려 놓는 데 성공했다. 그러나 그 대가는 무엇인가? 인민을 소비에서 떼어내는 것은 불가능한 작업이 아니다. 그러나 이것이 실행되려면, 도덕과 지성의 총체적 순응, 전체주의적 교육과 절대적 대중 선전을 통한 심리적 조작이 필요하다. 중국의 '순화'馴化 체제는 히틀러 식의 대중 선전술과 예수회의 심리 조작술을 덧붙인다. 이러한 상황에서 다음 시나리오가 가능하다. 인민이 한 사람처럼 행동하도록 선도하고, 유약한그러나 평등한 소비를 위해 막대한 노동을 수용하도록 설득한다. 권위를 기반으로 토지 개발 정책중국 후방의 황무지의 인구 증가를 목표로 시행된 집단적, 권위주의적 이주 정책, 노동자가 부족했던 관계로 이 지역에 이주한 수백만의 인민들이 노동 현장에 차출된다도 밀어 붙인다.

권위 자체를 원하고 요구했던 자들을 제외하고, 모든 대립 세력과 비판 정신을 제거해야 한다. 이들이 제거되는 유일한 이유는 문제를 제기하고, 타인과 비교하고, 쉽게 교화되지 않고, 경험에 준해 사유하는 지식인에 대한 마오의 혐오감 때문이다. 이러한 이유로, 마오는 지식인들을 처단해야 했다. 지식인들을 공장과 농장에 보낸 것은 무엇보다 이들의 자유정신을 말살하려 했기 때문이다. 즉 노동 피로감으로 성찰 능력을 없애는 조건을 만들려 했다. 확실히 그 단계에 도달했다. 그러나 이러한 조건들에서, 기술 사회의 발전에서 나타나는 계획주의, 즉 기술을 통한 지배는 인간에 대한 심리−사회적 기술의 완전한 승리에 응하는 대가를 치르게 될 것이다. 문화혁명은 그 자체로 조작술, 선전술, 정치적 전략−전술을 적용한 결과물이다.

그러나 문화혁명이 폭력으로 점철되고 주요 대중들이 이 폭력에 가담한 이유는 아마도 마오가 빗장을 풀고 방향을 설정하고 조작했던 운동이 인민에게 내재된 어떤 것과 일치했기 때문일 것이다. 수백만에 달하는 중국 인민들이 대폭발했다. 이러한 경험을 바탕으로 우리는 2가지 극단을 재발견한다. 지도자들에게는 '혁명 의지'가, 인민들에게는 '반란 정신'이 있었다. 이 반란 정신에는 다음과 같은 내용이 수반된다. 인민들은 마치 미치광이마냥 이전에 없었던 행동을 보였고, 규칙이나 규범을 넘어서는 행동을 보였다. 또한 정신착란에 가까운 냉소적 비난과 비방을 쏟아냈다. 희망은 벼랑 끝에 걸렸고, 희생은 불어났으며, 자기를 헌신하면서 동시에 대적을 혐오하는 모습이 속출했다. 모두가 하나같이 반란에서 볼 수 있는 특징이다. 그러나 이 반란은 진정한 혁명의 목표를 겨냥하지 않고, 극단적이고 일관성 없는 운동으로 소멸해 버린다. 본디 일관성은 반란을 이용할 줄 아는 냉정하고 명석한 두뇌에서 나오는 법이다. 문화혁명의 경험은 '인간에게 희망을 품은 반란'과 '후진국에서 근대적 혁명의 교조적, 산술적 계산' 사이에 존재하는 최후의 이율배반이다.218)

---

218) 나는 이 글을 린뱌오 숙청과 처형(1971년 10월)이 벌어졌던 시기부터 작성하기 시작했다. 린뱌오는 마오 암살을 기도하고 인간성을 숭배하는 제사를 집전했다는 비난과 함께 숙청된다. 우리는 린뱌오에게서 류사오치에게 가했던 비난과 동일한 비난을 발견한다. 린뱌오와 중앙당 혹은 중앙당과 군 사이에 갈등이 있었는가? 여하튼, 일련의 제거와 숙청으로 마오와 류 사이의 권력 투쟁에서 드러난 암투 및 조작과 문화혁명이 별반 다르지 않다는 주제가 탄력을 얻는다. 류사오치 일당을 제거한 이후, 절대 독재자는 또 다른 경쟁자 제거에 나선다. 바로 자신에게 충성을 바쳤던 린뱌오이다. 이 체제는 스탈린에 비견될 만한 독재 체제이다. 문화혁명은 특기할만한 내용이 없는 무의미 자체라 하겠다. 단지 대중 선전과 기만으로 점철되었을 뿐이다. [내부] 갈등은 쿠데타 지도부의 저열한 수준을 보여준다. 문화혁명을 믿었던 이 지도부는 무언가에 홀려 시각을 상실했다. 그러나 한 가지 난점이 있다. 상대적으로 세력이 약했던 류사오치를 짓밟는 데 무려 4년의 투쟁기가 필요했고, 문화혁명이라는 거대한 운동이 필요했던 반면, 자타 공인 군부의 수장인 린뱌오의 숙청이 어떻게 그렇게 수월할 수 있었는가? 결국 린뱌오는 당 지도부와 함께 척살되었다. 류사오치 제거 작업과 다를 바 없었던 문화혁명은 사실상 평계 거리에 불과했다.

4장 · 혁명과 대항문화

1. 첫 번째 혁명 – 반란

1917년 '혁명'. 1921년 또 '혁명'. 그러나 1933년, 상황은 달라졌다. 기술 사회의 시대에 직면한 반란, 관리자들이 악용한 반란이 있었다. 혁명 시도로 방향 전환했으나, 이미 반란의 무게에 눌린 사건이 있었다. 다시 말해, '갱신 중단 금지령'을 강요받은 사건이 있었다. 국가사회주의와 관련해 공식적이고 간명한 설명들이 많다.[219] 그 중 마르크스주의적 설명이 최후의 승자가 되었다. 이 설명은 매우 합리적인 설명처럼 보인다. 나치즘은 어떠한가? 경기 침체, 위기, 화폐 문제, 700만에 달하는 실업자, 이것이 그 첫 장면이다. 무산 계급화에 대한 두려움으로 넘 나간 중산층, 추락을 피하기 위한 일이라면 물불 가리지 않는 사제들, 이것이 두 번째 장면이다. 점증하는 공산주의의 위협을 목도한 대자본은 휘파람을 불어 경비견을 호출

---

219) 이 책에서 내가 연구한 나치즘에 대한 참고 문헌으로 다음 자료를 보라. E. Nolte, *Les Mouvements fascistes* (1969); *Le National-socialism* (1970) 윙어(Jünger)와 살로몽(E. Salomon)의 책은 당대의 사회적, 심리학적, 정신적 분위기에 생생한 표현을 부여한다. F. Bayle, *Psychologie et éthique du national-socialisme* (1953) E. Vermeil, *Doctrinaires de la révolution allemande* (1948) 제 3제국에 대한 쉬러(Shirer)의 책은 전혀 도움이 되지 않는다.

하며, 어디선가 도래한 하수인을 내세워 나치즘을 획책한다. 이것이 세 번째 장면이다. 설명은 이 정도면 족할 것이다. 독자들은 나치즘에 대한 완벽한 설명내 시각에는 매우 불충분함을 들은 셈이다. 물론 전술한 내용이 부정확한 설명은 아니다. 나치즘에 대해 언급할 수 있는 부분은 이것이 전부다. 이 설명으로 상황의 토대는 명확히 드러났다. 그러나 이 설명은 수박 겉핥기식이며, 합리적인 현대인의 염려, 관련성을 느끼지 못한 부분에 대한 염려, 사악한 자들과의 비관련성에 대한 염려 등으로 극복할 수 있는 '교조적'이고 '순진한' 설명일 뿐이다. 또한 그것은 선명한 계급투쟁 이데올로기의 지배를 통해 승리를 거둔 논증이기도 하다. 실업자와 대자본에 관해 이야기했을 때, 사람들은 심오하고 근본적이며 위협적인 나치즘과 실제로 연계된 것에 대해 결코 언급하지 않았다. 나치즘은 사회 전반에 걸쳐 나타난 질병이었다. 나치즘의 뿌리는 단순히 경제적 현상물론 이 현상 역시 중요하게 고려해야 한다에서 자라지 않고, 온갖 현상들을 자양분 삼아 자랐다. 경제 위기는 히틀러 혁명의 '한 가지 조건'이었을 뿐, 그 이상도 이하도 아니었다. 독일 사회에 총체적으로 나타난 '구조 상실déstructuration'과 '새로운 유형의 이데올로기 출현'이 기저에 깔린 현실이었다. 사람들은 독일 거리 곳곳에서 수염과 머리를 기르고, 가죽 반바지 차림에, 기타를 멘 젊은이들을 본다. 자신들이 혐오했던 근대 사회와 단절하기 위해 이들은 나라 곳곳을 다니며 '장래' avenir를 지향했다. 단지 그렇게 살았다. 이들은 무덤에 침을 뱉고, 빈곤하게 살면서 돈을 모아 마을 곳곳에서 향락을 즐겼다. 젊은이들의 세상과 사회에서 살기 위해, 이들은 어른들의 세상을 거부했다. 이들의 숫자는 수천에 달했다. 바로 이들이 청년 국가─사회주의자들의 최초 요인이었던 '반더포겔' 철새, Wandervogel이었다. 이들을 지배했던 것은 절대적 자유의 상징인 '성적 자유'였다. 이 자유를 누림으로, 이들은 사회 구성원이라는 사실을 스스로 거부했다. 아니, 사회 구성원이라는 사실을 더 이상 생각하고 싶어 하지 않았다. 그 이유는 나치즘 촉발의 두 번째 주요 특성경제적인 것보다 더 표면적 현상이며, 이보다 전염성 강한 현상을 어디에서도 찾아볼 수 없는이 그 사회의 디오니소스적 성적 열광주의였기 때문이다. 아마도 그러한 "성적 자유"에 이른 사회는 세계 어디에도 없었을 것이며, 사람들은 더 이상 매춘을 이야기할 수도 없었을 것이다. 왜냐하면 모두가 함께 눕고 일어났기 때문이다. 동성애는 기본이었고, 간간이 남색男色과 "집단 성교"amour en rond도 있었으며, 수간獸姦도 그 기획 가운데 있었다. 이러한 현상은 "기울어가는 부르주아 사회의 도덕적 퇴폐"가 아니었다. 오히려, 디오니소스적 폭발이자 절대적 자유를 긍정한 오만이었다. 왜냐하면 모두가 하나같이 이 일에 참여했기 때문이다. 함부르크 거리의 매음굴로 가족 나들이를 간다. 매음굴이 나들이 오도록 기회를 준 꼴이다. 모든 계급이 그것을 누렸다. 물론 여기에 마약도 빠지지 않았다. 사람들은 온갖 지적, 혁명적 주제를 동원해 이 현상과 연결하려 한다. 당시 이 현상은 부르주아적 유희가 아니었다. 독일의 최고 지성인들은 자유의 표지, 인간성 극복을 뜻하는 '신세계로의 돌입'을 위한 여정을 설명하는 데 무수한 시간을 할애했다. '모' 아니면 '도'였다. 선악 문제와 같은 가치들은 더 이상 존재하지 않았다. 폭넓은 다양성의 출현, 그 다양성의 한 복판을 자유로이 가로지르는 여러 가능성, 그 가능성들의 상대성만 있을 뿐이다. '도덕' 정신이라는 문자는 '상황 도덕'이 되고 말았다. 가족은 우스워졌고, 온갖 권위는 조롱당했으며, 교수, 아버지, 사장은 자유와 해방을 갈구하는 이들의 '먼지 떨이'가 되었다. 한 편, 정치 지평에서는 '공화정'과 '민주주의'에 대한 총체적 의구심이 일었다. 왜냐하면 (1) 민주주의가 '실제로' 민주주의적이지 않았고, (2) 효력 있는 '전적 평등'을 요구하는 시민들이 가짜 민주주의에 항의했으며, (3) 당대 공화정은 해결 능력이 부재한 제도였고, (4) 사회 질서 유지에도 매우 취약했기 때문이다. 바이마르 공화국 사람들보다 망가진 사람들은 없었다. 갖은 재난이 이들 위에 군림했다. 사람들을 불가마에 내 던진 이 사회를 탈출하는 길은 새로운 세대의 탄생일 것이다. '완전한 자유'와 '절대적 평등'에서 도래할 신체제를 위해, 바이마르 공화국은 조롱과 유혈낭자 가운데 붕괴되어야 한다. 어떠한 개혁도 가능해 보이지 않았다. "부르주아"의 정치 세계, 공화정을 표방한 이 세계를 표상했던 모든 분야에 전달된 것은 총체적 혼란이었다. 대인 테러는 가중되었으며, 젊은이들의 모습을 설명할 수 있는 용어는 바로 '니힐리즘'220)이었다. 장래에 대한 기획도, 정치적 선언이나 프로그램도 없었다. 모든 권위를 겨냥한 연발 권총만 있을 뿐이다. 총체적 붕괴를 겪은 이 사회에 열거될 수 있는 다른 여러 지표들도 있을 것이다. 이 사회에는 상호간 연결도, 사회적 통제도 더 이상 존재하지 않는다. 또한 사회 구조들 자체가 의식적으로 공격을 받으며, 사회의 제반 영역에서 일종의 해체가 자발적으로, 그러나 다양한 수준에서 이뤄진다. 따라서 그것은 단지 자발적 현상, 위기 상황에 대한 반사 행동만은 아니었다. 오히려 '자발적 탐구'이자 '지적 탐구'였다. 이 총체적 집합체는 최고도의 지적 가도를 누볐던 문인들과 철학자들을 거느렸다.

나치즘은 충실한 '문화 혁명'이었다. 이 혁명으로, 나치즘은 소비 사회, 인간주의, 자유주의적 관용에 맞섰고, 대담하게 이 가치들을 경멸했다. 적신호였다. 정리하면, 당대 서구 세계가 처한 무규범 상태에 반하는 가치를 긍정하며 촉발된 폭력적 반응이 바로 '나치즘'이다.

나치 혁명은 "쿠데타"가 아니었으며, 깡패 무리, 사기꾼, 민중 협박 – 국정 운영 패거리 – 도 아니었다. 실제로 그 행동이 효력 있고 성공적이었다면, 그 이유는 독일 민중의 기대, 열망, 욕구, 성향에 정확히 응했기 때문이

---

220) [역주] '허무주의'라는 용어로도 통용되는 19세기 말과 20세기 초 유럽의 니힐리즘에는 절대적인 것은 없다는 시각을 비롯해 종교적, 도덕적, 사회적 진리나 진리에 따른 가치를 부정하는 시각을 표방했다.

었을 것이다. 완전히 해체된 사회, 무능한 권력자들에게 문제 제기했던 사회, 경제적 관점에서든 도덕적 관점에서든 사람들이 더 이상 어떠한 고정된 요소를 원하지 않는 사회, 모든 가치들이 침몰했던 사회, 모든 행동이 완전히 무원칙적아나키이었던 사회, 즉 간단히 말해 당시까지 몰랐던 무규범아노미 국가에 이른 그 사회에서, 일체一體화된 반란을 구현했고 여러 지시체를 제공했던 운동 – 결국 미래를 여는 진리 – 은 사람들이 열광할 수 있었던 모든 요소에 정확히 응했다. 나치 혁명은 사회경제적 구조에만 반하지 않고, 산업주의, 관료주의, 생명의 기술화, 미국화, 부르주아 정신에 반대한 반란, 즉 근대 사회에 반대한 최초의 총체적 반란이었다. 그 반란이란 무능력으로 환원된 국가, 초토화되고 황폐화되어 삭막한 땅으로 변한 유럽의 "프롤레타리아" 국가가 일으킨 반란, 자기 과거와 위대한 시절을 잃은 국가, 포위와 위협, 좌초로 점철된 국가가 일으킨 반란이다. 이 모든 주제들도 전체 혁명의 일부를 이뤘다. 이 혁명은 독일을 무산 계급화 시켰던 세계에 대항하는 반란을 구체화시켰다. 그러나 동시에 그 반란은 근대성으로 인해 축소된 인간상에 맞서 인간을 재형성하기를 희구하는 대중 반란을 구축했다. 따라서 그것은 최초의 문화 혁명이었다. 퇴폐 문화에 대한 반감, 무용한 부르주아 국가주의에 대한 증오, 분서焚書, 수공업 노동과 지적 노동을 용해하는 의사 결정, 지적 교육 대신 인격성 교육 실행 의지, 예술을 위한 예술에 대한 경멸과 군사 예술 고양, 덕에 대한 강조, 자기희생, 부르주아적 자아주의égoïsme에 맞선 투쟁, 정치 교육을 위한 학교 활용, 무수한 문화 혁명 관련 주제, 이 모든 핵심 요소들에 청년과 폭력이 부가된 것이다. 또한 이 최초의 문화 혁명은 자발적 반란에 복종했고, 총통히틀러과 그 국민 사이의 관계를 통해 형성된 복합적 운동에 순종했다. 더불어 이 문화 혁명은 우월한 인간 형성이 우선시되어야 한다는 확신 및 우월한 인간 형성을 통해 모든 사회경제적 변혁이 뒤따라야 한다는 확신에서 출발했다. 심오한 차원에 있었던 반란, 모든 것을 향해 재차 의구심을 표하는 의지가 혁명의 출발점이었다. 그러나 새로운 인간따라서 문화 혁명 과정이자, 소비에트 혁명 물구나무 세우기에 해당하는에서 시작하여 이러한 의지에 도달해야 했다. 이러한 상황에서 국가 문제가 제기된다. 우리는 여기에서 말하는 국가를 총체적 사회의 출발점, 나치의 출발점으로 생각해야 한다. 한 편, 사회적 신체는 무규범 상태에서 무한정 살아갈 수 없다.

그러므로 사회가 오래 '지속' 될 수 없다. 약물 남용, 성관계 남용, 철학 남용, 가속화되는 사회 조직의 탈脫조직화, 극단적 붕괴에 이른 여러 현상 등이 필연적으로 발생하며, 바로 거기에서 반사적으로 극단적 재구성, 일종의 구체화 작용이 나타난다. 가치와 좌표 없이 완전히 분열된 사회에서 오랜 기간 살기란 불가능하다. 그것은 결국 인간이 절대적 자유에 도달하게 되는 순간일 것이다. 또한 인간의 손이 마비시키는 전복이 만들어지는 주체, 생생하고 세밀하게 분리된 주체의 요동치는 심장에 그 인간의 손이 다가가는 순간이다. 확실히, 이러한 구체화를 요구하는 조직과 환원 불가능한 돈으로 변하는 우리 사회의 직접적 조직은 바로 '국가' 다. 자유를 위해 취하는 모순에서 모든 자녀들을 거칠게 회복하고, 사회 조직을 되풀이하는 것도 바로 국가다. 그러나 국가는 국가적 활동을 명목으로 결국 자기 이익을 취할 것이다. 항상 그럴 것이다.

그러나 다른 쪽, 곧 나치의 관점에서 볼 때 혁명의 첫 단계인 필연적 권력 쟁취가 나타났다. 따라서 반란은 점진적으로 작동 중인 혁명에 동화되었으며, 이내 혁명적 국가에 의해 촉진되었다. 실제로, 반란은 이 국가의 지지를 수반해야만 전개될 수 있었다. 일관성 없는 자발성 신봉信奉주의의 탈선에 맞서 투쟁하는 이 혁명적 국가는 매우 빠른 속도로 반란의 버팀목, 동력이 된다. 또한 국가가 중심이 되었던 순간부터, 국가 권력 기관들과 순수 국가에 대한 반란 의지를 지녔던 이들 – 룀의 경우처럼 – 사이의 갈등 폭발은 불가피했다.221) 룀을 남색을 밝히는 고약한 술꾼이요, 거추장스러운 용병으로 소개하는 일은 매우 쉬웠다. 룀은 부르주아 도덕을 전적으로 거부한 화신, 모든 직접적 폭력의 화신, 질서와 관료주의, 정치를 전적으로 부정한 화신이 되었다. 결국 그 순간 그는 반드시 제거되어야 했고, 권력은 경제적 문제, 조직화의 필요성, 입법권 부흥 문제와 마주했다. 즉 통치가 필요했다. 이 권력이 가졌던 교조적 양식과 무관하게, 무질서를 위한 무질서와 원초적 힘의 분출을 더 이상 참을 수 없었다. 젊은 히틀러주의자들은 완전히 통합되었다. 혁명 무장을 통해 사람들은 총체적 반란에 돌입했다. 그러나 이제 혁명은 모든 구습 부르주아, 민주주의, 합법성, 도덕성, 합리성에서 전적으로 자유롭고 완전히 새로운 국가 자체에서 자신의 진액을 발견한다. 사회의 위기는 비합리적인 것과 비도덕적인 것의 승리에 이르렀으나, 제동장치 없는 국가를 바로 낳았다. 이 문화 혁명은 이 책에서 우리가 종종 만났던 위대한 근대적 삼단 구조, 즉 "국가, 국민, 기술"에 이른다. 어떤 의미에서, 우리는 매우 고전적 도식을 재발견했다고 말할 수도 있을 것이다. 모든 혁명이 그 출발에서부터 외쳤던 것을 결국 뒤집는 데에는 과연 무엇이 작동했을까?222) 하지만 여기에서 이 운동은 독창적이며 현대적이다. 두 가지 관점에서 조망해 보자. 첫째, 반란을 국가에 동화시키는 작업이 있다. 다시 말해, 정치력과 통치수단에 대중 반란을 이용하는 것이다. 둘째, 기술 강제성이 있다. 즉 본능의 분출이 모든 영역에 존재하는 현대식 기술의 무분별한 사용과 연결되었던 비합리, 중세로의 회귀다. 나는 다른 글에서223) 나치즘의 특성을 최초로 '의지' la volonté, 다시 말해 모든 기술의 무조건 사용하게

---

221) 에른스트 룀(Ernst Röhm, 1887−1934)은 초기 나치당원 가운데 하나이며, 1921년 설립된 "돌격대"(SA, Strumabteilung) 설립자다. 1923년 룀은 나치당원들과 함께 뮌헨 무장폭동 − 실패로 돌아간 − 에 참여한다. 권력을 틀어 쥔 히틀러는 룀의 전략에 동의하지 않았으며, 1934년 6월 30일 "장검의 밤"(Nuit des longs couteaux)에 그를 암살했다.

222) Cf. 자끄 엘륄, 『혁명의 해부』, 황종대 역(대장간, 2013)

223) Cf. 자끄 엘륄, 『기술 또는 세기의 쟁점』(대장간 근간)

하는 의지, 기술에 정치를 맞추기 위해 정치의 돌발적 변화로 나아가도록
하는 의지, 기술을 사회 모든 것의 동력으로 만드는 의지라고 썼다.

물론 고도로 기술화된 세계에 살기 위해, 우리는 이러한 경험을 가장 진
중한 방식으로 유지할 필요가 있다. 또한 이 세계의 모든 문화 혁명은 어느
순간에 반드시 강제력과 만나게 될 것이다. 이 강제력은 인간의 모든 기획
에 종속될 수 없고, 그 기획을 지배한다. 그리고 이 순간부터, 반란의 힘은
과도한 기술적 자율주의에 활력을 불어 넣는다. 오늘날 피골상접한 합리성
에 살과 피를 부여하도록 호출된 것은 바로 반란이다. 기술 성장 없이 인간
은 견딜 수 없다. 이 기술 성장 추구를 유일하게 허용하는 것이 바로 비합리
성이다. 나치즘과 더불어 우리는 가장 엄격한 기술과 국가가 일원화되어 발
전을 이룬 세계에서 가장 자발적이고, 폭발적이며, 극단적이고, 총체적인
반란의 통합에 대한 최초의 경험을 한다. 오늘날 반란은 자신의 자리와 기
능을 지닌다. 우리는 이 점을 결코 잊지 말아야 한다. 나치즘은 다르게, 다
른 곳에, 지금 존재할 수 있다.224)

이러한 현상을 고려하지 않는 것은 나치즘에 대한 파악이 아니다. 거대
자본가들의 자기 보호를 위한 간계로 나치즘을 매도할 이유가 없다. 무엇
보다 나치즘의 기본 지지층은 학생225)과 노동자226) 다수가 포진한 젊은 반

---

224) 나는 마르크스주의자들에게도 국가사회주의가 혁명이 아니었다는 점을 잘 안다. 그 이
유는 국가사회주의가 경제의 "자본주의적" 구조들을 파괴하지 않았고, 생산관계를 전환하
지 않았기 때문이다. 그러나 그것은 현대 상황을 통해 충분히 극복된 시각이다. 또한 우리
는 생산관계의 총체적 변화가 결국 동일한 결과, 동일한 지배적 삼중형태인 '국가-민족-기
술'(État-Nation-Technique)에 이르는 경험을 한다. 둘째, 우리가 종종 이야기했던 것처럼, 국
가사회주의는 5년간 진행된 자본 몰수를 겨냥한 심오한 경제적 변화를 무시한다! 무엇보다
마르크스주의자들에게 필요한 점은 다음과 같다. 사태를 정확히 보고, 인식하는 법을 수용하
며, 현대적 상황을 진정한 현대적 상황으로, 다시 말해 한 세기 전에 만들어진 교리 '너머'의
상황으로 이해하는 작업을 수용할 필요가 있다.
225) 나치즘을 지탱한 최초 세력 가운데 대학이 있다. 또한 과거 투쟁가들 이후 히틀러가 친위대
역할을 맡겼던 집단은 바로 학생이었다.
226) 더욱이 어디서나 농민에게는 낯설었던 노동자들 가운데 다수가 1930년 이후 조직된 이 혁
명에 준하는 다른 혁명들 이후에도 회상되어야 하는가? 나치즘에 대한 농민 참여는 항상 매

란자들227)이었다. 초기 나치즘은 청년 운동이자 프롤레타리아 계급 운동이었다. 나치즘은 무정부주의에 가까운 절대적 자유주의의 이중적 요소, 이중적 흐름을 등에 짊어졌다. 그것은 과거의 모든 가치에 대한 급진적 거부이자 총체적 허무주의이며, 공동체 창조적유명한 동행"Zusammenmarchieren이고, 기독교의 도덕 정신과 부르주아의 도덕 정신을 박멸하려 했다. 또한 새로운 양식, 결코 알려지지 않았던 윤리의 또 다른 창조자였다. 그 자체로 "민족정신"Volksgeist에 대한 자발성의 표출이자 산물인 정당의 후원을 받은 나치즘은 영웅적 삶의 모험에 던져진 사람들을 관련자로, 열광주의자로 이끈다. 이처럼 나치즘은 문화와 사회에 대한 전반적 비판을 단행하고, 기성 도덕질서에서의 자유를 외쳤다. 동시에 사회 재구축과 재정비라는 필연적 과제까지 떠안았다. 이데올로기 제작에 견주어 볼 때, 과연 믿음, 교리적 선언, 이데올로기는 무엇을 뜻하는가? 합리성과 기계 장치에 대한 반대, 비합리적인 것과 인간적인 것에 대한 찬성. 일상의 진부함, 기쁨이 사라진 노동, 활력의 발산을 위해 거니는 도시의 무미건조함, 노동을 통한 기쁨, 항상 새롭게 재창조되는 것. 이 모든 것에 대한 반대. 피와 땅, 성性적 자유와 주먹질의 자유를 위해 옹색한 도덕 정신에 대한 반대. 정당, 집단, 동료의 이데올로기적 권위 인식을 위해 가부장적 권위에 반대. 폭력과 몰인정을 지지하며, 온유, 친절, 기독교적 자비에 반대. 직접적 관계 건설을 지지하며, 민주주의와 인간주의의 위선에 반대. 직접적인 정치 형식을 지지하며, 외교에 반대. '모욕' 은 유행어였다. 히틀러는 아침 3시 혹은 4시에 낮

우 취약했다. 또한 선전(propagande)의 효력이 최악의 상태였던 곳도 바로 농촌이었다. 그것은 오늘날 서구 세계의 여러 반란과 공통 특징을 보인다. 또한 이것은 제3세계의 반란과 본질적 차이를 보이는 부분이기도 하다.

227) 이 "젊은" 반란자들이 부르주아와 부르주아적 중간 계급의 자녀들이었다고 말하는 것은 소용없지만 정확한 지적이기도 하다. 왜냐하면 히틀러를 따랐던 부르주아 계급은 놀고먹는 50대가 아니기 때문이다. 그러나 이러한 사실이 본질이라면, 나는 과연 사람들이 같은 방식으로 1968년 학생 반란을 해석하는지에 관해 물을 것이다. 68을 일으킨 대학생들 역시 부르주아적 중간 계급의 자녀들이기 때문이다. 물론 이러한 주장은 멸시를 당하며 거부될 게 뻔하다!

선 대표자들을 접견했고, 분노는 정부에 대해 이 대표자들이 표하는 수단 가운데 하나였다. '잔인하게, 폭력적으로 행동하라.' 이것은 나치의 행동 지침이었다. 자유로운 삶, 자발성, 폭발적 노출을 지지하며, 이들은 행정부, 관료주의에 반대했다. 자유주의는 자유에 대한 부정이었다. 참된 자유는 동료들과의 연합에 있었고, 동료 아닌 모든 것에 가한 폭력에 있었다. 원리[주의]적 증오는 퇴폐 자본주의, 기만적이고 천박한 민주주의에 직결된다. 민중의 재산 공유체계 구축이 중요하며, 세속적 열망의 표상인 '참 평등'이 존재하는 총체적 공동체, 즉 만장일치를 통한 현실 민주주의 구축이 쟁점이다. 투표 무용론은 속임수다. 존재하지 않는 것은 동일한 열정으로, 격정적으로 온 몸을 떠는 사람들 모두의 기저에 깔린 흐름이다. 천년왕국 Millénium, 진정한 민중 공동체의 천년 통치에 이르기 위해, 사람들은 부르주아 민주주의, 부르주아 자본주의 경제, 부르주아 도덕에 맞서 궐기했다. 이 천년왕국에 이르기 위해 중요한 것은 다음과 같다. 영웅적, 폭력적 방식의 지속성을 바탕으로, 극도로 흥분된 상태에 있는 사람들을 적화赤化시키는 것이다. 그러나 모든 것을 재삼 문제 삼아야 했다. 과학, 예술은 최종 가치가 아니었다. 과학과 예술도 부르주아적 고찰이며, 최상의 단계에 이르기 위한 수단에 복무해야 했다. 퇴폐 도서들을 불태우고, 부르주아적 회화들을 파기해야 했다. 인간의 토대를 설명하는 폭력의 자발성은 '불', 만물이 통과해야 했던 '불'이었다. 사람들은 근대 사회 "전반"에 관해 무관심했을 뿐이다. 왜냐하면 나치즘은 이 사회 전반에 대한 문제 제기였기 때문이다. 아마도 레닌주의 이상으로 근본적 방식으로 근대 사회 전반에 대해 문제를 제기했을 것이다. 레닌주의는 정치와 생산이라는 본질적 요소를 보존했다. 나치즘은 살과 피를 지닌 인간을 단순한 꼭두각시로 환원시킨 돈의 지배달러 왕국으로 상징화된, 전문기술, 관료주의, 조직화에 맞서는 화, 분노, 증오의 폭발이었다. 나치즘은 근대성을 총체적으로 부정하며, 자연으로의 회귀, 중세로의 회귀를 외쳤다. 우리는 "반발", "억압"반면, 레닌주의는 미래 사회의 준비일 것이다, 단순한 해석이 중요하다고 말하지 않을 것이다. 그 이유는 중세로의 침잠은 어디에도 중세 재구축이라는 말이 없는 천년왕국으로 이행하기 위한 과도기 단계일 뿐이기 때문이다. 그것이 나치즘의 심오한 운동이다. 이 모든 것은 공허한 이데올로기, 변명으로 점철된 이데올로기가 아니었다. 한 편으로, 나치즘은 젊은이들과 반항 세력의 감성과 충동을 하나의 교리적 집체물론 나는 멍청하기 이를 데 없는 나치의 문서를 보고 쌍수를 들어 환영한 자들을 비꼬는 중이다! 오늘날 포스트마르크스주의 문학과 마오쩌둥 어록과 비교했을 때, 이들의 선택은 오십보백보다로 엮어냈다. 다른 한 편, 이러한 요소들은 매우 신속하게 실천 단계에 돌입한다. 나치즘은 700만에 달하는 실업자를 단 3년 만에 흡수해 버렸다. 유급 휴가, 단체 여행 조직, 노동자를 위한 고용 보험, 주거 보험, 자동차 보험 등, 익히 알려진 일련의 사건들을 언급하는 것은 무의미하다. 그러나 나치즘이 육체노동자와 두뇌노동자 사이의 장벽을 최초로 제거했다는 것을 재차 언급하는 것은 무의미하지 않을 것이다. 학생들과 교수들은 연간 3개월을 "노동전선"Arbeitsfront에서 지내야 했고, 농장이나 공장에서 노동해야 했다. 또한 노동자들은 매년 시민대학에서 지적 연수 과정을 이수해야 했다… 바로 이것이 나치즘의 현실이다. 그 반면, 우리는 나치즘에게서 반셈족주의, 집단수용소, "거대 자본"과의 관계를 볼 뿐이다. 물론 이것 "역시" 존재했지만, 본질적인 것은 아니었다. 자본가의 대다수가 나치보다 독일 민족주의자와 민중당을 더욱 선호했다. 이 자본가들은 종국에 히틀러를 수용함으로 끝났다. 거대 자본은 자본 점유를 시도하면서, 히틀러와 그 간계를 다퉜다. 그러나 실제로 이 자본은 점차 도전을 받게 되고, 기획 작업을 통해 구속을 받게 되었다. 또한 단죄되고, 단시일에 사라지고 말았다.228) 이를 위해, 히틀러는 이미 1939년에 모든 것을

---

228) 브레히트 단편 가운데 가장 우스꽝스러운 「아르투로 우이의 집권」과 반대로, 나는 너무나

조직했다. 반셈족주의는 문화, 민주주의, 과학, 돈에 대한 증오와 연결되었다. 더욱이 그것은 탁월한 대중 선전, 대중 추진 수단이었다. 집단수용소는 한 가지 행동 양식이었고, 반인간주의의 표현, '잔인하게' 라는 선전 구호의 표현, 폭력 우선성의 표현일 뿐이었다. 집단수용소는 사드 후작의 사상에 결코 존재하지 않았던 가장 완벽한 환상이었다. 나치즘의 현대적 변조가 우리에게 질문 회피를 가능케 한다. 무엇보다 나치즘은 기술 사회에 반대하고, 규칙과 권위의 압제에 맞선 청년들의 반란이었다. 또한 나치즘은 이러한 반란을 혁명에 이르게 하고 혁명을 일으키는 '충동' 을 허용했던 체제와 조직에 주입되었다. 그러나 나치즘은 두 가지 요인을 동시 유지하려했다. 또한 국가가 혁명적이라 평가를 받는다면, 그것은 그 국가 내에서 반란의 충동이 지속적으로 유지되는 한에서 가능할 것이다. 고삐 풀린 군중이 거리를 가로지르고, 행인을 구타하고, 진열장 유리를 사정없이 깨뜨리고, 유대인들을 매달고정치 지도자 암살, 항상 갱신된 폭력 선언문, 학살수용소 혹은 전쟁… 이 모든 것은 고양된 긴장 상태를 유지할 필요가 있었고, 야만적 폭력에 활로를 제시해야 했으며, 반란을 충족시켜야 했다. 그러나 혁명이 국가로 진행되었기 때문에, 이러한 시도는 도전에 직면했다. 문제 제기자와 무관하게파시즘처럼 국가 신화화는 존재하지 않았다, 나치즘은 국가로 회귀해야 했다. 또한 독재는 민중의 공동체적 흐름에 대한 표현이 될 수 있었다. 그러나 최종 승리를 거둔 것은 바로 관료주의, 조직화, 기술이다. 루세는 『광대는 웃지 않는다』*Le pitre ne rit pas*에서 합리화된 비합리성, 관료화된 애정의 분출, 자발적으로 국영화된 폭력의 깜짝 놀랄 만한 결과를 훌륭하게 제시했다. 본질적으로, 나치즘은 "지구적이고 현대적인 사회"인 근대 사회에 맞선 최초의 반란이었다. 그러나 나치즘은 혁명이 되기를 원했다. 기

뛰어난 한 인간이 이 경우에 이렇게 맹목적으로 행동할 수 있는지 묻고 싶다! 자신의 교조주의 때문은 아니었을까?

술과 국가의 필요에 포획된 것이다. 결국 나치즘은 터무니없는 독재, 절대 괴물을 만들었다.

2. 미국 혁명

지난 몇 년 동안 우리가 발견한 것은 다음과 같다. 혁명은 미국에서 준비되고, 미국에서 이미 진행 중이며, 미국에서 분출할 것이다. 사실상 우리는 다음과 같은 분석으로 이행했다. '우리 시대를 위한 혁명은 무엇인가?'에서 '혁명이 오로지 미국에서만 일어날 수 있다.' 바로 그 결론을 통해, 그리고 희망과 두려움이 혼재된 무의식적 운동을 통해, 사람들은 미국에서 일어나고 일어날 혁명을 수행했다. 물론 이 결론은 미합중국 도처에서 발생한 반란, 문제 제기, 새로운 생활양식에 대한 검토를 통해 강조된 것이다. 미국의 일반 저자들은 마르크스주의자나 여러 작가들보다 더 진중하고 깊이 있는 시각을 지녔다. 이들 마르크스주의자나 작가들은 오늘날 끊임없이 혁명이라는 주제에 관해 이야기하지만, '분석'에서 '욕망 실현에 대한 믿음'으로 재빠르게 이행한다.[229]

---

229) 프랑스에서 가장 유명한 것은 르벨의 졸저 『마르크스도 아니고, 예수도 아니다』(1970)이다. 르벨은 내가 『혁명의 해부』(1969)에서 19세기가 아닌 우리 시대에 상응하는 필연적 혁명 불가능성이 서구 세계와 다른 곳, 특별히 미국에서 일어날 것이라는 부분에 관한 분석을 그대로 가져왔다. 내 분석과 마찬가지로, 르벨은 단지 정치적 혁명이 아닌 문명의 혁명으로 실행될 수 있다는 점을 제시하려 한다. 또한 르벨은 문명의 혁명을 지향했던 마르크스주의가 현재 기술 변화를 통해 극복되었고, 서구 세계에서 혁명이 기술 자체를 통해서만 만들어질 수 있다는 점을 제시하려 한다. 그러나 그의 혁명 분석은 매우 초보적이다. 또한 혁명 가능성이 존재하기 위해 필요한 5가지 조건(경제관계의 불의에 대한 비판, 현실 사회의 행동에 대한 비판, 정치권력 비판, 문화, 도덕, 종교 등에 대한 비판, 이전 문명에 대한 검열과 비판, 혹은 개인의 자유 요구)은 부정확한 것은 아니지만, 혁명의 잠재력이 사실상 매우 불충분하다는 방향으로 나아갔다. 실제로 이 분석은 혁명적 현상에 대한 전반적 연구에 상응하지 않고, 원인에 대한 욕구에 상응한다. 왜냐하면 우리는 이 5가지 요소를 미국에서 확인할 수 있고, 혁명이 진행 중"이므로" 이 요소들이 혁명의 요인들이라는 점을 입증할 필요가 있기 때문이다. 혁

이 저자들은 적어도 다음과 같은 요소를 고려하는 장점을 지녔다. 오늘을 위해 필요한 혁명은 사회 총체성, 문명 총체성과 관계되고, 일차적으로 정치적 혹은 경제적 현상이나 문제가 아니다. 또한 필연적 혁명은 전문기술화와 직접 연결되며, 새로운 기술 공간에 있는 인간의 존재자체와 관련된다. 따라서 그것은 혁명을 요구하는 매우 심오한 시각이다. 그러나 우리는 "비약을 이룰" 수 있는가? 내가 보기에, 우선 미국에 존재하는 조직화, 제도화 된 "운동들"과 "타문화"에 대한 무의식적이고, 불명확하며, 지구적 차원의 노력을 구별할 필요가 있다.

* * *

소요 사태 주동자들이 거리를 뒤덮고, 마치 열대병에 걸린 것처럼 지축이 흔들리는 오늘날 미국을 이해하기 위해 여러 운동을 명확히 드러낼 필요는 없다. 이 부분에 대한 세밀한 기술이 쟁점은 아니기 때문에, 서두에 언급해

명이 바로 이러한 요소 가운데서 만들어진다는 확신에 관해, 르벨은 로스작의 매우 중요한 저작인 『다른 문화를 향하여』(édition américaine 1968)와 동일한 내용을 되풀이 한다. 마지막으로 이 주제와 관련하여 다음 자료들을 읽을 필요가 있다. P. Goodmann, *Making Do; T. Leary, The Politics of Ecsatsy*, 1968; Kerouac et Ginsberg, Norman Brown, *Life against Death* (1966); E. Cleaver, *Sur la révolution américaine* (1970); P. Goodmann, *The Movement Toward a New America* (1970); Sidney Lens, *The Military Complex Industrial* (1970); Jerry Rubin, *Do It* (1970); J. Moreau, *Commandos noirs* (1969); Grier et Cobbs, *La Rage des Noirs américains* (1970) 물론 나는 흑인 운동 혹은 히피 운동에 관해 최근 문헌들만 인용한다. 흑인의 힘에 관한 무수한 문학이 있지만, 다양한 운동이 미국의 혁명 과정에 참여한다는 생각과 조우하는 작품은 바로 최근 저작들에서 가능하다. 르벨의 신간처럼 프랑스에 등장한 것은 사실상 심오한 ― 다른 관점에서 보면 익히 알려진 ― 성찰에 대한 성급한 대중화다. 이 장 전체는 혁명 중인 미국에 관해 다루며, 「에스프리」지(1970년 10월호) 특집에 실리기 전에 썼다. 나는 도므나크의 다음과 같은 분석에 전적으로 동의한다. 일단 그 부분을 강조한다. "허풍으로 가득하다. 동화 정책은 멈췄다. 젊음이 거리에 넘실댄다. 그러나 권력 체제는 문제없다. 규범들에 대한 위반은 규범을 금하지 않는다." 이 사회의 구조는 동요하지 않는다. 아마도 더욱 강화되었을 것이다. 미국은 아마도 역사상 최초로, 혁명적 요소, 이상적 목표와 유토피아, 혁명에 대한 특수한 의도가 여러 혁명적 세력에 비해 명확하고, 정확하고, 확산력 있는 곳일 것이다. 또한 혁명적 상황에서 이러한 요소들이 피어나지 않았던 곳일 것이다. "반란은 이데올로기적 순결함에서 분출하며, 사회학적 성격보다 이데올로기적 성격이 강한 '대립 전선'을 따라 나타난다."

두는 정도로 충분할 것이다.

완전한 여성해방을 위한 여성들의 시위이 책에서 우리가 거의 다루지 않은, 평화주의 운동 혹은 극단주의 정치 세력에 준하는 자유대학 창조와 함께 등장한 학생과 청년의 소요가 있었다. 바야흐로 "배제된 자들"의 반란, 즉 미국 사회의 발전과 개량에 도움이 되지 않는 자들의 반란이 있었다. 미국의 기근 문제, 화려하게 번쩍이는 수면 아래 존재하는 비참한 자들, "고립된 자들"에 관한 언급으로 시작해 보자. 이 문제와 관련해, 놀랄만한 통계 수치미국인의 20%가 굶주림으로 음식을 먹지 못한다!가 있다.230) 반면 우리는 매우 환원적이고 산발적인 현상과 직면했다.아마도 1-2% 정도의 빈곤이라는 그러나 중요한 것은 미국인 자신이 가난에 대해 의식화된 현상이다.

마지막으로, 주목해 볼만한 3가지 국면이 있다. 히피, 흑인운동, 새로운 정치 형식이 그것이다. 각각의 특성에 관해 살펴보자. 히피와 관련하여, 무엇보다 우리는 요란하고 괴상한 차림을 한 젊은이를 대상으로 선택하는 일을 피해야 한다. 또한 히피 한 사람이 그린 기이한 그림을 택하는 것도 피해야 한다. 새로운 삶의 양식을 발견하려는 결연한 의지와 문화적 탐구, 기계화와 기술화, 정치화된 모든 사회와의 단절이 이들의 세계에 존재한다. 이러한 거부와 "탐색"이라는 시각과 태도 없이 히피는 존재하지 않는다.

흑인운동에 관하여, 우리는 '마틴 루터 킹' Martin Luther King과 '말콤 엑스' Malcolm X라는 걸출한 두 운동 세력을 통해 질문의 복합성이 어느 지점에서 드러나는지 알 수 있다. 두 노선은 사랑으로 이기는 평화적 투쟁 노선인

---

230) 이 문제와 관련하여 우선적으로 언급할 필요가 있는 책은 1950년에 발표된 J. 데 카스트로의 『빈곤의 지정학』(Géopolitique de la faim)이다. 그러나 재판에서 카스트로는 자신의 견해를 강화한다. 1964년 「뉴스위크」는 "미국의 가난"에 대해 집중 보도한 특집을 기획했다. 1960년에도 다음과 같은 질문에 관한 공식 보도가 있었다. 미국의 빈곤과 영양실조에 관한 조사 기관을 통해 "배고픈 미국"(Hunger U.S.A.)이 보도되었다. 이것은 1968년 작 『좌파 시각에서 본 빈곤』(Poverty, View from the Left)에 나타난 러너(Larner)와 하위(Howe)의 정치적 관점을 재발견한 것이다. 여기에 시어발드(Theobald)와 스트링펠로우(Stringfellow)의 탁월한 저작 및 잡지 Katal lagete의 특집호를 추가해야 한다.

가, 대적을 박멸하는 폭력적 승리 노선인가, 즉 화해와 통합에 대한 의지, 미국 공동체 전반의 참여 및 추구인가, 흑인 권력에 대한 긍정인가 등으로 나뉜다. 자생적 운동이 야기한 소요 사태와 뒤범벅된 폭력을 통해 백인 사회를 무너뜨리려는 경향, 두 공동체 간의 단절을 요구했던 "흑인 자력" 운동, 흑백 지역을 가리지 않고 약탈, 파괴, 방화를 일삼은 소요 주체들은 광란에 사로잡혀 한 지역특히 뉴어크을 송두리째 유린했다.

마지막으로, 새로운 정치 형식이 출현했다. 여러 형태의 급진 "좌파"운동이 나타났다. 급진적 사회사상231)은 프랑스인들에게 그리 안정감을 주지 못했다. 그 이유는 이 사상이 익히 알려진 차원에 상응하기 때문이다. 다시 말해, 사람들은 급진적 사회사상을 통해 사회 비판 노선 – 그리 새로울 것은 없지만, 미국에서는 혁명적인 것처럼 보였고 '민주사회를 위한 학생운동' S.D.S과 더불어 극단적 형태를 보인 – 을 발견한다. '신좌파' 는 마르크스를 그리 단순하지 않았던 미국의 이데올로기적 상황에 동화시키기 위한 시도였다. 이 운동에 중요성이 부여된 데에는 평화주의평화주의를 표방한 바로 이 사람들이 동일하게 폭력을 설교했다는 모순도 알아두자, 적과의 연대, 군사–경제 복합체에 대한 의식화, 사회주의에 대한 희망을 수반했던 베트남 전쟁이 있었다. 그러나 새로운 정치운동의 새로운 국면도 있었다. 그것은 공권력에 압력을 행사하기로 결심한 여러 집단들 – 많고 적음을 떠나 – 에 대한 구체적 주제들, 즉 "대중적 압박"에서 나온 구체적 주제들을 토대로 출현했다. 누차 언급하지는 않았으나, 이 운동은 중요한 혁신처럼 보인다. 시민에게 뚜렷한 목표가 주어진다. 이 경우 사람들은 분리를 위해 실행에 옮겼던 것을 그대로 모방하면서, 법적으로 결정된 사항을 확보한 뒤, 행동한다. 더불어 합법적, 규범적인 노선을 따라 전술통상 가시적인 전술을 계획한다. 이

---

231) T. B. Bottomore, *Critique de la société*, 1970. 이 책은 미국에서 어느 시기에도 태어난 적 없었던 이 급진사상에 대한 역사를 탁월하게 다뤘다.

를 통해 시민들은 공권력을 양보한다. 이 운동의 사조는 바로 '솔 앨린스키' Saul Alinsk, y232)다.

실제로 매우 세분화된 이 운동 – 가령 "공동전선"Cause commune 운동과 같은 – 은 당선자들의 정치활동 통제, 소비자 변호, 환경 보호, 군비 지출 감소 등과 같은 문제를 공격한다. 물론 이 운동이 합법적 노선을 따라 이뤄진다는 틀에서, 우리는 다음 내용을 고려해 볼 수 있다. 이 운동들은 체제 내부 운동이며, 해당 체제 자체를 문제 삼지 않는다. 실제로 이 운동은 미국 사회의 파괴 혹은 제거를 추구하지도 않는다. 도리어 이 운동의 초점은 주요 노선에 급진 개혁자들을 확보하는 데 있었다. 다시 말해, 미국 사회의 공식 인정을 받은 개혁자, 가히 혁명적이라 할 수 있을 개혁자, 혁명가 반열에 놓아도 무방하리라 인정된 개혁자를 확보하는 데 있었다. 마지막으로, 이들의 정반대 지점에서 우리는 히피 스타일과 좌파 백인 청년들의 목표제리 루빈, 233)을 보라가 혼합된 형태인 "이피"les Yippies, 234)를 발견할 수 있다. 사람들이 갈망하는 격앙된 폭력, 마치 지옥에 떨어져 버린 것과 같은 상황, 순백의 르네상스.

---

232) 솔 데이비드 앨린스키(1909-1972)는 미국 사회학자이며, 공동체 조직운동의 아버지로 불리는 인물이다. 유명한 저작인 『급진주의자를 위한 규칙』(*Rules for radicals. A progmatic primer for realistic radials*, Random House, Vintage, 1971; 프랑스어 번역, *Manuel de l'animateur social: une action directe non violente*, Paris, Le Seuil, 1976)은 생기 넘치는 미국 공동체들의 여러 가지 형태에 영감을 불어 넣었다. 앨린스키는 힐러리 클린턴(앨린스키에 대한 박사논문 작성)과 버락 오바마에게 일정 정도 영향을 미쳤다.

233) 제리 루빈(1938-1994)은 1960-70년대 미국의 평화 운동가이며, 이피운동의 공동 주창자이다. 그의 저서 『행동하라!』(*Do it! Scenarios of the revolution*, New York, Simon and Schuster, 1970; 프랑스어 번역, *Do it! Scénarios de la révolution*, Paris, Le Seuil[Points actuels], 1973)는 이피의 선언문과 같았다.

234) "이피"는 1967년 미국에서 시작된 반권위주의 운동인 국제청년당 ╪성원이었다. 자유 발언 운동과 60년대 평화주의 운동에서 비롯된 이들은 인종주의와 전쟁에 맞서며 한 층 급진적인 대안을 제시하고자 했다. 1968년 대선에서 이들은 "피가수스"(돼지를 말하는 영어 단어 "피그"와 "페가수스"의 합성어)로 대선 후보를 풍자하며, 정치적 실천을 전개해 나갔다. 사회참여와 정치참여로 인해, 히피나 비트족과 구분된다. 그러나 이들은 진중함을 결여했다는 이유로 극좌 조직의 비판을 받았다.

＊＊＊

　각양각색의 운동과 비교해 광범위한 운동, 윤곽선을 긋기 어려운 운동이 있다. 바로 대항문화contre-culture 운동이다.235) 다양한 운동에는 다양한 목표와 지지 세력이 있고, 상호 대립적인 방법론이 있다. 그러나 이 운동들은 정치 구조보다 삶의 양식에 대해 문제를 제기하고, 자기 환경 전체를 포함해 인간 자체에 대해 총체적인 문제를 제기했다는 점에서 서로 연결된다. 이것은 정치에 대한 문제 제기제한된 형태보다 더 총체적인 문제 제기이며, 현대적 삶의 부조리와 대면하고, 유폐된 순환 고리에서 생산과 소비를 지속하는 인간의 무력감에 맞서는 문제 제기다. 제도권 이탈이 필요하다. 다시 말해, 더 이상 경제로 빨려 들어가지 않는 삶, 기술적 매개를 통해 살지 않는 삶이 필요하다.

　그러나 우리는 대항문화에 대한 2가지 해석을 만난다. 첫째, 로스작236)의 해석은 매우 엄격하고 제한적이다. 둘째, 로스작에 반대하는 대다수 저작들은 로스작보다 더 불명료한 개념을 사용한다. 로스작이 볼 때, "극소수의 청년과 이들의 멘토 역할을 맡은 일부 성인들"이 대항문화를 구축한다.

---

235) 에드가 모랭은 부정적 성격이 강하다는 이유로 대항문화를 격렬하게 비판한다. 모랭은 현실성을 갖춘 새로운 문화를 도리어 중요하게 생각한다. 나는 이 주제에 대해 장광설을 늘어놓을 생각이 없다. 다만 모랭이 주장하는 새로운 문화는 기존 노선과 반대 노선을 택하는 주변부 문화와 적대적 관계를 이룬다. 더욱이 새로운 문화의 목적은 '현실 사회의 파괴'(문화적 단계에서)다. 오히려 "대항문화"에 타당성을 부여하는 꼴이다. 그러나 실제 중요한 것은 "문화"다. 이 점을 망각하지 말아야 한다. 밥 피치는 "대부분의 히피 공동체가 표현한 것은 히피 문화일 뿐이다. 그것은 공존(共存)하는 삶을 추구하는 히피 공동체를 표현한 것이 아니다"라고 말한다.(*Esprit*) 정확하고 적절한 지적이다. 구체적으로 다시 말하면, "이 공동체는 특수한 문화의 결과물이다. 문화는 이 공동체를 창출하고 유지한다." 즉 히피 공동체에는 공동체 자체가 지닌 가치가 존재하지 않는다.

236) 시어도어 로스작(Theodore Roszack)은 1933년에 태어난 미국 사회학자이자 역사학자이다. 1968년 자신의 저서 『대항문화 만들기』(*The Making of a Counter Culture*, New York, *Mass Market Paperback*[Another Books], 1969; 프랑스어, *Vers une contre-culutre*, Paris, Stock, 1969)에서 제기한 '대항문화'라는 개념으로 유명하다.

그는 케네디 유형의 자유주의자미국의 모든 혁명 집단은 이들을 매우 가혹하게 비판했다를 배제했고, 청년 마르크스주의 집단로스작에게 이들은 경계선 너머의 집단처럼 보인다 및 호전적인 다수의 흑인 청년들로스작은 이들의 목표를 구시대적이라 평가한다도 배제했다.[237]

로스작에게 대항문화에 대한 문제 제기는 문화 인문주의에 파고든 기술의 지배라는 현실에 대한 문제 제기이다. 또한 '객관적, 과학적 의식의 신화'라는 이름으로 대항문화에 대해 분석감탄사가 절로 나오는 분석했던 부분에 관한 문제 제기다. 대항문화는 청년들의 반응에 대한 자발적 표현이면서 동시에 지적 기준의 건설이다. 대항문화에는 폭력과 예술적 창작, 자유로운 생활양식 탐구, 이데올로기적으로 정당화된 "환각 문화"나 폭력이 수반된 모방 등이 존재한다. 이 문화는 지적 엄밀함, 또 다른 부식층에서 사상의 뿌리를 찾으려는심사숙고를 거쳐 비합리성, 세계에 대한 과학적 혹은 폭력적 개념과 정반대 노선을 보이는 비합리성에 근간한다.

새로 등장한 이 '반대자' dissenter들의 구호는 그 유명한 "전쟁이 아닌 사랑을!" Make love not war!이었다. 종교적 양식의 재발견도 이 구호를 낳는데 일조한다. 그 가운데 불교의 선禪이 중요한 자리를 점한다. 물론 불교 뿐 아니라 다양한 종교적 융합이 그 구호에 포함되었다. 예수 역시 중요한 자리를 차지한다. 전통을 포기하자는 회의론적 지성도 대두되었으며, 시민 사회의 지성에 따르는 흐름도 등장한다. 과거의 실재를 뛰어넘는 새로운 정신적 실재들에 대한 열띤 연구가 진행되었다. 물론 로스작은 기만적인 영성, 선을 조야하고 저질로 만드는 태도, 이국 종교에 대한 막연한 환상, 사기꾼의 제사 의식, 실속 없는 농담 등을 주관하는 혼돈과 불투명의 현실을 강조하는

---

237) 오니뮈스(*L'Asphyxie et le Cri*, 1972)의 시각에 대항문화는 에로스적인 것 – 프로이트적 의미 – 과 비형식적인 것, "문화적 잣대"와 대립하는 창조, 이해 거부, 디오니소스적 단절 등의 특징을 지닌다. 그러나 이러한 전통 재개에서 혁명은 과연 어디에 있는가?

데 신경을 곤두세운다. 그러나 상식을 벗어난 이 작태들에 대한 비판은 정치 조직 및 행동 – 심지어 혁명적이기까지 한 – 과 연계되어 괜히 무게를 잡거나 지나치게 신중한 모습으로 후퇴하지 말아야 한다. 가두시위, 난투극, 대중선동용 프로그램, 집단적 압력 행사, 폭력을 수반하는 대항문화의 행동은 적용된 시점부터 즉각 결과를 배출해야 했다. 적어도 그 결과는 운동을 실현하기 위한 출발점이 되기 때문이다. 다시 말해, 대항문화는 문화에 관한 근본적인 문제 제기를 토대로 구축되어야 한다. "전적으로 다른 문화로의 전환"이것은 일종의 회심과 같다을 통해, 대항문화는 인간의 속 깊은 곳에서 솟구칠 수 있다. 이것은 시행착오와 불확실성, 왜곡과 혼란을 통해서만 실행 가능하다. 그러나 이 모든 것의 바탕에는 중요한 흐름이 있다. 로스작과 반대로, '모든 것이 신국면을 맞이했고, 동시에 정치적 이의 제기, 제도와 기관들의 요동, 사회적 풍습 변화'로 인해, 미국 혁명의 현재 진행형을 주장하는 다수의 작가들이 존재한다. 이를 바탕으로 모든 것이 협력한다. 특정한 선도 체계 없이 자율성을 보장하는 어린이 교육은 다음과 같은 삶의 방향으로 이들을 이끈다. 즉 유년 시절의 억압과 강제를 따르지 않고, 사회적 억압과 압제를 거부하는 삶의 방향, 자기 자신으로 사는 자유로운 삶을 원하는 방향으로 이끈다. 미국의 가난한 자, 흑인, 제3세계를 향한 미국인의 허위의식에는 미국인의 양심 붕괴가 있다.238) 그러나 한 국가가 자기기만에 빠질 때, 그 국가의 붕괴가 시작된다. 우리는 이를 잘 안다. 레닌은 혁명의 가능성에 대한 제대로 된 분석을 이미 제시했다. 1) 피착취자들이 더 이상 자기 상황을 수용하지 않는 경우, 상대적으로 2) 착취자들이 자충수를 두고 마비 상태에 빠져 옛 형식대로 통치할 수 없는 경우, 혁명은 가능하다. 폭력 문화는 이러한 전경의 일부다. 폭력 문화는 자유주의, 평화주

---

238) 1971년 「르몽드」에 기고한 논문에서 M. 쥘리앙(M. Julien)은 이 부분을 매우 강하게 강조했다. 「미국의 근심」에서 그는 평소 미국에 대해 가졌던 환상에 빠지고 만다.

의를 내세운 미국의 얼굴을 산산조각 냈다. 고삐 풀린 폭력, 체계화된 폭력은 상황에 대한 불관용이 증가했다는 증거다. 프랑스, 러시아, 독일, 스페인에서도 마찬가지였다. 거리 도처에서 발생한 테러, 폭력, 무력 충돌의 증폭은 혁명의 전조였다. 그러나 우리는 미국에서 폭력에 대한 의식적, 총체적 이데올로기 하나를 발견한다. 그것은 존중받을 만했고 평화적 태도를 지녔던 민주주의자들의 변화였다. 우리는 특정 지역과 달리 야간 외출이 잦은 대도시 미국인들에게 테러가 기하급수적으로 증가했다는 사실도 안다. 한 미국인 교수는 내게 심각한 얼굴로 총기 개인 소지가 1억 정에 이르렀다고 말했다.

모든 것은 폭력 과정에 연루되며, 폭력의 원인에 대한 표적이 된다. 이것과 성풍속의 획기적인 변화가 만난다. 수줍고, 내성적이고, 청교도적이었던 미국이 성해방 지구가 되었다. '게이해방전선'Gay Liberation Front, '레즈비언 연대'가 바로 그것이다. 심지어 성행위가 상연되는 희극도 나타났다. 그 사례들은 무궁무진하다. 도처에 섹스가 난무했다. 그러나 르벨의 말처럼 "성적 자유의 출현은 가족, 종교, 성과 성의 관계, 세대, 인종, 사회 계급 등에 존재하는 권위적 관계에 대한 적출 징후다." 권위자에 대한 공격을 가능케 하는 과감성을 확보하자마자 금기를 뛰어 넘기 시작한다. 사회적 권위를 나타내는 어떤 지표도 존중받지 못했다. 역할, 나이, 기능도 존중받지 못했다. 더 이상 주의 깊게 고려할 사항이 아닌 '관계'는 순수한 힘을 통해 구축되었다. 즉 최고 강자는 직접적 관계에서 승리를 거둔 자이다. 학생과 교수 사이에도, 나이, 경험, 지식, 지위 따위는 무시되었다. 다수의 학생이 최종 승자가 되었다. 자명한 일이다. 그러나 교원과 학생 사이에 계약이 깨질 때, 예측불허의 혁명적 관계, 즉 '될 대로 되라' 식의 혁명적 관계가 형성된다.

마약도 금기 사항 거부에 도움을 줬다. 마약은 강제성과 권위를 부여하는 금기와의 단절을 낳는다. 미국의 젊은이 상당수가 마리화나를 피우고 독한 약물에 손을 댄다. 이것은 새로운 "문화"였다. 사람들은 이를 "마약 문화"라 일컫는다. 마약을 통해 비합리적인 것, 폭발적 감성 분출, 색다른 인간의 발견, 거부된 세계에 대한 거리두기에 빠진다. 더 이상 국가, 사회, 과학, 기술의 강제적 요소를 수용할 수 없는 새로운 형태의 인간을 구축하기 위해, 마약은 폭력, 성적 독립과 연계된다. 현실을 지배하는 이 신들은 더 이상 새로운 종교로 살아가는 이들을 위한 신이 아니다. 이 운동의 종교적 인자는 분명하다. "거룩함에 대한 요구"The Need for Sacredness는 사회에 맞선 불복종, 항명, 삐딱한 행동을 수반, 표출했다. 그러나 그 종교적 힘이 전개되는 곳에서, 성전의 기둥이 무너졌다. 즉 새로운 신자들의 성난 급류에 결단코 저항할 수 없었다. 그러나 이 현상은 르벨의 광범위한 연구와 접목된다. 즉 정보가 혁명의 원천이다. 미국에서 정보는 통합적이다. 제한도, 감시도, 관리도 없다. 미국은 각종 매체를 통해 모든 것을 이야기할 수 있고, 문제 삼을 수도 있다. 어떤 주제도 금기시되지 않는다. 오래전부터 자유주의적, 민주주의적 역할이 규칙처럼 적용되었기 때문이다.

베트남 전쟁사람들은 이 전쟁의 잔혹함과 실패를 감추지 않는다, 범죄, 패악, 마약군대 내 마약 문제에 관한 보도, 소수 인종의 수난 등에서, 국가의 모든 외상이 백일하에 드러났다. "사건" 하나가 터질 때마다, 사람들은 해당 사건보다 더욱 강력한 수식어를 부여했다. 나는 과감하게 이렇게 덧붙인다. "미국에서 생산되는 정보는 사람들을 고통과 죄의식에 사로잡히게 하며, 모욕적"이다. 또한 그것은 공공 영역이 요구하는 정보다. 그러나 "소요 장면이 또 다른 소요를 낳고, 반체제 운동의 장면이 또 다른 형태의 반체제 운동을 낳는다." 이것은 새로운 기만과 극한 충격을 확산시켰다. 미디어 매체는 능동적인 영향력을 지녔다. "흑인 봉기나 공권력 학내 진입에 대한 생중계는 단지 사태 파악을 정확히 하고 문제를 올바로 성찰하는 데 유리한 패로 볼 수 없다. 개별적 체험의 산물이 사건과 혼합되는 상황 너머에 있는 방송 시청자들은 사건 당사자로 바뀐다." 이처럼 점차 비대해지는 공간에서 벌어지는 모든 사건은 사회적 선동에 기여한다. 다시 말해, 사회의 토대와 정치적 동기, 심지어 전쟁 회피와 관련해 가장 결정적이고 유일했던 동력이었던 '베트남 전쟁'을 외치는 사회적 선동을 낳았다. 이 전쟁과 맞물려 거대한 사회적 항거가 나타났다. 그러나 이러한 항거는 프랑스처럼 '이론적'이지 않고, 구체적 사안들 – 예컨대 인종차별이나 원주민에 대한 사회적 비하, 자연 파괴와 군산복합체 – 을 상대했다. "미국 청년들에게 사회적 이의 제기란 마오주의와 카스트로주의와 같은 적용 불가능한 정치적 시나리오가 전개되는 사회로의 전환상상적 전환을 뜻하지 않는다." 이들의 항거는 '근본적'이면서 동시에 '상황적'이다. 따라서 거기에는 혁명적 가치가 있다. 미국인의 사회적 이의 제기는 새롭고 혁명적인 양식이다. 왜냐하면 "현실성"에 직접 호소하는 양식이기 때문이다. 즉 온 세계가 처한 현실과 직접 맞닿지 않고, 그 상황을 직접 이해할 수 없을지라도, 이 양식은 사건 자체의 "현실성"에 직접 호소하기 때문에 기존 양식을 뛰어 넘는 새롭고, 혁명적인 양식으로 불릴 수 있다.

　모두가 아는 사건, 그리고 각종 수단을 동원한[239] 삶과 사회적 변화에서 확고해지는 의지를 확인할 때, 현재 진행형인 혁명을 어떻게 믿지 않을 수 있는가? 다만 이것은 단지 현 시대의 혁명일 뿐이다. 왜냐하면 과학과 기술의 의미작용에 따라 실행된 의식화이기 때문이다. 이 표현의 바탕에는 돈, 경제적 생산, 기술에 경도된 사회에 대한 대대적 거부가 있다. 또한 인간의 희생, 소외, 소멸이 작동하는 전 분야를 재발견하고, 인간의 진실, 빛, 진정

---

239) 이 모든 내용은 미첼 굿맨의 다음 저서에 등장한다; Mitchell Goodman, *The Movement toward a new America* (1970) 이 책은 독해가 어려운 라울 바네겜의 『일상생활의 혁명』보다 효율적인 책으로, 만인이 사용하는 것, 즉 공적인 것에 대한 문제 제기를 위한 실 지침서다.

한 근원이 될 수 있을 "인간의 얼굴"을 재발견하려는 의지가 있다. 덧붙여, 인격적 차원에서의 인간 혁신, 권위주의적 사회 및 이 사회가 만드는 관계에 대한 거부, "명령적 문화에서 생산적 문화로의 전환", 자국중심주의와 국가 권위에 대한 학문적, 합리적 기준 제시에 대한 거부 등이 있다.

전술前述한 주제들은 모든 영역과 기획에 있어 공통적이다. 즉 보편적 흐름이 있다. 혁명을 이야기하지 않을 수 있는 방법은 무엇인가? 우리에게 익숙한 유형인 19세기의 혁명과 다른 형태의 혁명에 관해 어떻게 말할 수 있는가? "지속되는 사회에서의 혁명, 혁명을 지속하는 사회에서의 혁명이 없어도, '절정에 이른 정치적 혁명'이 나타난다. 그에 비해, 사회 내부의 혁명은 광범위하게 출현한다. 이 부분에서 제기되는 문제는 다음과 같다. 과연 우리는 대항사회를 건설하는 대중의 에너지를 보존하는 정치적 결과에 이를 수 있는가? 결과적으로 혁명적 힘은 여전히 존재한다." 이 행동의 결과는 다음과 같다. "2가지 사회, 2가지 인간이 대면 관계에 있다. 장래에 펼쳐질 시각 대 시각은 화해 불가능하다"르벨 결과는 분명하다. 하나의 혁명만 존재할 수 있다. 즉 우리 세계는 '전 지구적 차원의 혁명'을 필요로 한다. 그리고 미국은 이 혁명의 기폭제가 될 것이다.

＊＊＊

내 시각에 각 사건들은 이론의 여지가 없다. 그러나 그 사건들에서 도출된 해석과 결론은 명확하지 않다. 나는 무엇보다 이 책에 기록된 모든 것이 미국에서 오래되고 전통적인 것처럼 보인다는 점에 주목하려 한다. 우리가 미국 사회에 대해 가졌던 고정 관념과 비교하면, 그리고 미국 사회 자체가 부과하려 했던 이미지에 비교하면, 이것은 새로운 사건들이다. 그러나 우리는 미국의 전 역사에서 이러한 요소들을 발견한다. 매우 놀라운 일이다.

미국은 폭력의 고삐가 언제나 풀린 나라였다. 개척자들의 정복 사업, 서부 개척자들의 시선영화 관객들의 열렬한 환호를 자아내는을 떠올려보라. 그것은 폭력의 지속성이 지배했던 현실, 난폭하고 무자비한 현실과 동격이다. 또한 독자들은 폭력 조직과 시민전쟁240)을 떠올릴 것이다. 폭력에 따른 고통은 확실히 미국인이 유럽인보다 덜하다. 이 나라에서 사회적 폭력은 고유한 현상이다. 그것은 오늘날 곳곳에서 분출되어 우리를 놀라게 하는 현상이 아니다. 아이러니하게도 폭력이 없던 시기인 1920년대의 현상이다. 마찬가지로, 우리는 냉소주의, 성적 자유, 부조리, 마약 현상에 놀란다. 그것은 언제나 미국 사회를 구성하는 단면이었다. 미국을 청교도 국가로 말하는 것 자체가 놀라울 뿐이다. 물론 몇 가지 사회적 규범들을 부과했던 청교도의 혈통도 있다. 그러나 동시에 모든 영역에 범람하는 "부패"도 있다. 거리에 매춘부가 없었더라면, 아마도 거대한 성적 방종이 또 다른 형태로 사회를 지배했을 것이다. 1900년의 유럽인과 1920년의 유럽인은 똑같이 미국인을 야만인, 교양 없는 사람 취급했다. 사람들은 새로운 종교의 출현, 낯선 영역, 성장하는 비합리성, 기술적 합리성과 대립된 '종교적 문화'를 강조했다. 그러나 나는 이 부분에서 미국의 지속적 역사를 다시 발견한다. 미국은 놀라울 정도로 종교적인 국가이자, 바로크적 종교 운동이 가능한 국가다. 또한 한 사람을 중심으로 모여든 군중들의 집합체, 각종 예식들의 결정체, 퀘이커교도, 모르몬교도, 파더 디바인Father Divine 등의 결정체다. 1930년 들어, 외래 종교, 공동생활 종교, 황홀경을 추구하는 비의 종교들이 범람했고, 이들을 모두 헤아려보면 500개 종파를 상회한다. 유명한 소설인 『앨머 겐트리』Elmer Gantry는 이에 대한 중요한 혜안을 선사한다. 그러나 이 종교들의 사회적, 정치적 함축이 바로 미국의 또 다른 특이점이다. 즉 이 종교들은 한 편으로 비밀스러우면서 동시에 합리적이고, 다른 한 편으로 사회 개혁적

---

240) [역주] 스페인에 맞서 일어난 전쟁 이전 시기의 시민전쟁을 말한다.

이다. 퀘이커교도와 모르몬교도는 사회적으로 진보한 평등 공동체를 건설했다. 현실 종교와 정치가 맺는 관계는 매우 "미국적"인 방향 설정이다. 또우리는 이러한 방향이 미국의 전통적 요소에 상응심연 차원에서 벌어지는한다는 점을 확인한다. "자연적 순진함"과 인간의 자발적 선에 관한 "신비"는 "근본적으로 초기 미국 사회에 영감을 줬다. 이를 모르는 상황에서 히피들은 자신의 선조들과 최초로 접촉할 수 있는 요소들을 재발견한다. 약속의땅, 원시림에 대한 열광, 종교적 연민, 희석된 종파, 천국에 대한 반복적 열망이 바로 그에 해당한다."도므나크 마지막으로, 우리는 미국이 자기에 대한 이의 제기로 유지되는 나라, 탄복할만한 나라라는 점을 어떻게 망각그러나 유럽인들은 순응적 이미지로 이를 쉽게 망각했다할 것인가? 사람들이 미국을 '양심 충만'한 나라로 묘사할 때마다 나는 놀라움을 금치 못한다. 사람들이보는 미국 문학에는 두터운 믿음을 가진 찬양자도 없고, 민족주의자도 없다. 이 문학을 지배하는 것은 '문화적 문제 제기', '자국에 대한 끝없는 고발', '지속적 자아비판'이다. 굳이 헨리 데이비드 소로와 같은 탁월한 인물까지 가지 않더라도, 지난 반세기를 돌아보면 무수한 작가들과 조우할 수있다. 업튼 싱클레어, 『배빗』*Babbitt*과 『맨해튼 트랜스퍼』*Manhattan Transfer*의저자 싱클레어 루이스, [윌리엄] 폴크너, 펜 워렌, 토마스 울프, 존 스타인벡시작부터 거친 표현을 내 뱉는, 앨비, 헨리 밀러, 테네시 윌리엄. 한 마디로 '비판의 대홍수'다. 세계 어느 국가도 이 자학적 지식인들의 항변을 결코 인정하지 않는다. 또한 그것은 단지 오늘의 문제가 아니라 미국에 문학이 존재한 이후로 지속된 문제기도 하다. 애당초 미국 지성인들이 취한 유일한 주제는 정치가 아니었다. 그보다 더 근본적인 문제라 여긴 '자국 비판', '자국에 대한 비관적 이의 제기'였다. 이러한 부도덕, 이의 제기, 폭력을 배경으로 '순응주의적 탐구'와 '청교도 정신에 대한 긍정'이 절망적 형태로 곧게선다. 다시 말해, "후자"순응주의적 연구와 청교도 정신 긍정 때문에 "전자"부도덕, 이의 제기, 폭력가 존재한다. 사실 사회를 지속하려면, 사회체社會體 부적 응자들을 적응시켜야 하고, 이들을 규범적 지도자들에게 견인해야 하기 때문에 위와 같은 현실이 도래한다. 금기의 출현은 청교도의 집권과 무관하다. 오늘날 약물 중독과 관련된 각종 문제들의 실제적 원인 제공은 당시의 알코올 중독이었다. 금기 출현은 바로 이 때문이다. 이미 확인한 것처럼, 사회적 금기 사항을 열거하는 싸움에는 타당성이 없다. 그러나 이러한 방식이 "도덕적 과잉"의 산물은 아니다. 오히려 타락이 만연한 상황에 반하는 대응책이다. 더욱이 최근 베트남 전쟁 때문에 보게 되는 거대한 평화주의 운동혹은 반전 운동?의 물결은 미국의 오랜 전통이라는 점도 일러둬야 한다. 1914년 국민의 절대 다수는 미국의 참전을 반대했다. 참전을 위해 정부는 2년 이상의 선전 기간이 필요했다. 또한 1917–1918년에도 반전을 주장하는 폭력 시위물론 연합국이 독일의 동맹국에 강요한 시위가 있었다. 1940년에도 동일한 일이 벌어졌다. 우리는 연합국 편에 참전을 결심한 루즈벨트가 완강한 반개입주의 여론으로 인해 정치적 위기에 몰렸던 사건을 안다. 또한 일본군의 선제공격으로 통보된 진주만의 비극은 루즈벨트가 의식적으로 바랐던 일이다. 루즈벨트의 보도는 참전을 수용하는 여론을 기초로 대중들의 양심에 파장을 일으키기 위한 전술이었다. 지금껏 우리가 세심한 주의를 기울여 다룬 제반 운동들, 소위 혁명적 운동으로 분류된 운동들은 분명 전형적인 미국산 요소들, 즉 미국식 '역사 관계', '생활양식', '심리학적–사회학적 반응'을 포함한다. 케네디 대통령 암살 이후, 「르몽드」에 실린 분석만큼 부정확한 분석도 없다. 「르몽드」는 "법치 정부를 꿈꾸고 과격한 행동을 감내하는" 미국, "사회적 동화에 이르지 못한 관계로 개별적 도전에 직면한 상태의 미국, 자국의 제도와 법을 존중하는 국민을 염려"할 줄 알았으나 테러로 마비된 미국을 보도한다. 우리는 너무 쉽게 다음 사실을 망각한다. 이 태풍과 같은 개별자들은 바로 미국인이며, 이들은 결코 관대한 시민의식으로 뭉친 집단이 아니다. 오히려 옛 세상의 잔재에서 폭발한 거칠고 다루기 힘든 집단이다. 결과적으로 법, 질서, 도덕의 중요성은 미국인의 "자발적 본성"을 가로막는 장벽으로 판가름 날 경우에만 중요할 뿐이다! 따라서 미국인은 예외 없이 '혁명이 바로 미국에 있다' 고 말하는 유럽인보다 혁명에 대한 확신이 덜한 것처럼 보인다. 또한 미국의 과잉 현상도 우리의 기대치에 못 미친다. 균열, 경제적 파탄, 혁명, 1개월 동안 '라탱 지구' 에서 벌어진 소요로 인한 정부의 변화, 이 모든 사건을 거친 프랑스는 자만했다. 미국에서는 출발부터 10배는 더 과격한 시위가 펼쳐졌다. 그러나 미국의 사건들은 정치적 단계, 경제 문제, 민중의 의식을 제대로 표출하지 못했다. 왜냐하면 미국인의 99%는 아무 일도 없는 듯 일상생활에 매진했기 때문이다. 미국 곳곳을 가로질러 다니며 흑인 지구, 집단수용소 등을 보지 않는다면, 이들의 현실을 결코 알 수 없을 것이다. 클로드 루아는 다음과 같이 쓴다. "거주지 장벽 곳곳에 큰 구멍이 있다. 게토의 검은 반점, 이가 들끓고 고독한 원주민 집단 거주지, 가난에 찌든 멕시코인의 변두리 거주지… 그러나 어디에 과연 균열이 있는가?… 우리는 매일 매일 평화롭고, 고요하고, 무기력한 미국, 시공간도, 돈과 이념도 충분한 미국을 편력할 수 있다… 미국의 거대한 전환은 무엇보다 자체 지지력을 갖춘 거인, 강철 근육과 혈기 왕성한 농부의 신경을 가진 거인, 어떠한 체질적 결함도 없는 거인을 발견하는데 있다." 백번 옳은 분석이다!

물론, 흑백 관계의 미래, 세대 갈등으로 불거진 상황의 장래를 염려하고 고민하는 사람들도 있다. 주로 이들은 허위의식에 찬 지식인, 특히 앵글로-색슨계 작가, 그리스도인 아니면, '복지 국가' 의 지속성을 망각한 채 이 국가에 익숙해진 미국인이다. 여하튼, 현재 우리는 두 사회가 얼굴을 맞댄 "대면對面 사회"에 관한 '상상적' 시각에서 멀리 떨어져 있다. 한 쪽에는 소요와 갈등을 겪으며 경직된 미국이, 다른 한 쪽에는 전통에 대한 반항과 항거로 점철된 미국이 있다.

도므나크는 이러한 다층적 충격으로 강고했던 미국의 동화책이 현재 중단되었다고 말한다. 그러나 그것은 단지 새로운 차원의 "근본적" 상황 아닌가? 미국 사회는 지금껏 언제나 사회적 동화/통합 과정을 겪었다. 그러나 동화시킬 요소가 있는 경우에만 그랬다. 나는 『부르주아의 변신』La Méta-morphose du bourgeois에서 이러한 동화 과정이 '기술 사회'에서는 매우 특수하지만, 사회적 기능과 사회 전체의 지속성을 위해 통합해야 할 '낯선 몸' corps étrangers이 필요하다고 주장했다. 미국의 모든 "혁명" 운동은 체제 내적 삶을 위한 체제의 저항인가? 이민자나 남부 연합파Sudiste는 어떤 역할을 담당했는가?

＊＊＊

여기에서 제기된 질문 가운데 놓치지 말아야 할 질문은 다음과 같다. 이 사태들에 대한 해석자들특히 프랑스 해석자들!이 벌인 오류에 관한 질문이 그것이다. 우리는 이 관찰자들에 대한 '심리−사회학' psychosociologie을 수행할지 모른다. 나는 이들에 대한 심리−사회학을 어떤 경향과 결부 짓는 작업을 빼 놓을 수 없다. 프랑스 지성계에는 '반드시 혁명을 일으켜야 한다'는 강박 관념이 있다. 이들은 오로지 혁명, 혁명을 외치고 쓸 뿐이다. 그들의 정신, 언어, 편집증에는 온통 혁명뿐이다. 쉴 새 없이 혁명 담론이 전개된다. 또한 실천적 행동을 중시하는 지식인들도 예외 없이 혁명적이기를 원한다. 여기에는 '유행'과 '강박 관념'이 있다. 이러한 강박 관념을 유발하는 기호들이 측정 불가능할 정도로 비대해지고 부각된 이상, 사람들은 더 이상 혁명의 구체적 표지를 알 수 없다. 이들은 의기양양한 태도로 대중들을 향해 "바로 그거야!"ça y est!를 입증할 새 소식을 떠들어 댈 것이다.

1968년 5월, 나는 설득력 있고 계몽적 태도로 "바르조네241)가 사임했다는 사실을 생각해 보십시오. 이번만큼은 그가 혁명의 수장입니다. 바로 이겁니다"라고 말했던 혁명적 지식인 집단을 기억한다. 미국 사회에서 일어난 운동에 대한 해석자들은 하나같이 바로 이러한 시각을 지녔다. 이들은 자신의 욕망과 강박을 표출한다. 그러나 내게 현실은 사뭇 달라 보인다.

※ ※ ※

흔히 '혁명적'이라고 불리는 주제마다 우리는 이렇게 답할 수 있다. "주제는 타당하다. 그러나 결코 혁명과 상관없다."242) 각종 매체의 영향으로, 사람들은 이 혁명적 사건들을 시청한다! 그러나 마치 구경거리 보듯 한다. 이 부분에 대한 미국인들의 면역력은 실로 대단하다. '소요를 낳는 소요'에 관한 생생한 예를 제시하면 그 주제에 맞는 다채롭고 포괄적인 논의가 일 것이다. 살인사건을 다룬 영화는 관람객을 살인자로 만들지 않는다. 이미 입증된 사실 아닌가? 만일 '전염병'처럼 사회적 전달이 가능하다면, 사람들은 혁명이 아닌 "공연처럼 화려한" 사회적 소요에 시선을 부가할 것이다. 구체적으로 말해, 소요[비록 매일 발생하지 않지만!]에 대한 TV 생방송과 혼재

---

241) 앙드레 바르조네(André Barjonet, 1921–2005)는 노동총연맹(C.G.T.) 소속 조합주의자이자, 반스탈린주의적 프랑스 공산당(P.C.F.)원이었다. 그르넬 조약에 적개심을 표명한 바르조네는 1968년 5월 노동총연맹과 프랑스 공산당을 떠난다. 『배반당한 68혁명』(*La Révolution trahie de 1968*, Paris, Éditions John Didier [Controverses], 1968)을 출판했으며, 연합사회주의당(P.S.U.)에 가담한다.

242) 베링턴 무어가 「에스프리」(1970년 10월)지에서 수행한 매우 강력한 분석은 미국에서의 혁명 불가능성을 세밀하게 보여준다. 지배 계급 내부에 긴장이 없고, 반골 지성인들은 어떠한 혁명 기획도 진중하게 표현하지 않았다. 계급 간 연대는 지속적으로 확대된다. 우발적 난관과 빈곤 인구 및 반정부 성향의 인구 거주지는 매우 한정적이거나 변두리화 되고, 무능한 지역이다. 호의적인 지역을 발견할 수 있을 '혁명의 중핵'이 없다. 강력한 혁명 조직도 없고, 변변한 수단도 없다. '대립 이데올로기'(idéologie d'opposition)보다 '달성 이데올로기'(idéologie d'accession)로 연명하는 소수 집단에 불과하다.

된 이 "혁명 페스티발", "혁명 공연", "혁명 극장"보다 생산성 없는 것은 어디에도 없다. 이것은 다른 것보다 짜릿한 놀이가 된다. 프랑스인들은 미국의 이러한 상황을 모른다. 이들의 행동 유형에는 심심풀이, 감각적 구경거리가 다수를 이룬다. 성인용 오락물도 거기에 포함된다. 다른 시각에서 보면, 사람들이 개시한 "혁명적" 사건들은 "확실한" 쇠퇴기를 맞았다. 탈脫권위와 완전한 자유를 추구하는 교육학에 대해 말하는 미국인들은 현재 각성 중이며, 일련의 가부장적 권위와 도덕적, 교육적 권위주의가 어린이의 선행을 위해 필연이라는 점을 자각한다. 왜냐하면 권위와 대면해 자신의 역량과 한계를 자각하는 인격의 현실성을 긍정하게 되고, 몽상에 빠지지 않고 늘 현실과 조우하면서 인격의 진정성이 건설되기 때문이다. 미국인들이 생각하는 '관대한' 교육은 절대적 자유의 맛을 보게 하는 한 편, 인격체의 허약함, 유약함, 개성의 부재, 유토피아로의 도피 등을 낳기도 한다. 우리 위대하신 프랑스인은 이 부분을 아직도 파악하지 못했다!

한 걸음 더 나아가 우리는 "방향성"에 대해 인지해야 한다. 그것도 포괄적인 인지가 필요하다. 개혁의 불가역적 요소들, 복구 불가능한 지점들이 존재한다. 그것은 이미 역사를 통해 부과된 교조적, 교리적 자료들에서 비롯되었다. 실용성을 중시하는 미국인들은 경험의 축적을 멈추지 않을 것이며, 자신의 궁색한 상황을 자각하고 방향 설정의 오류를 발견할 때라야 다른 것을 시도할 것이다.

미국이 20년 전에 시작해 지금껏 이어온 교육 방법론인 '탈脫지시적 교육학' 이 그 원인은 아니다. 오히려 그 반대다. 달리 보면, 흑인 운동에 관한 우리의 언급도 자제할 필요가 있다. 2가지 시각에서 볼 때 그렇다. 첫째, 흔히 흑인들이 인구의 20%를 차지한다고 말한다. 그러나 이들의 출생률에 주목해야 한다. 그 비율은 지난 25년 동안 지속적으로 증가했다. 미국에서 흑인이 인구의 다수를 점할 날이 올지도 모른다. 확실히 그럴 개연성이 높다.

그러나 거기에서 도출될 결과들을 확신할 수 없다. 인구 증가와 사회적 소요 및 운동은 반비례하기 때문이다. 다시 말해, 흑인의 인구 증가는 사회적 반란과 집단적 폭력을 약화시키는 보증 수표다. 흑인들이 실권을 쥐거나이 경우 인구 증가는 권력 굳히기에 해당, 아파르테이트와 같은 차별로 인해 분리된 이후 독자적 사회 집단이 되거나, 둘 중 하나일 것이다. 결국 이들의 힘은 "군국주의화"할 것이다. 이러한 우발적 상황이 나타날 확률이 적다는 면에서, 조절과 적응을 기대할 필요가 있다. 즉 향후 25년 동안, 상황은 동일하지 않을 수 있다. 그 때가 되어도 흑인들은 여전히 존재할 것이다. 만일 1968년에 흑인들이 인구의 다수를 점했다면, 이들은 총체적 혁명에 투신했을지 모른다. 그러나 무한정 임전태세가 유지되지 못했다. 마틴 루터 킹의 죽음으로 비폭력은 실패로 돌아갔고, 비폭력으로 일관하려던 상황도 지나갔다. 사회 자체가 가하는 폭력에 대해 '대항폭력' 유일하게 순수성을 지키고, 효율성과 사실 적합성을 갖춘 수단으로 맞서야 했다. 이를 입증하려는 수백 가지의 설명과 논리가 나타났다. 그러나 폭력의 지속성은 이미 오래전부터 있었다. 우리는 이 사실을 빼 놓을 수 없다. 1969년에도 사람들은 여전히 폭력, 흑인권력, 흑표당les Panthères이 "혁명의 원동력"이라고 생각했다. 그러나 당시 흑인들 사이에서 '블랙파워'를 실현하자는 생각은 내리막길을 걷는 중이었다. 1969년 갤럽 조사에 따르면, 42%가 블랙파워에 찬성했으며, 1968년 조사에서는 54%가 반대했다 블랙파워는 출발부터 '폭력적 전체주의'였다.

블랙파워 이론가들은 경제적, 사회적, 지리적, 기술적 현실을 고려하지 않았다. 또한 제시된 해결책의 합리성, 실현 가능성도 고려하지 않았다. 그저 단절을 위한 단절, 백인과 관련된 모든 것에 대한 근본적 거부를 외쳤다. 주적은 자유주의자다. 왜냐하면 자유주의자에게는 이성, 반성, 중도로 대중을 몰아갈 수 있는 위험 인자가 있었기 때문이다.243) "당신은 자유주의

---

243) Carmichael, *Le Black Power*, 1968.

자, 물론 우리는 당신의 개별적 태도를 존중한다. 그러나 당신은 우리에게 너무도 불편한 백인, 그래서 우리는 당신을 거부한다." 이런 형태의 관계를 무턱대고 신뢰하는 것 자체가 오류다. 영화처럼 아름다운 장면은 없다. "우리는 그댈 증오한다. 그대가 자유주의자기 때문이다. 우리를 생각해 주는 척하면서 교묘히 상황을 진정시키려 하고, 우정과 같은 달콤한 언어를 남발하면서 우리의 증오를 누그러뜨리기 때문이다. 그대는 우리의 증오를 꺾고, 단호하고 본능적인 힘을 해체할 수 있는 위험 인물이다. 우린 그대가 자유주의자기 때문에 증오할 뿐, 백인이라는 이유로 증오하지 않는다." 블랙파워의 실제 목소리는 바로 이것이다. 타자가 우리의 실제적인 적이 아님에도, 가상의 적을 제작하는 것이 중요하다. 희망이 사라진 반란은 적대적 세력을 누적할 필요가 있고, 불치와 상처 자국을 남기려 한다. 또한 이 반란과 맞서는 사람들을 모두 적으로 몰아세운다. 왜냐하면 반란은 맹목적인 전쟁이며, 급류이기 때문이다. 즉 무리를 단번에 삼키는 강처럼 순식간에 사라질 것을 고대하면서 단 몇 초간 모두를 휩쓸 급류이기 때문이다. 블랙파워는 혁명적 기획도, 체계적 학설도 없다. 블랙파워가 지향하는 해법은 순진하고 터무니없다. 블랙파워는 해결책 제시를 위해 행동하지도 않았고, 합리적 작동방식을 제기하기 위해 행동하지도 않았다.

이들은 분노, 비참, 찬가혼자 부르는!를 내일에 대한 맹목적 소망, 타도해야 할 불관용, 삭제해야 할 굴욕적 역사에 답하기 위해 행동했다. 절망, 거대한 군중과 함께 등장한 모토, 슬로건, 깃발, 상징, 반국가적 반란. 그러나 사람들은 강력한 폭발력을 오래 유지할 수 없었다. 흑인 권력은 개혁 노선과 기획에 돌입하는 순간 끝난다. 블랙파워를 이어 흑표당이 나타났다. 1968년 엘드리지 클리버244)는 미국 민주주의가 1972년까지 존속하지 못할

---

244) 르로이 앨드리지 클리버(Leroy Eldridge Cleaver, 1935-1998)는 미국 작가, 시민권 투쟁가다. 1966년 흑표당에 가담, 당 대변인이 된다. 1968년 미국 대선에서 '평화와 자유당' 후보로 출마

것이라 선언했다.245) 흑표당은 기계를 뛰어 넘어야 했고, 흑인들은 자체 권력을 구축해야 했다. 불행하게도 클리버의 눈에 1971년은 흑표당의 마지막 해라고 할 수 있다. 흑표당은 2가지 급진적 과격파클리버 진영과 뉴튼246) 진영으로 분열한다. 뉴튼이 "회복"한 것은 흑인 문제에 대한 배신이 될 것이다. 그러나 뉴튼 자신은 미국에 있고, 흑표당 운동에서 얼Earl을 배제한 후 클리버까지 배제하려 했다. 이 극심한 분열이 전반적인 쇠락으로 이어졌다. 금고는 비었고, 당을 재정적으로 지원했던 백인 기부자들은 1971년 초를 기점으로 불가분 점점 발을 뺀다. 폭력과 퇴폐는 경찰의 대규모 효력을 불렀다. 당은 이중 선동자들로 가득했다. 이것이 현실이다.

오늘날 블랙파워의 힘은 약화되었다. 흑표당은 이들을 무시하고 거부하고 소위 "문화주의자"라는 명칭을 덧씌워 비난한다. 우리는 블랙파워에 대한 흑표당의 문제 제기를 2가지로 설명할 수 있다. 첫째, 신중과 관용을 노선으로 채택한 개혁주의1966년 흑표당의 10가지 핵심 기획과 비교하라. 완전 고용, 생활 주택, 흑인 교육 등로 설명할 수 있다. 둘째, 유토피아적이고 충동과 비일관성을 수반해 어떤 혁명적 특성도 제시하지 못한 채 '모국 아프리카' 로의 회귀를 주장하는 노선으로 설명할 수 있다. 오늘날 카마이클247)은 더 이상 블랙파워를 설교하지 않는다. 도리어 탈출, 아프리카인의 어머니 땅인 아프리카로의 회귀를 설교한다. 이미 1972년에 예고된 것처럼, 이 모든 것은 다음 내용을 예언한다. '이는 흑표당의 문제일 뿐, 차후 체험하게 될 미국

한다. 수감시절 『차가운 영혼』(Soul on Ice, New York, Delta Book, 1968; 프랑스어 번역, Un Noir à l'ombre, Paris, Le Seuil, 1969)을 썼다.

245) Eldridge Cleaver, La Révolution américaine, 1970. Anthony Earl, Prenoms les armes. Les Black Panthers, 1971.

246) 휴이 P. 뉴튼(1942–1989)은 바비 실(Bobby Seals)과 함께 '자체방어 흑표당'(Black Panther Party for Self Defense)을 설립한 인물이다. 이 당에서 방어 담당자 역할을 맡는다.

247) 스토클리 카마이클(Stokely Carmichael, 1941–1998)은 흑표당 지도자 가운데 하나였다. 1967 년에 이 당에 가담했고, 이듬 해 당수 자리에 오른다. 1969년 들어 '범아프리카주의'(panafricanisme)와 '흑인들의 아프리카 귀환'을 설교했고, 친히 기니에 정착한다. 세쿠 투레 대통령의 자문 위원을 맡는다.

사회는 아니다.' 248) 그러나 이것이 "흑인 문제"의 제거를 견인하지 못할 것이다. 사실 미국은 '인간적 차원'과 '사회정치적 차원'의 해답을 요구하는 질문을 만났다. 흑인들의 평등 요구는 분명 옳다. 그러나 이 요구는 미국 사회에서 혁명에 대한 호출 없이는 이뤄지기 어렵다. 결과물이 없는 이상, 수많은 소요와 반란은 지속될 것이다. 그러나 '식세포'와 같은 미국의 거대한 유기체는 모든 것을 흡입할 것이다. 근본적 변화는 일어나지 않는다. 자기 사회에 제기된 심각한 문제를 자각한 백인 중심의 미국 사회는 동화 작업에 가담하게 시작한다. 이 사회는 분명 '동화'assimilation에 이를 것이다. 또한 백인 인종차별주의자의 저항도 점점 사라질 것이다. 이중 운동백인의 개방과 수용, 흑인의 혁명 의지 감소은 분명 "전통" 미국 사회의 "혁명"을 암시하는 통합을 지향하지만, 혁명적 예언자들이 꿈꾸는 통합은 더 이상 아니다. 이 불가피한 진화에 대한 직감이 블랙파워의 핵심부를 얼어붙게 만든 주원인이었다. 지도부는 흑인들의 모든 문제를 일시에 해결하기 어려운 통합을 생각했을지 모른다. 그러나 말콤 엑스나 카마이클 등은 자신들에게 유리한 독립 공간인 '아파르테이트'를 요구하고, 흑인들의 혁명 의지를 유지하고, 마지막까지 가볼 목적으로 동화를 거부했다. 이들의 극단주의는 동화에 대한 두려움을 드러내는 척도 그 자체였다. 그러나 대중들을 극심한 혼란에 빠뜨린 이 극단주의는 이제 자신들을 계승할 대중들과 단절되는 형국이다. 흑인 운동과 더불어, 우리는 동화하는 힘을 가진 사회 개혁을 겨냥하는 강고한 반란의 충동을 목도한다.

＊＊＊

---

248) 노예제의 원초적 트라우마에 대한 그리어와 콥스의 분석이 입증하는 것처럼, 흑인 혁명 운동도 분명 허약함이 있었다. 이것은 전형적인 반란을 낳는다... 그러나 혁명으로 진행될 수 없다.(사회 정신분석학에 관한 이들의 다음 연구서를 참고하라; *La Rage des Noirs américains*, 1970) 이것은 "흑인 게토의 침묵"에 관해 말할 수 있는 1972년 들어 확인되는 내용이다.

히피와 흑인 집단들은 영역을 차지하고, 혁명적 사회 모델과 "해방 공동체"를 만들었다. 이 모델과 공동체는 조만간 관광 중심지가 될 것이다. 결국 모르몬교도 이상적인 "대항" 거리를 만들기 어려웠고, 미국은 이에 순응해야 했다. 흑인 구역과 히피 공동체에 감화된 이들은 결코 그 이상 전진하지 못할 것이다.

에드가 모랭이 쓴 매우 흥미로운 책 캘리포니아 일기, 1971은 때때로 심오하고, 이따금 과장된 이 모든 반란 운동이 가진 비범한 성격과 구식 행태를 간접적으로 강조한다. 히피들의 원주민 복장이나 18세기 복장, 공동체 생활로의 회귀 엥겔스가 말한 원시 공동체로의 실제 회귀, 그러나 산업 사회를 벗어나지 못한 회귀이자 산업 사회 내부로의 회귀, 산업 사회에 매우 충실한 회귀!, 수공업 시대로의 회귀, 문화주의자 흑인들이 생각하는 "진정한" 흑인 사회로의 회귀, 신루소주의, 신부족주의, 신고전주의, 공동체적 앙양을 노래하는 음악, 유아幼兒적 세계에 침잠하려는 의지, 이 모든 것은 거대한 역사적 퇴행이며, 청소년기에 꾸는 꿈을 표현한 것이다. 이러한 현상은 현실의 모든 혁명에 역행한다. 다시 말해, 가장 전통적이고 고전적인 반란을 전형적으로 표현한다. 따라서 나는 에드가 모랭의 생각처럼, 이것을 혁명의 전위avant-garde라여기지 않는다. 또한 나는 1968년 당시 학생들이 뇌관이 아니었다고 생각하지도 않으며, 68년 5월 사건을 모든 역사적 반란의 시발점과 마찬가지 사건으로 보지도 않는다. 이 사건은 곳곳에서 터지는 폭약과 같았으며, 갈기갈기 찢어지고 검게 그을린 종이, 최루탄 냄새, 먹먹한 소음에 머물렀을 뿐이다. "성인의 삶에서 유아적 세계의 출현을 기다리는 과정"은 어디에도 존재하지 않는다. 왜냐하면 기술 사회는 새로운 디즈니랜드249)와 새로운 "자연" 보호구역을 위해 히피들의 꿈을 적극적으로 활용할 것이기 때문이다.

---

249) [역주] 원문에서 엘륄은 Soc. Inc.를 괄호에 덧붙인다. Soc.는 '단일 칩 체제'(System-on-a-chip)의 약어이고, Inc.는 '신체 내화(In corporation)'의 약어이다.

***

그러나 이러한 사회적 이의 제기와 혁명 운동의 약화에는 또 다른 요인이 있다. 그것은 '일관성 없는 다양성'이다. 미국인들은 수천 가지의 다양한 무제와 반항적 행동에 포위당했다. 베트남에서 벌어진 전쟁을 넘어 이들을 사정없이 찢어 놓은 것은 바로 흑인과 맺을 미래 관계에 대한 우려, 폭력에 대한 공포, 히피들 앞에서 느끼는 근심, 학생 운동에 대한 아연실색, 세대 갈등으로 인한 고통, 도시 생활에서 점증하는 난제들로 인한 분노와 짜증, 물가 상승, 실업, 달러 위기로 인한 걱정 등이다. 그러나 이 모든 부분에 일치uniforme와 일관성은 없다. 미국 상황을 익히 아는 전문가 중 한 사람은 다음과 같이 기록했다. "여기는 근심 자체가 다양하다." 우리는 이러한 염려에 반란 시위 이상의 어떤 것을 부가할 수 없다. 외국에서 갖는 인상과 달리, 베트남전을 둘러 싼 논쟁조차 이러한 근심의 우선이 아니다. 지불유예Moratoire 선언은 1969년 들어 3,600만 명에 다다랐지만, 뚜렷한 내일이 없는 상황이다. 실제로 캄보디아 사태 개입은 무수한 시위를 촉발했다. 그러나 그것은 미진했고, 산발적이었으며, 명확한 출구도 없었다. 그러나 거대 선전propagande 및 지식인 결집을 끌어낸 이 전쟁이 지속적으로 미국인들을 두 진영으로 양극화하지 못하는 이상, 이 운동의 촉발은 불가능할 것이다. 사회적 문제를 제기하는 반항 운동의 내부에도 동일한 분열 양상이 있다. '히피들이 보여준 보헤미안 생활'과 '신좌파의 냉정한 행동주의' 사이에는 공통 척도가 없다. 한 쪽은 사회와 분리되려 하고, 다른 한 쪽은 정치적 삶을 혁신하려 한다. 둘 사이의 공통점은 없다. 미국 사회는 저 마다의 방향, 원인, 문화적 관심 – 공통점 없는 – 을 가진 "반항" 집단으로 미분화 되었다. 관점의 오류는 항상 동일하다. 다시 말해, 방송 매체들이 야기했던 오류와 동일하다. 상당 부분에서 결집, 화해, 동일시라는 결과가 이어졌다. 그러나 이들 간의 엄밀한 연관성은 없었다. 도리어 정보는 단일하고 지구적인 '하나의' 현상에 대한 인상을 독자에게 부여하는 공통분모의 역할을 맡았으며, 결국 거기에 환원되었다. 그것은 A. 롭—그리에가 『뉴욕 혁명을 위한 기획』에서 탁월하게 "증명"해 냈던 것이다. 이처럼 우리는 다층적 소요로 야기된 거대한 사회적 동요를 마주한다. 그러나 이 동요에는 일치점이 없으며, 저마다 다채로운 기원, 의의, 지속성을 지녔다. 현행 중인 혁명적 힘의 흔적은 어디에도 없다. 있다면 아마도 몽상적 관념론자 뇌리에나 있을 것이다. 하지만 미국 사회의 '통합력'과 '저항력'을 항상 환기할 필요가 있다. 미국 사회는 과거처럼 무수한 이민자를 흡수할 수 있는 사회가 아니며, 자국 권력을 지켰던 사회도 아니다. 오늘날 미국 사회는 '기술 사회의 동화력' le pouvoir d'assimilation de la société technicienne이다.

르벨이 "사람들은 일종의 '자살'과 '질식사'를 생각할 수 있다. '자살'은 기술 사회의 자살이며, '질식사'는 미국 권력 내부에서 비롯된다"라고 썼던 것과 동일한 글을 쓸 수 없다. 분명 모든 것을 그려 볼 수 있다. 그러나 그것은 마냥 꿈일 뿐이다.

대항 사회들에 대한 베슐레의 분석은 얼마나 풍성한가? 이 대항 사회들은 보다 풍요로운 기술 사회 – 대항 사회들을 구제하기 위한 – 의 틈바구니에서 살아갈 위험이 있다. 우리는 히피들이 이 사회의 빛이었고, 예술가, 광대, 미치광이를 포함한 새로운 지지/후원자들의 이상이었다는 사실을 이미 확인했다. 이러한 흡수력은 몇 가지 사회적 기호현상에서 드러난다. 르벨은 다음과 같이 이야기한다. 뉴욕에서 사람들은 출근하는 히피들을 위한 가발과 야회夜會에 가는 젊은이를 위한 히피 가발을 판매했다. 분명 그것은 '사회적 역할'에 대한 선택이다. 다시 말해, 히피는 '어떤 역할'이 된 셈이다. 사람들은 낮 시간 동안 '히피 역할'을 맡았다. 여기에서 진지한 혁명적 요소를 찾기 어렵다. 히피들은 풍요 사회의 표현이자 부록이다. 이들은 이 사회의 극단적 자유방임 덕에 존재할 뿐 아니라, 기식자, 보조 행렬, '사중' 死重, 250)과 '기식자' 를 겨누고 운반할 목적으로 한 층 강화된 기계와 유착함으로 존재한다. 기술 사회가 강고해질수록, 이 사회는 '사중' 이나 '기식자' 같은 "내부 이민자들"에게 더 많은 지지와 관용을 보일 수 있을 것이다. 그러나 기술 사회의 색채가 옅어진다면, 사회에 이의를 제기했던 이들은 '반드시' ipso facto 사라지게 될 것이다. 나는 히피들이 자율적 경제 활동을 창조한다는 모랭의 확신을 공유할 수 없다. 모랭은 '신−문화적, 신−수공업적' 영역들이 산업 문명의 필연적 '대항−효과' 라고 말한다.251) 그러나 그는 다음과 같이 덧붙인다. 이 영역을 점하는 주변화 된 자들은 자기 운동의 일종의 경제적 바탕 − 산업 경제의 보강 요소가 될 수 있을 − 을 창조하며, 이러한 경제적 바탕은 주변화 된 자들에게 일정한 힘, 지속성, 자율성을 부여할 것이다. 아마도, 그러나 오로지 기술 사회의 '부록' , '부가물' 로서 그렇게 할 것이다. 신−수공업 영역은 소비 사회에서 활동을 수행하는 고객이 있을 경우에만 존속 가능하다.

　마지막으로 전문직 기술인, 소위 '테크노크라트' 인 허먼 칸Herman Kahn이 속한 '허드슨연구소' 잡지 L'An 2000는 히피들의 사회적 통합 과정 및 이들이 일으킨 모든 반항 운동에 대한 기술적 착취 − 결국 기술 사회에 유익한 − 를 연구한다. 사람들은 히피들을 억압하지 않고, 동화시켰다. "미국은 유연하며, 미국 지도자들은 선입견과 관습 등에 얽매이는 대신 자기 장치를 새로이 배치하는 법을 안다." 우리는 그것을 미국 자본주의 변화와 더불어 분명하게 목도했다. 우리를 놀라게 하는 첫 번째 측면은 다음과 같다. 미국인은 적재적소에 부합하는 장치를 활용한다. 구체적으로 말해, 미국인의 이러한

---

250) [역주] '사중'(死重)으로 번역한 프랑스어 표현은 'des poids morts'이다. 이것은 문자적으로 쓸모없는 것, 무가치한 것을 지칭한다.

251) 나는 이미 20년 전 『기술 혹은 세기의 도박』(대장간 출간예정)에서 상당 분량을 할애해 이 문제를 설명했다.

장치 활용이란 혁명적 목표들을 동화시킬 목적으로 대기업이 자신에게 부여된 우선적 가치들을 재배치하면서 기획을 실행하는 것이다.252)

이 사회는 견고하면서도 매우 관대하며, 너그럽다. 본질적인 타개책을 아직 찾지 못했을 경우에만 억압적이다. 동시에 이 사회는 선의지로 충만한 정신을 통해 동화력을 전개하는 사회다.

"선은 어디에나 있다. 우리에게 꽃과 사랑우리는 항상 이것을 말해왔다!을 환기시켜주는 히피들이 옳다. 또한 흑인들은 미국 민주주의의 존엄성을 위해 빈곤과 거부 가운데 사는 것을 지속하지 말아야 한다. 반전 운동가들은 우리가 언제나 생각했던 것을 표현한다. 과연 우리는 이토록 동정심 많고 용감한 이 사람들을 어떻게 거부할 수 있을까? 우리의 경향과 매우 유사하고, 때때로 신경과민을 수반하며 설명되는 이들의 경향을 과연 어떻게 거부할 수 있을까? 이데올로기와 경제가 교차하는 미국식 민주주의, 기술 민주주의, 기술화된 민주주의를 전적으로 보존하면서 과연 어떤 방법으로 이들을 충족시킬 수 있을까?" 바로 이것이 문제다. 이 문제는 갈수록 명확하게 제기되는 문제이면서, 우리가 이미 해결 과정에 있음을 확신하는 문제다.

* * *

비록 우리가 위 요소들을 고려하지 않지만, 우리에게 제기되는 핵심 질문은 다음과 같다. 1917년이 아닌 1970년 혁명, 그 가운데 벌어진 여러 운동은 진실로 혁명적인가? 즉, 이 운동들은 '국가 파괴 과정'과 '기술의 손아귀에 들어간 것을 파괴하는 과정'에 착수했는가?

로스작이 우리에게 매우 풍요롭게 논증한 부분은 '새로운 정신 상태의 출현'과 '새로운 이데올로기 상황의 출현'이다. 사실 히피나 신좌파가 보인

---

252) Jay McCully, « Le Big Business et la Révolution », *Le Monde,* juillet 1971.

여러 가치 가운데 존재하는 위계 서열은 양심, 효율성, 자기만족으로 대변되는 미국의 이미지 서열과 근본적으로 대립되는 것처럼 보인다. 또한 효율성, 청교도적 도덕성 우위에 대한 문제 제기가 존재하며, 현재까지 결행 일자를 결코 목도하지 못한 치열함을 수반해 기쁨, 사랑, 생명, 정의, 평화를 연구하는 작업도 있다. 모두 사실이다. 톨스토이가 수십만으로 불어난 셈이다. 유럽인들이 지속적 담화를 통해 확인했던 것을 미국인들을 경험을 통해 체화했다. 또한 이들은 가장 미국적인 성질, 치열함, 성공 의지, 기업에서 요구되는 엄격한 정직성, 무제한적 참여, 사고의 단순성을 매우 구체적인 방식으로 이 경험에 부가한다. 모든 "혁명적" 운동들은 대단히 미국적이다. 이 운동들은 미국식 모델 자체를 표현한다. 운동의 주창자들이 묘사했던 모델일 뿐, 앨비의 저서 『미국의 꿈』에서 생성된 것이 결코 아니다.253) 이것은 생명, 노동, 정치, 사회적 관계, 인종 관계를 새롭게 사유하는 방식으로 진행되어야 했다. 아마도 이 단계에서 운동은 성공을 거둘 수 있을지도 모른다. 새로운 정신 상태가 도처로 확산된다. 미국 사회가 지평 편화를 이룰 수 있고, 행동에 대한 또 다른 관점을 가질 가능성도 있다. 그러나 그것은 언제나 통합 과정에 준해 가능할 뿐이다. 다시 말해, 나는 미국을 위한 "문화혁명"중국 문화 혁명과 전혀 관계없는의 가능성을 인정한다. 문화혁명은 서구 세계의 가치 자체를 나타나게 한다. 즉 이 용어의 사용은 중국의 운동과 동일 형태의 운동을 지시한다. 그러나 다양한 가치 및 이데올로기에 있어 상대적이다. 중국이 '중화─공산주의─마오주의적' 가치에서 출발해 사회─정치적 변화에 투신했던 것처럼, 미국은 동일한 모험과 변화국가가 조종하지 않는 변화 제외에 투신할 수 있다. 그러나 그것은 미국 고유의 가치에서

---

253) 『누가 버지니아 울프를 두려워하는가?』(1962)로 유명한 미국의 극작가 에드워드 앨비(1928년생)는 또 다른 중요 저작인 『미국의 꿈』(Paris, Librairie théâtrale, 1960)에서 미국 사회의 불편한 진실을 다룬다.

출발한다. 따라서 미국의 문화혁명은 중국의 문화혁명과 동일하지 않다.

그렇지만 미국의 문화혁명은 기독교적 가치의 총체적 재발견이며, 이 가치를 열정적으로 고양시킨 것이다. 현재까지 미국은 기독교적 가치를 부분적으로 선택해 왔다. 청교도주의, 정직, 순결, 도덕성 등 더불어 이 문화혁명은 그것을 가능하게 한 원천, 우리의 상상 이상으로 제공된 원천, 즉 기독교적 가치를 담은 원천으로 회귀한다. 이 가치들이 충분히 그 책임을 다할 때, 미국 문화혁명은 사랑, 자유, 정의의 폭발적 힘을 재발견하게 된다. 마약과 섹스는 임시 사태였을 뿐이다. "마약 문화"는 없다. 가장 오래된 형태의 기독교 사상이 가진 여러 측면 중 하나가 재발견되고, 실천으로 연결되는 상황이 있을 뿐이다. 바로 기독교적 가치에서 출발하여, 그리고 이 가치에 준하여 미국의 문화혁명은 혁명을 추동하는 "추잡한" 해석들의 속박에서 벗어난다.254) 그러나 기독교적 진리를 체험한 매 순간마다, 사람들은 이것을 걸림돌로 여겼다.(가령, 성 프란치스코와 예수) 또한 기독교적 진리는 언제나 기존 해석과 반대되는 방향을 창출했다. 사람들은 기존 해석과 반대 방향인 정신도덕적, 에로스적 방향을 목도했다. 그렇지만 혁명에 미친 영감은 완전히 동일한 형태에 머문다.

로스작은 이 대항문화의 형식들만 고려할 뿐이다. 그는 점증하는 '강력한 파도'를 간파한다. 이 파도는 가장 멀리 떨어진 지평에서 도래하며, 분노의 폭발을 약속한다. 또한 그는 산발적으로 발생하는 소요의 한 가운데서 과연 무엇이 미국의 '심장'이 될 수 있는가에 대한 의구심이 중요하다는 사실을 인지한다. 로스작에게 중요한 것은 지금까지 미국인들이 이야기해 왔던 행복 및 행복에 관한 이념을 변혁하는 것이다. 더불어 그는 일종의 신新계급투쟁, 하지만 더 이상 마르크스주의적 개념으로 표현되지 않는 계급

---

254) 르벨은 『마르크스도 아니고, 예수도 아니다』라 명명한 자기 책이 무슨 말인지도 분명하게 파악 못했다. 안타까운 일이다.

투쟁이 존재한다는 사실도 확인한다. 왜 새로운 계급투쟁인가? 그 이유는 노동자들이 체제 순응주의를 지지하며, 공개적으로 사주와 연대하기 때문이다. 미국을 두 집단으로 나누면, 한 쪽에는 '사주-노동자-피고용인'이 있고, 다른 쪽에는 '하위 프롤레타리아-지식인-공직자'가 있다고 말할 수 있을 것이다. 그러나 로스작은 미국 문화혁명의 원천과 내용을 명확히 인지하지 않는다. 그가 주목하는 부분은 기독교 문화의 새로운 화신255)이다. 물론 그것은 권위주의적인 '기술관료 중용론' technocratisme과 대립되는 화신이다. 그러나 변혁을 일으킬 수 있는 힘과 유사한 힘을 실행할 수 있는 이데올로기는 여전히 없다.

미국 사회와 현대 문명사회가장 대표적이고 총체적인 형태는 미국 문명를 공격하는 데 집중한 운동들은 매우 다양했고, 비체계적이고 산만한 순서를 따랐다. 과연 이 운동들이 미국의 문화혁명 견인에 영향을 미쳤는가? 이 운동에는 지렛대와 외부外部성이 필요할 것이다. 그러나 이 운동의 공세적 수단이 보이는 모순이 문제다. 문명사회를 공격하는 이 운동은 '폭력'을 사용하거나 '퇴행적 수단'을 이용하여 대항사회 구축을 소원한다. 그러나 이러한 수단이 과연 어떤 결과로 이어지겠는가? 이러한 행동으로 과연 이 사회에 대한 근원적 이의 제기가 가능하겠는가? 폭력은 불안정 상태를 야기할 수 있고, 불특정 다수를 공포에 빠뜨릴 수 있다. 권력을 장악하려는 의지가 부재한 폭력, 방향성 없이 단순히 제도 전체를 변혁하자는 폭력이라면, 혁명의 일정 수준에 이르는 것은 불가능할 것이다. 또 다른 층위에서, 우리는 1880년의 일부 허무주의자들이 표방했던 단순한 이유를 재발견한다. "국

---

255) 우리는 이 논증을 더욱 멀리까지 밀고 나갈 수 있다. 특히 이 대항문화의 새로운 파도에서, 우리는 아우어바하(Auerbach)가 매우 훌륭하게 특징을 구분했던 양식, 즉 '고결한 것/비천한 것', '이상주의/창조성' 등을 결합하는 기독교 세계의 특수 양식, 문화에 대한 기독교 고유의 이바지 등으로 특징지었던 양식과 동일한 모습을 재발견한다. 특히 '새로운 극장'과 '언더그라운드'를 이해하는 데 이바지한 아우어바하의 '미메시스'에 비춰 우리는 미국에서 벌어진 일련의 사건들을 읽어낼 필요가 있다.

가에 사는 사람들을 죽이자. 분명히 우리는 이들 모두를 죽일 수 없다. 하지만 이들 사이에 공포를 확산시킬 수 있을 것이다. 더 이상 누구도 지휘권을 점하려 하지 않을 것이며, 정치 계급 자체가 붕괴될 것이다." 그러나 10년 뒤, 허무주의는 사라지기 시작했다. 이 대목에서, 우리는 폭력의 제한적 성격을 정확히 제시한 태도미국 문화혁명을 주장하는 이들과 동일한 태도를 재차 엿볼 수 있다. 한 쪽에서는 "백인들을 공격하라"라고 외친다. 그러나 공포에 질린 사람들은 결코 정당을 포기하지 않으며, 체제 변화를 위해 정부에 어떠한 압박도 가하지 않는다. 1억에 달하는 미국의 백인들은 공포에 시달린다. 이 공포로는 행정부 정치를 꺾지 못한다. 유일한 대답은 반反흑인 투쟁에 투신할 '사설 백인 민병대 창설'일 것이다. 다른 쪽에서는 폭력을 자본주의 사회나 소비사회에 대한 응답이라 생각한다. 그러나 폭력은 이 사회의 결과물들을 바탕으로 기능할 뿐이다.

폭력은 생산 중심부를 결코 공략하지 못한다. 최소한의 기술 설비 구조물도 공격하지 못한다. 폭력은 소비재 파괴, 화물 운송 저지 정도에 국한될 수 있다. 폭력으로는 결코 문제의 핵심에 이르지 못한다. 폭력에 직면해, 손실된 사회와 문화를 자체로 지탱하는 '대항사회'와 '대항문화'를 구축하려는 의지가 출현한다.

"자유"에 대한 보증은 막대한 희생을 대가로 얻은 승리다. 왜냐하면 그 과정에서 인격은 급속도로 붕괴되었고, 혁명 동력이 고갈되었기 때문이다. 또한 무, 무능력, 가치 하락이 촉발된 사건이었기 때문이다. 이 사건을 관찰한 사람들은 하나같이 5-6년 전에 몰려온 "첫 번째 파도"는 아둔하고 수동적인 개인들, 어떻게 할지 몰라 우왕좌왕 했던 개인들로 이뤄졌다는 점에 주목했다. 실제로 그 파도가 혁명 도화선을 불을 지핀 것도 아니었다. 만일 혁명으로 확대되었다면, 사회 구성원들의 심리적-도덕적 퇴폐로 인해 사회는 급속도로 붕괴되었을 것이다. 이 집단들은 과연 어떤 상태였는가?

이 대목에서 우리는 배슐레의 탁월한 위상학을 언급해야 할 것이다.256) 배슐레는 대항사회와 한계 상황marginalités을 각각 2가지 유형으로 나눈다. 여러 대항사회 중에서, 필자 베슐레는 우선 사회와 공동체를 벗어나는 유형실제적, 공간적 후퇴인 "수동적-현실 도피적" 유형을 택한다. 히피, 비트족, 히피 공동체와 같은 집단들은 사회체에 별다른 영향력을 가하지 못했다. 장신구 정도의 영향력이었을 뿐이다. 4세기 수도사들은 로마 사회를 해체시키지 못했다. 12세기 수도사들을 도리어 당대 사회를 강화 시켰다. 과연 이집단들의 범위가 무한대로 확장 가능한가? 이들이 대항사회의 성격을 유지하고, 그 상태로 계속 산다고 가정하자. 집단 구성원 숫자가 늘고, 사회의 절대 다수가 된다면 어떻게 될까? 아마도 최초에 가졌던 의의는 상실될 것이고, 공허한 정신적 퇴보 상태가 도래할 것이다. 또 다른 형태의 대항사회는 '능동적-공격적'이다. 전 지구적 사회와 단절하지 않고 도리어 그것을 전복하려는 집단이며, 사회에 타격을 가하는 정치 집단이다. 흑표당과 히피가 대표 주자다. 그러나 이러한 정치적 대항사회는 지속성에 한계를 지닐 수밖에 없다는 점을 언급해 둔다. 이들은 경찰의 행동이나 억압에 대해 항의하지도 않았다. 그 이유는 이들이 광폭한 행동, 지속적인 행동을 지향했고, 인구 다수를 포괄할 수 없었기 때문이다. 이 운동은 엘리트주의 운동이며, 지속성에 한계를 보일 수밖에 없는 운동이었다. 왜냐하면 사람들이 장기간 정치적 흥분 상태를 지속할 수 없었기 때문이다. 여기에 또 다른 문제가 제기된다. 이 공동체들은 일종의 개별적 회심과 심정적 동조 – 특히 청년층 – 를 기반으로 건설되었다. 우리는 2가지 문제에 봉착한다. 첫째, 청년들이 과연 젊음을 지속할 수 있는가? 둘째, 50대 히피를 만날 수 있는가? 즉 청년 시절과 동일한 모습으로 살아가고, 주장하는 50대 히피를 볼 수 있는가? 물론 50대 '보이 스카우트'도 있다. 그러나 나는 그 결말을 장담할

---

256) *Contre-point*, no 1.

수 없다. 무엇보다 명확한 부분은 다음과 같다. 대항사회 구성원들은 이 삶에 염증을 느낀다. 실로 그렇다. 남은 자들은 이렇게 주장할 수도 있을 것이다. 노인들이 떠나도어디로 가는가? 이들은 정상적 사회 범위 내에 머물며, 가능한 직업을 구한다. 우리가 이미 목도하는 현상이다, 또 다른 청년들이 와서 이들을 잇고, 공동체는 사라지지 않을 것이다. 분명 불가능한 일은 아니다. 그러나 내가 볼 때, 대다수의 공동체는 일시적 상태에 머문 것 같다. 히피 공동체들이 그 모습을 정확히 보여주었다. "우리는 오래 거주할 목적으로 이 공동체에 머물지 않는다." 이들의 모순적 태도를 여실히 드러내는 표현 아닌가? 이상적인 지속성을 갖춘 사회, 즉 견고하고 안정된 사회에 대항하는 '반란'은 과연 어떤 위상을 갖는가? 반란은 '불안정한 구조', 결코 '제도화되지 않는 자발적 집단'의 창조라는 자리를 점할 것이다. 그러나 이 점에 있어 '히피 공동체'는 무능하다. 반란자의 삶을 표방한 이들이 아이러니하게도 결코 어떠한 것도 공격하지 않는다. "히피 공동체의 목표는 생존이 아니다. 이들에게 중요한 것은 삶에 소중한 경험을 쌓는 것이다." 이런 태도에서 체제 자체에 대한 문제 제기가 이뤄질리 만무하다!

이 공동체가 지속된다면, 전 지구적 사회와 접촉하게 될 것이며, 그 사회와 더불어 조직될 것이다. 만일 우리가 역사에서 결코 일어나지 않았던 위대한 전환적 사건 가운데 하나를 취한다면, 나는 기독교를 제시할 것이다. 기독교는 이 대항사회가 결코 생각해 본 적 없는 사회, 대항사회 자체가 사회로 변모하는 순간에 이르게 할 것이다. 또한 거기에 '기독교적 세계'와 '사상'을 부가할 것이다! 허약한 관용론과 모호한 사상으로 인해, 다양성은 있으나 산발적이고 불투명하고 충동적인 대항사회가 더 나은 사회를 만들 수 있는 가능성은 매우 적다. 반대로, 우리가 익히 아는 대항사회의 제반 형태는 '극단적 불확실성'을 보여주었을 뿐이다.

***

　그러나 중요한 물음이 제기되어야 한다. 과연 대항사회는 혁명적 변화를 입증할 수 있을 '가능성'을 지녔는가? 일각에서는 모든 것이 이데올로기 변화, 생활양식 변화에 뒤 따라야 한다고 생각한다. 그러나 오늘날까지, 사람들은 혁명을 실현할 수 있는 역량이 존재했다고 생각하지 않는다. 문제는 '국가 권력'과 '기술 체계'의 변혁에 달렸다. 사회 반란에 가담한 수십만에 이르는 청년들과 수백만의 흑인들은 이 문제의 출발점에 서지도 못했다. 기술 구조는 "이미 있음"déjà là이다. 기술 구조와 관련해 제기될 문제는 다음과 같다. 과연 청년들은 하나같이 기술 구조에 대한 근본적 거부를 표명했는가? 도리어 기술 구조가 낳은 여러 산물예를 들어, 의학까지 포함에 봉사하는 대신, 기술 구조 자체에 물들어 봉사하지 않았는가? 그러나 이것만이 문제가 아니다. 청년들은 변혁 운동에 가담하지만, 동시에 기술 체계는 외적 문제로 인해 결코 바뀌지 않는다. 물론 우리는 대학을 전복시킬 수 있다. 다른 곳에서 충분한 기술적 지원을 받을 수도 있다. 또한 교통수단을 폐쇄해 버릴 수도 있다. 그러나 이것은 극히 작은 변화에 불과하다. 폭발적 상황, 한계 상황, 대항문화를 통해 근본적 변혁이 가능하다고 믿는 이들은 정밀성과 복합성으로 단단히 직조된 기술 체계의 강도를 결코 계산하지 않았다. 독자들은 거미줄처럼 촘촘히 짜인 내부의 은둔처를 만들 수 있다. 그러나 촘촘히 짜인 거미줄 문제가 아니다. 생존한 거미는 이 줄을 완벽하게 수선할 것이다. 국가 권력은 이러한 대항 활동이 강화될까 노심초사다. 대항사회 내부에서 국가 권력 부정을 외치는 것으로는 충분하지 않다. 나는 서재에서 사유재산을 부정할 수 있고, 재벌 권력을 척결할 수 있다고 생각할 수 있다. 아쉬람ashram과 같은 히피 공동체를 만들 수도 있다. 그러나 란차

델 바스토257)는 경제 체제를 변혁하지 않았다. 마찬가지로, 이 "아나키즘" 공동체는 근대식 국가주의도 바꾸지 않았다. 내가 말하려는 지점은 '지배 집단의 불변'이나 '베트남 전쟁 저지를 위한 정부 압박 불가능'이 아니다. 또한 제도 변화의 불가능성도 아니다. 분명히 할 수 있다. 다만, 국가 자체가 존속하며, "국제 연합"에서 국가가 점하는 성향, 역량, 공간 역시 존속한다. 바로 이 상태가 결코 바뀌지 않았다는 점이 문제다. 행정가들과 전문가들은 여전히 같은 상태에 있고, 이들에 대한 문제 제기는 불가능하다.

행정 메커니즘의 지속적, 체계적 성장과 비교해 볼 때, 미국은 권위주의와 경찰 폭력의 활보를 별로 두려워하지 않는다. 이것은 자유의 실제적 억압과 맞닿는다. 폭력이 증가할수록, 한계 상황도 증가하며, 상대적으로 행정은 더욱 완벽해진다. 우리는 분명한 어조로 다음과 같이 말할 수 있다. 4세기 로마 제국에서 기형적으로 성장했던 대항사회들과 한계 상황들처럼, '법'과 '행정'의 성장은 사회 자체를 질식시켰다. 여러 기술 및 세계적 연대로 인해, 내게 이러한 행정적 완성은 반복할 수 없는 문제다. 그러나 사람들이 폭력의 의미를 지향하는지, 500년간 "야만" 시대의 흑암에 빠졌던 것과 다른 어떤 것을 기다릴 수 없는지, 우리는 그 값을 측정해 보아야 한다. 기술에 할당되는 목표나 국가에 부여되는 향방을 수정하는 것이 문제는 아닐 것이다. 오히려 문제는 보편화된 기근, 개인적-직접적 폭력, 전염병, 국지전에 징집되는 집단, 지방 권력자의 철권, 린치폭력살인법, 자유의 제거일 것이다. 이것은 근대 국가 체제의 실질적 제거를 뜻한다. 그러나 이 운동이 성공할 확률은 매우 낮다. 장애물이 나타날수록, 국가는 더욱 완벽해진다.

---

257) 간디의 제자이자 그리스도인인 '란차 델 바스토'(Lanza del Vasto, 1901-1981)는 간디의 아쉬람(은둔자들의 암자)을 모델로 1948년에 비폭력 공동체인 '라르슈 공동체'(Communautés de l'Arche)를 설립한다. 농업과 수공업을 근간으로, 기도와 내적 수양 활동을 전개했고, 정의와 평화를 위한 비폭력 저항 운동에 가담했다. Cf. Arnaud de Mareuil, *Lanza del Vasto. Sa vie, son œuvre, son message*, Saint-Jean-de-Braye, Éditions Dangles, 1998.

그것은 우리가 지난 2세기 동안 확인했던 법칙이기도 하다. 우리는 이러한 운동 조직체의 변화를 목도하지 못했다. 그 한계는 미국의 신좌파 집단이나 이피들이 범한 오류와도 맞물린다. 이들은 운동을 정치화 하면서, 체제 강화에 기여할 뿐이다. 짧게 요약해 보자. 거대한 기획과 갈등, 1917년 이후로 가장 크게 벌어진 사회적 무질서, 대답하기 어려운 물음, 신비적 관념론으로의 회귀, 폭력적이고 절망어린 항변. 내가 볼 때 이 요소들은 크게 2가지 방향으로 해결되는 것 같다. 첫째로, 광범위하고 불확실한 이데올로기, 삶의 지속성을 담보할 수 없고 하루살이처럼 살아가도록 하는 이데올로기가 있다. 둘째로, 극단적이고 비현실적인 폭력 분출이 있다. "미국 청년들의 반란은 베트남 전쟁과 인종 갈등, 대학의 위기에서 출발했다. 매 순간, 사람들은 합리적 대안을 만들어 제시할 수 있었다. 그와 달리, 운동은 본능적이고 총체적인 거부 국면을 맞았다. 더불어 무책임하다는 비난에 직면했다." W. 라쾨르W. Laqueur의 이 탁월한 고찰은 대항문화 이데올로기의 선명한 대항마가 된다. 즉 대항문화 운동은 '폐쇄적' 운동이며, 운동을 위한 운동이다. 또한 얼핏 보아도, 대항문화 운동은 사회 곳곳에 충격을 가하려는 충동적 운동도 아니었다. 우드스탁에 몰려든 이들의 원형질적protoplasmique 팽창이 있었고, 흑인 항쟁이 들불처럼 번졌으며, 히피 공동체들과 '코뮌'의 확산도 있었다.

그러나 이 모든 현상에도 불구하고, 이 운동은 다양한 형태의 '이의 제기' 및 폐쇄적 집단 운동 수준에 그쳤다. 다시 말해, 전 지구적 사회에 대한 출구 없는 항의, 구조에 대한 출구와 효력 없는 이의 제기였다. 우리가 이미 말한 것처럼, 분명 정신구조 차원에서 일부분 변화가 나타났고, 사회 일각의 목표도 수정되었다. 그러나 우리는 더 이상 목표 변화가 실제로 어떤 것을 바꿀 수 있는 시대에 살지 않는다. 그 이유는 우리 사회는 자율성을 갖춘 수단들moyens의 사회이기 때문이다. 목적, 목표, 이상들로는 이 수단을 결코 바꾸지 못한다. '수단들'을 바꾸기 위해, 바로 그 '수단들'을 지녀야 한다. 그러나 우리가 그것을 갖는 순간, 역으로 그 수단들이 우리를 지탱할 것이다.258) 이것은 우리 사회의 냉혹한 현실이다. 이를 기반으로 대항문화의 파도는 산산조각 났고, 강력한 사회적 저항은 안개처럼 흩어져 자취를 감추고 말았다.

---

258) [역주] 엘륄이 '수단들'로 기록한 내용에 주목하자. 엘륄은 이미 현대 사회가 '기술 사회'가 되었다는 점을 꾸준히 주장했다. 기술은 인간의 통제 범위를 벗어난 '자율성'을 확보했고, '보편성'과 '총체성'을 갖췄다. '기술 수단들'에 저항하기 위해 '기술 수단들'을 사용해야 하는 모순된 상황에 처한다는 뜻이다. 엘륄의 이러한 진단은 기술을 어찌해 볼 수 없다는 패배주의 혹은 비관론으로 귀결되는지, 아니면 엘륄의 기술 공포증이나 결벽증이 과한 것은 아닌지 의심할 수 있다. 판단은 독자의 몫이다. 다만 엘륄의 이러한 급진적 진단에는 우리가 무의식적으로 읊어대는 '혁명', 시장화 되고 진부한 용어가 된 '혁명'의 의의를 되새기는 데 중요한 단초를 제공한다. 이 점을 부정하기는 어렵다.

2부 ● 혁명에서 반란으로

1장 • 결말도, 수단도 없다.

1. 끝없는 싸움

혁명의 목표가 명확해졌다. 우리는 더 이상 혁명의 목표가 존재하지 않는다고 말한다. 우리 사회의 구성원들은 2가지 질서로 목표를 표현한다. 그러나 2가지 모두 알맹이 없고 허약하기 이를 데 없다. 실제적인 것이 무엇인가를 이해할 수 있는 역량이 부족하고, 판단도 무력하다. 거기에서 과연 무엇이 명확하게 드러나겠는가? 그저 불변설不變說을 고수하고 명증성 타령이나 하면서 소멸한 옛 모델들에 집착할 뿐이다.259)

***

전자의 시각에, 결과물 수집을 위해 특정 신문을 떠들러 보는 것 정도면 충분할 것이다. 언제나 쟁점은 정의와 자유다. 그러나 정의와 자유에 관한

---

259) 나는 배슐레의 유형론을 고수하면서, 혁명적 목표의 소멸을 해설한다. 배슐레에 따르면, 혁명은 권력을 위한 사투다. 그러나 권력은 결코 잃을 수 없는 것이다! 이 권력은 더 이상 정부의 권력이 아닌, 현재 작동 중인 기술의 권력이다.

이념, 구체성의 출발을 기대하기란 헛일일 것이다. 마찬가지로, 우리에게 혁명이란 "사회 진보와 평화를 위한 하나의 프로그램"왈데크 로셰, 1968, 260)으로 제기될 가능성도 있다. 그러나 이 부분에서 우리는 각 용어에 대한 정의를 분명히 할 필요가 있다. 결과적으로 아무거나 쟁점이 될 수 있을 것이다. 분명 혁명은 반인종차별주의 형태로 일어나야 한다. 내용을 분명히 하자. 우리가 투쟁해야 할 인종차별주의는 전체적으로 '백인의 인종차별주의'다. 아프리카계 미국인들의 비난과 고발은 인종주의적이지 않다. 사람들은 사회적으로 고양된 일련의 작동방식을 따라 이렇게 말할 것이다. 흑인의 인종주의는 혁명적이지만, 백인의 인종주의는 보수적, 자유주의적 혹은 파시스트적이다. 담화자들의 견해에 의하면, 이는 결국 사악한 것이며 우리는 이러한 백인의 인종주의에 맞서 싸워야 한다. 나는 이 부분을 확실히 인정한다. 하나의 인종주의를 다른 것으로 대체하는 것이 언제나 중요했다. 일관성 없고, 형식에 불과한 결과물, 내용 없는 순수 낱말들왜냐하면 정신 상태, 본능적 반응, 혁명 대상이 아닌 발상 전환의 대상이 될 수 있는 태도와 행동처럼 반인종주의에도 인종주의와 같은 일관성 결여가 있다고 보기 때문이다!은 통상 활동적, 수동적 잠재력에 얽매인 꼴이다. 물론 인종주의자를 욕하는 것이 가장 효과적인 대응이다.

그러나 증오심과 신경질, 욕설과 암살이 혁명과 혼재되는 결과를 감안한다면, 매우 순진한 방법이다. 대중 선전을 통해 사람들은 한 무리를 선동할 수 있을 것이고, 그러한 선동적 언사들을 등에 업고 폭력을 일삼을 수 있다. 그러나 이것은 혁명의 목표가 아니다. 적어도 혁명은 맹목적 소요로 소멸될 수 있다. 선동적 언사에 힘을 불어 넣는 것은 바로 '정치적 열정'이다. "정치가 우선"이라는 보편적 태도에 대한 응답인 셈이다. 어떤 사람이 이 길에 들어섰다고 가정하자. 그 순간부터 그는 외적 행동을 위한 조건을 마

---

260) 왈데크 로셰(1905~1983)는 1964년에서 1969년까지 프랑스 공산당 서기장을 역임했다.

련함과 동시에 목적에 대한 진중한 성찰 없이 그저 운동에 매진해야 하는 조건을 마련한다. 대중은 정치적 열정으로 결집하지만, 맹목적이다. 자연스럽게 정치화la politisation를 '선'과 '진보'로, 탈정치화la dépolitisation를 '악'으로 해석한다. 이는 폐쇄적인 선동가의 태도일 뿐이다. 이념理念이나 이념의 활로에 전념하는 모집 사관들에게 '탈정치적인 것'의 존재이유를 아는 일은 그리 중요하지 않다. 이들은 '탈정치'를 운동에 불필요한 것으로 여기며, 목표에 부합하지 않으므로 악한 것이라 본다. 반대로, '정치꾼'과 연관된 기쁨은 무엇인가? 적당하게 깃발이나 흔들면, 이들은 투우장의 황소보다 더 저돌적으로 돌진할 것이다. 자동이다. 인간의 출발점을 정치꾼에서 찾는 이들은 혁명을 운운하며 거리에서 소란을 피우는 이른 바 '시위 전문가' 나는 이들의 혁명적 소요를 말하지 혁명 자체를 말하지 않았다!이다. 이들이 벌이는 거리 시위는 단지 '자기 지배권 확장' 문제일 뿐이다. 지배권 확장을 위해 혁명을 표방하는 시위는 이들에게 필수이다. 그러나 사람들은 지식인, 자유주의자, 교회주요 신자들이 정치적이지 않았던 시절의 교회를 향한 모독적 표현도 익히 안다. 지식인부터 교회까지 이들은 하나같이 허약한 의식의 소유자들이다. 말하자면, 이들은 의심의 여지없는 '기성 질서 옹호자들'이다! 기성 질서를 진정으로 옹호하는 자들과 정치꾼이 일치한다는 사실을 어떻게 모르겠는가? 통상 정치꾼은 대중이 원하는 역할을 맡는다. 이들은 차고 넘치는 열정으로, 지도자 자리에 오르기도 한다. 결국 혁명을 매듭짓기 위해 필요한 간극, 전체를 아우르기 위해 요구되는 객관적 거리두기를 수행할 능력이 없는 자들이다. 사실 정치꾼만큼 지독한 보수주의자도 없다. 다시 말해, '정치꾼=보수주의자'는 필연적 공식이다. 왜냐하면 이들은 복종만 알 뿐, 선택을 모르기 때문이다. 한 정치꾼이 제시한 '구호'에 다른 정치꾼이 복종하고, 그 복종이 또 다른 정치꾼에 의해 반복되는 현상이다. 아무리 이 구호에 혁명적 전제와 표현이 가득하다 한들, 나는 별다른 감흥을 느끼지 못한다. 이러한 메커니즘과 더불어, 사람들은 혁명의 균형을 맞출 저울추 자리에 지속적으로 '독재'를 올려놓았다. 자기 역할의 일부에 지나지 않기 때문에, 정치꾼은 혁명을 매듭지을 역량도 없고 혁명을 최종 단계까지 이끌고 갈 힘도 없다. 그는 정부 하나를 제거하면 충분하다고 생각한다. '모든 것은 드골의 잘못이고, 그가 남긴 것을 남김없이 바꿔야 한다!' 사실 1968년 5월의 과오는 이러한 정치적 확신에서 기인했다.261) 정치꾼은 자신의 정치적 신장에 따라 혁명을 판단한다. 일상 자체가 정치적인 것으로 점철된 관계로, 히말라야를 위해서라면 두더지가 파 놓은 굴도 취하려 든다. 정치적인 것에 대한 열정은 혁명의 목표들을 구체화하는 데 필요한 현실적 능력이 없기 때문이다. 또한 사람들은 전통적으로 혁명이라 부를 수 있는 용어들그러나 공허한 용어들에 만족하기 때문이다. 정치에 사로잡힌 자들은 혁명이 사회의 제반 구조와 연계된다는 사실을 이해할 수 없다. 그러나 정치적인 것에 열광하는 자에게는 이미 국가 자체를 문제 삼을 수 있는 역량이 없다. 현실을 참고하지 않고 혁명을 꿈꾸는 모습은 예술가, 영화제작자, 문인들에게서도 빈번하게 나타난다. 이들은 오늘날 '혁명적이어야 한다'는 당위적 "메시지"의 전달자 역할을 충실히 수행한다. 현 질서와 체제를 문제 삼기 위해, 이들은 서로를 경청한다! 그러나 심의해야 할 질서가 과연 '실제적 질서'인지를 이들에게 묻는 것은 매우 어려운 일이다. 완전히 사양길에 접어들고, 도처에서 썩은 냄새를 풍기고, 살짝 밀어도 와장창 깨질 듯 흔들리는 '부르주아의 질서'가 별 소용도 없는 당나귀 뒷발길질만 기대할 때, 이 질서에 맹공을 퍼붓는 혁명적 메시지의 전달자들, 그러나 번갯불

---

261) 1969년 5월 「르몽드」지의 한 기사는 다음과 같이 보도한다. "이 어려운 곡예의 최종 승자는 바로 드골이다. 사람들이 그간 무시했던 정치를 수면 위에 부각시켰기 때문이다." 담대하게 이러한 기사를 작성한 기자는 1934년, 1936년, 1938년 등에서 확인할 수 있는 정치적 무지와 오해를 전혀 기억하지 못한다. 그러나 주제를 다룬 글은 차고 넘친다. 아마도 이 기사는 '정치적 맹목'을 보여준 중요한 사례로 남을 것이다!

만 번쩍거릴 뿐 아무런 효력과 지속성을 담보하지 못하는 이 전달자들, 우리는 이미 이들을 공격했다.

또 다른 사례를 들어보자. 니코 파파타키스262)는 격렬한 체제 비판자다. 「심연」과 「무질서의 목자」같은 영화는 수작이다. 이 영화들은 하나같이 기존 질서의 파괴를 추구한다. 파파타키스는 "체제의 명령을 재고할 것을 주장"한다. 그러나 그가 공격하는 질서에 대해, 사람들은 그저 꿈꾸는 수준에 그친다. 이 질서는 모스크바 경찰의 질서, 미국의 순응적 질서, 우리를 위협하는 과잉 생산의 질서, 기성 국가들의 총체에서 비롯된 민주주의 질서, 기술 질서, 아프리카 쿠데타의 질서인가? 전혀 그렇지 않다. 파파타키스가 공격하는 질서는 가정부를 둔 부르주아 가정의 질서이다. 이것은 여성이 소수자인 사회, 사람들의 읽기 활동이 굳이 필요 없는 사회, 신의를 지키는 자들이 바보 취급을 받는─물론 파파타키스의 신뢰는 이와 다르다! 전통 사회의 질서이다. 동시에, 소멸 중인 사회, 급격히 쇠퇴하는 사회들의 질서이다. 자신과 동류인 여러 문인과 영화 제작자와 마찬가지로, 파파타키스도 유한한 질서, 극복된 질서, 지지난밤의 질서를 철저히 검토하려 한다. 그는 이 작업에 매우 만족한다. 그러나 파파타키스는 문제를 읽어내는 데 흐릿한 시선조차 보내지 않았다. 나는 작품들의 미학적 가치를 공격하는 것이 아니다. '메시지 전달'이라는 특정 요구를 지지하지 않을 뿐, 나는 그러한 미학적 가치를 매우 중요하게 생각한다. 당시 나에게 제기된 문제였던 관계로, 이 메시지에 대한 판단을 자처할 수 있었다. 절대적 지배 질서 자체를 공격하고자 했다면 모를까, 내 시각에 파파타키스는 후기 찰리 채플린의 영화에 등장하는 도덕적 장광설만큼이나 허약하고, 시시하고, 유치하다. 2가지 요

---

262) 니코 파파타키스(Nico Papatakis)는 1918년 그리스 태생으로 프랑스에서 활동한 영화감독, 시나리오 작가이자 기획자이다. 그리스의 군부 독재에 맞섰던 그는 부르주아 사회를 비판하는 영화를 여러 편 제작했다. 대표작으로 「심연」(1963)과 「무질서의 목동」(1968)이 있다.

소들 중, 하나는 바로 자유, 평화 등과 같은 공허하기 이를 데 없는 언어였다. 또한 우리가 기대해야 할 것은 영화 상영 대신 파파타키스가 원자 공학자가 되는 것, 우주의 질서 전체를 소멸시킬 수 있는 폭탄을 만드는 기술자가 되는 것이다. 나머지 모든 것은 헛바람이다. 열렬한 도덕 비판론자들과 성 혁명을 설교하는 이들의 사상에서도, 우리는 동일한 비현실적 태도와 조우한다. 이러한 태도는 별로 새롭지 않다. 미예Miller의 첫 저작이 출간되었을 때, "혁명 진행중"을 외치며 긍정적 시각에 한껏 고취된 기사들이 등장했다. '오르가즘 예찬이 성 혁명의 출발점'이었다. 단지 전통적이라는 이유로 도덕은 고물 취급을 받았고, 생기 없는 무기력한 행동, 말만 장황한 가짜에로스, 만족도 보장도 없는 가벼운 성관계를 정당화했던 성적 방임주의가 등장했다. 나는 이러한 현상에서 혁명 의지의 출발선에 드리운 그림자를 발견하지 않는다. 역으로, 약화된 힘, 일반적 만족으로 우리는 사회적 강요를 보다 쉽게 수용한다. 미예는 혁명적인 것을 생산하는 작업과 결코 관계없는 인물이다. 혁명의 목적이 성적 해방이라는 생각은 결국 "우리 문명의 성적 빈곤에 맞선"라이히, 263) 투쟁, 권위적이고 보수적인 이데올로기로 조성된 가족에 맞서는 투쟁이다. 이는 현 사회의 심연에 존재하는 경향들에 대한 '순응주의'와 혁명의 목적에 관한 '거짓말'에서 비롯된 한심한 행동이다. 완전한 에로티즘을 발견하기 위해, 예수 그리스도 이전 1세기의 로마인들은 이론가 라이히를 필요로 하지 않는다. 우리 시대의 진정한 가정 파괴와 성적 억압의 주범은 바로 1900년대 부르주아적 냉소주의와 미국식 역동성이다. 둘은 현존 질서의 사막화를 초래한 총괄적 사건이다. 더욱이 라이히는 자신이 썼던 것을 다시 쓸 수도 없다. 왜냐하면 그 작업은 이미 다른

---

263) 빌헬름 라이히(1897~1957)는 [오스트리아 출신의] 미국 정신의학자, 정신분석학자이다. 성 혁명에 관한 이론가이기도 하다. 다음 자료를 참고하라; 빌헬름 라이히, 『오르가즘의 기능』(윤수종 역, 그린비 2005); 『성혁명』(윤수종 역, 중원문화 2010 개정판)

사람들이 수행한 것이기 때문이다. 라이히의 이론은 그것을 망각했을 뿐이다. 결국 그가 부가했던 것은 일종의 수사학적 경건이다. 그가 혁명과 투쟁하는 인간을 들먹이며 말하고 싶은 것은 이미 무덤 속에서 썩어 고약한 냄새를 풍기는 망자의 유령이다. 과연 라이히의 해설에는 실제적 억압, 억압의 공간, 억압의 형태가 존재하는가? 내가 볼 때, 그의 해설에는 이러한 부분이 없다. 동시에 그는 과학적 분석도 수행하지 않는다. 라이히는 인간이 처한 역사적, 구체적 상황에서 설명을 전개하지 않고, '상황 일반'에 관한 자기 신념들을 설명한다. 그에게 압제Opression는 질서Ordre나 자유Liberté와 마찬가지로 일반적이며 추상적이다.264) 자연적이고, 온전하고, 순수한 성생활에 대한 신비주의적 믿음은 현상에 대한 생물학적, 정신분석학적, 사회학적 분석보다 4-5000년 전 근동 지방의 종교적 성현상性現象에 대한 믿음과 가깝다. 보다 타당한 주장은 다음과 같다. 라이히의 "성 혁명"은 바로 이러한 믿음의 차원에 머물고, 현 사회와 그 사회에 사는 인간과 무관하며, 오히려 형이상학적 모델이나 전통 개념과 유관하다. 사실상 우리는 사회학적으로 실제적인 것은 참조하지 않은 사상과 대면한 셈이다. 혁명의 목적이 성적 해방과 행복이라 믿는 것은 이 사회의 현실 구조에 대한 '시선 분산'이며, 혁명의 필연성에 대한 '의식 약화'이다.

결국 이 추잡한 주장들에 대한 새로운 예를 제시해야 하는가? 우리는 얼마나 오랜 기간 동안 인간을 기술에 적응시키고, 기술적 증진을 이뤄야 한다는 내용을 읽어 왔는가? 가장 큰 현안은 "복고적 형태의 도로망, 전화기

---

264) [역주] 엘륄의 라이히 사상 비판은 라이히의 '총체화 사유'를 겨냥한다. 이 대목에서 엘륄의 상황주의적 시각이 드러난다. 그가 대문자로 기록한 '압제, 질서, 자유'는 순응적, 보수적이든 비판적, 저항적이든 '일의적 의미나 방향' 혹은 '특수성과 구체성을 결여한 추상적, 일반적 상황 설정과 설명'으로 일관하는 태도를 꼬집는다. 이러한 총체화(일반화) 사유를 전개할 때, 개인이 처한 상황과 시각이 전혀 고려되지 않고, 당사자의 목소리가 빠질 가능성이 있다. 엘륄의 비판은 이와 맞물린다. 라이히가 성적 억압으로 점철된 시대상을 꼬집고 새로운 대안을 제시한 내용과 별도로, 엘륄은 라이히 사상의 형식을 문제 삼는다.

의 파손, 에너지 양식의 노화, 옛 부동산 세습 재산"이다. 이 나라는 "현대적 세계가 되어야 하며", 인간은 21세기20세기에도를 주도해야 한다. 때문에, 제대로 적응하지 못한 인간을 찾아내야 한다. 인간에게는 과거에서 비롯된 성찰, 감성, 믿음이 있다. 동시에 인간에게는 기술의 비약적 발전에 족쇄를 채우거나그 자체로 공포 아닌가! 혁명 발발의 위험이 있는 성찰, 감성, 믿음도 있다. 혁명의 목표? 분명하지 않은가! 생산성 증가를 통한 구매력 상승은 7%의 경제 성장률 도달에 해당한다. 이러한 목표치에 도달하지 못하는 정치를 "보수적", "반동적"이라 평가한다. 물론 노동자 계급의 숫자가 더 이상 증가하지 않는다는 이유로 일각에서는 분노할 것이다. 프랑스는 반동 정신이 횡행할 위험이 있는 나라이다. 산업 생산 분야에 종사하는 사람이 40%가 채 되지 않는다. 한 나라에서 "혁명적 진보주의"를 이야기하려면, 적어도 해당 분야에 50% 이상의 종사자가 있어야 한다. 이제 혁명이란 기술 편을 드는 행동, 옛것에 맞서 새것을 취하려는 시도가 된다. 왜냐하면 기술적이지 않은 것은 모두 옛것, 구시대적인 것, 퇴행적인 것이 된다고 보는 맹목적 시각 때문이다. 나는 다음 구절을 칭찬해 마지않는다. "오늘 우리는 주거, 도시 정비, 객관적 정보, 고용 안정, 급속한 변화에 따른 형식 변화처럼 사람들의 피부에 와 닿는 것을 이야기해야 한다"P. Uri, *Le Monde*, 1969년 3월 이러한 요소들은 "매우 기본적인 것"이며, 삶의 의미이자 혁명의 목표이다. 인간에 관해 조잡스럽게 이러쿵저러쿵 평가하는 데 그치는 글명증성과 진부함을 내세운을 골백번 읊어봐야 5월 바리케이트265)의 욕구에 빠질 뿐이다. '기술 성장과 그 운명에 적응하는 인간을 외치는 것이 오늘날 혁명의 핵심이다.' 사실 나는 이 표현을 신 부르주아 계급좌파 및 기술주의에 경도된의 괴기스러운 교란 작전이라 생각한다. 이들은 서구인을 실질적 문제에서 이탈시킬 목적으로 이 표현을 사용한다. 기술의 최신 흐름을 따르는 것

---

265) [역주] 엘륄은 혁명이라 부르지 않는 1968년 5월 혁명에 대한 은유적 표현이다.

을 혁명적이라 말할 수 없다. 차라리 지하철 탑승, 착석, 이동이 더 혁명적일 것이다. 상상에 의존한 질서나 유한한 중세기 질서에 대한 문제 제기는 기술 질서에 대한 문제 제기 '부재' absence와 재결합한다. 결국 라이히나 파파타키스는 [현 질서에 대한] 폭발적 분노를 통해 기술전문가들이나 경제학자들의 집단수용소식 활동에 [연대의] 깃발을 꽂는다. 기술전문가들과 경제학자들이 제시하는 혁명의 목표란 인간의 자포자기, 일개미처럼 조직적으로 쉼 없이 일하는 인간이다. 시대와 동떨어진 인간상을 그린 셈이다.

***

낡아빠진 혁명 모델, 시대와 호흡하지 못하는 용어, 틀에 박힌 이미지를 정치운동, 대중운동과 연결하는 작업은 내가 생각하는 혁명적 목표 부재의 2번째 측면이다. 이러한 연결 작업에서 혁명은 습관진부함의 뜻에서이 된다. 오늘날 확실히 죽어버린 용어가 있다. 바로 "사회주의"다. 마르크스-레닌주의적 공산주의는 오늘날 혁명과 여전히 유관한가? 마르크스-레닌주의적 혁명이 오늘을 위해 필요한 혁명인가? 내가 지금 제기하는 질문은 사회주의의 장래성에 관한 문제가 아니다.266) "사회주의"의 장래성 보장 문제는 그리 걱정할 거리가 아니다. 발전된 사회, 즉 선진 사회는 "사회주의"로 탈바꿈한다. 이 과정은 사회 발전 자체에 준하며, 동시에 사회 발전의 의미와는 전혀 무관한 국가 원수의 개입을 통해 이뤄진다! 그러나 이런 식의 사회주의는 더 이상 의미 없으며, 혁명과도 무관하다. 이 사회주의가 제안, 선동하는 사회-경제적 변화는 혁명을 내포해야 할 우리 사회의 문제들에

---

266) 해당 주제와 관련된 다음 저작들을 참고하라; A. Philip, *Le Socialisme trahi*, 1964; A. Gorz, *Pour un socialisme difficile*, 1966; Lowenthal, *La Révolution a-t-elle un avenir*, in Drachkovitch, *Marxism in the modern world*, 1967. 염세적이지만, 동시에 혜안도 갖춘 다음 저작도 참고하라; G. Martinet, *Les cinq communismes*, 1972.

더 이상 걸맞지 않다. 오늘날의 혁명 문제는 19세기 상황에 부합했던 마르크스주의적 사회주의혁명적 체제와 다른 준거 체제 안에 있다고 해도 과언이 아니다. 확실하게 언급해 두어야 할 부분이 있다. 나는 사회주의의 열매가 수용 가능하며, 심지어 바람직한 것이라고 생각한다. 하지만 오늘의 쟁점은 이론 분분한 자본주의의 종말이나 후유증 제거가 아니다. 이러한 의미에서 새로운 진보란 19세기 필연적 혁명의 완수일 것이다. 동시에 그것은 오늘의 혁명과는 무관할 것이다. 바로 거기에 어려움이 있다. 우리가 혁명을 말할 때, 자동으로 '마르크스주의 혁명'을 생각하기 때문이다. 확실히 마르크스주의 혁명은 혁명의 담지자였다. 그러나 영구 혁명, 항상 갱신되는 혁명의 담지자는 아니었다. 물론 기만적 혁명이라고 단언할 수 없다. 그러나 완전히 바뀐 새로운 구조에서, 과연 마르크스주의적 사회주의만이 새로운 혁명 노선의 공급처인지 확인할 필요가 있다.

다양한 형식에 관한 몇 가지 용어들을 언급하기 전에, 우리는 사회주의가 고물이 된 지점을 포괄적으로 확인해야 한다. 현 사회의 상황을 3가지 범주로 구분할 필요가 있다. 첫째, 사회주의는 갖은 사회적 문제에 관해 혁명적 대답을 제시하려 한다. 즉 사회적 토대들의 변혁을 주장한다. 그러나 사회주의가 해결하려 한 문제들은 이제 비현실적 문제, 철 지난 문제다. 사회주의가 자본의 사유 재산 양식, 인간에 대한 인간의 착취, 프롤레타리아의 조건 제거, 소비재에 대한 최적의 분배, 각자의 욕구에 따른 소득 평등 등에 초점을 맞출 때, 사회주의는 비현실성을 보인다. 다시 말해, 이 문제들은 새로운 사회 구조의 출현으로 극복되는 '중'에 있거나 사회화와 다른 노선을 따라 해결되는 중이다. 사회주의는 산업 체제따라서 우리 세계를 규정하기 위한 산업 사회에 대한 부정확한 개념에는 여전히 오해가 있다, 기계적 체제, 증기 기관이 지배했던 체제, 자유주의적-경쟁적 경제 조직으로 전개된 체제, 개인주의적, 파편적, 동질적 사회에 내포된 체제 등에 적용된 혁명 의지였다.

하나같이 서구 사회에서 끝난 것 혹은 소멸 중인 것이다. 둘째, 위 문제들은 언제나 실제적이었고, 사회 변혁을 통해 끝없이 이어졌다. 사회주의는 이 문제들에 대답했다고 자부한다. 그러나 안타깝게도 빈곤, 국가, 민족주의, 전쟁과 같은 영역에서, 우리는 사회주의가 처한 뿌리 깊은 곤경을 확인한다. 반세기 넘게 서구 세계에 미친 사회주의의 영향력특히 지배력과 소련의 사회주의 권력은 어떤 희망도 주지 못했다. 그럼에도 과거의 열매보다 장래의 열매가 더 풍성하리라 여기는 이유는 무엇인가? "과거의 사회주의는 배반당했지만, 장래에 우리는 참되고 순수하고 지속 가능한 사회주의를 건설할 것이다." 이 유치한 말에 또 속아야 하는가? 우리는 어느덧 3세대 사회주의를 맞이했다. 그러나 안타깝게도 이 세대의 사회주의는 다음과 같은 자기고백을 하는 중이다. 사회의 현실적 난관들과 마주해, 사회주의는 그 형태와 무관하게 '무능'할 뿐이다. 마지막으로, 우리 세계는 뿌리부터 완전히 새로운 사회 구조를 제시한다. 이로 인해, 인간은 이전에 몰랐던 각종 공해와 폐해에 노출된다. 그리고 그 원인들이 무엇인지조차 탐색할 수 없는 지역에 이르렀다. 우리는 사회주의를 통해 기술의 폭발적 성장, 자동화의 적용 불가능, 복합적으로 얽힌 매스 미디어의 영향력, 서비스와 3차 산업으로 변화하는 사회와 같은 현상을 보기 어렵다. 특히 지식인에 속한 사회주의자들에게는 다음의 3가지 경향이 나타난다. 1) 이들은 낡은 해법들을 기계적으로 적용한다. 2) 주술적이고 의례적인 모습이나 시대착오적인 형식을 주장한다. 3) 기하학적으로 정교하게 다듬은 설명을 제시하지만, 우리가 맞춰야 할 퍼즐 조각은 유럽인의 얼굴에 파푸아뉴기니인의 가면을 씌운 것만큼이나 낯설다. 더욱이 어떤 것을 '혁명적'이라고 말하려면, 철 지난 진리를 외치는 것만으로는 불충분하다. 오히려 사회주의는 아프리카인이나 아메리카 원주민에게 혁명적 사상으로 보일 것이다. 유럽인과 달리 이들에게는 사회주의의 과거에 대한 경험과 지식이 없기 때문이다. 또한 이들의 현 상황과 19세기 유럽의 상황은 매우 유사하다. 즉 이들이 19세기 유럽에 해당하는 경제-사회 구조들을 수반한 기술적, 경제적 상황에 있기 때문에, 사회주의의 혁명적 성격이 부각될 수 있다. 마술적 언어도 마치 서광曙光, 정의의 빛처럼 보인다. 지금 이들에게는 모두 타당한 이야기이다. 아프리카인과 아메리카 원주민이 '자기' 발전 수준에 상응하는 혁명을 일으키는데, 사회주의는 유용한 지렛대, 엄밀히 말해 동력과 같은 역할을 한다. 그러나 모스크바에서 샌프란시스코에 이르는 서구 세계와는 더 이상 상관없는 일이다. 서구 세계에서 혁명적 증거를 참고하듯 마르크스주의와 사회주의를 지속적으로 참고하는 것은 전제된 증거를 통한 혁명적 교리의 철회를 의미한다. 마르크스주의와 사회주의, 혁명적 증거를 따르는 자들은 상황에 부합하는 이론적 해석이나 교리가 실제로 존재하지 않는다는 사실을 자연스럽게 드러낸다.267) 오늘날 사회주의-공산주의를 참고하는 것은 사실상 혁명 이론이 존재하지 않는다는 말과 같다.268) 알튀세르Louis Althusser처럼 새로운 해석을 꾀하는 이론가들은 분명 예방책 마련에 기여한 측면이 있다. 물론 새로운 해석의 요소들을 실존적 사건들로 설명하고, 완전히 철회해야 할 사건이나 옛 추억담으로 전환했다는 분석으로 설명한다는 점에서 그렇다. 알튀세르를 위시해 새로운 해석과 설명을 제시하는 이들에게도 여전히 '혁명'은 불변적, 고정적 사상이다. 틀, 자료, 방법론, 목표는 고정되었으며, 우리는 거기서 빠져 나올 수 없다. 자본주의 사회에서 인간이 처한

---

267) 이 과정에 관해 다음 자료를 보라; 자끄 엘륄, 『혁명의 해부』(대장간, 2013)

268) 사회주의가 쇠퇴기를 맞게 된 지점이 무엇인지를 이해하려면, 무능의 대명사인 일부 사회주의자들(프랑스의 경우)을 호명하는 것만으로도 충분할 것이다. '모예, 왈데크 로셰, 뒤클로, 크리빈, 게스마르, 미테랑, 로카르'와 같은 인사가 그에 해당할 것이다. 앵무새처럼 같은 말만 반복하고, 녹음기처럼 연신 틀어대는 이들에게 최소한 혁명에 대한 생각이나 진중함이 있는가? 과연 누가 믿을 수 있는가? 사회주의가 이러한 지경에 이르렀다면, 우리는 감히 '사회주의의 종말'이라고 단언할 수 있을 것이다. 정치적 힘은 분명 그 수준에 맞는 사람을 부른다. 이들이 사회주의에서 안정감을 느끼려면(왜냐하면 다른 사람들은 사회주의 내부에 있지 않기 때문에), 사회주의는 이들의 차원에 정확히 부합해야 한다.

상황의 특징을 기술하는 데 중요한 2가지 용어가 있다. 바로 '매혹'과 '신비'다. 그러나 오늘 우리는 마르크스주의자들에게 가장 먼저 이 용어를 적용해야 할 것 같다. 이들은 아직도 한 가지 교리에 사로잡힌 집단이기 때문이다. 사실 사람들은 마르크스주의의 교리들을 혁신할 수 있다. 그러나 차후 혁명이 일어나야 할 현실과 인간의 자발적 반란 사이를 차단하면서 교리를 옛 것 그대로 놔둔 상황이다. 이것이 역사에서 최초가 아니라는 점에 주목해야 하며, 우리는 역사적 비교 대상을 손쉽게 확인할 수 있다. 1789년 프랑스 혁명은 당대 지성계에 충격을 선사했다. 19세기 전반에 사람들은 혁명적 충동을 느낄 때마다 이 혁명을 '혁명의 모델이자 정수'로 여겼다. 과연 사람들은 무엇을 생각했던 것인가? 바로 1789년 혁명의 재림이다. 혁명적 진리의 유일한 담지자는 위대한 선조들뿐이다. 1789년 혁명과 같은 "자유"의 혁명, 애국적 혁명민족주의 혁명, 중앙집권적 혁명, 국가 권력이 조직화의 주체가 되는 혁명, 출판과 발언의 자유를 위한 혁명, 자원 통제권을 위한 혁명, 친親공화정-반反군주정을 표방하는 혁명으레 우리는 군주정과 전제정을 동일선상에 둔다. 그러나 루이-필립이나 루이18세의 군주정을 전제정으로 규정하는 것은 불합리하다 1830년 혁명과 1848년 혁명은 바로 이러한 모델에 기초해 일어난다. 우리는 추억을 되살리고, 과거의 꿈에서 깨어나려 한다. 그러나 우리는 이 유명한 혁명이 '부르주아적'이라는 사실을 자각하지 않고, 19세기 중반의 문제가 왕국 개념에 반대하는 국가 문제, 군주정에 반대하는 공화정의 문제가 '더 이상 아니었다'는 사실도 자각하지 않는다. 1871년 옛 자코뱅파 출신의 들레클뤼즈와 같은 인물들은 재도약을 꿈꾼다. 그러나 당대 사람들은 이데올로기화 된 혁명론의 효력을 더 이상 믿지 않았다. 1789년 혁명이 '혁명의 모델'로 고착화된 시기에, 마르크스는 1789년 혁명은 앞으로 일어나야 할 혁명과 '더 이상' 관계없다고 단언한다. 또한 그는 이미 사회는 바뀌었고 1789년은 당대 상황에 준하는 혁명일 뿐 오늘날마르크스 당대 이 혁명의 재림은 필요하지 않다고 역설한다. 마르크스가 제시하는 혁명의 목표는 '생산수단의 집단 점유'와 '부르주아 계급 제거'였다. 또한 혁명의 매듭은 계급투쟁이며, 생산관계에서 벌어지는 문제의 해결책을 찾는 것이다. 이는 1789년 당시 극렬 혁명가 바뵈프를 포함해 그 누구도 생각하지 않았던 부분이며, 1830년과 1848년 혁명의 제일선에 섰던 이들도 고려하지 않았던 부분이다. 쉽게 말해, 마르크스는 '반혁명 지지 노선'으로 이행한 셈이다. 왜냐하면 그는 당시 사회에 완벽하게 수용된 혁명 도식에 찬동하지 않기 때문이다. 오히려 그는 '혁명의 근본적 쇄신'에 맞는 '상황의 근본적 쇄신'을 제안한다. 이후 일각의 혁명가들이 마르크스의 이념을 수용한다. 그리고 현재까지도 우리는 그 기세에 젖어 산다. 1848년 사회상과 비교했을 때 시대에 한 참 뒤 떨어졌던 자코뱅파와 마찬가지로, 마르크스주의자들도 1970년대 사회상과 동떨어져 있다. 자코뱅파처럼 이들도 반세기가량 늦다. 마르크스주의자들은 언제나 1917년 모델, 경우에 따라서 1871년 모델에 집착한다.269) 라탱 지구에서 벌어진 소요를 두고 1917년, 1871년 혁명이라 운운하는 해석은 매우 이상하다. 우리는 이 봉기에 열정적으로 가담한 자들이 썼던 문구를 수도 없이 보았다. "지금은 1917년과 똑같다." "1917년 혁명의 발원지가 군이었다면, 지금 이 혁명의 뇌관은 바로 학생들이다." "1917년을 낳았던 위기가 군의 위기였다면, 오늘의 위기는 바로 대학의 위기다." "소르본은 이 혁명의 '오로르' 전함이다." "노동자—학생 위원회가 진정한 소비에트다." 이 문구들은 단순하지 않다. 사실 거리에 내걸린 이 문구들은 '사람들의 뇌리에 각인된 유일한 혁명은 1917년 소비에트 혁명 뿐'이라는 사실을 보여준다. 이들에게 1917년 혁명이란 지금도 가능한 혁명, 올바른 혁명, '재림'해야 할 혁명이다. 예컨대 소비에트 재창조는 이들에게 반드시 필요한 것이며, 적과 목표를 명확히 규정할 수 있는 요

---

269) [역주] 1917년 볼셰비키 혁명과 1871년 파리 코뮌을 가리킨다.

인이다. 관건은 자본주의 사회로 규정된 사회의 문제이며, 우리의 주적은 제국주의와 식민주의다. 이미 레닌이 1917년에 주적으로 규정했던 것과 동일하다. 내가 가감 없이 말할 수 있는 부분은 다음과 같다. 1848년 사회상과 비교해 퇴행적이었던 자코뱅파의 사상처럼, 이 "사상"도 현실 상황에 비춰보면 뒤쳐진 사상이다. 만일 우리가 이론과 혁명 교리를 지향한다면, 노구가 된 해석 도식을 과감히 포기해야 한다. 더불어 사회주의가 더 이상 현실적 혁명의 목표가 아니라는 사실도 간파해야 하며, 라탱 지구의 소비에트 결성은 어린애 장난이라는 것도 직시해야 한다. 물론 이렇게 주장하는 순간, 나에게 비난이 빗발칠 것이다. 수정주의, 부르주아 계급의 목표에 기생하는 짓, 자본주의의 개와 같은 수식어가 뒤따를 것이다. 그러나 1848년의 마르크스와 그 이후의 마르크스가 노동 세력을 우회하는 혁명을 '반드시 일으켜야 하는 올바른 혁명'으로 이야기했다는 점만 언급해 두자. 라마르틴Lamartine이 사회주의자들에게 가한 폭언은 유명하다. 공화주의적 도식은 사회주의 혁명을 결국 '반혁명'으로 여긴다. 사회주의 도식은 반혁명주의자가 될 수 있는 길, 즉 '또 다른 혁명 노선'에 대한 연구를 참소讒訴하는 방향으로 나아간다. 그것은 혁명적 순응주의의 역사적 시각이다. 사실, 공산주의스탈린, 흐루시초프, 마오쩌둥, 카스트로, 나세르, 마르쿠제, 르페브르 등이 수정했던 마르크스주의보다 중량감이 현저히 떨어지는 공산주의 아바타를 포함해는 어제 혹은 그제의 문제들과 연관된 혁명 역량을 여전히 주장한다. 거기에는 현실 상황에 공산주의를 적용하는 문제가 늘 빠진다. 내가 볼 때, 바로 이것이 첫 번째 장애물이다. 이 장애물의 규모는 실로 어마어마하며, 필연적 혁명의 노선을 가로막는다.

* * *

동일선상에서, 가짜 혁명 모델의 채택은 실로 비극이라고 할 수 있다. 이 가짜 모델들에 대한 비판과 관련해, 레닌주의를 포함해 다양한 마르크스주의를 분석하고, 한 걸음 더 나아가 아나키즘까지 분석한 드보르의 탁견을 참고하자. 나는 드보르의 분석이면 충분하다고 생각한다. 혁명의 상황에서, 망드랭J. Mandrin이 '사회 중용론' social-médiocratie, 270)이라는 명칭으로 평가했던 것이 된 사민주의에 관한 논의는 무의미하다. 그러나 순수 사회주의의 재탄생을 원했던 망드랭의 희망을 공유하기 어렵다. 누구도 사회주의를 순결한 상태로 되돌릴 수 없다. 순수 사회주의의 재탄생에 대한 열망은 늘 실패와 좌절을 겪음에도 불구하고 언제나 새로 태어나는 희망, 질긴 희망이다. 가로디R. Garaudy는 인간의 얼굴을 한 사회주의를 재차 부여할 뜻에 도취된 나머지 미망에 사로잡혔다.271) 그러나 가로디의 이상주의도 전혀 새로울 게 없다. 이미 베른슈타인272)이 이야기했던 부분이기 때문이다. 그러나 이것은 옛 것에 대한 신뢰이다. 역사적으로 이러한 형태의 방향이 오늘날에도 가능한지 확신할 수 없다. 가로디에게 이상적인 것은 1968년 체코슬로바키아 사회주의의 초반 6개월에 '인간의 얼굴을 한 사회주의'로 나타났다. 그러나 인간의 얼굴을 한 사회주의는 과연 스탈린식 독재로 치환되지 않고도 가능한가? 공산주의적 선전과 강압을 통해 모든 것을 뒤바꾸지 않고도 가능한가? 다시 말해, '진보'나 '후퇴'를 통해 자유주의적 공산주의에 이를 수 있는가? 체코슬로바키아처럼 모두가 공산주의자일 때, 이러한 이행은 결코 쉽게 일어나지 않을 것이다. '인간의 얼굴을 한 사회주의' 모델은 현 사회에 부적합하다. 이것은 혁명 모델도 아니다. 체코슬로바

---

270) J. Mandrin, *Socialisme ou social-médiocratie*, 1869.

271) **Garaudy**, *Pour un modèle français du socialisme*, 1968.

272) 에두아르드 베른슈타인(Eduard Bernstein, 1850-1932)은 독일의 정치인이다. 정통 마르크스주의자로 출발해 점차 개량주의와 사민주의에 가까워진다. 자본주의와 인간의 얼굴을 한 사회주의 간의 온건한 변화를 주장한다. 이와 관련해 다음 자료를 참고하라; 자끄 엘륄, 『마르크스의 후계자』(안성헌 역, 대장간 2015), 67-83쪽.

키아의 비극을 낳은 주체는 극렬한 러시아 제국주의가 아니다. 이 제국주의는 계획 경제를 표방하는 사회주의에서 "인간적 관계에 준한 사회주의"로 이행하는 근본적, 급진적, 배타적 불가능성을 주장한다. 체코슬로바키아처럼 인간의 얼굴을 한 사회주의를 추구했던 1956년의 폴란드도 결국 실패했다. 이 실패에서 우리는 짙게 드리운 어떤 특성을 확인한다. 체코슬로바키아의 사회주의도 그 특성을 선명하게 드러낸다. 왜냐하면 마르크스주의가 사회에서 제기될 수 있는 질문과 각 개인이 제기할 수 있는 질문에 모두 답하려 한다면, 자유주의적 민주주의 양식과 다양한 이데올로기들이 재도입되는 현상을 과연 어떻게 수용할 수 있겠는가? 유일하게 타당했던 노선은 소련의 노선이었다. 한숨이 절로 나온다!

러시아소련의 배반을 규탄해야 한다. 일례로 K. 코시크의 분석을 따르면, 우리는 흥미로운 부분을 발견할 것이다. "당원파와 무당파의 관계에 고착된 체제는 정치가 나아가야 할 방향의 의의와 내용을 형성함과 동시에 이를 망가뜨린다. 대중을 임의로 조작 가능한 정치적 소수로 생각하고, 이들의 정치적 주체성을 빼앗고, 결국에는 이들의 자유나 책임을 빼앗는다. 이를 시발점으로 정치의 방향은 권력 독점과 한 몸이 된다. 이러한 체제 내부에서, 지도자란 독점적 권력자를 의미한다. 중개 활동에서 지도자의 역할은 처벌, 감시, 제약, 억압에 귀착되며, 응당 이러한 요소들과 달라야 할 '지배' 개념에 어떤 위치를 부여한다. 지도자의 역할과 지배의 위상이 동일시된 현상은 사회주의 역사의 가장 암울한 작업인 '신비화'를 낳았다. '당'의 지도적 역할을 말하는 정치인들은 이를 바탕으로 한 '집단'의 권력과 지배의 위치를 이해한다."273) 그러나 나는 다음과 같이 질문한다. '사회주의는 과연 이 문제를 해결할 수 있는가?' 또한 '마르크스주의는 처음부터 이

---

273) Karel Kosik, *Dialectique du concret* (1966) 이 책은 동일 사안에 관해 사르트르가 분석한 내용보다 실제에 가깝다. 매우 중요한 책이다.

러한 방향을 내포하지 않았는가?' 1968년 당시 체코의 대학생들은 "순수한" 마르크스–레닌주의 사상으로 재무장한 루디 두치케274)를 성토했다. 순수 사상으로 회귀한 두치케에게 '코메디'와 '불합리'라는 수식어를 붙였고, 두치케가 주장하는 것은 이미 체코 사회가 체험한 것이라고 일갈했으며, 그러한 주장은 단지 "무능력과 노예제"275)의 결합에 지나지 않는다고 선언했다. 우리는 혁명가의 이러한 음지도 짚고 넘어가야 한다.

＊＊＊

사회주의의 전통적 주제는 오늘날 새로운 이미지 부여를 위해 쇄신의 길을 걷는다. 즉 혁명의 새로운 대피선의 향방을 지시한다. 노동자 자주관리가 그 구호다.276) 오늘날 노동자 자주관리는 새로운 혁명 구호가 되었으며, 모든 문제의 해답, 폐쇄된 우리 상황을 돌파할 수 있는 출구가 되었다. 사람들은 몇 가지 문제를 끄집어 낼 때마다, 혁명의 대화 상대자는 노동자 자주관리를 답변으로 내 놓는다. 그것은 기술 사회의 만병통치약이다.

물론 노동자 자주관리에 대한 다양한 정의가 있다. 라파사드Groupes, organisations et institutions, 1967에 따르면, 노동자 자주관리는 자본주의 경제 조직보다 심원한 현실, 즉 색다른 권력 체계와 '분리된' 현대인들이 발견한 것에 대

---

274) 루디 두치케(Rudi Dutschke, 1940−1979)는 독일사회주의학생연맹(S.D.S.: Sozialistischer Deutscher Studentenbund)의 베를린 지부장을 지냈고, 1968년 학생 운동의 지도자이다. 서독 지역 학생 운동의 대부로 이름을 날렸으며, 1979년 11년 동안 시달렸던 테러 후유증으로 사망한다.

275) 모리슨의 증언을 참고하라; Morrison, *The Spectator*, avril 1968.

276) '노동자 자주관리'에 관해, 방칼의 경우처럼 사람들은 프루동까지 거슬러 올라간다. 방칼의 저작은 그릇된 평가를 내리지는 않으나 일반 노선과 원리에만 유용할 뿐이다. 그 이유는 현실적으로 해결해야 할 문제들은 프루동이 다뤘던 것과 다른 질서에 속하기 때문이다. 더불어 오늘날의 문제에 프루동 사상을 적용하려는 시도는 지나치게 이상적이다. 즉 프루동 사상에서 우리는 어떤 영감을 찾을 수 있을 뿐이다. 방칼의 다음 자료를 참고하라; J. Bancal, *Proudhon, Pluralisme et autogestion* (2 vol., 1970)

한 답변자로 호출 받는다. 따라서 노동자 자주관리는 "생산과 사회적 삶의 조직화 체제이다. 이 체제 안에서 조직과 경영진은 집단 소유를 이루기 위해 일부소수 집단, 카스트, 지배 집단의 사유 재산권을 박탈한다. 노동자 자주관리의 목표는 통치하는 자와 통치 받는 자의 분리이다.

확실히 전반적으로 이러한 생각은 매력적이다. "직접 생산자들의 생산 과정 통제는 '인간의 전역사' préhistoire와 '자유민의 역사'를 구별하는 본질적 전환의 탄생을 전제한다. 이것은 한 사회다. 즉 과거 '생산 제일론'을 목표로 삼았던 생산자들이 자기의 욕구와 재능을 위해 자신만의 노동 도구들을 기획하고 사용하는 개인이 되는 사회다"마르쿠제 따라서 이 기획은 마르크스주의를 따름과 동시에 주목할 만한 폭을 갖췄다. 물적 존재의 중요성은 감소하며, 존엄성과 책임의 중요성은 높아진다. 프롤레타리아는 지도부에 참여할 수 없고, 오직 과업만 수행하는 자들이다. 또한 이들은 토론의 여지가 없는 권위에 종속되는 자들이면서, 문제의 원인 인식을 판단할 수 없는 자들이다. 의사결정권이 본질적 요소가 되었기 때문에, 이제 "소유 체제", 경제 구조의 변화는 그리 대단한 변화가 될 수 없다. 프롤레타리아들은 노동 조직, 기본 투자금에 걸린 결정권 중 일부분을 취할 수 있는 자리를 점하게 될 것이다. 순수한 상태에서 실천하는 상황은 중단될 것이고, 소수의 전문가 세력이 권력을 독점하는 일도 더 이상 없을 것이다. 실행자는 지도부에 참여하며, 해야 될 것을 스스로 조율할 것이다. 이것은 행정, 경제, 법적 구조의 변혁을 전제함과 동시에, 대중 교육, 전문 교육과정을 가정한다. 다시 말해, 프롤레타리아들은 생산의 수단과 목적의 이유를 명민하게 판단할 수 있을 것이다. 이들은 필요한 정보를 알아 챌 수 있고, 이해할 수 있으며, 해석할 수 있다.

기본적으로, 준비 과정을 강조하는 라파사드의 견해는 타당하다. 사회적 제도화 이전에, 노동자 자주관리는 사유思惟 방법론이 되어야 한다. 왜냐하면 노동자 자주관리는 2가지 거대 장애물인 '자본주의', '관료주의'와 극명한 대조를 이루는 노선이기 때문이다. 그러나 다음 내용에 주목해야 한다. 제도 차원에서 자본주의의 물리적 파괴는 기대가 되지만, 관료주의는 다르다. 관료주의는 하나의 구조일 뿐 아니라 인적 유대를 조밀하게 엮는 체제이자 일종의 동적 개념이기 때문이다. 따라서 정신적 차원에서 노동자 자주관리를 다룰 필요가 있다. 라파사드에 의하면, 노동자 자주관리는 문화, 인과관계, 각 집단들의 정서적 생활 변화를 전제하므로 심리학적, 지적, 교육학적 예비 학습 과정을 필요로 한다. 교육자-피교육자 관계를 전복하려는 라파사드는 각 계파들의 자주관리 체제를 강조한다. 이는 이미 실천 단계에 있는 노동자 자주관리에 대한 경험의 타당성을 제한함왜냐하면 이 경험은 신지식이나 정신 상태의 적용이 아닌 제도적 고안이기 때문과 동시에 미래를 위한 가능성도 제한한다. 양자를 제한할 수 있다고 보는 이유는 심리-교육학적 차원에서 노동자 자주관리를 전개할 수 있는 담당자, 장소, 방법론에 대한 요구가 발생하기 때문이다.

노동자 자주관리에 응축된 내용은 위와 같다. 즉 다양한 활동을 수반하는 각 집단들의 자율적, 민주적 조정활동이 중요하다. 노동자 자주관리는 직접 민주주의를 요구하며, 최대한 그 활동 폭을 넓히려 한다. 노동자 자주관리에는 대표단 선출, 해임의 유연성이 포함된다. 사안에 맞게 선출과 해임이 자유로운 대표위원회는 제반 활동을 한 곳에 묶는 소위 '협력업무'를 맡는다. 노동이나 경제적 방향에 관한 최종 결정은 결국 '정치문제'라는 이념으로 귀결된다. 노동자 자주관리는 강고한 이데올로기적 지배를 기점으로 사회 변혁을 추구하려는 의지 및 노동자의 존엄성에 대한 요구에 적합한 이념이다. 기업에서 결성된 위원회를 시발점으로, 사회 전 구조의 윤곽을 그린다.

그러나 노동자 자주관리에도 2가지 유형이 있다. 양자는 상이하며, 우리는 이를 확실히 구분해야 한다. 경제적 파탄 상황과 빈곤 지대에서 발전한 노동자 자주관리가 있다. 이 노선은 부자들을 배제하고, 노동 재화를 탈취하려 한다. 즉 노동자들에게는 공장, 농민들에게는 토지가 될 것이다. 이 유형에서 노동자 자주관리는 시대의 부름을 받은 혁명의 양식이 된다. 하지만 노동자 자주관리를 양식으로 채택한 혁명의 장래는 불투명하다. 경제적 성공 가능성이 희박하기 때문이다. 오히려 오늘날 우리는 노동자 자주관리의 전혀 다른 양식 및 요구에 직면한다. 바로 선진국의 경제 상황에서 출현한 형태로, 이 경우 빈곤 지대의 노동자 자주관리와 분명히 구분해야 한다. 노동자들이 주를 이룬 선진국의 노동자 자주관리는 현장성을 파악할 수 있는 권리문제를 요구한다. 엄밀히 말해, 이러한 형태의 노동자 자주관리는 프롤레타리아 지역이 아닌 부유한 지역에서 발생하며, 일종의 소비 관리 분야에 속한다. 알베르 마이스터의 정확한 지적대로, "선진국의 노동자 자주관리는 보다 똑똑한 소비를 원하고, 더 나은 자기 삶을 위한 소비를 추구한다."277) 한마디로 선진국에서 노동자 자주관리는 다양한 기회를 재발견할 수 있는 양태가 된다. 바로 여기에 진짜 문제가 있다. 나는 효과적 자주관리를 위해 정치, 경제, 재정, 기술관련 전문지식을 습득할 때 겪는 어려움을 말하려는 것이 아니다. 노동자 자주관리 위원회도 오류를 범할 수 있다는 점도 짚어야 한다. 누구나 오류를 범할 수 있고, 원천 봉쇄하기도 어렵다. 유고슬라비아 사회주의 연방의 구성원인 마케도니아 지역의 지도자 카스테카 벤코프스키는 1968년 3월에 다음과 같이 쓴다. "노동자 경영기관의 결정이 꼭 옳은 것은 아니다." 분명히 해 둘 부분이다. 위원회의 유능이나 혜안에 더 이상 기대기 어렵다는 뜻이기 때문이다. [새롭게] 도출될 만한 논쟁도 없을 것이다.

　　유고슬라비아, 프랑스1910년 협동주의 운동과 1945년 공동체주의 운동, 알제리

---

277) Meister, *Socialisme et autogestion : l'expérience yougoslave*, 1964.

의 경험을 따를 경우, 즉각적으로 반론이 일 것이다. 한 쪽에서는 "꼭 그런 식으로 일어나는 것만은 아니다"라고 두둔할 수도 있다. 그럼에도, 거대 보편화된 기업이 요체가 되는 경우 노동자 자주관리는 아래로부터 결정되는 기구가 될 수 없다. 오히려 국가가 주도한 결정의 소산이 될 뿐이다. 유고슬라비아와 알제리의 경우, 노동자 자주관리를 결정하고 이를 해결책으로 부과하거나 방향을 설정하는 주체는 정부다.278) 정부 주도의 방향 설정은 가변적이다. 유고슬라비아의 대규모 공장주 연석회의 대표는 티토 대통령에게 다음과 같이 진언한다. "정부가 제시하는 방향을 수용하기 부담스럽습니다. 어디로 튈지 모르기 때문입니다. 그릇된 해법을 계속 제시할 위험도 있습니다." 결론적으로, 경제적 차원의 노동자 자주관리는 국가 문제해결책이라고 말할 수 없다.

이러한 경험에서 도출된 2번째 비판은 '사용자 권한' 오늘날 의무화된 것처럼 보이는이다. 현안에 대한 진보적 해법을 부과할 수 있는 역동적 지도자가 존재하고 그 해법이 정당하며 타당하다는 전제 하에, 노동자 회의는 그 해법을 자동으로 수용하고 결국 동화되고 말 것이다. 기업은 노동자 자주관리 체제를 표방, 유지하겠지만 사실상 '기업주'의 선택일 뿐이다. 그러나 이것이 강제적 현상이 아니라고 두둔하는 목소리가 나올 것이다. 단지 거대한 진화의 과정을 실험하는 작업의 일환이라고 말할 것이다. 동일선상에서, 우리는 유고슬라비아의 경험에 대한 분석을 통해 다음 사실을 확인한다. '기업주의 선택에 따른 노동자 자 주관리는 실업에 대한 해법도 아니고, 불평등 해소책도 아니다.' 이와 함께 최근 부상한 심각한 문제가 있다. 노동자 자주관리를 표방하는 유고슬라비아의 기업들은 이 조직에 소속된

---

278) 모니크 라크는 이 분야에 관한 정확한 분석을 수행했다. 비(非)프롤레타리아 지도부를 주축으로 한 노동자 자주관리를 선택한 알제리를 다루며, 정치적 역설의 정체를 밝힌다. 다음 자료를 보라; Monique Laks, *Autogestion ouvrière et pouvoir politique en Algérie (1962–1965)*, E.O.I., 1969.

노동자들의 필요를 충족하지만, 그 폭을 확장시키려 하지 않는다. 또한 청년 고용 창출 문제에 무심유고슬라비아의 청년 실업 문제는 심각한 수준하며, 개인, 기업, 지역 간 불평등 문제를 낳는다. [벌어진 격차가 심화될 뿐] 어떤 연대도 없다. 결국 노동자들은 "부유한"기업에 속하려 하며, 이 기업들에 소속된 노동자들은 다른 사람들과 비교해 특혜 아닌 특혜를 누린다. 따라서 '실제로' 그리고 '지금까지' 노동자 자주관리는 자본주의 체제에서 벌어지는 만악노동자 계급이 정확하게 인지한의 해법도 되지 못하며, 그 체제를 벗어날 수 있는 희망도 되지 못한다. 해결책이 보이지 않는 이론상의 문제들이 또 있다. 첫째, '노동자 자주관리'와 '기획'의 관계이다. 이는 유고슬라비아 경제가 지난 20년 동안 시계추처럼 작동했다고 감히 말할 수 있는 경제적 비극의 단면과 맞물린다.[279] 때때로 노동자 자주관리 기업들의 의사결정 분권 현상이 나타나기도 하고, 의사결정과 계획이 중앙권력의 손아귀에 되돌아가는 현상이 나타나기도 했다. 우리는 임금 인상, 생산성 감소, 인플레이션으로 분권화의 시기를 표현할 수 있다. 기획 담당자들의 권위가 재확인될 때, 이 시기는 반드시 이어진다. 따라서 무용한 일자리, 과소비에 저항하는 싸움이 나타난다. 그러나 "노조"는 더 이상 의사결정 주체가 되지 못한다. 재정 초과를 감독했던 공무원들 앞에서 티토 대통령은 "주머니에 돈이 좀 있어야 했다"1968라고 선언하기까지 했다. 계획된 목표들은 결코 1차시기에 이뤄지지 않고, 2차시기에 이뤄졌다. 다만 '권위'를 통해 실현되

---

279) 유고슬라비아의 노동자 자주관리에 관하여, 이미 인용한 마이스터의 저서를 참고하라. 또한 다음 자료도 참고하라; Autogestion, cahier n. 8 : L'Autogestion yougoslave, in coll. « Sociologie et socialisme » (édition Anthropos 1969) 최근 들어 유고슬라비아식 노동자 자주관리가 인구에 회자된다. 그러나 독자들이 1950년대 유고슬라비아를 다룬 연구서들이나 잡지들(예컨대 「에스프리」 특별호)을 확인한다면, 노동자 자주관리 문제가 사회주의와 혁명의 특별한 양식에 부합한다는 생각에 고개를 갸웃할 것이다. 과거에, 노동자 자주관리를 보며 '마침내 첫 삽을 뜬 사회주의'라는 찬사를 보내거나 심지어 '사회주의의 완성'이라고 소개하는 글(Desani, in Action, décembre 1946)도 있었고, 가히 혁명적이라 부를 수 있는 신 노선으로 소개하는 글도 있었지만, [사회주의나 혁명의] 목적이나 수단으로 소개하지 않았다. 말은 바뀌고, 양식은 지나갔다!

었다.280) 노동자 자주관리가 경제 영역에 국한될 수 없다고 생각할 때, 또 다른 문제가 발생한다. 이 문제는 예전보다 훨씬 난해한 문제다. 노동자가 공장 관리 문제만 중요하게 여길 때, 부각될 수 있는 문제다. 그러나 노동자 자주관리가 사회의 정치 원리라면, 이 말은 소비자가 소비를 조정해야 하고, 시민은 국가를, 피통치자는 행정을, 정보 수혜자는 정보를, "문화 교양의 수혜자"는 문화 교양 기관을 조정해야 한다는 뜻이다. 그러나 한 사람이 노동자, 정보 수혜자, 시민, 피통치자, 소비자, "문화 교양의 수혜자"다. 따라서 기업 하나를 경영하는 것이 아니라, 10개 혹은 20개 경영에 가담한다. "집단" 경영이 최소 월 2회 회의를 한다고 하면, 이 사람의 경우 거의 매일 회의에 참여하는 셈이다. 하지만 생산적 노동도 수행해야 하는 한 사람에게 매일 4-5시간의 회의는 불가능하다. 노동 축소가 필요하다. 따라서 노동자 자주관리는 '노동 시간을 줄이되 최고 수준의 생산성을 유지' 한다는 전제와 함께 실행되어야 하는 체제다. 동시에 그것은 가장 완만한 의사결정 과정이다. 유고슬라비아에서 "토론 시간은 한도 끝도 없었다." 모든 것은 설득을 통해 이뤄진다. 가변성의 정도가 크기 마련이다. 1965년 유고슬라비아 코뮌에 드리운 긴급 사태들을 보았다. 관료주의 권력의 실패 이 사태는 6-8개월 동안 진행되었고, 행정처는 의사결정 부재로 완전히 차단되었다.

1967년 유고슬라비아의 공식 문서들 사회주의에 관한 현실적 질문, 국제 정치 잡지은 유고슬라비아에 노동자 자주관리가 존재하지 않는다고 분명히 인정했고, 이를 하나의 이상으로 소개했다. 당시 완전히 자본주의 형태를 보인 자주관리 기업들 간의 경쟁을 목도했기 때문이다. 그러나 이 문서들은 보다 심오한 차원을 강조한다. 첫째, 노동자 자주관리는 우리 사회의 문제에 포괄적으로 응답해야 했다. 그러나 둘째, 노동자 자주관리가 만병통치약이

---

280) 노동자 자주관리로 사회주의에 도달하려면 경제 발전에 제동을 걸어야 한다고 주장(*Le Monde*, juillet 1971)하는 유고슬라비아 학생들의 체제 비판은 매우 중요하다.

되어야 한다는 의무감이 이 체제의 발목을 잡았다. 경제 영역에 적용되어야 하는 노동자 자주관리는 사회 혁명을 위태롭게 했고, 사회 영역에 적용된 자주관리는 정치 체제의 연속성에 제동을 걸었다![281]

노동자 자주관리가 엄격한 중앙집권적 기획 체제를 제거한 것은 자명한 사실이다. 그러나 새로운 체제의 원리들을 제기했을 뿐, 근본 문제를 해결한 것은 아니다. 흔히 사람들은 유고슬라비아 노동자 자주관리의 난제들을 부차적시간 낭비, 비효율성, 노동자들의 임금 인상을 위한 투쟁보다 노동자들을 투자의 수혜자들로 이용하려는 수작, 기업의 실무 경영진과 노동 자문위원회 간의 갈등, 유능한 신진 전문 인력의 충고를 무시하는 고용주의 오만, 턱없이 높은 소송비용,[282] 등인 문제라고 생각한다. 그러나 지난 20년 동안 노동자 자주관리가 기술 성장 및 노동자의 기술 사회 지배를 견인했다는 말은 사실이다. 그러나 시대에 어긋난 주장이라는 면에서, 또한 모든 경제가 체제라는 총체성에 포섭된 상황이라는 측면에서, 과연 노동자 자주관리가 현실적인 혁명 노선이 될 수 있는지 자문해 볼 필요가 있다. 지속 시간은 짧았지만 스페인의 경험은 매우 흥미롭다.[283] 스페인의 경우 노동자 자주관리는 경제 영역에 국한되어 실행되었다. 그러나 이 자주관리 방식은 '기술화' 문제를 다루지 않는다. 카탈루냐의 산업 일반 자문위원회와 기업 자문위원회 신설로, 제도 차

---

281) 더욱이 오늘날 유고슬라비아에서 노동자 자주관리는 퇴보를 벗어나지 못하는 것처럼 보인다. 노동자 자주관리는 경제라는 '한' 영역에 지나지 않는다. 사적 영역과 매개적 형태의 기업들의 지속적 진보로 자주관리 체제는 후퇴했다. 특히 서구의 협동조합 체제가 자주관리 기업을 대체했다. 마이스터는 기획의 후퇴와 연계된 노동자 자주관리의 '이러한' 퇴행에 관한 탁월한 연구를 진행했다. 이것은 경제 정세의 퇴행이 아닌, 구조적 퇴행처럼 보인다.(Meister, « Les Reculs de l'autogestion yougoslave », *Esprit*, septembre 1970) 이 논문에서 마이스터는 유고슬라비아 기업들의 여러 형태에 대한 명확한 유형론을 제시한다. 유고슬라비아가 인플레이션과 더불어 시장 경제를 구축하고 개인의 물적 재산을 경제 활동의 동력으로 발전시키는 한, 노동자 자주관리의 퇴행 현상은 가중될 뿐이다.

282) Yankovitch, « Comment fonctionne le modèle yougoslave », *Le Monde*, octobre 1970.

283) Frank Mintz, *L'Autogestion dans l'Espagne révolutionnaire*, 1970. 이 책은 당시 가장 완성도 높고 열정으로 충만한 연구서라 할 수 있다.

원에서 혁명 의지를 표현하려는 담대한 노력을 선보였다. 그러나 이것도 기술 지배 현상을 해결하지 못했다. 방향 설정에 모두를 참여시키기 위해 가속화된 기술 진보를 포기하는 지점에서도 노동자 자주관리는 혁명적일 수 있는가? 내 시각에 이 부분은 매우 비현실적이다. 이처럼 노동자 자주관리는 옛 자본주의 조직에 맞서는 효율적 투쟁 활동이었으나, 더 이상 그 위상을 유지하기 어렵다.

　노동자 자주관리의 구체적 적용 가능성에 대해 생각할 때, 사람들은 한계를 자각하게 될 것이다.284) 노동자 자주관리는 "이미 정치 영역에서 엄밀한 형태로 건설된 민주주의 원리들을 경제 영역에도 적용"하는 제도다. 이제 사람들은 이러한 정치적 민주주의에 대해 주저할 뿐 아니라, 노동자 자주관리의 현저한 감소도 목도하게 될 것이다. 사람들은 이론 모델의 구축을 진중하게 고려하며, 결국 모델 구축을 인정하지 않는다. 이 과정에서 '현대' 식 경제 조직의 실태와 비교하는 작업이 수반되며, 노동자 자주관리제의 이상주의적 특징이 검출된다. 사람들은 민주화를 목적으로 기업 영역에만 실제적 적용이 가능할 수 있는 부분을 추구한다. 당연한 수순이다. 민주적 계획 수립, 생산 수단의 사회적 소유와 연계된 일이자 바람과 기대에 부응하는 사회적 변화가 될 수 있는 '사내 평등한 관계 설정'은 전능한 기술 문제, 국가 성장 문제에 전혀 대응하지 못한다. 다시 말해, 개혁 성향의 자주관리제는 적용 가능한 제도이들에게 노동자 자주관리는 만인의 자발적 참여를 통해 생산성의 양질을 보장할 수 있는 제도가 아니다이다. 그러나 '우리' 사회에 비춰볼 때, 혁명적 제도는 아니다.

---

284) 이 주제에 관해 프랑스 노동자 민주 동맹(C.F.D.T.)의 연구서를 참고하라. 먼저 에드몽 메르가 프랑스 노동자 민주 동맹을 연구해 작성한 보고서를 참고하라; Edmond Maire, « Démocratisation de l'entreprise dans une perspective de transformation sociale et d'autogestion », 1970. 또한 동일 맥락에서 한 층 발전된 연구서도 참고하라; Chamley, *Autogestion*, Seuil, 1971. 또한 Preuve (1970)지에 드트라즈(Detraz)와 메르가 쓴 논문도 참고하라.

＊＊＊

　노동자 자주관리제가 레닌의 프로그램에 이미 포함된 제도라고 말할 수 있는가? 전 영역에서 이 제도가 작동해야 할 필요가 있다고 말해야 하는가? 즉, 국가장치의 관료화를 전적으로 거부하는 생산자들의 자치제도l'autogouvernement가 필요한가? 전 인민이 통제와 감시 활동에 가담해야 한다. 레닌의 견해에 의하면, 각각의 행정적 기능처가 귀속되는 곳은 어디인가? "모두가 관료들의 시대를 지지했고, 그 결과 누구도 관료가 될 수 없었다." 전 활동 영역, 특별히 산업 활동 영역을 조율하는 작업에 대중들의 직접적 개입이 필요하다. 우리는 바로 이 자리로 대중들을 견인해야 한다. "이제 노동자 계급이 생산 조직화를 전적으로 책임져야 한다. 국가의 대소사, 은행 경영, 공장 경영은 노동자 계급과 무관한 영역이며, 결코 이들의 과업이 될 수 없다고 떠드는 편견을 과감하게 쳐내자." 그러나 권력의 현실성, 필연성과 최초로 접촉할 때, 이 신비한 믿음은 연기처럼 흩어진다. 노동자의 통제권 경험으로 노동자 자주관리제의 불가능성만 드러날 뿐이다. 1918년 4월에 레닌은 노동 훈련을 통한 노동자 통제대체, 조직화를 통한 노동자 자주관리를 외쳤다. 또한 사람들은 생산 단위들의 재 조직화를 위해 비공산주의계열의 "지도자들"을 호출했다. 레닌은 노동자들에게 다음과 같은 글을 썼다. "노동자가 생산한 상품이 노동자의 손에 들어오는가? 그간 노동자들이 생산했던 것을 일일이 계산해 보았는가? 노동자의 생산과 러시아 시장 및 국제 시장 간의 연관성에 대해, 그대 노동자들은 아는가?" 레닌이 중요하게 생각했던 말은 '역량' compétence이었다. '노동자들은 너무 무능하다!' 는 식의 거센 비난이 있었다. "역량도 없이, 심오한 지식이나 행정학 없이, 관리와 경영이 가능하다고 보는가? 만약 그렇다면 너무 우스운 일이 아닐 수 없다. 노련한 사람들이 별로 없기 때문에 집단 지도체제를 용인하기도 곤란하다." [레닌은] 프롤레타리아 지도체제와 노동자 자주관리를 분리한다. 전자는 "조직화, 소유제"에 환원된다. "그러나 관리경영은 다르다. 그것은 수완과 요령의 문제이다." 따라서 기업들에게 "강하고 확고부동한 권력의 부여가 필요하며, 수백만의 노동자들의 힘을 단 한사람에게 예속시킬 수 있는 개별독재 체제를 부과해야 한다." 즉 모든 것이 레닌에게 속해야 한다. 1918년 4월을 기점으로, 노동자 자주관리제는 "낡은 편견", "소부르주아계급의 아나코-조합주의적 일탈", "거짓말, 멍청한 행동"으로 평가되었다. "이것이 뜻하는 바는 과연 무엇인가? 각 노동자가 국가를 관리 경영해야 하는가? 모든 실천가들은 이것이 우화에 지나지 않는다는 사실을 안다." "조합들이 기업경영을 보증할 수 있는가? 사회주의 구축에 대한 몇 가지 실천적 체험을 한 사람들은 모두 웃음을 터트릴 것이다." "생산의 민주주의는 근본적으로 그릇된 이념들을 낳는다."[285] 트로츠키는 이 부분을 정확하게 감지했던 인물이다. 1920년 제3차 조합주의자 대회에서 그는 노동의 의무화를 위해 노동자에 대한 속박의 필요를 역설했고, 노동자 경영의 비효율성을 주장했다. "자유노동은 의무노동보다 생산적일 수 있다. 이것은 봉건 사회에서 부르주아 사회로의 이행과 연관 지을 때, 진실이다. 그러나 이 진실을 영원히 존속하기 위해 자유로운 존재가 필요하다. 현 시대의 경우, 카우츠키주의가 필요하다. 또한 자본주의에서 사회주의로의 이행기에 이 부분을 이해할 필요가 있다. 전 노동자가 자신에게 필요한 노동 현장으로 파송될 수 있는 권리를 생각하는 국가가 바로 노동자 국가다.[286]

레닌과 트로츠키보다 마르크스주의를 확신하는 자는 누구인가? 이들보다 노동자 자주관리 적용에 호의적인 조건을 조성하려는 자는 누구인가?

---

285) 인용구에 관해 다음 자료를 참고하라; Papaioannou, « Lénine, la révolution et l'État », *Preuves*, 1967.
286) Trotsky, *Terrorisme et communisme*.

사실 우리가 항시 소개하는 소소한 경험들은 거대한 시련과 마주할 때, 그 중량감이 떨어지는 것은 사실이다.287)

전반적인 시각에서 볼 때, 노동자 자주관리제는 합리성, 신속성, 효율성, 생산성, 역량, 특수성 부재로 인해 기술 사회의 원리들과 근본적인 대조를 이룬다고 말할 수 있다.

마이스터는 체제가 추구하는 사회주의적 인간 제작 기획과 현대 산업을 창조하는 "개발/발전모델" 사회주의와 노동자 자주관리, 1954의 공존의 어려움에 관해 역설한다. 노동자 자주관리제는 기업들의 소득 분배 통제와 화해하기 어렵다. 마찬가지로, 생산성 자극을 위해 자본주의적 수단들에 대한 활용도 불가피하다. 따라서 노동자 자주관리는 후퇴한다! 결국 '이론'과 '실천' 양쪽 지평에서 노동자 자주관리를 실현하는 문제는 생산성과 경제 성장을 강요하는 상황과 충돌하게 된다.

마이스터는 매우 흥미로운 글을 하나 썼다. "이 모두가 생산성 둔화와 연결되는 것은 필연이다. 정원을 초과한 고용창출, 생산을 위한 시간이 아닌 개발회의에서 소진한 시간, 생산투자 영역을 파괴하면서 실현된 집단 소비 장치의 설치 등이 생산성 둔화를 낳는다. 이러저러한 합리화는 노동자와 노동자 간의 대립 상황에 직면하며, 생산시간에 대한 억제는 어렵다." 또한 마이스터는 결국 체제가 소비 성장에 역행할 것이라 강조한다. 따라서 노동자 자주관리 요구에 관한 다양성이 존재한다. 즉, 오늘날 노동자 자주관리제는 생활수준이 매우 높은 지역과 직급에서 요구되는 제도가 되었다. 프랑스가 경험한 1968년 5월은 매우 의미심장하다 왜냐하면 이들은 '이미' 소비 사회를 맛보았기 때문이다. 반면, 소비 사회를 제대로 향유하지 못한 노동자들

---

287) 지엽적이지만 이와 관련된 내용에 대해, 다음 내용을 참고하자. 간부직총동맹의 서기장 '세기'(M. Séguy)는 1963년 5월 15일에 노동자 자주관리가 "노동자들의 진짜 요구들을 벽장에 처박아 둔 무의미한 양식"이었다고 선언한다.

이 이 제도를 요구하는 목소리는 점점 줄어든다. 그 이유는 사람들이 소비 사회로 진입하기를 원하는 노동자들의 소망을 비판하기 때문이다! 그러나 노동자들은 소비 개선책을 요구한다. 소비가 핵심 문제가 아니라고 노동자들을 설득할 수 있는 방법은 과연 무엇인가? 노동자들은 보편화된 노동자 자주관리제에 돌입할 수 있는 실질적 준비가 전무한 상태처럼 보인다. 마지막으로, 이러한 결함 때문에 노동자 자주관리는 고차원적 이데올로기로만 유지된다는 점을 강조할 필요가 있다. 유고슬라비아에서 노동자 자주관리는 공산주의 동맹의 대중선전과 감시 때문에 겨우 명맥만 유지하는 수준이었다. 그러나 지난 몇 년 동안 서구의 소비 사회는 "부패의 주체역할"을 담당했다. 즉 공산주의계 연맹의 영향력이 감소했고, 이데올로기의 수준이 떨어졌으며, 각 개인이 진정성 있는 새 사회를 창조할 수 있는 가능성이 줄었다고 생각한다. 이 사회에 희생할 시간은 줄이고, 소비 추구는 늘인다. 구조들은 존속되지만, 생생한 내용물은 없다. 다시 말해, 노동자 자주관리의 기능은 핏기 없는 상태였고, 항상 그 상태다. 지난 20년간 노동자 자주관리는 노동자들에게 확신을 주지 못했고, 새 사회를 창조하지도 못했다.

노동자 자주관리제가 중요한 심리학적 효과[288]를 낳았다는 점에는 이론의 여지가 없다. 만족도 높고 건전한 노동 환경을 조성했고, 간부와 사원 사이의 원만한 관계를 유도했다. 또한 긴장을 완화시켰고, 양측 간 오해의 소지를 없애 원활한 소통이 가능한 창구를 열었다. 그러나 조금 냉정하게 생각해 보면, 이 모든 효과가 과연 인적 관계Human Relations 기술의 지적 응용을 통해 창조 가능한지 자문해 볼 수 있을 것이다. 더욱이 노동자 자주관리

---

288) 그러나 노동자 자주관리제가 서구인과 실제로 유관한지 전혀 확신할 수 없다는 부분을 강조해야 한다. 자주관리제는 지식인의 이념과 간부들의 주장이 될 가능성이 매우 높다. 일례로 1968년 3월에 주거민협의회가 운영하는 도시들은 이 협의회 갱신을 요구했다. 투표율은 30% 이하였고, 쟁점으로 부각된 문제의 중요성에도 불구하고 유세장에 모인 사람들은 매우 적었다. 일단 주거민이 되면, 관리 경영과 도시 장래에 대한 관심은 현저히 떨어진다!

제는 기업 경영에 대한 높은 수준의 책임감을 공유하고, 진정성 있는 참여를 유도한다. 그러나 마이스터가 강조하는 것처럼, 이 위대한 이데올로기 운동은 대중들의 관리 지도 기술에 환원되기 어렵다. 즉 대중들이 산업 사회에 이르고 발전을 실현하기 위해 필요한 대중 관리 기술과 전혀 무관하다. 새 사회에 대한 믿음으로 사람들은 강화된 결집력을 얻어내는 데 성공했고, 개인의 자발적 노동의 희생자들을 확보하는 데 성공했다. "사회주의적 이상은 부족한 고정자본의 창출을 위한 잉여가치의 제작 수단에 불과한가?" 또한 "노동자 자주관리제는 사장을 필요로 하지 않는다." 그러나 즉시 사장의 공백을 느끼게 될 것이다. 사장 대신 동등한 타인들을 탁상에서 마주보는 이 제도의 긍정적 측면을 통해, 아래 내용을 생각해 볼 수 있다. 즉 불편한 사장 자리를 피하고, 대중 통제와 조작 수단으로 노동자 자주관리제를 응용하는 저개발 국가의 상황과 달리, 이 제도는 극단적으로 발전된 자본주의 사회의 양식이 아닌지 자문해 볼 수 있다. 노동자 자주관리는 기술 사회의 목표들을 재 심의한다. 또한 "효율성이 최후의 규칙인가?"라는 질문을 제기한다. 그러나 이 질문은 우리 사회처럼 확고한 효력을 갖춘 사회옛 사회가 아닌에서나 제기될 수 있다! 예전에 노동자 자주관리는 미끼였다. 따라서 이 제도는 '반기술적 혁명의 결과물' 이거나 '첨단 기술을 달리는 사회로 이행한 결과물' 이 될 것이다. 이러한 틀에서 보면, 노동자 자주관리는 여가 시간을 확보하기 위한 수단이 된다! 확실히 노동자 자주관리제는 서구 사회의 총체적 혁명을 위한 효율적 수단도, 가능한 목표도 아니다.

＊＊＊

오늘날 시끄럽게 떠드는 유토피아에 대한 목소리만큼 혁명적 목표의 소멸을 평가하는 데 좋은 것은 없을 것이다. 얼마나 즐겁고, 순수하며, 의지할 만한 일이며, 논쟁 가치 있는 일인가? 또한 얼마나 팔기 좋은 상품인가! 마르쿠제에서 르페브르까지 오늘날 하나같이 유토피아와 그 가치 및 타당성을 찾는다. 사람들은 캄파넬라Campanella의 재도약을 기대하며 푸리에를 사상적 대大스승으로 재호출했다. 유토피아를 중요한 문제로 삼을 가능성과 방법은 있는가? 유토피아도 하나의 진리마르쿠제라는 말은 중세기 이상주의 사상으로의 회귀처럼 보인다. 기독교를 인민의 아편이라며 과감히 거부한 마르크스주의자들의 견해를 중요하게 보는 시각도 사실 우스운 일 중 하나이다. 이상 사회를 뜻하는 유토피아는 지적으로 '무'를 출발점 삼아 절대적 모델을 구축한다. 즉 불합리한 모델이며, 실제적 작동 단계나 신화적 단계나 어떤 곳에서도 쓰임새가 모호한 모델이다. 우리는 멈추지 말고 다음과 같이 선언해야 한다. '유토피아는 현실 도피책'이다. 절망을 맛본 이들이 이러저러한 희망을 찾고자 나선 길이다. 또한 유토피아는 모든 혁명적 희망의 근본적 좌절을 이데올로기로 덮으려는 시도이며, 개연성 있어 보이는 미래의 구름 속으로 도피하는 일, 내실 없는 혁명 담론을 지속하기 위한 정당화, 지적 활력을 일련의 의식화로 대체하는 작업, 실제로 전혀 바뀌지 않은 현실과 대면해 나타나는 비굴한 후퇴다. 유토피아주의자들은 속담에 등장하는 타조모래에 고개를 처박은와 같다. 그러나 혁명 노선에서 유토피아주의자들은 맹인을 이끄는 맹인들이다. 나는 이들의 허위의식, 비겁함, 진정성 결여를 고발한다. 오늘날 유토피아를 말하는 사람들은 혁명적 목표의 존재 불가능성을 증명한 셈이며, 인간이 희망할 수 있는 최후의 불꽃마저 껐다. 5월 운동의 실패를 근본적으로 다룬 책으로 알랭 투렌의 『유토피아 공산주의』가 있다. 유토피아가 "근대" 사회에 상응하는 혁명 양식이며 지배 권력을 은폐한다는 저자의 주장은 '안개와 바위의 싸움'을 선전하는 일이다. "새로운" 사회에는 분명 새로운 혁명 양식이 필요하다. 지배 계급은 근대화와 동일하다. 따라서 사회 혼란과 문화 충격은 서로 연결되어야 하며, "주요한 유토피아에서 혼합된다."289) 유토피아가 단지 말과 상상에 지나지 않는다면, 유토피아 개념에는 모든 형태의 발전과 계획에 내재된 모순들에서 해방된 우월성이 있을 것이다. 5월 운동으로 범위를 한정 지을 때 이야기할 수 있는 유토피아의 기능은 다음과 같다. "사회적 갈등과 문화적 위기 간의 대립을 넘어서 일치점을 재발견"하는 것이 그 기능이다. 그러나 유토피아가 어떤 도식 혹은 소망이라는 전제에서만 유효한 기능이다. 1968년 5-6월 운동에서 나타난 것처럼, 우리가 구체적인 것을 재발견하는 순간부터 갖가지 긴장, 대립, 단절이 일어난다. 유토피아 개념과 관련해, 투렌은 "주요한 인물의 결집 요소"와 창조력, 영감 가운데서 한없이 주저한다. "유토피아는 그 기획을 싸움으로 아직 전환하지 못했지만, 창조적인 정치 행위의 표현이다." 그러므로 유토피아는 태생부터 기획 가능성이 전무全無하다는 사실이 드러난다. 유토피아의 두 번째 측면이다. 애당초 기획 가능성이 부재한 이유는 유토피아가 '어디에도 없음' nulle part과 '아무것도 아님' rien d'autre과 직결되기 때문이다. 첫 번째 측면과 관련해, 유토피아는 분명 호소력이 있다. 다시 말해 훌륭한 대중선전 도구가 될 수 있다. 이는 투렌도 솔직하게 고백하는 부분이다. "유토피아적 행동이란 실현 가능성은 없지만 정치력을 발휘하는 폭력적 행동이다. 그로 인해 실제적인 것이 될 이전과 전혀 다른 새로운 사회 모델을 지향하는 운동에 너나 할 것 없이 가담하는 운동이라고도 할 수 있다." 이것은 조르주 소렐이 규정한 '총파업 신화'와 정확히 일치하며, 현대식 대중선전의 요체이다.

모든 대중선전 활동과 마찬가지로, 그리고 내용과 무관하게, 내게 유토피아는 '탁월한 반혁명' 노선처럼 보인다. 모든 단계와 시각에서 그렇다. 사회주의자들은 마르크스 사상을 하나의 메커니즘으로 해석하는 방향으

---

289) 독자들은 사실상 어디에도 존재하지 않는 것을 "중심"이라는 용어로 표현한 부분, 그리고 이러한 표현에 담긴 난점을 유념하라!

로 나아갔다고 강조했던 그람시가 옳았다. 사회주의자들은 원칙적으로 패퇴했기 때문이다. 즉 사회주의자들은 혁명의 승리를 향해 자체 진화하는 역사 유토피아로 도망쳤다. "투쟁이 시작되지 않을 때, 투쟁이 실패와 패배로 귀결될 때, 결정주의는 어마어마한 도덕적 저항 세력이 된다." 그러나 그람시는 이를 종교적 믿음으로의 이행으로 분석한다. 필연적 장래에 대한 유토피아주의는 개혁주의 안에서 극단적 타락을 낳았다.290) 마찬가지로, 그리고 명백한 모순에도 불구하고, 불완전한 사회의 기획에 유리한 유토피아를 거부한 질라스가 옳았다.291) 유토피아가 승리할 때, 유토피아는 독재에 이른다. "우리는 유토피아의 본성을 이해해야 한다. 일단 권력을 잡은 유토피아주의자는 교조주의자로 바뀐다. 이 유토피아주의자는 자신의 이상주의를 내세워 사람들의 불행을 초래한다. 매우 쉽게 벌어지는 일이다." 유토피아가 인문주의적 상상력과 꿈에 머문다면, 그것은 온건개혁자들을 통해 불완전한 사회로 수용되고 인정된 어떤 사회를 진보하도록 할 것이다. 그러나 유토피아는 실제로 그렇지 않다. 유토피아는 언제나 엄격하고, 총체적이며, 비타협적인 모델이다. 따라서 유토피아가 불행에 이를 때, 그것은 독재를 낳을 뿐이다. 근본적으로 반동적 성향을 따른 것이라 하겠다. 한 편으로, 유토피아는 혁명 운동을 개혁주의로 퇴색시킨다. 다른 한 편으로, 유토피아는 그릇된 이미지를 따라 에너지와 동력을 소진시킨다. 마지막으로 유토피아는 인민 없는 독재, 유토피아 엘리트 중심의 독재를 지향한다. 사건 그 자체를 고찰하는 대신, 사람들은 "꿈"에 호소한다. 인류의 꿈이 거대한 힘을 표상하고, 비루한 물질계에서 우리가 꿈의 부재로 망할 것이라는 내용을 지키며, "꿈"에 호소한다. 너희가 어떤 것도 보지 못하고 실행력이 부

---

290) 이 문제에 대해 탁월하게 분석한 알튀세르의 다음 저작을 참고하라; 루이 알튀세르, 『맑스를 위하여』(이종영 역, 백의, 1997)

291) M. Djilas, *La Société imparfaite*, Calmann-Lévy, 1969.

족한 그 순간에 꿈을 꿔라! 꿈을 꿔! 비합리성의 총체적 폭발을 기다리는 자들과 유토피아를 혁명적 사상의 대체물, 즉 학설이나 이론으로 찬양하는 자들 사이에 일관성이 있다. 세르비에의 견고한 분석유토피아의 역사, 1967은 열광주의에 도취된 우리를 더욱 부끄럽게 할 것이다. "유토피아는 쇠퇴하는 하나의 사회 계급에 대한 반향이다. 장래 기획을 보증하려는 시각은 전통 도시국가모친의 품이 주는 고요함의 엄밀한 구조를 재발견하려는 심오한 욕망을 꿈에 대한 고전적 상징들을 통해 설명한다. 전통 도시국가에서 자신의 임의적 자유를 빼앗긴 인간은 안도감과 더불어 우주적 일치와 금지의 그물망에 감금된다." "유토피아는 사회의 실제적 문제들에서 해방된 옛 운동의 장애물에서 태어난 꿈이며, 혁명 운동들을 저지하기 위해 이 운동들에 제시된 난관에서 탄생한 꿈이다. 유토피아는 전통 도시국가의 불변 구조들로 회귀하려는 의지다. 사실상 유토피아주의자들은 이러한 구조들을 지배하려 한다." "유토피아는 현존 질서의 구조들을 부수려는 시도보다 상상력과 꿈을 통해 갈등 상황을 제거하려는 시도에 강세를 둔다." 세르비에가 천년왕국주의와 대조한 유토피아는 언제나 이러한 특성을 표현했다. 플라톤 이래로 유토피아는 항상 이런 성향이었다. 유토피아는 평정심과 안심의 기능, 갈등 제거의 기능, 혁명적 도전을 상쇄하는 기능으로 가득하다. 유토피아 사상이 웅대해질수록, 혁명적 가치에 대한 긍정도 확장됨과 동시에 결집력도 강화된다. 왜냐하면 유토피아는 그 가치에 이르기 위한 어떤 길도 없는 완벽한 모델, 즉 어떤 행동에도 가담할 수 없는 완벽한 모델을 소개하기 때문이다.

그러나 실제로 유토피아는 무엇보다 이러한 모델이기 때문에, 오늘날 유토피아주의자들과 유토피아추종자들은 모든 혁명의 위조자들이며, 혁명 운동을 제거할 목적으로 배치되어야 했던 적이다. 유토피아는 필연적 혁명에 대한 결집력이라는 점을 각인하고, 인간을 선택지도, 탈출구도 없는 길,

인간의 마지막 기력과 총기를 상실하는 길에 인간을 내던지는 조작수단이라는 점도 각인하자.

2. 수단과 방법의 부재

오늘날 혁명적인 것을 주장하는 집단들은 어마어마한 양의 유인물을 생산한다. 50여개에 달하는 주간지물론 내가 문학적이고 균형 잡힌 혁명적인 것으로 평가하는 「레 탕 모데른」과 같은 거물급 잡지나 공식 잡지는 고려하지 않았다나 등사본 회보는 일종의 '만장일치' 적 폭력, 평범한 언어, 장광설로 교리를 만든다.[292] 첫 번째로 관찰할 수 있는 부분은 바로 학설의 부재다. 이미 수없이 사용한 레코드판을 무한 반복해서 재생산하는 형식이다. 혹은 노동자 자주관리제에 대한 언급 정도이다. 반면 주요 주제는 전략, 전술, 행동, 수단이다. 이 문학지는 행동 수단이 없다는 점을 자인한다. 사람들이 한 가지 것을 무한정 언급할 때, 사실상 아무 것도 없는 현상, 즉 부재가 폭로될 뿐이며, 텅 빈 상태에 불과할 것이다. 점차 모호해지고 기계적으로 재생산되는 용어는 전략이나 전술의 방향이 명확하지 않다는 것을 보여준다. 말로만 떠드는 폭력이 구체적 가능성을 대체한다. 이 혁명적 문헌들을 통해 확인할 수 있는 오늘날의 혁명에는 무엇보다 혁명의 수단이 사라진 것처럼 보인다. 만일 혁명의 주체를 국가로 상정하고, 혁명의 총체적 임무가 강대국소련, 중국에 부여된다는 확고한 시각과 거리를 둔다면, 우리는 혁명수단들에 대한 연구과정에서 3가지 경향을 간파할 수 있을 것이다. (1) 전통 도구와 방법들에 대한 혁신 시도, (2) 폭력과 반정부 시위의 발견, (3) 기층 세력들의 반항

---

292) 다음 자료들을 보라; *L'Homme et la société, Rouge, Noir et Rouge, Notre Combat, Action, Le Communard, Révolution, Anarchisme et Non−violence, Politique−Hebdo, Hara−Kiri, Le Point*, etc.

에서 찾은 희망, 에로스나 성현상이 바로 그것이다.

***

소련은 당연한 듯 전통 사상을 주장한다. 즉 노동자 계급이 주도적 역할을 맡고, 공산당은 그 활동 주체이자 표현이다. 혁명에 관해 제기된 법칙들에 따르면, 전술은 합법적이면서 동시에 불법적이다. "특수한 요구와 개별 정당들의 혁명적 과제를 보편적 특성으로 하는 혁명 법칙들에 대립하는 자들은 비난을 받았다." 지도자 역할은 노동자 계급에 속한다. 그것은 보편적으로 인정받은 진리다. "노동자 계급의 지배자 역할을 재삼 부정하고 일련의 특수한 조건들의 중요성을 과대평가하는 자들처럼 이를 부정하지 않아야 한다. 중국의 공산당 지도자들과 소부르주아 출신의 유사 급진주의자들은 농민 대중이나 학생, 군대의 지도적 역할을 이념화하고 선전했다. 이들은 파르티잔의 투쟁 방식을 도처에 적용하려 한다. 이는 운동 기관, 조합, 다른 조직들에 역점을 두고 공산당의 역할을 축소하려는 자들과 동일한 것이다." 1968년 5월 이전, 모스크바에서 레닌 생일에 맞춰 선포된 이 담화[293]는 학설을 완벽하게 요약한다. 즉 우리가 수행했던 것으로의 변혁은 결코 존재하지 않는다. 혁명의 전술과 수단들은 모든 것들을 위해 단 한 번 규정되고 자리매김했다. 모든 것이 옳았고, 모든 변화는 하나의 이단이다. 그러나 학설에 찬성하는 자들에게 조차 다음과 같은 염려가 있었다. 즉 어제의 수단들은 효력이 없을 것이다. 따라서 사람들은 정통의 틀을 벗어나지 않은 채 새로운 양식 찾기에 열을 올렸다. 행동을 통해 그 행동의 목적과 의미를 동시에 발견할 수 있다는 확신과 더불어, 전략 전체를 구축하는 것이 매우 중요해 보인다. 가장 대담한 형태에 상응하는 몇 가지 사례를 들어보자.

---

293) Szirmai, *Pravda*, avril 1968.

왈데크 로셰는 1968년 [5월]에 대한 보고서에서 다음과 같이 말한다. 유일한 전술은 전 노동자들과 민주주의자들의 힘을 하나로 모으는 것이다. 공산당과 여타 민주주의 정당이 협력하고, '계급 협조론'과 근본적으로 단절하며, 부르주아 계급에 대항하는 효율적 투쟁을 전개하는 등의 전술이 필요하다. 물론 우리는 이러한 주장을 종종 들어왔다. 내가 이를 환기하는 이유는 1968년의 담론이 공산당 중앙위원회에 기층에서 비롯된 성찰, 새로운 방향 설정으로 소개되었기 때문이다. 사실상 그것은 이 영역에서 무엇이 과연 새로운지를 사유하는 작업에서 드러난 프랑스 공산당의 무능에 대한 반박 불가한 증거다. 오늘날 탁월한 행동 양식은 '동맹 파업'일 것이라는 가로디의 사상은 매우 대담하다. 가로디는 정치 투쟁 무용론을 직시한다. 의회 수준에서 일으키는 변화로 전문 기술 관료들의 메커니즘 및 그에 따라 구성된 국가 장치를 따라 잡을 수 없기 때문이다. 국가 구조들의 변혁과 관련한 가로디의 분석은 포괄적이면서도 정확하다. 그의 분석은 다음 2가지 측면으로 나타난다. 첫째, 선거는 더 이상 비중 있는 방법이 아니며, 거리 시위도 무의미한 방법이다. 다시 말해 경제가 근본적 기능을 담당하는 한 나라의 경제적 마비는 국가의 각 장치들을 폐쇄한다. 그러므로 투쟁은 "국가적 차원의 동맹 파업"이 되어야 한다. 물론 "이 파업은 노동자들과 대중들의 분파적 고립을 자초한 총파업, 전능한 총파업을 극복한 아나코-조합주의적 신화물론 이렇게 말하기 어려운 부분도 있다와는 전혀 무관하다." 사회주의를 지향하는 평화적 이행에 적합한 전술은 국가 차원의 동맹 파업 밖에 없다. 동맹 파업은 "무소유" 계급들의 단결에 이바지할 것이다. 파업은 국가를 압박하는 '강제적' 방식으로 진행될 것이다. 가로디는 5월 운동의 근사치에 해당하는 사례를 제시한다. 그의 분석에 의하면, 68년 5월은 "국가 차원의 동맹 파업"을 쟁점화하지 않았지만, 그 가능성을 보여준 최초의 사건이었다. 나는 가로디 사상의 깊이를 측정하고자 각고의 노력을 기울였다. 그럼에도 그의 주장과 소렐의 총파업 전략 사이에 어떤 차이가 있는지 찾아낼 수 없었다. 소렐에 대한 가로디의 오해가 깊은 것처럼 보인다. 가로디의 주장은 소수 엘리트의 집권과 총체적 혁명 투쟁에 대한 물음을 강력하게 제기한 '프랑스 노동자 민주동맹' C.F.D.T. 내부의 소장파 세력을 지지한다. 그러나 그의 주장이 기존의 총파업 신화와 별반 다른 점이 없다는 부분이 문제다. 망상에 찌든 사상은 아닌지 심히 우려스럽다. 현실의 구조들이 국가 차원의 동맹 파업을 지지하는 경향이 있는 것처럼 바라보니 말이다.

그러나 공산당 혁신안 발견반드시 필요하다!이나 새로운 혁명 정당 창당 문제도 관건이다. 사람들이 지속적으로 이야기하는 그 유명한 '노동당' 도 구체적 조건들을 고려하지 않는다. 이 말인즉, 혁신된 정당이나 새로운 정당을 민주주의적 방식에 기입하려는 한, 가치 상실을 피할 수 없을 것이다. 현실의 민주주의적 양식은 부르주아적내가 부르주아의 변신에서 파악한 부르주아 계급의 의미에서이며 이 방식을 따른 혁명의 가능성은 결코 존재하지 않는다는 것을 우리는 왜 이해하지 못하는가? 물론 개혁 가능성은 존재한다. 그러나 어떤 개혁도 근본과 토대에 이르지 못한다. 반국가투쟁은 민주주의적 방식에 해당하는 일련의 방식에 참여할 때만 실행될 수 있다. 거대 정당인 노동당의 주장은 현대 기술 지배 체제 강화를 뿐, 그 이상도 이하도 아니다. 공상당원들은 당이 효율적 무기라는 것이 과거지사라는 사실을 왜 이해하지 못하는가? 당이 전쟁 무기, 군대, 일종의 방벽, 제5열스파이인 경우에만 효율적이라는 점을 왜 모르는가? 즉, 당은 당원들로 하여금 육체와 영혼을 투쟁에 헌신하게 하고, 양심의 가책 없는 스파이로 만들고, 강고한 독재獨 裁형 지도자들로 만들고, 강철과 같은 훈련을 받게 하고, 근본적으로 도덕성 부재를 낳고, 한없는 증오심에 사로잡히게 했다. 바로 이것이 우리가 아는 성공을 낳았다. 나머지는 모두 문학이다. 민주주의적이면서 동시에 혁명적인 정당을 믿는 가로디는 꿈꾸는 중이다. 그가 비록 세련된 지성인이고 선의를 가졌다 해도, 이 문제에 관해 물러터진 생각을 가졌음을 부정하기 어렵다. 옛 시대의 엄격한 양심인 왈데크 로셰는 사용 중인 공격용 마차를 위해 텅 빈 아딧줄을 사용하려는 망상에 젖어 있다. 오늘날 공산당은 존재하지 않는 기사Chevalier와 같다.294) 그러나 사람들이 최소한의 혁명적 실존을 이 기사와 연결하지 못한 이유는 '당'이 자유롭지 못하기 때문이다. 내가 존재감 없는 기사로 비꼰적 있는 공산당은 1936-1939년 노동자 인터내셔널 프랑스 지부S.F.I.O.가 맡았던 역할을 수행할 준비가 되었다. 또한 공산주의자들이 이해하지 못하는 것 같은 이유는 혁명적 잠재력을 상실한 당이나 집단의 잠재력을 인위적으로 갱신하려 하기 때문이다.295) 용어도 경직되고 무게감 있는 상태에 머물 수 있지만, 더 이상의 의미는 없다. 공산당이 유한하다면우리가 해설하는 주제기도 하다. 왜냐하면 당은 선거-민주주의-자유주의-개혁주의적 장래를 꿈꾸기 때문이다, 그것의 가장 큰 걸림돌은 당의 좌경화였다. 이 점에 관해 더 이상 근심할 필요가 없다. 한 편으로, 좌익 운동의 창조가 가능했고, 이 운동에 참여할 수 있는 운동원들을 모았으며, 이들은 공산당보다 더 혁명적이고, 비중 있는 존재들로 대중에게 나타났다. 다른 한 편으로, 공산당은 이 난동꾼들의 물리적 해당 행위를 위해 한시적으로 폭력을 쓰지 않는다.296) 또한 이러한 유기체를 치료할 수 없는 퇴폐적 행동을 각인한다. 부르주아 계급이여, 너희는 행복하도다! 지난 수십 년 동안 뼈다귀까지 오독오독 씹어 삼켰구나! 공산당은 더 이상 혁명과 상관없다. 다

---

294) 1969년 1월 공산당 선언은 이러한 혁명적 무능과 무기력함을 보이는 데 열을 올렸다. 이것은 완전히 개혁주의적 프로그램이며, 베른슈타인과 사민주의의 기획에 비견되는 기획이다. 그러나 더욱 놀라운 점은 무력한 양식이 아니라, 적어도 새로운 주장을 만드는 데에도 무능하다는 데 있다. 지난 20년 동안 사회의 현실적 변화를 암시하지 않는다. 사람들은 1900년에 사민주의가 주장했던 것을 1930년에 제안했다. 마치 어떤 것도 바뀌지 않았던 것처럼 말이다. 관대하고 온건한 이 선언문은 노화와 무능의 서명이다.

295) 이러한 혁명에 대한 성찰과 그 토대에 대하여 다음 글을 참고하라; A. Kriegel, Les Communistes français, 1969.

296) 그럼에도 '스파르타쿠스' 운동이나 시민전쟁 기간의 스페인 아나키스트들과 프랑스 공산당의 주기적 태도와 관계를 고려해 볼 필요가 있다.

른 방안을 강구해야 한다. 공산당의 전략도, 구조도 더 이상 필연적 혁명을 위한 진지한 수단으로 봉사할 수 없다. 심지어 반자본주의적, 반부르주아적 혁명의 전통 양식을 위해서도 기능하지 못한다. 이 조잡하고 실추된 당보다 한 걸음 멀리 나아간 세력은 "신좌파"였다. 이탈리아 공산당의 신좌파 지지자들카프라라, 로산다, 297)이 지난 몇 년간 채택한 방법론들의 과정을 제작한다. 이들은 단지 혁명의 전통 개념을 따라 생각한다. 즉, 목적론을 따라, 그러나 우리 시대의 심오한 변혁을 확인하면서, 사람들은 옛 목표에 도달하기 위한 새로운 전략을 제안한다. 한 편으로, 사람들은 "기반과 대화 상대자의 역할에 해당하는 조합과 당을 출발점 삼아 공장과 사회에서 현 권력에 대항하는 세력으로 작동하는 '기층 민주주의'의 연결망, 즉 이러한 민주주의의 일환인 노동자 자주관리제를 조직적으로 연결하는 망을 구축"하자고 외친다. 공산당은 문제를 제기하는 새로운 양식의 출현에 알아서 없어져야 할 상황이다. 이 새로운 양식은 공장의 노동 자문위원회와 연결된다. 매우 합리적이고 영리한 방식처럼 보인다. 그러나 이러한 방식은 대항 세력 구축 운동을 통해 끝없이 갱신되고, 소멸되지 말아야 한다는 목적 때문에 가담자들의 매우 비범한 혁명 의식을 전제해야 한다. 즉, 프루동주의와 아나코-조합주의의 재림이다. 다른 한 편으로, 사람들은 다음과 같이 주장하며 평화적 공존을 비판한다. "국제적 차원에서 벌어지는 투쟁의 운율을 사회주의 국가의 군사적, 경제적 안정화에 예속시키지 말아야 한다. 오히려 해방과 혁명 운동의 확장에 진력을 다해야 하며, 사회주의 국가 정치를 이 운동에 예속시켜야 한다." 물론, 두 말하면 잔소리다. 그러나 이것은 사회주의 국가들이 '무엇보다' 혁명적이라는 것을 뜻했다. 달리 말해, 사회주의 국가들의 주안점은 기술과 경제 발전이 될 수 없었다. 기술-경제적인 것으로의 방향 전환이 일어난 순간부터, 앞서 언급한 방향을 포기하

---

297) 이탈리아 공산당 보고서(1969, 1971)를 참고하라; Il *Manifesto*.

게 된다. 따라서 로산다가 주장하는 '끝없는 혁명'의 필요성은 옳다. 논리상 흠 잡을 곳 없이 완벽하다. 확실히 필요하다! 그것은 소련이 세계의 산업 기반에 집중하지 않고, 세계 도처에 혁명을 폭발적으로 일으키는 데 열중하기 위해 필요했던 조건이다. 즉 민족 국가의 군인이 아닌 혁명적 영웅에 필요한 조건이다. 그러나 지속적 혁명과 "최고 단계로의 이행"분명히 생산 때문에 벌어지는 이행을 혼합하는 로산다는 해결 불가능한 딜레마에 재 봉착한다. 즉, 기술 없이 혁명적 국가의 성장은 불가능하다. 그러나 기술로 인해 모든 혁명 운동이 거세된다. 기본적으로 "신좌파"미국의 뉴 레프트New Left처럼를 나타내는 것은 눈물겨운 혁명 의지선의지, 난점에 관한 보다 투명한 시각, 절대적 요구, 끝없는 이상주의다.

M. 아부298)는 훌륭한 사회학적 연구를 수행했다. 연구서에서 그는 청년들에게 출현한 것옛 연구의 연장선을 들췄고, "정치적 혁명주의"를 제안한다. 청년들은 무엇보다 정치 체제를 바꾸려고 한다. 이들의 특징을 보여주는 요소들은 다음과 같다. (1) 국가를 정복 대상으로 그린다. (2) 정치적 행동이 필요하다. (3) 조직 정당들을 소유, 지속, 혁신하려는 의지가 있다. (4) 이들은 이론과 실천을 일치시키는 것이 중요하다고 생각한다. 바로 이들이 영미권의 '뉴 레프트'나 대륙의 신좌파, 프롤레타리아 연대체로 구성된 이탈리아 사회당을 대표한다. M. 아부는 여기에 체코 공산주의 학생 조직도 추가, 분류한다. 분명 이 청년들은 관료주의와 교조주의를 불신한다. 그러나 이들은 "파르티잔과 이론가"에 머문다. 권력의 정점에 있는 권위를 바탕으로 한 정치 변혁 프로그램 제작에 열을 올리고, 공산당 내부 혁신 및 공산주의 이론 소생에 전력을 다한다. 이들은 이론 분석력을 갖춘 지도 정당 덕에 프롤레타리아 독재 구축을 지향한다. 다시 말해, 이들은 청년의 열정을

---

298) Abboud, « Dimension de l'action révolutionnaire en Europe 1967-1968 », *Économie et Humanisme*, 1969.

회복한다. 또한 옛 것을 수반해 새로운 것을 다시 제작하기 위한 목적으로 모든 것을 바라보는 새로운 시선을 복구한다. 물론 옛 것에 가한 망치질 한 번으로 산산조각 날 정도로 치명적이라는 사실을 깨닫지 않아도 진행될 내용이다. M. 아부는 1968년 5월 이전에 마르크스-레닌주의적 공산주의 청년 연맹이 이 범주에 있었다고 말한다. 이 연맹은 무엇보다 당을 건설하려 했고, 이론 제작에 몰두했다. "즉 일상 행동을 지도할 수 있는 이론" 제작에 몰두했다.

의도는 좋지만, 빈약한 형식으로 너무 성급하게 해결책을 찾으려 한다. 예컨대 이미 사라진 "계급투쟁을 재발견"하려 하거나 문화 혁명을 존중하지 않고, "혁명적 세력들의 영감을 하나로 묶는 것을 재발견"하고, "자폐증에 빠진 교조주의, 자발성에 대한 신뢰, 타성惰性에 대한 용인" 등을 거부한다. 이 모든 것은 이들이 원하는 혁명을 분명하게 밝히지 못한다. 안타까운 일이다.

우리는 지금 매우 부정적인 의미의 지성인들과 마주했다. 군소리와 잡다한 감성만 표출하고 명민함을 결여한 지성인과 마주했다. 더욱이 목적에 대한 오류는 수단에 대한 주장도 헛되다.

이러한 수단들의 부적합함은 단순히 배경의 문제가 아니다. 그것은 옛 것의 반복과 심화도 아니다. 오히려 근본적 오류의 문제다. 사실 이러한 수단들은 모두 정치 질서이며, 권력 정복을 지향한다. 혁명적 행동을 위해 파악된 것이다. 그러나 오늘날 이중적 오류가 있다. 사람들은 몇 가지 정치적 효과를 얻으려 한다. 동시에 정치적 행동을 실현하려 한다. 그러나 세계와 현대 국가의 비범한 변화를 숙고하지 않은 것이다. 이 혁명가들에게 여전히 중요한 부분은 19세기 의회 민주주의 국가를 통해 산정된 '개입'이다. 우리의 혁명가들은 여기에서 빠져 정신을 못 차린다. 다른 오류는 보다 심각하다. 이들은 오늘날 혁명이 더 이상 전 지구적이지 않다는 사실을 자각하지 못한 채 정치 활동을 통해 국가를 정복하려 한다. 오늘날 "혁명"을 표방하는 양측의 분리를 목도하자. 한 쪽에서는 총체적 사회 변혁을 쟁점으로 삼는다. 여기에는 포괄적이고 기묘한 역량이 필요하다. 다른 한 쪽에서는 국가 점령에 사활을 건다. 이 책에서 내가 관심을 기울이는 쪽은 바로 '후자', 즉 국가 점령을 외치는 진영이다. 과거의 허물을 벗어던지고, 운동의 현대화마저 이룬 이들은 실상 옛 운동가들의 추종자에 지나지 않기 때문이다. 이들이 범하는 결정적 오류는 '마르크스주의 자체' 다. 마르크스의 논증은 다음과 같다. 경제적 구조이면서 사회인 자본주의 사회의 붕괴를 낳는 힘은 바로 '반자본주의 운동' 이다. 자본주의 붕괴는 필연이며, 따라서 사회주의 사회의 탄생도 '필연' 이다. 정치 조직, 국가, 군대를 중심으로 기득권은 계급적 저항과 변혁 운동에 맞설 것이다. 따라서 자발적, 폭력적, 능동적 혁명은 정치적이어야 한다. 핵심은 부르주아 국가를 점거하든지, 이 국가를 전복하는 데 있다. 그러나 혁명 활동으로 사회 자체를 점거하는 일은 거의 발생하지 않았다. 이는 근본적 오류다. 더욱이 우리는 '국가가 하나의 상부구조였다' 는 생각을 표방했던 혁명의 대실패를 보았다. 이 부분에서 우리는 현대 사회와 같은 사회에서 대실패란 곧 '분리' 자체이며, 하부구조와 상부구조로 존재 가능한 이념 자체라는 사실을 확인한다. 왜냐하면 국가는 자가 역량을 토대로 강고한 조직 사회를 설명하며, 국가 구조들과 더불어 이데올로기적 골조, 행동 수단들을 설명하기 때문이다. 특히 이러한 행동 수단은 지금껏 실행된 모든 것을 뛰어 넘는다. 이러한 운동들과 언어들의 명복冥福을 빌어야 한다. 또한 이들의 유령이 우리의 꿈을 더 이상 훼방하지 않도록 해야 한다.

$$* * *$$

때로 방법론을 혁신해야 한다는 주장이 있었고, 이를 위한 노력도 수반되었다. 분명한 사실이다. 제4인터내셔널은 레닌주의를 표방한 진성 정당 창당에 심혈을 기울였다. 1970년 11월 유럽에 거주하는 미국인들을 위한 트로츠키주의자 국제학회가 열렸다. 이 학회는 제4인터내셔널 지부영국, 프랑스, 덴마크, 독일, 이탈리아, 오스트리아 등 대표자들과 다양한 트로츠키주의자 모임스웨덴, 스페인, 스위스, 벨기에 구성원들로 이뤄졌다. 학회를 주도한 인물을 A. 키리빈과 마르크스주의 경제학자 E. 망델이었다. 내가 볼 때, 많은 부분에서 갱신이 이뤄진 것 같지 않다! 이들은 새로운 혁명 조직 건설을 위해 투쟁의 방향 설정을 담당했던 전술인 '잠입 공작'을 포기한다. 그 반면, 정당 조직 외부에서 청년들의 발전이 두드러졌다. 청년들은 일체의 관료주의에 대한 투쟁심으로 분연히 일어섰고, 사람들은 이들에게 재차 희망을 걸었다. 정당 내규에 예속되지 않고 "자유분방한" 청년들을 축으로 혁명적 압박은 가능할 것이다. 청년에게 특정한 틀과 정당, 조직을 부가한다면, 행동의 노쇠화 현상이 즉각 나타날 것이다. 옛 것을 반복하고 소비에트 노동자 조직 구축을 주장하는 "신"당에 과연 청년들이 어떻게 입당할 수 있는가? 1917년 이후로 어떤 사건도 일어나지 않았다는 점을 상기하자. 한 편, 학회와의 관련성과 비춰볼 때, 흥미로운 부분이 있다. 1968년과 그 후에 벌어진 사건들 및 '정치적' 배경특히 식민주의 전쟁에 대한 면밀한 분석이 그 첫 번째이고, 옛 이론과 방법론을 도구 삼아 적용한 결과물을 통해 우리 시대의 근본적 발전기술전문화, 정보화, 계급과 국가의 사회학적 변화, 권력의 중심이동, 매스컴의 영향력 등을 총체적으로 분석하는 작업의 부재가 그 두 번째다.

트로츠키의 학설인 '영구 혁명론'과 '국제주의 혁명론'은 분명 현실적 혁명 활동의 요구에 부합한다. 엄밀한 학설과 순수한 혁명 의지는 트로츠키주의자의 강점이다. 그러나 이들은 운동권 학생과 정당 간부급 인사들로 구성된 소수 집단을 대표할 뿐이다. 이 점을 짚어야 한다. 과연 이들에게 학설에 준하는 대중 기획력이 있는지 확신할 수 없다. 프롤레타리아 노동자로 활동하는 것 이상의 것은 없어 보인다. 더욱이 이들은 자본주의 경제 단위를 토대로 학설과 전술을 제작한다. 내가 볼 때, 이것이 가장 큰 오류다. 1929년 트로츠키는 다음과 같이 썼다. "자본주의가 세계 시장, 세계의 노동 분할과 생산력을 만들었다는 면에서, 자본주의는 사회주의 재건에 필요한 세계 경제의 집합소를 예비했다." 분명 타당한 말이다. 그러나 20세기의 3/4을 보낸 현 시점에서 어떤 현상을 토대로 학설과 전술을 제작하는 일, 혹은 '이' 현상을 '언제나' 제일 중요하고 결정적인 것, 여타 문제를 해결하는 만능열쇠로 생각하는 것은 상식 밖이다. 그러나 '자본주의적 국제주의'를 본래 자리로 되돌린다면, 현실적 자리로 되돌리되 부차적인 것 취급한다면, 트로츠키주의의 모든 체계는 급추락하고 말 것이다. 우리는 바로 이것을 기다린다.

트로츠키주의와 관련해, 나는 스위스 사람들이 자국의 시계 제조업을 참조해 이야기했던 부분을 소환하고자 한다. "한 세기가 더 걸려도 좋다! 1초의 오차도 없도록 정확하게 만들자!"

***

공산주의의 분노를 "극좌"로 부르는 것은 전혀 다른 문제다. 그러나 우리는 이 대목에서 엄격함과 기술적 합리의 영역레닌이 모델을 부여했던을 벗어나며, 각각의 구조, 조직, 예측을 넘어선다. 즉 전술 관념을 추구하면서 나타나는 폭발, 분노, 분출이다. 모든 형태의 조직화를 거부함으로, 사람들은 과도한 조직 사회에 대응한다. 과시, 과욕의 망상으로 소비 사회에 답하며, 무일관성으로 규칙 사회에 대응한다. 또한 상상력으로 폐쇄 사회에, 약물과 상상의 낙원을 끌어들여 합리 사회에, 투표 거부로 정치화된 사회에,

폭력으로 자유 사회에 응한다. 그러나 자발성에 대한 전적 긍정에도,299) 여전히 관건은 가장 적합한 수단들에 관한 연구와 전술전략이 아닌이다. 한 편으로, 이 운동은 완벽히 자발적인 '운동으로 나타난다.' 즉 대중들을 직접 쥐락펴락하고, 근본적 목표물을 겨냥한다. 다른 한 편으로, 이 운동은 구조를 소유하며, 전략과 맞물린다. 투쟁가들의 시선에서 보면, 모든 것은 행동이며, 상승고양이다. 그러나 동시에 게릴라들의 거리 전술과 심리전을 익혀야 한다. 우리는 전혀 새로운 연구와 대면한 것처럼 보인다. 심리적 대중 조직화, 기만적 선전, 긴장감 조성, 대중 심리 조작의 포괄적 사용 등의 현대화된 체계들은 레닌의 "정치적 선동, 선전술"을 따른다. 좌익 활동가들은 대중 선전을 일삼는 지식인 집단에 속한다. 한 층 앙양된 순진한 자들을 걸려 넘어지게 만드는 '올가미'는 바로 '자발성'이다.

그러나 총체적 항의가 자발적으로 벌어질 것이라고 생각하지 말아야 한다. 항의는 가장 경직된 정통주의에 빠지며, 그 침잠 속도는 매우 빠르다. 이는 "소규모 집단들"의 파열, 재조직된 이 운동들의 무능력을 설명한다. 안타까운 이야기지만, 항의를 통해 새로운 고안물이 풍성하게 나타나는 일은 없다. 그것은 정통주의의 구속이며, 여러 공식에 대한 쓸데없는 집착이다. 「국제적 바보」라는 이름의 잡지가 1971년 4월에 출간[4호]된다. 이 잡지 내용을 통해, 우리는 왜 이러한 사회적 항의가 실패로 돌아갔는지를 확인할 수 있다. "자유정신과 위반"을 표방한 이 잡지는 소규모 잡지들[시위 도중 고교생들의 자발성을 가로 막았던]을 공격했고, "적색 구조단의 노망든 인간주의"를 말했다. 그러나 얼마 지나지 않아 이들은 질서를 다시 소환한다. 17호는 스탈린에 가장 가까운 문체로 '내 탓이오' mea culpa와 자아비판을 단행했다. 그에 반응은 다음과 같았다. (1) "해당害黨 행위로 해석될 소지가 있는 입장을 무책임한 방식으로" 채택했고 (2) "오류 재생산을 피하면서 내적,

---

299) Cohn-Bendit, *Le Gauchisme, remède à la maladie sénil du communiste*, 1968.

조직적 척도를 얻는데" 관여했다. 정통 만세! 타도하자 항의파!

　우리의 논의와 동떨어진 전술과 폭력에 관한 이야기를 넘어서, 조직화와 전략 문제도 존재한다. 거의 대부분의 나라들사회주의 국가 포함에서 운동의 동시성, 연대, '전학연' Zengakuren에서 '민주사회를 지지하는 학생' S.D.S.까지, '5월 22일 사건' 300)에서 '뉴 레프트' 301)까지 다양한 집단 사이에서 국제적 공조 관계가 이뤄진다. 다양한 형태로 상호 접속되며, 다채로운 구호들이 돌고 돈다. 도처에서 같은 영웅을 추앙하고, 동일한 용어와 전술을 구사한다. 이 동시다발적 사건들은 운동의 자발성 문제에 관해서만큼은 이들을 회의적 관찰자가 되게 한다. 즉 이들은 사회 변두리에서 태어난 자들과 자신을 동일시하고, 이들과 매우 투명한 관계를 맺는다! 세계 전복을 꿈꾸는 조직들의 존재 여부와 관련해, M. 마르셀렝의 주장을 진중하게 고려해야 한다. 이는 분명 위험 요소로 작용할 것이다. "마르셀렝"302)의 주장은 다음과 같다. 세계 전복의 수뇌부는 '3대륙 연합' Tricontinentale이다. 이 조직은 "다양한 반제국주의 운동의 추진, 일치, 협력을 위한 중심부이자 항구적 조직이다. 이 조직은 아바나에 본부, 재정위원회, 선전국을 둔다." 다시 말해, '행동의 일치와 동일시가 낳은 일련의 명확한 사건들에 관한 확인'에서 '독자적 수뇌부에 대한 확신'으로 거슬러 올라간다. 내 시각에, 이러한 노선은 불가능하다. 3대륙 연합에 속한 사람들은 조직에 대해 이미 잘 안다. 이들은 옛 '코민테른'과 같은 혁명 운동의 전개를 원한다. 그러나 상황

---

300) 이 대목에서 자끄 엘륄은 분명 "3월 22일의 운동"을 떠올렸을 것이다. 이 운동의 시발점은 낭테르대학교였다. 1968년 5월사건 발발 5주전의 일이었다. 142명의 학생들이 대학 행정처가 있는 8층과 꼭대기 층을 점거했다. 이들 중에는 다니엘 콘−벤디트(Daniel Cohn−Bandit)와 알랭 제스마르(Alain Gesimar)가 있었다. 베트남 국가위원회에 속한 2명의 투쟁가를 체포한 사건이 발단이었다. 기존에 결성된 정치 조직 및 조합 조직과 달리, 3월 22일 운동은 자유로운 영감과 상대적 자발성을 보인 운동이었다.

301) '뉴 레프트'(신좌파)는 1960−70년대 미국의 좌파 운동 전체를 가리킨다. 특히 대학가를 중심으로 이뤄졌으며, 전통적인 양당제를 인정하지 않았다.

302) M. Marcellin, L'Ordre public et les révolutionnaires, 1969.

은 전혀 다르다. 3대륙 연합은 강대국에 의존하지 않으며, 그 토대가 매우 유약하다. 또한 견고한 혁명 교리나 엄밀하고 강고한 조직도 없다. 자발성이 중요하다는 사실을 깨닫기 위해, "소규모 집단들"의 다양성, 이들을 편 가르는 격론, 단결하지 못하는 현실, 행동에 대한 불신을 확인하는 것으로 충분하다. 일각에서는 3대륙 연합이나 중국의 도움과 영감을 필요로 할 것이며, 여러 방향에서 혁명에 대한 지도를 받으려 할 것이다. 그러나 더 멀리 나아가기는 불가능한 것처럼 보이며, 새로운 혁명 방법론은 점차 제거될 것이다. 우리는 반체제 활동과 폭력을 구별한다.

* * *

1968년 5월의 주역 중 한 사람은 다음과 같은 글을 남겼다. "선진국 문명의 위기를 논해야 한다. 가짜 만병통치약에 기댈 것이 아니라, 이 위기에서 자생한 치료제인 '반체제 활동'을 통해 다뤄야 한다." 반체제 활동은 새로운 혁명 양식, 서구 사회 내부에 혁명의 생존을 보장하는 방식, 유일하게 타당성을 확보할 수 있는 형식이다. 이 활동가들은 문명의 위기, 정수리에서 발바닥까지 사회 전체를 완전히 변혁하는 문제가 초미의 관심사라는 사실을 절실히 느낀다. 이들에게 반체제 활동은 전 지구적 차원의 전략처럼 보인다.303) 매 순간 개인을 현 사회의 바깥으로 나갈 수 있는 "출구"를 찾는 일이 중요하다. 새로운 상황을 창출해야 하며, 기존의 사회적 틀과 거룩한 예식도 거부해야 한다. 더불어 어떤 형태의 권위도 거부하며, "고위층"을 한없이 모독해야 한다. 다시 말해, 항구적인 문제제기가 필요하다. 반체제 활동가는 모든 사회적 기업들을 불안정한 상황으로 몰아가야 하며, 이를

---

303) 이 부분에 관해 장 오니뮈스의 매우 훌륭한 책을 참고하라; Jean Onimus, *L'Asphyxie et le Cri*, 1972. 그러나 이 책은 고상하고 약간 헐거운 문학 에세이 수준에 그친다.

통해 이들을 불안에 떨도록 해야 한다. 따라서 보장된 학설도, 조직화도 없다. 왜냐하면 반체제 활동의 지속적인 양식 공급처는 바로 이 활동가들이기 때문이다. 국가를 겨냥하지 않거나 정치 행동을 바라지 않는 면에서 반체제 활동은 비정치적이다. 반면 이 활동은 활동가들의 강고한 정치화 현상을 낳는다. 반체제 활동은 창조성, 자유, 상상력이라는 이름을 앞 세워 어떤 제도 설립을 결단코 추구하지 않는 대신 "학생 권력, 노동자 권력, 농민 권력, 직접 민주주의, 노동자 자주관리 등"과 같은 형태로 등장한다. 이러한 형태는 제도적 질서에 해당한다. 이 주제와 관련해, 사람들은 종종 문화 혁명을 이야기한다. 내가 볼 때, 그 용어는 혼란을 야기한다. 왜냐하면 일각에서 중국 혁명을 생각하고 소책자 「적서」에서 영향을 받는다면, 그것은 더 이상 진정한 반체제자라 할 수 없기 때문이다. 여하튼 반체제 활동은 최소한 히피 현상과 중국의 문화 혁명을 섭취함으로 그 살을 찌운 사건이다. 그러나 문화적 저항을 원하고, 조직했다는 점에서 반체제 운동은 매우 문화 혁명적이라 하겠다. 무엇보다 이 운동은 앞 세대에게서 전수된 문화와 그 양식, 즉 문화적, 예술적 양식을 문제 삼는다. 또한 의복 형태, 인간관계의 유형, 사랑과 우정의 개념, 지식의 전달, 언어와 담화, 도덕정신과 일상생활, 사회적 금기와 종교 등을 공격한다. 사람들은 이러한 이데올로기들로 점철된 사회를 파괴하고 해체할 수 있다는 화고한 의식을 토대로 행동하며, 결국 핵심을 타격할 것이다. 하지만 이러한 행동은 현 사회를 그릇된 방식으로 옹호하는 결과로 이어진다. "문화적으로 실패한 모습을 보인 부르주아 계급은 오로지 물리적 폭력에만 매달린다." 반체제 운동은 하나의 언어 혁명이다. 이 운동에 가담한 한 사람이 밝힌 내용에 주목해 보자. '반체제 운동이 탄생한 나라에는 앞으로 2개의 언어가 있을 것이다!'

이러한 반사회적 이탈 운동은 탁월한 혁명 전략으로 인지된 행동의 결과이자 표현이다. 바로 "위반"transgression이다. 투쟁가는 자신의 자리를 체제

밖에서 찾는다. 따라서 투쟁가는 억압 과정의 대상이 되기를 멈추고 주체의 지위를 확보한다. "위반은 법을 언어에 양도하며, 자유로운 언어의 관계를 창조한다. 위반은 권위의 민낯을 폭로하려 들고, 개입과 검토의 가능성을 규탄한다. 위반은 선동이자 국지적 행동이다. 위반은 억압을 규탄하지만, 위반에는 억압과 유사한 보편적 척도도 존재한다."304) 나는 이 위반의 이데 올로기에 큰 흥미를 느낀다. 그 이유는 위반 이데올로기는 순전히 신화적이 고 형이상학적이기 때문이다. 다시 말해, 언제나 위반은 자신이 드러내는 외적 진리에 비교될 때에만 그 효력과 의의를 갖는 정신적 행동이었다. 그 러나 위반을 위한 위반은 떼쓰며 복종하지 않는 유아들의 모습과 별반 다르 지 않다.

한 편, 어른들이 만든 기술 사회에 대한 젊은이들의 불관용에서 태어난 이 반체제 운동은 참된 혁명 전략이 되기를 바란다.

학생들과 투쟁가들queneliens, 305)의 비꼬는 언어유희는 거대한 폭약이 되었 다. 반체제 운동가로 불리기 원하는 자들은 제반 형태의 법적 망상, 안정적 인 옛 집단에 속하려는 성향 일체를 거부해야 한다. 반체제 운동가는 말 그 대로 '무법자' out law가 되기를 바라고, 실제 그렇게 되어야 한다. 반체제 운 동가는 '언어와 사상이 행동을 낳고, 행동을 통해 형성, 교정, 발전된다' 는 이념을 중심 이념을 수용해야 한다. 사람들은 행동을 통해 진정한 반사회- 반체제 활동이 될 수 있는 것을 점진적으로 고안한다. 이 지점에 동의한다 면, 전술적 태도에 관한 다변화 문제는 그리 중요하지 않을 것이다. 왜냐하 면 (1) 이 지점은 정치 형태를 통해서도 명확하게 표현 가능한 지점이기 때

---

304) F. Bon, « L'idéologie anti-autoritataire dans la contestation politique », *VIIe Congrès des sciences politiques*, 1970.
305) [역주] 사전적으로 '고기 단자'와 같은 식품, 요리에 해당하는 용어이지만, 정치적 신조어로 서 한쪽 팔은 아래로 곧게 뻗고, 다른 쪽 손을 곧게 뻗은 팔에 얹어 권력자를 조롱하는 몸짓으 로 사용한다.

문이며, (2) 순수한 충동에 전념하고 반체제 운동의 언저리에 있기 때문이다. 그러나 사람들은 '이러한 다양성이 분열을 조장하지 말아야 하고, 부를 창출해야 한다' 는 주장에 차츰 동의하기 시작한다. 반체제 운동은 끝없이 자기를 배반한다. 이 운동은 어떠한 전통도 창조할 수 없고, 그 전통을 반복하지도 말아야 한다. 반체제 운동으로 생산된 것을 곧 바로 부정해야 한다. 한 예술가는 어떤 것을 창조할 때, 자신이 창조했던 것을 스스로 내 던져야 한다. 결국 상황주의자들의 말처럼, 상황주의 예술은 어떤 예술 작품도 생산할 수 없다. 반체제 운동을 1968년 5월에 분출해 몇 주가 지속된 사회적 사건에 한정짓지 말아야 한다. 반체제 운동은 히피 현상, 프로보 운동306)이나 언더그라운드 운동또한 상황주의도 해당할 것이다. 그러나 확실한지 자신하기 어렵다. 상황주의에는 엄밀한 이론이 있기 때문이다과도 재결합한다. 일련의 예술적 형식으로 설명 가능한 운동이면서, 동시에 구식 언어들로 선언된 이 운동은 '생활양식' 보다 '예술양식' 에 대한 연구에 더욱 몰두한다. 반체제 운동의 구성원들은 증오나 억압이 아닌 사랑을 동력으로 삼은 새로운 사회, 일종의 유토피아를 추구한다. 이 사회에서 사람들은 공동체적 삶, 평등, 상호부조 등을 지향한다. 새로운 팔랑스테르307)의 재림이다!

　예술적 표현은 선동적이다. 그것은 심사숙고를 거친 표현이 아닌, 작품이 표현하려는 자유무엇보다 성적 자유를 통한 표현이다. 마약의 영향을 받아 약간은 혼란스럽게, 무의식적 차원에 내재된 감정을 해방하는 활동이며, 환각 상태를 연상시킨다. 사실 언더그라운드 운동은 단순한 쾌락 때문에 일어난 운동이 아니다. 오히려 이 운동은 서구식 합리주의에 대한 비판적 태도를 위해 빈번하게 마약을 사용한다. 중요한 것은 사람의 변화다. 사회

---

306) [역주] 네덜란드를 중심으로 전개된 반체제-반사회 운동이다.
307) [역주] 18세기 프랑스 사상가 샤를 푸리에(Charles Fourrier)가 고안한 공동체 이상 사회 모델이다.

변혁에 이르기 위해 무엇보다 자기 변혁이 선행되어야 한다. 그러나 "수동적 반체제 운동"이라는 수식어가 붙은 언더그라운드 운동은 '이카루스' 신화를 제작하고, 친목회처럼 배타적인 울타리를 치며, 체제 밖에 살려는 경향을 보인다. 이러한 경향 때문에 언더그라운드 운동은 "실질적 반체제 운동"에서 분리된다. 히피들의 경우와 마찬가지로, 언더그라운드의 형태는 '기성 체제에 대한 거부' drop out 다. 즉 사회에 등을 돌리고, 찬반과 무관하게 활동하려 하고, 이 세계에서 발먼지를 털어 미련을 버렸고, 더 이상 세계와 관계를 맺으려 하지 않는 자들이다. 그러나 일부 히피들은 이피국제청년당가 되기도 한다. 여전히 언더그라운드 운동에 참여하지만 적극적으로 정치에도 가담하면서 사회 변혁을 추구한다. 여기에서 사람들은 참된 반체제 운동과 재결합한다. 사실 반체제 활동가는 사회 바깥에 살지 않는다. 만약 이 활동가가 게토ghetto에 갇힌다면, 사회에 관해 할 수 있는 것은 더 이상 없을 것이다. 무슨 일이든 헛일이 된다. "기성 체제의 생산에서 살고, 그 생산을 바탕으로 사는 반체제 활동은 생산과 단절할 수 없다. 왜냐하면 반체제 활동은 사회의 여러 수단들에 대한 점진적 통제를 더 이상 수행할 수 없기 때문이다." 사람들의 말처럼, 반체제 운동은 "분노"를 먹고 살아간다. 그러나 사회가 야기한 분노는 사람들이 바로 그 사회에 있을 때에만 유지, 갱신된다. 사회와의 간극 유지란 반체제 운동의 신경마비이며, '자성' 自省으로 '자족' 自足 상태에 돌입하는 일이다. 그러나 문제가 제기되자마자, 사람들은 조직화 문제와의 조우를 빼 놓을 수 없다. 비형식적, 자발적, 상상적인 반체제 운동은 모든 형태의 조직화와 교조주의적 표현에 반항하는 행동 양식을 지속하는 것처럼 보인다. 협력이 쟁점으로 부각했을 때, 콘-벤디트는 제반 형태의 지성적 혹은 제도적 형식화를 거부한다. 그는 다음과 같이 말한다. "하나의 운동을 창조하는 이 자주적 행동은 풀뿌리의 행동이 아닌 위에서 취한 행동이었다." 반대로 벤 사이드D. Ben Saïd는 다음과 같이 말한다.

"나는 조직화에서 항구적 원리를 제작하지 않는다. 반대로 나는 운동의 비형식적 특징이 이 운동의 성장과 전개, 광범위한 확장을 보장한다고 생각한다. 마찬가지로, 오늘날에도 정치적 결합은 최소한도의 조직화를 요구한다고 생각한다." 오늘날 대부분의 반체제 활동가들도 사실 강력하고, 폭발적이고, 순수하게 자발적인 수준을 유지할 가능성이 없음을 자인한다. 사람들은 다음 사실을 깨닫는다. (1) 상상력의 무한정 갱신은 불가능하다. (2) 슬그머니 반복이 스며든다. (3) 가장 위대한 열광주의를 사용하는 곳은 바로 일상생활이다. (4) 반체제적 행동은 급격히 하나의 양식이 된다. (5) 한편으로 신경의 긴장이자, 다른 한 편으로 불면 상태를 장기간 유지하기 어렵다. 즉 생사기로의 시간을 보내는 반체제 인사들에게 보다 안정적인 것, 이들을 회복할 수 있는 것, 다소간 전략을 조직하는 경향 등이 필요하다. 반체제 운동은 비정형적이며, 매우 빠른 속도로 용해된다. 결국 사회는 이 운동도 흡수할 것이다. 그 반대라면, 우리는 반체제 운동의 '체계화'를 목도할 것이다. 반체제 운동이 혁명 운동이 되려고 하면, 거대한 불꽃과 폭발로 결집되어야 한다. 환언하면, 사회 어디에서도 그러한 단계에 이를 수 없을 것이다. 현 사회에서 반드시 기획이 필요한 부분이 있다면 아마도 '이자 전쟁'일 것이다. 또한 반체제적 세계는 반사회 운동으로 전개되어야 하며, 조직을 점차 흡수하며 곳곳에 퍼지는 암세포처럼 전개되어야 한다. 사회 조직 도처에 이 암세포가 전이되어야 한다. 위 주장에 대한 전제는 다음과 같다. (1) 반체제 운동가들은 현 사회의 각 구조 내부에 들어와 있다. (2) 이 운동가들은 내부에서부터 이 구조들을 문제 삼으며, 어떤 구조도 포함할 수 없는 다른 형태의 권력에 이 구조들을 포섭시킨 뒤 박멸하려 든다. 전략적 시각으로 보면, 반체제 활동가들에게 필요한 것은 '지속성'이다. 즉 지속적으로 조직 활동을 펼쳐야 한다. 반면, 이러한 주장을 지지하는 자들은 어떤 형태의 관료주의 체제도, 강압적 체제도 없어야 한다고 생각한다. 관건은 획일화되지 않고 사심 없는 협력이다. 중앙집권화와 비일관성을 동시에 피할 수 있는 길은 바로 '협력' coopération이다. 1968년 5월과 6월에 이 협력이 누차 반복되었다. "각자의 공간, 마을, 지역에 따라 기초위원회나 권력들 간의 협력이 필요하다. 또한 중앙집권적이지 않지만 단일한 언어와 혁명 의도를 지닌 권력을 통해 하향식 결합이 이뤄져야 한다. 이 권력은 바닥 권력을 해방시키는 반체제 활동을 거쳐 풍성해진 언어를 하나로 종합할 것이다." 지도자들은 결정력 있는 상황, 안정적이고 보장된 상황에 속하지 말아야 한다. 이들은 바닥에서 실행되고 만들어진 반체제 활동을 자기 인격에 짊어짐으로 지도자가 된다. 이 길이 지도자가 되는 유일한 길이다. 우선권을 쥐고 창의력을 발휘하는 권력은 바로 기층 민중의 권력이다. "중심" 권력은 자발적 전략을 언어로 표현하는 역할에 국한될 것이다. 이것은 도식이다.308) 따라서 우리는 총체적으로 거부된 사회에 응답하려는 새로운 혁명 방법론을 창조하려는 의지를 마주함과 동시에 현 사회에서 회복되지 않을 조직과 조우한다. 우리가 알아야 할 부분은 다음과 같다. 과연 우리는 새로운 혁명 전략 및 전술과 마주하는가? 이 전략과 전술이 과연 실제로 필요한 혁명과 맞물리는가? 혹은 그 전략과 전술이 장래성 없는 부차적 시도에 불과한가? 이 질문들에 대한 대답은 반체제 활동의 의미에 대한 연구로 회귀한다.

"위반-억압-자발성" trangression-répression-spontanéité 이 삼중주가 혁명 운동의 정수라는 주장에 동의할 수 있는가? '대중 운동의 자체 구성'이라는 이데올

---

308) 예컨대 1970년 6월에 만들어진 "붉은 구조대"(Secours rouge)가 이 도식에 부합하는 조직일 것이다. 무엇보다 이 조직은 모든 극좌 운동의 실질적 기획이자 만남의 장소이고, 정의를 추구하는 투쟁가들이 상부상조할 수 있는 조직이었다. 사르트르의 항의에도 불구하고, 이 조직은 혁명 조직의 선봉이 되었다. 그러나 이 운동을 기점으로 분리가 시작되었다. 트로츠키주의 계열의 "노동자 투쟁"과 공산주의 연맹 계열의 "적군"도 다양한 이유로 붉은 구조대를 공격한다. N. 바비는 극좌 활동가들 가운데 자기 진영의 선전을 위해 표지로 붉은 구조대를 활용한 5월 27일 운동의 투쟁가들(마오주의 계열)을 비난한다. 1971년 4월에 붉은 구조대는 심각하게 분열되었으며, 사르트르는 결국 위원직을 포기한다.

로기를 수용하면서 위 표현에 동의할 수 있는가? 억압 없는 사회를 혁명의 출발점으로 삼고, 자발성을 더해 현실의 억압을 분쇄하는 것을 '혁명'으로 제한한다면, 그것은 혁명의 전 역사와 경험을 무시하는 일이자 인간의 선善을 노래하는 신화로의 회귀일 것이다. 고전적 문제에 관해 봉Bon이 강조했던 '도치'309) 혁명의 주도권을 쥔 핵심 세력은 인민이 아니다. 인민은 사회에서 자꾸 바뀌기 때문이다. 정치 체제와 사회 체제는 인민에게 낯설다로 나아가는 일은 모든 혁명 운동의 가장 취약한 요소인 '인민 메시아주의'를 재차 강조하는 것이며, 깊은 차원에서 얽힌 인민과 제도들의 사회학적 현실을 재차 부정하는 것이다. 마르크스가 옳았다. 인민은 그 자체로 외재外在, 310)적이지 않다. 혁명이 존재하려면, 또 다른 외재성이 필요하다.

일각에서 이러한 시도는 정치 의식화의 초보 단계에 이른 청소년들의 사건이다. 이들의 특징을 요약하자면, '극단주의'와 '비현실성'일 것이다. 아직 사회에 덜 동화되었고, 절대적 존재에 대한 욕구도 있으며, "순수 가치"에 대한 열망을 품고 자기 목소리를 낸다. 이러한 실천을 낳는 기준은 이들의 '나이'라 하겠다. 이들은 반체제 운동의 '총체성'과 '비타협성' 때문에 그것을 매우 만족스러워 한다. 더욱이 청소년들이 정치적 주체로 부상한 것은 매우 최근의 일이다. 그렇다면 청소년들의 정치적 위기가 핵심 문제라고 말할 수 있는가? 청소년들은 정치적 삶의 "규범적" 수단들에 대한 인식이 부족하다. 따라서 "이론과 조직의 매개"에 대한 이들의 거부 및 이 매개에 대한 자발적 무시는 젊은이라서 벌어진 일임과 동시에 "정치 신인"으로서 벌인 일이다. 이러한 시각에서 볼 때, 반체제 운동은 단순하고 우발적인

---

309) Cf. Frédéric Bon et Michel-Antoine Burnier, *Classe ouvrière et révolution*, Paris, Le Seuil (Politique), 1971.

310) [역주] 외재적, 외재성과 같은 개념은 기성 체제의 외부에 존재한다는 뜻이다. 한 체제가 용인하는 조건을 충족하지 못하는 이들은 몸은 체제 내부에 있으나 사실상 투명 인간 혹은 유령이나 마찬가지다. 입은 있으나 목소리를 낼 수 없는 이들은 체제의 외부자들이다.

사고일 수 있다. 역으로, 사람들은 다음과 같이 생각할 수 있다. 이 운동은 포괄적이고 총체적인 한 사회, 우리가 피할 수 없을 정도의 강고한 동화력을 가진 사회에 대한 응답이다. 이 사회에 대한 과격한 표현문자적으로 궤도를 이탈하는이 필요하다. 혁명 양식처럼 비동화적 행동으로 고압적인 사회적 동화 체제에 대응한다. 표면상 자유로운 체제와 그 제도들은 현실의 정치적 관계들을 제대로 반영하지 않는다. 자유주의에 대한 근본적 거부는 바로 이 체제에 응할 것이다. 이 단계에서 반체제 운동은 사회 자체에 대한 문제 제기에 적합한 형식이 된다. 이미 반체제 인사에게 허용된 흡수와 동화의 메커니즘에서 벗어나는 일이다. 내 생각에 2가지 설명 사이에 선택지는 없다. 나는 반체제 운동이 우리 사회를 통해 결정된다고 생각한다. 반체제 운동은 이런 형태의 문명에 대응하기 위한 시도다. 이 운동은 되도록 궤도 밖에 있어야 한다. 그러나 반체제 운동을 지탱하는 자들은 청소년이다. 다시 말해, 이 운동은 청소년들의 강함, 약함, 정치적 순수라는 옷을 입었다. 한 걸음 더 나아가 다음과 같이 자문해야 한다. 청소년 이외의 다른 이들도 이 운동의 지지가 될 수 있는가? 혁명을 원하는 이 양식이 과연 어른들의 사건이 될 수 있는지 물어야 한다. 비일관성, 공격성, 환상, 상상력, 토론회와 장광설, 언어 고양과 선전, 바로크 양식과 같은 기이한 양식의 고안 등에 필요한 것은 청춘의 생동감과 맹신, 사건의 밑바닥까지 가보려는 의지다. 반체제 운동은 직업을 가진 성인, 부분적으로 직업 세계에 동화된 성인들에게는 불가능하다. 성인들이 현 사회를 의식하고 사회에 대한 급진적 이의 제기의 필요성을 인정해도, 이들에게 반체제 운동은 불가능하다. 아마도 사회의 침몰에 최적화된 대답은 반체제 운동일 것이다. 그러나 이를 표출할 수 있는 유일한 집단은 청소년뿐이다. 그러므로 원인 탐구를 시작할 때부터, 그리고 운동의 귀착점을 구체적으로 확인하려 들자마자, 우리는 환멸감부터 들 것이다! 경제 혁명? 어려울 것이 무엇인가! 이들에게는 지극히 간단한 일이다! 모든 경제 단위마다 반체제 운동의 세력을 이식하는 것으로 충분하다. 자율성을 바탕으로 전개될 이 권력은 점진적으로 사회 구조들을 무너뜨리고, 종국에 [자기] 내부의 장치를 붕괴시키면서 세력 장악에 나설 것이다. 이것은 "의사결정 중심 기구에 대한 진보적 점유" 이론의 '재탕'이다. 사람들은 한 순간도 사회의 강압 체제들을 숙고하지 않는다. 또한 여론의 반응반체제 운동에 빠진 대학생과 고등학생에게 매우 호의적이지 않은 반응 - 이것은 생산에 영향을 미치지 않는다! - 도 신경 쓰지 않는다. 이것은 의사결정 중심 기구에 대한 진보적 점유를 해설하는 이론의 재탕이다. 흔히 경제 구조를 반박할 때, 이러한 질서에 대한 집단적 공격성을 경제 구조몇 해 간 지속될 내부'에 유지 불가능하다는 점도 고려하지 않는다. 왜냐하면 반체제 운동은 단 몇 주도 의사결정 중심 기구, 전문기술 구조를 뒤 흔들지 못할 것이기 때문이다! 정치적 혁명? 이 역시도 간단한 일이다! 직접 민주주의의 실천, 그것은 '한시적으로' 위임된 대리자들에 대한 해임 가능성이다. 반체제 운동은 부르주아 민주주의를 일거에 제거하려 들지 않는다. 도리어 이들의 민주주의와 쌍벽을 이룰 수 있을 고유한 민주주의를 조직, 실행하려 한다. 반체제 운동이 조직한 민주주의는 "수많은 시민들의 성장에 힘입은 효과적 참여로 풍성해질 때, 옛 체제를 시대착오적 체제, 명줄 끊어진 체제로 그리려 할 것이다. 관료주의 기구는 스스로 붕괴할 것이다." 바닥에서 시작된 반체제 운동 세력이 인정하지 않는 중앙권력도 붕괴될 것이다. "일단 국가의 노동자, 농민, 지식인의 힘이 한 데 모인다면, 기성 권력은 무너질 것이다." 그 이유는 바닥에서부터 실천하는 반체제 운동권의 직접 민주주의는 분명 모든 사람일부 낡아빠진 불평분자들을 제외하고을 유혹하고 열광시킬 것이기 때문이다. 반체제 운동의 교리와 학설이 "고유하고 완전한 전략"과 이 운동을 동일시할 때, 사람들은 속단, 심리학적 실재에서 비롯된 경제적, 정치적 무지를 안타까워할 것이며, 동시에 학설과 이론의 허약함을 한탄할 것이다. 무엇보다 중요한 것은 경제, 정치, 학설, 이론이기 때문이다. 이 집단들은 혁명 이론을 만들려 한다. 왜냐하면 이들은 표면상 엄격한 대화를 나누고, 구체적 용어를 추상적으로 얽어매는 수사학을 일관되게 구사하면서 자료화된 것을 활용하기 때문이다. 그러나 실제적인 것에 대한 참조와 행동의 정확성이 이들에게 결여되어 있다. 반체제 운동가들은 수없이 실천praxis을 이야기한다. 그러나 반체제 운동은 사실 '실천을 피하는 수단이었고', 사회−정치적 현실과의 접촉을 교묘히 피하는 수단이었다. 그러나 이 운동가들은 반체제 운동우리가 수없이 다뤘던이 실천이라고 상상한다.

반체제 운동앞에서 기술한 반체제 운동의 일환의 시각과 관점의 부재는 결국 이 운동의 한계를 드러낸다. 정신분석학자들의 시각으로 보면, 허약함은 "현실 원리를 유치하게 은폐하는 짓"이다. 반체제 운동을 매우 엄격한 잣대로 바라본 앙드레 스테판L'Univers contestataire, 1970은 나르시시즘, 자화자찬, 불관용, 투쟁보다 더 악조건에 처한 상황 등이 빚어낸 이 운동의 무기력함에 관해 이야기한다. 반체제 운동의 세계란 순수−불순, 흑−백의 이분법이 빈틈없이 작동하는 세계이며, 구체성과 엄격함을 일체 거부하는 세계이다. 반면 이 운동의 특징에서 우리는 '반란'의 특징을 구체적으로 읽을 수 있다. 다시 말해, '혁명'의 특징을 뒤 엎는 모습을 발견한다. 사회학적으로 '반체제 운동'과 '혁명 가능성을 논하는 조직' 간에는 어떠한 공통점도 없다.

배슐레가 탁월하게 제시하듯,311) 반체제 운동은 혁명 세력으로서는 무력하기 짝이 없다. 왜냐하면 이 운동에는 혁명에 꼭 필요한 3가지 목표인 '희귀 재화, 제도, 가치'가 없기 때문이다. 이 목표들과 동격인 혁명 과정의 3가지 주요 축 주위에서 발생하는 투쟁이 반체제 운동을 규정한다. 그러나 반체제 활동에 가담한 청년은 자신의 계획을 결코 알지 못한다. 그 이유는 희귀 재화에 다다를 수 있는 길은 사회 체제 내부에서 전략적 위치를 점하

---

311) Baecheler, « Les jeunes et la révolution en Occident », Contre-point, no 1, 1970.

는 경우에나 가능하기 때문이다. 청년에게 이것은 불가능하다. 제도 변혁도 권력을 독점하는 경우에나 가능하다. 이 역시도 청년에게 불가능하다. 가치의 위상을 바꾸기 위해 필요한 것은 권력 보장이다. 따라서 청년들은 현실의 질서 내부에서 아무것도 할 수 없다. 이러한 틀에서 이들은 절대화되고 어디에서도 종착지를 찾을 수 없는 반체제 운동, 말로만 급진적이고 중요하다고 떠드는 운동에 투신한다. 이 운동은 전 지구적 차원의 운동일 것이며, 평등과 자유를 내세운 격렬한 운동이 될 것이다. "청년들이 벌이는 반체제 운동의 내용물 전체를 결정한 것은 바로 이들의 무능력이다. 그것도 현실 및 인간 조건에 부여된 한계들과 충돌할 일이 거의 없는 절대적 무능력이다."

나는 어디에서도 열광주의, 열정을 비판하지 않았다. 심지어 이 반체제 운동가들의 환상도 비판하지 않았다. 다만 필연적 혁명과 직결된 이들의 주장을 비판할 뿐이다. 이들은 담론 세계에 있을 뿐이다. 문화적 반복에서 뛰쳐나오는 순간 더 이상 어떤 것도 존재하지 않을 것이다. 문화적 형태의 반체제 운동은 분명 현 사회에서 가능한 방식이다. 우리는 다음과 같이 선언할 수 있다. 이 영역에서 부르주아 계급은 자체 변론辯論법을 잘 알지 못하며, 문화 전쟁을 위한 무장도 하지 못할 것이다. 그러나 이 대목에서 선결되어야 할 질문을 제기할 필요가 있다. 현대 사회의 건설이 부실 공사였기 때문에 성벽에 구멍이 난 것인가? 이 성벽에 부르주아 세계를 옹호하는 취약 지구가 있는가 이 경우, 반체제 운동으로 이 사회를 공격하는 것이 총체적 혁명으로 나아가는 길이 될 것이다? 중요도가 떨어지는 영역이라는 이유로 기술 사회는 매우 유용한 것을 그 영역에 흡수시켰는가? 또한 찬란히 빛나는 나머지 영역을 무시하는가?

철학자들과 학생들에게 가장 중요한 영역은 '문화' 다. 모든 것은 문화에 달렸다고 해도 과언이 아니다. 이념의 변화는 삶의 변화를 견인할 것이며,

문화적 형식우리는 프랑스식 의미로 이 용어를 진술한다의 변화가 혁명으로 이어질 것이다. 두 말 하면 잔소리다! 철학의 중요성을 믿지 않는다면 철학자라 할 수 없다. 그러나 나는 안타깝다! 체제에 동화된 후 무질서하게 배열되어 정확한 접착이 되지 못한 것은 아닌지 우려스럽다. 이들은 문화적 반체제 운동에 관여하고 혁명의 발발에 관한 환상을 품었다. 그러나 체제의 숨통을 끊을 수 있는 치명타를 가하지 않는다. 청년들은 하나같이 '시' 쓰기에 빠졌다. 이들에게 '시' 는 행동이다. 그리고 또 다른 측면에는 '스포츠' 가 있다. 여전히 청년들에게는 중요한 활동이다. 스포츠는 발산, 표현, 평형 수단이지만, 기성사회의 질서에 어떤 위협도 가하지 못한다. 내 생각은 이렇다. 반체제 운동으로 "문화 혁명"이 가능하다면, 그 이유는 문화라는 영역이 재미없고 무미건조한 영역이 되었기 때문일 것이다. 다시 말해, 오래 전부터 문화계 주변을 둘러 싼 방벽이 있었다. 황소가 그 벽 내부에서 뛰어 놀고, 관람객과 분리된 거대한 보호막talanquère도 있다. 관객 중 일부는 스스로 빛진리의 옷을 입었다고 생각하는 자들의 공연에 관심을 보이거나 무관심한 태도로 일관한다. 현실의 조명이 공연자를 비춘다. 그러나 조명이 다른 곳을 비출 때, 이 공연자들은 바로 불쌍한 꼭두각시가 되고 만다. 이들은 일련의 성과를 낼 수 있고, 그것으로 형이상학을 제작할 수도 있다. 그러나 계산원은 자릿값 받는 출입문에 있고, 관람객은 경기에 열광하는 것 이상도 이하도 아니며, 경비원은 관용의 범위를 넘어서는 무질서가 없는지에 신경 쓸 뿐이다. 바로 이것이 반체제 운동의 민낯이다. 껍데기 운동에 불과하다는 말이다. 절망에 몸부림치며, 극단주의를 외치고, 사회 구조를 싹쓸이하자는 말까지 나올 정도로 현 사회를 전복하려는 이들의 의지를 볼 때, 나는 안쓰러운 동정심 밖에 생기지 않는다. 나는 이들의 망상적 담론, 유머를 상실한 엄숙주의, 투쟁 대상에 대한 무지, 철학 수업에서 배웠던 세계에 대한 낡은 해석과 뒤엉킨 정치적 성숙도 부재, 스스로 높은 수준에 이르렀다고 착각하지만 사실은 매우 심각한 수준인 정치적 성숙도 결여를 매우 가슴 아프게 여긴다.

＊＊＊

다른 쪽 극단에는 물리적 폭력이 있다. 물리적 폭력도 새로운 혁명 수단이고자 한다. 나는 편의상 물리적 폭력을 반체제 운동에 대립적 위치에 둔다. 사실 반체제 운동은 빈번하게 비폭력을 표방, 추구한다. 적어도 이 운동에서 폭력은 우발적 사건, 예외적 사건이어야 한다. 다시 말해, 반체제 운동에는 적기適期라 판단되는 시점을 드러내거나 외부 공격에 대한 직접적 대응을 위한 폭력적 행동이 존재할 뿐이다. 우리가 확인했던 것처럼, 반체제 운동은 내부 조직을 무너뜨리려 한다. 반면, 폭력은 외부의 공격이다. "썩어 문드러진" 현 사회에 맞서는 모든 수단들은 적절하다. 오늘날 순수 폭력으로의 이러한 회귀를 목도하는 것이 매우 이채롭다. 사람들은 이 분야에 관해 무엇을 기록했는가? 사실 지난 몇 년 동안 폭력을 해설하고, 정당화하고, 합리화하려는 수백 권의 책과 논문들이 출간되었다. 더불어 이 글들은 폭력을 효율적이고, 적절하고, 혁명적인 것으로 제시하려 하며, 폭력을 통한 다양한 국면과 전략을 세우려 한다. 국면과 전략의 다양성을 고려하여 흔히 사람들이 만들어 낸 윤리적 판단을 간직하는 일체의 방식이 쟁점은 아니다. 현 사회에서 폭력을 혁명의 수단으로 평가하려는 시도가 쟁점이다. 왜냐하면 통상 폭력의 주제들은 상황과 국면 돌파의 유일한 수단으로서의 폭력을 긍정하기 때문이다. 따라서 나는 절망으로 인해 궁지에 몰린 집단에서 분출되는 자생적 폭력에 관해서도 가타여부를 묻지 않을 것이다. 결과적으로 폭력의 타당성 문제를 제기할 필요가 없을 것이다. 불행과 가난에 시달리는 자들은 자살과 마찬가지로 '폭력'에 의존한다. 피착취자들과 굶주림에 시달리는 자들이 자기 목소리를 내기 위해 폭력에 희망을 거는 일은 지극히 정상이지만, 서구인, 혁명 지도자, 이론가, 조직 활동가, 폭력 예찬론자들에게는 전혀 다른 문제가 된다. 우리는 이러한 시각에서 순수 폭력에 대한 호소 문제를 설명할 수 있다. 무엇보다 폭력은 동화와 순응을 요구하는 사회적 난관을 탈피할 수 있는 유일한 수단처럼 보인다. 사실 동화와 순응을 요구하는 사회는 악의는 없지만 반체제 운동과 활동가, 개혁가들을 흡수한다. 즉 이 사회에 흡수되지 않으려면, 과도하고, 회복 불가능하며, 절제할 수 없는 단절이 필요하다는 감정과 더불어 이들을 흡수한다. 동화되기를 거부하는 행동은 스스로 생각하는 것 이상으로 극단적인 행동을 낳는다. 또한 현 사회의 구조들과 메커니즘에 대한 이해도 저하와 사회를 공격해야 할 장소와 방법에 대한 이해도 저하와 맞물려 더욱 극단적인 행동으로 이행한다. 폭력적 혁명가는 제반 분석을 없애는 사회에서 적에 대한 성찰을 매우 거친 방식으로 수행하는 자다. 행동을 취할 때이다. 어느 쪽인가? 그것은 중요하지 않다! 폭력, 그것이면 충분하다. 작동상태가 매우 양호한 현 사회를 은폐할 때, 우리는 그것을 더 분명하게 볼 수 있을 것이다. 사회 구성 요소들의 복합성과 권력에 대한 불가해성은 '더 이상 계산할 수 없는 것'과 '공격용 전차로 초정밀 컴퓨터에 돌진하는 무모함' 등을 낳는다. 이 모든 것은 "자유주의자"에 대한 증오와 결합한다. "자유주의자"는 모든 것을 이해하고 들을 준비가 된 자들이며, 혁명가들의 대사회적 반항의 동기와 수정−교정된 요소, 존중할 부분, 민주주의적인 것을 수용한다. 더불어 자유주의자들은 공공성을 신뢰하는 자들을 수용하고, 스스로 모든 비난을 감수할 준비가 되었다고 생각한다. 혁명가들은 이들의 선의지를 역겨워하며, 이들에게 위선, 조작, 간섭보호를 가장함을 확인할 뿐이다. 혁명가를 향한 개방성과 우애가 강조될수록, 혁명가의 폭력성을 더 강해진다. 어떻게 보면 본능적 반응이다. 혁명 전략들에 관해 장기간 품었던 분노와 불만도 이들의 동기와 결합한다. 전략과 전술을 세우고, 혁명 체제를 강고하게 구축하는 데 한 세기가 걸렸다. 따라서 전략들은 점차 정교해졌고, 3중적 혹은 4중적 행동으로 그 층위가 두터워졌다. 더 이상 우리가 무엇을 추구하고 반대하는지를 정확히 알 수 없을 정도로 세밀해졌다. 마치 당구의 스리쿠션 효과처럼 말이다. 스탈린이 히틀러와 동맹을 맺고, 사회당이 드골을 지지하는 말도 안 되는 일이 버젓이 벌어졌다! 사람들은 결국 이 모든 것이 혁명적 행동의 지연과 완화로 이어질 것과 건조한 사막 한 가운데서 이 행동을 잃게 되리라는 사실을 깨닫는다. 전략적 계산에 대한 거부는 단순하고 급진적인 수단을 부를 것이다. 바로 폭력이다. 폭력은 쌍방향 도로가 아니다. 폭력은 직접적 결과를 낳는 수단이며, 우리 각자는 자신이 폭력적으로 행하는 바를 이해할 뿐이다. 설명의 3번째 요소는 다음과 같다. '폭력은 현 사회에 반대하는 혁명에 최적화된 수단'이다. 이렇게 확신하는 이유는 현 사회가 폭력에 대한 저항을 위해 구축되지 않았기 때문이다. 잔혹극이 없어도 이 사회는 모든 것을 동화시키는 힘이 있다. 사회는 매우 정밀하고 복합적이다. 사회의 구성 요소들을 활용하지 않고, 개혁하지도 않으려는 자들에게 이 구성 요소들은 매우 다양하며, 세밀하고, 취약하다. 사회가 세련되면 세련될수록, 이 사회의 음지도 늘어난다. 반면 이 사회에는 과감하고도 비합리적인 행동이 필요하다. 사회의 틀, 원칙, 방향성에 대한 급진적 이탈이 필요하다. 미국 내 흑인 폭력에 직면한 자유주의 사회는 당혹감을 감추지 못한다. 무엇을 해야 할지 모르며, 자력 보호도 불가능하다. 그 이유는 '순수 폭력'의 갈등 국면에서 "언제나 혁명적 폭력이 방어적 폭력보다 중요하기 때문이다." 한 편, 자유주의 사회는 폭력을 철두철미하게 사용하지 못한다. 이 사회에는 일종의 자격지심이 있다. 곧 사회에 대한 보호 활동을 마비시키는 자격지심이 있다. 따라서 자유주의 사회에 대한 폭력은 매우 적합하다. 마지막으로, 설명의 마지막 요소는 다음과 같다. 반체제 운동은 폭력을 양산한다. 이것은 거의 틀림없다. 그럼에도 지적, 심리적 테러리즘인 반체제 운동에 투신할 때, 그 과정은 폭력의 빗장을 벗긴다. '자동이다.' 이 과정은 필연적으로 진보의 급진화를 낳는다. 반체제 운동이 제한 가능한 행동도 아니다. 다시 말해 이 운동은 무제한적이다. 사람들은 이 운동의 비효율성을 한탄하면서, 동시에 이를 급진화한다. 또한 사람들은 각 단계마다 디욱 결정적이고 진정시기기 어려운 반체제 운동을 추구한다. 그것은 1964년 버클리에서 벌어진 비폭력적, 관용적 반체제 운동과 1965-1966년 뉴욕, 워싱턴, 시카고의 대규모 평화 시위에서 1967-1968년 폭력 분출 사태로 이행했던 과정과 일치한다. 피하기 어려운 길이다. 왜냐하면 반체제 운동은 스스로 분리되기 때문이다. 이 운동의 초과 현상으로, 운동은 우스워지고 흥행 몰이에 집중하게 된다. 반체제 운동은 '적'에게 운동을 진지하게 생각하라고 압박하는 행동으로 나아가야 한다. 적을 심리적으로 파괴하고, 인간, 존중, 인간관계를 거부하는 반체제 운동이 물리적 폭력으로 흐르지 않는 방법은 과연 무엇인가? 대면한 자들을 욕보이고, 조롱하고, 짓밟는 우리가 과연 그를 죽이지 않고 배길 수 있는가? 1968년 5월 학생 운동에 매우 호의적이었고, 뱅센대학교에 깊게 새겨진 열광주의에 가담했으며, 1969년 5월의 물리적 폭력을 역겨워한 자유주의적이고 호기로운 교수들이 이를 말한다. 이 교수들은 순진했고, 매커니즘 논리를 들여다보지 못했다. 그러나 눈물을 흘리기에 너무 늦었다. (1) 경쟁의 격화를 피할 수 없다는 사실과 (2) 폭력적 운동체의 최초 표적은 자유주의, 우정, 이해라는 사실을 학습하면서, 채찍을 휘두르거나 가면을 벗겨야 한다. 이러한 폭력도 온건하다. 버클리와 코넬의 경우처럼, 전쟁용 무기가 다소 일찍 등장한 것은 어떻게 보면 당연하다.

나는 이를 혁명 수단인 순수 폭력의 사용을 견인하는 주요인들이라 생각한다. 그러나 누구도 조르주 소렐을 참고하지 않는다는 점이 의아하다. 조르주 소렐은 유일하게 폭력 혁명론을 주장한 인물이다. 더불어 폭력이 어떻게 부르주아 사회에 대항하는 최적합 수단이 될 수 있는지를 제시한 인물도 소렐 밖에 없으며, 폭력을 단순히 물리적 사건이 아닌 윤리를 함축한 사건으로 폭넓게 성찰한 인물도 소렐이다. 나는 소렐의 이 유일성을 언급한다. 왜냐하면 폭력을 거듭 이야기하는 프랑스나 미국의 소수 지식인 집단은 바로 곁에서 벌어지는 것도 모르고, 일관성 없이 횡설수설하기 때문이다. 이들은 중요한 부분을 발견하지도 못했고, 이해하지도 못했다. 그러나 1923년부터 타협을 외쳤던 자들이 소렐을 인용하기란 시기상조였을 것이다. 우리가 구체적으로 숙고해 보아야 할 부분이다. 왜냐하면 '프롤레타리아의 폭력'이라는 배타적 수단까지 주장했던 소렐에게 관건은 부르주아 사회의 파괴이기 때문이다. 또한 소렐이 주장했던 방식은 파시즘으로 귀결되었다. 폭력으로 서술되는 제반 운동은 필연적으로, 선점한 예방책과 무관하게, 새로운 형태의 파시즘으로 이행할 수 있다는 점을 알아야 한다. "자발적 마오주의자"Mao spontex의 구성원들이 파시스트라는 말이 아니다! 폭력 예찬론이 파시즘을 낳을 수 있다는 점, 파시즘도 하나의 좌익 운동이었다는 점을 결코 잊지 말아야 한다.

더군다나 갖은 폭력 사태가 벌어지고, 폭력과 관련된 여러 이론들이 그 싹을 틔우는 상황에서 우리가 주목해야 할 부분은 폭력의 지속적인 '자기 정당화 작업'이다. 혁명가들의 편에 서서 읽어낼 수 있는 모든 요소에 폭력에 대한 정당화는 항상 포함된다. 즉 사회에 선재하는 폭력 때문에, 사람들은 폭력적으로 행동해야 한다. 권력, 경제생활, 대학의 근간도 폭력이다. 현학적 강의, 목사의 설교는 테러리즘이다. 거리의 경찰, 위계 서열도 폭력이다. 따라서 폭력은 비정형적 증상이고, 표면성과 명확성도 없지만 사회 곳곳을 지배한다. 국가, 주인, 자본가, 교수는 '무엇보다' 폭력적이며, 이들은 폭력 사용을 암암리에 정당화한다. 왜냐하면 폭력은 일종의 '대항폭력'이기 때문이다. "우리는 선동가가 아니다. 혁명가들이 자신들의 주장에 목소리를 높였고, 사람들이 우리를 선동했을 뿐이다."

따라서 혁명적 폭력은 실제적 폭력을 수면 위로 드러내고, 선명하게 보이는 데 만족한다. 거리나 대학가에 경찰 기동타격대가 출동할 때야 비로소 이 사회의 민낯이 드러날 것이며, 사람들은 "진성 폭력 분자들"에게 이들의 온정과 간섭, 자유주의의 가면을 벗길 것과 날 것 그대로를 보이라고 강요한다. 혁명적 폭력의 최소 행위는 본질적으로 드러나는 권력과 조직화를 강제한다. 따라서 부르주아 계급은 폭력적 상황에 책임을 져야 한다. 그 이유는 반체제 운동과 직면해 경찰, 군대 등의 공권력을 투입한 주체가 바로 이 계급이기 때문이다. 부르주아 계급은 해방적 용어들로 무슨 질문에 답해야 할지 전혀 모른다. 이 계급은 변명에 급급하며, 폭력의 수위를 높일 뿐이다. 이러한 이유로 한 세기 전에 아나키즘 논쟁이 일었다. "공권력이 없었다면, 도둑도 없었을 것이다."312) 그러나 나는 "누가 시작했나?"와 같은 유명한 문제에 역점을 두지 않으려 한다. 나는 국가자유주의 국가, 법치 국가는 결국 폭력에 의존한다는 사실을 검증할 수 있는 연구를 충분히 진행했다.313) 폭력 분자들의 화려한 주제를 쉽게 이해할 수 있을 것이다. 내 관심사는 정당화 문제다. 여기에 선악 유무는 중요치 않다. 이러한 방식을 해명하기 위해 용감한 혁명가들이 허위의식을 가질 필요가 있는가! 그러나 혁명가들은 그렇게 했고, 이들의 지지자도 마찬가지다. "폭력이 지배하는 세계가 된 것은 우리 잘못이 아니다. 우리가 시작한 문제도 아니다." 사실 우리는 이와 같은 말을 수백 번도 더 읽었다. 그럼에도 이 대목에서 나는 불가사의한 조야함을 본다. 사람들은 스스로 혁명적이라고 말한다. 그러나 과연

---

312) 물론 우리는 진일보한다. 오늘날 우리는 담대하게 다음 내용을 배운다. 어린이들이 학교에서 유쾌하고 자발적으로 공부하는 것을 방해하는 요인은 선생 때문이다. 교조적이고 권위적인 모습으로 학생 앞에 서 있는 선생을 제거할 때라야 아이들은 스스로 학습하는 법을 안다.
313) 자끄 엘륄, 『정치적 착각』(대장간 2011)

그러한 정당화 작업이 필요한가? 오류투성이에 불과하고, 혁명적 폭력의 한계가 이미 드러난 마당에 그 작업이 유효한가? 이들의 자기 정당화는 '폭력은 선하다'고 말했지만 폭력을 정당화하지 않았던 소렐의 작업에 비해 일관적이지도 않고, 극단적이지도 않다! 폭력을 사용한 이 혁명가들에게는 분명 허위의식이 있다. 서구에서 폭력이 더 이상 적합한 수단이 아니라는 점을 입증하려면, 혁명가들의 허위의식 문제를 고려해야 한다. 이는 일차적 요소이자 결정적 요소이다. 이 혁명가들이 반체제 운동가이자 왕성한 활동가라면, 이들은 복합성, 가치, 이상, 믿음으로 충만한 자들일 것이다. 또한 이들이 내세우는 폭력은 성적 자유와 마찬가지로 자신의 복잡함과 억압의 이면에 불과할 것이다. 나치의 무장 투쟁가들의 급진적 냉소주의에 결코 도달할 수 없기 때문에, 이들은 폭력을 통한 혁명을 일으킬 수 없을 것이다. 이들은 선악 너머에 있지 않고, 그 내부에 찌들어 있다. 이들의 폭력은 내적으로 마비된 상태이며, 화난 어린애 발버둥일 뿐이다.

'우리 사회는 마음만 먹으면 모든 혁명적 폭력을 분쇄할 수 있을 거대한 수단을 소유했기 때문에, 그러한 폭력은 우리 사회에 부적절하다.' 나는 이 표현을 군이 강조하지 않을 것이다. 닉슨은 1969년 6월 3일 담화문을 통해 다음과 같이 말했다. "폭력이 포함될 수 있다. 우리는 저항력을 갖추며, 필요하다면 그 저항력도 앗아갈 힘을 갖췄다. 반란이 누차 일어났지만, 이 국가는 거기에서도 살아남았다. 권위적 수단의 결여 때문이 아니다. 이 수단을 사용하는 자유민들의 망설임 때문이다. 이 망설임은 종종 반체제 운동에 맞서야 할 사람들을 마비시켰다." 권력이 그 수단들을 사용하는 한, 어떤 사사로운 폭력도 저항할 수 없을 것이다. 현 상황은 더 이상 1917년의 상황이 아니다. 우리는 서구의 혁명 문제를 소환해 논하는 중이지만, 상황은 더 이상 1948년 중국의 상황도 아니고 쿠바의 상황도 아니다! 현 상황은 1968년 6월 1일의 사회적 평온을 일궈낸 프랑스 대통령의 담화문이며, 허언으로 포위된 '파리'라는 새로운 상황진위 여부와 무관하게이다.

군경軍警을 수중에 확보하리라는 희망과 연관해 보면, 상황은 더 이상 1871년 [파리 코뮌] 상황도 아니다. 우리는 체코슬로바키아에서 '화해'라는 긍정적 결과를 목도했다! 과연 권력은 제반 수단들을 충분히 사용할 '마음'이 있는가? 이를 파악하는 것이 처음이자 끝이다. 권력이 가용한 수단들을 사용하기 위해 필요한 것은 '권력에 동의하는 사회체社會體'다. 혁명이라는 구호를 앞 세워 소수가 벌이는 폭력적 행동에 현 사회의 대중들이 가담할 것이라는 생각은 망상이다. 블랑키주의 도식은 예나 지금이나 틀렸다. 소규모 집단들의 폭력은 진중한 불만이 있음에도 이들을 신뢰하는 의견의 구체화를 이끌어내지 못한다. 소수의 폭력으로 대중을 혁명에 이끌 수 있다는 소망도 망상이다. "기폭제" 이론은 오류다. 우리는 그것을 충분히 확인했다. 반대로 "상황"이 혁명적이고, 의견 상 불만이 있음에도, 소수의 폭력은 반대 결과를 낳는다. 확실히 구분해야 할 부분이 있다. 잠금 장치가 벗겨진 혁명, 대중 혁명에서 폭력은 그러한 저항을 소멸시키고, 전략적 지점을 탈취하기 위한 효력을 표할 것이다. 그러나 폭력은 혁명을 선동할 수 없으며, 혁명에 적합한 수단도 아니다. 폭력은 폭력 분자들에 대한 사회체의 자발적 반향을 부른다. 왜냐하면 폭력은 출구 없는 상황을 연출하기 때문이다. 대화와 협상이 없다면, 갈등 "조정"도 불가능할 것이다. 사람들은 개전 상태를 조성한다. 그러나 과연 누구에게 맞서는 전쟁인가? 상대에게 공격을 당한 사람들 모두가 자신에게 가해진 폭력에 대응할 수 있다. 왜냐하면 이들은 사람들이 파괴하려는 질서의 대리자가 아니기 때문이다. 우리가 종종 이야기했던 것처럼, 이 질서는 복합적이고 섬세하다. 또한 그것은 인격적 인간으로 구현되지 않는다. 자신의 특수한 성향을 확보한 각 개인은 부분적으로 사회체 전체를 대표한다. 예컨대 소비 사회에 대한 항의는 정당하지만, 소비 사회는 욕망, 욕구, 꿈, 활동, 위신을 세우려는 의지, 혹은 그 사회에 문제를 제기하는 이들 자체가 가진 권력 의지를 따라 존재할 뿐이다.

폭력은 사람들에게 전달된다. 원색적 비난을 받은 자들 중 누구도 완전한 사람은 없지만, 비난의 주체들도 파괴를 필요로 하는 영역에 대한 부분적 책임을 져야 한다. 이와 같이 폭력은 도달해야 할 실제 대상과 연관된다. 폭력에는 목적이 없다. 왜냐하면 폭력은 마주한 것을 파괴하는 행위 이외의 다른 것이 아니기 때문이다. 이것저것을 엉망진창으로 만든다던지 미친 듯이 분노를 폭발시키는 행위인 폭력은 결코 도달점을 제시하지 못하며, 그 이유에 대한 해명이 필요한 증오나 절망에 지나지 않는다. 메커니즘의 구조를 통해 작동하는 폭력은 사회 전체의 적대적 반응을 낳는다. 폭력은 총체적 방위에 대한 의지를 촉발한다. 폭발이 결코 민중의 저항 의지를 파괴하지 않았던 것 이상으로 폭력은 사회의 의지를 파괴하지 못한다. 이때부터 폭력은 사회체의 긴장을 야기한다. 사회체를 보호해야 할 책임이 부과된 '국가'를 두고 벌어지는 일이다. 이 시점부터 국가는 가용한 모든 수단을 활용할 수 있는 권한을 갖는다. 혁명 운동은 자취를 감춘다. 따라서 탁월한 혁명적 수단에서 멀어진 폭력공산당의 행동처럼, 완벽하고 복합적인 전략으로 나타나지 않는은 도리어 우리 사회의 소멸을 이끄는 가장 확실한 길이다.

우리는 다음 3가지 주장으로 폭력의 혁명적 가치를 분석할 수 있다.[314] 폭력 자체에는 어떠한 혁명적 성격도, 반혁명적 성격도 없다. 사회와 정치 기구가 복잡해질수록, 폭력을 통한 집권 가능성은 떨어진다. 국가가 미성숙하고 불완전한 상태일수록, 폭력으로 국가가 파괴될 수 있는 기회가 늘어날 뿐이다. 그러나 국가가 파괴된다고 하여 혁명적 결과에 이르렀다고 말하기도 어렵다. 르벨은 1946년에서 1964년까지 380회의 쿠데타가 있었다고 말한다. 1964년의 경우 1년에 총 25회의 쿠데타가 있었다. 가히 쿠데타

---

314) Revel, *op. cit.*

의 급증이라 할 수 있지만, 대부분은 최소한의 혁명적 의의도 확보하지 못한 채 집권한 군사 쿠데타였다. 테러 공격과 관련해 관심이 가는 부분은 공격자 편에서 테러를 찬양하는 태도이다. 우리는 이러한 태도에 내재된 오류를 분명히 목도한다. 민주주의 체제에서 테러 공격예컨대 케네디 암살으로는 아무것도 바꾸지 못한다. 그러나 독재자 뒤발리에Duvallier에 대한 테러 공격은 "일시적인 체제 변화를 낳았다. 하지만 혁명적 결과는 나타나지 않았다." 뒤발리에가 죽은 후 10년 동안 아이티에 혁명을 선전했던 예언가들을 놀라게 했던 것은 바로 뒤발리에의 죽음이 어떠한 갈등과 난제를 수반하지 않았다는 점이다.315) 그러나 이러한 안정성은 르벨의 다음 주제를 확증한다. "완벽한 경찰국가 체제에서 폭력으로 권력을 전복시킬 기회가 없다. 민주주의 국가에서 그 기회는 더더욱 없다." 첫 번째 경우, 결과는 냉혹할 것이다. 두 번째 경우, "폭력을 표출하기 쉬워질수록, 폭력에 혁명적 효력을 부과하기 어려울 것이다. 관용의 분위기가 커질수록, 불법적 폭력의 정치적 생산성은 떨어질 것이다."

* ***** *****

평화적인 반체제 활동과 폭력 사이에는 거쳐야 할 여러 단계가 있다. 즉 가능성 높은 형식들의 단계가 있다. 여기서 우리는 이미 인용한 '아부Abboud의 유형론'을 재론할 필요가 있다. 한 쪽에서는 전 지구적 차원의 투쟁에 참여하고, 다른 쪽에서는 정치적 공세에 가담한다. 어떤 사람들은 최고 수준의 자발성을 원하고, 다른 사람들은 조직화를 바란다. 한 쪽은 실천의

---

315) 이 부분에서 드골주의에 관해 예측했던 몇 가지 사례를 견주어 볼 수 있다. 1965년 이후의 정계에 관한 예측은 만장일치로 드골주의 이후의 문제에 집중되었다. 다시 말해, 드골만 사라지면 '모든' 것이 바뀔 것이라고 생각했다. 그러나 드골의 하야로 바뀐 것은 아무것도 없다. 이들의 문제 인식에 오류가 있었던 셈이다.

배타성을 믿고, 다른 쪽은 이론의 원초적 가치를 믿는다. 이러한 요소들은 각 성향들의 다양성을 부여하면서 서로 섞이며, 고효율성과 위험 인자에 대한 연구를 좌파에 대립시키는 논의들을 펼치기도 한다. 물론 매우 아리송한 논의다. 이데올로기와 관료주의의 함정을 피하는 길은 기존 질서의 복구로 이어지지 않겠는가? 이 함정을 피했다고 하여 오랜 세월 정교하게 기획된 체제를 거부하는 사태에 빠질 가능성은 없는가? 자발성과 집단적 창조성을 수반했지만, 취약하기 이를 데 없는 상황에 치달을 위험은 없는가? 이로부터 우리는 연맹 이론가들, 정당에 관해 주저하는 이론가들, 실용주의자들, 자발적 참여자들을 구별할 수 있다.316) 전자, 즉 이론가들은 무엇이 최고의 혁명론이 될 수 있는지를 가늠한다. 그러한 욕망과 함께, 이들은 소속 집단 내부에서 심오한 이론적 분석 작업을 수행한다. 그러나 동시에 고압적인 조직과 당권에 대해서는 극도의 적대감을 표한다. 이러한 집단에 해당하는 사례를 우리는 유고슬라비아 공산주의 동맹과 마르크스−레닌주의 계열의 공산주의 청년 연맹에서 찾을 수 있다. 후자의 경우, 1968년 5월의 정치 참여로 얻은 것을 되새겼고 교조주의를 피하려 애썼다. 이들은 적극적 투쟁을 전개할 수 있는 형식들을 만드는 데 적대감을 드러내지만, 조직화를 거부하지 않는다. 다시 말해, 이들은 대중 속에서 유연성과 가능성을 두루 갖춘 조직을 통해 세력 확산을 추구한다. 그것은 개인 우선, 공동체, 독단적이지 않는 집단 등에 대한 자유로운 체험이 가능한 공간을 마련한다. 이들은 살아있는 "정치 조직에 대한 상상력"을 발휘한다. 이 상상력이 갱신과 적응의 자발성을 가능케 한다. 그러나 여전히 투쟁 전선이 필요하고, 운동 공간이 필요하다. 이들은 현대 사회에서 참된 혁명적 상황의 탄생을 목도하고, 새로운 혁명적 표현, 전통 좌파 정당이 수행한 것과 다른 표출 방식을 찾으려 한다. 또한 정치 행동과 반체제 활동을 혼합하고, "사회

316) Abboud, *op. cit.*

체제에 동화된 정치 지도자들을 거부하는 반체제 운동의 주역"이 된다.

반정당, 반국가 노선을 표방한 집단 중 가장 폭력적인 집단은 '민주사회를 지지하는 학생' S.D.S.이다.317) 이 집단은 "반체제적 혁명제일주의"를 표방하는 범주에 속한다. 투쟁가들은 한 쪽으로는 자본주의의 대리자인 국가를 공격하고, 다른 한 쪽으로는 대학 기관들의 민낯을 폭로하는 선동 작업을 진행한다. 그것은 '자유로운 학문 연구'라는 문구 배후에 은폐된 정치적 현실을 겨냥한 반체제 운동의 자료 누적 활동으로 연결된다. "이들은 이론 연구에 천착한다. 혁명론 없는 실천은 없다." 그렇지만 이론은 혁명 프로그램 구축에 큰 지분을 차지 않는다. 또 다른 측면에서, '민주사회를 지지하는 학생'은 조직과 정당을 불신하며, 이미 고사枯死한 것을 정당 내부에서 회복할 수 있다는 말을 믿지 않는다. 이들에게 중요한 것은 행동으로 만들어낸 혁명 운동을 지키는 일이며, 행동을 통해 피어난 정치의식의 역동성을 유지하는 일이다. 이 조직은 3월 22일 운동과 결합한다. 사람들은 이 운동의 '비조직적' 특성을 열렬히 비판했다. 그러나 이 운동은 그 비조직적 특성 때문에 기존에 조직된 것 일체를 우리 사회에 흡수하려 하는 세력의 좌장을 벗어난다. 여기에는 '마르크스주의적 혁명 노선'과 '문화적 반체제 노선'의 결합이 있었다. 후자는 중립적이지는 않으나 마르크스주의 성향의 운동과 접촉하면서 점차 정치적 색채를 강하게 드러냈다. 그러나 1968년 7월에 양쪽은 분열한다. 혁명 노선에 속한 청년들은 이론 연구에 가담했고, 반체제 운동은 자체 정치사상을 정밀하게 다듬었다. 조직의 형태는 최대한 축소하고, 운동과 갱신의 자율성을 보장할 때, 집결된 대중들이 비상할

---

317) 이와 관련해, 맬빈 래스키가 「프뢰브」(Preuves, 1969)에 기고한 글은 매우 탁월했다. 래스키의 글은 '민주사회를 지지하는 학생'의 논조와 수준을 매우 정확하게 짚었다. 이들은 '기능변혁'(Umfunktionieren)을 주장하지만, 엄밀히 말해 더 이상 어떤 것도 바꾸지 못한다. 심지어 이들에게는 대학의 실소유권을 관리할 능력도 없다. 대학을 정복했다고 자부하는 이들은 비판적 대학을 마르크스주의 선전을 위한 단순 거점으로 만들었다.

수 있는 길이 열린다. 마지막으로 이 집단들이 추구하는 최종 범주인 '비조직화'는 "실용주의와 자발주의"라는 이름으로 분류 가능하다. 투쟁가들은 국가의 근본적 변화를 추구하지 않고, 가능한 모든 제도 안에서 반체제 운동을 타오르게 할 수 있을 화덕을 키우는 데 열중한다. 이들은 조직된 구조에 유폐되기를 거부하며, 최대한의 자유와 즉흥성을 원한다. 더불어 무엇을 해야 하는지를 파악해야 하며, 이를 위한 행동이 꼭 필요하다는 확신에 가득 차 있다. 네덜란드의 반체제 운동인 프로보와 스트라스부르의 상황주의자들이 바로 이 범주에 속한다. 우리는 1968년 5월 사상과 가까웠던 여러 집단들을 일일이 열거할 수 없다. 왜냐하면 단 몇 주 만에 이합집산을 반복하는 집단들이 수두룩했기 때문이다. 이 집단들은 국가 변혁에 초점을 맞추지 않았고, 과도하고 무책임한 행동을 통해 사회 조직체를 흡수할 수 있는 힘을 선전했다. 관료적이고 경직된 제반 조직체와 달리, 이들의 운동은 즉흥성과 자발성에 기초한 집단적 행동 양식들을 제작하려 한다. 얼마든지 자기만의 그림을 그릴 수 있고, 더 세밀하게 그것을 다듬을 수 있는 시대를 원한 것이다. 하지만 이러한 시도에서 우리는 오늘날 혁명 수단들의 실질적 문제점을 파악하는 데 만족할 뿐이다.318) 교리도, 프로그램도 아닌 이론을 과연 어떻게 만들 수 있는가? 비현실적인 것에 불과할 수도 있는 이론 제작은 과연 가능한가? 또한 실천과 직결되는 이론을 어떻게 뽑아낼 수 있는가? 과연 어떤 실천이 사회적 유기체에 효율적인가? 동시에 이 사회적 유기체에 환원될 수 없는 잔여지대와 같은 실천은 과연 무엇인가? 창조적인 대중들의 자발성에 이르려면 어떤 경로를 거쳐야 하는가? 지속성과 이론을 어떻게 담보할 수 있는가? 현 사회에 지속되는 모든 유기체의 관료화 현상을 어떻게 피할 수 있는가? 이 사회의 한 부분이 되지 않고도 사회 내부를 공격할

---

318) 동시에 우리는 1969-1970년을 기점으로 탄생, 발전, 분화를 겪은 운동들을 분석할 수 있을 것이다. 그러나 모든 운동이 이러한 흐름에 환원된다.

수 있는가? "이제 혁명은 기술적일 것이다"라는 니장Nizan의 예리한 정식을 어떻게 벗어날 수 있는가? 열거한 질문들에는 상상할 수 없는 난제가 있다. 우리 사회가 한 층 복합적이고 흡입력을 갖춘 사회가 된 만큼, 사회 내부의 난제도 수두룩하다. 물론 그에 대한 수백 가지 답이 있을 것이다. 이 문제들을 두고 수많은 혁명 집단 간의 논의가 있었다. 때때로 이들은 격론을 벌였다. 그러나 토론의 쟁점은 결국 혁명의 '수단'이다. 가히 모든 토론의 귀결점이라 하겠다. 과거에는 교리와 학설에 대한 갈등이 있었다면, 오늘날에는 수단과 구체적 태도에 대한 문제로 갈등의 골이 깊다. 그러나 다양한 목소리를 내려는 시도를 실패라 말할 수 없으며, 그러한 목소리를 내는 자들은 어떠한 행동도 실패했다고 단정 짓지 않는다. 각 집단을 분산시키고, 조직화된 사회가 설치한 덫을 피하기 위한 조건인 '비조직화'는 결국 자유의 가면이자, 이 집단들의 불임과 무능을 보증할 뿐이다. 기술 체계를 완전히 이탈할 수 있는 수단을 강구하기 위해, 사람들은 열심히 헛발질을 한다. 더 이상 직접적 혁명은 없고, 혁명에는 일정한 기간이 필요하다. 그러나 기간은 곧 정착installation을 요구하지 않는가? 역동성을 잃고 정착하는 바로 그 순간부터 혁명을 표방하는 이 집단들은 해야 할 것을 잃는다. 혁명 양식들을 다시 제작하려면, '언제나' 파괴적인 혁명 양식들을 '지속적으로' 고안할 수 있는 능력, 새로운 실천과 기획의 지속성이 필요하다. 이를 위해 탁월한 소수 인물이나 지도급 인사들이 전제되어야 한다.319) 그렇다면 이들이 표방하는 '대중이 먼저다'는 무슨 말인가? 이 '대중 우선성'을 어디서 찾을 수 있는가? 일관성과 체계 없이 산발적이고 잡스러운 내용물만 생산하는 한, 혁명 세력들 간의 갈등을 과연 멈출 수 있는가? 지금까지 제기된 문제, 즉 현실에 비춰본 문제에 대한 결론은 이렇다. '이들의 문제 자체에는 현 사회에서 가능한 혁명 수단들이 없다.'

---

319) 중국의 문화혁명을 '이끈' 주체는 다른 누구보다 바로 소수의 '수뇌부'다.

***

마지막으로, 고전적 혁명들의 경향과 표현의 측면에서 보면, 더욱 은밀하고 강고한 혁명적 힘에 대한 의뢰와 호소를 확인할 수 있으며, 한 사회에서 조성된 상황에 따라 혁명가로 탈바꿈할 수 있을 사람들의 잠재력도 볼수 있다. 우리는 의식화나 이론을 더 이상 혁명의 원천으로 삼을 수 없다. 또한 혁명가가 필연적으로 겪어야 할 고통의 여정도 더 이상 혁명의 수원지가 될 수 없다. 물론 혁명을 목전에 두고 감내하는 고통에는 장밋빛 미래가 있을 수 있다. 왜냐하면 사회의 억압 기제로 인해 누적된 에너지를 내부에 꾸준히 보존했기 때문이다. 더 이상 억제 불가능한 이 에너지는 체제를 폭파시킬 것이며, 행동하는 인간을 부추길 것이다. 우리는 이들을 혁명가라부를 수 있을 것이다. 그러나 이들은 애당초 왜 혁명가로서의 삶을 피하지못했는지를 명확하게 알지 못한 상태에서 행동한다. 아마도 이들의 실효성에 대한 이해도 쉽지 않을 것이다. 따라서 혁명적 수단과 방법에 대한 문제를 달리 제기해야 한다. 즉 성찰과 망설임을 반복하면서 적절한 형식과 수단을 찾아가는 일이 더 이상의 핵심 문제가 될 수 없다. 오히려 응축된 에너지의 폭발이 수단과 방법의 발견으로 이어질 것이다. 이는 필연이다. 물론그러한 수단과 방법 자체가 비효율적일 수 있다. 그러나 그것에 활기를 불어 넣는 힘을 통해 이내 효율성을 갖출 것이다. 이러한 에너지 분출은 다양한 방식으로 사회에 틈을 낼 것이다. 이와 관련해 사람들은 에로스 문제를 이야기했다. 마르쿠제 사상이 이 영역을 다룬 대표적 사상이다. 굳이 그의 사상을 요약하면서 해설하지 않더라도 독자들은 이미 충분히 인지했을 것이다.320) 다만 에로스에 대한 마르쿠제의 사상과 결합할 혁명적 논제들의

---

320) 에로스 문제와 관련해 독자들은 마르쿠제의 저서들을 참고하기 바란다. 또한 다음 자료도 참고하라; « Repressive Tolerance », in *A critical of Pure Tolerance*, 1965.

타당성 여부를 질문할 필요가 있을 것이다. 과연 '초과 억압 사회'는 인간의 생존을 가능케 할 변화를 이끌어 낼 효율적 '힘의 응축'을 도출할 수 있는가? 과연 우리는 그 가능성에 희망을 걸 수 있는가? 나는 다음 2가지 축을 간략히 서술하여 문제를 일단락 짓고자 한다. 이미 내 다른 글에서 관련 내용을 충분히 다뤘기 때문이다.321) 한 편으로, 전문 기술화 노선을 걷는 '기술 사회'에서 혁명은 '무의식에 대한 호소'가 아닌 '선명한 의식의 발전'에서 파생될 수 있다. 다른 한 편으로, 혁명에서 분출되는 '비합리적인 것'의 역사적 전례는 결코 장려할 만한 것이 되지 못한다. 예컨대 '국가사회주의'가 이에 해당할 것이다. 다른 방향과 단계에서 이 문제를 짚어 보자. 매우 포괄적인 방식으로 우리는 다음과 같이 이야기할 수 있다. 현대 사회에 대한 공격, 타락한 자유주의와 현 세계의 그릇된 관용에 맞선 외적 소외에 부가된 인간의 내적 소외, 그러한 인간을 낳는 현대 사회의 포식자와 같은 습성에 대한 공격 등은 결코 새로운 내용이 아니다. 이러한 내용들은 과거 내가 보였던 시각과 정확히 일치한다. 마르크스와 프로이트를 참고하여 모든 것을 구축하려는 마르쿠제의 바람은 사실 헛수고일 뿐이다. 그의 사상에서 마르크스와 프로이트를 종합하려는 노력도 오류로 가득하다. 그의 마르크스주의는 마르크스 사상의 흉내이며, 프로이트주의는 프로이트에 대한 기만이다.322) 마르쿠제는 마르크스와 프로이트에게서 차용한 용어를 복구한다. 그 용어는 표면상 학적이면서 복합적이다. 그러나 그는 마르크스와 프로이트가 제시했던 용어의 뜻을 우회하는 방식을 채택하며, 매우 단순하게 두 사상을 종합해 버린다. 그의 방법론은 일관적이지 않으며, 프로이트의 방법론과 마르크스의 방법론에 대한 원근遠近 관계를 맺지도 못했다. 횡설

---

321) 자끄 엘륄, 『혁명의 해부』(대장간, 2013)
322) 나는 해당 분야에 대한 전문가가 아닌 관계로, 라플랑슈, 프롬, 스테판과 같은 프로이트 전문가들의 판단을 참고했음을 밝힌다.

수설하지 않고, 하고픈 말을 가감 없이 늘어놓을 수 있을 것이다. 마르쿠제의 말은 공감대를 형성했으나 큰 성공을 거두지 못할 것이다.323) 이러한 비판은 유용하다. 왜냐하면 마르쿠제 사상의 몇 가지 난제를 해설하기 때문이다. 주요 문제점은 바로 마르쿠제 자신의 불확실한 태도다. 마르쿠제 사상에서 혁명의 힘들은 과연 무엇을 뜻하는가? 우리는 에로스를 이야기했다. 그의 책을 읽을 때 우리가 보편적 받는 인상이다. 그러나 정밀한 독서를 바라는 순간부터 사람들은 에로스가 매우 불투명하고 흐릿한 개념이며 더 이상 혁명의 유일한 힘이 아니라는 점을 알아차릴 것이다. 에로스 해방은 분명 파괴적 힘으로 작동할 것이다. 왜냐하면 마르쿠제는 사회를 지배하는 "현실 원칙"le principe de réalité에 맞서 "회귀"해야 하는 "쾌락 원칙"le principe de plaisir을 내 놓기 때문이다. 프로이트 사상에서 두 원칙은 더 이상 짝이 아니다. 왜냐하면 실리적, 총체적 의미로 왜곡된 실재 원칙을 부정하기 위해 쾌락 원칙에 호소해야 하기 때문이다. 마르쿠제의 에로스는 프로이트가 말하는 에로스가 아닌 것처럼 보인다. 신과 마찬가지로 에로스는 불투명한 이념이다. 사람들은 마르쿠제 사상에서 가장 원초적인 단계인 '생식기화' 마

---

323) 나는 에리히 프롬이 『희망과 혁명』(1970)에서 단행한 마르쿠제에 대한 탁월한 비판을 참조한다. 프롬은 마르쿠제 사상에서 인간의 최종 진보가 어떻게 "유아기적 삶으로의 퇴행, 욕구를 채운 아이의 행복으로의 회귀"가 될 수 있는지를 선명하게 제시한다. "마르쿠제는 개인의 절망을 급진 이론으로 탈바꿈한 소외된 지식인의 일례다. 그의 이해 부족이 프로이트주의, 부르주아 유물론, 세련된 헤겔주의를 종합하는 동력이었으며, 자신과 다른 급진 사상가들에게 가장 진보된 형태의 이론 구축을 가능케 했던 것처럼 보인다. 그러나 거기에는 순수하고 사색적인 몽상이 관건이라는 점을 밝혀줄 세부 내용이 없다. 또한 삶을 위해 필요하지만 비현실적이고 빈약하기 짝이 없는 사랑에 역점을 둔 주장에도 세부적인 논증이 없다. 우리는 프롬의 평가에 프랑수아 페루의 마르쿠제 사상 비판을 덧대려 한다.(François Perroux *interroge Marcuse... qui répond*, 1969) 페루에 의하면, 마르쿠제의 진단(나는 이를 매우 표면적이고 불충분한 진단으로 여긴다)은 혁명이 아닌 '전복'을 이끌 뿐이다. 마르쿠제는 언제나 인간의 순결을 전제한다. 그러나 그 순결의 정체조차 설명하지 않는다. 질서, 논리, 다스림과 같은 인간의 소명에 해당하는 일체의 요소를 거부하면서 오로지 에로스에 역점을 둔다. 이 에로스는 더 이상 이성이 아닌 에로스이며, 에로스 그 자체이다. 그러나 안타깝게도 프랑수아 페루의 혁명적 제안도 나에게는 그리 실제적이지 않아 보인다. 왜냐하면 여전히 뭔가 부족한 수단이며, 대중들의 열광주의를 전복하기 어려운 목표를 제시하기 때문이다.

르쿠제가 성적인 것이라 부르는에서 자기 자리를 찾는다. 마르쿠제는 여성을 임신의 공포에서 해방시키는 경구 피임약을 예찬하며, 윤리적—성적 반란을 이야기한다. 그는 프로이트의 개념들을 완전히 뒤섞는다. "에로스에서 성 자체의 숭고즉 생식기 숭배와 같은! 현상은 리비도의 양적, 질적 확장을 뜻할 것이다. 즉 리비도의 퇴행은 모든 기관이 이 성현상생식기!의 토대가 되는 상태에 이를 것이다." 때로 에로스는 예술, 오락, 창조적 우선성을 가진 모든 요소를 포괄하는 미학적—성적 혼합을 가리킨다. 마르쿠제는 생식기 해방이 혁명이라는 사실을 생각할 수 없는 라이히와 완전히 분리된다. 그러나 에로스에는 또 다른 부분도 있다. 즉 에로스는 매우 교육적이다. 총체적 해방의 혁명에서 관건은 욕망이다. 따라서 마르쿠제의 본능과 이성의 대립이라는 해묵은 논쟁에 다시 빠지고 만다. 마지막으로 에로스는 "문명의 압제를 받은 것 일체"다. 따라서 "그것"이 "에로스"가 되기 위해서는 문명의 압제를 받는 것으로 충분하다. 사람들은 에로스의 힘이 혁명적 힘이라는 이념을 진중하고 깊게 다루는 법에 도달하지 못할 뿐 아니라, 무엇이 쟁점인지를 아는 법에도 이르지 못한다.

마르쿠제가 말하는 에로스의 역할은 무엇인가? 에로스의 억압 법칙과 이의 제기 과정은 무엇인가? 과연 에로스는 어떻게 가시적으로 구현될 수 있는가? 사실 우리는 이 질문들을 그리 명확하게 밝혀내지 못했다. 마르쿠제도 주장만할 뿐, 이 물음들에 함구한다. 엄밀히 말해 그는 변증법적이지 않고 다소 어수선한 파토스를 전달할 뿐이다. 이 파토스는 '전반적 부정' 가로디가 총체적 부정이라 부른이 변증법적 부정의 과정과 뒤범벅이 된 형태다. 완전히 뒤섞여서 어떤 것을 어디에 연결해야 할지 갈피를 잡을 수 없는 사상이 전면 부각된 셈이다. 마르쿠제는 이 에로스 자체를 혁명 역량으로 여기지 않는다. 그는 오랜 기간그리고 우연치 않게 혁명에 필요한 다른 요인들을 연구했다. 그것은 사람들이 매우 빈번하게 채택하는 요인들이다. 바로 보헤미안, 실업자, 제3세계와 같이 특정 중심부에 편입되지 않는 집단들이다. 이따금 마르쿠제는 전혀 희망 없는 내용을 기록에 남겼지만! 청년들은 체제에 편입되지 않고, 놀라울 정도로 순진하다. 따라서 "지적 대립은 민족해방전선"과 이 전선 내부의 다양한 집단들에 소속된 "대중들에게서 그 토대를 발견해야 한다." 그러나 나는 여기에서 에로스의 자리가 어디인지 잘 모르겠다. 그 이유는 첫째, 에로스가 억압, 부정되었기 때문에 혁명적이라고 할 수 있으려면, 혁명을 표방하는 집단들이 가장 소외된 집단이 되어야 할 것이기 때문이다. 둘째, 사회적 동화 과정을 겪지 않은 집단들에서 볼 수 있듯 때묻지 않은 에로스를 혁명적이라고 평가한다면 에로스 자체를 공격하지 않는 것에도 굳이 대항하는 이유를 알 길이 없기 때문이다. 지금 우리는 매우 혼란스러운 상황이다. 하지만 단지 그러한 평가만으로는 충분하지 않다. 마르쿠제에게 혁명은 기술 발전이라는 단순 사태를 통해서도 도래하기 때문이다. 때때로 그는 자동화의 성장에 큰 희망을 건다. 자동화의 성장 덕에 "노동 시간은 변두리가 될 것이며, 자유 시간이 핵심이 될 것"이다. 또한 우리는 결국 억압이 사라진 문명에 이를 것이다. 물자 결핍이 사라질 때, 기술 체제가 낳은 옛 오류들이 모두 제거될 때, "과잉 억압"이 유지될 이유가 하나도 없기 때문이다. 그러나 과연 과잉 억압 자체가 사라질 수 있는가? 마르쿠제의 여러 글을 읽어보면, 그는 그 가능성을 신뢰하는 것처럼 보인다. 그러나 만약 과잉 억압이 사라진다면, 에로스의 자리는 어디이며, 변두리까지 내몰린 집단들의 의미는 무엇인가? 결국 우리의 난처한 상황을 증대시키기 위해, 대중과 엘리트의 모순 문제를 추가해야 한다.324) 물론 마르쿠제는 대중을 믿고, 프롤레타리아를 지향한다. 그러나 그의 사상을 정밀하게 읽는다면, 독자들은 극단적 엘리트주의에 대한 그의 신뢰를 찾을 수

---

324) 이 문제에 관해 매우 탁월한 연구를 진행한 볼러의 글을 참고하라; Boler, « Repressive Tolerance », *Natural Law Forum*, 1968.

있을 것이다. 충분한 지적 발전을 이룬 자들만이 권력을 집행할 수 있으며, 혁명적 투쟁의 정점은 바로 지식인이다. 그렇다면 지식인의 역할은 무엇인가? 무엇보다 지식인은 행동하는 혁명의 주인 노릇을 할 수 없다. 오히려 지식인은 새로운 욕구들을 만들어낸다. 이러한 지식인 중심의 혁명에 과연 대중 자발성이 존재할 수 있는가? 책 몇 장 읽고 얻은 신념과 전혀 반대의 결과가 나타날 뿐이다. 사실 마르쿠제는 친히 이야기한 에로스에 대해 큰 신뢰를 보이지 않는다. 즉 이 에로스가 혁명의 동기와 힘을 부가, 과잉 부가할 것이라는 사실을 별로 신뢰하지 않는다. 반면, 우리는 마르쿠제의 '과잉—억압론' la théorie de la sur-répression에 실제 상응하는 것이 무엇인지를 자문해야 한다.

* * *

에로스 문제에 대한 우리의 의구심에도 불구하고, 논의와 성찰의 원천인 '에로스' 문제를 조금 더 다뤄보자. 나는 '에로스가 과연 억압되었는지, 성적 해방이 혁명적인지'를 묻고 싶다. 현 사회에 이른바 '성적인 것' 라이히와 마르쿠제의 의미를 따라에 대한 압제가 존재한다고 말할 수 있는가? 이 문제와 관련해 사람들은 언제나 부르주아적 가정과 도덕성 등을 언급한다. 사실상 완벽하게 극복된 상황을 재차 겨냥하는 꼴이다. 마르쿠제의 일차적 실수는 바로 이것이다. 라이히가 1930년 무렵에 쓴 글의 표적은 명확했다. 그러나 당시 라이히는 어떤 일반화 과정도 수행하지 않았다. 나는 그 점을 강조한다. 상세하게 말하면, 도덕적 장벽과 구조의 대부분이 붕괴된 '지금' 마르쿠제는 일반화를 추진 중이다. 나는 우리가 극단적인 성적 방임주의의 시대를 산다고 생각한다. 또한 성적 억압에서 우리 사회에 대한 해석의 규칙을 제작하는 일은 현실적으로 불가능하다고 본다. 혁명적 동체動體를 위해 현대인에게 성적 해방이 필요하다는 말이 과연 타당한가? 돌아가는 상황을 보면, 오히려 반대의 것이 입증되는 것처럼 보인다. 정신이 오락가락하는 것처럼 보이는 마르쿠제는 더 이상 그 정신착란을 바랄 수 없게 되었다. 하여 자신이 현 사회에 동화되었다는 사실을 자인하고 만다. "성현상sexualité은 압제를 다룬 베스트셀러들의 단골 주제가 되었다." 여기에 나는 한 가지 내용을 덧붙인다. 저가 도서들이 물적 영역 뿐 아니라 상상과 환상의 영역에서도 반란 욕구를 억제하는 데 매우 유용했다. 왜냐하면 일차원적 인간은 외부의 참고서 없이 사회적 행동에 깊이 동화되는 존재가 아니기 때문이다. 매우 강력한 동화 능력을 갖춘 사회가 인간의 영역을 흡수하지 않고 그대로 둔다는 점이 놀랍다. 또한 억압하는 정도로 한계를 긋고 인간을 여전히 결여 상태로 두는 것도 놀랍다. 거꾸로 용납하고 활용하는 일은 매우 쉽다. 조작된 에로스는 분명 사회적 동화의 가장 두드러진 요인이다. 나는 에로스를 통해 현대인의 사회적 순응도는 더욱 높아졌다고 생각한다. 마지막으로 상상력, 창조성, 생명력, 욕망, 유희의 충동, 사람들이 원하는 모든 것을 포함해 에로스와 관련된 가장 광범위한 의미단지 생식기에 국한되지 않고를 수용할 때, 우리는 딜레마에 봉착한다. 즉 현대인은 실제로 일차원적이며, 육체와 영혼 모두 현실 사회에 동화된 존재다. 그러나 사람들은 에로스를 독립시킬 방법을 모르는 상태이며, 상상력이나 창조성이 동화되지 않는다는 이유를 들어 활동을 기피하려 든다. 그 경우, 에로스는 그 어디에서도 혁명적 힘이 되지 못한다. 인간의 일부분은 여전히 결여 상태이며, 그 부분은 기술 사회에 동화되지 않는다고 주장하는 마르쿠제는 여전히 에로스의 여지를 남겨 둔다. 그러나 기술 사회는 마르쿠제가 말하는 정도의 강력한 동화 정책을 쓰지 않는다. 즉 기술 사회는 과잉—억압적이지 않다. 과잉 억압이라는 개념 자체는 결코 어떤 것도 이야기하지 않는다. 이는 프로이트 전문가들의 견해다 또한 많은 이야기가 필요할 정도로 대단한 개념도 아니다. 에로스가 초월적 신이 아닌 이상때로 마르쿠제는 체제 외부의 힘에 호소하기도 한다, 굳이 상세하게 다룰 개념은 아니다. 나는 이것이 과연 마르쿠제의 사상인지 의아하다. 정리되지 않는 복잡한 상태에서, 마르쿠제는 "존재 당위성"과 희망을 혁명의 역량으로 제시한다. 또한 '사람들이 바라는 에로스 해방에 대한 거룩한 서원誓願'을 '노동에 잠재된 폭발력과 문제 제기의 효용성'과 뒤섞지 않는다. 일관성만 빼면, 마르쿠제 사상에서 불가능한 것은 없다.

나는 우리 사회의 세계화를 표현하는 결정적 지표를 사회의 에로스화에서 발견한다. 한 쪽에 '에로스', 다른 한 쪽에 사회가 있는 구도가 아니다. 혹은 쾌락 원칙과 현실 원칙이 분리된 구도도 아니다. 에로스는 기술 체계에 동화되었고, 이 체계에서 활용된다. 이러한 매개를 통해 인간은 바라는 방향으로 나아간다.

성 해방과 관련해, 그리고 "사랑"과 혁명의 관계에 대해, 청년들은 과장된 수사법을 사용한다. 혁명에 대한 욕망은 섹스 횟수에 비례한다. 전쟁이 아닌 섹스를 하라. 사정없이 사정하라 등 이러한 수사법이 가능한 이유는 현 사회가 완전한 성적 방임 사회이기 때문이다. 만일 성에 대해 고압적인 사회라면, 청년들이 이 문제를 꺼내기조차 어려웠을 것이다. 성적 자유와 독립, 성 담론의 가능성은 이미 99% 존재한다. 즉 청년들은 사라진 1%를 요구하며 목소리를 높이는 중이다. 영화, 책, 공연 벽보, 지식인들의 해설, 철학, 당구장과 같은 조건들에 깊이 영향을 받은 젊은이들은 친히 이루고픈 구호, 즉 '성적 자유'를 외쳤다! 우리는 어느 곳에서도 억압된 에로스에서 분출하는 혁명과 조우하지 않는다. 오히려 매스 미디어가 전하는 내용물과 구조에 순응하는 현상과 마주한다. 분명히 이 사회는 1%의 저항적 망설임까지도 저버릴 수 있는 사회이며, 그 기류는 결코 바뀌지 않을 것이다. 왜냐하면 성이나 에로스를 내세운 시위는 결코 혁명적이지 않기 때문이다. 이러한 시위는 결국 그것을 환영하는 사회, 환영할 준비를 갖춘 사회의 함정에 빠지고 말 것이다. 또한 결국 반혁명적 결과에 이를 것이다. "성 해방"은 퇴보혁명의 반대를 낳거나 화려한 공연만 선보일 것이다. 성 해방은 모든 숭고한 것에 대한 억압과 제거로 이어질 수 있다. 한 마디로 요약하면, "동물적 섹스 이후의 우울함" 정도로 말할 수 있겠다. 반복해서 말하지만, 남는 것은 우울함이다. 성 해방은 유명한 디오니소스적 "축제"는 될지 몰라도, 카니발은 결코 될 수 없다. 현실적으로 혁명과 비교할 상황이 아니라는 말이다. "사람들의 성적 행복이 사회 전체의 안전을 지키는 최선의 방법"이라고 말한 라이히가 백 번 옳았다. 비록 유토피아 세계에 사는 것 같은 표현이지만, 분명 옳은 진단이다. 그러나 이 말에 혁명은 어디에 있는가? 라이히의 이 말이 우리에게 약속하는 것은 도리어 그 반대가 아닌가! 성적 해방이 정치적 혹은 사회적 해방으로 이어지리라는 믿음만큼 큰 오류가 어디 있는가! 섹스에 도취된 상태로 체제 전체를 밑바닥부터 전복하는 혁명을 기대할 수 있는가! 차라리 섹스에 도취된 이들에게 혁명을 기대하지 않는 편이 더 낫다. 혁명에 흐르는 긴장감과 관련지어 생각해 보면, 성관계는 상황을 가리지 않고 혁명의 조건들을 제거해 버린다. 내가 볼 때, (1) 현 사회에 에로스 억압은 없다. 억압된 것은 동화시키는 요소로 이미 사회의 메커니즘 내부에서 활용되었다. (2) 성 해방의 완성정복은 결코 혁명적이지 않으며, 혁명의 출발점이나 신호탄도 아니다. 그것은 이미지 해방을 넘어서지 못한다. 마르쿠제는 이따금 에로스를 성 해방과 등가로 보려는 경향을 보이기 때문이다 우리가 생각하는 최악의 사태는 바로 [실제 해방이 아닌] '이미지 해방'이다. 파편을 전체로 통합하는 사회는 최고의 만족도를 수반해 우리를 이미지 해방 사회로 견인한다. 마르쿠제는 자기 사상의 빈곤을 감추기 위해 프로이트와 마르크스의 용어에 기댄다. 에로스에 대한 비중 있는 언급은 상황에 대한 진지한 성찰을 기피한다. 마르쿠제의 예언들수많은 변이와 불확실성에서 비롯된 모순의 배후에서, 우리는 매우 복고주의적인 태도를 발견한다. 인간 본성에 대해 이야기하는 마르쿠제는 이 말의 가장 부정적인 의미를 보인 '루소주의자' 다. 더군다나 인간 본성이라는 주제에서, 우리는 마르쿠제 사상의 불확실성을 재차 발견한다. 왜냐하면 마르쿠제는 어떤 때에는 억압적 사회에 맞서기 위해 인간 본성에 기초한 에로스를 이야기하고, 어떤 때에는 풍요 시대의 도래와 더불어 더 좋은 것으로 변형될 에로스를 주장하기 때문이다. 그러나 통상 사람들은 선한 본성과 관련된다. 즉 사람들은 나쁜 사회에 자신의 선한 본성을 억압당한 희생자들이다. 이와 같이 마르쿠제는 완벽한 이상주의자이며, 라이히와 더불어 유토피아주의 노선에 포함비판적 태도를 보였음에도된다. 모든 유토피아주의자들과 마찬가지로, 마르쿠제도 총체적이면서 이상주의적인 아나키스트의 모습을 보인다. 우리는 다음 사실을 놓치지 말아야 한다. 포식자와 같은 현 사회에 마르쿠제가 이의를 제기하는 이유는 총체적이면서 자신의 사상에 부합하는 사회, 즉 현 사회와 다른 사회를 갈망하기 때문이다! 마르쿠제는 진보에 대해 무비판적인 신념에 굴복했다. 요약하면, 마르쿠제는 철 지난 유사–과학적 언어로 절대적 자유주의를 표방하는 경향들에 대해 설명한다. 사람들이 종종 말하듯, 이는 염세주의와 거리가 멀며, 낙관주의를 충족하기에 충분하다. 그러나 마르쿠제는 낙관주의라는 꿈만 꾸는 중이다! 혁명적인 것에서 멀어진 그는 사실상 반동이나 마찬가지이다. 왜냐하면 그가 믿는 진보는 인간 본성으로의 회귀를 뜻하기 때문이다. 마르쿠제가 현실 사회에서 비판하는 대상은 이 사회의 우발적 혹은 부차적 측면이 아니다. 오히려 그는 복합적 창조성, 사회적 창조성의 핵심 요소를 비판한다. 과거의 여러 사상가들과 마찬가지로, 마르쿠제도 꿈을 꾼다. "우리는 기술을 원하고 '동시에' 에로스 해방을 원한다." 그러나 그것은 다음 사실을 입증할 뿐이다. 마르쿠제는 기술 사회의 정체를 무시하며, 기술 사회에 대한 즉자적이고 표면적인 지식을 가졌을 뿐이다. 또한 그는 현 사회가 발전해 나가는 엄밀한 메커니즘을 꿰뚫어 보지 못한다. "나는 군사적 승리를 원하지만, 적을 죽이거나 혹은 내가 살해당하는 그림을 원하지 않는다." 이 표현은 자가당착이다. 물론 마르쿠제의 의도에 문제가 있다는 말이 아니다. 그는 매우 훌륭한 지식인이며 후학들에게 교훈적인 인물이다. 또한 인위적인 낙원에 대한 환상의 문을 독자들에게 열어주는 데 기쁨을 느끼는 선각자다. 독자들은 그러한 마르쿠제의 모습에서 명민한 지식인의 모습을 발견할 수 있을 것이다. 그는 지옥에 대한 묘사로 대중들에게 공포를 주면서 동시에 교회 문을 활짝 열어 대중들을 안심시켰던 '순회 설교자'의 위대한 전통을 잇는다. 그러나 이러한 그의 사상은 현실을 극복하는 초월적 영역으로 나아가지 않는다. 과잉–억압된 에로스는 혁명적 힘이 아니다. 그것은 관객을 흥분시키는 단순한 말장난과 곡예다. 마르쿠제 자신도 단지 한 명의 관객에 불과하다.

2장 · '불가능한 혁명' 에서 '반란의 봄' 으로

혁명의 현실적 상황을 이해하기 위해, 과거의 여러 혁명 운동이 제시했던 목표와 최소한의 수단이 오늘날 혁명에 존재하지 않는다는 식의 결론으로는 불충분하며, 여러 장애물도 뒤따른다. 그 장애물은 우리 사회의 새로운 구조를 뜻하고, 현대인에게 혁명에 대한 확고한 의미가 부재하다는 사실을 말한다. 그럼에도, "혁명적"이라고 부를 수 있을 많은 운동이 있었다. 그러나 분석에 분석을 거듭한 결과, 우리는 과감히 다음과 같이 말한다. '이제 어디에서도 혁명적이라 할 수 있을 운동은 찾을 수 없다.' 이러한 운동은 인간의 조건과 연계된 잠재적 반란, 역사적 반란에 대한 적나라한 표현이다. 더불어 오늘날 우리가 걸어야 할 '길'이 있다면, 바로 대사회적 '반란'일 것이다.

1. 혁명 앞에 우뚝 솟은 장애물

나는 근대 국가의 개입 역량, 여러 구조의 성장 내구성, 부르주아 권력을 유산으로 이어 받은 우리 사회의 동화l'assimilation 능력을 말하는 정도에 그치려 한다.325) 통합과 적응의 다양한 작동방식이 존재한다. 이 모든 것을

---

325) 다음 저서의 분석을 참고하라. 『부르주아의 변신』(대장간, 출간예정).

재차 발전시키는 일은 별 가치가 없다. 이 주제와 관련해, 나는 1968년 5월에 벌어진 '사건들'에 대해 지적하려 한다. 식세포처럼 흡수하는 파괴적 행동은 그것을 실행에 옮기는 데 한 달도 채 소요되지 않았다. 이 대목에서 나는 정부의 파괴적 행동 — 사람들이 비판하기 어려운 — 에 대해 이야기하지 않을 것이다. 왜냐하면 그 행동은 결국 정부의 역할이기 때문이다. 오히려 나는 이 사건들을 찬양하고, 이 후 그것에 몰두하여 자신의 작업을 전개했던 지성인들에 대해 논할 것이다. 사회적 소요를 통해 드러난 힘은 활력 넘치고, 제법 훌륭했다. 그 힘을 사용하지 않거나 그대로 흘려보내기는 아깝다. 또한 우리는 "사회가 차지해야 할 이익을 위해 일어난 5월 혁명을 올바로 말하는 방법"이라 이름 지을 수 있을 다양한 시론詩論의 등장을 본다.326) "혁명적 성향을 지닌 수많은 학생들이 해방을 부르짖는 세력에 도래한 옛 기득권 세력의 득세 위험사실 아무런 위험도 없었다을 성급하게 우려했다."327) 실로 진정성 있고 가장 혁명적이라 할 수 있는 선언이다. "그러나 단순한 폭발에 그치는 사태로 회귀할 위험도 한 층 더 커진다. 그러한 회귀를 두려워하는 자는 이미 회귀한 것이다. 이미 장벽이 생겼기 때문에, 그러한 태도로 회귀하는 것이며, 회귀에 반대하여 이익을 추구함으로 인해 자기 정신구조의 가장 깊은 곳에서 이미 회귀가 일어난 것이다." 이 얼마나 멋지고 합리적이며 '부르주아적인' 추론인가! 이 완벽한 논증에 나는 더 이상 덧붙일 말이 없다. 익히 알려진 이 요소들 너머에서, 우리는 혁명적 운동의 장애가 되는 2가지 물리적 재료를 재확인할 것이다.

＊＊

---

326) 가장 주목할 만한 인용문서 가운데 다음 자료들을 보라; J.-J. Servan-Schreiber, *Le Réveil de la France*; Club Jean Moulin, *Que faire de la révolution de Mai*; Jean Bloch-Michel, *Une révolution du XXesiècle*.
327) 저자는 괄호를 추가한다.

오래전부터 사람들은 강력한 산업화를 거친 나라에서 혁명은 불가능하다고 판단했다. 즉 삶의 질이 높아짐에 따라 사람들의 생각도 바뀐다. 이제 폭력적인 적개심을 느낄 곳이 없다. 더 나아가 복잡해진 생산 체계와 교환 체계를 폭력적으로 전복하는 일도 심각한 경제적 퇴행으로 이어질 우려가 있다. 대중들은 이 부분을 깊게 자각한다. 대중들은 산업 발전이 낳은 문명의 기득권을 잃기 싫어한다. 사람들은 서구 세계에 혁명을 일으킬 수 있을 신화는 더 이상 없다고 못 박았다. 왜냐하면 신화들마다 행복한 장래를 이야기하지만, 사회의 "정상적" 진화가 바로 그러한 장래를 향한다는 신념을 주기 때문이다. 다시 말해, 지난 3세기 동안 인간이 희망한 '생산성 성장을 통한 정의 구현' 주로 노동 평등과 소비 평등의 측면으로 이해된을 위해 지구적 차원의 전복으로 내달릴 필요가 없어 보인다. 우리는 폭력 혁명이 이러한 목적지를 향하지 못하고 도리어 뒷걸음치게 할 것이라는 점을 잘 안다. 산업화, 구매력 성장은 확실히 혁명보다 정의를 실현한다. A. 필립은 이를 다음과 같이 탁월하게 요약했다.328) "과거에는 당대 사회의 틀과 구조에 견주어 유토피아 세계를 규정했다. 따라서 상대적으로 이상 사회를 꿈꾸기 쉬웠으며, 혁명적 행동으로 옛 사회에서 새 사회로 이행 가능한 때가 오리라고 생각했다." 오늘날 더 이상 누구도 역사 결정론마르크스주의적을 믿지 않으며, 안정 상태에 돌입한 사회의 과격한 변혁 가능성도 믿지 않는다. 이제 사람들은 미래의 혁명을 꿈꾸지 않는다. 왜냐하면 이미 혁명적 상황, 파괴와 재건의 과정을 거쳤기 때문이다. 사건들에 대한 지속적 행동이 경제, 정치적 행동의 필연성을 해명하는 데 중요하다. 이러한 행동은 기술적 특징을 보임과 동시에 더 이상 혁명적이거나 폭력적이지 않다. 산업화를 거친 국가들

---

328) A. Philip, « Les transformations révolutionnaires des structures politiques et économiques de la vie européen », in *Église et société*, vol. II, et « Quatre problèmes de la France », in *Preuves*, 1968. 이 책에서 저자는 노동자 계급의 동화 현상을 명쾌하게 밝힌다.

에서 기술 구조들은 매우 정교하게 발달했다. 또한 향후 과격한 단절을 이뤄야 하는 혁명의 목표와 비교해 볼 때, 이 국가들의 사회적 요소들은 매우 복합적으로 얽힌다. 따라서 구조 전체를 심의하지 못하고 몇 가지 요소들을 개량하는 제한된 행동이 있을 뿐이다. 즉 여론 전체를 모아 창조적인 방향으로 나아가려는 민주주의적 방식을 통해서만 행동할 뿐이다. 혁명적 행동과 긴밀하게 연결된 과거의 혁명적 유토피아와 폭력 사용은 저개발 국가들에서 다시 출현했다. 왜냐하면 저개발 국가들은 15-16세기 유럽과 동일한 상태에 있기 때문이다. "산업 구조들 때문에 서구 국가들의 혁명은 불가능하다. 다만 자가 생산을 멈추지 않는 기술 혁명으로 나아가기 위해 간보기를 할 뿐이다." 필립은 이데올로기의 종언을 고한 '산업화'를 덧붙인다. "우리가 산업화를 통해 체제의 틀을 잡고 총체적 역사관을 이해한다면, 산업화야말로 각종 이데올로기들의 종지부를 찍는 주체가 될 것이다. 우리는 더 이상 역사 결정론을 믿지 않으며, 존재 분석으로 의무적 존재를 확보할 수 있다고 생각하지 않는다. 또한 우리는 대면과 갈등을 겪는 사람들을 호출한다는 미명하에 요구되는 '거시적 세계관'을 [타당한 시각으로] 소개하지도 않는다. '산업 사회'는 '군대식 사회'를 대체한다. 포괄적 공론장에 근간한 전문 기술적 용어들로 산업 사회의 문제를 제기한다. 오늘날 마르크스주의 학설은 더 이상 존재감을 발휘하지 못하고, 대신 실용주의적이고 사회주의적인 학설이 실력을 발휘한다." 일부 주장특히 마지막 주장!에서 확인할 수 있는 매우 단정적인 모습에도 불구하고, 이 분석 전체는 사회학자들과 경제학자들에게서 빈번하게 볼 수 있는 견해와 맞닿으며, 확실히 사실에 부합하고 현실적이다. 모든 혁명가들이 수행했던 "빈곤에 대한 탐구"는 '대립적 추론을 통해' 우리에게 하나의 증거를 선사했다. 관건은 산업 사회가 스스로 약속을 지키지 않는다는 점을 입증하는 데 있다. 한 편으로, 빈곤은 늘어났고, 혹은 부유한 사회의 주요 집단들 중에도 절대 빈곤 상태에 있는 집단이 존재한다. 우리는 미국이나 프랑스에서 이러한 종류의 글이 정기적으로 발간되는 것을 확인한다. 실업자, 외국인 노동자, 일부 노인층, 푸에르토리코인, 미국의 일부 흑인들은 빈곤 상태에 있다. 그럼에도 이는 극소수에 해당한다. 서구 사회에서 여전히 가난한 상태에 있는 이들을 발견하기 위해 시작된 이 치밀한 조사는 다음 사실을 증명한다. 즉 산업화와 더불어 더 이상 고전적 형태의 혁명에 대한 소망은 불가능하다. 그러나 이것이 근본적인 논증은 아니다. 상대적으로 높은 생활수준[대규모 실업 제외]을 구가했던 산업 국가에도 폭력 혁명이 있었다. 바로 1933년의 독일이다. 나치즘은 '새로운 신화'를 내걸고 산업 국가를 일으킬 수 있는 가능성을 입증했다. 산업의 관점에서 본 나치 혁명은 초기에는 재앙에 가깝고 비합리적이었지만, 산업 국가를 이 혁명에 투신하도록 할 가능성을 입증하기도 했다. 그러므로 산업화를 혁명의 절대적 장애물로 볼 수 없다. 산업화를 혁명의 절대적 장애물로 생각하는 자들이 간직한 혁명에 대한 이미지, 동기, 목표는 매우 구식이고 철 지난 것이다. 나는 이것이야말로 혁명의 걸림돌이라 생각한다. 또한 이들은 더 이상 대중들이 혁명적일 수 없다는 사실을 전제한다. 왜냐하면 한 세기 전의 혁명적 충동이 대중들의 현실 문제를 폭로했고, 오늘날 그 문제는 해결된 것처럼 보이기 때문이다. 이들의 눈에 가능성 있는 이데올로기와 신화는 더 이상 없다. 왜냐하면 이들 머릿 속에 잔존하는 유일한 신화와 이데올로기는 산업을 모르는 사회, 혹은 산업에 대한 얄팍한 지식이 작동하는 사회와 연계된 신화와 이데올로기에 불과하기 때문이다. 역으로 생활 수준의 상승과 산업화는 우리가 논했던 '필연적 혁명'에 대한 실질적 장애가 되지 못한다. 오히려 장애물은 부차적인 지점에 있다. 산업화는 산업 도식을 따라 형성된 '지적 게토'다. 이 게토 안에 갇힌 사람들에게 [혁명 이 외에] 사회를 달리 이해할 수 있는 방식은 없다. 앙드레 필립의 글은 평등, 소비, 참살이[웰빙] 혁명과 다른 혁명을 생각할 수 없다는 사실을 적나라하게 드러낸다. 산업화는 혁명의 이미지 자체를 경직시켰고, 동시에 혁명에 수반되는 것도 경화硬化시켰다. 산업화는 산업 혁명이다. 따라서 산업 문명과 그것의 결과물인 경제 체제로 인해 혁명이 불가능할 것이라 생각하지 말아야 한다. 불가능한 것은 전통적 형태의 혁명, 1789년이나 1917년 형태의 정치, 경제 혁명이다.329) 거의 일어나기 어려운 혁명은 폭력으로 승리하는 혁명, 성난 민중의 대폭발로 인한 혁명이다. 다른 형태의 혁명은 가능할 것이다. 그러나 그 혁명도 생각할 수 없고, '상상할 수' 없다. 바로 정신구조의 형성 단계에 장애물이 있다. 산업 문명은 우리가 빠져 나갈 수 없는 이데올로기적 흐름을 만들었다. 그럼에도 인간은 그것을 만들어내려 한다. 하지만 성공하지 못한다. 한 개인이 새로운 형태의 혁명들을 엄밀하게 생각할 수 있다. 혁명은 대중이 동일한 이데올로기와 분노를 공유할 때만 존재한다. 우리는 바로 이 지점과 충돌한다. 또한 새로운 형태의 혁명을 꿈꾸는 한 개인도 바로 그 지점에서도 멈춰야 한다.330)

* * *

그러나 우리는 2가지 지평, 다시 말해 '물적 지평'과 '이데올로기적 지평'에서 작동하는 또 다른 장애물과 조우한다. 바로 '기술 성장'이다.

여기에서 구별이 필요한 몇 가지 요소들이 있다. 우선 가장 기초적인 단계에서 보면, 권력이 소유한 기술들은 혁명적 활동을 매우 어렵게 하거나 불가능하게 한다. 즉 정보, 의사소통, 군사 무기, 감시 등의 분야에 널리 퍼

---

329) [역주] 프랑스 혁명과 볼셰비키 혁명을 가리킨다.
330) [역주] 엘륄은 개인이 상상하고 생각하는 혁명의 위험성을 경고한다. 혁명이 가능한 조건에 이데올로기와 분노의 대중적 동일성과 일치를 제시했기 때문이다. 탁월한 개인이 선도하는 혁명이 대중 전체에게 퍼지는 과정에 독재가 개입한다. 히틀러도 엄밀히 말하면 일종의 혁명가였다.

진 기술들이 그 임무를 수행한다.

이러한 기술 수단들이 실제로 존재한다. 그에 대한 사용 거부는 서구에 존속하는 기독교 사상, 인문주의, 민주주의의 오래된 토대이다. 이 수단들이 실제로 존재하지 않는다면, 사람들은 이 수단들의 출현 시점부터 그것의 응용을 두려워 할 수 있다. 왜냐하면 통치 정부들마다 도덕적 규제를 전혀 받지 않기 때문이다.

그러나 아마도 가장 중요한 이 위협들은 어떤 저항과도 조우하지 않을 것이다. 역으로, 약물을 과다 복용하는 젊은이는 공권력에 순응하며 화학 치료에 개방적이다. 마치 출입문 같다. 또한 수백만 시민들이 사유재산 문제에는 쉽게 흥분하는 반면, 사생활 통제를 위해 컴퓨터를 사용하고 실제로 사회 정보 기록들이 집중되는 현상에는 반응하지 않는다. 어떠한 정당이나 압력 단체도 그에 대해 행동하지 않으며, 여론도 무관심하다. 즉 이 문제에 대해 매우 추상적이다. 그러나 반대급부로 기술들이 혁명가들에게 유리하게 작용한다는 점이 부각되어야 한다. 혁명가들도 자신들의 소통 기술과 조직 기술을 소유할 수 있다. 예컨대 우리는 쿠데타 기술을 안다. 레닌은 계급투쟁의 기술이 될 필요가 있는 부분을 구체적으로 밝혔다. 극좌파는 거대한 틀을 갖춘 '기술 완벽주의'를 활용한다.

그러나 기술 사회의 이러한 성장은 종종언제나도 아니고 반드시도 아니다! 사회의 도덕적 이완을 낳는다. 사람들은 폭력의 과정이 아닌 기술의 실행 과정에 길들여진다. 전문화된 기술 현상을 거친 각 사회의 정부는 상시 가용한 수단들을 총동원하는 데 난항을 겪을 것이다. 왜냐하면 기술 양식에는 폭력가시적, 극단적, 야수와 같은 본능적이 없기 때문이다. 지난 20년 동안 정부 개입의 완화 현상을 설명할 수 있는 대목이라 하겠다. 이제 사람들은 극단적인 수단을 이용하지 않는다. 극단적 수단이 등장하는 경우헝가리, 체코슬로바키아, 알제리 전쟁, 집단적으로, 의식적으로 격분하는 모습을 볼 수 있다.

과연 집단의식에 정의나 자유에 대한 생동감이 묻어 있기 때문에 그러한 가? 결코 그렇지 않다! 집단의식은 극단적 수단을 동원한 행동에 더 이상 수 긍하지 않기 때문이다. 기술적 행동은 측정, 비폭력, 균형을 토대로 효율성 을 찾으려 한다. 사람들이 기대하는 부분은 바로 이것이다. 이처럼 정부에 두드러진 억압 수단들을 부여하는 기술은 정부에게서 충분한 이득을 얻음 과 동시에 정부를 가로막는 요소가 된다.

우리가 주목해야 할 2번째 측면은 기술로 인해 야기된 '순응화 경향'이 다. 나는 다른 글에서 전문기술자들의 정치적 무관심 문제를 다뤘다.331) 독 자들은 다양한 연구서를 통해 이를 확인할 수 있을 것이다. 전문기술자는 자기 기술의 효율성에만 관심이 있다. 그에게 체제, 정치 구조는 그리 중요 한 부분이 아니다. 그는 합리성과 연관된 것만 요구한다. 확실히 전문기술 자는 2가지 반혁명적 동기를 지녔다. 그러나 우리 사회에서 기술적 사고방 식이 승리를 거두면 거둘수록, 혁명 의지는 사라진다. 그것은 노동자의 입 을 막는 중요한 요인 가운데 하나다. 기술적 사고방식에 장악되지 않은 집 단에서, 우리는 혁명 의지가 존속하고 있음을 확인한다. 그 이유는 이 집 단이 전문-기술적이지 않기 때문이다. 법학이나 문학을 전공하는 학생들 은 어떠한 기술도 직접 연구하지 않고, 스스로 기술 사회가 가한 충격 외부 에 있다고 생각한다. 기술 사회에 이들의 자리는 없는 것처럼 보인다. 기술 자의 시각에 문과계 전공생들이 무가치하게 보일 때, 이들이 가난한 집 출 신일 때, '실제로' 이들이 대등하게 기술 사회로의 진입을 원할 때, 이들의

---

331) 자끄 엘륄, 『기술 혹은 세기의 쟁점』(대장간, 출간예정) 내가 볼 때, 매스 미디어의 통합 기능 과 혁명적 근간의 파괴라는 사례는 독일 텔레비전의 주간 방송 이름인 "결과 없는 서류"처럼 보인다. 텔레비전 방송으로 완전 범죄 사건을 소개하고, 경찰이 범죄자를 찾을 수 있도록 대 중의 도움을 호소하는 방송이다. 그 대신 경찰은 서류, 문서, 문서보관소 등을 개방한다. '불가 피하게' 그 놀음에 연루된 3천만 명의 시청자들은 경찰관이 된다. 자유주의적 [사회] 모델에 서 만인이 만인의 감시자, 통제자가 된다. 소련과 중국의 권위주의 정치 양식에서 실현된 방 식과 동일하다. 여론은 이를 전적으로 승인하고, 그 일에 참여하며, 사회적으로 인정한다! 그 러나 인정과 참여는 통합과 순응화의 분리할 수 없는 측면이다.

반응은 매우 폭력적이다. 원한 감정에서 비롯된 반항심이 작동했기 때문이다. 전문기술자는 정치인이 아니다. 또한 '모든 것이 정치'라는 사실을 보여주려는 각종 담론은 현실을 비껴간다. 전문기술자와 기술적 사고방식을 채택하는 자들은 하나같이 그러한 놀음에 별로 관심이 없다. 따라서 혁명은 낯설 수밖에 없다. 기술 사회는 반드시 어떤 것을 제작해야 한다. 이러한 시각이 보이는 특징에는 "기술 분야 전문가들"의 담론들, 즉 선의善意로 청년들에게 제시하는 담론들이 있다. 그러나 이들이 입 밖으로 내 놓는 이야기들에는 "혁명의 기획"에 관한 근본적 몰이해가 묻어난다. 전문기술의 활동 양식 자체가 혁명을 금한다. 즉, 지금까지 기술이 통상 실천했던 문제 제기 방식 자체가 혁명을 가로 막는다. 우리 사회의 모든 상황에 단 하나의 대답이 존재한다. 우리는 그 답의 정체를 안다. 바로 '기술'이다. 기술에 대한 우리의 신뢰는 매우 깊다. 그러나 그것은 혁명 정신과 정반대의 길이다. "문제 해결"이 필요하다. 그럼에도 모든 문제가 기술의 틀 자체 내부에 있다. 이 틀에서 모든 문제를 재심의 할 수 없다. 새로운 가치 형성이나 토대의 채택이 아닌, 기존 요소의 개조 및 매 순간마다 적절한 해결책을 마련하는 것이 관건이다. 즉 기술 현상에서 일관적인 상태에 머물기 위해 필요한 다른 길은 없다. 그러나 우리 사회 전체를 만들어 낼 수 있는 것은 '기술 현상' 밖에 없다. "탈출"하려는 생각은 불합리하다. 어디에서 탈출해야 하는가? 기술 현상에서 탈출하겠다는 생각이 불합리한 이유는 어느 소수가 개인의 행동으로도 이 현상의 범위에 닿을 수 없기 때문이다. 기술은 개인의 혁명적 행동옥쇄처럼 충격적인 시위가 아닌 이상의 가능성을 배제한다. 동시에 기술은 강도와 파급력을 갖췄지만, 각 집단의 행동 과정에 순응적 태도를 이식해 결국 무기력하게 만든다.

　　기술의 영향 때문에 야기된 현 사회의 국면을 재차 숙고할 필요가 있다. 즉 우리는 유동성과 엄밀성의 이동을 재고해야 한다. 인간은 과거의 여러 문명권에서 가치, 이념, 도식, 행동, 견해의 저장물과 더불어 살았다. 그것은 제한적이지만 충분히 안정적인 것이었다. 대신, 인간은 "자연"이라는 공간가공되지 않은 그야말로 자연적인 공간에서 살았다. 마찬가지로 안정적 공간이지만, 경직되거나 고착된 공간은 아니었다. 자연에는 나름의 운율이 있다. 인간의 노동에 따라 이 운율은 인간의 운율과 조화를 이뤘다. 자연은 상대적으로 유연했다. 그러나 기술 공간은 자연의 이러한 특징들을 나타내지 않는다. 한 편으로, 우리는 매우 엄밀하고, 근본적이고, 접근하기 어려운 구조들을 보았다. 이 구조들은 창조되었으며, 인간의 생물학적 운율과 전혀 일치하지 않는 특수한 운율을 따라 진화한다. 이 구조들에는 거대한 자율성이 부과되어 있기 때문이다. 다른 한 편으로, 각종 가치, 이데올로기, 의견은 더욱 유동적이고, 불안정하고, 덧없는 것이 된다. 철학자들또한 과학적 이론가들!이 어떤 것을 표명정식화하는 순간, 그것은 구식이 된다. 도덕 정신은 상대화 되거나 상황에 소속되며, 미학적 형식들은 게걸스러운 변혁의 열풍에 예속된다. 이 영역에서 더 이상 어떠한 안정감을 찾기 어렵다. 모든 사상이나 정신성은 기술 불변성의 바탕에서 떠돌고 바뀌는 구름과 같다. 더욱이 철학자와 과학 이론가 사이에는 연관 가능성이 있다. 또한 인간은 어떤 값을 치르더라도 자기 자유를 신속하고 헛된 이 변화 국면에 두려 할 가능성이 있다. 왜냐하면 인간은 현실을 바탕으로 활동할 수 없기 때문이다. 여기서 말하는 현실은 변화를 통해 창조되었고, 변화를 벗어났으며, 옥죈다. 이것은 기술 사회를 통해 생산된 물질들일 수 있고, 이 물질들이 정신적 영역까지 확장될 것이다. 여하튼 이러한 상황은 혁명을 실질적으로 불가능하게 한다. 기술에서 비롯된 사회−물질적 구조들에 대해 공격해야 한다. 그러나 우리는 이미 어떤 지점에서 이 구조들이 안정적이고 엄격해지는지, 어느 지점에서 이 구조들을 잠식하기 어려운지를 이미 확인했다. 거기에 필요한 것은 가장 큰 용기, 동기, 수단이다. 이러한 요소들은 정신적 수단들이 될 수 있다. 그러나 기술 사회의 사건 자체에 속한 인간은 이 모든 것에서 박탈된 존재이다. 혁명 시도를 위해 흔들림 없는 진리에 역점을 둘 수 있어야 한다. 그러나 더 이상 진리가 없다. 끊임없이 이데올로기적 동력을 확보해야 한다. 그러나 사방에서 이데올로기의 변화를 목도한다. 공통 가치들, 재론의 여지가 없는 가치들에 역점을 둘 수 있어야 한다. 즉 모든 것은 논의되었고, 더 이상 어떤 것에서도 공통 요소를 찾을 수 없다. 이 대목에서 카뮈의 분석은 그것의 검증과 한계를 동시에 발견한다. 소망을 낳는 가치 및 소망의 지표로 작동하는 가치가 없다면, 인간은 혁명에 가담할 수 없다. 그러나 우리는 한 가지 사실을 배웠다. 즉, 옛 가치들은 모두 구식이 되었고, 어떤 것도 새 가치의 출현을 절대로 예고하지 않는다. 새 가치 창조에 혁명적 행동이 면밀하게 연관된다고 말할 수 있는가? 물론이다! 그러나 갓 창출된 새로운 가치들기술 영역에 봉사하는 가치들, 즉 순응적 가치들을 제외하고을 평가 절하하는 기술 영역에서 과연 가능하겠는가? 우리는 구조를 공격하면서 동시에 그 구조의 가치들을 창조해야 한다. 그러나 사람들은 '무의미' rien, 332)를 내세워 이 구조들을 공격하지 못한다. 구조들의 정당성 때문이다. 누가 보아도 도드라지고, 논의의 여지가 없는 구조들의 정당성 때문에 공격은 불가능하다. 구조들을 문제 삼으려면 반드시 2가지 동기가 필요한데, '우월성' 그러나 어떤 것도 구조들보다 우월하지 않으며, 안정성을 갖춘 것은 하나같이 구조들에 통합된다과 '초월성' 이 그것이다. 하지만 신학자들의 최근 발견에

---

332) [역주] 그렇게 행동해 봤자 별다른 의미와 소득이 없다는 식의 비관론과 패배주의 혹은 무기력을 전제하는 태도를 가리킨다. 참고로 엘륄은 기술이 총체성(totalité), 즉 하나의 거대 체계를 이룬 현실에서 실제적 체제 파괴나 이탈을 위한 수단의 부재가 혁명을 좌절시킬 뿐 아니라 사람들의 의식을 애당초 무력화하는 현상을 지적한다. 적어도 엘륄에게 혁명은 틀 자체를 바꾸는 작업이므로, 기술 총체성 분쇄라는 담론이 제외된 혁명 구호는 그 자체로 무의미할 뿐이다. 다만 엘륄의 이러한 진단을 기술 혐오(technophobie)에 근간한 염세주의로 볼 수 없다. 왜냐하면, 엘륄의 초점은 기술 자체를 악마화하는 것이 아니라 자율성을 확보한 기술이 새로운 지배자와 숭배자의 자리에 올라 인간의 자유를 속박하고 예속하는 것에 대한 근원적 저항에 있기 때문이다. 역자는 엘륄의 기독교 아나키스트적 성향이 그의 저서를 가로지르는 근본적 시각임을 강조한다.

따르면, 초월적인 것은 더 이상 존재하지 않는다. 인간의 자유를 지속적으로 추구하고, 이를 위해 투쟁할 수 있는 지고의 합리성을 우리에게 제공해야 할 신학자들 스스로가 초월성을 배반했다. 기술은 한 사회를 건설한다. 이 사회에서 혁명을 향한 노력은 지성, 상상력, 투철한 소명, 물질, 원대한 포부를 함축한 시각과 맞물리지만, 결국 그 동력들과 가치들은 산산조각난다. 즉 혁명을 일으킬 수 있는 수단들이 없다. 왜냐하면 수단들은 이미 기술에 통합되거나 평가 절하되기 때문이다. 기술 사회의 이러한 발전이 오늘날 혁명 과정에 가담할 수 있는 가능성을 모조리 지웠다. 투렌의 다음 분석은 타당하다. "상황이 갈등과 위기일 때, 제도적 장치나 협상가들이 갈등을 다룰 수 없을 때, 상황은 혁명적일 수 있다. 혁명적 행동은 사회 운동과의 만남, 폭력적 상황과의 만남이다." 그러나 투렌은 [제도적] 장치가 위기에 빠졌다고 믿는다. 명백한 판단 착오다. 왜냐하면 그는 정부와 정치−행정 구조, 생산과 경제 체제, 기술과 기술화 된 기술 사회를 혼동하기 때문이다. 반면, 그의 생각이 분명하게 드러나는 지점은 다음과 같다. '전문기술자 관료 집단을 문제 삼기 어렵고, 정권은 긴장에 대한 분명한 해법을 더 이상 제시하지 못한다.' 그러나 우리 사회의 현실은 다른 곳에 있다. 더욱이 오늘날 기술 조직화 현상은 혁명적 상황에 대한 믿음을 금한다. 특정한 감정이 있었던 관계로, 투렌은 무수한 다른 요소들을 수반해 유토피아의 탁월한 역할을 거부한다. 유토피아에서는 모든 것이 허용된다. 심지어 상황이 혁명적이라는 믿음까지도 가능하다. 그러나 어떠한 유토피아도 자신이 맞섰던 것의 성장과 번영을 결코 막을 수 없었으며, 기술 성장의 과정도 제어할 수 없다.

혁명이 사회 계약의 단절을 포함한다는 배슐레의 탁월한 분석이 옳다면, 우리는 다음 내용에 이목을 집중할 필요가 있을 것이다. 여기서 말하는 사회 계약은 루소의 것도 아니고, 특정 정치 양식에 단순하게 합의하는 형태

도 아니다. 사회 계약은 그보다 심오하다. 현 사회에서 사회 계약은 경제 성
장의 위기, 기술의 탁월성, 조직화의 필요에 기초한다. "대항문화"를 제외
하고, 오늘날 어떠한 것도 이 사회 계약을 문제 삼기 어렵다. 그러나 대항문
화의 특징은 비일관성과 무능력이다. 또한 이 문화는 탈선 정도에 그칠 뿐,
그 이상을 넘지 못한다. 어떤 사회가 최소한도의 혁명적 세계를 거치지 않
아도 충분히 생산해 낼 수 있는 수준 밖에 되지 않는다는 뜻이다.

2. 무의미한 혁명

이제 우리는 앞에서 다뤘던 지점의 결론에 이른다. 우리가 진보할수록,
평범한 사람들에게 필연적 혁명은 무의미한 혁명이 된다. 여기서 우리는 부
득불 드쿠플레가 발전시킨 내용과 다시 만날 수 있다. 그는 역사를 제작 하
려면, 혁명 기획의 출발은 역사를 통합하고 짊어지는 것이라고 말한다. 역
사적 의미가 전무한 사회, 신화적 수준에 머물러 역사를 의식하지 않는 사
회는 직접적 반란은 낳을 수 있어도 혁명을 잉태할 수 없다. 혁명의 기획은
고유한 역사성에 관한 의식과 짝을 이룬다. 두쿠플레는 다음과 같이 말한
다. "사람들은 불가능한 혁명을 사회와 구별할 수 있다. 왜냐하면 그 혁명
은 인민 외부에 있는 일부 지식인들을 제외하고, 보통 사람들, 대중, 인민
에게 무의미하기 때문이다."333) 나는 서구 사회가 무의미한 혁명의 시대에
돌입했다고 생각한다. 그러나 데쿠플레의 추론이 정확하다면, 그것을 반
대로 생각해 볼 수도 있어야 한다. 의미 부재에서 출발해, 우리는 혁명적 기
획의 부재를 확인할 수 있다. 이미 다뤘던 내용 그러나 그 부분에서 우리는 고
유한 역사성에 관한 의식 부재나는 서구 세계가 자기 역사의 의미를 상실했다고 생

---

333) Decouflé, *Sociologie de la révolution*, 1968, p. 51.

각한다!와 신화적 세계로의 돌입나는 이것을 현 시대의 특징들 가운데 하나로 본다. 즉 인간은 점차 신화의 도움을 받아 산다.334) 그것도 공허하고 진부한 신화가 아닌 구체적이고 기술적인 신화의 도움으로 산다을 확인할 수 있다. 그러나 나는 현대인에게 혁명의 무의미함만 제시하고 멈추는 입장을 강조하지 않을 것이다. 거듭 말하지만, 나는 이 글에서 침략자, 배고픔, 부자 국가에 맞서 싸워야 할 의의와 당위로 충만한 제3세계 민중들의 반란에 대해 이야기하지 않을 것이다. 전 인류의 유익을 위해 서구 사회에서 반드시 일어나야 했던 혁명소위 필연적 혁명에 대해 말할 뿐이다. 그러나 필연적 혁명은 가시적인 것, 즉 직접적으로 접근 가능한 것을 결코 재현하지 않는다. 혁명의 대상 자체가 그것을 내포한다. 대상이 기획을 지운다. 왜냐하면 이 대상은 더 이상 명확히 구별되지 않을 뿐 아니라 감각적으로 느낄 수도 없고, 쉽게 규정되지 않기 때문이다. 혁명은 엄밀한 구조들에 맞서 일어나야 한다. 우리는 이 구조들에 관해 이야기했다.335) 그러나 그것은 혁명이 어느 지점에서 개연성이 없는지를 파악하도록 할 뿐이다. '구조들을 구별하기 위해' 상당한 지적 분석이 필요하다. 이 분석은 상대적으로 단순했던 1850년의 자본주의 구조들을 분석한 마르크스의 작업보다 훨씬 복잡한 작업이다. 또한 이 구조들이 설명하는 인간적 요소, 즉 직접 피부에 와 닿는 인간의 비참과 착취와 같은 요소는 사라졌다. 혁명은 더 이상 본능과 열정에 의지하지 않는다. 그러나 이러한 마르크스의 지적 분석을 실천에 옮길 수 있는 자들은 극히 드물다. 또한 분석 작업이 혁명에 투신할 수 있는 용기를 도출하지 못한다. 이 분석은 기성 사회의 단물을 빠는 자들과 마주할 때, 언제나 요행에 좌우되고 예측 불가능한 것처럼 보인다. 무엇에 맞서 혁명을 일으켜야 하는지를 지적으로 해독解讀해도, 결국 혁명에 가담할 수 있는 용기를 주지 못하고 그 반대처

---

334) J. Ellul, « Les grands mythes modernes », *Diogène*, 1957.
335) 자끄 엘륄, 『혁명의 해부』, 황종대 역 (대장간, 2013)

럼 보인다. 사람들은 자신의 현실을 의식함과 동시에 세계의 광대함, 과제의 어려움을 깨달았다. 이처럼 우리 사회가 점차 복잡해진다는 틀 자체에서 보면, 일으켜야 할 혁명도 점차 복잡해지고 그 대상도 더욱 추상적이다. 필연적 혁명은 더 이상 감각적인 것, 직접적으로 눈에 보이는 것, 분노와 화를 일으키는 것에 대해 말하지 않는다. 한 편으로 이 혁명은 절망의 문제이며, 다른 한 편으로 냉랭한 이성의 문제이다. 그러나 절망의 확산과 그 원천을 알 길이 없다. 혹시 원천이 드러났다고 해도, 우리의 절망과 원천을 결합할 수 있는 것은 아무것도 없다. 자본주의 구조를 분해한 마르크스는 빈곤이 자본주의 구조의 산물이 되는 법을 제시할 수 있었다. 그러나 지금까지도 여전히 암흑 상태에 있는 분석의 끝자락에서, 우리는 다음과 같이 결론을 내린다. '현 시대의 절망을 맛본 사람은 자신의 부재를 자신이 발 딛고 사는 사회의 무의미 때문으로 여기며, 사회의 무의미를 기술 전문화의 결과로 생각한다.' [하지만] 과연 누가 그렇게 생각했는가? 관용 불가능한 것에 대한 반란과 "유구무언"有口無言의 혁명을 근본적으로 분리해야 한다. 사람들은 혁명을 직접적으로 요구할 수 없고, 언제나 투신해야 할 화려한 증거들 가운데 하나로 생각하지도 않는다. 혁명 기획이 더 이상 존재하지 않는 이유는 직접 식별 가능한 역사적 대상이 없기 때문이다. '현재까지 체험된 역사' 와 '기술성336)의 필연적 행보를 거부하는 경우에 가능한 역사' 사이에 공통 척도는 없다. 역사를 짊어지면서 동시에 역사의 장래파악 가능한를 지향하는 계획 수립은 불가능하다. 우리가 해결해야 하는 문제는 매우 추상화 되었다. 그 문제는 인간과 우리 사회를 위한 관심을 더 이상 표명하지 않는다. 아마도 인간을 조작하는 양식들을 다음과 같이 설명할 수 있을 것이다. '일

---

336) [역주] 기술성(la technicité)은 기술 총체성(la totalité technicienne)으로 쓸 수 있다. 다시 말해, 하나의 거대 체계, 즉 총체성이 된 기술을 뜻한다. 엘륄은 독자들에게 기술 총체성에 반대하는 새로운 존재론을 요구한다.

시적 방해는 가능하다.' 그러나 혁명적 의도를 도출하지 못한다! 우리는 무엇에 맞서 혁명을 일으켜야 할지 모른다. 대적을 열거하는 법도 알지 못한다. 혁명에 투신하려 하는 사람들은 목표 설정에 실패한다. 왜냐하면 혁명의 목표는 결코 단순하지 않기 때문이다! 예컨대 누군가 '기술에 맞서 혁명을 일으켜야 한다'고 말했다고 하자. 이 말은 부정확하다. 정확히 기술 자체에 맞서는 것이 아니라, 그와 전혀 다른 문제인 기술 사회, 기술화 과정을 통과한 사회의 엄격한 구조들에 맞서야 한다는 말이기 때문이다. 그러나 보통 사람이 그것을 어떻게 구별할 수 있는가? 모든 혁명 운동에는 자의적인 간소화 작업이 있었다. 우리가 잘 아는 부분이다. 그러나 이 부분에서 실질적인 오해가 발생한다. 덧붙여, 이 간단한 형식에도 불구하고 혁명 운동이 나타날 위험은 없다. 타도해야 할 적이 매우 추상적이고, 식별 불가능하기 때문이다. 사람들은 누구에 맞서 그리고 무엇에 맞서 결집해야 할지 모른다. 하지만 기본적으로 다음 사실을 알 필요가 있다. '혁명은 매우 구체적인 것, 통상 사람에 맞서 일어나야 한다.' 어떤 정치 질서를 전복할 경우, 특정 형태의 군주제나 정부가 나타날 것이다. 우리는 폭군들을 안다. 그리고 누구에 맞서 행동해야 할지 확실히 안다. 만일 혁명이 반드시 있어야 한다면, 적대 세력을 지시할 수 있는 이름이 필요할 것이다. 혁명은 '누군가'에 맞서 일어나야 한다. 히틀러 시대에 혁명은 간단했다. 위험 부담이 있어도, 히틀러에 맞서 사람들을 모으는 일은 비교적 쉬웠다. 경제적 단계의 혁명은 그보다 복잡하지만, 거기에도 우리가 대적해야 할 사람의 범주가 있다. 바로 착취자다. 하나의 계급을 생각해 보자. 이미 계급은 여기저기 퍼진 상태이지만, 사람들은 계급을 인격화 한다. 조직, 단체, 공동체를 등에 업을 수 있을 "이름"이 존재하기 마련이며, 특정 계급에 맞서 궐기하도록 사람들을 설득하는 강고하고 지속적인 선전 활동도 필요하다. 적을 구체적으로 구현하는 작업은 집요함을 요한다. 왜냐하면 사업주처럼 구체적 인간화를 했다고 해도, 이들이 항시 계급적 증오를 낳기만 하는 것은 아니기 때문이다. 반면 주목해야 할 부분이 있다! '기술을 누구도 대신하지 않으며, 기술 사회를 책임질 자도 없다.' 사람들은 관료들, 기술전문가들로 성급히 인격화구현하는 측면이 있다. 그러나 이는 오판이며, 근본적인 문제를 낳는다. 관료제의 제거는 암에 걸린 신체 기관을 무사마귀 정도로 보는 오진誤診과 같다. 우리가 궁극적으로 도달해야 하고 타도해야 하는 것은 얼굴이 아니다.337) 이러한 공백과 추상 가운데서 사람들이 행동하리라 어떻게 희망할 수 있는가? 혁명이 필연이라면, 우리의 반란 의지에 직접적으로 부과될 수 있는 것은 사실상 아무것도 없을 것이며, 그 의무는 '이해' 정도에서 그칠 뿐 어디에서도 실질적 '체험'은 불가능할 것이다.

그러므로 현실의 여러 조건에 비춰보면, 혁명을 위한 파르티잔 정신은 존재하지 않는다. 그러나 혁명의 발발은 이 정신을 출발점으로 삼아야만 가능하다. 혁명은 파르티잔 정신긍정적, 부정적 요소를 모두 포함해을 통해, 그리고 이 정신을 벗하여 일어난다. 더 이상 개인을 그의 성격, 계급, 인종, 행동, 역할에 따라 생각하지 않는다. 또한 개인 자체와 대면하고, 종국에 개인을 부정하는 것이 파르티잔 정신의 특징이다. 압제자와 계급의 적에게 인간미를 느끼는 순간, 혁명의 긴장감은 떨어진다. 앙졸라338)의 일화는 그저 동화일 뿐이다. 파르티잔 정신의 또 다른 특징은 다음과 같다. 이 정신은 현재 "마주한" 자의 견해, 교리, 행동을 나타내는 긍정적 가치들을 부정하거나 거부한다. 이 관점에서 보면, 혁명은 결코 "의롭지" 않다. 혁명은 [기성체제에 대한] 부정, 거부, 말소를 외치는 자료들, 즉 [자기에게] 긍정적인 자

---

337) [역주] 엘륄은 표층적 차원을 공격하는 것으로는 어떤 변혁도 불가능하다고 생각한다. 여기에서 사용하는 얼굴은 표층적 차원을 지시하는 은유적 표현이다.

338) "앙졸라"는 프랑스의 전투적 아나키스트이자 1871년 파리 코뮌의 주요 인사였던 루이즈 미셸(Louise Michel, 1830~1905)의 별명이다. 반체제 운동 중에 보인 그의 인간주의 정신과 행동은 전설이 되었다.

료들을 금한다. 왜냐하면 이 자료들이 지금 쓰러뜨려야 할 체제 내부에 동화되었기 때문이다. 더욱이 최초 '구성'에서 '견실' 단계를 거쳐 '영존'을 필요로 하는 파르티잔 정신은 각종 정보들을 거르는 소위 "거름망"을 전제한다. 이 정신은 [자기] 원리를 수긍하는 자들만 환영한다. 자기에게 호의적인 정보를 얻기 위한 과정에서, 선전이 중요한 역할을 한다. 마지막으로, '반드시 "행동하는 소수"의 지도를 받고, 이들이 짠 틀에 머물 것'. 만약 이 강령에 충실한 대중들의 행동을 혁명이라고 할 수 있다면, 혁명은 또 다른 소수자를 짓밟는 일이다. 파르티잔 정신은 또 다른 소수자의 실존을 무시한다. 즉 정신적으로 그 존재를 금한다. 만약 우리가 혁명을 일으킨다면, 어떤 중요성과 유의미성도 확보하지 않은 채 파르티잔 정신만 떠드는 이 혁명에 맞서는 혁명을 일으킬 것이다. 문자적으로 '혁명에 맞서는 존재자'는 존재하지 않는다. 적어도 민주주의를 다수실제적 혹은 잠재적의 무제한적 의지의 부과가 아닌 소수자들에 대한 존중이라고 규정한다면, 파르티잔 정신은 모든 혁명의 본성처럼 드러난 '반민주성'과 연계될 것이다. 파르티잔 정신을 추적해 도식화하면 바로 이런 모양반민주성이 나온다. 파르티잔 정신이 없다면, 혁명의 잉태도 없다. 그러나 오늘날 회자되는 필연적 혁명은 어떠한 파르티잔 정신도 낳지 못한다. 오히려 개인을 거부하고, 소수자를 증발시키고, 가치를 삭제한다. 사람들은 기술, 구조, 임의적 영향력에 반대하는 당파 정신을 갖지 못한다. 현재 파르티잔 정신은 세계 곳곳에 퍼졌다. 우리는 그것을 똑똑히 보고 있다. 이 정신은 공산주의자, 반공주의자, 카스트로주의자, 마오주의자, 후기나치주의자 등에도 나타난다. 그러나 오늘날 파르티잔 정신은 더 이상 혁명가들의 당파성도 아니고, 혁명들에서 분출된 충동적 힘도 아니다. 그 반대로 이 정신은 시대착오적인 가짜 혁명가들, 혁명의 몽유병에서 헤어 나오지 못하는 자들, 과거의 위대한 시절을 애써 현실로 소환해 인위적인 추억놀음에 빠진 자들의 것이다. 분명한 사실은 파르티잔 정신이 구현되어야 한다는 것이다.339) 그것은 인간의 상수常數다. 인간은 당파, 판단, 배제, 비난 없이 살 수 없다. 그러나 오늘날 인간에게 제기된 것으로는 더 이상 당파 정신을 호출하기 어렵다. 따라서 너도 나도 모험을 꿈꿨던 과거, 즉 '피고인들은 우리의 진화와 발전으로 인해 이미 비난을 받은 시대착오적 인사들일 뿐이다'처럼 공세적인 당파 정신을 표출할 수 있었던 과거를 소중히 간직해야 한다. 오늘날 파르티잔 정신은 민족주의에서 구현되는 경우가 많다. 즉 혁명에 투신하고, 그 혁명의 전개를 위해 필요한 요소들 중 하나가 필연적 혁명에는 없다. 현대인에게 파르티잔 정신이 결여된 이유는 무엇인가? 아마도 혁명적 투신에 관한 개별자들의 무관심 때문일 것이다. 이들에게 혁명은 무의미하다.

＊＊＊

동일한 방향에서 2번째 요인이 중대한 역할을 한다. 바로 '진보 이데올로기'다. 독자들은 진보 이데올로기와 그와 결부된 '진보주의'가 사실 혁명의 반反테제라는 점을 기억해야 한다. 소렐, 프리드먼, 메를로-퐁티의 주제들을 재발견하고 종합한 드쿠플레Decouflé는 다음과 같은 탁월한 설명을 남겼다. "혁명 기획과 진보 개념은 서로 낯설다. 후자는 역사 해석의 동조 함수와 일차함수로 나타난다. 또한 이 개념은 서구 사상을 지배하는 전통의 분위기에서 인본주의적, 합리주의적 특징을 보이는 낙관론의 일환이다. 서구를 지배한 이 사상 전통은 역사에서 2가지를 동시에 추구한다. 바로 (1)

---

339) [역주] 엘륄은 육화(肉化)를 의미하는 용어인 incarner를 사용한다. 즉 정신의 영역에 머물지 않고, 구체적인 몸, 운동, 활동, 체제 등으로 나타나야 한다는 뜻이다. 파르티잔 정신이 혁명 정신의 원초적 형태이자 혁명을 잉태하고, 또 혁명을 통해 잉태된다면, 이 정신은 끊임없이 역사의 구체적인 물질로 구현되어야 한다는 말이다. 단순한 구호나 선전, 당위 차원에 머물러서는 안 된다.

확고한 주도권 비호와 (2) 충격 없는 미래의 토대340)다. 이 전통은 시대의 흐름을 따라 나타나는 자기 타당성을 보증하기 위해 결국 자신에게 회귀할 뿐이며, 현재와 미래의 확고한 자기 정체성을 유지하려고 할 때, 언제나 확장된 존재로 자신을 발견한다. 현재적인 것도 미래적인 것도 진보의 자양분이 아니다. 진보는 본질적으로 정적인 일상을 먹고 살 뿐이다. 진보는 자기의 전개 과정에 문제를 일으킬 수 있는 일체의 것을 싫어한다. 그것도 매우 싫어한다. 무엇보다 무질서의 옹호자이며 억압의 운반자인 혁명을 미워한다. 혁명 기획은 진보의 직선적 이상주의에 반한다. 이 기획은 집단적 삶의 총체적 변화를 설명한다. 집단적 삶은 역사의 의미를 보증하는 개념과 그 의미를 원칙으로 삼는 개념에 환원되지 않는다." 더욱이 혁명의 기획은 다음 사실을 소환한다. 즉 혁명과 진보의 일치를 주장하며, 혁명의 최고 범주를 선거라는 수단 그 자체로 여긴 프루동의 사상에는 몇 가지 혼란스러운 부분이 있다. 반대로 혁명가는 진보에 대한 소망으로 살 수 없으며, 진보를 지향하는 자는 혁명을 용인할 수 없는 것처럼 보인다. 혁명과 진보는 2가지 지성적 입장이면서, 동시에 2가지 반反체제적 생활 태도다. 종교 영역에서 이야기하면, 하나는 정신주의에 상응하고, 다른 하나는 묵시적 종말주의윤리적 제한에 다다르며, 제한적 상황에서 사는에 상응한다. 그럼에도, 서구 세계에서 장기간, 집단적으로, 큰 이의 제기 없이 승자로 군림했던 진보 신화, 그리고 이 신화와 연계된 행복, 노동, 안전, 경제 성장, 역사의 의의 등을 가릴 수 있었던 방법은 무엇인가? 사실 진보 신화의 승리는 매우 압도적이다. 첫째, 사람들은 더 이상 이 신화가 거둔 승리의 무게를 잘 알지 못한다. 둘째, 일각에서 진보에 의구심을 표하는 경우 그저 귀염둥이 취급을 받는다. 셋째, 사람들은 "진보는 멈추지 않는다"라는 공식대로 산다. 넷째, 변증법적 혁명 이념은 보다 인간적인 사회 질서를 지향하는 진보와 결코 맞

---

340) [역주] 서구 진보주의의 역사적 낙관론을 가리킨다.

지 않는다. 공산당은 이 사실을 단 1분도 성찰하지 않고 진보주의341)를 창출하고, 결국 거기에 적응한다. 이러한 압도적 승리에도 불구하고 확실하게 드러나는 부분은 다음과 같다. 공산당 전술의 활용 폭은 전 영역에 닿을 만큼 무한대를 지향한다. 덧붙여, 사람들은 진보에 대한 믿음을 활용한다. 이것은 전술의 전제사항이다. 진보의 기류에서 과연 어떻게 혁명의 발발을 기대할 수 있는가! 필연적 혁명은 진보에 근본적 이의를 제기할 수 있는가! 행복한 문명사회에 들어가도록 사람들을 선동하고, 그 사회에 투신하게 할 가능성을 낮추는 방법은 무엇인가! 이러한 물음이 가능한 이유는 바로 기술 사회의 구조들에 맞서는 혁명이 관건이기 때문이다. 나는 기술 사회에 맞서는 혁명의 중요성을 논했지만, 기술 사회는 인류에 지상 낙원을 선사했고, 이미 상당한 영역에서 일정부분 그 약속을 지켰다. 과연 누가 행복을 거부하겠는가? 물질적 진보와 정신적 발전을 아우르는 낙원을 과연 누가 추구하지 않겠는가? 인간의 행복이 인간의 선을 낳고, 경제 성장 정의의 조건들을 창출하며, 기술의 자유를 보증할 수 있다면, 과연 누가 행복을 거부하겠는가? 선명하게 드러난 이 현실을 부정하는 바보가 있겠는가? 그대는 무엇을 더 원하는가? 그대가 이루고픈 것은 무엇인가? 내일의 찬가를 보장하는 것은 혁명이 아니라, 진보이미 우리가 연루된이다. 적어도 진보는 우리에게 성공의 담보물을 수없이 제공했다. 인간이 지상 낙원, 즉 행복을 목표로 한다면, 기술 진보에 대한 철저한 심의가 필요할 것이다. 기술 진보에 대한 문제 제기야말로 행복한 낙원을 이루는 지름길이다.342) 사람들은 공히 '세

---

341) 이 부분에서 메를로-퐁티가 진보주의에 관해 썼던 중요한 내용을 확인할 필요가 있다. "마르크스주의적 의미에서 본 진보주의는 어떤 불명료함이 없을 정도로 투명하다. 자기의 특수성을 바탕으로 생각하고 행동하는 자, 충분한 정치의식 없이 프롤레타리아 혁명에 봉사하면서 생각과 행동을 전개하는 자가 바로 진보주의자이다. 진보주의 정당에 대한 이념, 즉 조직화된 무의식이 최근 국면을 해학극으로 만든 것에 불과하다"(Les Aventures de la dialectique, 224)

342) 사람들은 '혁명은 진보의 가속화'라고 말하며 둘을 화해시키려 한다. 5월의 사회적 봉기에 대한 심판이 정확히 그것을 대변한다. 과연 이 봉기에 나선 이들은 무엇에 투신했는가? 진보

상에 완벽한 것은 없어도 진보를 '문제의 해결책'으로 여긴다. 기술은 새 가치들을 창조하고, 모두가 이 가치들을 공유한다. 동시에 진보 그 자체를 공유한다. 사람들은 '가치들'을 명분 삼아 혁명에 투신해야 했다. 그와 연관된 최종 운명을 우리는 이미 확인했다. 다시 말해, 기술 자체가 가치들을 제거한다. 그러나 진보 자체와 가치들을 동화시키기 위해, 진보는 가치들을 속 빈 강정으로 만든다. '진보'와 '가치'가 동격이 될 때, 현대 서구인에게는 일체의 혁명이 무의미하다. 소비 사회에 맞서는 반란은 분명 매우 훌륭한 행동이다. 다만 그것은 기술 진보를 이룬 사회에 대한 적응력을 높이는 일이다! 기술 진보가 인간에게 부여한 편리함과 정반대의 길을 택한다면, 습관과 설득을 통해 생명력을 얻는 욕구 충족의 문제로 도박을 감행한다면343), 돌출부처럼 선명히 드러난 낙원을 지향하지 않는다면, 필연적 혁명의 기회는 결코 없을 것이다. 진보 신화는 '혁명 정신'과 '현실적 혁명의 필요'에 대한 의식화 가능성을 압살했다. 들어 올려야 할 무게가 상당하다. 자기가 욕망하는 모든 것을 기술이 공급할 것이라는 확신을 갖고 조용히 기다리는 인간은 기술 발전을 용이하게 하려는 노력과 다른 형태의 노력을 기울여야 할 이유를 모른다. 또한 불확실과 의심으로 점철된 모험에 투신해야 할 이유도 모른다.

***

나는 필연적 혁명이 왜 불가능한지 그 마지막 측면을 제시하려 한다. 지속적으로 반복되는 주제들을 언어화하는 문제가 부각되어도 독자들은 놀

신화에 대한 한 가지 반응이 있는데, 바로 선거(투표)였다.
343) 특정한 욕구들을 충족하는 문제를 지적하는 필연적 혁명은 전통 혁명에 역행한다. 이 부분을 강조할 필요가 있다. 전통 혁명은 억누를 수 없는 욕구들의 충족을 언제나 목표로 했다. 단순히 둘을 동일한 혁명이라 부를 수 없는 이유다!

랄 필요가 없다. 어떤 것이 인간에게 유의미하려면, 발화된 말la parole은 꼭 필요하다. 말은 '이미 의미가 부여된 것' 기의을 드러내면서 동시에 '어떤 의미를 부여' 한다. 이러한 '기의' signifié와 '의미화' signification가 가능하기 위해 필요한 전제는 다음과 같다. 말을 통해 지속되는 언어에는 공통의 중량감, 객관적 구조, 혁신적인 말을 지탱 '할 수 있는' 구조, 심지어 언어의 고의성까지 포함할 수 있는 구조가 있어야 한다. 혁명에서 말의 역할은 언제나 중요했다. 인간이 매번 현실을 새롭게 배우도록 견인했던 것도 말이고, 현실을 조명했던 것도 말이다. 또한 인간의 삶, 인간이 기획한 행동을 신속하게 표현했던 것도 말이다. 이미 이야기했던 것처럼, 필연적 혁명이 추상적, 간접적이고, 명증성이 약하다는 측면에서 보면, 말은 중요하고, 결정적인 역할을 맡는. 오늘날 삶의 의미를 설명하거나 인간이 처한 상황을 담담하게 기술할 수 있는 것, 인간 스스로 발견할 수 없는 상황까지 묘사할 수 있는 것은 오로지 말 뿐이다. 또한 '의식의 필요' 에 관한 나의 언급을 환기한다면, 말의 본질성은 더욱 부각될 것이다. 하지만 오늘 우리는 과연 무엇을 목도하는가? 보편화된 말의 무력함, 의미를 박탈당한 언어, 상호 매개를 통한 진실과 중요성 전달의 어려움을 목도하지 않는가? 흔히 사용하는 표현대로, "행동은 별로 없고, 오로지 말투성이"다. 사람들은 별 생각 없이 아무거나 말하며, 극단을 달리는 표현도 서슴지 않고 사용한다. 왜냐하면 그런 말과 표현들은 더 이상 실질적인 것을 뜻하지 않기 때문이다. 기술 사회에서 언어의 자리는 없으며, 완전히 평가 절하된다. 그렇기 때문에 언어는 연구 대상완전히 해부된 상태이다. 언어는 죽었기 때문이다과 사회에 관한 학적 연구에 참고 가능한 틀순수한 형식이 된다. 더 이상 내용은 중요하지 않다로 채택된다. 그러한 조건에서 우리는 말과 혁명의 관계가 완전히 뒤바뀌었다는 것을 파악한다. 혁명에 대해 예민하게 반응하는 이들, 심지어 반란의 단계에도 날카롭게 반응하는 이들에게는 일종의 원초적 공포가 있다. 즉, 사람들이 쉼 없이 떠드는 혁명지금 우리는 혁명 중이다!에 대한 두려움이다. 왜냐하면 의미가 퇴색한 언어로 혁명을 떠드는 것은 다른 것들처럼 혁명을 단순 소비 재로 치환하거나, 화려한 쇼를 구경하기 좋아하는 문명의 일환으로 바꾸기 때문이다. 단순 소비재 치환이나 스펙타클은 현대 유토피아주의자들도 기획할 수 있는 일이다. 이렇게 가볍고 쉬운 말로 혁명을 떠들 때, 반혁명가들은 물 만난 물고기가 된다. 이들은 혁명의 가능성이 높은 후천적 가치에 투신할 수 있다고 확신하며, 혁명 의식을 키워나간다.344) 그러나 "딱 그 뿐이다!" 행동의 언어가 될 수 없는 언어는 죽은 언어다. 왜냐하면 기술이 짜 놓은 일상성에 끈끈하게 달라붙은 이상, 혁명에 대한 언급은 금기시되기 때문이다. 우리는 또 다른 딜레마에 빠져 옴짝달싹하지 못한다. 만일 혁명에 대한 언급이 불가능하다면, 혁명의 도래도 결단코 없을 것이다. 혁명에 대한 요구에 우리의 자리를 배치하는 데 필요한 '혁명의 의미'를 일상생활이 수용할 수 없기 때문이다. 그저 말로만 "혁명"을 떠들 뿐이다. 의식화 작업도 이내 사라질 것이다. 혁명의 언어를 평가 절하하고, 활력과 생동감을 갖춘 언어의 폭발력을 억누르는 데 공헌한 기획이 가장 반혁명적인 기획이다. 선전우리는 선전의 내용과 무관하게 그것의 반혁명적 성격을 이미 확인했다과 같은 실천적 운동에 가담하거나, 언어를 정밀하고 엄격한 해석의 도구로 사용하는 학적 이론가들의 활동에 참여한다고 하여 폭발력이 되살아나지 않는다. 혁명의 폭발을 낳는 언어의 사용은 없을 것이며, 행동의 언어가 지나다닐 수 있는 조금의 틈도 없을 것이다. "이론의 빙하기"가 와야 행동의 언어는 되살아난다. 현존하는 것을 간명하게 분석한다는 명목으로 지식인들이 부과했던 합리적 틀 속에서 행동의 언어는 완전히 굳어 버렸다. 그러나 이러한 이중적 활동에 직면해 절망을 표하는 주장이 있다. 이 주장에 따르면, 결

---

344) Cf. 자끄 엘륄, 『혁명의 해부』, 황종대 역 (대장간, 2013)에 포함된 「혁명의 진부함」편을 참고하라.

국 모든 것은 언어의 단계에 있다. 사실 표면적으로 혁명에 관한 선례를 물구나무 세운 이 시각은 언어의 연속성에 해당한다. 따라서 언어에 대한 과대평가가 등장한다. 혁명은 무엇보다 언어이며, 언어여야 한다. 언어는 만물의 중심, 매듭, 본질이다. 또한 언어는 그 자체로 대상이 된다. 사람들은 언어를 자의적 현실로 취급한다. 사실 언어는 한 사회에 기입되었고, 계급과 직업 등이 규정한 사람들에 따라 사용의 폭이 달라진다. 그러나 통상 이러한 상황에서 독립되었다는 전제에서 언어를 다룬다. 언어는 반성의 대상매우 일반적이면서 오래된 것으로서 채택될 뿐 아니라, 사회적 혹은 인간적 현실 전체와 등가를 이루는 현실로서 채택된다. 언어는 모든 것을 포괄한다. 왜냐하면 모든 것을 말하기 때문이다. 혁명의 단계에서 생각해 보자. 착란에 가까울 정도로 혼미한 상황에서, 언어가 스스로 대상과 실재가 된 이상, 언어 혁명은 매우 짧은 혁명일 것이다. 그것은 말로만 이뤄진 혁명이다. 언어를 변혁한 후, 그 형식을 해체한 후, 단어의 폭발적 분출을 이끈 시니피앙들을 능지처참에 처한 후, 의성어로 말한 후, 착란에 가까운 용어들과 결합한 후, 혁명을 일으켰다. 왜냐하면 사람들은 일상적인 언어를 혁명즉 전복했기 때문이다. 또한 사람들은 (1) 말이 시와 희곡 등에서 정신없이 뒤섞여도 대중에게 전달될 수 있다고 생각하고, (2) 언어가 현실 전체이며 현실은 혁명으로 전복되었다고 생각하기 때문이다. 이는 초현실주의에 대해 사람들이 이미 표현했던 실망감과 동일하다. 1920년대 초현실주의자들은 필연적 혁명의 수행 불가능성과 '실제적' 문제 제기로의 이행 불가능성을 예리하게 꿰뚫어 보았다. 그러한 무능력 때문에, 이들은 언어에 대한 질문을 제기하기 시작했다. 초현실주의자들은 현실을 전달하고 설명하는 것을 전복함으로써 현실을 혁명할 수 있다고 확신했다. 동시에 이들은 언어의 체험을 통해 일상적 현실, 순응주의적 현실, 사회적 현실을 타격하고 전복하는 초현실에 이를 수 있다고 믿었다. 이들은 해체적 언어 충격을 통해 평범한 상황을 해체함으로, 그 상황을 폭파시키려 했다. 아쉽게도 언어의 중요성을 과하게 부각했고, 언어 자체로 감당하기 어려운 역할과 언어의 의미 박탈에 기여할 수 없는 역할을 부여한 측면이 있다. 즉, 언어를 무능하고 무기력하게 만들었다. 특히, 폭발력 없는 의식화가 아닌 합리적 의식화그리고 현 세계에서 혁명적이려면 그 의식은 감상과 흥분에 경도되면 안 되고, 정확성과 합리성을 갖춰야 한다를 위해 현실을 고찰해야 하는 부분에 무기력하다. 따라서 언어는 '봉사' 직 대신 '대리' 직으로 복무했다. 세력과 엄격함을 수반해 시작된 이 운동은 결국 자기에 대한 탐구에 귀결된다. 혁명에 대한 가담 여부와 무관하게, 언어에 대한 학문적 탐구가 좌파 진영동조자들과 혁명가들에서 이뤄졌다는 것은 우연이 아니다. 이들의 언어 연구는 허위의식을 피하는 수단이자 자기 정당화 수단이다. 언어에 관한 담론은 언제나 존재하지 않는 것에 대한 대체물이다. 언어 연구에 부여된 현실적 중요성은 행동에 있어 무능하다는 표현에 불과하다. 이 담론은 구체적 현실, 소중한 현실을 다루지 않으며, 자율적인 자기 구성 작업을 통해 현실에서 점점 멀어진다. 즉 필연적 혁명에는 어떠한 표현 수단도 없으며, 진리의 의의를 드러낼 수 있는 가능성도 없다. 언어의 의미를 말하지 않는데, 현대인이 언어에서 의미를 발견한다고 어떻게 이야기할 수 있는가? 고차원적으로, 저차원적으로, 이론과 진부함을 통해 결국 해체된 언어에서 과연 그 의미를 어떻게 말할 수 있는가?

이러한 논의와 연관해 우리는 "진부함"을 주제로 한 글도 작성했다.[345] 과장된 단어들의 범람은 말Parole의 비존재와 행동Fait의 비현실성을 나타내는 기호다. 그러나 혁명적 언어들의 과장과 남발, 우리의 특성을 결정짓는 언어적 망상은 탁월한 반혁명적 행동이다. 1968년 5월의 문제아를 형언하는 데 가장 어리석고 투박한 표현은 다음과 같다. "이들은 마치 바스티유 감옥을 습격한 것처럼 말했다." 이들에게서 탁월한 혁명적 행동을 찾아보려

---

345) 원주)Cf. 자끄 엘륄, 『혁명의 해부』, 황종대 역 (대장간, 2013).

면, 글뤽스만의 정신 사나운 글이 필요할 것이다.346) 그의 묘사는 희대의
희극이다. 모든 것이 계산 가능한 폐쇄적 사회에서, 권력을 쥔 쪽은 학생들
이다. 이들은 말을 [잘]했기 때문이다. "사람들은 '무언가를 고려하지 않고
말했다.' 사회의 전 단계에서 생산가들은 여러 단어로 사색했고, 문장 없는
사색가들은 더 이상 작업의 방향을 결정할 수 없었다. 5월에 시작된 스캔들
은 그야말로 완벽했다." 안타깝지만, 이러한 언어유희는 무의미할 뿐이다.
그러나 그것으로 혁명을 주장할 때, 비로소 그 정체가 드러난다. 그것은 무
능력의 정당화를 통해, 비통한 실패를 승리로 둔갑시킨 언어를 통해 이룬
탁월한 신비화 작업이다. 거기에는 『지하철 소녀 쟈지』Zazie dans le métro의
유명한 성찰에만 의존하는 언어의 범람 정도의 의미만 있을 뿐이다.

* * *

우리는 지금까지 서술해 온 혁명에 내재된 무의미성과 마주했다! 우리는
'혁명의 위대함' 과 '혁명의 전파와 이해의 불가능성' 사이에서 망설인다.
또한 이 사회의 진정한 혁명이 되기 위한 의식적 행동이 필요하다는 '당위
성' 과 언어를 통해 그 의식을 깨우지 못하는 '무력감' 사이에서 방황한다.
더군다나 우리 자신이 딜레마에 빠졌다. 표면상 드러난 해법은 없다. 혁명
에 대한 의식이 필요하고, 그 의식에 부합하는 수단들을 사용해야 한다면,
그것은 틀림없이 '기술적' 일 것이다. 따라서 우리는 또 다른 방식으로 기술
체계를 강화한다. 기술 체계는 기존과 다른 방향을 지향한다. 그러나 그 특
성은 변하지 않는다. 결국 혁명의 기획도 현 사회의 내부에 흡수되고 만다.
사회 변혁은 반드시 필요하다. 왜냐하면 현 사회는 다른 것을 동화시키고
일원화 하는 사회, 다시 말해 '총체성 사회' 이기 때문이다. 그러나 혁명 자

---

346) Glucksmann, *Stratégie et révolution en France*, 1968.

체가 이 총체성 사회에 봉사하는 꼴이 된다. 감옥과 같은 현실의 본질에 다다를 때, 인간이 혁명을 고수할 수 없는 이유는 자명하다. 더 이상 혁명의 유의미함을 발견할 수 없기 때문이다. 그러나 과연 그렇게 해야 하는가?

3. 필요조건 성취 불능

혁명의 개연성의 소멸을 외치는 '혁명의 불가능성'에 잔존하는 것은 다음과 같다. 혁명에 필요한 일부 조건들이 현 사회의 생활 조건에서 실현될 수 있다. 첫째 조건은 자발성과 이론의 결합이다. 이것은 언제나 난제였다. 실제로 사람들은 대중적, 직접적 반란과 사상적, 의지적, 의식적 혁명의 결합법을 모른다. 과거보다 훨씬 근본적인 차원의 모순, 즉 '이율배반'이 존재하기 때문이다. 예컨대 아래와 같이 기술하는 것은 매우 쉽다. "행동이 반성을 배제한다는 말을 수용할 때, 모든 반성은 실제적 대상의 부재와 동의어라는 것을 명시적으로 인정한다. 성찰하지 못하는 인간은 결국 신비주의자들과 관념론자들의 영역으로 발을 옮긴다. 자발성과 조직화의 상호 배제를 수용한다면, 사실상 두 개념을 하나도 이해하지 못했다는 뜻이다. 사회주의 혁명의 전진은 이율배반적 요소들의 '종합' 혹은 '극복'을 통해 이뤄지지 않을 것이다. 오히려 이 요소들의 필연적 출현을 가능케 하는 토양 자체를 파괴하면서 이뤄질 것이다. 나는 이것의 실제 의미를 알고 싶다. 누군가의 설명이 필요한 부분이다! 인간 사회는 이러한 이행을 완수할 수 있는가? 알 길이 없다. 다만 그 방향으로 행하는 것만 유의미할 뿐이다."[347] 여기서 우리는 행동으로 되돌아온다! 이렇게 쓰기는 참 쉽다. 그리고 옳다! 그러나 과연 무슨 내용이 그 속에 포함되는가? 우리는 사회주의와 행동을 준거로 삼

---

[347] Coudray, « La Révolution anticipée », in *La Brèche, Sartre, Situations* II et III.

아 전 영역을 진지하게 고찰할 수 없는 상황에 있다. 내가 제기했던 물음, 즉 모순에 대한 물음은 사르트르가 공산당에게서 보았던 모순과 결이 다르다. 적어도 이 점에 대해 나는 사르트르보다 정확히 판단했다고 생각한다. 기술로 점철된 한 사회에서, 우리에게 제시된 도식에 따르면 자발성은 분명 비합리성이며, 통제 불가능한 활력의 범람이다. 왜냐하면 자발성은 합리화 정당화의 과잉과 연계되기 때문이다. 즉 자발성은 '반드시' 그렇게 연결되어야 한다. 자발성은 조직의 부조리는 거부하면서도 스스로 또 하나의 부조리를 연장시킨다. 또한 다른 무질서를 연장하면서 "기존의 무질서"를 거부한다. 기성 질서를 무질서를 생각한다는 명분을 들어 거리의 무질서, 통제 불능 상태, 사회적 혼돈과 난교를 질서라고 생각할 수 없기 때문이다 마지막으로, 자발성은 삶의 의미 부재 가운데 살면서 현 문명의 의미 부재를 거부한다. 이러한 자발성은 그 안에 창조적인 것, 새로운 것, 생생한 것을 담지 못한다. 대신 괴물 덩어리만 있을 뿐이다!

사람들은 "리빙 시어터"348), Living Theater에서 시연試演된 생활에 대한 모방, 소르본대학교의 창의적 대자보를 풍자적으로 모방한다! 하지만 자발적으로 들고 일어난 이들에게 부여된 모방이야말로 인위성의 절정이다. 기술 사회가 우리를 인도하는 곳은 바로 거기다. 즉, 자발성도 인위적이다. 그것은 자발적으로 일어난 자들에게 혁명을 요구하는 최악의 오염지대다. 또한 현실 사회를 사는 인간들에게 내재된 욕망들과 욕구들, 혁명에 대한 추구 사이에서 벌어지는 갈팡질팡한 사태가 문제지, 이 사태에 대한 불확실성이나 자발성의 불안정 문제가 아니다. 광고와 소비 습관이 인간의 욕망을 총체적으로 재구성할 때, 이 욕망을 과연 어떻게 혁명적 교리에 포함시켜야 하는가? 소비 사회에 대한 대항은 매우 훌륭하다. 반면 사람들은 추악한 일부 자본가들이 마키아벨리주의를 통해 우리를 지옥에 떨어뜨렸다고 너무

---

348) [역주] 미국의 연극 극단으로 창의적이고 새로운 실험적 연극을 선보였다.

쉽게 확신한다. 사람들이 이 길에 가담했다면, 단순히 쏠쏠한 이자 때문은 아니다. 현실은 이렇다. 사람들은 더욱 소비하는 것과 신상품을 소유하는 것에 큰 기쁨을 느낀다. 또한 별다른 노력 없이도 사람들을 소비 사회로 이끌 수 있다. 소비 사회에 가담하는 이유는 사실 이 때문이다. 이러한 자발성에 부가된 욕망, 즉 조작된 욕망이 혁명적 행동에서 자기 자리를 무슨 방법으로 찾을 수 있는가? 이에 발맞춰, 학설 역시 실현하기 어렵거나 불가능하다. 우리는 전 사회 조직의 복합적 연관성이 이론적 학설의 실현 가능성을 막는다는 것을 이미 보았다. 학설의 실현 가능성을 시도하려는 이들은 통상 일반론généralité을 기술하지만, 사람들은 그 일반론과 대립 가능한 모순적 사건들을 즉시 제시할 수 있다. 따라서 혁명 사상에 대한 모든 주장은 더 이상 사회 이론도 아니며, 세계를 아우를 수 있는 포괄적 학설도 아니다. 한편, 현실 사상의 양태는 여러 의견들에 도전하도록 우리를 종용하는 면이 있다.

왜냐하면 우리는 합리성, 계산, 증명, 기술적 사고, 혹은 마르쿠제가 "실증적 사유"라고 부른 것을 과신하기 때문이다. 반면, 서구인들에게 혁명의 교리는 더 이상 근본적인 것이 아니다. 이들은 더 이상 교리를 신뢰하지 않는다. 사람들은 심리학적 행동 방식들을 따라 핵심부가 아닌 외부에서만 행동하려 한다. 그러나 우리는 수용 불가능한 것에 재차 빠지고 만다. 바로 '선전'이다. 즉 혁명의 조건이 구체적으로 전개되어야 할 인격을 파괴하고, 본질적으로 반혁명적기술이 만연한 사회에 대해)인 선전에 빠진다. 더욱이 혁명적 사상의 토대를 마련하기 위해 필요한 학문적 작업이 불가능해짐으로 인해, "혁명 집단의 주장에 담긴 순수 허구, 유토피아, 꿈"과 "사실적 사건에서 출발하지만 그 정확도를 결코 보장할 수 없는직관의 소산이므로 학설" 사이의 한계를 추적하는 일도 불가능하다. 따라서 우리는 현실 사회의 조건들이 다음 2가지 주장을 뿌리부터 잘라버리는 지점을 확인한다. 근절된 2

가지 주장은 '필요한 학설을 공식화하자' 와 '학설과 자발성을 결합하자' 이다. 사람들은 순수 본능에 충실하려는 자들을 이해한다.349)

＊＊＊

의식의 현상과 더불어 우리는 동일한 문제로 회귀한다. 끈끈이라도 사용해 의식을 꽉 붙잡아 매 놓으려고 안달이 난 사회에서, 과연 혁명적 의식이 탄생할 수 있는가? 마키아벨리주의자들을 새삼 의심할 필요는 없다. 우리는 혁명적 의식의 탄생을 굳이 막을 생각도 없다. 최악의 상황은 이렇다. 자족과 자화자찬이다. 즉 혼자 열광하고, 혼자 난리법석을 피우는 상황 말이다. 또한 쉼 없이 인간의 의식화와 다른 의식으로의 각성을 외치는 상황도 최악이라 하겠다. 여기서 다른 의식이란 행복과 합리성에 대한 의식이다. 지금은 과거에 있었던 의식화를 말하기 더욱 어려운 시대다. 왜냐하면 현 사회는 몇 가지 결점을 제외하곤 다른 모든 사회보다 풍족한 사회이기 때문이다! 사회주의 국가들이 앞 다투어 모방할 정도로 현 사회는 매우 풍족한 사회이다. 물론 제기된 모델과 인간의 욕망이 딱 맞아 떨어지는 것처럼 보이지는 않는다. 현재 우리는 필요한 것을 직접 채울 수 있는 세계, 정규직 노동의 세계, 단절이 아닌 연속성의 세계, 급정지와 각종 사고가 확연히 줄어든 세계에 있다. 현대인은 "어떤 것이 작동하지 않을" 때, 교통 체증처럼

---

349) [앙드레] 고르즈의 탁월한 책 『개혁과 혁명』(*Réforme et révolution*, Seuil, 1969)은 혁명적 행동에 관한 학설을 출발점으로 삼아 현재 우리가 겪는 난항을 여실히 드러낸다. 이 책은 정치적 소요라는 표층 현상 뿐 아니라 경제적 차원을 문제 삼는다. 즉 문제의 핵심을 정치가 아닌 경제에서 찾는다. 그 목적은 정확한 최종 답변 제시를 거부하기 위해서이다. 오히려 고르즈는 새로운 노동 전략을 통해 우후죽순 쏟아진 결과물에 큰 희망을 품지 않는다. 이 점에서 그의 연구는 송바르 드 로브(Chombart de Lauwe)의 연구와 만난다. 즉 노동 전략에 대한 사고는 필연이지만, 더 이상 노동자의 비참한 현실에 눈물로 호소하는 수준에 그쳐서는 안 된다. 중요한 것은 새로운 사회를 지향할 수 있는 열망의 제시이다. 그것은 한 손에 개혁자를, 다른 손에 체제 반란자를 안는다. 오직 둘 뿐이다. 다시 말해, 혁명의 자리는 흔적도 없다.

꽉 막힌 것이 나타날 때, 언제나 분노할 준비가 되어 있다! 과잉도 없고, 비합리성도 없다. 사람들은 무한정 신뢰하고, 서로를 보증한다. 반면, 우리는 근본적 광기, 그러나 추상적이고 동떨어진 광기를 의식해야 한다. 근본적이지만 익명적인 위험을 의식해야 한다. 바로 '원자력 전쟁'의 위험이다. 또한 심리 조작과 자유의 근본적 억압을 통해 인간을 삭제할 수도 있는 위험이다.

그러나 인간은 과거의 어느 때보다 자유로울 수 있다고 생각한다. 자동차는 자유의 도구이다. 물론 그 자유는 사고가 날 수 있다는 전제까지 포함한다. 자동차는 현실적이고, 구체적이고, 놀라운 실물이다. 탈출하려는 욕망, 힘을 발산하려는 욕망, 기계 역학의 신성화 사이의 정확한 일치점이다. 이들 사이의 균형을 어떻게 맞출 수 있는가? 텔레비전처럼 자동차도 사악한 도구라는 것을 어떻게 의식할 수 있는가?350) 물론 독자들은 이렇게 쓴 내게 좀 더 신중한 글쓰기를 요구할 것이다! 그러나 바로 이러한 부분에 대한 의식이 중요하다. 한정된 대상들, 실험으로 명백히 입증된 위험 인자들을 포함한 대상들, 물론 그러한 인자들이 있음직하다는 가설적 수준에 있는 대상들에 대해 우리가 의심과 기대를 동시에 갖는다면, 결국 확신은 사라지게 될 것이다. 마치 자동차에는 죽음의 위험이 없었던 것처럼, 우리는 계속 자동차를 몰 것이다. 마치 정신적 파괴는 없었던 것처럼, 우리는 텔레비전 시청을 멈추지 않을 것이다. 더욱 광범위하고 멀리까지 퍼진 위험 요소가 쟁점화 될 때, 과연 우리는 그것을 의식할 수 있다고 주장할 수 있는가? 자유나 개인이 공격을 당할 때, 그러나 자기 안에 양심적 거부 의사가 있을 때, 즉 자유의 정체성, 개인의 정체성을 물을 때, 과거의 개인과 자유 등을 물을 때, 비로소 우리는 그 의식의 실체를 확인하게 될 것이다! 장점들은 명확하다. 위험 요소들은 매우 폭넓고, 원거리까지 뻗는다. 가치들은 매우 불확실

---

350) 물론 소크라테스가 말하는 '다이몬'[역주: 초경험적인 내면의 음성]의 의미에서 그렇다.

하다. 과연 무엇을 의식해야 하는가? 누구도 수소 폭탄의 대량 사용이 낳을 결과가 무엇인지 정확히 알지 못한다. 이 폭탄은 '방사능 저低잔존 형태'로 바뀌었다. 누구도 텔레비전이 가져온 결과물에 대해 긍정하지 않는다. 누구도 자의식의 상실 정도를 측정할 수 없고, 생사의 의미가 사라진 현실의 범위도 측정할 수 없다. 누구도 동화와 통합의 과잉을 입증할 수 없다. 과연 무엇을 의식한다는 말인가?

'소외' 의식은 혁명 의식을 어디에서도 창조하지 못한다. 오히려 이 의식으로 반란의 충동이 나타날 뿐이다. 우리는 바로 이 점을 고려해야 한다. 오늘날 온갖 군데에 사용되는 말인 '소외'는 과거 마르크스가 이해했던 것과 다르기 때문이다. 기술 성장으로 인해, 우리는 소외의 정확한 실체를 알 수 없다. 현대인들이 생각하는 소외의 개념은 다음과 같다. (1) 사회체와 사회적 공통 과제들에 대한 대중적 관심의 소홀, (2) 개인주의에서 비롯된 유치한 형식들의 그만그만한 성장, (3) 자기 자신과 자기 '영혼' 걱정에 매몰된 모습이 바로 오늘날의 소외다. 서구 세계는 개인에 대한 요구 사항을 점점 줄이는 추세다. 이 부분도 주목해야 한다. 더불어 기술의 성장은 서구인들의 경제적 좌절감을 현저하게 줄였다. 이제 서구인들은 '정치적 소외 의식'이라는 딱지가 붙은 자아중심주의를 통한 공격성, 공세적 정신을 지지한다! 오늘날 혁명의 위상은 분명 의식적인 노력의 산물이다. 그러나 우리의 지향점은 과연 어디인가? 만일 우리가 어떤 것을 지향한다면, 그 근거는 어디에서 오는가? 내용물 없이 텅텅 빈 형식들을 거부해 보라. 그 순간 사람들은 모든 것이 우리의 손에서 신속하게 사라진다는 것을 알 수 있을 것이다. 사상, 이성, 엄격성과 동격인 혁명 의식은 오로지 일반성, 추상성, 가설을 바탕으로 실행 가능하다. 그 질서에 소속되지 않은 것은 모두 실험적, 효율적, 구체적, 특수하고 합리적인표면상 체계에 포섭된다. 우리는 바로 그 체계 안에 산다. 구체적으로 말해, 우리는 혁명의 질서까지도 문제 삼을 수 있는 체계, 그 질서를 심판대 앞에 호출할 수 있는 거대 체계에 포섭되었다! 얼마나 웃긴 일인가! 과연 혁명의 기회와 확률은 얼마나 되는가! 혁명에 대한 의식화 작업을 대학을 매개로 실천하리라는 희망도 조야하다. 대학이 비판 정신의 창조적 산지이지만, 그 비판은 현실 사회가 제시하는 선택지를 벗어나지 못하는 비판, 직접적으로 비판 가능한 몇 가지 사안을 초과하지 못하는 비판에 지나지 않기 때문이다. 물론 교수들이 보수주의자가 될 일은 없다.

그러나 가장 높은 차원의 사회 질서, 즉 사회주의가 도래하는 순간을 위한 질서에 견주었을 때 그럴 뿐이다! 도리어 이들은 학문 정신의 소유자, 옹호자, 전파자다. 이들의 학문 정신은 다음과 같은 주장을 금지한다. (1) 교수들의 성질상, 애당초 총체적 혁명 교리 제작에 심혈을 기울이자는 주장은 없다. (2) 직접적 문제 제기와 다른 형태의 의식화 작업을 금한다. 그러나 학계 인사들은 다음과 같은 선언으로 화려한 반전을 꾀할 것이다. "그렇다! 난 유토피아주의자다. 유토피아, 이 얼마나 좋은 것인가." 유토피아는 옛 관념론을 대체한다. 우리는 유토피아가 인도하는 곳을 안다. 아이러니의 극치이지만, 그 자리는 우리를 깨어있는 시민들 속에 포함시킨 사회 그자체, 우리의 비판항상 구체적이고 제한된 영역에서 이뤄지는을 요구하는 사회, 비판의 잠을 깨울 수 있는 사람들을 원하는 사회이다. "깨어있는 시민이 되자." 이 구호는 사회에서 이뤄지는 모든 선전의 토대다. 그러나 정보의 메커니즘은 우리를 실제와 맞부딪히는 '환상의 세계, 이미지의 세계'에 살도록 한다. 혁명 노선에 대한 의식화 정도로는 다음 조건을 알아차리기 어렵다. 즉 (1) 혁명의 출발에 기여할 수 있는 '공통성' 계급 공통성의 조건, (2) 사회 불관용성의 조건, (3) 사회가 우리의 자리를 지정할 수 있는 조건을 의식하는 데 불충분하다. 따라서 우리는 "기술 문명화 현상"을 총체적으로 의식해야 한다. 이 현상 내부에는 현 상황에 대한 실질적 의식의 불가능성, 명석한 행동의 불가능성이 이미 포함된다.

* * *

한 걸음 더 멀리 가보자. 마르크스는 다음과 같이 생각했다. '혁명은 세계적이어야 했다. 그렇지 않으면 아무것도 아니었다. 한 나라가 국가 보존과 결합된 혁명의 이념을 채택하는 순간, 경기는 끝났다.' 당시 그의 눈은 정확했다. 하지만 오늘의 문제는 더욱 광범위하다. 자본주의가 국제적으로 확산된 이상, 단순히 국제적 혁명이 관건은 아니기 때문이다. 국제적 차원의 혁명을 현실 과제로 채택할 수 없는 이유는 바로 서구 문명의 세계화 때문이다. 덧붙여 나는 제3세계에서 일어난 혁명의 중요성을 크게 강조하지 않는 이유도 바로 '서구의 세계화' 때문이라는 점을 밝힌다. 서구의 세계화는 첫 번째 장애물이지만, 이보다 무겁고 심각한 장애물도 없다. 왜냐하면 전 지구적으로 확산된 기술 사회는 다음과 같은 상황들만 낳을 것이기 때문이다. 즉 총체적 혁명이 아닌 부분적 혁명을 일으키자는 주장이 어려운 상황이 조성된다. 다시 말해, 생산성이나 선전교육과 가르침을 존중하며, 혹은 자본주의적 형태여전히 자동차를 존중하며를 존중함과 동시에 국가에 이를 수 있을 혁명을 외치기 어려운 상황만 낳을 뿐이다. 모든 요소는 '전체'에 의존한다. 각 세부 항목은 사치품이 아니며, 필요 이상의 것이거나 별 관심의 대상이 아니다. 모든 요소는 체제에 완전히 통합되었다. "아디아포라"351)는 없다. 중립도 없다. 모든 것이 전체에 복무할 뿐이다. 무시할 것도 없다. 도리어 현 사회가 완성되지 않았기 때문에, 우리의 발전이 가중될수록, 지

---

351) [역주] 명확한 기준을 두고 따라야 하는 문제를 벗어난 문제, 즉 자율적 선택과 재량에 따르는 문제를 뜻한다. 저자는 기술 사회에서 개인의 자유는 사실상 없으며, 자율적 선택이나 자율성을 보장할 수 있는 근거가 없다는 점을 전제한다.

금껏 무시된 부분이 제거되거나 통합되고, 결국 보이지 않으나 활동 중인 무의식적 잠재력에 귀속될 것이다.

　마르쿠제의 장점이 있다면 바로 이 부분이다. 그는 무의식의 심층에서 벌어지는 이러한 통합 과정을 제시했고, 철학 사상과 심지어 과학 사상이 얼마나 이 집합체에 의존하는지를 분명하게 보여줬다.352) 모든 것은 조정, 통제 된다. 따라서 사회 전체에 명확한 역할이 부여되지 않은 상태에서 대상을 재고, 재심의 하기란 불가능하다. 제기된 문제의 해결책은 거의 없다고 보아도 무방하며, 그 문제는 유사 집합체353)를 공격하는 방법론에 속할 뿐이다. 거기에는 다음과 같은 난점이 있다. 만일 우리가 특정 영역에 격리된다면, 그 순간부터 매우 신속하게 장벽이 구축될 것이다. 혁명적 성격을 드러내는 영역들이 출현한다면, 자동 반사적으로 이를 분리하는 경보 시스템이 작동하는 것과 같다. 또는 사회의 균형 상태를 조정하려는 괴물체를 게걸스럽게 먹어 흡수하는 일종의 자동 반사자발적 작용과 같다. 그것은 혁명의 빗장이 풀릴 때마다 우리가 목도하는 부분이다. 현 사회가 세계화되었기 때문에 한 지점만 공격해도 사회 전체가 와르르 무너지는 혁명에 이를 수 있다는 믿음은 위험하다. 오히려 반대로 생각해야 한다. 우리에게 충격을 주고, 우리와 충돌하며, 우리의 반항심을 유도하는 세부 요소를 잡아내려면, 사회를 총체적으로 공격해야 한다. 기술에 포위된 사회 전체를 공격하지 않고 수소 폭탄을 반대하는 항의나 시위는 허위의식과 침묵에 복무할 뿐이다. 그러한 오류를 보인 사례는 바로 1968년의 대학생들이다. 이들은 총체적 혁명을 일으켜야 한다고 생각했다. 그러나 결국 부분적 공격, 즉 특정 분야에 대한 공격에 그쳤다. 학생들은 대학을 공격했다. 이들이 대학을

---

352) 로스작은 자신의 글에서 이 부분을 분명하게 드러낸다. Roszack, *Vers une contre-culture*, 1970.

353) [역주] 거대 집합체, 즉 기술 체계처럼 보이지만, 사실 그 체계 내부의 하부 구조에 지나지 않는 것, 혹은 전혀 다른 대상을 지정하는 오류를 말한다.

공격한 이유는 매우 심오했고, 불만의 폭도 넓었다. 다시 말해, 학생들이 바라는 사회가 있었다.

그러나 그 사회에 이를 준비가 전혀 되지 않았고, 영향력을 발휘하지도 못했다. 나이에 따른 분류와 세대 구분도 혼란스러워졌다. 확실히 뭔가 부족했다. 68의 학생들은 부분적 "반란"에 성공했다. 그러나 자신들이 점거한 대학에 스스로 격리된 꼴이 되고 말았다. 혁명은 사회체에서 용인하는 범위 내에서 일어났고, 근본적인 대학 개혁이 단행되었다. 그러나 이러한 혁명도 급속도로 격리사방이 방벽으로 둘린 영역되거나 흡수상황에 회귀한 사회, 즉 학생들을 새로운 혁명적 대학에 봉사하도록 한 사회로의 회귀된다. 이러한 결과를 본능적으로 두려워한 학생들은 총체적 혁명을 일으키려 했다.

그러나 부분적 반란에 성공하는 정도의 역량 때문에, 더 치고 나갈 수 있는 수단을 확보하지 못했다. 이처럼 '부분적 혁명'과 '총체적 혁명' 사이에서 갈피를 못 잡은 학생들은 결국 부분적 혁명마저 잃었다. 위에서 우리는 현 사회가 용인할 수 있는 범위 내에서 벌어진 혁명을 언급했다. 사실, 기술로 점철된 사회는 국지적 혁명 기획의 가능성을 부여한다. 1945년 바르뷔M. Barbu의 공동체 기획이 그에 해당한다. 이 기획은 국지적 혁명 기획을 지지했고, 기획이 전문 기술성을 보이는 만큼, 국지적 혁명 기획의 가능성도 적극적으로 수용했다. 심지어 국지적 혁명의 기획을 전제사항으로 삼기까지 했다. 그 이유는 기술적 사회에는 합리적 진보가 없기 때문이다. 즉 사회가 매우 빠른 속도로 교착 상태에 빠지기 때문이다. 그 사회에는 보다 심오하고 복합적인 합리성, 새로운 합리성을 전개할 수 있는 젊은 피와 헌신적 공헌이 항상 필요하다. 그것은 현 사회의 합리성과 비합리성 사이에 치명적인 모순이 있다고 생각하는 마르쿠제가 보지 못했던 부분 가운데 하나이다. 현 사회가 합리적이고 기술적인 사회로 발전하려면, 폭발적이고 자주적인 계획 수립, 생생한 사회적 도전, 더 나아가 비합리적인 불균형의 유지까지 필요하다. 스위스는 언제나 혁명가들의 은신처였다. 타국보다 자유로운 체제여서 그런가? 결코 아니다! 사회 자체를 신뢰할 수 있는 사회, 균형 잡힌 사회, 기술화를 거친 사회이기 때문이다. 이처럼 사회 보장성이 높고, 충격에 쉽게 붕괴되지 않는다는 확신을 주는 사회일수록, 혁명적 역할을 담보할 수 있는 "범위"차는 커질 것이다. 스탈린주의와 히틀러주의의 냉혹한 시대는 기술화가 철저하게 이뤄지지 않던 사회전자 혹은 어쩔 수 없이 변화를 겪은 사회후자의 불안정에서 비롯되었다. 그러나 고도의 기술화 단계를 통과한 사회에서 혁명적 행동은 그 자체로 무의미하다. 우리는 이를 익히 안다. 사회가 운동을 제거할 수 없거나 이익에 따라 활용할 수 없는 토양을 골라야 한다. 또한 그로부터 모든 영역들을 한꺼번에 공격해야 할 것이다. 그러나 우리의 노동과 놀이우리에게 똑같은 사회를 부여하는가 일상생활을 완전히 독점한 마당에, 과연 누가 전 지구적 혁명을 기획할 수 있는가?

오늘날 서구 사회에 혁명이 존재한다면, 영구 혁명만 혁명일 수 있을 것이라 생각하지 말아야 한다. 그 문제는 익히 알려진 부분이고, 매우 오래된 이야기다. 트로츠키나 마르크스주의자들은 영구 혁명에 해당하는 사태를 일으키지도 않았고, 심지어 영구 혁명이라는 용어조차도 고안하지 않았다. 이 용어의 출처는 프루동Pierre-Joseph Proudhon이다. 그는 "영구 혁명"을 요구한다. 왜냐하면 "다양한 혁명이란 존재하지 않고, 유일하고 단일한 혁명만이 존재하기 때문이다. 즉 언제나 혁명, 영구 혁명뿐이다." 그러나 영구 혁명과 관련된 문제의 근원은 프루동의 주장보다 더 오래되었다. 영구 혁명을 최초로 제기했던 인물은 아마도 제퍼슨354)이었을 것이다.355) 혁명 정신

---

354) 토머스 제퍼슨(1743-1826)은 미국의 제3대 대통령이며, 재임기간은 1801년에서 1809년이다. 국가의 수장이면서 동시에 철학자였고, 무수한 노예를 소유했던 인물이다. 그는 자국을 비롯해 국가 내부에서 인권을 위해 싸웠고, 인권 문제에 지대한 관심을 가졌다. 독립선언서의 일부분을 작성했으며, 압제에 대한 저항권을 정당화했다.
355) 이 분야에 대한 탁월한 연구를 수행한 인물은 한나 아렌트다.

을 간직하기 위해 혁명에서 도출된 제도들을 구축하고, 무미건조한 상태를 벗어나야 한다. 왜냐하면 제도 내부에는 혁명을 선도했던 덕을 실천에 옮길 수 있을 자리가 전혀 없기 때문이다. 관행, 규칙, 질서, 규범으로 인해, 우리는 "초심"을 잃는다. "만일 제도적 토대 구축이 혁명의 목표라면, 혁명 정신은 '[재]출발'의 토대를 놓음과 동시에 지속성과 안정성을 지닌 어떤 것을 시작해야 한다." 혁명 정신은 지속적이고, 모든 사안에 대해 끝없이 문제를 제기한다. 그렇지 않으면, 혁명 정신으로 얻은 결과물이 이 정신을 죽일 것이다. 과연 "자유는 제도적 토대 구축의 값이어야 하는가?" 이것은 제퍼슨의 딜레마다.356) 새로운 국가에서 일어난 최초의 반란(셰이즈의 반란, 357)을 접한 제퍼슨은 이를 애써 진압하려 하지 않았고, 국가의 수장으로서는 매우 놀라운 글을 썼다. "지난 20년 동안 신의 보호 아래 우리는 유사한 반란 없이 지낼 수 있었다. 자유의 나무는 애국자와 폭도의 피를 먹고 자라야 한다. 이는 자유가 섭취하는 자연의 양식이다." 이 글의 작성 연대는 1787년이다. 제퍼슨은 언제나 대립된 두 진영을 하나로 묶으려 했다. 그는 혁명의 과정을 정확하게 반복할 수 있고 실제로 "반복되는 혁명"의 확실한 보장책을 제도 자체에서 찾으려 했다! 즉 생명력을 유지하는 한, 혁명 정신이 살찌우는 새 출발, 제도적 설립과 개시 활동의 재생산을 제도적으로 보장하려 했다. 물론 결과는 실패였다! 제퍼슨 이후, 혁명이 커지면 커질수록, 혁명 정신을 파괴하면서 강력해진 국가도 더욱 제도화되었다.

결국 혁명 정신의 보존, 구원, 갱신이 관건이다. 그러나 익히 알려진 말

---

356) 마오는 이 문제에 대한 정확한 해답을 제시하려 했다.

357) 셰이즈의 반란은 1786년 8월에서 1787년 1월까지 메사추세츠의 서부에서 벌어진 무장 봉기이다. 대니얼 셰이즈와 동료 반란군은 채무, 고율 세금, 인플레이션 등으로 짓밟힌 농장 노동자 출신이었다. 이들은 정부군에 맞서 싸웠고, 법정 선고 이후 사형을 당했다. 향후 사면 복권되었다. 제퍼슨은 다음과 같이 썼다. "물리적 세계에서 번개가 치는 것과 마찬가지로, 정치적 세계에서 소규모 반란은 필요하다. 나는 곳곳에서 벌어지는 이 반란이 필요하다고 생각한다."

때문에, 그리고 학위 논문을 비롯한 무수한 글이 이미 생산되었기 때문에, 큰 오해가 발생할 수 있다. 총체적 사회에는 총체적 혁명이 필요하다. 자폐적인 사회, 폐쇄적인 순환 운동만 있는 사회, "동화와 적응"이 주력인 사회에서 혁명은 반드시 영구적 혁명이어야 한다. 왜냐하면 평균치를 벗어난 사회, 즉 새로운 기술적 진보를 환영하고 보장하는 사회는 기술 체계의 작동 법칙들에 지속적으로 복종하기 때문이다. 무엇보다 혁명이 기술의 총체적 영향권 내부에 있는 상황이므로, 혁명은 끝없이 갱신되어야 한다. 혁명의 항구성을 논하는 이유는 단순히 혁명의 본성 때문이 아니다. 혁명의 실행 여부와 무관하게, 끝없이 문제가 제기되는 사회에서 혁명은 상황에 따라 대응하는 영구적인 혁명이어야 한다. 혁명이 영구적이지 않으면, 표층 형식 정치적 혹은 경제적만 바꾸거나 내부의 단순 담화에 그치고 말 것이다. 그러나 사건들 자체에서 영구 혁명을 숙고할 가능성이 있는가? 우리 세계에 존재하는 모든 것이 그와 대립한다. 역사에 존재했던 것 전체를 이미 오래전에 뛰어 넘은 능력, 즉 '순응 능력'이 있다. 혁명의 긴장감 유지는 거의 불가능하며, 이미 어려운 형편이다. 또한 위기를 겪은 이후의 혁명적 연속성을 재개하는 것도 불가능하고, 어렵다. 따라서 "혁명을 일으켰다"라는 민중의 평가를 뒤따르기도 불가능하고, 어렵다. 마지막으로, 우리가 진보에 근접한 일을 실현했을 때에도 그 상황과 거리를 유지하면서 혁명의 목적을 유지하는 것도 불가능하고, 어렵다. 전통 사회에서 이 요소들은 지적 명석함과 의지적 에너지의 문제였다. 즉 극소수에 해당하는 문제였다. 오늘날 '사회적 저항'이라는 형태로 인해 장벽은 100배나 높아졌다. 과거에 모든 것은 혁명가의 역량에 달렸다. 혁명가는 기득권이 짜 놓은 상황의 덫에 걸리지 말아야 한다. 우리는 결코 성공하지 못했다. 사실이다. 그러나 오늘은 어떠한가! 이러한 가중 현상을 드러내는 2가지 사례가 있다. 첫째, 혁명 이후에도 국가는 존속한다. 그것은 '주적'이자 '목표'이며, '행동 주체'이자

'승리' 다. 국가가 혁명적으로 바뀌었다. 다시 말해, 국가가 혁명의 화신이 되었다. 국가가 혁명 그 자체이며, 국가 바깥에 혁명은 없다. 그러나 국가는 결코 다른 것의 도구가 아니다. 오로지 혁명의 도구일 뿐이다. 국가가 혁명과 '동격' 이라는 말은 변혁을 위한 모든 노력을 교살하겠다는 말과 같다. 국가는 자동 반사적으로 혁명의 항구성을 죽인다. 혁명의 항구성에는 영원한 국가 변혁도 포함되기 때문이다. 국가 쪽에서는 생각조차 하기 싫은 일이다. 국가는 달리 행동할 수도 있다. 국가가 혁명적 항구성의 주체가 될 수 있다고 믿는 비극적 몽상가들도 있다. 국가는 언제나 안정, 질서, 재생산의 요소인 자연, 구조, 본질, 정신, 조직화를 통해서 존재할 뿐, 결코 갱신의 요소를 통해 존재하지 않는다. 그러면 혁명의 영구성영구 혁명이란 무엇인가? 이를 위해 무엇보다 필요한 것은 국가의 전멸이다. 우리는 역사의 매우 중요한 지점에 있다 현실 국가는 과거보다 높은 신뢰도와 안정성, 효율성을 보인다. 국가 탈취에 사활을 건 혁명가들에게 국가의 현존 그 자체는 영구 혁명의 부정이다.

둘째, 기술의 진보가 운제다. 기술로 점철된 '기술 사회' 는 일국의 전심 전력을 요구한다. 기술의 진보는 놀면서 이뤄지지 않는다. 거기에는 사회 전 구성원들의 잠재력, 시간, 지성, 관심사, 역량, 연구, 노력이 필요하다. 이는 기술 진보가 지불해야 할 첫 번째 값이다. 기술 진보는 모두의 긴장을 포함하며, 사회는 가능한 것의 한계 내부에서 작동한다. 이것이 사람들이 우리에게 제안하는 영구 혁명의 실체다. 이 혁명은 이미 넘기 어려운 난관에 봉착했다. 혁명에 반드시 필요한 기술 자체에서 비롯된 난관이다. 그럼에도 '영구' 적인 혁명이어야 한다! 멈추지 않고 기술 성장의 에너지들과 역량들을 우회하고, 진보에 쏟아 붓는 시간을 훔치고, 기술적인 조화를 불편하게 보는 항구적 무질서를 선동단지 문제제기를 위한 정신적 선동이라는 점에 유념하자!하고, 기술 발전의 목표와 다른 목표를 제안해야 한다. 이런 이단아가 다 있는가! 이 얼마나 불가능한 짓인가!358) 기술이 지배하는 곳에 영구 혁명의 가능성은 없으며, 그 역도 마찬가지이다. 우리에게 선택지가 있다고 생각하지 말아야 한다! 선택은 이미 끝났다. 혁명이 휩쓸고 간 사회들은 그렇지 않은 사회들보다 기술적인 사회가 되었다. 혁명은 방부제 처리되었다.

＊＊＊

요약하자. 배슐레의 탁월한 유형론을 통해 현 사회를 보면, 우리는 엄청난 주변화, 반사회성을 확인할 수 있다. 그러나 우리 시대에 통상 혁명적이라고 평가하는 선언들은 그렇지 않다! 우리에게 혁명적인 것으로 출현한 제반 갈등과 폭발과 일치했던 과거의 역사적 평가들과 같은 능동적 주변화, 농민 전쟁, 노예 전쟁, 평민 폭동들. 이를 학생들의 문제에 동화시키는 플뤼멘과 배슐레의 주장은 얼마나 타당한가!

4. 반란으로의 회귀

반란이 헤집은 왕국이 바로 인간의 조건이다.
셰익스피어, 「율리우스 카이사르」

인간들이 겪은 질병에, 기술 사회의 한 가운데에, 지축을 뒤흔드는 고동 鼓動과 같은 것이 있다. 이 운율에 따라 숨을 헐떡이는 인간은 또 다른 호흡을 찾아 나선다. 지나치게 안락한 삶과 과잉 노동에서, 불확실한 항의가 태

---

358) [역주] 이 대목에서 엘륄은 반어법을 구사했다. 기술 진보 이념에 맞서는 이단아가 되라는 소리이며, 불가능해 보이는 일에 반란자가 되라는 뜻이다.

어난다. 로봇이 반기를 들고, 사람들이 기대했던 행동과 전혀 다른 행동을 한다. 막연한 두려움, 불확실한 근심이 우리를 엄습한다. 다른 것을 찾아 나설 때이다.

반란을 일으키기 위해 과거에 품었던 합리적 사고들을 버리고, 인간은 새로운 반란을 준비해야 한다. 기술 사회는 한 시대의 시작이다. 기술 공간은 자연 공간을 대체했다. 문화는 기호를 교체했다. 더 이상 인간은 어떤 혁명을 일으켜야 할지 모른다. 그러나 상업적 사회에서와 마찬가지로, 인간은 기술 사회에서도 새로운 반란을 일으킬 수 있는 능력이 있다. 첫 발이 중요하기 때문이다.

사람들이 관심을 쏟는 지리적, 정치적 혹은 지적 지평의 몇 가지 지점으로 시선을 돌리면, 우리는 반란을 확인할 수 있다. 오직 반란뿐이다. 일례로 1969년 바티팔리아Battipaglia의 민중 봉기를 들 수 있다. 직접적인 원인 파악도 불투명하고, 자발성과 광기, 비합리성으로 점철된 분노의 원인도 규명할 수 없었던 이 사건은 메초조르노Mezzogiorno 지역의 산업화가 빚은 비극을 근본적으로 표출한 사건이었다. 이론과 추상적 차원에서, 가난한 농촌 사회에 기술과 산업을 도입하자는 주장은 옳다. 그러나 그것은 기술과 산업에 맞서 반란을 일으켰던 18-19세기의 농민과 수공업자의 현실과 동일한 조건들을 재생산했을 뿐이다!

반란에 대한 또 다른 시각을 보이는 전형적인 사례는 조르주 볼린스키이다. 혁명의 기수이면서, 분노와 불쾌감이 수반된 그의 광기는 놀라울 정도의 회복세를 보인다. 그는 존재에 유익한 것만을 회복할 것이라 말하며 이를 정당화한다! 그러나 볼린스키는 대중 선동자의 역할을 지속한다. 「하라 키리」359)

---

359) [역주] 일본어로 '할복'을 뜻한다. 1960년대 등장한 사회 풍자적 잡지로, 2015년 1월 테러 공격을 받은 주간지 「샤를리 에브도」(Charlie Hebdo)의 전신이라 할 수 있다. 조르주 볼린스키도 두 잡지에서 활약했으며, 테러 당일 사망했다.

와 같은 잡지를 통해, 그는 모든 것에 맞서는 반란을 외친다. 볼린스키의 창구에 차곡차곡 흘러드는 돈이 바로 통합의 표지였다. 그러나 반란을 설교하는 자리에 그 돈이 모였다는 점이 이채롭다. 우리는 장-뤽 고다르의 영화에서도 같은 이야기를 할 수 있다.

내가 시대의 특징을 구현하는 반란으로의 회귀를 지지하는 유일한 징표를 하나 제시한다면, 아마도 '[파리]코뮌의 신화'를 말해야 할 것이다. 왜냐하면 어떤 관점으로 보아도, 이 신화는 특정 혁명을 토대로 시작되기 어려운 반란이었기 때문이다. 코뮌 신화를 반성의 주제, 모델, 찬양과 숭배의 대상으로 택하는 일은, 수장의 무능력에도 불구하고, 당대 사람들이 반란을 맘에 품었던 자리를 더욱 선명하게 보여줄 것이다.

반란의 정서는 사회의 전 요소들 속에서 보편화된다. 심지어 우리에게 맞지 않는 반란이어도, 모든 반란들에 대한 진지한 고찰은 필요하다. 비밀무장조직O.A.S.; Organisation de l'Armée Secrète의 반란을 진지하게 다루지 않을 이유가 없다. 이 조직에는 갈등적 요소와 수용할 수 없는 요소가 뒤섞였다. 그러나 이 조직은 자신의 운명과 조국을 잃고, 타자의 정의 구현을 위해 싸우다 불의의 시련을 당한 채, 보호자도 없이 권력의 결정에 내 맡겨진 인민의 비탄과 한숨을 표출했다. 더불어 조롱, 기만, 승리로 평가된 분노, 사람들에게 교황 대접을 받는 분노, 출구 없는 반란의 영원한 요소들이자 역사적, 고전적 반란과 동격인 분노를 과감히 표출했다.360) 이제 인간이 기획할 수 있는 것은 [혁명이 아니라] 반란이다. 왜냐하면 인간이 혁명의 시동을 걸려할 때, 그 혁명은 무계획적 혁명일 것이기 때문이다. 불안감이 인간을 휘감는다. 또한 인간은 이 불안감의 정체를 명확히 규명하지 못한다. 인간은 몰상식하다. 더 이상 존재하지 않는 적들에게 이름을 지어주니 말이다. 그들은 '제국주의, 아나키, 탈식민화'와 같은 말들을 외친다. 부자연스럽고 구시

---

360) 이와 관련된 다양한 논의 가운데 다음 자료를 참고하라; M. Challe, Noire Révolte, 1968.

대적인 이미지들의 배후에서 인간의 진면모가 드러난다. 다시 말해, 인간은 전혀 알려지지 않은 무명의 사건들에 항의하고, 자기 스스로도 투신과 가담을 원하지 않는 낯선 상황, 상태에 대항한다. 사실, 인간은 그러한 활동이 지속되기 어렵다는 것을 느끼고, 안다. 또한 갖가지 혁명들의 실패에 대해서도 잘 안다.

오늘날 많은 사람들이 혁명을 폐쇄된 노선이라 여긴다. 가장 빈번하게 자행되는 '폭력'에 의한 강제 구속이 아니더라도, 현 사회는 인간을 옭아맨다. 그러나 이 사회는 인간을 유혹하고, 규정하고, 망가뜨린다. 인간은 바로 이 사회를 폭발시킬 수 있을 끔찍한 모순에 사로잡힌 신세다. 동시에 인간은 사회와 공유할 거리를 찾는다. 왜냐하면 인간의 존재성을 이루는 전부분이 현 사회의 의의 속에서 탄생하기 때문이다. 인간은 사회를 원하고, 사회와의 공모를 염원한다. 또한 사회가 인간에게 제공하고 준비한 모든 것을 욕망한다. 인간은 자신의 작업과 자아실현에 열중한다. 또한 인간은 행복해지려 한다. 정확히 말해, 사회가 인간에게 주는 것에 다가가려 한다. 인간은 소비와 향유를 원한다. 그러나 인간은 흐릿한 안개 속에서도 스스로 공백과 불합리를 알아챈다. 잘 놀라는 승마용 말은 자신과 마주한 태양을 타고 늘어지는 그림자를 보고 본능적으로 반응한다. 그 말은 재갈과 안장을 견디지 못한다. 가상의 장애물을 피하고 싶은 나머지 일정 거리를 유지한다. 독자들은 혁명이라는 가짜 상황을 두고 장애물들을 명명, 지적하는 사람을 상상해 보라. 그러나 그 사람은 자신의 본능과 두려움을 감출 수 없다. 체제의 냉혹함은 인간에게 공포를 준다. 현 사회가 혁명을 일으키기에 불가능해 보이는 만큼, 인간과 더욱 연계되는 것은 '반란'이다. 한 사회학자는 그것을 냉정한 사회라 말할 것이다. "현대의 산업 사회들이 더 이상 혁명을 섭취하고 살을 찌울 수 없다면, 그것은 아마도 새로운 사회 형식의 창조성에서 비롯되는 집단적 기능이 사회 깊숙이 확산되지 않고 사회 표면에만 나타나기 때문일 것이며, 혁명의 형식과 내용을 취할 준비는 되었으나 산업화의 경제학이나 사회학이 구체적으로 밝힌 도식을 따라 엄격하게 분배되었기 때문일 것이다."361) 설명을 인정하자. 지금 그것은 체험이다. 즉, 인간은 모순된 이 2가지 현실을 경험했다. 또한 전통에 대한 혁명적 용어를 간직하고 있음에도, 인간은 전통에 살며 이 모순을 발견한다. 카뮈는 혁명과 반란 사이에 존재하는 모순을 다음과 같이 강조한다. "확실히 역사는 인간의 한계다. 그런 의미에서 보면, 혁명가가 옳다. 그러나 반항하는 인간은 인간 스스로 역사에 한계를 부과한다. 그 한계에서 가치에 대한 약속이 태어난다. [...] 반란의 요구는 단위다. 역사적 혁명의 요구는 총체성이다. 전자는 '긍정'에 역점을 둔 '부정'에서 출발하며, 후자는 절대적 부정에서 출발한다. 덧붙여 후자는 시대의 종말에 내던져진 긍정을 만들기 위해 억지로 예속 상태를 감내해야 한다. 혁명가는 동시에 반항하는 인간이기도 하다. 혹은 더 이상 혁명가가 아니다. 아니면, 반란에 맞서 태도를 바꿔 경찰과 공무원이 된다. 그러나 혁명가가 반항하는 인간이라면, 결국 혁명에 맞서 궐기할 것이다."362) 여기서 우리는 무겁고, 어렵고, 어떻게 보면 비극적인 변화로 회귀한다. 무엇에 맞서야 할지 정확히 알지 못하는 인간들이 모호한 반항만을 일삼는다. 또한 인간들은 아무것도 아닌 것에 '아니오'를 외친다. 자신을 꽁꽁 묶은 사슬을 모르기 때문이다. 또한 어떤 것도 설명하지 못하는 '예'에 역점을 둔다. 의식적으로 자신들이 욕망할 수 있는 것 전부를 가졌기 때문이다.363)

---

361) Decouflé, *op. cit.*, p. 52−54.

362) Camus, *op. cit.*, p. 306−309.

363) 이 주제와 관련해 탁월한 연구를 수행한 다음 자료를 참고하라; Evtouchencko, *De la cité du Oui à la cité du Non*, 1968.

"문자 그대로 혁명적 기획"의 실종과 대니얼 벨364)과 레몽 아롱365)이 연구한 이데올로기들의 실종에 대한 관계 설정이 필요하다. 벨과 아롱이 이해했던 의미에서 보면, 이데올로기는 혁명적 기획 발전의 "인식론적 장"과 토대를 만들었다. 또한 이들의 분석이 정확하다면물론 나는 그렇다고 생각한다, 우리는 혁명의 불가능성을 보충할 수 있는 이유도 발견할 수 있을 것이다. 덧붙여 프랑수아 퓌레366)의 연구도 이 부분을 강화했다. 퓌레는 이데올로기들의 시대가 끝물에 이르렀다고 말한다. 또한 그는 이데올로기 시대의 종말로 이데올로기를 수용하고 마침표를 찍은 "교조주의자, 즉 이데올로기의 옛 신봉자들을 발견"했음을 보여줬다. 결국 그것은 역사에 대한 태도 변화와 연계된다.367)

새로운 대사회적 반란 운동들은 하나같이 공산당을 반대한다. 공산당의 성향과 무관하게, 이들은 공산당과 대립 노선에 있다! 혁명 전술과 실행 장치를 건설해감과 동시에 혁명을 사유했던 유일한 집단은 공산주의자들이다. 이 혁명은 분명 오늘날 극복된 '특정' 혁명이다. 그럼에도 공산주의자들은 끊임없는 혁명을 사유한다. 우리는 이 부분을 인정해야 한다. '사상-전술-장치' 라는 혁명의 3중 창조는 일관된 체계를 이루며, 혁명의 기능으로 작동한다. 그러나 우리는 당에 맞서 새롭게 일어난 운동들의 반응에 주목할 필요가 있다. 게릴라들 뿐 아니라, 학생들, 소규모이지만 다양한 형

---

364) 대니얼 벨(1919-2011)은 미국의 사회학자다. 주요 저작으로 『이데올로기의 종언』, 이상두 역(종합출판범우, 2015)이 있다.

365) 레몽 아롱(1905-1983)은 프랑스의 철학자이자 사회학자다. 주요 저작으로 『산업 사회에 관한 18강좌』가 있다. Cf. Raymond Aron, *18 leçons sur la société industrielle*, Paris, Gallimard, 1963.

366) 프랑수아 퓌레(1927-1997)는 프랑스의 역사학자이자 프랑스한림원(l'Académie française) 회원이며, 프랑스 혁명 전문가다. 드니 리셰(Denis Richet)와 함께 『혁명』을 썼다. Cf. François Furet et Denis Richet, *La Révolution*, Paris, Librairie Arthème Fayard, 1965.

367) 혁명적 운동은 하나의 이데올로기가 존재할 때만 가능하다는 사실을 매우 강조한 배술레의 주장을 재인용한다. 거기에는 혁명적 '운동'을 부추길 수 있는 요소인 이원론, 기원으로의 회귀, 파국적 단절, 상황 역전이 포함될 뿐 아니라, 혁명의 출발을 알리는 운동이 반드시 필요한 요소인 현실 상황과의 정합성, 문제 제기된 사회 구조와의 일관성도 포함한다.

태의 혁명 집단들, 미국의 흑인들처럼 새로 등장한 운동들의 반응인 '반당
反黨 활동'에 주목할 필요가 있다. 또한 중국의 문화혁명이 공산당 자체를
반대하는 거대 집체를 이뤘다는 점을 눈여겨보아야 한다. 사람들은 이러한
현상을 제대로 설명한다. 당의 경직성, 관료화, 소련의 부르주아화 등의 설
명은 내가 보기에 매우 기만적이다. 이 또한 결국 변명에 지나지 않는다고
생각한다. 진짜 이유는 다음과 같다. 우리는 '하나'의 혁명을 실현하기 위
해 채워야 할 요구 사항들을 드러낼 총체적이고, 엄밀하고, 일관된 체제에
있다. 더 이상 적응은 없다. 그러나 교리, 전술, 장치가 필요하다. 이러한
도식의 현존은 새로운 대사회 반란을 본질적으로 용납하지 못한다. 새로운
반란을 꿈꾸는 자들은 위 유형의 체제를 원하지 않는다. 이들은 그 체제가
더 이상 현실에 부합하지 않은 체제라는 사실을 자연스럽게 느낀다. 이들
은 더 이상 실질적 혁명을 지향하지 않고, 반란을 지향한다. 물론 그 반란은
학설과 장치를 전제하지 않는다. 적어도 오늘날 등장한 모든 반란자들은
특정 전술과 운동 조직을 전제하지 않는다. 따라서 고전적 공산주의는 당
을 얻음과 동시에 잃었다고 말할 수 있다. 역사적으로 당은 끝났다.

***

'혁명의 의미'와 '현대적 역사 개념'은 동시에 구성된다. 오늘날 우리는
거꾸러진 징후를 수용해야 한다. 즉, 우리는 소위 '반역사' antihistoire에 열광
하는 사람들을 목도한다. 다시 말해, 이데올로기에 대한 거부, 구조주의368)
에서 도출된 새로운 상징주의를 발판으로 역사 우선성을 거부하는 현상을

---

368) 물론 쟁점은 레비-스트로스(Claude Lévi-Strauss)가 사용했던 방법론으로서의 구조주의
가 아니다. 이 글에서 내가 초점을 맞춘 부분은 여타 학자들이 구조주의에서 추출해 구성했던
'철학'이다.

본다. 역사에 절망하고 기운 빠진 좌파 지성인은 옛 시대의 사상으로 회귀한다. 즉, 인간의 기원이 아닌 진리를 찾기 위해 "원시인"에게 호소한다.369) 이국적이고 낯선 사회들은 기술 사회의 인간들이 제 멋대로 열망하는 순결함과 순수성, 진정성, 자연과의 관계와 같은 것을 이 인간들에게 보인다. 이 사회는 "서구의 정체된 시간에 맞서는 공간을 지속적으로 요구한다. 비혁명적이므로"370) 이제 역사라는 수레는 더 이상 혁명을 나르지 못한다. 하여 사람들은 혁명의 소망을 운반하는 대상, 즉 '역사 이전의 시기'를 향해 돌진한다. "역사에 환멸감을 표하는 최근 프랑스 지식인들의 분위기와 전반적인 정세는 역사를 물고 늘어지려는 이들의 노력을 차곡차곡 쌓는 중이다. 대대적인 불신에 직면하기 전까지 이 지배자역사는 장기간 폭군으로 군림했다.371) 이처럼 사람들은 역사가 더 이상 그리지 못하는 혁명의 미래를 약속하는 것처럼 보였던 구조주의에 몸을 담갔다. 그것은 해석의 오류다. 그렇다고 사실 자체를 부정할 이유는 없다. 혁명에 대한 희망으로 구조주의에 투신한 모습은 결국 지식인들의 의견 변화일 뿐이다. 그러나 그 변화가 사실을 방증한다는 점이 중요하다. 다시 말해, 현대인은 역사 이데올로기를 포기했다. 왜냐하면 현대인 스스로가 혁명의 불가능성을 깊게 느끼기 때문이다.

기술에 대한 혁명은 반드시 일어나야 한다. 그러나 그 혁명을 불가능하게 만든 것은 기술이다. 푸코Michel Foucault가 외친 이데올로기의 죽음, 답보 상태에 대한 그의 절망을 부른 것도 기술이다.372) 정확히 말해, 기술은 인간을 반란으로 몰아간다.

---

369) 나는 학자로서의 활동 초기에 이미 이러한 현상에 관해 연구했다. 다음 자료를 참고하라; Jacques Ellul, « Le fascisme fils du libéralisme », in *Esprit*, 1937.
370) Furet, « Les intellectuels et le structuralisme », in *Preuves*, 1969.
371) Ibid.
372) [역주] 구조주의와 관련지어 혁명과 반란의 문제를 논하는 엘륄은 미셸 푸코의 『말과 사물』, 이규현 역 (민음사 2012)을 참조한 것처럼 보인다.

더 이상의 계획도, 학설도 없다. 오히려 다양한 열망과 거부가 있을 뿐이다. 열망의 개념을 강조하고, 그 개념에서 반란의 원천들 중 하나를 보았던 숑바르 드 로브가 옳다. 오늘날 열망은 더욱 강해졌고, 반란의 기회들이 확연히 늘어났기 때문이다. 기술 사회는 열망들이 아닌 욕구들에 대해 답할 수 있다. 따라서 폭력은 그러한 열망들에 대한 인식과 설명을 위해 필요하다. 숑바르 드 로브가 반란을 통해 부여한 정의精義, 즉 '근본적 열망들에서 비롯되어 급진적 해방을 통해 촉발된 민주의 폭발' 이라는 정의는 불완전하다. 그러나 이러한 정의에서 우리는 다음 내용을 확실히 알 수 있다. 모든 사회 운동, 갈등, 요구는 사람들의 열망 단계에서 제작되어, 혁명의 연장선이 아닌 대사회적 반란들로 표출된다.373)

하나의 질서가 설립되어 지속되고 완성됨에 따라, 그 질서는 여러 규칙과 원칙, 일관성을 축적하고, 보다 정교하고 완성도 높은 문화적 향상의 메커니즘을 생산한다. 그러한 과정은 해당 질서의 본성과 무관하다. 즉, 정치적 질서이든 경제적 질서이든 상관없다. 문제에 대한 해법들 역시 사전에 부과된다. 규칙들 사이의 교차, 축적, 협력이 지속된다. 서로의 여백을 지우고, 공백을 메우며, 행간을 없앤다. 따라서 인격의 우선성이 보장되는 부분, 폭발적인 창의력이 살아 숨 쉬는 부분은 약화된다. 이러한 사회체의 분위기에서 인간 자율성의 영역은 감소하며, 사람다운 결정을 내릴 가능성도 약화된다. 사회적 메커니즘의 완성이 이러한 감소를 낳았다. 수준 높은 문화적 적응 과정에도 불구하고, 인간은 불편함을 호소한다. 완벽한 적응은 사실상 불가능하다. 동화의 역할이 자율성의 잔여로 축소된 영역에서 이뤄짐에 따라, 사회적 동화는 점점 어렵고 고통스럽다. 스스로 행동할 가능성이 사라짐에 따라, 인간은 반란을 일으킨다. 우리는 이렇게 수축되고 엄격한 상

---

373) Chombart de Lauwe, « Pour une sociologie des aspirations », *Éléments pour des perspectives nouvelles en sciences humaines*, Denoël, 1970.

태를 들어 모든 반란 운동을 설명할 수 있다. 그러나 집중해야 할 쟁점은 오로지 '반란'이다. 우리 사회에서 이러한 축소를 야기한 당사자는 바로 '기술 성장'이다. 기술이 더욱 완벽하고, 엄밀하고, 확산될수록, 인간은 그 무게와 수축 상태, 숨 막힘을 느낀다. 심리학적 순응화에 대한 제반 기술에도 불구하고, 이러한 반란의 정서는 끝없이 재탄생한다. 또한 오늘날 반란 운동들의 대중화가 그 사태를 구체적으로 보여준다. 즉 반란을 나타내는 용어의 가장 반동적인 의미따라서 대항문화의 내용을 구성하는 것 전체에서, 기술에 대한 사회적 반항이 존재한다. 그러나 보수적 혁명으로서의 반동적 반란이 '언제나' 민중 운동에 머문다. 엘리트가 아닌는 사실을 결코 잊지 말아야 한다. 그럼에도 민중은 결코 혁명을 일으키지 못하고, 혁명에 가담한다. 민중은 결코 집권하지 않고, 엘리트의 집권을 돕는다. 엘리트가 존재하지 않는 곳에는374) 혁명도 존재하지 않는다. 오늘날 세계에서 민중의 정서는 민중의 사건과 같다. 그것은 바로 사회적 반란이다. 우리가 도달할지 모르는 기술 사회, 즉 '완전히' 기술에 포위된 사회로 전환하기 전에, 우리는 맹목적 분노, 매정한 조직에 대한 증오어설프게 관료주의 독재로 명명된, 경제적 체계화에 대한 오판역시 어설프게 소비 사회라 불리는에서 불거진 수많은 폭발과 마주친다. 기술 성장에 비례해 인간의 행동 가능성도 높아진다. 그러나 그것은 과거보다 더욱 순응적이며, 기술 성장의 수단과 목표에 부합하는 행동이다. 억압적인 틀을 부수려는 욕구가 강할수록, 근육은 단단해지고 목소리에 분노가 가득하다. 가벼운 공포에서 시작해 결국 체제를 뒤흔든다. 우리는 사회적 반란의 폭발을 목도한다. 그러나 인간은 자기 반항심을 소비하는 데 자족한다. 그리고 그와 함께 체제는 급속도로 확산된다. 우리는 반란특히, 혁명의 파편 정도로 생각하지 말아야 할 반란, 거대한 혁명을 예비하기 위해 결집된 반란!의 회오리, 무질서한 입자 운동 속에 있다. 그것 이외에 별다

---

374) 이 부분에 대한 논증으로 나의 다음 책을 보라; 『혁명의 해부』, 황종대 역 (대장간, 2013)

른 의미는 없다. 우리는 기술이 예비하는 세계를 견디지 못한다. 무의식적으로 그러나 우리는 또 다른 세계를 원하지 않는다. 의식적으로 모든 반란과 마찬가지로, 현 시대의 사회적 반란도 희망이나 장래를 생각하지 않는다. 그것은 극단적 긴장감, 분노, 부정에서 비롯된 행동이다. 최종 결과를 미리 아는 만큼, 분노도 크다.375) 기록에 남지 않을 이 거대한 외침에, 되돌아오는 것은 공허한 메아리뿐이다. 라탱지구에 솟은 장벽들les barricades와 뉴어크Newark의 소요와 약탈에서 희망 없는 반란의 선명한 흔적을 본다. 오늘날 장벽의 의미는 무엇인가? 사각형 요새 속에 반항심 충만한 사람들을 가둬 놓은 이 장벽은 희망과 장래의 부재의 가시적 표시이다. 사람들은 장벽 뒤에서 과연 무엇을 기대하는가? 정권은 더 강고한 폭력으로 이 장벽을 짓밟고, 사수死守대를 해산시킨다. 이것이 전부다. 냉정한 표현이지만, 이것이 전부다. 정복과 돌격의 불능 상태, 바로 이것이 오늘날 장벽의 의미다. 장벽은 내일이 없는 성채다. 배고픔과 갈증으로 죽어가는 상황을 피할 수 없다. 사람들은 종종 이상적으로 장벽을 이야기하지만, 그것은 단지 낭만적 회상일 뿐이다. 혁명적 행동이라고 내세웠지만, 반항적 분노의 이면일 뿐 [체제까지 분쇄하기에는] 무기력한 행동이다. 어느 한 순간에 우리의 분노는 세계와 대면할지 모른다. 그러나 그 분노는 혁명이 아니다. 장벽은 기술이 제작한 질서에 대한 공격이다. 그러나 100년 전 허무주의자들의 공격보다 심오한 차원을 건드린 공격도 아니다. 기술 질서에 대한 이들의 공격에서, 우리는 순수한 반항적 행동을 본다. 그러나 절망의 깊이는 그리 깊지 않다. 왜냐하면 공격의 표적이었던 사회는 견고하지 않았고, 사람들은 아직까지 혁명의 배반, 유산, 방향 전환을 경험하지 못했기 때문이다. 반란에서 혁명으

---

375) [역주] 사전에 사회적 반란의 최종 결과를 알았다는 엘륄의 진술은 이 반란으로 체제 자체의 분쇄가 불가능하다는 것을 모두가 안다는 말과 맥을 같이 한다. 이 책에서 엘륄은 수차례 이 논리를 펼쳤다. 역설적으로 체제의 해체 불가능성이라는 결말에 대한 사전 인식이 사회적 반항자들의 분노를 더욱 높인다는 분석이다.

로의 이행은 여전히 가능해 보인다. 이를 경험하지 못했던 우리 자신은 과거의 무게를 짊어지고 행동한다. 골백번이고 비웃음을 산 희망의 쓰디쓴 맛을 무릅쓰고 행동하는 우리는 고유한 반란만으로 나갈 곳이 더 이상 없다는 사실을 안다. 역사의 경계선을 긋는 수많은 반란들처럼, 우리는 설령 단 한 순간일지라도 살아있다는 느낌을 얻기 위해 분연히 일어난다. 바로 그것이 장벽이다. 우리에게 이미 만연된 도피처, 절망의 표시, 위대한 혁명들을 참조하는 신비적 상징, 격분, 신비적인 것이다. 오늘날 세계에서 사람들이 혁명이라고 믿는 것이 얼마나 많은가! 나는 그 중 파솔리니를 택한다. 파솔리니는 현실 사회가 "마르크스주의에서 독립된" 모순적 운동으로 뒤흔들린다고 생각한다. 또한 이 운동으로 "노동계까지도 흔들린다고 생각한다. 그 운동은 소부르주아 계급과 수공업 농민, 전-산업사회의 농민 내부에서 솟구친 폭력적인 힘이다."376)

미국의 신좌파 운동에 뛰어든 이후로, 파솔리니는 관료주의적 사회주의 혁명을 더 이상 신뢰하지 않는다. 파솔리니가 이 운동에 투신한 이유는 신좌파가 "극단적이고, 과격하며, 거의 '신비적'인 민주주의, 그 자체로 '혁명적'인 민주주의"의 고양을 외쳤기 때문이다. 그러나 격노와 신비가 혁명의 원천들이라는 믿음은 해석의 오류다. 다시 말해, 혁명을 포기하고 반란으로 회귀하는 것이 중요하다.

폭력 시위에서 펼쳐지고 종종 걸림돌이 되는 약탈은 이러한 절망의 선명한 자국이다. 출구는 없으며, 이 사회에서 우리는 정의와 권리를 얻지 못할 것이다. 우리는 사람들이 먹다 남긴 부스러기를 원하지 않으며, 우리의 힘을 보여주려 한다. 동시에, 우리는 그 힘의 무게를 알지 못하며, 국민위병la garde nationale이 도착하자마자 패배주의와 절망에 사로잡힌다. 따라서 속전속결이 필요하다. 우리는 적을 지배하리라는 희망을 품을 수 없다. 그러나

---

376) Pasolini, *Nuovi Argomenti*, 1967.

목전의 적을 공격함으로 극에 다다른 우리의 분노를 표출할 수 있다. '마요틴의 반란' 377)과 '자크리의 대반란' 378)처럼, 방화, 약탈, 즉 파괴를 위한 파괴도 가능하다. 다른 방법이 없기 때문이다. 적을 제거할 수 있다고 생각하는 자는 결코 무모한 파괴를 일삼지 않는다. 그에 대한 찬양은 동일한 질서에 속하지 않는다. 냉정하고 무정하게 그를 찬양하는 모습은 또 다시 패할까 노심초사하는 히스테리와 다르다.

그러나 반란의 특징이라 할 수 있는 '희망의 부재'는 테러공격, 장벽 설치, 약탈과 같은 행동에서만 나타나지 않고, 교리와 학설에서도 나타난다. 나는 실천에 대한 현대판 오역을 그 사례로 제시한다. 우리는 인간에 대한 포괄적 시각을 보였던 마르크스의 학설을 오랜 기간 망각했다. 특히 철학자들은 그의 학설을 매우 엄밀하게 다뤘다. 그 결과 마르크스의 학설은 오늘날 모든 혁명 집단들의 크림 파이, 즉 알맹이 없이 떠드는 현학의 소재가 되었다. 나는 그러한 해석과 적용을 의심한다. [1968년] 3월 22일에 벌어진 운동은 '끝없는 실천'과 '선명한 사상'을 외쳤다. 또한 행동을 통해, 필연적인 것을 발견하자고 외쳤다. 일차적으로 나는 이것이 특별한 편이une extraordinaire commodité라는 점을 지적한다. 사람들은 자기 할 일이 무엇인지도 모른 채 행동한다. 왜냐하면 이들의 실천이 조금 성급하기 때문이다! 그리고 점차 현장에서 필요한 행동, 의사 결정, 책략을 발견한다. 그것은 구체성과의 관계에서 도출된 상상력이며, 용암처럼 솟구치는 발명이다. 이것은 어떤 환경도 조성하지 않았지만, 어느 순간 해결책을 마련하는 신기한 발명품을

---

377) [역주] 마요틴의 반란(Révolte des Maillotins)은 1382년 과도한 세금을 견디지 못한 농민과 수공업 노동자들이 중심이 된 인민 봉기이다. 파리를 중심으로 벌어진 이 봉기는 샤를 6세 치하의 프랑스 왕국 곳곳에서 벌어진 중세(重稅) 저항운동 가운데 하나였다.

378) [역주] 통상 '자크리의 난' 혹은 '자크리의 대반란'(la Grande Jacquerie)이라고 불린다. 백년전쟁 중인 1358년 프랑스 북부지역을 중심으로 벌어진 농민 대반란이다. 잇단 패전으로 농민들에 대한 수탈이 심화되고 사회적 혼란이 가중되면서, 농민들이 귀족에게 무력으로 저항하는 사건이 발발한다. 이 명칭은 당시 귀족들이 농민을 비하하던 '촌놈 자크'(Jacques bonhomme)에서 유래했다.

찾아내는 프랑스의 천재적 공작 능력을 소환한다. 그 무렵 전쟁에 대한 무수한 생각이 있었다. 그러나 내가 보기에, 그것은 혁명에 대한 생각만큼이나 위험하다. 긴 호흡과 안목으로 혁명의 조건들과 가능성들을 성찰하면서 준비하는 길이 더 쉽고, 확실하며, 기대되는 길이다. 사람들은 밀도 있는 삶을 느낄 것이며, '실천적 행동'과 '지적 창조성' 사이의 괴리도 더 이상 없을 것이다.

콘-벤디트는 종종 이 말을 되풀이했다. "현 사회의 실질적 틀을 완전히 파괴하는 것이 중요하다. 하지만 무엇으로 그것을 대체할 것인가? 우리는 아직 잘 모른다. 그러나 파괴를 이미 시작했고, 점차 행동을 통해 무엇을 구축해야 하는지를 배울 것이다"La Crapouillot, 1968에서 인용 마찬가지로, 이러한 혁명 기획을 단단하게 만들 유일한 소재는 '행동' 밖에 없다. "혁명가들은 토론할 때, 서로 물고 뜯는다. 하나로 연대하기 위한 행동이 꼭 필요하다"Ibid. 따라서 혁명적 사상 그 이상으로, 우리는 행동에 나서야 한다. 바로 그것이 혁명적 과학의 시작이자 끝이다. 즉, 그 자체로 창조적인 행동의 이데올로기다.

나는 '실천 이데올로기' l'idéologie de la praxis에 관해 반드시 수행되어야 할 2가지 비판이 있다고 생각한다.

첫 번째 비판은 역사적 경험에서 나왔다. 바로 레닌의 경험이다. 가장 정확한 혁명적 실천을 했던 사람이 있다면, 아마도 레닌일 것이다! 그러나 학설이 아닌 정확한 실천이 레닌을 오류로 몰아갔다! 1917년까지 카우츠키, 플레하노프379)와 공유했던 학설을 고수했다면, 레닌은 러시아 혁명을 비

---

379) 게오르기 발렌티노비치 플레하노프(1856-1918)는 러시아의 마르크스주의 이론가이자 러시아 사민주의 운동의 창시자이다. 1905년의 러시아 혁명에 대해서는 지지를, 1917년 혁명에 대해서는 비판적 시각을 보였다. 볼셰비키에 적대적이었던 그는 멘셰비키에 합류했고, 결국 1917년 혁명 직전에 러시아를 떠나 핀란드로 망명한다. 다음 자료를 참고하라; 자끄 엘륄, 『마르크스의 후계자』, 안성헌 역, (대장간, 2015), 133-150쪽.

탈길로 내몰지 않았을 것이다. 다시 말해, 정치 기획으로서 성공했지만 혁명으로서 실패한 '러시아 혁명'이라는 꼬리표를 뗄 수 있었을 것이다. 특히 레닌은 가장 올바른 실천을 통해 '국가 유지'라는 결과물을 도출했다. 그러나 다른 곳에서는 실천 그 자체로 국가 유지를 이끌 수 없었다. 실천을 통해 창조된 발명품은 "강력한 망치"marteau-puissant의 창조를 낳았는데, 그것은 필연이었다. 그러므로 실천은 마르크스의 의도와 전혀 다른 것을 낳은 셈이다. 이데올로기의 학설가들과 실천가들은 이 결과를 숙고해야 할 것이다.

또한 그것은 로자 룩셈부르크380)의 중요한 문제들 가운데 하나였다. 만약 룩셈부르크가 "훌륭한 조직은 행동에 우선하지 않고, 행동의 결과물"이며, "우리가 오직 물에서만 수영을 배울 수 있는 것처럼, 혁명 조직은 혁명적 행동 그 자체를 통해 습득될 수 있고, 그래야만 하며, 행동에 대한 강요는 언제나 밑바닥에서 도래"한다고 주장할 수 있었다면, 매우 엄격한 분석의 토대에서 그 주장을 펼칠 수 있었을 것이다. 그러나 룩셈부르크는 "불운한 혁명보다 형체가 일그러진 혁명이 더 두렵다"라는 말도 덧붙였다. 다시 말해, 룩셈부르크는 다음과 같은 진퇴양난의 상황을 이미 알았다. '행동에 경도되면, 필히 실패한다. 조직을 구성해 그 내부에서 행동하면, 혁명의 형체가 무너진다.' 사실 레닌은 이 난제를 해결하려 했다.

더욱이 우리는 기술 사회에서 비합리성과 욕망을 기점으로 한 혁명의 발발이 불가능한 이유를 확인했다. 혁명은 구체적 이론의 결과물이며 사건들에 대한 정확한 해석의 결과물에 달렸다. 더 이상 즉흥적 혁명의 가능성은 없으며, 실천 자체에서 창조적 가치가 나온다는 말도 신뢰하기 어렵다. 마지막으로, 행동을 위한 행동또한 행동에서 어떤 것을 함축적으로 뽑아내려 할 것이다이라는 구호가 매 시대마다 혁명 공간의 거대한 유혹이었다는 사실을 떠

---

380) 로자 룩셈부르크(1870-1919)는 독일의 혁명적 사회주의자다. 카를 리브크네흐트와 함께 1918-1919년 스파르타쿠스 봉기를 이끌었다. 진압 과정에서 의문의 암살을 당했다.

올릴 필요도 없다. 30년 전에 사람들은 다른 방식으로 이를 공식화했다. 실천이 사회적 유행은 아니었지만, 그 태도는 동일했다. 마르크스주의적혹은 유사마르크스주의적 공식화 작업으로 바뀐 것이 없다. 공산당을 향한 비판에도, 혁명가를 지향하는 "정치적 모험"에 대한 이들의 예찬은 옳다. 다만 실천을 신봉하는 자들이 사실상 필연적 혁명의 걸림돌임은 분명하다.

   그러나 실천의 이러한 재분출에 담긴 의미는 무엇인가? 실천에 대한 믿음 오늘날 혁명적 집단들에서 볼 수 있는은 절망과 순수한 반란의 표시다. 사람들이 실천을 향해 급격히 방향을 전환하면, 그 이유는 우리 사회에 제기된 문제가 풀기 어렵기 때문일 것이다. 사람들은 이 운동들의 차원, 구조들의 토대, 톱니바퀴와 같은 복합체에 대해 알지 못한다. 또한 사람들은 모든 것을 이해할 수 있는 '자리'를 연구할 수 있을 기간이 필요하다. 그 기간 동안 세월은 흐르고, 우리는 늙고, 혁명의 불꽃은 사그라진다. 사람들은 역겨운 진퇴양난의 늪에 빠져 허우적댄다. 오늘날 모든 수단들은 기술적 수단으로 변했다. 대혁명도 기술적일 것이다.Mizan 기술의 사용은 기술 사회 전체를 강화하며, 결국 "기술" 혁명은 거기에 봉사해야 할 것이다. 시간을 무시하고, 기술 수단들을 거부하는 일은 결국 실천이다. 실천에 대한 신앙은 현 사회에 비해 기술적이지 않지만 평균치를 벗어난 노선, 무근원적이고 한계를 이탈한 노선을 따라 행동한다. 그와 동시에 행동의 의미, 깊이, 진실, 종착점을 발견할 수 있다는 맹목적 신앙에 빠진다. 접두어처럼 부착해서 활용할 수 있을 목표는 없다. 왜냐하면 상황 분석이 없기 때문이다. 학설도 없다. 우리 사회가 불가피하게 그릇된 방향으로 끌어갔기 때문이다. 그러나 운동의 말미에서 우리는 종착역을 보게 될 것이다. 그 운동은 평균치를 벗어나고 궤도를 이탈했기 때문에, '결국' 과거에 존재했던 것과 전혀 다른 모습이 될 것이다. 절망적 믿음, 혁명적 사유와 정확한 전술 구축에 대한 포기로 가득한 운동일 것이다. 이 모든 것이 우리를 뛰어 넘을 때, 혁명은 절박해질 것이다. 더 이상 시간 낭비하지 말아야 하며, 비생산적인 지적 논쟁으로 사분오열되지 말아야 한다. 우리에게 필요한 것은 행동이다. 행동 자체가 열매를 맺는다. 실천에 대한 신비주의적 시각을 지닌 사람들이 종종 유토피아에 대해 견고한 믿음을 보이는 것은 이상하지 않다. '실천에 대한 신비주의적 믿음'과 '유토피아에 대한 강고한 믿음'은 일치한다. 즉 금욕적 양식과 과거의 실패에 대한 명석한 논쟁을 통해 그 믿음은 일치한다. 그러나 절망한 자들도 부인할 수 없는 동시대인이다. 결국 학설들은 더도 말고 덜도 말고 부르주아 사회의 통념들을 마르크스주의의 언어로 치환한 것이기 때문이다. 예컨대 "말에 비례해 더 많이 행동해야 한다"라든지, "사건은 그 자체로 합리적"이라는 표현이 그에 해당한다. 반면 불순응주의적 방향을 취하는 사회적 통념은 반항적인 태도를 그대로 옮겨 적는다. 그리고 사회는 [혁명의] 출발점도 되지 못하고, 단지 자기를 증명하는 수준에 머무는 이들의 폭발적 분노를 '생식력 없는 혁명에 대한 체험 자체'로 여길 것이다.

극좌적 태도와 계급 사이에는 부르주아 이데올로기를 신뢰하는 것보다 더 깊은 관계가 있다. 1900년 부르주아 계급에서 발견했던 것처럼, 우리는 이 관계에서 허위의식(예컨대 피압제자, 굶주린 자를 지향하는 문화와 허위의식의 창조에 따른 양심에 대한 연구가 복합적으로 얽히는 모습을 발견한다. 언제나 집단적 합의를 유지하고 [사회]악으로 낙인찍힌 「하라키리」는 이 잡지 구독자들의 양심을 대변한다. 부르주아 계급처럼, 「하라키리」는 덕과 이상주의를 대리한다. 자유와 진리를 요구하고, 억압과 특권에 맞서 싸우고, 성 해방으로 성적 순수성을 실천하려는 사람들이 가난한 사람들, 압제당하는 사람들, 굶주린 사람들의 보호에 나서는 모습은 집단적 덕을 지지히는 모습의 정확한 재현이다. 이 조류에 가담하는 것은 양심의 실천과 같다. 즉, 집단이 장식품처럼 각 분자에게 분배한 양심을 실천에 옮기는 것이다. 따라서 극좌 사상은 선한 양심과 공존하면서, 혁명에 대한 새로운 낭만주의로 표현된다. [68년] 5월의 사회적 소요에서, 우리는 낭만적 회고주의에 해당하는 모든 주제를 재발견한다. 이 소요에서, 사람들은 1830년 혁명을 떠올렸을 것이다. 기술에 대한 인류의 항명, 비인간적 사회에 대한 소부르주아 계급의 무의식적 공포, "참정권" 요구이 얼마나 중세적인가!, 노동자와 학생 연대, 자연으로의 복귀, 야생에 대한 찬양, 자연인, 아메리카 원주민혹은 흑인, 동사의 중요성, 주술적 언어의 중요성. 사실 이 모든 것은 완전히 반동적이며, 압제에 맞선 반항들이 출발점 밖에 되지 못한다. 또한 그 반항들은 승리를 쟁취한 순간에도 목표를 찾지 못하고 배회한다. 스스로 극단적 혁명 세력이라 여기는 극좌 운동은 오해에 지나지 않는다.

그러나 이러한 극좌 사상은 프랑스에 존재하는 주요 정당의 태도와 사건만을 최종적으로 반영한 것이다. 우리는 프랑스를 제외한 나머지 세계에관해 전혀 이야기하지 않았다. 이제 개념의 본궤도로 복귀하자. 혁명은 누구나 떠드는 사회적 통념이 되었다.

＊＊＊

우리가 포괄적인 관찰법을 탈피한다면, 20년 전부터 세계 도처에서 터지는 "혁명의 불꽃"을 생각한다면, 일련의 공통점을 찾을 수 있을 것이다. 먼저 '표면적 자발성'이다. 이 개념은 르 봉[381]이 연구했던 '군중들 가운데 벌어지는 낯선 운동'과 맞물린다. 사실 사람들은 자발성이나 이질성에 대해전혀 이해하지 못한다. 그저 혁명이 터졌을 뿐이다! 물론 주동자와 비밀 결

---

381) 귀스타브 르 봉(Gustave Le Bon, 1841-1931)은 프랑스의 의사, 사회학자, 작가다. 1895년에 『군중 심리학』을 썼다. 다음 자료를 참고하라; Gustave Le Bon, *Psychologie des foules* (Paris, PUF [Quadrige], 2002)

사가 있었을지 모른다. 그러나 대중적 폭발이 준비되지 않았다면, 그 활동은 성과도, 효과도 없는 일에 그친다. 행동파 집단들이 옛 혁명 세력의 영향과 조종을 받는다는 믿음에서 오류가 발생한다. 오늘날 이 세력은 보수 세력과 마찬가지로 이미 극복되었다. 대중의 자발성과 자유로운 표현에서 나오는 생산, 즉 행동파의 자발적인 '자체생산' l'autoproduction이 등장한다. 매 시위 때마다 청년들은 중요한 역할을 맡았다. 자발성과 관련해 이들의 역할을 강조할 필요가 있다. 미국에서 벌어진 흑인들의 대사회적 반항, 중국의 반사회적 반란, 일부 게릴라 집단, 범세계적인 학생 운동 등이 그 사례다. 청년들은 모든 반란에 가담한다. 그러나 그것은 순수하고 단순한 폭발로 명명할 수 있는 반란, 혼잡하고 수용할 수 없는(이유도 모르는 상태에서 세계에 대한 반란이다. 양분의 자체 공급이 가능한 이 폭발은 사실상 나머지 모두를 평가 절하한다. 뿐만 아니라 다른 형태의 행동, 반란 주동 세력이 느끼는 것과 맞지 않는 구식 혁명 계획도 평가 절하한다. "놀이 규칙들을 파괴하는 주범은 바로 원초적 폭력이다. 폭력은 결국 삐뚤어진 경기라는 현실을 입증할 뿐이다. 여러 규칙이 결집되고, 가장 기본적인 시민권에 대한 옹호를 위해 무장도, 보호 장구도 없이 가두시위에 나선 사람들은 개, 돌, 폭탄, 감옥, 수용소, 심지어 죽음에 노출되리라는 사실을 안다. 법이나 질서의 희생자들을 참작하는 규칙의 권력이 시위대 배후에 있다. 이 규칙들의 역할 불능은 아마도 한 시대의 종말과 새 시대의 시작을 알리는 일일 것이다."382) 이 진단은 옳다. 그러나 동시에 행동으로서의 자발적 투신이다. 이 '행동'의 의미를 발견하려면, 말 그대로 '행동'하는 수밖에 없다. 이처럼

---

382) 헤르베르트 마르쿠제, 『일차원적 인간』, 280쪽. 마르쿠제의 설명은 옳다. 그러나 아쉽게도 그는 3가지 중대한 오류를 범한다. (1) 마르쿠제는 대중들의 의식이 혁명적이지 않더라도 사회적 대립을 혁명적이라고 단언한다. 또한 (2) 저항적 대립 세력은 체제에 동화될 수 없다.(체제에 대한 이해가 여물지 않았음을 방증)고 외친다. (3) 그는 사회와 관련해, 한 시대의 종말과 새 시대의 출발을 생각한다. 그렇다면 그것은 혁명 시대의 종말과 반란 시대의 시작을 뜻한다.

자발성은 반란의 특성을 서술한다. 그러나 기획 부재, 현실 상황에 대한 인식 부재, 구체적인 목표 부재도 공존한다. 1945년 이후의 모든 사회적 반란은 인식론 부재에 허덕였다. 즉, 생활양식에 대한 기피, 몰인정한 사회에 대한 기피, 사회에 대한 기본적 지식 없이 맹목적으로 이뤄진 기피였다.

마찬가지로, 적군파도 미국 사회에 대한 지식 없이 반제국주의 운동을 벌였다. 나는 지금까지 기술한 사회 운동들의 가치를 평가 절하하는 것이 아니다. 이 운동들을 혁명과 연결할 수 없다는 것을 지적할 뿐이다. 왜냐하면 거기에는 지식을 요구하는 혁명의 기획도 없고, 진지한 고찰이 반영된 학설도 없기 때문이다. 학생들은 자신도 제대로 알지 못하는 사회에 대항한다. 그러나 이들은 수용할 수 없다고 자평했던 결과물을 이내 지지한다. 식민화 된 학생들은 서구를 제대로 이해하지 못한 채, 서구에 대항한다. 그러나 결국 자신들도 수용할 수 없는 결과물인 '서구의 압제'를 지지한다.

물론 사회-정치-경제적 현실에 대한 무지로, 학생들이 혁명론을 공식화할 위험은 없다.383)

학설의 부재가 반란 용어의 본질적 빈약함과 무의미함을 낳지 않는다. 우리는 2가지 측면에서 이를 고찰할 수 있다. 첫째, 행동 지침, 즉 구호les mots d'ordre이다. 레닌은 혁명의 구호가 어느 지점에서 이론을 구체적으로 설명하고 종합해야 하는지를 분명히 보여줬다. 혁명의 구호는 선동을 위해 자연계에 방출된 모호한 공식이 되면 안 된다. 그러나 아쉽게도 바로 이것이 사회적 반란들을 대표하는 말이다. 「르 누벨 옵세르바퇴르」이 시사지가 사

---

383) 이러한 청년들의 반란에는 옛 혁명과의 공통 척도가 없다. 한 세대의 경험과 사고가 차세대에게 절대적 영향을 미치지 않는다는 점을 생각해야 한다. 한 사회의 형식들과 이데올로기들은 매우 빠르게 진화한다. 우리는 특정 지점의 일부일 뿐이며, 특정한 혁명 의식을 향해 행동하고, 숙고하고, 전진했으며, 특정한 학설을 제작했다. 이러한 특수성을 전혀 생각하지 않는 새로운 세대의 도래는 출발점을 0에 두고 재출발해야 한다는 말과 같다. 그러나 현실에서 재출발하는 대신, 새로운 세대는 새로운 이데올로기를 꿈꾼다. 따라서 나 역시 본 글의 중요성과 영향력에 대한 환상을 품지 않는다.

회 운동들에 적대적이라고 비난할 수 없다는 순진하게도 다음과 같이 선언했다. "블랙 파워의 정식은 무의미하다. 그래서 중요하고 효과적이다"Le Nouvel Observateur, 1967년 8월 7일 더 나아가, 우리는 학생 권력의 정식이 더 이상 문화 혁명을 뜻하지 않는다고 말할 수 있다. 그것은 어떠한 혁명적 내용물을 담지 못하는 구호일 뿐이다. 물론 이들의 구호에는 상상적 이데올로기의 내용물이 담겨 있다. 그러나 권력에 대한 상상을 의미하는 내용이 아니다. 여기에는 현실에 대한 참조도 없고, 일관된 사상에 대한 참조도 없다. 더욱이 새로운 역사 시대의 개방도 참조하지 않는다.

둘째, 반란에 대한 특수한 언어적 표현이다. 우리는 사태들의 공백을 감추기 위해 언어를 부풀리는 현상을 목도한다. 예컨대 1968년 5-6월의 용어에 대한 분석이 필요하다. 사람들이 어느 지점에서 열광할 수 있었는지에 대한 숙고가 병행되어야 한다. 남미 국가가 불과 피로 물들고, 혁명이 으르렁대는 소리가 들리고, 정부가 구석에 몰린 쥐 신세가 되었고, 정확히 24인의 게릴라 전사가 있었다는 소식을 접할 때에도 마찬가지이다. 단지 대중의 마음을 사고 조야한 행동들을 쟁점화 할 목적으로 이러한 언어 과장을 하는 것은 아니다. 나는 이러한 과장이 반란과 혁명 사이의 골을 메운다고 생각한다.

결국 반란은 더욱 평가 절하되었다. 사람들은 동정심을 담아 이 주제를 다뤘다. 일종의 낭만적 작업이다. 진지하게 다뤄야 할 문제는 오직 혁명이다. 우리는 마르크스와 레닌 이후로 그러한 흐름이 유지되었다는 사실을 안다. 사회 변혁의 유일하고 실질적인 노선은 혁명뿐이다. 반란에 대한 언급은 전무하다. 사회적 인정을 받는 보편적 사건이 되거나 중요한 사건처럼 보이려면, 무조건 혁명적이어야 한다. 따라서 교리와 혁명적 실천 없이 이뤄지는 행동에 필요한 것은 혁명 신화의 제작이었다. 거기에는 언어의 도움과 언어를 통한 혁명의 입증이 필요하다. 이제 사람들은 너도 나도 혁명적 용어를 사용할 것이다. 오해 불식을 위해, 혁명에 대한 고전적 용어 사용을 무한정 재생, 반복할 것이다. 또한 시위에 나선 학생들, 게릴라, 블랙 파워, 식민지 해방 운동가들의 언어에서 발견한 용어들도 사용될 것이다. 더불어, 폭발적 행동, 테러공격, 폭력적 대응을 혁명 노선에 포함시킴과 동시에, 혁명적 용어를 사용해 이 행동들을 해설하려 할 것이다.384) 다시 말해 사용되는 언어와 실질적, 주도적 행동의 불일치는 반란의 쟁점을 나타내는 표시이다. 이 반란은 자체로 수용된 것이 아니다. 오히려 비현실적 혁명으로 변환된 반란이다. 사람들은 이러한 조건에서 2가지 중요한 사실을 확인한다. (1) 선전propagande의 변형과 (2) 토론자 사이의 분열이다. 반란이 현실적이면서도 배타적인 문제로 부각하는 경우, 선전은 더 이상 혁명에 대한 선전일 수 없다. 선전은 수단과 표현법을 포함해 대중과 직결되는 방식을 재발견한다. 이제 풍문, 길모퉁이의 즉흥 연설, 비공식적 지도자, 벽보 등이 대중 선전의 다양한 활동 도구가 된다. 매우 중요한 부분이다. 실제로 벽보는 1918년과 1968년 사이에 독보적 선전 가치를 잃었다. 벽보의 전제는 보행步行이다. 차량 운전자는 벽보에 관심이 없다. 또한 벽보는 단시간 내에 빈둥거리며 훑어보는 모습, 대중의 자발적 창의력을 전제한다. 사실 이 모든 것은 반란의 유형이지, 혁명의 유형은 아니다! 마찬가지로 낙서, 무대, 거리의 연극, 다소간 자발적이며 비정형적인 연극단도 선전의 일부를 이룬다. 이 영역의 특징을 보여주는 연극단은 "미국의 급진주의 극단"이다. Bread and Pupper Theater, Open Theater, El treatro campesino, Gut Theater 전반적으로 이 극단들은 정치 문제에만 집중한다. 충격적인 장면으로 대중을 놀라게 하고385), 다수의 참가자를 극단의 행동에 직접 참여하도록 유도한다. 사람들

---

384) 1968년 6월 26일 소바조(MM Sauvageot)와 브리디에(Bridier)가 주축이 된 통합사회당(P.S.U.)과 프랑스전국학생연합(U.N.E.F.)의 토론회에서 등장한 용어 사용이 이에 부합하는 적절한 사례일 것이다.

385) 사람들은 빈번하게 이 연극단의 목적이 대중 "의식화"에 있다고 말한다. 연극단이 사용한

은 연극을 통해 장점과 결점을 지나치게 과장하는 모습, 세계를 선과 악으로 나누는 단순성, 행동 강령의 요구, 가담 혹은 공포라는 두 갈래 길을 두고 선택을 부추기는 사람들의 돌발 출현을 본다. 다시 말해, 이 연극은 순수한 사회적 저항극이자, 저항적 본능에 충실한 연극이다. 극단은 관객을 직접 행동으로 견인하며, 때때로 연극에서 직접 행동을 연습하기도 한다. 예컨대 과거의 극단처럼, 공동 식사용 빵을 배분하거나 파랑돌 무용farandole, 386), 관객들과의 합창을 주도한다. 이러한 방식을 통해 직접 행동을 개시하려 한다! 우리는 이러한 선전이 어떤 지점에서 "대대적 선전"과 다른지 익히 안다.387) 그것은 배경 없는 직접적 도구이다. 다시 말해, 민중의 반란 정서를 여과 없이 표현한다. 여기에 '흑인혁명극단'을 추가할 필요가 있다. 이 극단은 대중에게 민감한 반응을 유발하고, 대중 스스로 규정할 수 있는 언어를 창출하기 위한 선전극단이기도 하다. 이 극장은 블랙 파워의 연장선이 되면서 관객을 파열과 게릴라의 분위기에 직접 가담하도록 한다. 더욱이 극장의 일부 무대는 실제로 무기 매장이었다 한 마디로, 흑인 운동의 자체 방어를 위한 극장이라고 평가할 수 있다.388)

극적이고 작위적인 이 모든 시위들은 더 이상 극예술에 속하지 않는다. 거리의 나체 시위는 사람들에게 신기한 볼거리를 선사한다. 그것은 점묘파 화가들의 폭발과 같은 즉각적 반란, 순수한 반란의 얼굴이다. 비록 혁명에 대한 목표가 없는 말이지만, 이러한 방식의 연극은 광대한 비명, 격동적 활동 그 이상이라 하겠다. 그러나 이 연극을 "동시대의 거대한 문제들"과 관

방식이 불편했고, 부당한 면이 있었고, 그것이 위와 같은 평가의 직접적 구실이 되었다! 그러나 실제로 중요한 문제는 '직접적 반응'의 확보이다. 다시 말해, 대중의 평가인 '의식화'와 정반대되는 것을 확보하는 데 있다.

386) [역주] 프랑스 남부 프로방스 지방의 전통 춤으로, 북과 플루트를 악기로 사용한다. 마치 '강강술래'처럼 참가자들이 서로 손을 잡고 빙글빙글 돌며, 원이나 U자 모양을 만든다.

387) 가담과 정행(l'orthopraxie)의 동일한 목표물을 수반한다.

388) The Drama Review, T. R. D., no 40, 1968.

런지어 생각하면, 아마도 그것은 망상과 경련 정도에 지나지 않을 것이다. 그것은 중세 시대 고행자들의 행렬 순서나 검투사들의 공연과 유사한 방식일 수 있다. 그러나 베트남 전쟁, 인종 차별, 자본주의와의 접촉점을 형성할 때, 이 방식은 매우 신속하게 흡수되고 일시적인 사회적 선동 방식을 제공한다. 왜냐하면 이러한 작품들과 영화들에서 유일한 쟁점은 반란이기 때문이다. 이 영화들은 자신에 맞선 최악의 공격을 상업화하면서, 자신을 흡수, 동화, 회수하는 순응적, 부르주아적 사회 내부에 있다. 반란은 궁극적으로 무의미할 것이다. 왜냐하면 이 볼거리들의 유일한 목표는 성공이기 때문이다.

자기 정당성을 발견하기 위한 예술이 선전의 순수 메커니즘이 된다. 만일 연극을 혁명적이라고 말할 수 있다면, 그것은 단순히 말로 선언된 것에 불과할 것이다. 회화나 음악도 인간의 폭발력을 낳을 수 있는 메시지를 전달한다. 따라서 우리는 "예술"에서 선전의 2가지 유형을 발견한다. 바로 '교리 교육' le catéchisme과 '공동 성찬' le communiel이다.[389] 연극 작품의 "메시지"에 반대한 페터 슈만은 연극 작품에 필요한 것을 공통 관점의 발견을 위한 집합체 형성이라고 선언한다. "가령 모두가 이렇게 생각한다고 가정하자. 베트남 전쟁은 인간의 민낯을 보여준 역사의 현실이며, 어떤 것도 인간다움에 이르지 못한 역사다. 동시에 다른 법정에서는 암탉 도둑에게 유죄가 선고된다. 우리가 이러한 상징의 부조화를 명확히 제시할 때, 동일한 것을 전반적으로 이해할 수 있고, 최소한 동의할 수 있는 것 하나 정도는 찾을 수 있을 것이다. 상징적 부조화는 실로 놀라운 작업이다." 예술을 소요와 선전에 헌정한 페터 슈나이더Peter Schneider는 같은 부분을 정확하게 언급한다. 그는 행동을 다음과 같이 기술한다. 예술의 임무는 갖가지 열망에 예술적 형식을 부여하는 데 있지 않고, 그 열망을 억압에서 해방시키는 데 있다. 억압

---

389) 자끄 엘륄, 『선전』, 하태환 역(대장간, 2012)

은 예술적 열망을 난폭한 혁명과 연결하기 위해, 이 열망을 비난해 왔다.

선진 자본주의가 인간의 열망을 낳는 능력을 파괴하고 원초적 욕구들만 추구하도록 한다는 틀에서 보면, 문학의 목표는 옛 향수와 예술품에 간직된 인류의 열망을 재조명하는 데 있다. 민심을 동요시키는 문학의 기능을 뛰어 넘어, 구체적으로 실현될 기회를 얻는다. 예술의 선전 기능은 바로 거기에 있다.

"선전 예술은 인류의 꿈을 기술한 글에서 유토피아를 연구할 수 있을 것이며, 유토피아에 강제로 덧씌운 왜곡된 형식에서 이 유토피아를 해방시킬 수 있을 것이다."

이것은 히틀러식 선전의 최고봉이라고 할 수 있는 부분이다. 대중음악은 그 기원부터 황홀하고 공동체적인 양식이었다. 이 음악은 사회적 반항을 직접 외쳤다. 그러나 그 순서를 타고 등장한 행동이 의식화와 비판 정신을 결코 발전시키지 못한다는 부분을 깨달아야 한다. 이 행동은 항상 대중 우민화와 순응을 지향한다. 내가 정행l'orthopraxie이라고 분석했던 것과 다른 결과는 없다. 다른 쪽에서, 우리는 잘난 척하고, 무게 잡지만, 시시한 메시지를 담은 예술을 접한다. 우리는 연극단390)을 더 이상 교리 문답식의 지루한 형식을 띤 "투쟁" 방식으로 여기지 않는다. 또한 대중음악은 톰 팩스턴391)과 더불어 이러한 길에 들어섰다. 팩스턴은 혁명적인 언어들에 우선권을 재부여한 인물이다. 왜냐하면 베트남 전쟁에 대한 발언을 요체로 삼았기 때문이다. 비틀즈392), 밥 딜런과 함께, 대중음악은 교훈을 따르는 흐

---

390) G. Sandier, *Théâtre et combat*, 1970. M. Esslin, *Au-delà de l'absurde*, 1970.

391) 톰 팩스턴은 1937년에 태어난 미국의 포크 음악 가수이자 작곡가이다.

392) 비틀즈의 노래 "혁명"의 가사는 다음과 같다.
"넌 혁명을 원한다고 말했지.
너도 알겠지만, 음.. 우린 세상을 완전히 바꾸고 싶어.
넌 내게도 참여하라고 했지.
너도 잘 알거야. 우린 결코 거절하지 않았어.
하지만 머리 꼭대기까지 증오로 가득한 사람들을 위해 돈이 필요하다면,

름과 원초적 정치화를 거부하면서 "정치 이외의 다른 것 전부"를 탐구하는 흐름으로 나뉘었다. 고다르는 「프라우다」Pravda와 「브리티쉬 사운즈」British Sounds와 같은 작품에 서린 교리 문답식 형태고다르 자신은 교리 문답에 호의적이지 않다고 선언했지만!와 반성에 기초한 단순 폭발을 지향하는 "칠판 교육"식 형태를 나눈다. 그가 기울인 노력과 마주할 때, 유일하게 당황스러운 부분이 있다. 바로 완벽한 사상적 결함이다. 고다르가 자신의 정치적 "확신"을 설명하고 당대 사회를 해설할 때, 젤라스작품 「석관」에서나 아라발이 자신의 극적劇的 혹은 문학적 시각을 설명할 때, 르베롤이 회화 작품을 명확히 진술할 때, 우리는 사회적 통념과 장광설, 언어에 편중된 혁명론, 거의 완성된 비존재 현상과 고찰, 정치적 이해 등을 통해 소멸의 위기에 처할 것이다. 즉 우리는 무無의 근사치에 이른다. 이들 모두에게는 "혁명의 열정"이 있다. 또한 이들은 자신의 예술 작품을 통한 혁명으로의 이행을 확신한다.

그러나 안타깝게도, 이들의 뇌리에는 혁명이 발발해야 할 세계의 정체正體에 관한 사고의 음영陰影이 없다. 그러므로 모든 것을 계급투쟁이나 자본주의 잉여가치에 소급시키며, 예술 작품의 중요성이 곧 자신의 "철학적 내용"이라는 르베롤의 외침에 사람들은 웃을 수밖에 없다. 우리는 수천 번에 이를 정도로 한 세기 전의 '사상' 갱신됨을 재발견한다.

현실적으로 확고한 후원 극장을 다시 찾는 문제가 관심사다. 이 극장은 역할과 정확성, 무대 장치에 관한 어떤 역할도 하지 않는다. 또한 감각적이고 순응적인 몇 가지 진리를 유포하는 작업에만 고착된다. 신적 가호와 같은 후원에서 종교적 의도나 도덕적 의도가 중요하듯, 정치적 의도가 중

기다려야 한다는 말 밖에 해 주지 못할 것 같다. 친구야.
넌 제도를 바꿀 거라 말하지.
우리는 네 머리를 바꾸고 싶어.
너는 제도들이 문제라 말하지.
네 정신을 먼저 해방시키는 게 나을 거야.
하지만, 네가 마오쩌둥 주석의 사진을 계속 들고 다니면,
누구도 널 따르지 않을 거야. 내 말 믿어."

요하다. 예를 들어, 아라발의 극 「그리고 그들은 꽃에 수갑을 채웠다」Et ils passent des menottes aux fleurs나 젤라스의 극 「석관」Sacrophage에서 분명해진다. 여러 경우 중에서 가장 훌륭한 경우, 그리고 정치−사회적 내용 없는 결합 자체의 경우, 이 예술은 예술가들이 느끼는 불관용을 드러낼 뿐이다. 예술은 단순한 비명이 되었다. 즉, 반란의 범주에 정확히 들어왔고, 올가미에 걸린 예술가는 자기기만과 순응 없이 이 비명을 넘어설 수 없다.

  마지막으로, 동일한 노선에서 우리는 대화 상대자들의 폭발이라 부를 수 있는 것을 목도한다. 공통된 사상과 학설의 부재, 극소수 집단에만 존재하는 이론이라는 틀에서, 각자는 자신의 이름을 이야기할 뿐, 누구도 대표자가 되지 않는다. 이 부분은 게릴라와도 공통점이 있다.게릴라 각 집단은 결국 자신을 교조화한다 뿐만 아니라 적군파, 학생들, 미국의 흑인운동 가담자들도 마찬가지다. 무수한 소규모 집단들이 탄생하고, 자신들의 존재감을 뚜렷하게 드러내지만, 소요에 가담한 대중들에게 이내 거부된다. 특별한 의무에서 벗어난 지도자는 세파에 흔들리고, 자기 주변에서 사회 운동이 벌어진다. 그러나 이들은 눈을 다른 데로 돌리고, 사막으로 되돌아간다. 그러나 이것은 반란의 특징을 나타내는 표시들이다. 물론 혁명도 민중적 소요라는 틀에서 보면, 동일한 형태의 현상들이 만들어질 수 있다. 그러나 그것은 궁극적으로 중요한 부분이 아니다. 광범위하게 인정받는 지도자들의 출현, 창조적 사상의 출현, 대중을 대표할 수 있는 인물과 조직의 출현이 중요하다. 실제로 우리는 자신을 민중의 대표자라고 주장하는 집단들을 본다. 그러나 이들은 결코 대표자가 아니다. 단지 조야한 가담자들에 불과하다. 사회적 반란에 정직과 진실성을 담은 사람들은 공개적으로 자기 이름을 밝히고, 누군가의 대리자가 되기를 거부한다.393) 따라서 우리는 이 반란의 내용

---

393) 신기하게도 우리는 교조주의와 특정 학파가 되기를 거부한 "신 신학"(la Nouvelle Théologie)에서 동일한 특징을 발견한다. 다시 말해, 각자가 자신의 목소리를 낼 뿐이다.

물이 무엇인지 전혀 모른다. 반란을 통해, 각 사람은 자신의 개별적 꿈, 원한, 요구를 표현한다. 그러나 우리는 산만한 표현들과 마주할 뿐이다. 즉 개별적 꿈, 원한, 요구를 하나로 연결하는 작업은 수용 불가한 사건들어떤 사건?의 상태, 사회적 폭발, 자기가 처한 환경의 직접적 파괴에 맞서는 공통된 반응이며, 자신들이 갇혔다고 느끼는 막다른 골목길그 윤곽을 추적할 수 없는을 표현하고 거기에서 이탈할 수 있는 유일한 길은 폭력뿐이라는 신념에 맞서는 공통된 반응이다.

산발적 소요, 배고픔에 대한 항변, 폭력의 분출과 폭발, 이른바 혁명적이라 회자되는 각종 스펙타클, 간헐적인 운동, 정치적 마술을 부리는 곡예사들, 에로스 신비주의. 만일 이러한 현상들이 정보의 대상, 매스 미디어를 통한 전파의 대상, 가짜 메시지를 포함한 이미지로의 전환 대상, 순수 오락의 대상이 된다면, 결코 혁명의 전조나 예언이 되지 못할 것이며, 우리가 이를 중요하게 여길 이유도 없을 것이다. 이미지들의 근접, 조밀, 증식으로 만들어진 가상 드라마 때문에 우리의 가슴이 요동친다. 텔레비전이 존재하는 한, 세계에는 혁명의 공포 혹은 희망이 넘쳐날 것이다. 『정치적 착각』에서 나는 이미지 세계에서의 정치 문제를 분석했다. 우리는 지금 바로 그 세계 안에 산다. 혁명 발발의 가능성을 갖춘 현실, 즉 강경함과 치밀함을 갖춘 현실은 어디에도 없다. 사방에서 폭발하고, 실제 고통에 대한 미화가 이뤄지며, 별로 대단치도 않은 일을 앙양昂揚하기 바쁘다. 이런 것들을 부가한다고 새로운 것이 만들어질리 없다. 오히려 조합과 배열이 잘 된 그림일수록 화려한 망상을 주기 십상이다. 지금 우리는 전례 없이 혼탁한 시대, 혁명적이면서 정치적으로 성장을 이룬 시대를 산다. 동시에 이 시대는 냉혹함을 통해 성장한 시대이며, 혁명적이지 않고 정보의 불확실성으로 점철된 무질서, 광기와 뒤범벅된 '기술의 성공'을 통해 성장한 시대다.

＊＊＊

이러한 폭발이 보편화일반화 될 것이라는 확신, 다시 말해 수백만이 일거에 혁명적 존재가 되리라는 확신이 역으로 더 이상 혁명이 존재하지 않는다는 사실을 입증한다. 이 부분에서 우리는 중차대한 질문과 마주한다.

'모든 사람이 혁명 이념, 전술 모델, 목표를 수용하고, 이를 자신들의 몫으로 여긴다고 가정하자. 과연 그 때에도 이러한 요소들은 여전히 혁명적인가?' 혁명 이념과 전술 모델의 방향에 관해 먼저 확인하자. 모두가 혁명을 말할 때, 진부해질 대로 진부해진 혁명의 상황, 즉 오늘날의 혁명 이념은 더 이상 현 상황에 부합하지 않는다. 나는 다른 책에서 이 문제를 탐구했다. 풀어서 말해, 별다른 난관과 악조건 없이도, 변화된 상황이 폭발적이고 거칠지만 더 이상 어떤 기억에 호소하지 않는 교리와 맞닿을 가능성과 유사한 팽창을 보일 가능성은 없다. 달리 말해, 일반화는 혁명적 사상의 비현실성을 함축한다. 따라서 혁명가에게 상황이란 투쟁이 무용한 땅, 혁명적 목표에 대한 추구가 헛일이 되는 곳을 가리킨다.

2번째 주장은 다음과 같다. 대중적 지지는 과연 고차원적으로 일어나는가? 즉 혁명적 경향에 대해 가장 엄격한 사상과 가장 견고한 형식을 토대로 일어나는가? 모든 경험을 통해 다음 사실이 입증된다. (1) 주도면밀한 행동, 정확한 이론, 행동하는 소수파 사이에는 정확한 일치점이 있다. 또한 다른 쪽에서 보면, (2) 대중 가담, 대중화, 포용주의, 혁명 운동의 퇴행 사이에도 일치점이 있다. 이러한 양면성은 모든 혁명에서 나타난다. 전술한 2가지 방향성의 기저에서, 우리는 또 다른 2가지 근본적 사태에 이른다. 혁명 운동은 언제나 '기성 사회'와 비견되면서 존재하는 법이다. 따라서 2가지 용어를 고려해야 한다. 소수 집단, 엘리트, 특정 대중과 계급, 인민이 혁명 운동의 담지자이다. 그러나 인민 자체가 혁명적이지 않다. 이름을 무엇이라 붙이든, 심지어 프롤레타리아라고 하더라도, 인민 자체는 언제나 반항적이면서 동시에 반동적이었고, 보수적이면서 동시에 반란을 일으켰다.

대중들의 자발성은 단지 사건들의 명증성과 자가 명상'autocontemplation의 일탈에 다다를 뿐이다. 이 부분에서 나는 마르크스의 분석이 전적으로 옳다고 생각한다. 대중들은 직접적 사건들과 확실하게 드러난 불행에 직면해 행동을 개시한다. 대중들은 자신의 욕구, 욕망, 열망을 오판하지 않지만, 가능성과 구조의 현실성에 대해 결정적인 오판을 한다. 특히 자신들의 충동을 완성하기 위해서는 구조의 현실을 반드시 문제 삼아야 함에도, 이 부분에 대한 오판을 피하지 못한다. 압제가 직접적이고 구체적인 한, 여러 욕구와 사회적 현실 사이에는 일정한 일치점이 형성될 수 있다. 그러나 실제로 문제들은 추상적으로 바뀌고, 현실에서 벗어난 것이 된다. 우리의 분노를 자아냈던 이 문제들은 주관적으로는 참욕구와 주체하지 못하는 욕망의 차원에서이지만, 객관적으로는 오류예컨대 제국주의다. 왜냐하면 혁명적 행동을 통해 공격해야 할 실제 현상들은 오히려 부차적인 것 취급을 받기 때문이다. 사회에 해를 끼치고 구성원들이 인내하기 어려운 것으로 검증된 현 상황의 주원인이 아닌 부차적 원인들만 때리는 셈이다. 그러나 복합적으로 얽힌 세계에서 이것에 대한 인식은 분석 작업을 통해서만 가능하다. 또한 부차적 원인들에 대한 공격으로 대중성과 자발성을 이끌어 낼 가능성도 없다. 더군다나 대중들이 혁명적 투쟁 전선에 참여하기 위해 우선적으로 필요한 요소는 '사회 개방성'이다. 사람들은 이 부분을 잘 안다. 다시 말해, 국가의 압제가 줄어들고 자유주의가 판을 칠 때, 빈곤층의 생활수준이 하향 곡선을 그릴 때, 같은 방향으로 혁명적 압박을 '가할 수 있다.'

달리 말해, 혁명은 사회 전체가 이미 기획했던 것을 완수하는 것 이외에 다른 것이 아니다. 혁명은 항상 개혁주의로 흐르며, 결국 사회의 모델에 순응한다. 이에 우리는 2번째 사실을 확인한다. '사회는 사회체를 위험에 빠뜨리지 않는 것에만 문제 제기를 허용한다.' 오늘날 사람들은 차고 넘치는 언어를 동원해 제국주의, 성적 자유, 소비 사회에 대해 토론한다. 이러한 토론이 범람하는 이유는 이 주제들로 사회가 위기에 빠질 리 만무하기 때문이다. 그러나 거기에는 더 이상 생명력 있는 질문들이 없다. 논의가 진행되는 모습은 마치 사회체가 공격의 방향 전환을 유도하는 유기체처럼 행동하는 것(그러나 나는 사회 유기체론을 신봉하는 사회학자는 아니다!)과 동일하다. 예컨대 오늘날 두드러진 특징을 보이는 공해 "문제"는 기술 현상과 관련해 등장한 의견 전환의 일면이다. 즉 기술 사회에서 공해는 위험한 문제가 아니라는 일종의 연극이 시연되는 중이다. '이러한' 문제들을 위험하지 않다고 생각하고, 열기를 고조시키고, 완전히 고갈시키는 '혁명적 압박' 과 위험성이 없기 때문에 이 문제들을 구체적으로 제기하도록 한 '총체적 사회' 사이에는 근본적 일치점이 있다. 그러나 기본 구조들은 안전한 상태를 유지하며, 기적인지 몰라도 사람들은 이 부분에 대해 무관심하다. 또한 지식인들도 이 문제를 들여다보거나 철학적 주제로 삼을 생각을 하지 않는다. 실제로, 명백한 반란들에 경기驚氣를 일으키는 민중과 지식인은 유사한 난관에 봉착할 때마다 서로를 보호한다.

＊＊＊

이제 혁명에 대한 충동은 '천년왕국사상' 과 '유토피아' 사이에 고착된다.394) 거룩한 도유식塗油式,395)의 지표들, 땅 한 평 없는 농민들, 양 떼 없는 목자들, 끝없는 노역에 시달리는 무력한 노동자들로 준비된 거대한 운

---

394) J. Servier, op. cit.
395) [역주] 종교에서 병 치료와 축귀를 위해 신적 힘을 불어넣는다는 상징적 의미로 신체에 기름을 바르는 의식을 의미한다.

동, 이들의 자발적 운동, 가난한 자들을 위한 신앙의 행동은 새로운 복음을 선언함으로 지상에서 신의 명령을 구현할 것이다. 천년왕국사상은 악에 찌든 인류를 세탁하고 가난한 자들에게 먹을 것과 이 땅의 정의를 선사하는 격랑激浪이다. 그것은 착취자와 소유자에 대한 근본적 심판이다. 지난 2,000년 동안 천년왕국사상을 표방했던 운동의 공통점을 오늘날 정확히 구현한 '신新천년왕국사상'이 있으니 바로 '좌파'다. 일점일획도 다르지 않다.

천년왕국사상의 다른 편에는 기존의 범주들 혹은 쇠퇴한 계급들로부터 혁명을 논하는 사기꾼을 제거하고 그 자리를 보충하려는 꿈을 꾸는 세력이 있다. 이들의 일차 목표는 천년왕국사상을 밖으로 끌어내 포획하고, 일정한 틀에 가두는 데 있다. 이와 연계된 유토피아주의자들도 고전적 유토피아의 도식과 기능을 갱신한다. 이 갱신은 (1) 거대한 기술 사회, (2) 공산주의라는 쌍방 노선을 수반한다. 물론 이 점을 아예 참고하지 않는 프랑스 공산당은 갖가지 유토피아를 양산하는 주체다. 천년왕국사상과 유토피아 사이에서, 우리는 더 이상 혁명에 대한 최소한도의 희망 값과 그 좌표를 계산하기 어렵다. 그러나 한 가지 확실하게 눈에 띄는 것은 다음과 같다. 모든 것은 '반란들'로 표현된다.

결론

늙은 두더지의 죽음

"부르주아 계급, 귀족 계급, 사제, 패망을 예언하는 자들이 희석하는 갖가지 징후로 인해 우리는 고귀한 친구, 존엄한 개척자, 지하에서 매우 빠른 속도로 일하는 늙은 두더지, 바로 혁명을 인식한다."　　　　카를 마르크스

반란이 목전에 있다. 만일 현 세계와 시대에 최후의 탈출구가 존재한다면, 우리에게 여전히 존재하는 반란의 정서가 그에 해당할 것이다. 세상의 모든 것은 서로 유기적으로 얽힌다. 그리고 점차 폐쇄적으로 바뀐다. 만인을 위해 규정되고, 미래에 대한 예측을 가능케 하는 참살이le bien-être를 누리는 각자의 삶은 반란의 정서에서 차츰 멀어진다. 어금니 꽉 물고 참아냈던 이들의 중심에 똬리를 틀고 앉은 것은 나약함이며, 너도 나도 향유하는 보트 유람은 답답한 일상을 비추는 빛이 되었다. 그럼에도 반란은 여전히 가능하다. 모든 것이 제대로 배치된 것은 아니다. 불관용이 잔존하며, 신들이 아닌 이상 통계에서 드러나는 운명에 대한 공포도 여전하다. "자유의지"에 관한 파블로프의 고전적 실험, 즉 "조건반사" 실험은 지금도 유효하다. 수많은 타협으로 인해 허약해진 인간, 하찮은 욕망을 이루기 위해 진력을 다

하는 우리의 일상 등이 그 실험의 효력을 드러낸다. 여전히 체제에는 무수한 오류가 있다. 그러나 체제에 일관성이 없고 아귀가 잘 맞지 않는다고 믿는 것은 오류이며, 체제의 공백을 발판으로 모든 것의 실현 가능성을 여전히 믿는 태도도 오류이다. 더 이상 혁명은 없다. 반란은 여전히 가능하다. 그러나 어떠한 혁명으로도 더 이상 항해는 불가능하다. 왜냐하면 혁명은 배제되었고, 지금까지 일각에서 '혁명'이라 부르는 것도 주변의 조소거리에 지나지 않았기 때문이다. 개혁가들과 혁명가들 모두 비효율성이라는 면에서 큰 차이가 없다. 그러나 이제 둘은 등을 맞대고 앉았으며, 기술 성장은 그 갈등을 초과했다.

혁명이 불을 내 뿜던 역사적 시대가 있었다. 지금은 혁명의 시대가 그 문을 닫은 시대이다. 역사의 모든 운동 뿐 아니라, '혁명'이라는 명칭에 걸맞은 운동에도 해당하는 말이다. 즉 '필연적 혁명'의 시대는 지났다. 기술 사회가 발전 단계에 이르지 못했을 때, 혁명적 투신은 필요했다. 30년 전까지만 해도 그러한 투신은 가능했다. 그러나 이미 극복된 마르크스주의 혁명과 더불어, 우리는 [혁명] 시대를 상실했다. 선로 변경의 가능성이 있었지만, 그러한 일은 일어나지 않았다. 이제 현실 사회에 대한 실질적인 문제 제기는 더 이상 불가능하다. 다만 사회의 표면적 현상들에 대해 문제를 제기할 뿐이다.

에드가 모랭은 다음과 같이 썼다. "혁명의 위기는 전 세계적이지만, 동시에 세계가 혁명적 위기에 처한 상황이다. 혁명의 조종을 울려야 하는 순간이자 보수주의와 진화론의 조종을 울려야 하는 순간이다. 왜냐하면 혁명가들이 선언했던 혁명의 시대를 살지 않는다면, 우리는 인간사에서 가장 환상적인 혁명의 시대를 체험하는 것이기 때문이다" 인간의 정치에 관한 서설 물론 모랭의 논의 쟁점은 과학-기술 혁명이다. 그러나 나는 다른 글에서 이러한 변화가 어떻게 혁명으로 평가받기 어려운지를 설명했다. 반대로 모랭의 주장에 따르면, 이러한 변화는 각종 정치적 메시아주의를 제거할 수 있고, 변화를 겪은 현실적 상황은 고전적 혁명을 백일몽으로 바꿀 수 있다. 내 생각에 모랭은 현 시대의 심오한 문제들을 지나치게 가볍게 처리하는 것처럼 보인다. 즉 모든 것이 '반란'에 기입된 문제, 각종 기술과 인간의 접촉으로 인해 야기되는 반란의 문제를 숙고하지 않는다. 기술은 혁명을 불가능하게 하며, "인류의 혁명적 열망"에 대해 답하지 않는다. 모랭은 이 점을 간과했다.

오늘날 혁명은 반란의 소용돌이 속으로 사라졌다. 이는 기술 사회라는 사태 자체와 맞물린다. 이에 대해 나는 다음과 같은 실질적 법칙을 제작했다. '사회가 기술 사회를 지향할수록, 그 사회는 인간성을 지탱하기 어렵다.' 다시 말해, 인간의 변혁 의지나 혁명적 경향을 부르는 사회, 기술 사회에 대한 거부감을 낳는 사회가 된다. 그러나 동시에 기술 사회를 지향할수록, 그 사회는 혁명을 불가능하게 하며, 모든 혁명적 현실성을 차단한다. 마치 피스톤, 실린더, 가스가 마찰을 일으키는 증기기관의 이음새를 제대로 조이지 않아 수증기가 새는 것처럼, 기술 사회와 혁명 간의 모순은 다양한 형태의 반란으로 귀결된다.

반란은 한 체제를 파괴할 수도 있다. 그러나 오늘날 그것은 로마 제국 치하에서 황위를 차지하기 위해 황제를 암살하는 타락한 장군의 궁중 모략 이상의 결과를 도출하지 못한다. 우리는 더 이상 혁명을 쟁점으로 삼을 수 없다. 그러나 이와 별도로 필연적 혁명은 심오하고, 비밀스럽고, 복합적이다. 나도 그 실현 가능성을 제대로 가늠할 수 없을 정도로, 필연적 혁명은 인간과 사회의 심오하고, 비밀스럽고, 복합적인 차원(인간이 존재하는 것과 같은 차원의 심오함, 신비, 복합성)을 문제 삼는다. 덧붙여 필연적 혁명은 그러한 역량을 토대로 결정된 현 세계를 심의한다. 반란은 여전히 가능하다. 그러나 반란은 권력 강화, 한 층 치밀하게 공격하는 다른 세력들로 인한 권위 대체, 사회와 국가의 개선을 지향할 뿐이다. 왜냐하면 반란은 열성적으로 인간들 및 제도들과 충돌하기 때문이다. "당신은 [체제] 반역자인가? 물론이다! 당신은 반역자가 될 수 있는 정당한 이유를 확보했다. 우리는 당신의 반란과 이의제기를 환영한다. 그대의 목표는 무엇인가? 그 목표를 실현하기 위해 우리는 여러 조직을 유기적으로 배치할 것이다. 왜냐하면 그대의 요구와 항의가 선하기 때문이다. 당신은 우리의 적도 아니고 실제적인 위험 세력도 아니다. 당신의 반란에는 나름의 이유가 있다. 우리는 그 이유를 이해하기 위해 여기에 있다. 거대한 모체와 같은 기술 사회는 그대의 불명료하고 서투른 외침을 들으며, 그대가 말하고자 하는 바를 해석하고 수용하기 위해 여러 장치들을 적용한다." 이처럼 모든 반란 세력은 최초에는 환영 받고, 그 다음에 특정 권력이나 권위를 부여 받는다. 그러나 결국 상황이 뒤 바뀌어 현 사회를 완성하는 데 봉사한다. 현 사회는 [체제] 반역자들이 자기의 반란과 자유를 향한 도약처럼 느낄 수 있는 직접적 원인을 이들에게서 제거한다. 오해는 여전하다. 왜냐하면 불명료하고 서투른 이러한 반란 운동에서, 반역자는 사실상 더 이상 어떤 것도 요구할 수 없는 상태에 이르기 때문이다. 즉 그를 아프게 했던 구체적 지점이 표시나지 않게 다듬어졌을 때, 그의 상처가 어머니의 돌봄처럼 치료되었을 때, 그 상태에 이른다. 그러나 체제가 한 층 폐쇄적이라는 것을 제외하고 바뀌는 것은 없다. 통증이 완화되었을 뿐이기 때문이다.

***

반란은 여전히 가능하다. 그것은 우리의 무의식적 영감, 강렬한 분노, 키르케고르와 카프카 식의 형언할 수 없는 절망에서 비롯된다.

나는 도처에서 반란을 목도한다. 인간의 존엄성을 내세워 거칠게 항의하는 이들, 미래의 명운을 용납하지 않는 태도에 대한 규탄, 사회의 온 질서를 겨냥해 목소리를 높이는 반체제 인사들을 본다. 실로 반란이 우리 사회를 에워쌌다. 하지만 그와 동시에 반란은 사회를 건설하기도 한다. 오늘날 인간의 희망을 부정하는 모든 힘은 도처에서 비명 소리에 파묻힌 것처럼 보인다. 도처에 반란을 외치는 소리로 가득하다. 그러나 그것은 하늘과 허공을 맴도는 소리일 뿐이며, 지휘자 없이 제멋대로 연주하는 오케스트라 단원들의 불협화음과 같다. 혁명이라고 규정하기는 어렵더라도 적어도 혁명에 근접했다고 할 수 있을만한 운동의 서막이 올랐다는 이야기를 어디에서도 듣지 못했다. 이 혁명에서 저 혁명으로의 이행은 더 이상 불가능하다. 마르크스와 레닌이 제시했던 단순 도식도 더 이상 적용하기 어렵다. 반란은 고조되면서 이내 사그라진다. 어디에서도 혁명은 나타나지 않는다. 학설과 사상, 명민하고 냉철한 결정도 없다. '이 사회와 관계된' 운동도 출현하지 않는다. 모든 것이 침묵 상태이다. 이제 늙은 두더지는 죽었다. 심도와 진실성 없이 간헐적으로 튀어나오는 운동, 마치 경련과 발작처럼 잠시 왔다가 사라지는 운동만 존속할 뿐이다. 어떤 현실에 이르려는 꿈에 부푼 한 인간의 꿈, 그러나 불안으로 이내 잠 못 이루는 인간의 꿈과 같다. 악몽은 우리를 깊은 잠에서 해방시킬 뿐, 결코 아무것도 바꾸지 않는다. 우리는 티투스–리비우스Tite-Live가 묘사했던 시대, 즉 "우리의 악도, 그에 대한 치료제도 신뢰할 수 없기" 때문에 일말의 가능성조차 존재하지 않는 시대를 산다. 그러나 티투스–리비우스는 사회 주도권의 자가 성장과 필연적인 자가 구축에 대해 몰랐다. 그가 알았던 것은 오로지 운명이었다.

　반란 가능성의 상승은 과연 개인적 분노의 소산인가? 그것은 무시 받은 존엄성에 관한 표출, 고양된 의식화의 표현, 수용 불가능한 압제에 대한 확고한 시각을 드러내는 일인가? 결코 그렇지 않다. 우리는 현재 반체제 인사들의 폭발, 증오, 비명을 이들 탓으로 돌릴 수 없다. 우리가 몸담은 세계, 즉 경련과 발작으로 꿈틀대는 세계에서, 반란은 다른 것들 가운데 하나의 발작경련에 불과하다. 우랄산맥에서 할리우드까지, 유럽과 미국을 아우르는 모든 것이 이 성공적인 경련과 발작에 환원된다. 사랑은 오르가슴이 되었고, 언어는 단음, 예술은 광적 충동, 인간관계는 신속하게 만나고 헤어지는 속도전이 되었다. 오늘날 모든 생명체와 사회 운동은 경련과 발작, 즉 '반란'이 된다. 아메바는 자신을 추동하는 분비물로 수축, 발아한다. 장소는 어디인가? 그것은 별로 중요하지 않다. 또 다른 [사회적] 발작이 연이어 일어난다. 이것은 오늘 인간과 사회가 사는 방식이다. 생명체를 사물들의 세계에 남도록 하는 것이 바로 '발작과 경련'이다.396) 우리는 사물들의 세계에 관해 오판하지 말아야 한다. 즉 발작과 경련은 반체제 활동이 아니라 기술 성장이 강고하게 짠 사회의 표출이다. 히피는 기술화 된 사회의 조형물이며, 마약은 인간 조직화를 "환상적인 방식으로 구현"한다. 재즈, 저크춤, 연극은 열광주의의 발로이며, 구조주의는 기술 체계를 총괄하는 이론이다. 반란은 "위대한 완성, 보편적 위안과 정당화"이다. 한 걸음 더 나아가보자. 오늘날 반란에서 표출된 혁명에 대한 희망은 실로 현대판 인민의 아편이다. 과연 어디로 가야 하는가? 우리는 2가지 사실을 알 필요가 있다. 첫째, 무rien에서 재출발해야 한다. 둘째, 모든 역사적 경험은 별 의미가 없다. 기술 사회의 전적인 새로움은 전혀 새로운 혁명 노선을 부과했다. '무'로부터의 재출발, 즉 '개인'을 혁명의 새 출발점으로 삼아야 한다. 이 출발점 바깥에 있는 것은 모두 헛되다. 제도의 형식과 관계없이, 제도적 노선을 따르면 모든 것이 바뀐다는 믿음은 망상이다. 과거의 혁명이 정치적, 경제적 혁명이라면, 오늘의 혁명은 "사회적, 문화적" 혁명이어야 한다는 주장은 말 같지도 않은 소리이다. 이 중요한 것397)을 문화적 요소에 연결하는 것 자체

---

396) 이 주제와 관련해 매우 탁월한 연구를 전개한 다음 자료를 보라; J. Brun, *Retour de Dionysos*, 1969.

397) [역주] 거듭 이야기하지만, 이 책에서 엘륄이 말하는 혁명은 총체적 체제 변혁을 지시한다. 이 기준에 당도하지 못하는 사회 운동들을 혁명이라 선전하는 집단이나 세력, 언론에 대해 엘

가 매우 유치한 발상이다! 비밀 구조들로 생존하고 은밀하게 조직된 한 사회의 내부에서 혁명 과정을 창출할 수 있는 유일한 방법은 비밀스럽고 심원한 차원의 혁명 재탈환뿐이다. 그러나 이 과정에 폭발력은 결코 없으며, 가시적 대상들에 신속히 도달한다는 주장도 없다. 어떤 것을 모색하려는 세대들을 위해 우리는 단 한 가지 의미, 즉 '자유'의 의미만 존재하는 혁명의 노선에 가담했다. 그러나 통상적인 것과 달리, 이러한 노선에 필요한 것은 '타자'他者에게 봉사하는 '일자'一者가 여는 길, 한 세대가 정복한 땅이 후세대의 출발점이자 모색, 불확실성, 집요한 추적의 출발점이라는 사실이다. 이전과 다른 새로운 길이며, 바로 우리가 개척해야 하는 길이다. 『익명』 *Incognito*에 나타난 두미트리우Petru Dumitriu의 계보, 『비상구』*Sortir de secours*에 나타난 실로네Ignazio Silone의 계보와 같은 몇 가지 증언들이 새로운 노선의 양태를 제시할 것이다. 그 길은 침묵과 인내의 길, 드물지만 인간미와 진실성을 토대로 맺는 관계를 추구하는 길, 현실적 합리성과 비합리성 일체와 대립하는 [새로운] 이성의 길, 새로 찾아야 할 미덕의 길이다. 왜 미덕인가? 관건은 [사회적, 규범적 체계와 정신을 가리키는] 도덕morale이 아니기 때문이다. 심지어 그것은 새 출발지인 '무'를 위해 우리 각자가 주사위를 던져야 하는 도박이자 급진적 기획이다. '파스칼의 도박'을 물구나무 세운 도박이지만, 결국 동일한 도박이다. 이 도박은 다른 차원의 중요성에 대한 호소를 피하지 않는 적극적 참여라 할 수 있다.

무엇을 더 이야기해야 하는가? 과연 나는 필연적 혁명의 불가능성을 '증명'하려 했는가? 나는 한 세기 동안 세계 곳곳에 뿌려진 혁명적 운동에서 나타난 문제의 원인들에 관해 물었을 뿐이다. 현실이 암울하고 힘들다면, 그 현실에 직시해야 한다. 바로 그것이 혁명적 행동의 시발점이다! 나는 혁명적 운동이 그 동안 저지른 오류들, 반드시 피해야 하는 오류들의 좌표를 찍

뤨은 결벽에 가까울 정도로 비판적이다.

었을 뿐적어도 혁명이 절실하게 필요하다고 생각한다면!, 누구도 심판하지 않았다. 혁명 운동에 투신한 자들을 감히 어떻게 이러쿵저러쿵 판단할 수 있겠는? 이들이 노력이 헛되다는 점을 단호하게 지적하는 것으로 충분하다! 나는 혁명의 실제 조건들, 우리를 가로막은 장애물을 보여주려 했다. 이러한 내 노력이 독자들을 불편하게 했는가? 하지만 그것은 새 발의 피다. 오늘날 열혈 혁명가들은 전략 지침서조차 읽지 않는다. 또한 체제의 야욕을 꺾어야할 자들에게 혁명적 행보에 필요한 '숭고한 정신' la hauteur d'âme이 없다. "숭고한 정신!" – 이 얼마나 소부르주아적이면서 개인주의적인 망령의 소환인가! 이 수식어들은 그것을 목청껏 외치는 자들의 실패 자국일 뿐이다. 왜냐하면 혁명적 과업을 수행해야 할 인간적, 초인간적 성질을 정밀하게 고찰한 마르크스도 "자신의 객관적 조건 때문에 혁명 계급이 된다"라는 논리로 후퇴했기 때문이다. 프롤레타리아는 혁명가가 아닌 다른 존재가 될 수 없다. 그가 처한 조건 때문에 프롤레타리아는 혁명가가 된다. 이것은 필연이며, 프롤레타리아의 특성이나 빈곤에서 독립된 문제이다. 이 얼마나 안심이 되는 말인가! 나는 영웅들의 위엄을 높일 이유가 없다. 영웅 찬양은 '오판'이며, 우리는 이 영웅에 이내 실망하고 말 것이다! 이 점에 관해서는 슈티르너, 펠루티에, 바쿠닌이 옳다. 우리는 명민한 판단력으로 각 개인이 처한 상황에 개별적으로 투신한다. 이를 피할 수 없다. 다만 그 결심을 자기가 소속된 집단에 대한 순응주의와 혼합하지 말아야 한다! 나는 오늘날 혁명이라 불리는 제반 활동에서 불거진 모호한 요소들을 일소一掃하려 했으며, 주요 쟁점과 최종 목표를 제시함으로 필연적 혁명의 영역과 범위를 정하려 했다. 또한 우리 역사의 내부에 '궁극적인 것' le dernier이 될 만한 것을 논하려 했다. 도박판이 커졌다는 말은 그만큼 위험요소도 커지고, 수행해야 할 과제의 어려움도 커진다는 뜻이다. 이것과 달리 존재할 수 있는 방식은 있는가? 과연 우리는 러시안 룰렛처럼 아무렇지도 않게 모든 것을 담보로 걸고 행동할 수 있는가? 나는 다음 사실을 굳게 믿는다. 첫째, 역사 법칙이나 진화의 자동성l'automaticité으로는 결코 승리할 수 없다. 둘째, 현재 우리는 끝까지 가야 할 혁명의 길에 투신한 상태가 아니다. 이 현실에 마음을 열어야 한다. 따라서 나는 자유인이 상존常存한다면 혁명의 '절대적' 불가능성은 없을 것이라 확신한다. 다만 알아둬야 할 것이 있다. 자기 해방의 주체는 자기 자신이며, 스스로 자유인을 증명하는 것도 자기 자신의 일이다! 자문해 본다. 과연 나는 스스로 해방과 자유의 주체가 되기를 바라는 이들의 지원군인가 아닌가? 이들에게 어떠한 길도 열어주지 않고, 어떠한 방법도 제시하지 않았는가? 물론, 이러한 길에 관한 해법과 전술을 제시해야 한다는 주장은 내 논의 목적과 동떨어졌다.398) 지금 우리에게는 사회체社會體의 회복과 새로운 개혁주의로의 돌입이 필요하다. 또한 이러한 역할 변화를 수용해야 한다. 누군가 스스로 내려야 할 결정을 내가 대신할 수는 없다. 또한 자기 체험, 삶의 여정, 명민한 통찰력을 과하게 쓰지 않고 아끼라고 섣불리 충고할 수도 없다. 내 역할은 지도와 나침반을 제공하는 정도이다. 각자가 자신의 행동과 평가에 대해 비판할 수 있는 기준들을 제시하는 일, 항해술로 표현하자면, 자신의 항로를 확인할 수 있는 좌표를 제시하는 일 정도일 것이다. 나는 독자들에게 장기판의 현재 모습을 보여줬다. 만일 우리 사회가 폐쇄되어 끝난다고 해도, 역사는 그렇지 않을 것이며, 역사의 외부도 마찬가지일 것이다. 우리 각자에게는 저마다의 '원함' Vouloir과 '행함' Faire이 있다.

---

398) [역주] 엘륄은 '기독교 아나키스트'를 자처했다. 이 말은 자신의 신앙 대상인 기독교의 신과 예수의 길, 성서의 가르침 이외의 다른 요소들을 주인으로 수용하지 않는다는 뜻이다. 엘륄이 평생 고심했던 인간다운 삶, 새로운 존재론으로서의 자유인은 스스로 결정하고 판단하고 투쟁하며 사는 존재이다. 거기에 성서가 말하는 미래의 소망을 포기하지 않는 존재이다. 따라서 누군가의 삶에 대해 결정론자 혹은 교육 주입자의 역할은 엘륄이 피해야 할 위치이다. 다만 이 책의 독자들은 엘륄의 문체와 논증 방식에서 지나친 근본성(radicalité)과 유사 결벽증을 읽었을 것이다. 정확히 제제와 한계를 부여하는 작업에 사실상 누구도 접근하지 말라는 무언의 강제를 읽을 수 있기 때문이다. 사실 이 부분은 본서의 역자도 모순으로 생각하는 부분이다.

옮긴이글

"더 이상 무상교육을 우리의 매력이라고 자랑할 수 없다. 진짜 프랑스를 선택하고 원하는 인재, 탁월한 인재 유치를 가능케 할 수 있을 매력적인 프랑스를 위한 혁명적인 양식이 실행될 것이다. 그것이 우리의 새로운 전략이다."
에두아르 필립1)

툭하면 혁명 운운한다. 참신해 보이면 뭘 해도 혁명이란다. 내적 진위와 태도가 불투명한 상황에서, 과연 무엇이 혁명적으로 바뀌었는지 되묻고 싶다. 용어의 순수성을 지키자는 말이 아니다. 용어를 오염시키지 말고, 본령을 수복하자는 말도 아니다. 때 조금 묻었다고 결벽증에 가까운 히스테리를 부리겠다는 말은 더더욱 아니다. 혁명이라는 언어적 발화를 통해 도달하려는 이상향을 폄하하는 것도 아니고, 그러한 이상향에 도달하려는 진정성을 비판하려는 것도 아니다. 그저 '혁명'이라는 말이 일상어가 되고, 진

---

1) 2018년 11월 19일 프랑스 국무총리 에두아르 필립(Edouard Philippe)의 트위터 글을 번역한 것이다. 마크롱 정부는 2019년 9월부터 비유럽연합 출신 학생들의 대학 입학 등록금을 10배에서 15배 인상한다는 정책을 기습적으로 발표했다(http://www.lemonde.fr 2018년 11월 19일자 기사). 이 말과 더불어, 총리는 생활고에 시달리는 가난한 프랑스 학생들의 부모들과 부유한 외국 학생들을 동일 조건으로 교육하는 것은 불공평하다는 말을 덧붙였다. 비유럽연합 출신의 유학생들을 모두 부유층으로 규정한 이 발언은 세세한 조사 과정을 생략했을 뿐만 아니라, 자유, 평등, 연대를 국시처럼 선전했던 프랑스의 국가 가치가 시장 자본 논리에 쉽게 굴복할 수 있다는 점, 그리고 프랑스 내부에서 인간은 결코 균등하지 않다는 시각을 적나라하게 드러낸 것이다. 한 술 더 떠, 총리는 이 전략을 혁명에 준하는 것이라 해설한다. 시장 경제와 돈의 시배력이 규정 요소로 마수를 뻗친 상황에서 과연 정치적 이성과 자율성은 존재하는가? 아니면 예속과 굴종만 존재하는가? 자국의 선전 가치에 대한 명백한 배반을 혁명이라는 표현에 빗댈 수 있는가? 총리의 이 발언은 혁명이라는 용어의 진부한 사용을 보여준 최신 사례라 하겠다.

부한 상투어가 되면서 상실된 의미를 가늠할 수 없는데서 오는 냉소와 자학적 반성일 뿐이다. 아니, 단어의 진부함을 넘어서 이제는 다다를 수 없는 신화적 존재, 추억의 존재가 된 현 상황에 대한 푸념과 한탄이 더 적절한 표현일 것이다. 이제 사람을 통장 잔고로, 눈 색깔로, 정수리에서 발바닥까지 등급을 매기는 기획이나 정책에도 **혁명**을 수식어와 은유로 사용하는 시대다. 해당 용어의 광범위한 적용을 환영해야 할 일인지 의문이다.

다른 쪽으로 눈을 돌려 보면, 혁명도 상품이 된지 오래된 세상이다. 판매지수에 유리하거나 수익성이 있다면, 자기 발등을 찍을 수 있는 용어조차도 상품화할 수 있는 세상이 되었다는 말이다. 진열대에 정돈된 책에서 과격한 제목들을 발견한다. 말로 세상을 들었다 놓는다. 그 책들의 제목과 주장대로라면, 우리 세계는 바뀌어도 몇 번 바뀌었을 것이다. 그러나 변한 것은 무엇인가? 유명 저자도본의 아니게 그저 유행 상품 소비재일 뿐이다. 몇 년 열심히 소비하고, 또 다른 저자로 그 자리를 대체한다. 한 번은 D로, 다시 한 번 Z로, 그리고 A로, 우리네 인문 지성의 작동방식도 결국 상품 소비 작동방식의 하위체계로 복무하는 것은 아닌지 의문이다. 이번에는 또 누가 유행 상품으로 출시될까? 저자의 진위나 바람 따위는 고려할 바 아니다. 내용은 공허하고, 숙고는 사라지고, 들어도 이해 못할 지적 허세는 강화되고, 지식인과 대중의 지적 격차와 언어 소통의 격차는 심화되고, 담론 과잉과 허세 가득한 모방을 통한 확대−재생산 구조는 튼튼하기까지 하다. 이제 행동파 사상가들마저 일단 '멈추고, 사유하라'를 외친다.[2]

기술 전체주의에 포섭된 혁명

이 대목에서 우리는 현실과 맞지 않는 것 같은 한 가지 용어를 떠올린다.

---

[2] 대표적인 사상가는 바디우(Alain Badiou)와 지젝(Slavoj Žižek)이다. 슬라보예 지젝, 『멈춰라, 생각하라 – 지금 여기, 내용 없는 민주주의, 실패한 자본주의』, 주성우 역, (와이즈베리, 2012).

바로 "전체주의totalitarisme"이다. 다른 말로 바꾸면, "총체적 체계화" 정도가 될 것이다. 제반 요소들이 완벽하게 구비되고, 서로 얽히고설켜 작동하는 거대기계mégamachine처럼 돌아가는 세계 말이다. 다원화되고 자율성이 확보된 것처럼 보이는 세계에서 이 무슨 반시대적 용어 선택인가? 그러나 표층에서 일어나는 태풍과 같은 이 용어들은 심층에서 벌어지는 비극을 고려하지 않는다. 화검火檢으로 헤집던 시절의 지배를 탈피해, 비가시적이면서 심지어 '영적'이기까지 한 새로운 주인의 지배방식을 우리는 너무 쉽게 간과하지 않는지 자문해 볼 필요가 있지 않은가? 인간의 자율성과 주체성을 비롯해, 모든 것을 식세포처럼 빨아들이는 이 거대기계 체제 안에서, 우리가 품은 이상과 가치, 권리와 의지, 사상과 행동의 다차원성과 가변성은 쉽게 좌절되거나 차단된다. 재빨리 변하는 상황과 관심사로 인해 저항의 지속성을 담보할 수 없다. 변화 속도에 맞춰 살아가기도 쉽지 않다. 다시 말해, 이 체계 바깥에서, 체계와 무관하게, 체계가 요구하는 존재론과 다른 형태의 존재론으로 살아가기란 요원한 일이다.

더욱이 기술은 그 흡입의 속도를 가중시켰다. 기술을 벗어난 삶은 불가능하며, 그러한 삶을 상상하는 것조차 불가능하다. 인간에게 기술 통제력이 있다는 특유의 낙관론도 신뢰할 수 없다. 기술이 열어주는 미래의 청사진을 예찬하고, 새롭게 도래할 인간의 잠재된 능력과 창조력은 예찬하면서 왜 기술의 기능장애로 인한 파국과 상상할 수 없는 규모의 재난과 그 후유증에 대해서는 강조하지 않는가? 일상사로 시선을 좁혀 보면, 인터넷을 사용하지 않거나 스마트폰을 소유하지 않은 사람은 기본적인 행정 업무도 보지 못하는 세상이다.3) 스마트폰 사용이 왜 필수여야 하는가? 그것 없이 살

---

3) 현재 프랑스의 경우, 외국인 대상 체류증과 내외국인 대상 운전면허증과 같은 신분증 관련 행정 업무에 사전 예약은 필수다. 이 사전 예약을 인터넷으로만 할 수 있도록 조치한 결과, 특정 시간대(예컨대, 자정) 인터넷 속도가 사전 예약의 결정요소가 되었다. 고가 요금제를 이용하는 스마트폰이 없는 개인이나 인터넷 속도가 느린 가정(주로 독거 노인층)에서는 체류증서

아도 문제없는 세상이 진정한 다양체의 세상 아닌가? 어디서나 함께 해야 하는 무소부재한 신, 모르는 것은 무엇이나 알려주고 해결해주는 전지전능한 신의 현대판 강림이 아닌가? 촘촘하게 짜인 이러한 복잡 체계는 우리의 일상 곳곳을 지배하는 비가시적 집권자이며, 이제 우리의 정신구조mentalité까지 다스리는 것은 아닌지 의문이다. 다시 말해, 신비적이고 마술적인 세계를 세속화한 이성이 새로운 신의 지위에 올랐던 것처럼, 이제는 그 자리에 기술이 앉지 않았는지 의구심은 더욱 증폭된다.4)

기술 체계가 쌓은 성벽은 높아지며, 점점 확장된다. 그리고 그 성벽 너머의 바깥세상 구경은 점점 힘들어진다. 울타리 하나 열어둘 법한 데 그 틈조차 없다. 체계 안에서 안락을 누리는 삶이 현실적인 삶이다. 울타리를 뛰어넘으려는 상상과 그에 따른 희망은 그 높이와 넓이 앞에 좌절감으로 되돌아온다. 세르주 라투슈의 진단처럼, 우리의 상상계는 자율성과 창조성의 풍요를 누리는 대신 도리어 식민지화 되었다.5)

그리고 이제 우리는 체계 내부의 안락함을 위해 일정한 자격을 갖춰야 한다. 그 자격 요건의 성취도에 따라 내부자들의 신분도 결정된다. 가시적 신분이든 비가시적 신분이든 말이다. 결국 변혁은 점점 어려워진다. 체계 너머의 세상을 꿈꾸는 창조성도 획일화된 세계 속에 희석된다. "상상계의 탈식민지화la décolonisation de l'imaginaire"도 요원하다. 그래서 "혁명"이라는 언어도 이 체계 안에서는 그저 돌고 도는 유행어 혹은 피안의 세계에 대한 소망

하나 찾으려 예약하는 일에도 헛물켜는 일이 다반사다. 행정의 편리와 전산화가 무엇을 편리하게 만들었는지 의문이다. 오히려 전산화라는 통합 체제로 인해, 행정 관료주의가 더 강화된 것은 아닌가?

4) 에릭 사댕의 진단처럼, 현 시대는 저항할 수 없는 인터넷 자유주의 시대를 맞이했고, 실리콘 밸리로 대변되는 '테크노폴리스'가 세계 곳곳을 잠식하는 일종의 식민화(silicolonisation) 시대처럼 보인다. 그것을 벗어난 삶은 퇴보 혹은 유행 불감, 소통 불능처럼 보이지 않는가? 그러한 사고방식은 과연 어디에서 오는가? 다음 자료를 보라. Eric Sadin, *La silicolonisation du monde. L'irrésistible expansion du libéralisme numérique*, Paris, Éditions L'Échappée, 2016.

5) Serge Latouche, *Décoloniser l'imaginaire. La pensée créative contre l'économie de l'absurde*, Lyon, Parangon/Vs, 2005.

처럼 현실을 조명하고 삶의 추동력을 제공하는 것 정도에 만족하는 추상명사로 존재할 따름이다.

총체적 변혁으로서의 혁명의 불가능성

본서의 저자 엘륄은 서구 사회에서 유행처럼 퍼지고, 소비되면서 일정 시간이 지나면 사그라지는 이 용어를 냉정하게 바라본다. 정확히 말하면, 엘륄은 "혁명"이라는 용어 자체에 대한 냉랭함보다, "혁명"을 떠드는 당대 사람들의 조야함을 더 냉랭한 시선으로 바라보았다. 그리고 그에 대한 엘륄의 질문은 상당히 껄끄럽고도 불편하다. 일단, 엘륄은 서구 세계가 기술 체계에 완벽히 동화된 세계라는 전제를 망각한 채 혁명을 떠들었다고 진단한다. 역자가 냉소적인 용어들을 남발하며 전술했다시피, 이 체계는 인간의 자율성을 보장하지 않는다. 체계가 짜 놓은 방식대로 살아가는 것을 자율적 삶이라고 착각하게 만든다는 뜻이다. 엘륄이 유독 가혹한 시선을 보내는 이유도 바로 거기에 있다. 엘륄이 볼 때, 20세기 중후반 혁명을 이야기하는 사람들은 하나같이 총체적 체계를 분쇄해야하는 혁명의 주업을 망각한 채 변죽만 울리다 말았다. 물론 엘륄의 주된 비판은 당시 서구에서 떠들던 "필연적 혁명"에 있었다. 제3세계와 중국 등에서 일어난 사회 변혁을 목도한 지성인들은 유럽 사회에 필연적으로 혁명이 일어날 것이라 목소리를 높였고, 그것은 "혁명"을 최고의 유행어의 반열에 올려놓았다. 천지개벽이라도 일어날 것 같은 유사 종말론적 분위기가 도래했다. 소소한 변화도 있었고, 괄목할만한 변화도 있었다. 그러나 그것은 표층의 변화일 뿐, 심층적 변화는 없었다. 엘륄은 표층적 변화에 너무 목매거나 과장하지 말아야 함을 지적한다. 혁명을 일으켜도 기술적 수단들을 활용하면서 일어나는 혁명은 결국 인간의 예속과 순응주의를 강화할 뿐이기 때문이다. 인간 해방과 독립이라는 급진적 자율성이 보장되어야 할 혁명은 결국 기술에 종속된 상태가 된다는 뜻이다. 그렇다면, 기술 전체주의를 분쇄하는 혁명을 일으키면 되지 않는가? 엘륄은 이런 생각이 망상이라는 견해를 밝힌다. 기술은 이미 자율성을 확보했고, 인간의 통제권을 벗어났다.6)

『혁명에서 반란으로』는 엘륄의 이러한 시각이 바탕에 깔려 있는 책이다. 1930년대부터 인격주의 운동에 투신했던 그는 생산력주의와 군국주의, 민족주의의 발흥을 목도하면서 인격적 인간이 물품 생산을 위한 도구와 상품으로, 전쟁 소모품 등으로 전락하는 현실과 마주했다. 그에 따라, 60년 지기 동료인 베르나르 샤르보노와 더불어 고향 보르도에서 인격주의 운동7)을 활발하게 전개했다. 샤르보노와 공동 작성한 「인격주의 선언을 위한 강령」에서, 엘륄은 시대의 각종 숙명론에 예속되는 현실을 규탄한다. 이미 이 강령에서 엘륄은 반부르주아적 혁명, 계급투쟁적 혁명의 불가능성을 예고했다. 혁명이 가능하다면, 인격주의적 혁명, 즉 "인간을 위한 혁명"이어야 한다고 외쳤다.8) 그 혁명은 사회 제도와 구조 뿐 아니라, 인간이 살아가는 모든 방식, 습속, 윤리, 정신구조라는 물리적, 정신적 차원의 대대적 변혁으로 구현되어야 한다.

그러나 지금까지 혁명도 인간을 수단으로 삼고, 인간의 희생을 토대로 과업을 수행해 왔다. 이러저러한 수사법으로 이를 정당화하는 것도 당연한 수순이었다. 그러나 엘륄은 이 문제에 함정이 있음을 이미 간파했다. 인간은 기계 부속품이 아니며, 인간은 수단으로 전락할 수 없는 독자성과 특이

---

6) 이러한 분석에 관해, 엘륄의 기술 삼부작 가운데 첫 번째 책인 『기술 혹은 세기의 쟁점』(대장간 출간예정)을 참고하라.

7) 엘륄과 샤르보노의 인격주의 운동은 최초 에마뉘엘 무니에의 인격주의 운동과 연계되었다. 운동의 창시자라 할 수 있을 에마뉘엘 무니에는 인문지 『에스프리』를 중심으로 지적 운동에 집중했지만, 두 사람은 운동의 '탁상공론'화를 우려했다. 또한 무니에 일파의 파리 중심주의에 반발하여 국지적 상황에 따른 운동의 개성과 다양성을 강조했다. 이들은 결국 무니에와 다른 길을 걷게 된다.

8) Bernard Charbonneau et Jacques Ellul, «Directives pour un manifeste personnaliste»(1935), in *Nous sommes révolutionnaires malgré nous. Textes pionniers de l'écologie politique*, Paris, Les Éditions du Seuil, 2014, p. 62.

성을 가진 인격적 존재이기 때문이다. 인간의 얼굴을 지우는 혁명은 야만의 다른 이름이며, 국가 주도, 당 주도, 이념 주도의 혁명 역시 인간을 부속으로 추락시키는 것은 아닌지 의심한다.

『혁명에서 반란으로』에서 저자가 유독 '폭력' 사용에 예민한 반응을 보이는 이유가 거기에 있다. 엘륄은 폭력과 전투를 통한 쟁취가 과연 유의미한지 계속 반문한다. 이미지 정치의 세계에서 벌어지는 대중선동의 소산은 아닌지, 한꺼번에 불타올랐다가 언제 그랬냐는 식으로 사그라지는 혁명의 기운은 과연 혁명이라고 부를 수 있는지, 문제를 의식하고 투신했다가 유야무야된 이후 놀랍도록 현실에 맞춰 살아가는 사람들의 모습은 과연 앞뒤가 맞는 일관된 삶인지, 그들에게 혁명이란 무엇인지, 엘륄의 분석과 질문은 각 장마다 끊이지 않는다. 물론 그가 프랑스라는 특정 지역에서 바라봤고, 그의 1차 독자 역시 당대 프랑스라는 점을 간과할 수 없다. 엘륄에게 아프리카, 라틴아메리카, 아시아의 식민주의 경험, 미국 흑인들의 차별 등의 편에서 혁명 운동의 타당성을 왜 사유하지 않았는지 묻는 것은 독자들이 각자의 상황에서 제기할 수 있는 이차적 문제다. 엘륄은 이들 지역에서 벌어진 운동의 당위성과 타당성, 즉 당사자들의 타당성을 비난하기 위해 이 책을 쓰지 않았다. 엘륄의 일차 목표는 기술 체계에 완전히 종속된 서구 사회특히 프랑스에서 제3세계를 모방한 혁명의 필연성을 외치는 이들의 공허함에 대한 근본적 비판이다. 거듭 강조하지만, 기술 체계라는 총체성에 대한 전복 없이 혁명은 요원하다.9)

---

9) 따라서 엘륄의 인격주의 혁명, 인간을 위한 혁명은 기술 전체주의(mégamachine)가 요구하는 것과 전혀 다른 질서, 다른 가치를 요구한다. 성장주의 신화의 탈신화화, 가능성의 불가능성, 절제와 절용처럼 물질적, 정신적으로 검소한 삶, 생활양식의 일원화(uniformisation)를 탈피할 수 있는 자유로운 상상력 고양, 생산과 소비가 자체적으로 가능한 소도시로의 도시 재구성(대도시화에 대한 반란), 공생 협력(convivialité)이 가능한 소규모 생활 공동체 구성, 중앙집권적 정치 체제에서 코뮌 중심의 정치 혹은 지역 공생의 생활 정치, 소위 정치생태학(l'écologie politique)이라 불리는 대안세계화 운동, 실리콘밸리 등으로 대변되는 '테크노폴리스' 귀족제(엘륄은 이를 또 다른 귀족제로 본다)에 맞서는 새로운 사회체와 민주주의 구성 등이 이러한

반란의 유효성과 지속성

엘륄은 혁명의 불가능성을 인간다운 삶에 대한 포기, 인간다운 삶의 연결체인 새로운 사회구성체에 대한 포기에 연결하지 않는다. 엘륄을 지독한 염세주의자로 평가하는 사람들은 냉혹한 비판과 변증법적 긴장 관계를 유지하면서 공존하는 '소망'과 '새 존재의 가능성'을 쉽게 간과한다. 엘륄의 평생 친구이자 사상적 동지였던 베르나르 샤르보노는 1930년대에 이미 엘륄에게서 "완전한 절망을 이기는 소망"을 배웠다고 술회했다. 그가 전쟁의 참화에서도 '도래할 세상'에 대한 소망을 끈질기게 품었던 이유는 현실에 대한 날카로운 인식이 다른 쪽에 있었기 때문이다. 적어도 엘륄은 드러난 현실을 날것 그대로 이야기할 수 있는 정신의 소유자였다. 엘륄에게 적나라한 현실 고발은 새 출발의 초석과 같다.

이러한 관점에서, 그는 총체적 혁명은 불가능하나 국지적 반란들은 가능하다고 말한다. '총체적 분쇄를 이룰 수 있다'는 문구와 더불어 내용 없는 이미지만 생산하는 현실 정치의 가면을 벗길 수 있는 길은 주권자의 지속적인 참여와 국지적 반란, 예측할 수 없이 땅을 파고 나와 타격한 뒤 땅 속으로 잠입하는 두더지들의 반란, 도무지 머리를 숙일 줄 모르는 마라노10) 정신, 존재 가치를 저항에 두고 사는 불순응주의자들의 반항이다. 이러한 반란은 여전히 유효하다.

엘륄은 총체성 신화를 믿지 않는다. 오히려 총체성을 신화화하여 대중의식을 조종하는 '머리들'의 의도를 의심하고 과감히 거부한다. 그런 면에서 그는 아나키스트이다.11) 조종당하기를 거부하는 우리의 반란은 유효할 뿐

인격주의 혁명을 위한 구체적인 양태다.

10) 카스티야와 아라곤 연합 군주가 주도한 레콘키스타 운동을 통해 무슬림을 몰아내고 가톨릭으로 회귀한 스페인 지역에서 유대인을 비하해 부르던 명칭이다. 마라노는 '돼지'를 뜻한다. 겉으로 가톨릭으로 개종했으나 내부적으로 자신의 전통을 유지하며 정신을 대물림했던 저항과 반항 정신을 일컫는 말로 '마라노 정신'을 제시한다.

11) 엘륄은 국가나 당을 비롯한 중앙 통제제가 아닌 국지성과 자율성에 기초한 조합주의적 아나

만 아니라 지속적이어야 한다. 다시 말해, 반란은 시대의 흐름과 맞물려야 할 일종의 "예언자적 성격"을 지녀야 한다. 다층 다양한 복합체complexité가 된 현 사회에서 인간의 가치를 재발견, 회복하는 싸움은 시대를 꿰뚫는 예지銳智력과 과감한 행동을 필요로 한다.

진짜 필요한 혁명은 "인간을 위한 혁명"이다.

혁명 3부작의 두 번째 책인『혁명에서 반란으로』까지만 해도 엘륄은 '반란'과 '혁명'의 용어 구별을 통해 반란을 인정하고, 혁명의 필연적 발발에 대해 부정적인 시각을 취했다. 그러나 엘륄은 1980년대 들어 혁명의 가능성을 인정한다. 그러나 그것은 철저히 인간을 위한 혁명이라는 단서가 붙는다. 목표 달성을 위해 인간을 수단과 도구로 만드는 혁명과 그 담론은 과연 누구를 위한 혁명인지를 되묻게 한다. 인간을 위한 혁명에는 인간다움을 잃지 않는 제도, 인간적 만남이 가능한 사회의 구성이라는 과제가 부과된다. 그만큼 기술로 대변되는 총체적 체계가 더욱 정교한 형태로 비인간화, 탈인간화를 촉발했기 때문이다. 엘륄의 눈에 현 시대에 필요한 사상은 더 이상 사회당이나 공산당의 혁명론이 아니다. 그는 급진적 아나키즘과 민주주의를 주장한 프루동, 바쿠닌, 카스토리아디스를 면밀하게 읽을 것을 제안한다. 집단에 용해되지 않는 개인의 자유와 상상력, 인격이 말살되지 않는 새로운 관계맺음, 자택 앞마당의 눈은 자기 힘으로 쓸겠다는 상황주의

키즘을 표방했고, 좌우파를 막론하고 중앙집권적 형태의 강령과 지도 방식을 거부했다. 또한 엘륄은 선거 때만 주인 노릇하고 선거 이후에 노예로 전환되는 대의민주주의보다 더욱 근본적인 직접민주주의(démocratie radicale)를 주장하며, 대의제 투표에 가담하지 않았다. 엘륄의 아나키즘 형성에 샤르보노의 영향력을 무시할 수 없다. 엘륄이 기술 문제에 골몰할 무렵, 샤르보노는 국가에 대한 방대한 책을 집필하고 있었다. 국가에 대한 날선 비판을 담은 그의 다음 책을 참고하라. Bernard Charbonneau, *L'État*, Paris, Economica, 1988. 또한 엘륄의 아나키즘을 엿볼 수 있는 다음 책도 참고하라. 자끄 엘륄,『무정부주의와 기독교』(이창헌 역, 대장간 2011).

자의 사상이 진정한 혁명을 가능케 할 조건들이다.12)

인격주의자의 눈에 비친 혁명은 좌우의 문제가 아닌, 인간-비인간의 문제이다. 인격의 자유로운 활동이 가능한 사회를 향한 혁명은 철저하게 사람이 아닌 비인간화를 조장하는 제도와의 싸움이어야 한다. 부르주아에 맞서는 혁명으로는 불충분하다. 부르주아를 끝없이 양산하고 도시 빈민의 비인간화를 조장하며 빈부격차의 심화를 정당화하는 '대도시' 자체에 맞서야 한다. 무기 장사꾼에 맞서는 혁명이 아닌, 거대 군비 체제에 맞서는 혁명이 필요하다.13)

몇 가지 소회

역자는 조직신학과 종교철학, 윤리학을 공부했다. 상대적으로 사회학적 방법론과 사고방식에 익숙하지 않다. 따라서 이 책을 번역하면서 정확한 내용과 저자의 의도를 전달하는 문제 이상으로 방법론에 대한 개별 학습에 신경을 썼다. 그러나 책을 읽어가며 이 연구를 순수 사회학 연구로 분류하기 어렵다는 결론을 내렸다. 오히려 엘륄은 이 책에 무수한 당위 구문을 사용한다. 마치 시비를 가리듯, 피아를 식별하듯, 엘륄의 문체는 단호하다. 이 책을 단순히 '사회학' 서적으로 분류할 수 없는 이유다. 엘륄은 '존재하는 것' ce qui est을 분석하라는 사회학적 방법론에 머물지 않고, '존재해야 하는 것' ce qui doit être, 즉 윤리학적 가치 판단을 지뢰마냥 곳곳에 매설해 놓았다.14)

---

12) 자끄 엘륄, 『기술담론의 허세』(대장간 출간예정) 서론을 보라. Jacques Ellul, *Le bluff technologique*, Paris, Fayard/Pluriel, 2010[1988], p. 21.

13) Cf. Bernard Charbonneau et Jacques Ellul, «Directives pour un manifeste personnaliste»(1935), in *Nous sommes révolutionnaires malgré nous. Textes pionniers de l'écologie politique*, Paris, Les Éditions du Seuil, 2014, p. 62.

14) 프랑스의 사회철학자 프랑크 피시바흐(Franck Fischbach)의 분석에 따르면, 독일과 달리 프랑스에서는 사회철학(philosophie sociale)의 역할을 사회학(sociologie)이 담당해 왔다. 사회학의 주 임무가 현상에 대한 분석이라는 점을 생각하면, 프랑스 사회학은 오히려 윤리학과 철

아마도 엘륄의 글을 접하는 독자들은 그의 고압적이고 냉혹한 문체를 부담스럽게 여길지 모른다. 엘륄 자신도 생전에 그러한 비판을 많이 받았다. 엘륄을 독하게 비판하는 몇몇 학자들은 그가 '기술 공포증' 환자라는 둥, '기술을 지나치게 악마화' 한다는 둥, '기술이라는 우상을 파괴하려는 성상 파괴론의 후계'라는 둥, 냉혹한 비판을 가했다. 물론 엘륄은 이러한 비판에 세세하게 반응하지 않고, 자신의 소신을 간략히 밝히는 정도로 대응했다. 그의 의도는 "동조"가 아닌 "대화"였다. 다시 말해, 대중이나 학계의 동의를 얻을 요량으로 내 놓는 생각이 아니라, 자신이 생각하는 바를 가감 없이 내 놓고 이야기하자는 말이다. 물론 대화 도중에 나타나는 견해차나 쟁론은 불가피하다. 특정 진영에 속했다는 이유로, 특정 관계에 발을 담갔다는 이유로 자신의 소신을 감추거나 변색하고 연기하면서 당파성에 매몰되는 학문 '이너써클'에 대한 일종의 저항인 셈이다. "대화"를 위해서는 치밀한 분석과 숙고를 통한 개별자의 사상 확립이 전제되어야 한다. 그렇지 않고서는 남의 머리를 빌리는 일, 남의 생각을 전달하는 일에 국한될 뿐이다. 역자는 엘륄의 의도를 거기에서 찾는다. 어떻게 보면, 그는 "[너 스스로] 과감하게 사유하라*sapere aude*"는 칸트의 계몽주의 강령의 충실한 이행자라고 할 수 있다.

그럼에도, 역자 역시 번역 작업 내내 엘륄의 고압적 문체에 불만이 많았다. 독자들이 독서 중에 혹시라도 불편한 심기가 생긴다면, 그것은 엘륄이 독자에게 대화를 신청하는 순간이라고 여기면 좋을 것 같다. 그리고 엘륄

학이 해야 할 작업을 아우른 면이 있다. 또한 사회학이 출현한 19세기 당시 프랑스의 철학계를 주도한 사조는 정신철학(philosophie spirituelle)이었다. 따라서 사회학은 어느 정도 수류 철학을 적대시하면서 독자적인 길을 구축했고, 그것은 프랑스에 사회철학이 뿌리내리기 어려운 환경으로 이어졌다. 피쉬바흐의 분석을 존중한다면, 엘륄의 사회학 역시도 프랑스 지적 전통에서 크게 벗어나지 않는다. 엘륄은 상황 분석에 자기 연구를 한정짓지 않고, 가치 판단과 때로 대안까지 제시하기 때문이다. 프랑크 피시바흐의 다음 책을 참고하라. Franck Fischbach, *Manifeste pour une philosophie sociale*, Paris, La Découverte, 2009, p. 5–39.

과 다른 견해를 표하면서 "자신"의 생각을 만들어갔으면 좋겠다. 엘륄의 난폭한? 도발에 감정적으로 대응하지 말고, 차분하게 독자 본인의 논리와 반론을 제시하면서 읽으면, 대응 논리 생산에 유용하리라 생각한다.

★

자끄 엘륄 전문가이자 역자의 첫 번째 서사논문 지도교수였던 프레데릭 호눙 선생에게 감사의 말을 전한다. 선생의 엘륄 강의를 듣고, 다양한 논문과 강연을 접하면서, 거대하고 복잡하게 보였던 엘륄 사상의 실타래가 하나씩 풀렸다. 첫 시간부터 엘륄 사상의 현대적 중요성을 강조했던 선생의 표정이 깊은 인상으로 남았다. 반신반의했던 당시와 달리, 7년이 흐른 지금은 선생의 분석과 강조에 동감한다.

이 책을 번역하는 데 도서출판 대장간의 배용하 대표의 격려를 빼 놓을 수 없다. 출판계의 전반적 불황에서, 종교 독자층을 제외하면 층위도 두껍지 않은 엘륄의 전집을 발행하겠다는 의지가 놀라울 뿐이다. 긴 안목과 호흡을 갖고 걸음을 옮기는 배 대표의 소신에 박수를 보낸다. 앞으로 양적, 질적으로 훌륭한 엘륄의 번역서와 연구서들이 지속적으로 나오기를 바란다. 엘륄의 손자인 제롬 엘륄과 배 대표의 인적 교류가 아직도 정리와 출판을 기다리는 미간행 원고 출간으로 이어지기를 고대한다. 더불어 고된 출판 작업에 심혈을 기울인 편집부의 노고에도 감사의 말씀을 전한다.

마지막으로, 유학 중 물질과 기도로 뒷받침 해 주신 양가 부모님, 나보다 나를 더 잘 해석하는 아내, 그리고 두 귀염둥이에게 감사와 사랑의 말을 전하며 후기를 갈음한다.

안성헌
2019년 7월 19일
프랑스 스트라스부르

엘륄의 저서^{연대기순} 및 연구서

- *Étude sur l'évolution et la nature juridique du Mancipium*. Bordeaux: Delmas, 1936.
- *Le fondement théologique du droit*. Neuchâtel: Delachaux & Niestlé, 1946.
  → 『자연법의 신학적 의미』, 강만원 옮김(대장간, 2013)
- *Présence au monde moderne: Problèmes de la civilisation post-chrétienne*. Geneva: Roulet, 1948.
  → 『세상 속의 그리스도인』, 박동열 옮김(대장간, 1992, 2010(불어완역))
- *Le Livre de Jonas*. Paris: Cahiers Bibliques de Foi et Vie, 1952.
  → 『요나의 심판과 구원』, 신기호 옮김(대장간, 2010)
- *L'homme et l'argent* (Nova et vetera) Neuchâtel: Delachaux & Niestlé, 1954.
  → 『하나님이냐 돈이냐』, 양명수 옮김(대장간. 1991, 2011)
- *La technique ou l'enjeu du siècle*. Paris: Armand Colin, 1954. Paris: Économica, 1990.
- (E)*The Technological Society*. New York: Knopf, 1964.
  → 『기술 또는 세기의 쟁점』(대장간 출간 예정)
- *Histoire des institutions*. Paris: Presses Universitaires de France, plusieurs éditions (dates données pour les premières éditions):. Tomes 1-2, L'Antiquité (1955); Tome 3, Le Moyen Age (1956); Tome 4, Les XVIe-XVIIIe siècle (1956); Tome 5, Le XIXe siècle (1789-1914) (1956) → 『제도의 역사』, (대장간, 출간 예정)
- *Propagandes*. Paris: A. Colin, 1962. Paris: Économica, 1990
  → 『선전』 하태환 옮김(대장간, 2012)
- *Fausse présence au monde moderne*. Paris: Les Bergers et Les Mages, 1963.
  → (대장간 출간 예정)
- *Le vouloir et le faire: Recherches éthiques pour les chrétiens*: Introduction (première partie) Geneva: Labor et Fides, 1964. → 『원함과 행함』, 김치수 옮김(대장간 2018)
- *L'illusion politique*. Paris: Robert Laffont, 1965. Rev. ed.: Paris: Librairie Générale Française, 1977. → 『정치적 착각』, 하태환 옮김(대장간, 2011)
- *Exégèse des nouveaux lieux communs*. Paris: Calmann-Lévy, 1966. Paris: La Table Ronde, 1994. → (대장간, 출간 예정)
- *Politique de Dieu, politiques de l'homme*. Paris: Éditions Universitaires, 1966.
  , 『하나님의 정치와 인간의 정치』, 김은경 옮김(대장간, 2012)
- *Histoire de la propagande*. Paris: Presses Universitaires de France, 1967, 1976.
  → 『선전의 역사』(대장간, 출간 예정)
- *Métamorphose du bourgeois*. Paris: Calmann-Lévy, 1967. Paris: La Table Ronde, 1998. → 『부르주아와 변신』(대장간, 출간 예정)
- *Autopsie de la révolution*. Paris: Calmann-Lévy, 1969.
  → 『혁명의 해부』, 황종대 옮김(대장간, 2013)
- *Contre les violents*. Paris: Centurion, 1972.
  → 『폭력에 맞서』, 이창헌 옮김(대장간, 2012)

· *Sans feu ni lieu: Signification biblique de la Grande Ville*. Paris: Gallimard, 1975.
  →『머리 둘 곳 없던 예수-대도시의 성서적 의미』, 황종대 옮김(대장간, 2013).
· *L'impossible prière*. Paris: Centurion, 1971, 1977.
  →『우리의 기도』, 김치수 옮김(대장간, 2015)
· *Jeunesse délinquante: Une expérience en province*. Avec Yves Charrier. Paris: Mercure
  de France, 1971.
· *De la révolution aux révoltes*. Paris: Calmann-Lévy, 1972.
  →『혁명에서 반란으로』, (대장간, 출간예정)
· *L'espérance oubliée, Paris*: Gallimard, 1972.
  →『잊혀진 소망』, 이상민 옮김(대장간, 2009)
· *Éthique de la liberté,*. 2 vols. Geneva: Labor et Fides, I:1973, II:1974.
  →『자유의 윤리』, (대장간, 2018)
· *Les nouveaux possédés*, Paris: Arthème Fayard, 1973.
· (E)*The New Demons*. New York: Seabury, 1975. London: Mowbrays, 1975.
  →『우리시대의 새로운 악령들』(대장간, 출간 예정)
· *L'Apocalypse: Architecture en mouvement*, Paris. Desclée 1975.
· (E)*Apocalypse: The Book of Revelation*. New York: Seabury, 1977.
  →『요한계시록』(대장간, 출간 예정)
· *Trahison de l'Occident*. Paris: Calmann-Lévy, 1975.
· (E)*The Betrayal of the West*. New York: Seabury,1978.
  →『서구의 배반』, (대장간, 출간 예정)
· *Le système technicien*. Paris: Calmann-Lévy, 1977.
  →『기술 체계』, 이상민 옮김(대장간, 2013)
· *L'idéologie marxiste chrétienne*. Paris: Centurion, 1979.
  →『기독교와 마르크스주의』, 곽노경 옮김(대장간, 2011)
· *L'empire du non-sens: L'art et la société technicienne*. Paris: Press Universitaires de
  France, 1980. →『무의미의 제국』, 하태환 옮김(대장간, 2013년 출간)
· *La foi au prix du doute: "Encore quarante jours.."*. Paris: Hachette, 1980.
  →『의심을 거친 믿음』, 임형권 옮김 (대장간, 2013)
· *La Parole humiliée*. Paris: Seuil, 1981.
  →『굴욕당한 말』, 박동열 이상민 공역(대장간, 2014년)
· *Changer de révolution: L'inéluctable prolétariat*. Paris: Seuil, 1982.
  →『인간을 위한 혁명』, 하태환 옮김(대장간, 2012)
· *Les combats de la liberté*. (Tome 3, L'Ethique de la Liberté) Geneva: Labor et Fides,
  1984. Paris: Centurion, 1984. →『자유의 투쟁』(솔로몬, 2009)
· *La subversion du christianisme*. Paris: Seuil, 1984, 1994. [réédition en 2001, La Table
  Ronde] →『뒤틀려진 기독교』, 박동열 이상민 옮김(대장간, 1990 초판, 2012년 불
  어 완역판 출간)
· *Conférence sur l'Apocalypse de Jean*. Nantes: AREFPPI, 1985.
· *Un chrétien pour Israël*. Monaco: Éditions du Rocher, 1986.
  →『이스라엘을 위한 그리스도인』(대장간, 출간 예정)
· *Ce que je crois*. Paris: Grasset and Fasquelle, 1987.
  →『개인과 역사와 하나님』, 김치수 옮김(대장간. 2015)
· *La raison d'être: Méditation sur l'Ecclésiaste*. Paris: Seuil, 1987
  →『존재의 이유』(대장간. 2016)
· *Anarchie et christianisme*. Lyon: Atelier de Création Libertaire, 1988. Paris: La Table

Ronde, 1998→『무정부주의와 기독교』, 이창헌 옮김(대장간, 2011)
- *Le bluff technologique*. Paris: Hachette, 1988.
- (E)*The Technological Bluff*. Grand Rapids: Eerdmans, 1990.
  →『기술담론의 허세』(대장간, 출간 예정)
- *Ce Dieu injuste..?: Théologie chrétienne pour le peuple d'Israël*. Paris: Arléa, 1991, 1999. →『하나님은 불의한가?』, 이상민 옮김(대장간, 2010)
- *Si tu es le Fils de Dieu: Souffrances et tentations de Jésus*. Paris: Centurion, 1991.
  →『네가 하나님의 아들이라면』, 김은경 옮김(대장간, 2010)
- *Déviances et déviants dans notre société intolérante*. Toulouse: Érés, 1992.
- *Silences: Poèmes*. Bordeaux: Opales, 1995. → (대장간, 출간 예정)
- *Oratorio: Les quatre cavaliers de l'Apocalypse*. Bordeaux: Opales, 1997.
- (E)*Sources and Trajectories: Eight Early Articles by Jacques Ellul that Set the Stage*. Grand Rapids: Eerdmans, 1997.
- *Islam et judéo-christianisme*. Paris: Presses universitaires de France, 2004.
  →『이슬람과 기독교』, 이상민 옮김(대장간, 2009)
- *La pensée marxiste*: Cours professé à l' Institut d' études politiques de Bordeaux de 1947 à 1979 Edited by Michel Hourcade, Jean-Pierre Jézéuel and Gérard Paul. Paris: La Table Ronde, 2003. →『마르크스 사상』, 안성헌 옮김(대장간, 2013)
- *Les successeurs de Marx*: Cours professé à l' Institut d' études politiques de Bordeaux Edited by Michel Hourcade, Jean-Pierre Jézéquel and Gérard Paul. Paris: La Table Ronde, 2007.→『마르크스의 후계자』 안성헌 옮김(대장간, 2015)

기타 연구서

- 『세계적으로 사고하고 지역적으로 행동하라』(*Perspectives on Our Age*: *Jacques Ellul Speaks on His Life and Work*), 빌렘 반더버그, 김재현, 신광은 옮김(대장간, 1995, 2010)
- 『자끄 엘륄 –대화의 사상』(*Jacques Ellul, une pensée en dialogue*. Genève), 프레데릭 호농(Frédéric Rognon)저, 임형권 옮김(대장간, 2011)
- 『자끄 엘륄입문』신광은 저(대장간, 2010)
- *A temps et à contretemps: Entretiens avec Madeleine Garrigou-Lagrange*. Paris: Centurion, 1981.
- *In Season, Out of Season: An Introduction to the Thought of Jacques Ellul*: Interviews by Madeleine Garrigou-Lagrange. Trans. Lani K. Niles. San Francisco: Harper and Row, 1982.
- *L'homme à lui-même: Correspondance*. Avec Didier Nordon. Paris: Félin, 1992.
- *Entretiens avec Jacques Ellul*. Patrick Chastenet. Paris: Table Ronde, 1994

대장간 **자끄 엘륄 총서**는 중역(영어번역)으로 인한 오류를 가능한 줄이려고, 프랑스어에서 직접 번역을 하거나, 영역을 하더라도 원서 대조 감수를 원칙으로 하고 있습니다.
이 일은 한국자끄엘륄협회(회장 박동열)의 협력으로 이루어지고 있으며, 총서를 통해서 엘륄의 사상이 굴절되거나 왜곡되지 않고 그의 삶처럼 철저하고 급진적으로 전해지길 바라는 마음 가득합니다.